Wissens-repräsentation

Informationen auswerten und bereitstellen

von
Univ.-Prof. Dr. Wolfgang G. Stock
Heinrich-Heine-Universität Düsseldorf

und
Mechtild Stock
Kerpen

Oldenbourg Verlag München

Bibliografische Information der Deutschen Nationalbibliothek

Die Deutsche Nationalbibliothek verzeichnet diese Publikation in der Deutschen Nationalbibliografie; detaillierte bibliografische Daten sind im Internet über <http://dnb.d-nb.de> abrufbar.

© 2008 Oldenbourg Wissenschaftsverlag GmbH
Rosenheimer Straße 145, D-81671 München
Telefon: (089) 4 50 51-0
oldenbourg.de

Lektorat: Wirtschafts- und Sozialwissenschaften, wiso@oldenbourg.de
Herstellung: Anna Grosser
Coverentwurf: Kochan & Partner, München
Gedruckt auf säure- und chlorfreiem Papier
Gesamtherstellung: Kösel, Krugzell

ISBN 978-3-486-58439-4

Inhaltsübersicht

Inhalt

Metadaten

Folksonomies

Wissensordnungen

Textsprachliche Methoden der Wissensorganisation

Indexierung

Vorwort

Was ist Wissensrepräsentation?

Wissensrepräsentation ist die Wissenschaft, Technik und Anwendung von Methoden und Werkzeugen, Wissen derart abzubilden, damit dieses in digitalen Datenbanken optimal gesucht und gefunden werden kann. Sie ermöglicht die Gestaltung von Informationsarchitekturen, die – auf der Grundlage von Begriffen und Relationen arbeitend – gestatten, Wissen in seinen Bedeutungszusammenhängen darzustellen. Ohne elaborierte Techniken der Wissensrepräsentation ist es unmöglich, das "semantische Web" zu gestalten.

Wissensrepräsentation stellt Methoden und Werkzeuge bereit, Dokumente durch einen Stellvertreter, dem Surrogat, in einer digitalen Datenbank abzubilden. Da hierbei Informationen *über* Dokumente kreiert werden, ermöglicht Wissensrepräsentation den Aufbau von Metadaten.

Wissensrepräsentation, Wissensorganisation und Wissensordnung sind dem Information Retrieval vorgelagert. Sie sorgen dafür, dass – terminologisch kontrolliert – Begriffe und Aussagen als Informationsfilter und Informationsverdichter beim Suchen und Finden eingesetzt werden können. Es geht um das Auswerten und Bereitstellen von Informationen

- bei Diensten im World Wide Web,
- bei unternehmensinternen Informationsdiensten im Kontext des betrieblichen Wissensmanagements,
- bei fachspezifischen professionellen (kommerziellen) Datenbanken.

Dieses Buch ist der zweite Band der Reihe "Einführung in die Informationswissenschaft". Band 1 kümmert sich um den Gesamtbereich des Information Retrieval (Stock 2007; im Folgenden stets nur als "IR" zitiert). Der Anspruch des vorliegenden Bandes ist bescheidener: Es geht nahezu ausschließlich um Metadaten sowie um Begriffe und Aussagen, die das in Dokumenten vorgefundene Wissen repräsentieren, organisieren oder ordnen. Mit dem kontrollierten Vokabular aus Wissensordnungen und mit informationsverdichtenden Abstracts entstehen Surrogate der ursprünglichen Dokumente, die den Retrievalprozess maßgeblich (positiv) beeinflussen. Wissensrepräsentation ist demnach nie Selbstzweck, sondern eindeutig auf den Anwendungsfall Information Retrieval ausgerichtet.

Kann Information Retrieval ohne Methoden und Werkzeuge der Wissensrepräsentation durchgeführt werden? Die ehrliche Antwort lautet: ja. Man *kann* digital vorliegende Dokumente in Vollform speichern und mittels Informationslinguistik und Retrievalmodellen so bearbeiten, dass sie suchbar werden und dass der Nutzer auch (einigermaßen) das Relevante findet. Liegen Dokumente nicht digital vor, ist dieser Weg natürlich versperrt. Aber auch sonst nimmt man sich sehr viele Optionen, die die Wissensrepräsentation bietet:

- das Suchen und Finden von Informationen über Begriffe (und nicht über Worte – diese sind bekanntlich mit Mehrdeutigkeiten behaftet),
- damit verbunden: Verfügen über Werkzeuge zum Filtern von Informationen (bildlich: wie beim Sieben von Gold in einer Mischung mit anderen, wertlosen Materialien),
- Benutzung einer bestimmten Sprache (z.B. der Sprache eines Unternehmens, einer Wirtschaftsbranche oder einer wissenschaftlichen Disziplin),
- Einbeziehen von semantischen Relationen (z.B. der Hierarchie) in die Anfrage,
- das Verdichten von Informationen in kurze und knappe "Kondensate",
- (beim Einsatz von Ontologien): die Möglichkeit zu (einfachen) automatischen Schlussfolgerungen
- die Anwendung informetrischer Verfahren auf terminologisch kontrolliertes Vokabular.

Alle Optionen dienen zur Steigerung von Recall und Precision und damit der Qualität von Retrievalsystemen. Es ist deshalb dringend geraten, Metadaten sowie Methoden und Werkzeuge der Wissensrepräsentation bei Retrievalsystemen einzusetzen. Wissensrepräsentation ist nur dann sinnvoll, wenn ein User im Information Retrieval davon profitiert.

Diese Methoden lassen offen, ob wir bei der Erstellung der Dokumentsurrogate mit menschlichen Indexern bzw. Abstractors oder automatisiert arbeiten. Den Thesaurus – um ein Beispiel zu nehmen –, brauchen wir immer, egal, ob Information Professionals oder maschinelle Indexierungssysteme damit arbeiten.

Lehrbücher zur Wissensrepräsentation

Warum dieses Lehrbuch? Deutschsprachige Einführungen in Wissensorganisation und Wissensrepräsentation aus informationswissenschaftlicher Sicht sind rar. Ausnahmen bilden die Lehrbücher von Jutta Bertram (2005) sowie von Ewald Kiel und Friedrich Rost (2002). Beide Bücher sind eher praktisch orientiert, beide thematisieren nicht das volle Spektrum der Methoden der Wissensrepräsentation. Die "Dokumentations- und Ordnungslehre" von Wilhelm Gaus (2005) – geschrieben vor allem im Kontext medizinischer Dokumentation – findet seine Stärken in Bereichen medizinischer Wissensordnung. Einige Kapitel (zu nennen sind B1, B2, B5 und B6) der "Grundlagen der praktischen Information und Dokumentation" (Kuhlen/Seeger/Strauch, Hrsg. 2004) handeln in stark praktischer Perspektive Spezialthemen der Wissensrepräsentation ab.

Im englischsprachigen Bereich liegen diverse durchaus empfehlenswerte Lehrbücher vor. Wir nennen an dieser Stelle nur Beispiele. Frederick Wilfrid Lancaster
(2003) konzentriert sich auf Indexieren und Referieren – aber dies in bemerkenswerter Ausführlichkeit – und vernachlässigt die theoretischen Grundlagen des
Faches. Ähnlich ist "The Organization of Information" von Arlene G. Taylor
(1999) einzuschätzen, die sich auf Metadaten beschränkt, dieses Thema aber per-
fekt abhandelt. Auch die "Introduction to Indexing and Abstracting" von Donald
B. Cleveland und Ana D. Cleveland (2001) ist stark praxisorientiert.

Der Fachliteratur aus der Informatik – egal, ob in deutsch oder in englisch – ist zu
bescheinigen, dass sie sich beim Thema der Wissensrepräsentation nahezu ausschließlich mit Ontologien, künstlicher Intelligenz und (automatischem) Schließen
auseinandersetzt. Hierbei findet die terminologische Logik (description logic)
Einsatz. Beispielhaft seien die Bücher von Ronald J. Brachman und Hector J.
Levesque (2004) sowie von John F. Sowa (2000) genannt.

Im Gegensatz zu den zitierten Werken beabsichtigen wir, einen ausgewogenen
Ausgleich zu finden

- zwischen Wissenschaft, Technik und Anwendung der Wissensrepräsentation, also zwischen Theorie und Praxis,
- zwischen den beteiligten Wissenschaftsdisziplinen, vor allem Informationswissenschaft, Informatik und Bibliothekswissenschaft,
- zwischen der Wissensrepräsentation im Web, im betrieblichen Wissensmanagement und bei professionellen Datenbankproduzenten,
- zwischen intellektuellem und automatischem Indexieren.

Wissensrepräsentation in der Praxis: ein Beispiel

Wie arbeitet Wissensrepräsentation in der Praxis? Wir erlauben uns, dies anhand
eines Beispielindexats zu veranschaulichen. Abbildung 0.1 zeigt das (fingierte)
Surrogat dieses Vorworts, für dessen Erstellung diverse Methoden und Werkzeuge
der Wissensrepräsentation zum Einsatz gekommen sind. Die Metadaten beginnen
mit den formalbibliographischen Angaben, die vorwiegend dem Ziel dienen, das
Dokument zu identifizieren. Es folgt ein Abstract. Dieses steuert beim Leser die
Entscheidung, ob er das volle Dokument beschaffen möchte oder nicht.

Alle darunter stehenden Begriffe sind aus der Indexierung des Inhalts hervorge-
gangen; über diese wird das Surrogat in einem Informationsdienst gefunden. Bei
den Wissensordnungen vom Typ Klassifikation, die mit Notationen arbeiten, steht
der Nutzer (oder das ihn unterstützende Informationssystem) vor der Aufgabe, die
jeweils bestpassenden Notationen zu finden. Je nach Klassifikation werden unterschiedliche Blickwinkel bedient.

Stock, Wolfgang G. (1953 -)
Stock, Mechtild (1954 -)

Vorwort. – In: Wolfgang G. Stock & Mechtild Stock: Wissensrepräsentation.
Informationen auswerten und bereitstellen. – München, Wien: Oldenbourg, 2008.
– (Einführung in die Informationswissenschaft; 2), S. XI-XVIII.

Abstract. Wissensrepräsentation fundiert die Abbildung von Wissen in digitalen
Umgebungen und ist eine Voraussetzung für optimales Information Retrieval. Die
das Wissen tragenden Dokumente werden durch Metadaten beschrieben und erhalten durch Surrogate einen Stellvertreter in Datenbanken. Das vorliegende Vorwort eines Lehrbuches listet zudem deutsch- und englischsprachige Einführungen
in die Wissensrepräsentation auf, verdeutlicht Metadaten durch ein Beispiel und
nennt Zielgruppen.

Notationen.
Klassifikation der Association for Computing Machinery (ACM): I.2.4
Dewey Decimal Classification (DDC): 003; 025
International Patent Classification (IPC): G06N5/02; G06F17/30

Deskriptoren.
Standard-Thesaurus Wirtschaft (STW): Dokumentation; Wissen; Informations-
wissenschaft
Medical Subject Headings (MeSH): Information Storage and Retrieval; Artificial
Intelligence
Infodata-Thesaurus: Wissensrepräsentation; Information Retrieval
LISTA-Thesaurus: Knowledge representation (Information theory); Information
retrieval

Referenzen.
Bertram J, 2005, Einführung in die inhaltliche Erschließung
Brachman RJ, Levesque HJ, 2004, Knowledge Representation and Reasoning
Cleveland DB, Cleveland AD, 2001, Introduction to Indexing and Abstracting
Gaus W, 2005, Dokumentations- und Ordnungslehre
Grundlagen der praktischen Information und Dokumentation, 2004
Kiel E, Rost F, 2002, Einführung in die Wissensorganisation
Lancaster FW, 2003, Indexing and Abstracting in Theory and Practice
Sowa JF, 2000, Knowledge Representation
Stock WG, 2007, Information Retrieval
Taylor AG, 1999, The Organization of Information

Tags (Folksonomy).

Abbildung 0.1: Dokumentationseinheit (Surrogat) dieses Kapitels.

Die ACM-Klassifikation lässt ausschließlich eine Suche nach Wissensrepräsentation im Sinne Künstlicher Intelligenz zu (dies drückt I.2.4 aus), die Dewey Decimal Classification findet das Surrogat sowohl in computerwissenschaftlicher Perspektive (003) als auch als bibliotheks- bzw. informationswissenschaftliches Werk (025), während die IPC mit *Knowledge Engineering* (G06N5/02) und *Information Retrieval* (G06F17/30) zwei technisch orientierte Zugänge verschafft. Da Klassifikationen bei gewissen Notationsformen ein hierarchisches Retrieval gestatten, würde unser Surrogat auch bei einer trunkierten Suche, beispielsweise nach G06N5* AND G06F17*, gefunden.

Setzt ein Informationsdienst einen Thesaurus ein, so erlaubt er seinen Nutzern die Eingabe natürlichsprachiger Suchargumente. Je nach Blickwinkel der verwendeten Wissensordnung wird ein Dokument unterschiedlich beschrieben. Die beiden informationswissenschaftlichen Fachthesauri von Infodata und Library, Information Science & Technology Abstracts (LISTA) gestatten eine Indexierung und damit eine Recherche mithilfe der Deskriptoren *Wissensrepräsentation* (bzw. bei LISTA *Knowledge representation (Information theory)*) sowie *Information Retrieval*. Anders sieht dies beim Standard-Thesaurus Wirtschaft aus, der zwar über eine ökonomische, aber nicht über eine informationswissenschaftliche Terminologie verfügt. Möchte man mit dem STW dieses Vorwort indexieren, so bieten sich – als Annäherung – die Begriffe *Dokumentation*, *Wissen* und *Informationswissenschaft* zur Inhaltsabbildung an. Der medizinische Thesaurus MeSH kennt den Begriff *Wissensrepräsentation* nicht; hier wird unser Thema durch *Artificial Intelligence* umschrieben. Dem Retrievalaspekt muss anhand des breiteren Begriffs *Information Storage and Retrieval* nachgegangen werden.

Letztlich sind die Literaturangaben in einer normierten Form angegeben. Auch diese stellen eine Art der Inhaltserschließung dar. Schon ein kurzer Blick auf die Referenzen zeigt in unserem Falle eindeutig, worum es im Dokument geht: um inhaltliche Erschließung, Wissensorganisation, Knowledge Representation, Information Retrieval usw. Ein Nutzer einer Zitationsdatenbank wird das Beispielsurrogat auch finden, wenn er beispielsweise nach Zitationen von *Lancaster FW, 2003, Indexing and Abstracting in Theory and Practice* recherchiert.

Das Feld "Tags (Folksonomy)" ist nicht ausgefüllt. Es nimmt Terme auf, mit denen Nutzer das Dokument inhaltlich beschreiben, um es – in ihrer eigenen Sprache – wiederzufinden. Bei Folksonomies geht es also um die aktive Mitarbeit der Leser.

Inhaltsskizze

Das Buch widmet sich sowohl den theoretischen Grundlagen als auch den unterschiedlichen Methoden der Wissensrepräsentation. Alle Bereiche der Wissensrepräsentation werden durch die intellektuelle Arbeit und durch individuelle menschliche oder institutionelle Zielsetzungen beeinflusst. Hinter jedem Auswerten und jeder Bereitstellung von Informationen und auch jeglicher Automatisierung steckt der Interpretationshorizont einer Wissensdomäne.

Nach der Propädeutik, in deren Zentrum Begriffe und Begriffsordnungen stehen, besprechen wir in einer allgemeinen Sicht Metadaten. Die Methoden der Wissensrepräsentation unterteilen wir in Folksonomies, Wissensordnungen (dazu gehören Nomenklaturen, Klassifikationen, Thesauri und Ontologien) und textsprachliche Ansätze (Textwortmethode und Zitationsindexierung). Der Abbildung des Wissens in konkreten Dokumenten gehen wir anhand des Indexierens (Zuordnen von Begriffen) und des Referierens (Beschreibung des Contents durch Aussagen) nach, und zwar jeweils sowohl in intellektuellen als auch in automatischen Varianten.

Zielgruppen

Dieses Lehrbuch versteht sich als Grundlagenmaterial für Lehrveranstaltungen zur Wissensrepräsentation. Angesprochene Studiengänge sind:

- Informationswissenschaft,

- Informatik und Wirtschaftsinformatik,

- Wirtschaftswissenschaften,

- Informationswirtschaft,

- Information und Dokumentation,

- Bibliothekswesen,

- Computerlinguistik.

Neben Studierenden wendet sich das Buch an Berufstätige und Praktiker, die mit Problemen von Information und Wissen kämpfen, also an Informationsmanager, Wissensmanager, Informationsvermittler, Bibliothekare, Dokumentare, Informationswirte, Webdesigner, Suchmaschinen- und Portalbetreiber oder Player auf elektronischen Marktplätzen. Das Buch eignet sich auch zum Selbststudium. Es sollte möglichst in Kombination mit "Information Retrieval" (Stock 2007) bearbeitet werden, da sehr viele Querverweise zwischen beiden Büchern existieren.

Danksagung

Vieles verdanken wir den Kollegen und Studierenden am Institut für Sprache und Information der *Heinrich-Heine-Universität Düsseldorf*. In dieses Buch konnten zudem Erfahrungen einfließen, die wir in der Informationspraxis beim *ifo Institut für Wirtschaftsforschung München* (WGS) und bei der *Forschungsstelle und dem Dokumentationszentrum für Österreichische Philosophie, Graz* (MS) sammeln durften. Am Rande: Zusammen kommen wir auf mehrere tausend intellektuell erstellte Indexate unter Einsatz verschiedener Methoden und Werkzeuge der Wissensrepräsentation.

Wie schon beim Buch über Information Retrieval war Anneliese Volkmar beim Zusammentragen der Literatur eine große Stütze, hat sie doch selbst schwer erreichbare Artikel und Patente – und dies in aller Schnelle – beschaffen können. Bei der Zusammenstellung der Literaturverzeichnisse half Sabrina Reher. Die Lektoratsarbeiten wurden von Isabella Peters und Sonja Gust von Loh von der Abteilung für Informationswissenschaft der Heinrich-Heine-Universität ausgeführt. Wir danken ihnen für die Korrekturen und die vielfältigen Verbesserungsvorschläge. Für fachliche Hinweise und Diskussionen danken wir Isabella Peters (zu Folksonomies) und Katrin Weller (zu Ontologien).

Nicht zuletzt gilt unser Dank Jürgen Schechler beim Oldenbourg Verlag, der die Reihe "Einführung in die Informationswissenschaft" betreut.

Mechtild Stock
Wolfgang G. Stock
Januar 2008

Literatur

Bertram, J. (2005): Einführung in die inhaltliche Erschließung. Grundlagen - Methoden – Instrumente. – Würzburg: Ergon.

Brachman, R.J.; Levesque, H.J. (2004): Knowledge Representation and Reasoning. – San Francisco: Morgan Kaufmann.

Cleveland, D.B.; Cleveland, A.D. (2001): Introduction to Indexing and Abstracting. – Englewood: Libraries Unlimited. – 3. Aufl.

Gaus, W. (2005): Dokumentations- und Ordnungslehre. Theorie und Praxis des Information Retrieval. – Berlin, Heidelberg: Springer. – 5. Aufl.

Kiel, E.; Rost, F. (2002): Einführung in die Wissensorganisation. Grundlegende Probleme und Begriffe. – Würzburg: Ergon.

Kuhlen, R.; Seeger, T.; Strauch, D., Hrsg. (2004): Grundlagen der praktischen Information und Dokumentation. – München: Saur. – 5. Aufl.

Lancaster, F.W. (2003): Indexing and Abstracting in Theory and Practice. – Champaign: University of Illinois. – 3. Aufl.

Sowa, J.F. (2000): Knowledge Representation: Logical, Philosophical, and Computational Foundations. – Pacific Grove: Brooks/Cole.

Stock, W.G. (2007): Information Retrieval. Informationen suchen und finden. – München, Wien: Oldenbourg. – (Einführung in die Informationswissenschaft; 1).

Taylor, A.G. (1999): The Organization of Information. – Englewood: Libraries Unlimited.

Kapitel 1

Geschichte der Wissensrepräsentation

Antike: Bibliothekskataloge und hierarchische Begriffsordnungen

Die Geschichte der Wissensrepräsentation reicht weit zurück. Vor allem Philosophen und Bibliothekare stehen vor der Aufgabe, Wissen in eine systematische Ordnung zu stellen – die einen eher theoretisch orientiert, die anderen mehr an der Praxis interessiert. Wir müssen in unserer kurzen Geschichte der Wissensrepräsentation demnach zwei Äste verfolgen, den der theoretischen Bemühungen, Wissen zu ordnen, und den der praktischen Aufgabe, Wissen zugänglich zu machen, sei es, durch eine systematische Aufstellung von Dokumenten in Bibliotheken oder sei es durch entsprechende Kataloge.

Als *das* Grundlagenwerk für die Geschichte der Klassifikation, die über viele Jahrhunderte identisch ist mit der Geschichte der Wissensrepräsentation schlechthin, gilt die "Geschichte der bibliothekarisch-bibliographischen Klassifikation" von E.I. Šamurin (1977). Gemäß Šamurin beginnt unsere Geschichte mit den Katalogen der Bibliotheken in Mesopotamien und in Ägypten. Nach Berichten existieren Bibliotheken bereits um 2750 v.Chr. in Akkad (Mesopotamien) sowie in der 4. Dynastie (2900 – 2750 v.Chr.) im altägyptischen El Giza (Giseh). Von der Bibliothek des Assyrerkönigs Assurbanipal (668 – 626 v.Chr.) ist bekannt, dass sie über einen Katalog verfügt (Šamurin 1977, Bd. 1, 6):

> Die Bibliothek von Ninive (Kujundschik) hatte einen Bestand von mehr als 20000 Tontafeln mit Texten in sumerischer und babylonisch-assyrischer Sprache und besaß einen Katalog von Tontafeln mit Einträgen in Keilschrift.

Von der ägyptischen Bibliothek des Horus-Tempels in Edfu (Apollinopolis Magna) ist sogar das "Verzeichnis der Kästen, die Bücher auf großen Pergamentrollen enthalten", mithin also ein Teil eines Klassifikationssystems, erhalten geblieben (Šamurin 1977, Bd. 1, 8 f.).

Der Höhepunkt der antiken praktisch orientierten Wissensrepräsentation (Casson 2001) dürfte mit dem Katalog der Bibliothek der Ptolemäer in Alexandria erreicht worden sein. Deren Bibliothekar **Kallimachos** (ca. 305 – ca. 240 v.Chr.) erarbeitete die "Pinakes" (*Pinax*: altgriechisch für *Tafel* und *Verzeichnis*), die sehr wahrscheinlich gleichzeitig einen systematischen Katalog und eine Bibliographie verkörperten (Šamurin 1977, Bd. 1, 15; Schmidt 1922). Die "Pinakes" sind gemäß Rudolf Blum (1977, 13) ein

> Verzeichnis der Personen, die sich auf kulturellem Gebiet ausgezeichnet haben, und ihrer Schriften.

Kallimachos hat – Rekonstruktionen zufolge – die Autoren in Klassen und Sub-
klassen eingeteilt, innerhalb der Klassen nach Autorennamen alphabetisch geordnet, zum Autorennamen biographische Angaben hinzugefügt, die Sachtitel der
Werke des betreffenden Autors angefügt und dabei jeweils die ersten Worte jeden
Textes sowie den Umfang (Zahl der Zeilen) angegeben (Blum 1977, 231). Die
Dokumentation umfasst insgesamt 120 Bücher (Löffler 1956, 16). Die große Leistung Kallimachos' liegt nicht darin, dass er Dokumente im Sinne eines Bestands-
verzeichnisses katalogisierte – so etwas gab es schon längst –, sondern dass er die
Dokumente, wenngleich rudimentär, inhaltlich mittels eines vorgegebenen Ord-
nungssystems erschlossen hat. Erstmals rückt der Content in den Mittelpunkt; u.E.
liegt hier die Geburtsstunde der Inhaltserschließung und der Wissensrepräsentation. Blum (1977, 325 f.) betont:

> Kallimachos ordnete nicht die alexandrinische Bibliothek – das hatte schon Ze-
> nodotos besorgt, der dabei erstmals Verfasser und zum Teil auch Werke alphabe-
> tisch ordnete –, sondern versuchte, sie vollständig und zuverlässig zu erschließen.

Blum (1977, 330) redet folgerichtig nicht nur von Katalog, sondern auch von
"Informationsvermittlung":

> Was er (d.i. Kallimachos) als Gelehrter trieb, war also Vermittlung von Informa-
> tionen aus der Literatur und über die Literatur.

Die alexandrinischen Kataloge sowie die Pinakes von Kallimachos waren für die
Katalogtechnik des Hellenismus und für die römische Kaiserzeit "maßgebliches
und kaum erreichtes Vorbild" (Löffler 1956, 20).

Die wichtigsten theoretischen Grundlagen zur Wissensrepräsentation werden von
Aristoteles (384 – 322 v.Chr.) ausgearbeitet. Hier finden wir Kriterien, nach denen Begriffe voneinander zu differenzieren sind und nach denen Begriffe in eine
hierarchische Ordnung gebracht werden. Die Erkenntnis der Verschiedenheit von
Gegenständen ergibt sich über zwei Schritte, zunächst über das, was zwei Gegenständen gleich ist – Aristoteles nennt dies die "Gattung" – und sodann das, was
beide Gegenstände innerhalb der Gattung als spezifische "Arten" unterscheidet.
Wir lesen in der "Metaphysik" (1057b 34 ff.):

> Dasjenige, das der Art nach verschieden ist, ist von etwas in etwas verschieden,
> und dieses muss beiden zukommen. Wenn etwa ein Lebewesen der Art nach [von
> einem anderen] verschieden ist, so sind beide Lebewesen. Es muss demnach das,
> was der Art nach verschieden ist, zur selben Gattung gehören ... Es muss also an
> sich das eine ein derartiges Lebewesen sein, das andere ein solches, wie etwa das
> eine Pferd, das andere Mensch. Es muss also dieser Unterschied eine Verschie-
> denheit der Gattung sein. Ich verstehe nämlich unter "Unterschied der Gattung"
> eine Verschiedenheit, die die Gattung selbst verschieden macht.

Zu einer Begriffsbestimmung gehören demnach zwingend die Angabe der Gattung und der Unterschied zwischen den Arten (Aristoteles, Topik, Buch 1, Kap. 8):

> (D)ie Definition (besteht) aus der Gattung und den Art-Unterschieden.

Es ist wichtig, stets die jeweils nächstgelegene Gattung zu finden und nicht etwa eine Hierarchieebene zu überspringen (Topik, Buch 6, Kap. 5):

> (H)ierher gehört der Fehler, wenn man die Gattung überspringt, z.B. wenn man die Gerechtigkeit eine Gemütsrichtung nennt, welche die Gleichheit bewirkt ...; denn der Definierende überspringt dabei die Tugend.

Was steuert das Unterscheiden der Arten einer Gattung? Aristoteles hält zwei Aspekte auseinander, zum einen die zufällige Beschaffenheit eines Gegenstandes (etwa dass ein Pferd einen Schwanz hat und ein Mensch nicht) und zum andern die wesentlichen, die spezifischen Merkmale, die den Unterschied ausmachen (im Beispiel: dass der Mensch über Vernunft verfügt und das Pferd nicht). Im Mittelalter wird diese These des Aristoteles auf folgende einprägsame Form gebracht (Menne 1980, 28):

> Definitio fit per genus proximum et differentiam specificam.

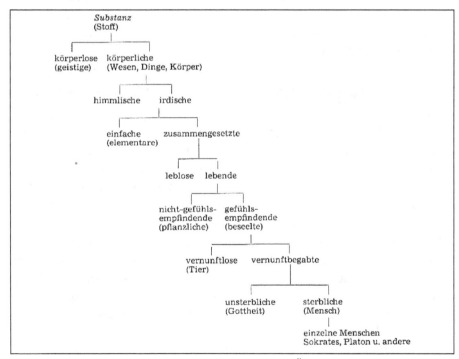

Abbildung 1.1: Der Baum des Porphyrios. *Quelle:* Šamurin 1977, 29.

Die Definition verläuft also über die Angabe des jeweils übergeordneten Gattungsbegriffs (genus proximus) und des wesentlichen Unterschieds zu den anderen Unterbegriffen der selben Gattung (differentia specifica). Leicht ist diese Aufgabe nicht, betont Aristoteles in der Topik (Buch 7, Kap. 5):

> Es ist also klar, dass die Definition am leichtesten zu widerlegen und am schwersten zu begründen ist; denn bei ihr muss alles das, was bei den anderen Bestimmungen nötig ist, bewiesen werden (nämlich dass die aufgestellten Bestimmungen in dem Gegenstande enthalten sind, und dass die aufgestellte Gattung die richtige ist und dass der aufgestellte Begriff dem Gegenstande eigentümlich ist) und daneben auch noch, dass die Definition das wesentliche *Was* des Gegenstandes ausdrückt und dass dies in angemessener Weise geschehen ist.

Durch die Regel, stets den Oberbegriff bei der Definition mit angeben zu müssen, entsteht zwangsläufig nicht nur die genaue Begriffsbestimmung, sondern zusätzlich eine hierarchische Begriffsordnung, etwa eine Klassifikation.

Nachhaltigen Einfluss auf spätere Klassifikationstheorien hat **Porphyrios** (234 – 301) mit seinem Werk "Einleitung zu den Kategorien des Aristoteles" (Porphyrios 1948) ausgeübt. Er selbst hat zwar kein Klassifikationsschema aufgestellt, aus seinen Ausführungen lässt sich aber eine durchgehende dichotome Bildung der Artbegriffe ableiten (Abbildung 1.1). Diese Zweiteilung ist ein Sonderfall, der auf keinem Fall verallgemeinerungsfähig ist und der sich auch nicht durch Ausführungen von Aristoteles begründen lässt.

Mittelalter und Renaissance: Kombinatorische Begriffsordnung und ein Gedächtnistheater

Die Klassifikations- und Katalogpraxis mittelalterlicher Bibliotheken kann nicht an den Stand der Antike anknüpfen, das bibliothekarische Fachwissen etwa aus Alexandria ist vergessen. Die Kataloge sind nunmehr reine Standortverzeichnisse, der Inhalt der Werke findet darin keine Beachtung. Wir schauen uns daher nur zwei theoretische Schöpfungen aus dieser Zeit an, die jeweils versuchen, alle Begriffe oder sogar die Gesamtheit des Wissens zu organisieren.

Raimundus **Lullus** (1232 – ca. 1316) baut ein System auf, das – fundiert durch kombinatorische Prinzipien – alle Begriffe zu erkennen und zu systematisieren hilft (Henrichs 1990; Yates 1982; Yates 1999). Seine „Ars magna" entsteht in mehreren Varianten zwischen 1273 und 1308. Für die unterschiedlichen Stufen des Seins (von der unbelebten Natur über Pflanzen usw. aufwärts bis zu den Engeln und schließlich zu Gott; Yates 1999, 167) konstruiert Lullus Scheiben (Figurae), auf denen jeweils kategoriale Begriffe abgetragen sind, wobei die Begriffe stets durch Buchstaben (z.B. C für Magnitudo in Scheibe A) kodiert sind. Abbildung 1.2 zeigt im oberen Teil die Scheibe A (die Absoluta). Hinzu kommen weitere Scheiben, die konzentrisch angeordnet sind. Durch Drehen der Scheiben entstehen Kombinationen von Begriffen, deren sinnvolle Varianten als Tabula (in der Abbildung unten) festgehalten werden. Vor allem zwei Aspekte sind an Lullus' Werk wichtig, die Kodierung der Begriffe durch eine Art künstlicher Notation (Henrichs 1990, 569) sowie sein Anspruch, durch die Kombinationen nicht nur das gesamte Wissen darstellen zu können, sondern auch Heuristiken anzubieten, noch unbeachtete Wissensregionen aufzufinden. Frances A. Yates (1982, 11) betont:

> There is no doubt that the Art is, in one of its aspects, a kind of logic, that it promised to solve problems and give answers to questions (...) through the manipulation of the letters of the figures. ... Lull ... claimed that his Art was more than a logic; it was a way of finding out and "demonstrating" truth in all departments of knowledge.

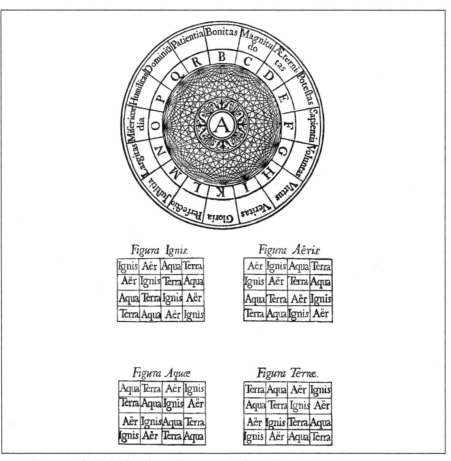

Abbildung 1.2: Beispiel einer Figura und einer Tabula der Ars magna von Lullus. *Quelle:* Lullus 1721, 432A und 432F5.

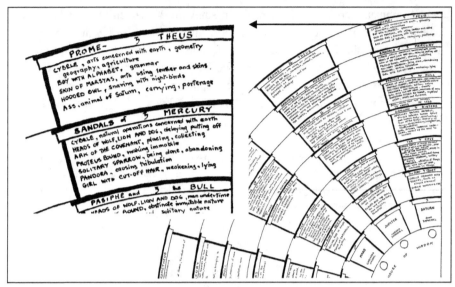

Abbildung 1.3: Camillos Gedächtnistheater in der Rekonstruktion von Frances A. Yates. *Quelle:* Yates 1999, 389.

Im Rahmen von Bemühungen zur Mnemotechnik versucht Giulio **Camillo** (1480 – 1544) um 1530 ein lebendiges Gedächtnistheater zu konstruieren (Camillo 1990). Es geht nicht mehr – wie in der Scholastik – darum, Merksätze aufzustellen und diese auswendig zu lernen, sondern sich das Wissen szenisch anzueignen. Camillo konstruiert für diesen Zweck ein Theater, das "Teatro della Memoria". Hier wird kein starres System von Wissen angelegt, an das ein ansonsten passiver Nutzer herangeführt wird, sondern das Wissen wird aktiv imaginiert (Matussek 2001a). Der Nutzer steht hierbei auf der Bühne eines Amphitheaters, ihm gegenüber auf den in Segmenten unterteilten Rängen befinden sich Bilder und Zeichen sowie Fächer, Kästen und Truhen für Dokumente. Matussek (2001b, 208) berichtet:

> Die zentrale Anweisung der römischen Gedächtnistraktate, *imagines agentes* zu verwenden – Bilder also, die einen emotional "bewegenden" Charakter haben (...) –, wurde nicht mehr nur als bloßes Mittel zur besseren Einprägung verstanden, sondern als Medium der Steigerung von Aufmerksamkeit im Interesse eines emphatischen Er-Innerns. Anspielend auf jene Anweisung, ordnete Camillo die Memorabilia in seiner amphitheatralischen Konstruktion (...) dergestalt an, daß sie "das Gedächtnis erschütterten".

Camillo geht es nicht primär darum, das Wissen geschickt zu ordnen (das ist in den Rängen und Segmenten durchaus – nach magischen bzw. alchimistischen Grundsätzen – geleistet worden), sondern darum, dass dem Besucher das Wissen "ins Auge fällt" und er sich das Wissen leicht erarbeiten und dieses auch behalten kann. Akteur ist der Nutzer, schließlich steht er auf der Bühne, und die Bilder auf den Rängen schauen auf ihn. Camillos Gedächtnistheater ist letztlich eine "Inszenierung von Wissen" im Gegensatz zum "toten Speicherwissen" (Matussek 2001b, 208). Camillo macht klar, dass die Wissensordnung ein Ausdruck (kollektiven) Gedächtnisses ist und dass es – auch – darauf ankommt, das Wissen interaktiv zu präsentieren.

Neuzeit bis 19. Jahrhundert: Wissenschaftsklassifikation, Abstract, Thesaurus, Zitationsindex

In den folgenden Jahrhunderten dominieren Bemühungen, Klassifikationen, vor allem der Wissenschaften, sowohl in theoretischer als auch in praktischer, bibliothekarischer Perspektive aufzustellen. Erwähnenswert sind die allgemeinen Wissenschaftsklassifikationen von Gottfried Wilhelm Leibniz (1646 – 1716) (das sog. "Fakultätssystem", Šamurin 1977, Bd 1., 139 ff.), von Francis Bacon (1561 – 1626) (Šamurin 1977, Bd 1., 159 ff.) sowie die der Enzyklopädisten Denis Diderot (1713 – 1784) und Jean d'Alembert (1717 – 1783) (Šamurin 1977, Bd 1., 187 ff.).

Klassifikationen mit nachhaltigem Einfluss entstehen in den **Naturwissenschaften** im 18. und frühen 19. Jahrhundert. Hier sind Karl von Linné (1707 – 1778) mit seinem Werk "Systema naturae" (1758) sowie Jean-Baptiste de Lamarck (1744 – 1829) mit der "Philosophie zoologique" (1809) zu nennen. In die biologische Nomenklatur wird die bis heute vorherrschende – typisch Aristotelische – Variante der Angabe von Gattung und Art eingeführt (Beispiel: *Capra hircus* für Hausziege; Linné 1758, Bd. 1, 69). Lamarck (1809, Bd. 1, 130) bringt den Gedanken ins Spiel, das Ordnungsprinzip von den komplizierteren zu den einfacheren Organismen hin zu gestalten:

> Parmi les considérations qui intéressent la philosophie zoologique, l' une des plus importantes est celle qui concerne la dégradation et la simplification que l' on observe dans l' organisation des animaux, en parcourant d' une extrémité à l' autre la chaîne animale, depuis les animaux les plus parfaits jusqu' à ceux qui sont les plus simplement organisés.

Sein Ordnungsprinzip führt zu einer Klassifikation nach Wirbeltieren und Wirbellosen und innerhalb der ersten Klasse zu Säugetieren, Vögeln, Reptilien und Fischen sowie bei den Wirbellosen von den Mollusken hinunter zu den Infusiorien (Lamarck, Bd. 1, 216):

> Cette dégradation se montre même dans la nature et la consistance des fluides essentiels et de la chair des animaux car la chair et le sang des mammifères et des oiseaux sont les matières les plus composées et les plus animalisées que l' on puisse obtenir des parties molles des animaux. Aussi, après les poissons, ces matières se dégradent progressivement, au point que, dans les radiaires mollasses, dans

les polypes, et surtout dans les infusoires, le fluide essentiel n' a plus que la consistance et la couleur de l' eau, et que les chairs de ces animaux n' offrent plus qu' une matière gélatineuse, à peine animalisée. Le bouillon que l' on feroit avec de pareilles chairs ne seroit, sans doute, guères nourrissant et fortifiant pour l' homme qui en feroit usage.

Methodisch entwickelt sich die Klassifikationsforschung in der Neuzeit kaum, der Fortschritt liegt eindeutig auf der inhaltlichen Seite.

Klassifikationen und andere Arten von Begriffsordnungen dienen als Informationsfilter; sie unterstützen den Prozess, in einer (auch großen) Menge an Wissen genau das zu finden, was der Nutzer benötigt. In die Neuzeit fällt die Entwicklung einer zweiten Art, mit Wissen umzugehen: die **Informationsverdichtung**. Hier geht es darum, lange Dokumente durch einen kurzen, überschaubaren Text darzustellen. Eine solche Aufgabe erfüllen die ersten wissenschaftlichen Zeitschriften. Der Buchmarkt ist im 17. Jahrhundert bereits so groß geworden, das der einzelne Forscher den Überblick zu verlieren droht. Frühe Zeitschriften wie das "Journal des Scavans" (gegründet 1665) drucken kurze Artikel, die entweder Bücher knapp zusammenfassen oder die aktuell über Forschungsarbeiten und Entdeckungen berichten. In den nächsten zwei Jahrhunderten steigt die Zahl der Zeitschriften stark an, und der vorherrschende Artikeltyp wandelt sich zum ausführlichen Forschungsbericht. Folge ist, dass auch die Zeitschriftenliteratur unüberschaubar wird. Dies führt zur Gründung von Referatezeitschriften (etwa des "Pharmaceutischen Central-Blattes" 1830) und zur "Geburt" von Abstracts (Bonitz 1977).

Im Jahr 1852 erscheint ein **Thesaurus** der englischen Sprache – das erste Mal, das Begriffe und ihre Beziehungen in Form eines Wortschatzes arrangiert werden. Dieses Werk von Peter Mark **Roget** (1779 – 1869) wirkt grundlegend in Richtung Lexikographie, aber auch – allerdings nur sekundär – in Richtung Wissensrepräsentation. Das Werk vereinigt zwei Aspekte, den eines Synonymwörterbuchs mit dem eines thematischen Nachschlagewerkes (Hüllen 2004, 323):

Roget's *Thesaurus* (is) a topical dictionary of synonyms.

Die thematische Ordnung wird durch hierarchische Relationen zwischen Klassen, Sektionen, Gruppen usw. zusammengehalten, z.B. (Hüllen 2004, 323):

Class III. *Matter*,
Section III: *Organic matter*,
Group 2°: *Sensation (1) General*,
Subgroup 5: *Sound*,
Numbered entry articles: 402-19.

Die Artikel enthalten jeweils den Haupteintrag (z.B. ODOUR), gefolgt von den Synonymen (smell, odorament, scent usw.), wobei z.T. Erläuterungen gegeben und Homonyme getrennt werden. Die Ordnung der Haupteinträge innerhalb der jeweils übergeordneten Klassen folgt unterschiedlichen Relationen, u. a. den Antonymen, der Einteilung nach *absolut* (bei *Simply Quantity* zu *Quantity*, *Equality*, *Mean* und *Compensation*) und *relativ* (hier zu *Degree* und *Inequality*) oder nach *endlich* (bei *Absolute Time* u. a. nach *Period* und *Youth*) und *unendlich* (hier zu *course* bzw. *age*). Roget begrenzt seinen Thesaurus künstlich auf 1.000 Haupteinträge; die Begriffsordnung endet mit *Religious institutions*: 1.000 *Temple* (Roget 1852, XXXIX).

W.F. Poole (1878) versucht (allerdings ohne nachhaltigen Erfolg), Thesauri als Vokabular für Kataloge einzusetzen.

Einen völlig anderen Weg als Klassifikation und Thesaurus geht die **Zitationsindexierung** als Form der Wissensrepräsentation. Hier werden bibliographische Angaben im Text, in den Fußnoten oder im Literaturverzeichnis als Träger von Wissen ausgewertet. Nach Vorläufern von Zitationsindices biblischer Stellen in hebräischen Schriften bereits im 16. Jahrhundert (Weinberg 1997) entsteht einer der "großen" Zitationsindices im Jahr 1873. "Shepard's Citations" – erarbeitet von Frank Shepard (1848 – 1900) – erfassen Referenzen auf frühere Gerichtsurteile in aktuellen Fällen, wobei das Urteil von einem Fachexperten qualifiziert (etwa als "positiv zitiert" oder "negativ zitiert") wird (Shapiro 1992).

Dezimalklassifikation, FID und Mundaneum

Eine methodische Revolution erleben Klassifikationsforschung und -praxis mit der "Decimal Classification" (1876) des im Amherst arbeitenden amerikanischen Bibliothekars Melvil **Dewey** (1851 – 1931) (Gordon/Kramer-Greene 1983; Rider 1972; Vahn 1978; Wiegand 1998). Die Grundidee ist einfach. Das Wissen wird stets in maximal zehn Unterbegriffe unterteilt und durch Dezimalzeichen dargestellt. Die Aufstellung der Bücher in der Bibliothek folgt der Klassifikation, so dass thematisch verwandte Werke dicht beieinander stehen. Das Dezimalprinzip führt zwar keineswegs zu leicht merkbaren, "sprechenden" Notationen, gestattet aber einen leichten Umgang mit dem System, ist dieses doch nach unten beliebig erweiterbar. Dewey (1876) betont in der Einleitung zu seiner Klassifikation:

> Thus all the books on any given subject are found standing together, and no additions or changes ever separate them. Not only are all the books on the subject sought, found together, but the most nearly allied subjects precede and follow, they in turn being preceded and followed by other allied subjects as far as practicable. ... The Arabic numerals can be written and found more quickly, and with less danger of confusion or mistake, than any other symbols whatever.

Deweys Dezimalklassifikation erhält seine inhaltliche Ordnung durch den Stand der Wissenschaft zu Mitte des 19. Jahrhunderts. Die erste Hierarchieebene zeigt folgende zehn Klassen:

000   General
100   Philosophy
200   Theology
300   Sociology
400   Philology
500   Natural science
600   Useful arts
700   Fine arts
800   Literature
900   History.

Drei Beispiele sollen den Aufbau von Deweys Klassifikation verdeutlichen (alle aus Dewey 1876):

000   General
    010   Bibliography
        017   Subject Catalogues

500   Natural science
    540   Chemistry
        547   Organic

600   Useful arts
    610   Medicine
        617   Surgery and dentistry.

Šamurin (1977, Bd. 2, 234) würdigt die Stellung Deweys in der Geschichte der Wissensrepräsentation:

> Ungeachtet der … Kritik, die die Dezimalklassifikation hervorrief und weiterhin hervorruft, war ihr Einfluß auf die nachfolgende Entwicklung der bibliotheka-risch-bibliographischen Systematik enorm. Keine einigermaßen bedeutende Klas-sifikation vom Ende des 19. und aus dem Zeitraum des 20. Jahrhunderts konnte an ihr vorübergehen. … Deweys Arbeit schließt einen langen Weg ab, auf dem seine zahlreichen Vorläufer zu Anfang tastend, dann bewusster vorangeschritten waren.

Deweys Werk wird in Europa positiv aufgenommen. Auf Anregungen des belgi-schen Juristen Paul **Otlet** (1868 – 1944) (Boyd Rayward 1975; Levie 2006; Lorphévre 1954) und des belgischen Senators und Nobelpreisträgers Henri **La-Fontaine** (1854 – 1943) (Hasquin 2002; Lorphévre 1954) wird die erste "Interna-tionale Bibliographische Konferenz" 1895 in Brüssel einberufen. Hier wird be-schlossen, Deweys Klassifikation zu überarbeiten und in Europa einzuführen. Seit dieser Zeit existieren zwei Varianten der Dezimalklassifikation: die "Dewey De-cimal Classification" DDC (Neuauflagen und Bearbeitungen von Deweys Werk) sowie die europäische "Classification Décimale Universelle" CDU (erstmals kom-plett im Jahr 1905; in englischer Übersetzung als "Universal Decimal Classificati-on" UDC und 1932/33 in Kurzausgabe in deutsch als "Dezimalklassifikation" DK; McIlwaine 1997). Die CDU enthält gegenüber dem Original eine wichtige Ergän-

zung: die "Hilfstafeln". Diese fungieren als Facetten (z.b. für Orts- und Zeitanga-
ben), wobei die Notationen der Hilfstafeln an jede Notation der Haupttafeln angeschlossen werden können. Dies erweitert einerseits die Ausdrucksstärke der Klassifikation, vergrößert aber andererseits die Gesamtanzahl der Notationen nur un-
wesentlich. Die Hilfstafel für Orte verwendet für Deutschland die Notation (43).
Wir können nun durch Anhängen der (43) jeweils einen Bezug auf Deutschland
herstellen, z.B.

Chemie in Deutschland: 54(43)

oder Chirurgie / Zahnheilkunde in Deutschland: 617(43).

"Nebenbei" gründen Otlet und LaFontaine 1895 das "Institut International de
Bibliographie", das 1931 in "Institut International de Documentation" IID und
1937 in "Federation International de Documentation" **FID** umbenannt wird (FID
1995; Boyd Rayward 1997). Otlet verfasst 1934 eines der Grundlagenwerke der
Dokumentation (Day 1997). Ab 1919 versuchen Otlet und LaFontaine, das gesamte Weltwissen – klassifikatorisch geordnet – an einem Ort zu vereinigen. Doch
dieser Plan des "Mundaneums" scheitert (Rieusset-Lemarié 1997).

Facettenklassifikation

Was in der CDU als Hilfstafel – eher am Rande – begonnen hat, wird vom Inder
Shiyali Ramamrita **Ranganathan** (1892 – 1972) zum Prinzip erhoben. Seine "Colon-Klassifikation" (Ranganathan 1987[1933]) ist durchgehend facettiert, d.h. wir
verfügen nicht über genau ein System von Haupttafeln, sondern über so viele
Teilsysteme, wie jeweils benötigte Facetten vorliegen. Hiermit wird die Starrheit
der Dezimalklassifikationen zugunsten eines synthetischen Ansatzes überwunden.
Die Notation entsteht nicht durch Nachschlagen an einer Systemstelle innerhalb
der Klassifikation, sondern wird bei der Bearbeitung des Dokuments durch Notationen aus den jeweils zutreffenden Facetten zusammengebaut. Neben einer
Grundfacette für die Wissenschaftsdisziplin arbeitet Ranganathan mit fünf weiteren Facetten:

Wer?	Personalität	(Trennzeichen: ,)
Was ?	Material	(;)
Wie?	Energie	(:; deshalb "Colon-Klassifikation")
Wo?	Raum	(.)
Wann?	Zeit	(').

Das Wichtige an Ranganathans System ist nicht die konkrete Ausgestaltung der
Facetten, da diese je nach Anwendungsfall differenzieren, sondern die Idee, aus
mehreren unterschiedlichen Sichten gleichzeitig das Wissen zu repräsentieren.

Gegenwart

Unter der "Gegenwart" verstehen wir Bemühungen zur Wissensrepräsentation ab
der zweiten Hälfte des 20. Jahrhunderts. Hier entstehen parallel zum Information
Retrieval (IR, Kap. 4) Methoden, die sich von der Klassifikation absetzen und
zusätzlich alternative Wege aufweisen, Wissen zu ordnen. Hier können wir uns
kurz fassen, da wir auf alle Methoden und Hilfsmittel in den folgenden Kapiteln
ausführlich zu sprechen kommen.

In einer dezimalen Klassifikation sind die Begriffe in der Regel sehr fein differenziert und setzen sich aus mehreren (begrifflichen) Bestandteilen zusammen (z.B.
DK 773.7: Photographische Verfahren, die organische Substanzen verwenden;
Verfahren mit farbstoffbildenden organischen Verbindungen und mit lichtemp-
findlichen Farbstoffen, z.B. Diazoprozess). Man spricht in diesem Fall von "Präkombination". Man kann aber auch die Bestandteile einzeln hinterlegen (etwa
"Photographie", "organische Substanz", "Farbstoff" usw.) und so ein "**postkoordiniertes**" Indexieren und Recherchieren ermöglichen. Erst der Nutzer setzt beim
Suchen die Begriffe zusammen, während er sie beim präkombinierten Fall bereits
zusammengesetzt vorfindet. Postkoordinierte Ansätze finden wir in der Wissensrepräsentation ab Mitte der 30er Jahre des 20. Jahrhunderts (Kilgour 1997); sie
führen über das "Uniterm System" von Mortimer Taube (1953) zur vorherrschen-
den Methode der Wissensrepräsentation ab ca. 1960, zum Thesaurus. In den spä-
ten 1940er und 1950er Jahren gibt es frühe Bemühungen, terminologische Kontrolle und Thesauri (oder Vorformen) zum Zwecke des Retrieval aufzubauen
(Bernier/Crane 1948; Mooers 1951; Luhn 1953; zur Geschichte vgl. Roberts
1984); ab 1960 ist diese Methode als etabliert zu betrachten (Vickery 1960).

Das Vorbild für viele dokumentarische Thesauri dürften die "Medical Subject
Headings" – kurz "**MeSH**" – der amerikanischen National Library of Medicine
sein, die in 1. Auflage im Jahr 1960 erscheinen (NLM 1960). Wir kennen mit
Rogets Werk bereits einen Thesaurus, doch dieser ist linguistisch orientiert, mit
MeSH (und anderen Thesauri) hält das Thesaurusprinzip Einzug in die Informati-
onspraxis von Fachdisziplinen. Lipscomb (2000, 265 f.) stellt die Bedeutung von
MeSH heraus:

> In 1960, medical librarianship was on the cusp of a revolution. The first issue of
> the new *Index Medicus* series was published. … A new list of subject headings in-
> troduced in 1960 was the underpinning of the analysis and retrieval operation. …
> MeSH was a pioneering effort as a controlled vocabulary that was applied to early
> library computerization.

MeSH enthält eine sich dynamisch entwickelnde Menge von Vorzugsbenennungen (Deskriptoren), die untereinander durch Relationen verbunden sind und die
postkoordiniertes Indexieren bzw. Suchen fundieren.

Begriffe – auch in Fachsprachen – werden oftmals durch diverse synonyme Worte ausgedrückt. Benötigt werden **Nomenklaturen**, die die gebräuchlichen Varianten zu genau *einem* Begriff zusammenfügen und diesen definieren. Maßstäbe setzen hier Chemical Abstracts Services (CAS) mit ihrer CAS Registry Number (Weisgerber 1997). Seit 1965 existiert dieses System, das jeder Substanz und Biosequenz eine eindeutige Nummer zuordnet. So steht beispielsweise die Registry Nummer 58-08-2 für Koffein und die (insgesamt 146) Synonyme sowie die (auch graphisch suchbare) Strukturformel. Weisgerber (1997, 358) stellt fest:

> Begun originally in 1965 to support indexing for *Chemical Abstracts*, the Chemical Registry System now serves not only as a support system for identifying substances within CAS operations, but also as an international resource for chemical substance identification for scientists, industry, and regulatory bodies.

Mit Bezug auf Shepard's Citations stellt Eugene **Garfield** im Jahr 1955 seine Idee eines wissenschaftlichen **Zitationsindex'** vor. Im Gegensatz zum juristischen Zitierindex qualifiziert Garfield die Referenzen nicht, sondern notiert nur das Auftreten der bibliographischen Angabe, da eine solche Bewertung im akademischen Umfeld kaum eindeutig – automatisch – durchgeführt werden kann (Garfield/Stock 2002, 23). Im Jahr 1960 gründet Garfield das Institute for Scientific Information, das in der Folge den "Science Citation Index" und später den "Social Sciences Citation Index" und den "Arts & Humanities Citation Index" produziert (Cawkell/Garfield 2001).

Nicht jede Disziplin verfügt über ein Vokabular, das alle Fachexperten teilen. Insbesondere in geisteswissenschaftlichen Bereichen ist die Terminologie derart vielfältig und der Gebrauch der Terme derart uneinheitlich, dass sich der Aufbau von Klassifikationssystemen oder Thesauri verbietet. In diese Lücke der Informationspraxis dringt Norbert **Henrichs** mit seiner **Textwortmethode** ein. In der philosophischen Dokumentation arbeitet Henrichs (1967) ausschließlich mit dem Termmaterial des konkret vorliegenden Textes und erfasst in den Surrogaten ausgewählte Terme (die als "Sucheinstiege" in den Text verstanden werden) und deren thematische Zusammenhänge.

Im Umkreis der Forschungen zur künstlichen Intelligenz entsteht um 1990 herum die Idee des Einsatzes von **Ontologien**. Es ist dies eine Verallgemeinerung des Ansatzes von Klassifikation und Thesaurus, wobei zusätzlich zu den Begriffsordnungen auch (gewisse) logische Ableitungen vorgesehen werden. Da Ontologien in der Regel sehr komplexe Gebilde darstellen, beschränkt sich deren Anwendung auf überschaubare Wissensgebiete. Eine der bekanntesten Definitionen dieses eher computerwissenschaftlich orientierten Ansatzes der Wissensrepräsentation stammt von Tom R. Gruber (1993, 199):

A body of formally represented knowledge is based on a *conceptualization*: the objects, concepts, and other entities that are presumed to exist in some area of interest and the relationship that hold them (…). A conceptualization is an abstract, simplified view of the world that we wish to represent for some purpose. Every knowledge base, knowledge-based system, or knowledge-level agent is committed to some conceptualization, explicitly or implicitly.

An *ontology* is an explicit specification of a conceptualization. The term is borrowed from philosophy, where an ontology is a systematic account of Existence. For knowledge-based systems, what "exists" is exactly that which can be represented.

Mit dem Aufkommen von "kollaborativen" Webdiensten wird die Erschließung von Inhalten ebenfalls kollaborativ in Angriff genommen. Die Nutzer werden gleichsam zu Indexern. Sie setzen **Folksonomies** (Mathes 2004) ein, Methoden der Wissensrepräsentation, die keinerlei Regeln kennen und deren Nutzen allein durch die Masse an "Tags" (das sind die frei vergebenen Schlagworte) und deren spezifischer Verteilung (etwa: wenige äußerst häufige Tags und ein "langer Schwanz" weiterer Terme oder: recht viele häufige Terme als "langer Rüssel" sowie der "lange Schwanz") entsteht.

Mit den Folksonomies vereinigen die Methoden der Wissensrepräsentation nunmehr alle Gruppen von Akteuren, die mit Wissen und dessen Ordnung befasst sind:

- die Experten im Fach und in der Anwendung der Wissensrepräsentation (Nomenklatur, Klassifikation, Thesaurus, Ontologie),

- die Autoren bzw. dessen Texte (Textwortmethode, Zitationsindexierung),

- die Nutzer (Folksonomy).

Fazit

- Wissensrepräsentation verfügt über eine lange Geschichte, die bis in die Antike zurückreicht. Bemühungen zur Ordnung von Wissen sind sowohl in praktischer Hinsicht (vor allem in Bibliotheken) als auch in theoretischen Überlegungen (der Philosophie) zu beobachten.

- Eine fundamentale Entwicklung ist die Definition von Begriffen durch die Angabe des nächstgelegenen Oberbegriffs sowie der wesentlichen Unterschiede zu den Geschwisterbegriffen bei Aristoteles. Grundgelegt wird hierbei auch die hierarchische Begriffsordnung.

- Im Mittelalter ist die kombinatorische Begriffsordnung mit kodierten Begriffen durch Lullus beachtenswert.

- Die Renaissance wartet mit dem Plan eines Gedächtnistheaters von Camillo mit der Idee auf, Wissen nicht nur zu ordnen, sondern – zugunsten der besseren Aneignung – interaktiv zu präsentieren.

- Im 18. und frühen 19. Jahrhundert finden inhaltliche Fortschritte bei der Ordnung von Begriffen statt. Wichtig sind die Aristotelisch geprägten Nomenklaturen und Klassifikationen von Linné und Lamarck.

- Frühe Formen der Informationsverdichtung durch Abstracts finden sich bei den Referatezeitschriften des 19. Jahrhunderts. Einen (allerdings vornehmlich linguistisch ausgerichteten) Thesaurus stellt Roget, einen Zitationsindex für juristische Literatur Shepard vor.

- Bedeutenden Einfluss auf Klassifikationstheorie und -praxis erlangen die Dezimalklassifikation von Dewey sowie dessen europäische Variante (als CDU, UDC bzw. DK).

- Ab etwa der zweiten Hälfte des 20. Jahrhunderts beginnt ein Siegeszug des postkoordinierenden Indexierens und Recherchierens unter Anwendung eines (dokumentarischen) Thesaurus'. Maßstäbe setzen die "Medical Subject Headings" (MeSH).

- Am Text orientierte Dokumentationsmethoden – ohne Bezug auf vorgegebene Begriffsordnungen – sind die Textwortmethode Henrichs' sowie die Zitationsindexierung akademischer Literatur von Garfield.

- Ontologien erweitern Begriffsordnungen wie Klassifikation und Thesauri durch die Option, auch gewisse logische Schlüsse zuzulassen.

- Folksonomies gestatten Nutzern, Dokumente nach deren Vorlieben mittels frei wählbarer Schlagworte (tags) zu beschreiben.

Literatur

Aristoteles (1970): Metaphysik. – Stuttgart: Reclam.

Aristoteles (2004): Topik. – Stuttgart: Reclam.

Bernier, C.L.; Crane, E.J. (1948): Indexing abstracts. – In: Industrial and Engineering Chemistry 40(4), S. 725-730.

Binswegen, E.H.W. van (1994): La Philosophie de la Classification Décimale Universelle. – Liège: Centre de Lecture Publique.

Blum, R. (1977): Kallimachos und die Literaturverzeichnung bei den Griechen. Untersuchungen zur Geschichte der Biobibliographie. – Frankfurt: Buchhändler-Vereinigung.

Bonitz, M. (1977): Notes on the development of secondary periodicals from the "Journal of Scavan" to the "Pharmaceutisches Central-Blatt". – In: International Forum on Information and Documentation 2(1), S. 26-31.

Boyd Rayward, W. (1975): The Universe of Information. The Work of Paul Otlet for Documentation and International Organization. – Moscow: VINITI.

Boyd Rayward, W. (1997): The origins of information science and the International Institute of Bibliography / International Federation for Information and Documentation. – In: Journal of the American Society for Information Science 48, S. 289-300.

Camillo Delminio, G. (1990): L'idea del Teatro e altri scritti di retorica. – Turin: Ed. RES. – (Original von Il Teatro della Sapientia: 1530; von L'idea del Teatro: 1550).

Casson, L. (2001): Libraries in the Ancient World. – New Haven, London: Yale Univ. Pr.

Cawkell, T.; Garfield, E. (2001): Institute for Scientific Information. – In: Information Services and Use 21(2), S. 79-86.

CDU (1905): Manuel du Répertoire Bibliographique Universel. – Bruxelles: Institut International de Bibliographie.

Day, R. (1997): Paul Otlet's book and the writing of social space. – In: Journal of the American Society for Information Science 48, S. 310-317.

Dewey, M. (1876): A Classification and Subject Index for Cataloguing and Arranging the Books and Pamphlets of a Library. – Amherst, Mass. (anonym).

DK (1932/33): Dezimal-Klassifikation. Deutsche Kurzausgabe. Nach der 2. Ausgabe der Dezimalklassifikation Brüssel 1927/1929, bearb. v. H. Günther. – Berlin: Beuth.

FID (1995): Cent Ans de l'Office International de Bibliographie: 1895-1995. – Mons: Mundaneum.

Garfield, E. (1955): Citation indices for science. A new dimension in documentation through association of ideas. – In: Science 122, S. 108-111.

Garfield, E.; Stock, W.G. (2002): Citation consciousness. – In: Password Nr. 6, S. 22-25.

Gordon, S.; Kramer-Greene, J. (1983): Melvil Dewey: The Man and the Classification. – Albany: Forest Press.

Gruber, T.R. (1993): A translation approach to portable ontology specifications. – In: Knowledge Acquisition 5(2), S. 199-220.

Hasquin, H. (2002): Henri la Fontaine – un Prix Nobel de la Paix: Tracé(s) d'une Vie. – Mons: Mundaneum.

Henrichs, N. (1967): Philosophische Dokumentation. GOLEM – ein Siemens-Retrieval-System im Dienste der Philosophie. – München: Siemens.

Henrichs, N. (1990): Wissensmanagement auf Pergament und Schweinsleder. Die ars magna des Raimundus Lullus. – In: Herget, J.; Kuhlen, R. (Hrsg.): Pragmatische Aspekte beim Entwurf und Betrieb von Informationssystemen. Proceedings des 1. Internationalen Symposiums für Informationswissenschaft. – Konstanz: Universitätsverlag, S. 567-573.

Hüllen, W. (2004): A History of Roget's *Thesaurus*: Origins, Development, and Design. – Oxford: University Press.

Kilgour, F.G. (1997): Origins of coordinate searching. – In: Journal of the American Society for Information Science 48, S. 340-348.

Lamarck, J.B. de (1809): Philosophie zoologique. – Paris: Dentu.

Levie, F. (2006): L'Homme qui voulait classer le monde. Paul Otlet et le Mundaneum. – Bruxelles: Les Impressions Nouvelles.

Linnaeus, C. (= Linné, K. v.) (1758): Systema naturae. – Holmiae: Salvius. – 10. Aufl.

Lipscomb, C.E. (2000): Medical Subject Headings (MeSH). Historical Notes. – In: Bulletin of the Medical Library Association 88(3), S. 265-266.

Löffler, K. (1956): Einführung in die Katalogkunde. – 2. Aufl., bearb. v. N. Fischer. – Stuttgart: Anton Hiersemann.

Lorphèvre, G. (1954): Henri LaFontaine, 1854-1943 – Paul Otlet, 1868-1944. – In: Revue de la Documentation 21(3), S. 89-103.

Luhn, H.P. (1953): A new method of recording and searching information. – In: American Documentation 4(1), S. 14-16.

Lullus, R. (1721): Raymundus Lullus Opera, Tomus I. – Mainz: Häffner.

Mathes, A. (2004): Folksonomies – Cooperative Classification and Communication Through Shared Metadata. – Urbana, Ill.: University of Illinois Urbana-Campaign / Graduate School of Library and Information Science.

Matussek, P. (2001a): Performing Memory. Kriterien für den Vergleich analoger und digitaler Gedächtnistheater. – In: Paragrana. Internationale Zeitschrift für historische Anthropologie 10(1), S. 303-334.

Matussek, P. (2001b): Gedächtnistheater. – In: Pethes, N.; Ruchatz, J. (Hrsg.): Gedächtnis und Erinnerung. – Reinbek bei Hamburg: Rowohlt, S. 208-209.

McIlwaine, I.C. (1997): The Universal Decimal Classification: Some factors concerning its origins, development, and influence. – In: Journal of the American Society for Information Science 48, S. 331-339.

Menne, A. (1980): Einführung in die Methodologie. – Darmstadt: Wissenschaftliche Buchgesellschaft.

Mooers, C.N. (1951): The Zator-A proposal. A machine method for complete documentation. – In: Zator Technical Bulletin 65, S. 1-15.

NLM (1960): Medical Subject Heading. – Washington, DC: U.S. Department of Health, Education, and Welfare.

Otlet, P. (1934): Traité de Documentation. – Bruxelles: Mundaneum.

Poole, W.F. (1878): The plan for a new 'Poole Index'. – In: Library Journal 3(3), S. 109-110.

Porphyrios (1948): Des Porphyrius Einleitung in die Kategorien. – In: Rolfes, E. (Bearb.): Aristoteles. Kategorien. – Leipzig: Meiner.

Ranganathan, S.R. (1987[1933]): Colon Classification. – 7. Aufl. – Madras: Madras Library Association. – (Original: 1933).

Rider, F. (1972): American Library Pioneers VI: Melvil Dewey. – Chicago: American Library Association.

Rieusset-Lemarié, I. (1997): P. Otlet's Mundaneum and the international perspective in the history of documentation and information science. – In: Journal of the American Society for Information Science 48, S. 301-309.

Roberts, N. (1984): The pre-history of the information retrieval thesaurus. - Journal of Documentation 40(4), S. 271-285.

Roget, P.M. (1852): Thesaurus of English Words and Phrases. – London: Longman, Brown, Green, and Longmans.

Šamurin, E.I. (1977): Geschichte der bibliothekarisch-bibliographischen Klassifikation. – 2 Bände. – München: Verlag Dokumentation. – (Original: 1955 [Bd. 1], 1959 [Bd. 2]).

Schmidt, F. (1922): Die Pinakes des Kallimachos. – Berlin: E. Ebering. – (Klassisch-Philologische Studien; 1).

Shapiro, F.R. (1992): Origins of bibliometrics, citation indexing, and citation analysis. – In: Journal of the American Society for Information Science 43, S. 337-339.

Taube, M. (1953): Studies in Coordinate Indexing. – Washington, DC: Documentation, Inc.

Vahn, S. (1978): Melvil Dewey: His Enduring Presence in Librarianship. - Littletown: Libraries Unlimited.

Vickery, B.C. (1960): Thesaurus – a new word in documentation. – In: Journal of Documentation 16(4), S. 181-189.

Weinberg, B.H. (1997): The earliest Hebrew citation indexes. – In: Journal of the American Society for Information Science 48, S. 318-330.

Weisgerber, D.W. (1997): Chemical Abstract Services Chemical Registry System: History, scope, and impacts. – In: Journal of the American Society for Information Science 48, S. 349-360.

Wiegand, W.A. (1998): The "Amherst Method": The origins of the Dewey Decimal Classification scheme. – In: Library & Culture 33(2), S. 175-194.

Yates, F.A. (1982): The art of Ramon Lull: An approach to it through Lull's theory of the elements. – In: Yates, F.A.: Lull & Bruno. Collected Essays, Vol. 1. – London: Routledge & Kegan Paul, S. 9-77.

Yates, F.A. (1999): Gedächtnis und Erinnern. Mnemonik von Aristoteles bis Shakespeare. – Berlin: Akademie-Verlag, 5. Aufl. (Kap. 6: Gedächtnis in der Renaissance: das Gedächtnistheater des Giulio Camillo, S. 123-149; Kap. 8: Lullismus als eine Gedächtniskunst, S. 162-184).

Kapitel 2

Grundbegriffe der Wissensrepräsentation

Wissen

"Information ist Wissen in Aktion" (Kuhlen 1995, 34). Aber was ist Wissen? Was wird durch Information in Bewegung gesetzt (IR, 19-28)?

Nach Karl R. Popper (1973[1972]) ist zwischen subjektivem und objektivem Wissen zu unterscheiden, wobei ersteres das Wissen bestimmter Personen ist und letzteres – unabhängig von Subjekten – in objektiven Wissensspeichern (Büchern, Datenbanken usw.) vorkommt. Wissen ist zunächst formlos (in dem Sinne, dass es losgelöst von jeglichem Träger "als solches" existiert); es muss – zwecks Bewegung – in eine Form gegossen werden (deshalb: in-FORM-ation), um zwischen Subjekten ausgetauscht werden zu können. Desgleichen kommt Information (als Komplex aus Wissen und physikalischem Träger) ins Spiel, wenn aus subjektivem Wissen objektives Wissen (z.B. beim Schreiben eines Buches) fixiert oder wenn aus objektivem Wissen subjektives Wissen (z.B. dem Lesen eines Buches) erarbeitet wird.

Eine einfache, erste Annäherung an Wissen sieht dieses als wahre **Aussagen** an. In Spielarten der Erkenntnistheorie gilt folgende traditionelle Definition von Wissen (Chisholm 1979[1977], 158):

> h wird von S gewußt = Df h wird von S akzeptiert; h ist wahr; und h ist für S fehlerlos evident.

h ist eine Aussage und S ein Subjekt. Chisholm fordert demnach, dass das Subjekt die Aussage h (als wahr) akzeptiert, wobei die Aussage in der Tat (objektiv betrachtet) wahr ist und dass dies nicht nur durch einen glücklichen Zufall so ist, sondern eben "fehlerlos" evident. Man kann solch ein Wissen als "Orientierungswissen" bezeichnen (Kiel/Rost 2002, 35). Nur wenn alle drei Bestimmungsstücke (Akzeptanz, Wahrheit, Evidenz) vorliegen, ist Wissen gegeben. Fehlt einer der Aspekte, so kann solch eine Aussage durchaus – als Information – übertragen werden, doch dann z.B. als Irrtum (wenn Wahrheit und Evidenz nicht gegeben sind), als Annahme (wenn Akzeptanz und Evidenz gegeben sind, aber der Wahrheitsgehalt offen bleibt) oder als Lüge (wenn alle drei Aspekte nicht zutreffen).

Aber diese Aussagen-Sicht auf Wissen greift zu kurz, wie Gilbert Ryle (1946, 8) betont:

> It is a ruinous but popular mistake to suppose that intelligence operates only in the production and manipulation of propositions, i.e., that only in ratiocinating are we rational.

Aussagen beschreiben "knowing that" und vernachlässigen "knowing how". Dabei ist das Gewusst-wie (nicht nur für Ryle) das meist weitaus wichtigere Wissen. **Know-how** ist das Wissen darüber, wie gewisse Dinge zu tun sind. Ryle unterscheidet zwei Arten von Know-how, das Wissen, (a) das rein körperlich vorliegt, und (b) dasjenige, dessen Ausführung durch – rekonstruierbare – Regeln oder Prinzipen gesteuert wird. Die erste, körperliche Spielart von Know-how beschreibt Ryle (1946, 8) folgendermaßen:

> *(a)* When a person knows how to do things of a certain sort (e.g., make good jokes, conduct battles or behave at funerals), his knowledge is actualised or exercised in what he does. It is not exercised (…) in the propounding of propositions or in saying "Yes" to those propounded by others. His intelligence is exhibited by deeds, not by internal or external dicta.

Bei der zweiten Variante von Know-how liegen dem Wissen Grundsätze zugrunde, die zumindest prinzipiell zu benennen sind (Ryle 1946, 8):

> *(b)* When a person knows how to do things of a certain sort (e.g., cook omelettes, design dresses or persuade juries), his performance is in some way governed by principles, rules, canons, standards or criteria. (…) It is always possible in principle, if not in practice, to explain why he tends to succeed, that is, to state the reasons for his actions.

Es ist gemäß Ryle nicht möglich, solches "implizites" Know-how (Ryle 1946, 7) auf Know-that und damit auf Aussagen zurückzuführen. Bei der Know-how Variante (b) ist es nicht ausgeschlossen, das implizite Wissen durch Regeln usw. zu rekonstruieren und damit zu verobjektivieren; Variante (a) lässt dies kaum zu.

Wissen in Bildern

Fixiertes Wissen muss nicht ausschließlich in Texten anzutreffen sein. Auch nicht-textuelle Dokumente – Bilder, Videos, Musik – enthalten durchaus Wissen. Dies wollen wir am Beispiel von Bildern und der Theorie von Erwin Panofsky (2006) vorführen. Zur Veranschaulichung möge sich der Leser "Das letzte Abendmahl" von Leonardo da Vinci vor Augen führen. Gemäß Panofsky existieren drei Ebenen, um aus dem Bild Wissen zu gewinnen. Ein australischer Buschmann – als Beispiel für "jedermann" – betrachtet das Bild und beschreibt den Inhalt durch "13 Männer, alle an einer Seite eines langen Tisches sitzend oder dahinterstehend". Diese semantische Ebene ist für Panofsky "**prä-ikonographisch**", sie setzt beim Betrachter praktische Erfahrungen und Vertrautheit mit gewissen Gegenständen und Ereignissen voraus. Auf der zweiten semantischen Stufe – der "**ikonographischen**" Ebene – benötigt der Betrachter zusätzlich Vorwissen über kulturelle Traditionen und gewisse literarische Quellen sowie eine Vertrautheit mit der thematischen Umgebung des Bildes. Auf der ikonographischen Ebene wird das letzte Abendmahl Christi mit seinen Jüngern erkannt. Die dritte, "**ikonologische**", Wissensebene kann mit Expertenwissen erreicht werden. Unser Beispielbild wird nunmehr als besonders gelungenes Werk Leonardos (etwa wegen der präzisen Darstellung der Perspektive), als Paradebeispiel der Kultur der italienischen Renaissancemalerei oder als Ausdruck einer christlichen Einstellung interpretiert. Panofsky (1975, 50) fasst die drei Ebenen tabellarisch zusammen:

> I *Primäres*, oder *natürliches* Sujet – (A) tatsachenhaft, (B) ausdruckshaft –, das die Welt *künstlerischer Motive* bildet.

> II *Sekundäres* oder *konventionales* Sujet, das die Welt von *Bildern, Anekdoten* und *Allegorien* bildet.

> III *Eigentliche Bedeutung* oder *Gehalt*, der die Welt *'symbolischer'* Werte bildet.

Mit den drei Wissensebenen korrespondieren die drei Interpretationsakte der (I) vor-ikonographischen Beschreibung, (II) der ikonographischen Analyse und (III) der ikonologischen Interpretation. Die beschriebenen drei Ebenen bildhaften Wissens dürften analog auch bei anderen Medien (Filme und Musik) unterscheidbar sein. Auch bei gewissen Texten, vor allem in der Belletristik, erscheint die Dreiteilung des Zugangs zum Wissen angemessen. Die Geschichte vom Fuchs und den Trauben (von Äsop) enthält das primäre Wissen, dass ein Fuchs sowie unerreichbar über ihn hängende Trauben vorkommen und der Fuchs diese wegen des sauren Geschmacks zurückweist. Das sekundäre Wissen sieht die Fabel als Beispiel für das Aufstellen von Ressentiments aus Ohnmacht; und Ebene drei stellt den Text literaturhistorisch in den Kontext antiker Fabeldichtungen.

Subjektives implizites Wissen

Michael Polanyi vertieft Gilbert Ryles Beobachtungen über Know-how. Nach Polanyi verfügt eine Person über mehr Wissen, als diese in der Lage ist, direkt verständlich anderen mitzuteilen. Polanyis (1967, 4) berühmte Formulierung lautet:

> I shall consider human knowledge by starting from the fact that *we can know more than we can tell*. This fact seems obvious enough; but it is not easy to say exactly what is means.

Implizites oder "stillschweigendes" (tacit) Wissen hat diverse Facetten (Polanyi 1967, 29).

> The things that we know in this way included problems and hunches, physiognomies and skills, the use of tools, probes, and denotative language …

Dieses implizite Wissen ist im Körper der Person quasi "eingebettet", die Person nutzt es, wie sie ihren Körper normalerweise einsetzt (Polanyi 1967, X u. XI):

> (The structure of tacit knowing) shows that all thought contains components of which we are subsidiary aware in the focal content of our thinking, and that all thought dwells in its subsidiaries, as if they were parts of our body. …(S)ubsidiaries are used as we use our body.

Wir müssen streng unterscheiden nach der Bedeutung, die die Person mit dem (impliziten) Wissen möglicherweise verbindet, und dem Gegenstand, der diese Bedeutung trägt. Die Person habe einen Gegenstand, sagen wir: ein Werkzeug, in der Hand; der Gegenstand ist der Person also nahe (**proximal**). Die Bedeutung des Gegenstandes kann für die Person durchaus weit entfernt (**distal**) liegen, ja muss nicht einmal bekannt sein. Die (nicht ausgedrückte oder gar nicht ausdrückbare) Bedeutung des Gegenstandes ergibt sich durch dessen Benutzung. Polanyi (1967, 13) führt die beiden Aspekte impliziten Wissens durch ein Beispiel ein:

> This is so ... when we use a tool. We are attending to the meaning of its impact on our hands in terms of its effect on the things to which we are applying it. We may call this the *semantic aspect* of tacit knowledge. All meaning tends to be displayed *away from ourselves*, and that is in fact my justification for using the terms "proximal" and "distal" to describe the first and second terms of tacit knowledge.

Auch explizites Wissen kann durchaus implizite Anteile enthalten. Der Urheber eines Dokuments hat bestimmte Begabungen, ist Kenner gewisser Themen und steht in Traditionen, die alle sein persönliches Wissen (Polanyi 1958) ausmachen. Da diese impliziten Momente dem Leser nicht bekannt sein dürften, ist bei der Weitergabe persönlichen Wissens – auch in schriftlicher, expliziter Form – stets mit Fehlern zu rechnen (Polanyi 1958, 207):

> Though these ubiquitous tacit endorsements of our words may always turn out to be mistaken, we must accept this risk if we are ever to say anything.

Polanyi berührt hier hermeneutische Aspekte (z.B. Verstehen und Vorverständnis); wir werden darauf in Kapitel 5 (s. u. S. 90 ff.) zu sprechen kommen.

Wie kann implizites Wissen weitergegeben werden? Bei distalem impliziten Wissen ist eine Vermittlung nahezu ausgeschlossen, bei proximalem impliziten Wissen geschieht dies gemäß Polanyi durch zwei Methoden. Zum ersten ist es möglich, durch Vor- und Nachmachen der Tätigkeiten Wissen quasi "körperlich" zu vermitteln (Polanyi 1967, 30):

> The performer co-ordinates his moves by dwelling in them as parts of his body, while the watcher tries to correlate these moves by seeking to dwell in them from outside. He dwells in these moves by interiorizing them. By such exploratory indwelling the pupil gets the feel of a master's skill and may learn to rival him.

Die zweite Möglichkeit besteht darin, sich das implizite Wissen einer anderen Person intellektuell durch Nachmachen, genauer: Nach-Denken, anzueignen. Polanyi (1967, 30) arbeitet mit dem Beispiel von Schachspielern:

> Chess players enter into a master's spirit by rehearsing the games he played, to discover what he had in mind.

Nach Polanyi ist es wichtig, eine "Kohärenz" zwischen dem Träger des impliziten Wissens und demjenigen, der dieses Wissen erlangen möchte, herzustellen, sei es körperlich, sei es intellektuell (Polanyi 1967, 30):

> In one case we meet a person skillfully using his body and, in the other, a person cleverly using his mind.

Wenn implizites Wissen problemlos kommuniziert werden soll, muss es in Worte, Modelle, Zahlen usw. umgewandelt werden, die jedermann verstehen kann (Desouza 2003), d.h. es wird **"externalisiert"** (im Optimalfall in schriftliche Dokumente gefasst). Gemäß Ikujiro Nonaka und Hirotaka Takeuchi (1997, 77) geht dies in der Praxis nicht durch klar und deutlich definierte Begriffe und allgemeinverständliche Aussagen, sondern nur durch eher metaphorische und vage Wendungen:

> Externalisierung ist ein Prozeß der Artikulation von implizitem Wissen in explizite Konzepte. In diesem essentiellen Prozeß nimmt das implizite Wissen die Form von Metaphern, Analogien, Modellen oder Hypothesen an. Diese Ausdrucksformen sind jedoch oft unzureichend, unlogisch und unangemessen.

Sollte es nicht möglich sein, das implizite Wissen einer Person nachvollziehbar zu externalisieren, so bleiben uns vier weitere Wege, zumindest Aspekte des Wissens zu bewahren:

- erstens sehen wir die Person selbst als Dokument an und beschreiben es durch Metadaten (z.B. in einer Expertendatenbank),

- zweitens behelfen wir uns derjenigen Artefakte, die die Person erstellt hat und nähern uns von diesen an das ursprüngliche Wissen an (wie beim Schachspieler-Beispiel) oder wir versuchen – wie in Ryles Fall (b) – die handlungsleitenden Regeln zu rekonstruieren,

- drittens gehen wir bei der Person "in die Lehre" (und erarbeiten uns das Wissen körperlich),

- viertens ist es möglich, Informationsprofile der Person durch dessen Vorlieben (etwa bestimmte Dokumente zu lesen) zu erstellen und von dieser Basis auf das implizite Wissen (allerdings unter großer Unsicherheit) zu schließen (Stenmark 2000), oder zu versuchen, Informationsflüsse zwischen Personen zu eruieren und zu visualisieren (Busch/Richards/Dampney 2003). Das "narrative Wissen" der Person wird hier zum Gegenstand des Wissensmanagement, das – gemäß Schreyögg und Geiger (2003) – durch ein "Skill-Management" zu ergänzen ist.

Variante (1) läuft auf "Yellow Pages" hinaus, die spätestens dann nutzlos werden, wenn die Person nicht mehr greifbar ist (z.B. das Unternehmen verlassen hat), Variante (2) behilft sich durch eine Dokumentation der Artefakte (durch Bilder, Videos sowie Beschreibungen) und hofft darauf, dass es einer anderen Person möglich ist, dadurch das ursprüngliche Wissen zu rekonstruieren. Variante (4) ist allenfalls als Ergänzung zur Expertendatenbank geeignet. Der Königsweg dürfte Variante (3) sein, das Einarbeiten in das Wissensgebiet unter Anleitung der Person. Nonaka und Takeuchi (1997, 75) reden in diesem Fall von "Sozialisation". Memmi (2004, 876) findet hierzu klare Worte:

> In short, know-how and expertise are only accessible through contact with the appropriate individuals. Find the right people to talk to or to work with, and you can start acquiring their knowledge. Otherwise there is simply very little you could do (watching videos of expert behavior is a poor substitute indeed).

Die Sozialisation ist eine etablierte Methode im Wissensmanagement, die allerdings nichts mit Informationswissenschaft und Wissensrepräsentation zu tun hat (das Wissen wird hier ja gerade *nicht* repräsentiert, sondern direkt von Person zu Person körperlich weitergegeben). Aus informationswissenschaftlicher Warte haben wir im impliziten Wissen einen Problemfall vor uns, dem wir uns zwar im Rahmen der Wissensrepräsentation (mit den Methoden 1, 2 und 4) annähern, den wir aber nicht erschöpfend lösen können. Implizites Wissen bereitet schon auf der Ebene der Beziehungen zwischen Menschen Probleme; wenn wir in der Wissensrepräsentation zusätzlich ein Informationssystem benötigen, wird das Problem noch weitaus größer. So betonen Reeves und Shipman (1996, 24):

> Humans make excellent use of tacit knowledge. Anaphora, ellipses, unstated shared understanding are all used in the service of our collaborative relationships. But when human-human collaboration becomes human-computer-human collaboration, tacit knowledge becomes a problem.

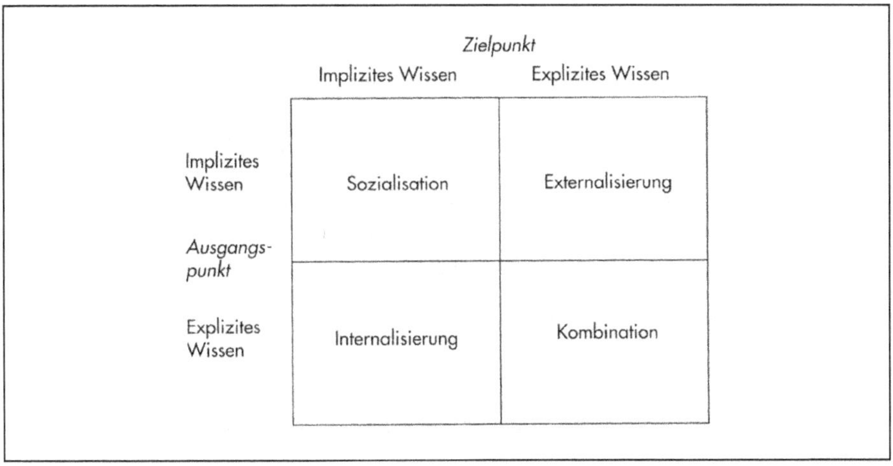

| | Zielpunkt | |
	Implizites Wissen	Explizites Wissen
Ausgangspunkt — Implizites Wissen	Sozialisation	Externalisierung
Ausgangspunkt — Explizites Wissen	Internalisierung	Kombination

Abbildung 2.1: Wissensübergänge nach Nonaka und Takeuchi.
Quelle: Nonaka/Takeuchi 1997, 85.

Wissensmanagement

Im Ansatz von Nonaka/Takeuchi (1997, 85) sind wir mit vier Übergängen von Wissen zu Wissen konfrontiert (siehe Abbildung 2.1):

    1. vom impliziten Wissen einer Person zum impliziten Wissen einer anderen Person (Sozialisation),

    2. vom impliziten Wissen einer Person zum expliziten Wissen (Externalisierung) – mit den beschriebenen ernsthaften Problemen,

    3. vom expliziten Wissen zum impliziten Wissen einer Person (Internalisierung, z.B. durch Lernen),

    4. vom expliziten zum expliziten Wissen (Kombination).

Wissensrepräsentation findet seine Domäne in Externalisierung (soweit möglich) und Kombination. Explizites und damit personenunabhängiges Wissen wird bewahrt und in seinen objektiven Zusammenhängen dargestellt. Für Nonaka und Takeuchi (1997, 84 f.) verläuft der optimale Prozess der Wissensschaffung in Organisationen in Spiralform über alle vier Formen der Wissensübermittlung hinweg (siehe Abbildung 2.2):

> Sozialisation (zielt) auf einen Austausch von implizitem Wissen. Für sich allein ist sie allerdings eine begrenzte Form der Wissensschaffung. Nur wenn das Wissen explizit wird, kann es vom ganzen Unternehmen genutzt werden. Auch die bloße Kombination verschiedener Wissensteile vergrößert den Wissensbestand des Unternehmens eigentlich nicht. Eine echte Innovation ergibt sich erst, wenn implizites und explizites Wissen ... zusammenwirken.

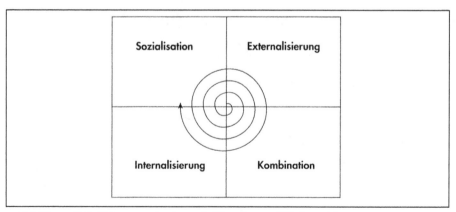

Abbildung 2.2: Wissensspirale nach Nonaka und Takeuchi.
Quelle: Nonaka/Takeuchi 1997, 84.

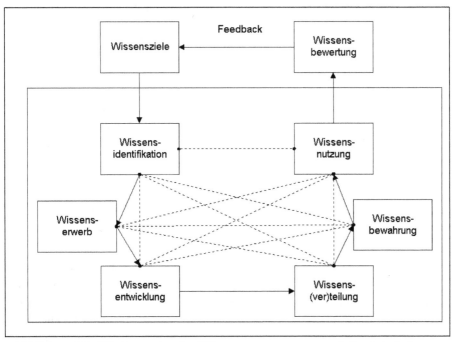

Abbildung 2.3: Die Bausteine des Wissensmanagement nach Probst et al.
Quelle: Probst/Raub/Romhardt 2006, 27.

In Unternehmen sind mehrere Bausteine vonnöten, um Wissensmanagement adäquat durchzuführen (Abbildung 2.3). Gemäß Probst el al. (2006) unterscheiden wir die Arbeitseinheiten (unten im Kasten) von der strategischen Ebene. Strategisch wird vorgegeben, welche Ziele überhaupt erreicht werden sollen. Als erstes gilt es dann, das für das Unternehmen benötigte Wissen zu identifizieren. Dieses kann bereits intern vorhanden sein (und wird aus der Wissensbewahrung abgerufen) oder es liegt extern (im Web, einer Datenbank, bei einem Experten oder wo auch immer) vor und wird beschafft. Wenn kein Wissen abrufbar ist, gilt es, dieses (z.B. durch Forschung und Entwicklung) selbst zu entwickeln. Wissen soll an die richtigen Empfänger gelangen. Hierzu müssen erstens die Wissensproduzenten bereit sein, ihr Wissen zu teilen, und zweitens muss das System in die Lage versetzt werden, das Wissen adäquat zu adressieren, also zu verteilen. Im Unternehmen erarbeitetes Wissen sowie zentral wichtiges externes Wissen muss abrufbar bewahrt werden. Zentral ist der Baustein der Wissensnutzung: Der Empfänger setzt das Wissen in Handlungen um, er schließt Wissenslücken, bereitet Entscheidungen vor oder lässt sich vom System – im Sinne einer Frühwarnfunktion – auf unerwartete Sachverhalte hinweisen. Die Wissensbewertung letztlich evaluiert den operativen Kreislauf und stellt die Ergebnisse in Beziehung zu den vorgegebenen

Zielen. Die Wissensrepräsentation ist vor allem im Baustein der Wissensbewahrung angesiedelt. Wissen mit Relevanz für das Unternehmen wird derart abgebildet, dass es jederzeit optimal verteilt und genutzt werden kann.

Wissensarten

Für Helmut Spinner (1994, 22) ist Wissen – man denke an die "Wissensgesellschaft" – derart wichtig geworden, dass er die Wissensordnung auf die gleiche Stufe wie die Wirtschaftsordnung und die Rechtsordnung einer Gesellschaft stellt:

> Die herausragende Bedeutung dieser für alle Gesellschaftsbereiche *maßgeblichen drei Ordnungen* ergibt sich … für die *Wissensordnung* aus der Funktion des wissenschaftlich-technischen Fortschritts als wichtigster Produktivkraft sowie der außerwissenschaftlichen Information als Massenmedium der Kommunikation und Kontrolle, d.h. als Unterhaltungs- und Verwaltungsmittel.

Solch eine Wissensordnung enthält "Wissen aller Arten, in jeder Menge und Güte" (Spinner 1994, 24), die durch die Triade Form, Inhalt und Ausdruck sowie durch den Geltungsanspruch ihre Ordnungsaspekte erhält. Bei der Betrachtung der Form geht es um die logische Form von Aussagen und deren Anwendungsbereich, wobei Spinner dichotom zwischen allgemeinen Aussagen (Aussagen in Theorien, Gesetzen, z.B. "Alle Objekte fallen, soweit Gravitation vorliegt, nach unten") und singulären Existenzaussagen mit Raum-Zeit-Bezug unterscheidet ("Mein Bleistift fällt in unserem Arbeitszimmer am 24.12.2007 nach unten"). Wissen ist gemäß Spinner inhaltlich leer, wenn nur ein geringer Informationsgehalt gegeben ist (z.B. Unterhaltung oder bei der Werbung), es ist "informativ" bei hohem Informationsgehalt (etwa bei wissenschaftlichen Aussagen oder bei Nachrichten). Der Ausdruck des Wissens zielt auf die Unterscheidung zwischen implizit (tacit knowledge, körperliches Know-how) und explizit (in Dokumenten fixiert) ab. Als epistemische "Zusatzqualifikation" (Spinner 2002, 21) kommt die Geltung des Wissens in Betracht. Eine Geltung kann apodiktisch sein, wenn das betreffende Wissen (wie in Dogmen) als wahr vorausgesetzt wird, sie ist hypothetisch, wenn der Wahrheitsgehalt von Aussagen kritisch hinterfragt wird. Tabelle 2.1 systematisiert die Wissensarten gemäß den vier Ordnungsaspekten. Die (von uns ergänzte) Benennung der jeweiligen Wissensart ist in gewissen Fällen etwas willkürlich, die Tabelle zeigt aber deutlich die Vielfalt der Wissensarten, die zur Repräsentation und Ordnung anstehen.

Eine wichtige – allerdings recht triviale – Unterscheidung, die sich durch viele Wissensarten zieht, ist die nach der Qualifikation von Wissen. In Anspielung auf die Sparten "ernster" bzw. "unterhaltsamer" Musik spricht Spinner von E-Wissen und U-Wissen (Spinner 2000, 179):

Die Vorsortierung (nach Qualifikation, Verf.) zielt darauf ab, aus dem menschlichen Wissen die Qualitätsgattung des wissenschaftlich ausgewiesenen *E-Wissens* herauszuschneiden und vom nicht oder minder qualifizierten *U-Wissen* aller Arten deutlich abzusetzen.

E-Wissen (u. a. wissenschaftliche Literatur, Patente, Rechtsdokumente, Nachrichten seriöser Quellen) bedarf anderer Repräsentationsmethoden und -werkzeuge als U-Wissen (z. B. Bilder und Videos im World Wide Web).

Form 0 (singular) 1 (allgemein)	*Inhalt* 0 (leer) 1 (informativ)	*Ausdruck* 0 (implizit) 1 (explizit)	*Geltung* 0 (apodikt.) 1 (hypothet.)	**Wissenstyp**
0	0	0	0	Traumvision
0	0	0	1	dunkle Ahnung
0	0	1	0	Werbung
0	0	1	1	leere Versprechung
0	1	0	0	körperliches Know-how
0	1	0	1	informierte Annahme
0	1	1	0	ausgesprochenes Vorurteil
0	1	1	1	Prognose
1	0	0	0	pauschales Vorurteil
1	0	0	1	stillschweig. Annahme
1	0	1	0	Leerformel
1	0	1	1	Floskel
1	1	0	0	unbewusstes Vorurteil
1	1	0	1	Alltagstheorie
1	1	1	0	Aktenwissen
1	1	1	1	Theorie

Tabelle 2.1: Wissensarten nach Spinner. *Quelle:* Spinner 2002, 26 (ergänzt).

Lässt sich alles Wissen gleich gut ordnen bzw. repräsentieren? Schon ein flüchtiger Blick auf die Wissensarten in Tabelle 2.1 zeigt, dass dem nicht so ist. Problematisch sind alle Formen mit "0" beim Ausdruck. Auch sollte eine ausgereifte wissenschaftliche Theorie besser zu repräsentieren sein als Traumvisionen oder unterschwellig wirkende Werbebotschaften. Spinner (2000, 21) schreibt hierzu:

> Dass es ordnungsfähige und ordnungsfeindliche Wissensarten, Wissensbestände und Wissenseigenschaften gibt, zeigt bereits ein Blick auf die artenreiche Wissenslandschaft, die sich von impliziten Ahnungen und unartikulierten Ideen bis zu voll ausformulierten ('kodierten') Gesetzestexten und explizit Wort für Wort festgeschriebenen ('heiligen') Texten erstreckt.

Normalwissenschaftliches Wissen

Beschränken wir uns kurz auf wissenschaftliches Wissen! Nach den Ausführungen von Thomas S. Kuhn (1979[1962]) schreitet die Wissenschaft nicht graduell voran, sondern beginnt ihre Forschungen nach Umbrüchen – den wissenschaftlichen Revolutionen – gleichsam stets von vorne. Die Zeiten zwischen den Umbrüchen bezeichnet Kuhn als "Normalwissenschaften". Unter dieser "normalen Wissenschaft" müssen wir uns eine Forschung vorstellen, die von Wissenschaftlern bestimmter Richtung für ihre eigenen Werke und Arbeiten akzeptiert wird. Die Forschung beruht auf wissenschaftlichen Leistungen aus der Vergangenheit und dient der Wissenschaft als Grundlage, sie stellt allgemeine anerkannte Theorien dar, die durch Beobachtung und Experiment angewandt werden. Zusammengehalten wird die Gemeinschaft der Wissenschaftler durch das "**Paradigma**", das sensationell sein muss, um viele Vertreter und Anhänger heranzuziehen und das seinen qualifizierten Vertretern aber auch die Möglichkeit bietet, diverse vom Paradigma vorgegebene Probleme lösen zu können. Die Forscher innerhalb einer Normalwissenschaft bilden eine Gemeinschaft, die sich am gemeinsamen Paradigma orientiert und die auch über die vom Paradigma gesteuerte ebenfalls gemeinsame Terminologie verfügt. Wenn innerhalb der Fachgemeinschaft Einigkeit über die verwendete Fachsprache herrscht, ist es – zumindest theoretisch – problemlos möglich, die Fachsprache durch genau ein System einer Wissensordnung abzubilden. Kuhn (1979[1962], 89) betont die positiven Auswirkungen einer solchen Vorgehensweise:

> Solange die vom Paradigma gelieferten Hilfsmittel (also wohl auch daraus abgeleitete Wissensordnungen, Verf.) sich als fähig erweisen, die von ihm definierten Probleme zu lösen, schreitet die Wissenschaft dann am schnellsten voran und dringt am tiefsten ein, wenn diese Hilfsmittel voll Überzeugung gebraucht werden.

Wir halten fest: In Normalwissenschaften lassen sich zum Wohle der Wissenschaft spezifische Wissensordnungen erarbeiten. Aber es gibt nicht nur die Normalwissenschaften. Es kann vorkommen, dass sich Anomalien zeigen, Beobachtungen, die nicht zum Paradigma passen. Häufen sich Anomalien, entsteht für die Wissenschaftlergemeinschaft eine Krisensituation, in der die Autorität des Paradigmas gelockert wird. Trifft ein neues Paradigma in solch einer Krisensituation auf die Forscher, so ist durchaus eine wissenschaftliche Revolution zu erwarten, der Umschwung im Paradigma, der Austausch der Sichtweisen, der Aufbau einer neuen Wissenschaftlergemeinschaft. Das neue Paradigma muss Voraussagen bieten, die sich von denen des alten (anomalischen) unterscheiden, sonst wäre es für die Wissenschaftler nicht attraktiv. Das heißt aber für Kuhn auch, dass das alte und das neue Paradigma logisch nicht vereinbar sind, das neue hat das alte verdrängt. Beide Paradigmen sind "inkommensurabel", d. h. sie sind unvergleichbar. Für die Wissensordnung des alten Paradigmas bedeutet dies, dass sie ebenso unbrauchbar geworden ist wie das Paradigma selbst und abgelöst werden muss.

Es gibt Wissenschaften, die (bisher) noch nicht den Weg zu einer Normalwissenschaft gefunden haben. Diese befinden sich in der sog. "prä-paradigmatischen" Phase, in denen einzelne Schulen oder "Einzelkämpfer" mit ihrer jeweils eigenen Terminologie die Probleme zu lösen versuchen. Da hier keine verbindliche Terminologie herrscht, ist der Aufbau einer einheitlichen Wissensordnung nicht möglich.

Kuhns Ausführungen beanspruchen nur Gültigkeit für wissenschaftliche Paradigmen. Bei aller Vorsicht scheint aber eine Verallgemeinerung auf alle Wissensarten möglich. Der Aufbau einer verbindlichen Wissensordnung ist nur dann möglich, wenn die Vertreter einer Gemeinschaft (das können außer Wissenschaftlern auch alle Mitarbeiter eines Unternehmens oder die Nutzer eines themenspezifischen Webdienstes sein) eine gemeinsame Sprache sprechen, die dann die Basis der Wissensordnung ausmacht. Gibt es kein gemeinsames Paradigma (z. B. im Unternehmen: die Forscher verfügen über *ihr* Paradigma, die Marketingexperten über ein alternatives), so ergibt die Konstruktion *einer* Wissensordnung aus der Warte genau einer Gruppe nur wenig Sinn. "Revolutionäre Änderungen", bei denen ein Paradigmenwechsel einhergeht, erfordern ebenso revolutionäre Änderungen bei der Wissensordnung.

Aboutness und Ofness

Wissensrepräsentation hat – ohne jede Einschränkung – explizites objektives Wissen zum Gegenstand. Bei subjektivem Wissen muss dieses externalisiert werden, um einer informationswissenschaftlichen Betrachtung (und Bearbeitung) zugänglich zu werden. Dieser Externalisierung sind durch das implizite Wissen eindeutige Grenzen gesetzt. Explizites objektives Wissen ist stets in Dokumenten enthalten (IR, Kap. 7). Für Norbert Henrichs (1978, 161) geht es um

> Wissen im objektivierten Sinne, d.h. von einem (1.) dargestellten (und damit fi-
> xierten) und (2.) systematisierten (d.h. in irgendeiner Form kontextualisierten)
> Wissen, das somit formal (über das zur Darstellung verwendete Zeichensystem
> und dessen materieller Ausprägung) wie logisch (strukturell und inhaltlich) zu-
> gänglich und damit öffentlich verfügbar ist.

Bei der Wissensrepräsentation liegen die Dokumente vor, aus denen das jeweilige
Wissen zu bestimmen ist. Es geht um den Inhalt der Dokumente. Was ist in einem
Buch, einem Aufsatz, einer Webseite, einem Patent, einem Bild, einem Blog-
eintrag, einem Ausstellungsobjekt oder in einem Firmendossier "drinnen"?

Im alltäglichen Leben werden wir häufig damit konfrontiert, einem Gesprächs-
partner irgendwas zu beschreiben: den neuen Film, den wir gerade gesehen haben
oder das Buch, das wir zur Zeit lesen. Wir beantworten die Frage, worüber der
Film oder das Buch handelt, mit einem oder wenigen Begriff(en) oder liefern eine
kurze Zusammenfassung in Sätzen. Intuitiv erzählen wir den Inhalt des Mediums.
"Das, worüber es geht" wollen wir mit "Themen" benennen. Im Englischen haben
wir mit "Aboutness" eine adäquate Bezeichnung. Eine einheitliche Definition von
"Aboutness" ist in der Literatur allerdings nicht zu finden. So stellt F.W. Lancaster
(2003, 13) treffend fest, dass dieser Term zwar von den meisten akzeptiert und
interpretiert wird, aber dennoch keine klare Sichtweise für die Wissensrepräsentation hervorgebracht hat. Ein Grund für diese Uneinheitlichkeit kann darin gesehen
werden, dass das Problem "Aboutness" Annäherungen von diversen Forschungs-
standpunkten zulässt oder gar erfordert. Dementsprechend bestehen nebeneinander
philosophische, logische, probabilistische, linguistische, pragmatische, kognitive
o. ä. Ansätze.

Warum ist die Identifikation von „Aboutness" ein zentrales Anliegen für die Wissensrepräsentation? Der Kern der Indexierung liegt in der *Entscheidung* des Indexers, was für ein Thema das Dokument umfasst und welche Terme als Schlüsselterme selektiert werden. Dies soll keine willkürliche Entscheidung sein, sondern
eine Entscheidung mit Blick auf den potentiellen Nutzer, mit dem Ziel, dessen
Informationsbedarf erfolgreich zu befriedigen. Ähnliche Schwierigkeiten treffen
auch diejenigen an, die ein Abstract verfassen. Der Mensch ist zwar intuitiv dazu
fähig, die Bedeutung von "Aboutness"" zu verstehen; es ist aber umso schwieriger
für ihn – wenn nicht gar unmöglich – exakt zu beschreiben, was im Einzelnen bei
dieser Entscheidung vor sich geht. Dokumente haben ein Inhaltsthema. Trifft der
Indexer die passende Entscheidung? Sind wir nur auf sein intuitives, implizites
Wissen angewiesen?

Eine dokumentarische Bezugseinheit enthält Wissen (oder Annahmen, Vermutun-
gen usw. – je nachdem) über spezifische Gegenstände. Diese Gegenstände gilt es
festzumachen, damit danach gesucht werden kann. Die Aboutness oder die behandelten Themen sind stets in das objektive Wissen ("What?") und das subjektive

Wissen desjenigen, der das Wissen bearbeitet ("Who?"), zu trennen. Peter Ingwersen (1992, 227) definiert "Aboutness":

> Fundamentally, the concept refers to "what" a document, text, image, etc., is about and the "who" deciding the "what". ... (A)boutness is dependent on the individual who determines the "what" during the act of representation. Aboutness is devided into author aboutness, indexer aboutness, user aboutness and request aboutness.

Ingwersen geht es darum, die kognitiven Mannigfaltigkeiten bei der Interpretation von dokumentarischen Bezugseinheiten herauszustellen. Da jeder Akteur in einem eigenen sozialen Zusammenhang steckt, haben auch die Repräsentationen einen unterschiedlichen kognitiven Ursprung. Ebenso hängen die diversen Repräsentationsstile von den Konventionen des Fachgebietes oder den Medien ab. Die Typologie von Aboutness wird von Ingwersen (2002, 289) spezifiziert:

1. Author aboutness, i.e., the *contents as is*;

2. Indexer aboutness, i.e., the *interpretation of contents* (subject matter) with a purpose;

3. Request aboutness, i.e., the user or intermediary interpretation or *understanding of the information need* as represented by the request;

4. User aboutness, i.e., *user interpretation* of objects, e.g., as *relevance feedback* during interactive IR or the use of information and giving credit in the form of references.

Der Autor bearbeitet seine Themen und formuliert die Resultate in einer natürlichen Sprache (oder in einem Bild, einem Film, einem Musikstück usw.). Die Interpretation des Indexers basiert auf der dokumentarischen Bezugseinheit und ist unterschiedlich von der des Autors. Einerseits ist das Indexieren auf das komplette Dokument gerichtet, andererseits werden neue Perspektiven zum Inhalt hinzugefügt. Da Indexierungsterme bzw. Deskriptoren limitiert sind, wird hier eine Reduktion vorgenommen (Ingwersen 2002, 291).

Ein menschlicher Indexer konzentriert sich auf den Text (das Bild usw.) und beschreibt ihn durch gewisse Schlagworte oder Stichworte. Ein menschlicher Abstractor versucht, die wesentlichen Themen der Vorlage in ein kurzes Referat zu verdichten. Indexer und Abstractor arbeiten nicht immer gleich, ihre Leistungen sind Schwankungen unterworfen. So gibt es sicherlich schlechte "Montags-Abstracts". Sowohl der Indexer als auch der Abstractor können durch Maschinen ersetzt werden. Deren Leistungen schwanken nicht; ob sie jedoch die Qualität der menschlichen Bearbeitung erreichen können, soll zunächst offen bleiben. Die durch Indexer und Abstractor erarbeiteten Themen werden den Nutzern angeboten; hierzu nützen Listen der Indexterme sowie die Nutzerschnittstellen der Retrievalsysteme. Die "user aboutness" sind die Themen des Informationsbedürfnisses des Nutzer, also das, was dieser zur Lösung seiner problematischen Situation an Wissen zu benötigen meint. Letztendlich formuliert der Nutzer seinen Informationsbedürfnis an einem Thema durch eine spezifische Formulierung seiner Nachfrage.

Ausgehend von der Voraussetzung, dass beim Lesen eines Dokuments unsere innere Erfahrung uns mitteilt, worüber es im Text geht, korreliert M.E. Maron das menschliche Verhalten zum Dokument: Es geht hierbei um das Fragen und Suchen nach Informationen. Der Indexer hat dabei die Aufgabe, die Frage nach der erwarteten Suche bzw. dem Suchverhalten derjenigen, die mit dem Dokument zufrieden gestellt würden, vorherzusagen und zu beantworten. Maron (1977, 40) geht noch weiter, er reduziert Aboutness auf das Selektieren von Termen:

> I assert that for indexing purposes the term (or terms) you select is your behavioural correlate of what you think that document is *about* – because the term is the one you would use to ask for that document. So we arrive at the following behavioural interpretation of *about*: The behavioural correlate of what a document is *about* is just the index term (or terms) that would be used to ask for that item. How you would ask is the behavioural correlate (for you) of what the document in question is *about*.

Aussagen über Dokumente, Terme und Dokumentthemen werden in einer Dokument-Term-Matrix angeordnet und deren Relationen betrachtet. Maron unterscheidet drei Konzepte von Aboutness: "S-about" betrifft die subjektive Erfahrung, die Beziehung zwischen Dokument und dem Resultat der inneren Erfahrung des Lesers. Dieses eher psychologische Konzept wird bei "O-about" durch das Heranziehen eines externen Beobachters verobjektiviert; es bezieht sich auf das aktuelle oder mögliche Individualverhalten von Fragen und Suchen nach Dokumenten. Bei "R-about" kommt es auf das Informationssuchverhalten einer Nutzergemeinschaft im Retrieval an. Ziel dieser operationalen Beschreibung von Aboutness ist es, Wahrscheinlichkeitsverteilungen aufzudecken, z.B. das Suchverhalten von denjenigen, die mit bestimmten Dokumenten zufrieden sind. Ein Dokument "ist R-about", wird in solchen Termen, die zur Abdeckung des Informationsbedarfs führen und mit denen andere Nutzer suchen würden, erklärt. Es ist das Verhältnis zwischen der Anzahl der Nutzer, deren Informationsbedürfnis durch ein Dokument gestillt wurde, insofern sie bestimmte Terme bei ihrer Anfrage benutzten und der Anzahl der Nutzer, deren Informationsbedürfnis durch das Dokument (zunächst) beseitigt wurde.

P.D. Bruza, D.W. Song und K.F. Wong (2000) sehen zwar den Vorteil der Theorie Marons in der Möglichkeit eines empirischen Tests, bezweifeln aber, dass sich die qualitativen Eigenschaften von Aboutness mit wahrscheinlichkeitstheoretischen Mengen verbinden lassen. Einige Eigenschaften von Aboutness lassen sich – so Bruza et al. – in den Kontext eines gegebenen Retrievalsystems, aber nicht in der Perspektive des Nutzers wiederfinden. Als Lösung wird die Aufzählung von Commonsense-Eigenschaften und deren logische Verbindung entwickelt. Selbst die Perspektive von "Nonaboutness" wird berücksichtigt und formalisiert. Lancaster (2003, 14) bemerkt hierzu:

> In the information retrieval context, nonaboutness is actually a simpler situation because the great majority of items in any database clearly bear no possible relationship to any particular query or information need (i.e., they are clearly "nonabout" items).

Es ist allerdings fraglich, ob die Komposition von grundlegenden Informationsträgern (basic information carriers) nach logischen Kriterien dem praktischen Problem gerecht wird.

Was und für wen will der Autor übermitteln; und was erwartet der Leser vom Dokument? Diesen zwei zentralen Fragen widmet sich W.J. Hutchins, indem er Aboutness von der linguistischen Seite betrachtet. Die linguistische Analyse der Struktur von Texten zeigt, dass in den Sätzen, Paragraphen oder im gesamten Text einerseits etwas Gegebenes, etwas bereits Bekanntes, und andererseits etwas Neues dargestellt wird. Hutchins (1978, 173f.) schreibt:

> In any sentence or utterance, whatever the context in which it may occur, there are some elements which the speaker or writer assumes his hearer or reader knows of already and which he takes as 'given', and there are other elements which he introduces as 'new' elements conveying information not previously known.

Gegebene Elemente stehen in Relation zum vorangegangenen Diskurs oder zu vorher beschriebenen Gegenständen bzw. Ereignissen und werden von Hutchins mit "theme" bezeichnet. Unvorhersagbare, neue Elemente heißen "rheme". Charakteristikum aller Texte ist die semantische Weiterentwicklung. Genauso verfährt auch der Autor, wenn er ein Dokument verfasst. Er setzt, wenn er über etwas schreiben will, eine gewisse Ebene des Wissens voraus, etwa linguistische Kompetenz, allgemeines Wissen, einen sozialen Hintergrund oder schlichtweg Interesse. Durch diese Vorannahmen möchte er den Kontakt zum Leser herstellen. Der Leser schließlich zeigt sein Interesse, indem er einerseits etwas Neues lernen möchte, aber andererseits nicht durch zuviel Vorwissen, was er nicht hat, überfordert wird. Aboutness bezieht sich nach Hutchins auf den Text des Autors. Demgemäß soll der Indexer nicht sein eigenes Bild vom Text an irgendwelche Nutzer herantragen, sondern jede Beeinträchtigung zwischen Dokument und Leser minimieren. Indexer sollen nur solche Topics und Terme benutzen, die auch vom Autor des Textes für seine Leser vorausgesetzt werden (Hutchins 1978, 180):

> My general conclusion is that in most contexts indexers might do better to work with a concept of ‚aboutness' which associates the subject of a document not with some 'summary' of its total content but with the 'presupposed knowledge' of its text.

Hutchins lässt aber Ausnahmen für Abstracting-Services und spezialisierte Informationssysteme zu. Abstracting hat als Dienst die Zusammenfassung. Spezialisierte Informationssysteme sind auf eine gewisse bekannte Nutzergruppe zugeschnitten; die Nutzerwünsche dürften dort bekannt sein.

Shawky Salem (1982) konzentriert sich auf die Tiefenindexierung und analysiert zu diesem Zweck ein Dokument nach zwei Gesichtspunkten. Der **Kern** (core), normalerweise das zentrale Thema, das über den gesamten Inhalt des Dokuments geht, wird durch einen Term repräsentiert. Die "graduated" Aboutness enthält viele Themen, die durch verschiedene Schlüsselterme (starke Relation zum Kern) und andere Terme, die wenig oder nichts mit dem Kern zu tun haben, abgebildet werden. Nach Salem liegt die Schwierigkeit des Indexers darin, die Kernterme und die zum Kernthema abgestuften Terme zu identifizieren. Anhand einer empirischen Untersuchung stellt er fest, dass die Menge der Terme mit starken Relationen zum Kern die Menge der Terme ohne Relation zum Kern überschreiten sollte.

Verfügt ein Dokument über mehrere semantische Ebenen – wie dies grundsätzlich bei Bildern, Videos und Musikstücken, sowie teilweise bei belletristischen Texten vorliegt –, so müssen wir diese auch bei den Themen unterscheiden. In der informationswissenschaftlichen Literatur hat sich der Unterschied zwischen **Ofness** und Aboutness durchgesetzt (Lancaster 2003, 13 f.; Layne 2002; Turner 1995). Ofness bezieht sich auf die prä-ikonographische Ebene Panofskys, während sich die Aboutness der ikonographischen Ebene zuwendet. Die dritte Ebene der Ikonologie spielt für die Informationswissenschaft keine Rolle, da es sich hier um fachwissenschaftliche (z.B. kunsthistorische) Fragestellungen handelt. Unser Beispiel vom "letzten Abendmahl" hätte demnach die Ofness "Dreizehn Männer, langer Tisch, hallenartiger Raum" und die Aboutness "Letztes Abendessen Jesu mit seinen Jüngern kurz nach der Bekanntgabe, dass einer seiner Getreuen ihn verraten wird". Während die Ofness einigermaßen klar ausgewertet werden kann, ist die korrekte Erschließung der Aboutness ausgesprochen schwierig (Svenonius 1994, 603). In Datenbanken, die Bilder oder Videos auswerten (z.B. bei Film- oder Rundfunkunternehmen) müssen beide Aspekte strikt auseinander gehalten werden.

Gegenstände: Objekte und Sachverhalte

Aboutness und Ofness von Dokumenten zeigen an, worum es jeweils geht. Dieses "Worum" sind die Themen, genauer: die thematisierten Gegenstände. Der Begriff des Gegenstands ist sehr weit zu sehen; hierunter fallen reale Gegenstände (wie das Buch, das Sie in der Hand halten), theoretische Gegenstände (z.B. der Gegenstand der Mathematik), fiktive Gegenstände (wie Äsops Fuchs) und sogar physikalisch wie logisch unmögliche Gegenstände (z.B. ein goldener Berg und ein rundes Viereck). Gemäß der Gegenstandstheorie von Alexius Meinong (1904) sind wir mit drei Aspekten konfrontiert: (1.) dem Gegenstand (der außerhalb eines erkennenden Subjekts existiert), (2.) dem Erlebnis (das Pendant zum Gegenstand beim erkennenden Subjekt) sowie (3.) ein psychischer Akt, der zwischen Gegenstand und Erlebnis vermittelt.

Gegenstände haben nach Meinong zwei wichtige Arten: Objekte sind einzelne Gegenstände, Sachverhalte (bei Meinong "Objektive" genannt) verbinden Objekte. Auf der Erlebnisseite korrespondiert dem Objekt die Vorstellung und dem Sachverhalt das Denken. Der psychische Akt verläuft in zwei Richtungen: vom Objekt zur Vorstellung als Empfindung, von der Vorstellung zum Objekt als Phantasie. Analoges gilt für Urteil und Annahme auf der Ebene der Sachverhalte und dem Denken.

Gegenstände in Dokumenten sind damit stets aus zwei Richtungen zu analysieren, als spezifisches Objekt und gemeinsam mit anderen Objekten im Kontext des Sachverhalts. Objekte werden in Surrogaten durch Begriffe, Sachverhalte durch Aussagen beschrieben. Der erste Aspekt führt zu den Informationsfiltern, der zweite zur Informationsverdichtung.

Wissensrepräsentation – Wissensorganisation – Wissensordnung

Wir sind bei der Abbildung der thematisierten Gegenstände in Dokumenten mit drei Aspekten konfrontiert: Wissensrepräsentation, Wissensorganisation und Wissensordnung. Alfred Kobsa (1982, 51) führt eine recht allgemeine Definition für **Wissensrepräsentation** ein:

> Repräsentation des Wissens W durch X in einem System S.

Wissen (W) ist in Dokumenten fixiert, die wir in stets gleiche Einheiten, die dokumentarischen Bezugseinheiten, zerlegen (IR, 54-57). "Dokument" wird sehr breit verstanden; hierunter fallen sowohl textliche Dokumente (Publikationen, nicht publizierte Texte) als auch nicht-textuelle Dokumente wie gesprochene Sprache, Musik, Bilder und Videos sowie wissenschaftliche Fakten, Wirtschaftsinformationen (Produkte, Unternehmen, Branchen) und Museumsobjekte bzw. Kunstwerke (IR, 82-93). S steht für ein (heutzutage in aller Regel) digitales System, das das Wissen W durch Surrogate darstellt. Diese Surrogate X sind mannigfacher Natur, je nachdem wie man das W in S – je nach Sachlage – repräsentieren möchte. X in einer populären Web-Datenbank für Videos sieht gänzlich anders aus als X' in einer Datenbank zu akademischer Literatur. Es geht um Wissensrepräsentation durch Sprache (Dietze 1994, 8), genauer: durch Begriffe und Aussagen, unbeachtet dessen, ob das Wissen in einem textuellen Dokument, einem nicht-textuellen Dokument (etwa Bild, Film, Musikstück) oder einem Fakten-Dokument angetroffen wird. Wir arbeiten hier stets mit **Begriffen**, nicht mit Worten und auch nicht mit nicht-textuellen Repräsentationsformen. Insbesondere die

Literatur der Informatik verwendet den Begriff des Konzepts (z.B. Reimer 1991, 17), den wir synonym zu "Begriff" einsetzen.

Dies unterscheidet den Ansatz der Wissensrepräsentation vom "content-based information retrieval" (IR, 509-530), bei dem das Bild- oder Tondokument nicht begrifflich, sondern durch den eigenen Inhalt (beim Bild z.B. durch Farbe, Textur und Gestalten; bei Musik u. a. durch Tonhöhe, Rhythmus, Melodie, Harmonie und Klangfarbe) beschrieben wird. Und dies unterscheidet diesen Ansatz auch von rein wortorientierten Methoden, wie wir sie z.B. bei der Textstatistik (IR, Kap. 19) vorfinden.

Wenn wir von "Repräsentation" sprechen, ist dies nicht in einem mathematischen Sinne als eindeutige Abbildung zu verstehen (so etwas ist in der Praxis der Inhaltserschließung – wenn überhaupt – nur schwer zu erreichen), sondern weitaus schlichter als Vertretung. Diese Lesart verdanken wir Gadamer (1975, 134):

> Die Bedeutungsgeschichte dieses Wortes (Repräsentation; Verf.) ist äußerst lehrreich. Das den Römern vertraute Wort erfährt nämlich im Lichte des christlichen Gedankens der Inkarnation ... eine ganz neue Bedeutungswendung. Repräsentation heißt nun nicht mehr Abbildung oder bildliche Darstellung ..., sondern es heißt jetzt Vertretung.

X vertritt das ursprüngliche Wissen des Dokuments; das Surrogat ist der **Vertreter** – der Repräsentant – der dokumentarischen Bezugseinheit im System S.

Im Umkreis der Künstlichen-Intelligenz-Forschung wird unter Wissensrepräsentation auch das automatische Schlussfolgern verstanden. Dies sind Ableitungen der Art: *Wenn* das und das der Fall ist, *dann* ist auch dieses und jenes der Fall. Wenn wir beispielsweise in einem System über das Wissen "Alle Lebewesen, die Federn besitzen, sind Vögel" verfügen und zusätzlich wissen "Hansi hat Federn", so ist es dem System möglich, automatisch zu folgern "Hansi ist ein Vogel" (Vickery 1986, 153). Insbesondere im Kontext der Ontologien werden wir auf dieses Thema zu sprechen kommen.

Wenn wir auf die Aspekte des Schlussfolgerns und der Informationsverdichtung verzichten, sprechen wir von "**Wissensorganisation**". Wissen wird durch Begriffe "organisiert". Die etymologische Wurzel von "organisieren" geht auf das griechische *Organon* zurück, was ein Hilfsmittel oder Werkzeug bezeichnet. Ewald Kiel und Friedrich Rost (2002, 36) beschreiben das "Organisieren von Wissen":

> Die grundlegende Einheit, die ... organisiert wird, sind Begriffe und Begriffsverknüpfungen. ... Dabei ist Organisation weitaus mehr als nur eine Ordnung der in den Dokumenten *vorgefundenen* oder der den Dokumenten *zugeschriebenen* Begriffe.

Dass Wissen in Dokumenten vorhanden ist, heißt noch lange nicht, dass es für einen Nutzer jederzeit problemlos vorläge. Die Zugänglichkeit bzw. Verfügbarkeit sicherzustellen bedarf der Organisation des Wissens, wie Henrichs (1978, 161 f.) klarstellt:

> Organisation meint dabei: Maßnahmen zur Beherrschung aller Vorgänge der Zugänglichmachung / Verfügbarkeit, d.h. aber auch der Vermittlung solchen Wissens, und zugleich die Institutionalisierung dieser Vermittlung.

In gewissen Wissensdomänen ist es möglich, Wissen nicht nur zu organisieren, sondern mittels eines vorgegebenen Systems zu ordnen. In Bereichen, die sich nicht normalwissenschaftlich verhalten, ist diese Option nicht gegeben. Hier bleiben nur solche Organisationsmethoden übrig, die keine vorgefertigten Ordnungssysteme an das Wissen herantragen, sondern entweder das Wissen direkt den Dokumenten entnehmen (wie z.B. die Textwortmethode oder die Zitationsindexierung) oder Nutzer die Dokumente frei verschlagworten lassen (Folksonomy). Die **Wissensordnung** (im informationswissenschaftliche Sinne, nicht in der überhöhten Version von Spinner), manchmal auch "Dokumentationssprache" genannt, ist stets eine Ordnung von Begriffen, mittels derer Dokumente und deren Aboutness und Ofness repräsentiert werden. Gängige Methoden der Wissensordnung sind die Schlagwortmethode, Thesauri und Klassifikationssysteme. Die Ontologie hat eine Sonderstellung, da sie sowohl über eine Begriffsordnung als auch über eine Komponente automatischen Schließens verfügt.

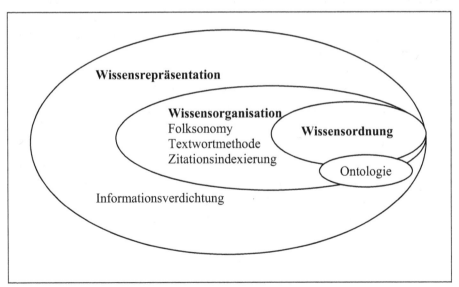

Abbildung 2.4: Gegenstandsbereiche von Wissensrepräsentation, Wissensorganisation und Wissensordnung.

Abbildung 2.4 fasst das Gesagte schematisch zusammen. Der engste Begriff ist der der Wissensordnung; die Wissensorganisation umfasst alle Wissensordnungen und zusätzlich weitere nutzer- wie textorientierte Verfahren. Als allgemeinsten Begriff verwenden wir die Wissensrepräsentation, die die Wissensorganisation, die Ontologie (einschließlich der Logik) sowie die Informationsverdichtung in sich vereinigt.

Methoden der Wissensrepräsentation

Die vielfältigen Methoden, die die Wissensrepräsentation bereithält, lassen sich zwanglos nach den hauptsächlich beteiligten Akteuren in drei große Gruppen einteilen (Abbildung 2.5). Wissensordnungen wie Schlagwortmethode, Klassifikation, Thesaurus und Ontologie benötigen professionelle Spezialisten, und zwar für zwei völlig unterschiedliche Arbeiten:

- den Aufbau spezifischer Werkzeuge auf der Basis einer der genannten Methoden (z.B. die Erarbeitung und Pflege des "Standard-Thesaurus Wirtschaft")
- den praktischen Einsatz dieser Werkzeuge, das Indexieren (z.B. das Auswerten der Themen eines wirtschaftswissenschaftlichen Fachartikels mithilfe der Begriffe des "Standard-Thesaurus Wirtschaft").

Bei "Ontologie" sei eine terminologische Anmerkung gestattet! Dieser Begriff wird in der Literatur nämlich nicht einheitlich gebraucht (Gilchrist 2003; Panyr 2006). Es gibt Autoren, die "Ontologie" synonym zu "Wissensordnung" verwenden, darunter also auch Thesauri und Klassifikation – dann jedoch nicht zu unterscheiden – fassen. Wir folgen dieser Terminologie nicht. Wir verstehen unter einer "Ontologie" (in einem engen Sinne) eine spezifische Begriffsordnung, die zusätzlich über Mechanismen automatischen Schließens verfügt.

Wissensordnungen stellen eigene (Kunst-)Sprachen dar; sie verfügen wie jede andere Sprache auch über ein Lexikon und über Regeln. Sie können überall dort eingesetzt werden, wo normalwissenschaftliche Zustände herrschen.

Der Autor hat ein Dokument kreiert, das nunmehr für sich selbst spricht. Ist das Dokument ein Text, so können spezifische Sucheingänge in den Text durch Markierung bestimmter Schlüsselworte (im einfachsten Fall: der Titelterme; aber auch im Rahmen der Textwortmethode weitaus elaborierter) kreiert werden. Sind im Dokument Referenzen (z.B. in einem Literaturverzeichnis) vorhanden, so können diese im Rahmen der Zitationsindexierung als Methode der Wissensorganisation ausgewertet werden. Textsprachliche Methoden der Wissensorganisation finden ergänzend zu den Wissensordnungen Einsatz. In nicht-normalwissenschaftlichen Wissensbereichen (wie z.B. in der Philosophie) spielen sie eine wesentliche Rolle,

da hier keine Wissensordnungen erstellbar sind. Auf nicht-textuelle Dokumente
sind diese Methoden natürlich nicht anwendbar.

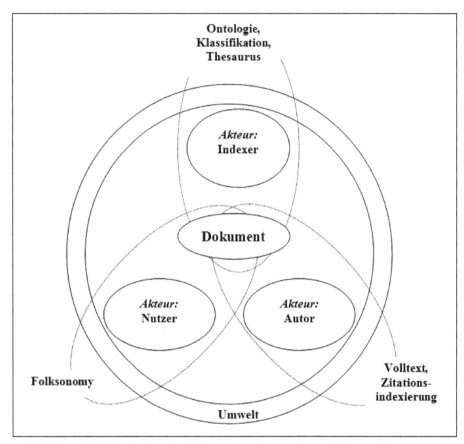

Abbildung 2.5: Methoden der Wissensrepräsentation und deren Akteure.

Folksonomies sind eine Art freier Schlagwortvergabe, wobei die Nutzer der Dokumente ohne jede Regel Wissen "taggen". Arbeiten große Mengen an Nutzern
bei der Wissensorganisation mit, entstehen durch gewisse Verteilungsregelmäßig-
keiten der einzelnen Tags (z.B. dem Power law) interessante Optionen des Su-
chens und Findens. Folksonomies ergänzen jede andere Methode der Wissensrepräsentation. In Bereichen des World Wide Web, in denen mittels algorithmischer
Verfahren derzeit nur schlecht suchbare Dokumenttypen (wie Bilder oder Videos)
in großen Massen vorkommen, stellen Folksonomies (vor allem aus ökonomischen Gründen) oftmals die einzige Möglichkeit dar, die Themen der Dokumente
überhaupt zu indexieren.

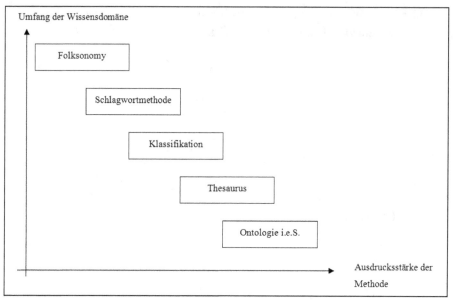

Abbildung 2.6: Ausdrucksstärke von Methoden der Wissensrepräsentation und die Größe der Wissensdomäne.

Es lässt sich ein Zusammenhang zwischen der Größe der Wissensdomäne und der Ausdrucksstärke der Methode der Wissensrepräsentation ausmachen. Auf der Strecke von der Folksonomy über die Schlagwortmethode, die Klassifikation, den Thesaurus hin zur Ontologie gewinnen die Methoden an Ausdrucksstärke: Die Anzahl der unterschiedlichen Relationsarten zwischen den Begriffen steigt beträchtlich. Dies geht jedoch in aller Regel auf Kosten der Größe der Wissensdomäne. Während sich Folksonomies, Schlagwortmethode und Klassifikation nahezu überall einsetzen lassen (etwa als "Universalklassifikation" allen Wissens), sind Thesauri nur auf einzelne Disziplinen und Ontologien z. T. gar nur auf einzelne Spezialprobleme anwendbar.

Es ist mitnichten ausgeschlossen, unterschiedliche Methoden sowie unterschiedliche spezifische Werkzeuge zur Repräsentation eines singulären Dokuments zu benutzen. Man spricht in diesem Fall von "**Polyrepräsentation**". So ist es beispielsweise möglich, unterschiedliche Begriffsordnungen desselben Fachgebiets (etwa einen Wirtschafts-Thesaurus und ein Wirtschafts-Klassifikationssystem) einzusetzen, genau wie in vielen Fällen geraten sein wird, die gleiche Methode, aber mittels Werkzeugen unterschiedlicher Disziplinen an das Dokument heranzutragen. Gerade bei Dokumenten, deren Wissen in Grenzbereichen verschiedener Disziplinen liegt, ist solch ein Vorgehen geraten (z.B. bei einem Text über wirtschaftliche Aspekte einer bestimmten Technik der Einsatz sowohl eines Wirtschafts- als auch eines Technik-Thesaurus'). Larsen, Ingwersen und Kekäläinen (2006, 88) plädieren für den Einsatz von Polyrepräsentation:

> There are many possibilities of representing information space in cognitively different ways. They range from combining two or more complementing databases, over applying a variety of different indexing methods to document contents and structure in the same database, including the use of an ontology, to applying different external features that are contextual to document contents, such as academic citations and inlinks.

Unser Beispiel aus dem Vorwort macht von der Option der Polyrepräsentation ausgiebig Gebrauch.

Indexieren und Referieren

Das Wort "Indexieren" geht auf den "Index" zurück, also auf das Register in einem Buch (Wellisch 1983; zum Erstellen eines Buchregisters vgl. Fugmann 2006, Mulvany 1994). Wir verwenden "Indexieren" im Kontext der Wissensrepräsentation wesentlich weiter: **Indexieren** meint die praktische Tätigkeit des Abbildens der thematisierten Objekte in einer dokumentarischen Bezugseinheit auf das Surrogat, also auf die Dokumentationseinheit, mit Hilfe von Begriffen. Hierbei macht der Indexer von den Methoden der Wissensrepräsentation und den jeweiligen spezifischen Werkzeugen Gebrauch. Er extrahiert aus dem Dokument das Wissen, um das es geht (Aboutness und Ofness) und legt damit diejenigen Begriffe fest, nach denen das Surrogat in einem Informationsfilter (wie ein Goldklumpen in einem Sieb) "hängenbleibt". Das Indexieren geschieht unter Einsatz von Wissensordnungen (Schlagwortmethode, Klassifikation, Thesaurus, Ontologie), von regelgeleiteten weiteren Methoden der Wissensorganisation (Textwortmethode, Zitationsindexierung) oder völlig frei von jeglichen Regeln bei Folksonomies. Indexieren wird entweder durch menschliche Indexer intellektuell oder durch Systeme automatisch durchgeführt. Vollziehen die Arbeit menschliche Indexer, so geht stets – neben dem expliziten Wissen aus den Dokumenten – das implizite (Vor-) Wissen der Personen mit in den Bearbeitungsprozess ein; bei automatischer Indexierung ist das implizite Wissen des Systemerstellers im Programm festgeschrieben worden. Es ist demnach nicht verwunderlich, sondern sogar zu erwarten, dass bei der intellektuellen Indexierung die Surrogate ein und desselben Dokuments von zwei Indexern (oder auch vom selben Indexer zu unterschiedlichen Zeiten) unterschiedlich ausfallen. Bei der automatischen Indexierung sind die Surrogate natürlich identisch – aber möglicherweise alle gleich "schief" oder auch falsch ausgewertet.

Inhaltsverdichtung geschieht durch **Referieren**. Die thematisierten Sachverhalte des Dokuments werden kurz, aber möglichst erschöpfend, in Form von Sätzen z.B. als "Kurzreferat" (Abstract) abgebildet. Je nach Größe der dokumentarischen

Bezugseinheit ist die Reduktion des Gesamtinhalts mitunter beträchtlich. Das Referieren verfolgt das primäre Ziel, dem Nutzer bei den durch die Informationsfilter gefundenen Surrogaten eine Ja/Nein-Entscheidung zu fundieren, ob er das Dokument nun "wirklich" benötigt oder nicht. Referate dienen also nicht – wie die Indexate – dem Suchen nach Wissen, sondern nur der gerafften, "kondensierten", Darstellung der wesentlichen Sachverhalte.

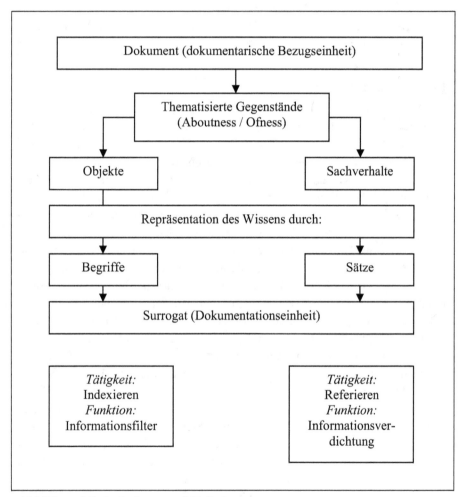

Abbildung 2.7: Indexieren und Referieren.

Wie das Indexieren geschieht auch das Referieren entweder intellektuell oder automatisch. Und wie beim Indexieren sind wir auch hier stets mit dem impliziten Wissen der Abstractors bzw. der Systemdesigner konfrontiert.

Informationsarchitektur

Organisationen (Unternehmen, Behörden usw.) sprechen "ihre" Sprache, haben eine gewisse Unternehmenskultur etabliert und verfolgen – natürlich – ihren speziellen wirtschaftlichen oder öffentlichen Auftrag. Die Wissensrepräsentation muss sich diesen Gegebenheiten anpassen. Nachdem auf einer strategischen Ebene beschlossen worden ist, überhaupt Wissensmanagement durchzuführen, bedarf es bei der Ausarbeitung einer organisationellen Informationsarchitektur (Gilchrist, ed. 2004) dreier grundsätzlicher Entscheidungen:

- Welche Technik (Hardware und Software) setze ich im betrieblichen Wissensmanagement ein?

- Welche Informationsdienste (etwa Web-Auftritt, Intranet, Suchmaschinen, Wikis, Blogs, Groupware usw.) sind nützlich?

- Welche Methoden und Werkzeuge der Wissensrepräsentation sind zu verwenden?

Dieses Buch konzentriert sich auf die Beantwortung der dritten Frage. Welche Methoden der Wissensrepräsentation passen am besten zum jeweiligen Unternehmen? Welche konkreten Werkzeuge müssen aufgebaut sowie gepflegt werden, und wer macht so etwas? Wer indexiert und referiert die jeweiligen Dokumente, eigens eingestellte Indexer und Abstractors (in manchen wissensorientierten Firmen – z.B. Consultants – passend "Harvester" genannt, da sie im Hause erarbeitetes Wissen "ernten" und jederzeit abrufbar bereithalten) oder die Autoren selbst? Erst mit der Wissensrepräsentation wird das Wissen der Organisation und ihrer Mitarbeiter als unverzichtbare Ressource (Evernden/Evernden 2003) wahrgenommen, die es zu "ernten", zu pflegen, zu nutzen und weiterzutragen lohnt.

Fazit

- Wissen – als einer der Grundbegriffe der Wissensrepräsentation – erlaubt unterschiedliche Betrachtungsweisen. Wissen kann sowohl als (wahre, gewusste) Aussage (Know-that) als auch als Wissen, wie gewisse Dinge zu tun sind, (Know-how) angesehen werden.

- Wissen liegt nicht nur in Texten, sondern auch in nicht-textuellen Dokumenten (Bildern, Videos, Musik) vor. Panofsky unterscheidet mit der vor-ikonographischen, der ikonographischen und der ikonologischen Ebene drei semantische Level der Interpretation.

- Implizites Wissen ist gemäß Polanyi quasi körperlich in eine Person eingebettet und kann entsprechend nur schwer verobjektiviert (externalisiert) werden.

- Wissensmanagement meint die Befassung mit Wissen in Organisationen. Nach Nonaka/Takeuchi ist die Wissensspirale aus Externalisierung, Kombination, Internalisierung und Sozialisation zielführend, wenngleich die Externalisierung (Umwandlung impliziten in explizites Wissen) kaum erschöpfend möglich ist. Probst et al. arbeiten mit mehreren Bausteinen des betrieblichen Wissensmanagement, von deren die Wissensbewahrung für uns wesentlich ist.

- Gemäß der Wissenstheorie von Spinner sind wir mit einer Vielfalt unterschiedlicher Wissensarten, Wissensmengen und Wissensgüteklassen konfrontiert, die jeweils – will man sie auswerten – anderer Methoden der Wissensrepräsentation bedürfen. Ein Foto in einer Bild-Datenbank des World Wide Web ist völlig anders inhaltlich zu repräsentieren als ein wissenschaftlicher Fachartikel in einer akademischen Literaturdatenbank.

- Nur Wissen in Normalwissenschaften (nach Kuhn) lässt sich in eine Wissensordnung bringen.

- Dasjenige Wissen, das in einem Dokument abgehandelt wird und zur Repräsentation ansteht, ist dessen Aboutness (im Deutschen: sind die Themen). Zentral wichtiges Wissen wird durch die Kernthemen (core) gebildet. Bei nichttextuellen sowie einigen belletristischen Texten ist der Unterschied zwischen Ofness (Themen der vor-ikonographischen Ebene) und der Aboutness (Themen der ikonographischen Ebene) zu beachten.

- Themen besprechen Gegenstände. Dies sind entweder einzelne Gegenstände (Objekte gemäß Meinong) oder mehrere im Kontext (Sachverhalte). Objekte werden durch Begriffe, Sachverhalte durch Aussagen beschrieben.

- Bei der Wissensrepräsentation geht es um die Vertretung (Surrogat) des in Dokumenten vorgefundenen Wissens in Informationssystemen. Wissensrepräsentation enthält die Gebiete der Informationsverdichtung, der Informationsfilter sowie das automatische Schlussfolgern.

- Informationsfilter werden im Rahmen der Wissensorganisation kreiert. Außer den Wissensordnungen (Schlagwortmethode, Klassifikation, Thesaurus, Ontologie) arbeitet man mit textorientierten Methoden (Zitationsindexierung, Textwortmethode) sowie mit nutzerfixierten Ansätzen (Folksonomy).

- Es ist möglich und in vielen Fällen sogar geboten, mehrere Methoden der Wissensrepräsentation sowie unterschiedliche konkrete Werkzeuge auf Dokumente gleichermaßen anzuwenden (Polyrepräsentation).

- Indexieren meint das Abbilden der Aboutness von Objekten durch Begriffe, Referieren das Abbilden der thematisierten Sachverhalte in Form von Sätzen. Indexieren fundiert Informationsfilterung, Referieren Informationsverdichtung.

> • In der Informationsarchitektur einer Organisation spielt die Wissensrepräsenta-
> tion eine Schlüsselrolle, insofern hier die spezifische Sprache des Unterneh-
> mens, der Behörde usw. dazu eingesetzt wird, internes (wie wichtiges exter-
> nes) Wissen zu bewahren, indem sie es auswertet und bereitstellt.

Literatur

Bruza, P.D.; Song, D.W.; Wong, K.F. (2000): Aboutness from a commonsense perspective. – In: Journal of the American Society for Information Science 51, S. 1090-1105.

Busch, P.; Richards, D.; Dampney, C.N.G. 'Kit' (2003): The graphical interpretation of plausible tacit knowledge flows. – In: Proceedings of the Asia-Pacific Symposium on Information Visualisation, Vol. 24. – Darlinghurst: Australian Computer Society, S. 37-46.

Chisholm, R.M. (1979[1977]): Erkenntnistheorie. – München: dtv Wissenschaft. – (Original: 1977).

Desouza, K. (2003): Facilitating tacit knowledge exchange. – In: Communications of the ACM 46(6), S. 85-88.

Dietze, J. (1994): Texterschließung: Lexikalische Semantik und Wissensrepräsentation. – München: Saur.

Everden, R.; Everden, E. (2003): Third-generation information architecture. – In: Communications of the ACM 46(3), S. 95-98.

Fugmann, R. (2006): Das Buchregister. Methodische Grundlagen und praktische Anwendung. – Frankfurt: DGI.

Gadamer, H.G. (1975): Wahrheit und Methode. – Tübingen: J.C.B. Mohr (Paul Siebeck). – 4. Aufl.

Gilchrist, A. (2003): Thesauri, taxonomies and ontologies – an etymological note. – In: Journal of Documentation 59(1), S. 7-18.

Gilchrist, A., Hrsg. (2004): Information Architecture. – London: Facet.

Henrichs, N. (1978): Informationswissenschaft und Wissensorganisation. – In: Kunz, W. (Hrsg.): Informationswissenschaft – Stand, Entwicklung. Perspektiven – Förderung im IuD-Programm der Bundesregierung. – München, Wien: Oldenbourg, S. 160-169.

Hutchins, W.J. (1978): The concept of 'aboutness' in subject indexing. – In: Aslib Proceedings 30(5), S. 172-181.

Ingwersen, P. (1992): Information Retrieval Interaction. – London, Los Angeles: Taylor Graham.

Ingwersen, P. (2002): Cognitive perspectives of document representation. – In: CoLIS 4: 4th International Conference on Conceptions of Library and Information Science. – Greenwood Village: Libraries Unlimited, S. 285-300.

Ingwersen, P.; Järvelin, K. (2005): The Turn. Integration of Information Seeking and Retrieval in Context. – Dordrecht: Springer.

Kiel, E.; Rost, F. (2002): Einführung in die Wissensorganisation. Grundlegende Probleme und Begriffe. – Würzburg: Ergon.

Kobsa, A. (1982): Wissensrepräsentation. Die Darstellung von Wissen im Computer. – Wien: Österreichische Studiengesellschaft für Kybernetik.

Kuhlen, R. (1995): Informationsmarkt. Chancen und Risiken der Kommerzialisierung von Wissen. – Konstanz: UVK. – (Schriften zur Informationswissenschaft; 15).

Kuhn, T.S. (1979[1962]): Die Struktur wissenschaftlicher Revolutionen. – Frankfurt: Suhrkamp. – 4. Aufl. (Original: 1962).

Lancaster, F.W. (2003): Indexing and Abstracting in Theory and Practice. – Champaign: University of Illinois. – 3. Aufl.

Larsen, I.; Ingwersen, P.; Kekäläinen, J. (2006): The polyrepresentation continuum in IR. – In: Proceedings of the 1st International Conference on Information Interaction in Context. – New York: ACM, S. 88-96.

Layne, S.S. (2002): Subject access to art images. – In: Baca, M. (Hrsg.): Introduction to Art Image Access. – Los Angeles: Getty Research Institute, S. 1-19.

Maron, M.E. (1977): On indexing, retrieval and the meaning of about. – In: Journal of the American Society for Information Science 28, S. 38-43.

Meinong, A. (1904): Über Gegenstandstheorie. – In: Meinong, A. (Hrsg.): Untersuchungen zur Gegenstandstheorie und Psychologie. – Leipzig: Barth, S. 1-50.

Memmi, D. (2004): Towards tacit information retrieval. – In: RIAO 2004 Conference Proceedings. – Paris: Le Centre de Hautes Études Internationales d'Informatique Documentaire – C.I.D, S. 874-884.

Mulvany, N.C. (1994): Indexing Books. – Chicago: University of Chicago Press.

Nonaka, I.; Takeuchi, H. (1997): Die Organisation des Wissens. – Frankfurt, New York: Campus.

Panofsky, E. (1975): Sinn und Deutung in der bildenden Kunst. – Köln: DuMont.

Panofsky, E. (2006): Ikonographie und Ikonologie. – Köln: DuMont. (darin: Zum Problem der Beschreibung und Inhaltsdeutung von Werken der bildenden Kunst , S. 5-32 [Original: 1932], Ikonographie und Ikonologie, S. 33-60 [Original: 1955]).

Panyr, J. (2006): Thesauri, Semantische Netze, Frames, Topic Maps, Taxonomien, Ontologien – begriffliche Verwirrung oder konzeptionelle Vielfalt? – In: Harms,

I.; Luckhardt, H.D.; Giessen, H.W. (Hrsg.): Information und Sprache. Festschrift für Harald H. Zimmermann. – München: Saur, S. 139-151.

Polanyi, M. (1958): Personal Knowledge. Towards a Post-Critical Philosophy. – London: Routledge & Kegan Paul.

Polanyi, M. (1967): The Tacit Dimension. – Garden City, NY: Doubleday (Anchors Books).

Popper, K.R. (1973[1972]): Objektive Erkenntnis. Ein evolutionärer Entwurf. – Hamburg: Hoffmann und Campe. – (Original: 1972).

Probst, G.J.B.; Raub, S.; Romhardt, K. (2006): Wissen managen. Wie Unternehmen ihre wertvollste Ressource optimal nutzen. – Wiesbaden: Gabler. – 5. Aufl.

Reeves, B.N.; Shipman, F. (1996): Tacit knowledge: Icebergs in collaborative design. – In: SIGOIS Bulletin 17(3), S. 24-33.

Reimer, U. (1991): Einführung in die Wissensrepräsentation. – Stuttgart: Teubner.

Ryle, G. (1946): Knowing how and knowing that. – In: Proceedings of the Aristotelian Society 46, S. 1-16.

Salem, S. (1982): Towards 'coring' and 'aboutness': An approach to some aspects of in-depth indexing. – In: Journal of Information Science 4, S. 167-170.

Schreyögg, G.; Geiger, D. (2003): Kann die Wissensspirale Grundlage des Wissensmanagement sein? – Berlin: FU Berlin. – (Diskussionsbeiträge des Instituts für Management. Neue Folge; 20/03).

Spinner, H.F. (1994): Die Wissensordnung. Ein Leitkonzept für die dritte Grundordnung des Informationszeitalters. – Opladen: Leske + Budrich.

Spinner, H.F. (2000): Ordnungen des Wissens: Wissensorganisation, Wissensrepräsentation, Wissensordnung. – In: Proceedings der 6. Tagung der Deutschen Sektion der Internationalen Gesellschaft für Wissensorganisation. – Würzburg: Ergon, S. 3-23.

Spinner, H.F. (2002): Das modulare Wissenskonzept des Karlsruher Ansatzes der integrierten Wissensforschung – Zur Grundlegung der allgemeinen Wissenstheorie für 'Wissen aller Arten, in jeder Menge und Güte'. – In: Weber, K.; Nagenborg, M.; Spinner, H.F. (Hrsg.): Wissensarten, Wissensordnungen, Wissensregime. – Opladen: Leske + Budrich, S. 13-46.

Stenmark, D. (2000): Turning tacit knowledge tangible. – In: Proceedings of the 33rd Hawaii International Conference on System Sciences. – Maui, Hawaii.

Svenonius, E. (1994): Access to nonbook materials: The limits of subject indexing for visual and aural languages. – In: Journal of the American Society for Information Science 45, S. 600-606.

Turner, J.M. (1995): Comparing user-assigned terms with indexer-assigned terms for storage and retrieval of moving images: Research results. – In: Proceedings of the ASIS Annual Meeting 32, S. 9-12.

Vickery, B.C. (1986): Knowledge representation: A brief review. – In: Journal of Documentation 42(3), S. 145-159.

Wellisch, H.H. (1983): 'Index': The word, its history, meanings, and usages. – In: The Indexer 13(3), S. 147-151.

Kapitel 3

Begriffe und ihre Definitionen

Das semiotische Dreieck

In der Sprache benutzen wir Symbole, z.B. Worte, mittels deren wir einen Gedanken über ein Bezugsobjekt ausdrücken. Wir sind mit einem Dreiecksverhältnis konfrontiert, das bei Charles K. Ogden und Ivor A. Richards (1974[1923], 18 f.) aus dem Gedanken (auch Bezug genannt), dem Referenten oder Bezugsobjekt und dem Symbol besteht. Zwischen dem Gedanken und dem Symbol gelten dabei kausale Beziehungen, in der Richtung Bezug – Symbol sprechen wir einen Gedanken aus, in der umgekehrten Richtung wirken die Symbole derart, dass wir diese in Gedanken fassen. Der Gedanke meint etwas, nimmt also Bezug auf einen Referenten, auf ein Objekt. Die Verbindung zwischen Symbol und Bezugsobjekt ist im Gegensatz zu den beiden anderen keine direkte, sondern wird über die beiden Seiten des Dreiecks vermittelt. Dieser indirekte Zusammenhang ist so zu deuten, dass das Symbol (vermittelt über den Gedanken) für das Objekt steht. In der Linguistik verwendet man statt Gedanke "Bedeutung", statt Symbol "Inhaltswort" und statt Bezugsobjekt "Denotation" (Löbner 2003, 32).

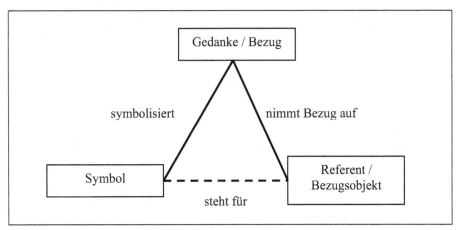

Abbildung 3.1: Das semiotische Dreieck zwischen Gedanke, Symbol und Bezugsobjekt nach Ogden und Richards.
Quelle: Ogden/Richards 1974[1923], 18.

Ogden/Richards sehen den Gedanken bzw. den Bezug als psychologische Aktivität an ("Psychologismus" nach Schmidt 1969, 30). In der Informationswissenschaft taucht an der Stelle des (psychologischen) Gedankens bzw. der (sprachwissenschaftlichen) Bedeutung der "Begriff" auf.

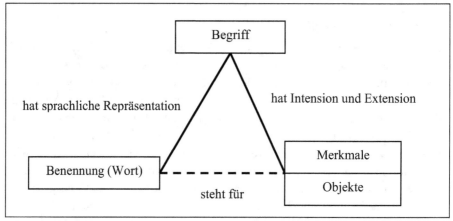

Abbildung 3.2: Das semiotische Dreieck in der Informationswissenschaft.

Wie im klassischen Ansatz von Ogden und Richards wird ein Begriff durch Benennungen sprachlich repräsentiert. Solche Benennungen können natürlichsprachige Worte, aber auch Benennungen künstlicher Sprachen (z.B. Notationen einer klassifikatorischen Wissensordnung) sein. Der Begriff des "Begriffs" wird als Klasse definiert, unter die gewisse Objekte als Elemente fallen, wobei die Objekte über bestimmte Merkmale verfügen. Die Normen DIN 2330 (1993, 2) und DIN 2342/1 (1993, 1) verstehen unter einem Begriff

> eine Denkeinheit, die aus einer Menge von Gegenständen unter Ermittlung der diesen Gegenständen gemeinsamen Eigenschaften mittels Abstraktion gebildet wird.

Diese DIN-Definition ist nicht unproblematisch. Zunächst ist es geraten, statt (der psychologisch anmutenden) "Denkeinheit" besser von "Klasse" oder "Menge" (im Sinne der Mengentheorie) zu sprechen. Zudem gilt nicht für jeden Begriff, dass alle seine Elemente stets und notwendig über "gemeinsame" Eigenschaften verfügen. Bei Begriffen, die über Familienähnlichkeit gebildet werden, ist dies beispielsweise nicht der Fall. Wir definieren etwa *Gemüse* in Ermangelung gemeinsamer Merkmale durch "ist Kohlgemüse oder Wurzelgemüse oder Fruchtgemüse usw.". Aber was heißt **Familienähnlichkeit**? Betrachten wir statt *Gemüse* einen anderen Begriff, den Ludwig Wittgenstein (1977[1953], 56 f.) als Beispiel für dieses Problem verwendet, *Spiel*:

> Betrachte z.B. einmal die Vorgänge, die wir "Spiele" nennen. Ich meine Brett-spiele, Kartenspiele, Ballspiele, Kampfspiele, usw. Was ist allen diesen gemein-sam? ... (W)enn du sie anschaust, wirst du zwar nicht etwas sehen, was *allen* ge-meinsam wäre, aber du wirst Ähnlichkeiten, Verwandtschaften, sehen, und zwar eine ganze Reihe.

Einige Spiele haben beispielsweise gemeinsam, dass es Gewinner und Verlierer gibt, andere Spiele – aber nicht alle – sind unterhaltend, wieder andere erfordern Geschick und Glück von den Spielern usw. Der Begriff des Spiels lässt sich also nicht mit genau einer Menge von Merkmalen bilden (Wittgenstein 1977[1953], 57):

> Und das Ergebnis dieser Betrachtung lautet nun: Wir sehen ein kompliziertes Netz von Ähnlichkeiten, die einander übergreifen und kreuzen. Ähnlichkeiten im Großen und Kleinen.

> Ich kann diese Ähnlichkeiten nicht besser charakterisieren als durch das Wort "Familienähnlichkeiten"; denn so übergreifen und kreuzen sich die verschiedenen Ähnlichkeiten, die zwischen den Gliedern einer Familie bestehen: Wuchs, Ge-sichtszüge, Augenfarbe, Gang, Temperament, etc. etc. – Und ich werde sagen: die 'Spiele' bilden eine Familie.

Wir müssen zulassen, dass nicht nur eine Konjunktion von Merkmalen, sondern auch mitunter eine Disjunktion von Merkmalen einen Begriff bestimmen kann.

Es gibt zwei Herangehensweisen, Begriffe zu bilden. Der erste Weg führt über die Objekte und legt die Extension des Begriffs fest, der zweite notiert die klassenbil-denden Merkmale und bestimmt so seine Intension (Reimer 1991, 17). Unsere DIN-Normen reden in diesem Zusammenhang von "Begriffsumfang" und "Be-griffsinhalt". Gottlob Frege arbeitet mit "Bedeutung" für die Extension und "Sinn" für die Intension. Egal, wie man dies nun benennt, zentral ist Freges Feststellung, dass Extension und Intension nicht grundsätzlich zusammenfallen müssen. Sein Beispiel ist der Begriff *Venus*, der ja auch mit *Abendstern* oder mit *Morgenstern* bezeichnet werden kann. Frege (1892, 27) stellt fest:

> Es würde die Bedeutung von "Abendstern" und "Morgenstern" dieselbe sein, nicht aber der Sinn.

Abendstern und *Morgenstern* sind extensional identisch, da die Menge der Ele-mente, die jeweils darunter fällt, identisch ist (beide sind ja die Venus), sie sind intensional nicht identisch, da dem Abendstern u. a. das Merkmal *erster sichtbarer Stern am Abendhimmel* und dem Morgenstern die völlig unterschiedliche Eigen-schaft *letzter sichtbarer Stern am morgendlichen Himmel* zukommt.

Die Extension eines Begriffs M ist die Menge der unter ihn fallenden Objekte O_1, O_2 usw.:

$$M =df \{O_1, O_2, ..., O_i, ...\},$$

wobei "=df" "ist definitorisch gleich" bedeuten möge. Die Intension bestimmt den Begriff M durch seine Merkmale f_1, f_2 usw., wobei die meisten dieser Merkmale mit "und" ($\wedge$) und einige dieser Merkmale eine Teilmenge bilden, deren Elemente mit "oder" ($\vee$) verknüpft sind (Λ sei der Allquantor im Sinne: "gilt für alle"):

$$M =df \Lambda x\ f_1(x) \wedge f_2(x) \wedge \dots \wedge [f_g(x) \vee f_{g'}(x) \vee \dots \vee f_{g''}(x)].$$

Alle Merkmale f außer f_g (den "gemüseartigen" Merkmalen) kommen dem Begriff zwingend zu, während bei den f_g nur einige zutreffen.

Als Beispiel bestimmen wir den Begriff *österreichisches Bundesland*! Dies geschieht extensional durch eine Aufzählung der neun Länder: Steiermark, Burgenland, Wien usw. und intensional durch die Merkmale: *ist Gliedstaat eines Bundesstaates* und *liegt in Österreich*.

Begriffsarten

Begriffe sind die kleinsten semantischen Einheiten in Wissensordnungen (IR, Kap. 16), sind "Wissenseinheiten" (Dahlberg 1986, 10). In der Wissensrepräsentation wird ein Begriff durch solche Worte festgeschrieben, die die gleiche oder doch zumindest eine ähnliche Bedeutung tragen (deshalb auch die mitunter anzutreffende Bezeichnung "Synset" im Sinne von "set of synonyms" für Begriffe). Im Einklang mit DIN 2342/1 (1992, 3) ist die **Synonymie** die

> Beziehung zwischen Benennungen, die denselben Begriff bezeichnen.

Beispiele für Synonyme sind Samstag und Sonnabend oder Tierarzt und Veterinär. Ein Sonderfall von Synonymie sind Paraphrasen, also Umschreibungen eines Objekts. Manchmal muss man mit Paraphrasen arbeiten, da es für den betreffenden Begriff keine Benennung gibt. Im Deutschen verfügen wir zwar über eine Benennung für gestillten Hunger (*satt*), aber keine über gestillten Durst (Bertram 2005, 41). Hier haben wir einen Begriff, aber keine Benennung dafür.

Homonymie setzt bei den Benennungen an; sie ist die (DIN 2342/1:1992, 3)

> Beziehung zwischen übereinstimmenden Benennungen für unterschiedliche Begriffe.

Ein Beispiel für ein Homonym ist *Java*. Dieses Wort steht für die Begriffe *Java <Insel>*, *Java <Kaffee>* und *Java <Programmiersprache>*. Bei wortorientierten Retrievalsystemen führen Homonyme zu enormen Problemen, da jede homonyme und damit mehrdeutige Wortform – automatisch oder im Mensch-Maschine-Dialog – disambiguiert werden muss (IR, 288-289). Spielarten der Homonymie (Löbner 2003, Kap. 3) sind die Homophonie, die Mehrdeutigkeit in der Lautung (z.B. *mehr* und *Meer*), sowie die Homographie, die Mehrdeutigkeit in der Schreibung (z.B. *Tenor* versus *Tenor*). Homophone spielen eine wesentliche Rolle bei Informationssystemen, die mit gesprochener Sprache umgehen, Homographen sind bei Systemen der Bearbeitung geschriebener Texte zu beachten.

Worte, die in einem Text vorkommen und aus diesem zum Zwecke der Wissensrepräsentation extrahiert werden, nennt man "Stichworte"; Worte, die einem Text zugeteilt werden, ohne dass sie notwendigerweise auch darin vorkommen, heißen "Schlagworte" (Bertram 2005, 68).

Wenn wir im allgemeinen Fall von einem **Term** sprechen, so meinen wir dies als Oberbegriff von Begriff und Wort (IR, 321).

Viele Begriffe haben eine Bedeutung, die ohne Bezug auf andere Begriffe voll verstanden wird, z.B. *Stuhl*. Albert Menne (1980, 48) nennt vollständige Begriffe "kategorematisch". In Wissensordnungen, die hierarchisch sortiert sind, ist es durchaus möglich, dass auf einer bestimmten hierarchischen Ebene folgender Begriff vorkommt:

> … mit Filter.

Dieser Begriff ist **synkategorematisch**; er ist unvollständig und auf andere Begriffe angewiesen, um Bedeutung zu erlangen. Menne (1980, 46 f.) beschreibt Synkategoremata:

> Synkategorematische oder unvollständige oder unselbständige Bedeutung hat ein Ausdruck, der auf einen anderen Ausdruck bezogen ist, erst im Zusammenhang mit einem anderen Ausdruck voll verstanden werden kann. So ist z.B. der Ausdruck "von 10-12", schwarz auf einem weißen, rechteckigen Schild, als Verkehrszeichen erst dann voll verständlich, wenn er z.B. unter einem Zeichen für Halteverbote steht.

In hierarchischen Wissensordnungen werden die Synkategoremata durch die über ihnen platzierten Begriffe erklärt. Erst jetzt wird die Bedeutung klar:

> Zigarette
> … mit Filter

oder

> Schornstein
> … mit Filter.

Einmal geht es im Beispiel um eine Filterzigarette, zum andern um einen Schornstein mit (Abgas-)Filter. Eine solche Klärung kann sich mitunter über mehrere Hierarchieebenen hinziehen. Es ist demnach sehr unpraktisch, etwa in einem Register Synkategoremata allein und ohne ihre Ergänzungen einzutragen.

Begriffe sind nicht – wie physikalische Objekte – gegeben, sondern werden durch Abstraktion aus der Welt der Gegenstände gewonnen (Klaus 1973, 214):

> Die Gewinnung neuer Begriffe … erfolgt stets unter Berücksichtigung der schon vorhandenen Begriffe. Sie steht mit diesen in den mannigfachsten Beziehungen. So bauen sich neue, komplizierte Begriffe aus einfacheren, schon bekannten Begriffen auf, oder es werden umgekehrt komplizierte Begriffe auf einfachere zurückgeführt. Häufig tritt ferner in der Wissenschaft der Fall auf, daß wir neue Begriffe und ihre Bedeutung unter Berufung auf bisherige Begriffe *festlegen*.

Die Aspekte der **Begriffsbildung** (im informationswissenschaftlichen, nicht etwa im psychologischen Sinne) werden in erster Linie über Definitionen geklärt. Allgemein kann festgestellt werden, dass die Begriffsbildung im Rahmen von Wissensordnungen im Spannungsfeld zweier gegenläufiger Prinzipien abläuft. Ein ökonomisches Prinzip leitet dazu an, nicht zu viele Begriffe in eine Wissensordnung aufzunehmen. Wenn zwei Begriffe in Extension und Intension mehr oder minder ähnlich sind, werden diese als "quasi-synonym" als ein einziger Begriff angesehen. Das Prinzip des Informationsgehalts weist in die umgekehrte Richtung. Je feiner wir bei Extension und Intension unterscheiden, desto größer wird der Informationsgehalt jedes einzelnen Begriffs. Hiervon profitieren Homogenität und Exaktheit der Begriffe. Lloyd K. Komatsu (1992, 501) erläutert die Problemsituation (er benutzt "category" für "Begriff"):

> Thus, economy and informativeness trade off against each other. If categories are very general, there will be relatively few categories (increasing economy), but there will be few characteristics that one can assume different members of a category share (decreasing informativeness) and few occasions on which members of the category can be treated as identical. If categories are very specific, there will be relatively many categories (decreasing economy), but there will be many characteristics that one can assume different members of a category share (increasing informativeness) and many occasions on which members can be treated as identical.

Die Lösung für Begriffsbildungen (Komatsu 1992, 502, verwendet "categorization") in Wissensordnungen liegt in einem Kompromiss:

> The basic level of categorization is the level of abstraction that represents the best compromise between number and informativeness of categories.

So ist etwa der Begriff *Stuhl* für viele Menschen ein guter Kompromiss zwischen dem zu allgemeinen *Möbelstück* und den zu spezifischen Begriffen *Armstuhl*, *Chippendalestuhl* usw. In einer Wissensordnung für Möbel sieht der Kompromiss anders aus, da hier weitaus genauer differenziert werden muss. Bauen wir dagegen eine Wissensordnung für Wirtschaftswissenschaften auf, so könnte der Kompromiss durchaus zugunsten von *Möbelstück* ausfallen.

Begriffe, deren Extension genau ein Element aufweist, sind **Individualbegriffe**, ihre Bezeichnungen sind Eigennamen, z.B. von Personen, Organisationen, Ländern, Produkten, aber auch von singulären historischen Ereignissen (*Wiedervereinigung Deutschlands*) oder einzelnen wissenschaftlichen Lehrsätzen (*Zweiter Hauptsatz der Thermodynamik*). Alle anderen Begriffe sind **Allgemeinbegriffe**. Ingetraut Dahlberg (1974, 16) schreibt zu dieser Einteilung der Begriffe:

Ganz allgemein unterscheidet man ... nach *Individualbegriffen* und *Allgemein-begriffen*. Die ersteren beziehen sich auf einmalige, individuelle Gegenstände, ... *Allgemeinbegriffe* beziehen sich dagegen auf Abstraktionen individueller Gegenstände auf mehreren Ebenen der Abstraktion oder auf Abstracta schlechthin.

Als eine besondere Form von Allgemeinbegriffen heben wir die **Kategorien** hervor. Wenn wir uns auf den Abstraktionsebenen nach oben bewegen, kommen wir irgendwann an die Spitze. An dieser Stelle – wohlgemerkt: stets im Rahmen einer Wissensdomäne – ist kein weiterer Abstraktionsschritt möglich. Diese Top-Begriffe stellen die domänenspezifischen Kategorien dar. Fugmann (1999, 23) führt die Kategorie über die Intension der Begriffe ein:

> Beim fortgesetzten Voranschreiten zu immer allgemeineren Begriffen gelangt man in der Abstraktionshierarchie auf einem jeden Fachgebiet an eine Grenze, jenseits welcher kein noch allgemeinerer, noch merkmalsärmerer Oberbegriff mehr sinnvoll ist. In der Hierarchie, welcher das Vitamin C angehört, würde man etwa beim Begriff *Stoff* diese oberste Grenze erreichen. Ein noch allgemeinerer Begriff ist kaum denkbar, wenn er noch sinnvoll sein soll.

In facettierten Wissensordnungen bilden die Kategorien das Raster für die Facetten.

Nach Fugmann kann man die Begriffsarten intensional unterscheiden. Kategorien sind Begriffe, die über ein Minimum an Merkmalen verfügen (noch allgemeinere Begriffe zu bilden, hieße für die Wissensdomäne, leere, unbrauchbare Begriffe zu bilden). Individualbegriffe sind Begriffe, die über ein Maximum an Merkmalen verfügen (selbst wenn man weitere Merkmale hinzufügt, bleibt die Extension gleich). Allgemeinbegriffe sind alle die Begriffe, die zwischen den Extremen liegen. Durch ihre exponierte Lage lassen sich sowohl Individualbegriffe als auch Kategorien in Methoden der Wissensrepräsentation recht einfach bearbeiten, während Allgemeinbegriffe durchaus zu Problemen führen.

Vagheit und Prototyp

Individualbegriffe und Kategorien lassen sich in aller Regel exakt bestimmen. Wie sieht es mit der Exaktheit von Allgemeinbegriffen aus? Wir bleiben bei unserem Beispielbegriff *Stuhl* und folgen Max Black (1937, 433) in seine imaginäre Stuhlausstellung:

> One can imagine an exhibition in some unlikely museum of applied logic of a series of "chairs" differing in quality by at least noticeable amounts. At one end of a long line, containing perhaps thousands of exhibits, might be a Chippendale chair; at the other, a small nondescript lump of wood. Any "normal" observer inspecting the series finds extreme difficulty in "drawing the line" between chair and not-chair.

Durch die minimalen Abweichungen bei benachbarten Objekten dürfte es praktisch unmöglich sein, eine Grenze zwischen Stuhl und Nicht-Stuhl zu ziehen. Außer dem "Neutralbereich", bei dem wir nicht wissen, ob ein Begriff zutrifft oder nicht, haben wir an einer Seite Objekte, die eindeutig unter den Begriff fallen, und auf der gegenüberliegenden Seite andere Objekte, die eindeutig nicht darunter fallen. Die Grenzen zwischen dem Neutralbereich und seinen Nachbarn sind allerdings auch nicht exakt bestimmbar. Solche **unscharfen Grenzen** (Löbner 2003, 262 f.) lassen sich experimentell für viele Allgemeinbegriffe aufzeigen.

Als Lösung bietet sich an, erst gar nicht nach den Grenzen des Begriffs zu suchen, sondern stattdessen mit einem **"Prototypen"** zu arbeiten (Rosch 1983). Ein solcher Prototyp kann "als bestes Beispiel" (Löbner 2003, 265) für einen Begriff betrachtet werden. Dieses Musterbeispiel besitzt "gute" Merkmale im Sinne eines hohen Erkennungswertes (Löbner 2003, 269):

> Das Merkmal, Federn zu haben, ist ein "gutes" Merkmal für den Prototypen, weil es gut geeignet ist Vögel von Nichtvögeln zu unterscheiden. … (D)as Merkmal 'hat Federn' hat einen hohen Erkennungswert für die Kategorie VOGEL, weil fast alle Mitglieder es haben, während es allen Nichtmitgliedern fehlt. … Am Ende ist es die Kombination von Merkmalen mit mehr oder weniger hohem Erkennungswert, die einen geeigneten Prototyp ausmacht.

Wenn wir den Begriff durch einen Prototypen und dessen Merkmalen intensional bestimmen, sind die unscharfen Grenzen zwar immer noch existent (und bewirken vielleicht den einen oder anderen Fehler beim Indexieren in diesen Grenzregionen), aber wir können überhaupt mit Allgemeinbegriffen zufriedenstellend arbeiten.

Definition

In der Praxis der Wissensrepräsentation werden Begriffe häufig nur implizit – z.B. durch Angabe ihrer Synonyme und ihrer Verortung im semantischen Umfeld – definiert. Wir sind der Meinung, dass zumindest bei Wissensordnungen die verwendeten Begriffe ausdrücklich zu definieren sind, denn nur so kann Klarheit sowohl für die Indexer als auch für die Nutzer erreicht werden.

Definitionen müssen einigen Kriterien entsprechen, wenn sie korrekt eingesetzt werden (Dubislav 1981, 130; Pawłowski 1980, 31-43). Zu vermeiden ist Zirkularität, die Definition eines Begriffs mit Hilfe desselben Begriffs, die sich – nunmehr als mittelbarer Zirkel – auch über mehrere Definitionsschritte hinweg auffinden lässt. Wenig hilfreich ist die Definition eines unbekannten Begriffs durch einen anderen, ebenso wenig bekannten (ignotum per ignotum). Die Inadäquatheit von Definitionen zeigt sich darin, dass sie entweder zu eng (wenn Objekte, die eigentlich unter den Begriff fallen, ausgeschlossen werden) oder zu weit (wenn Objekte darunter fallen, die nicht hingehören) sind. In vielen Fällen sind negative Definitionen (*Punkt ist, was keine Ausdehnung hat*) unbrauchbar, da sie oftmals zu weit sind (Menne 1980, 32). Eine Definition soll keine überflüssigen Merkmale des Begriffs aufweisen, sondern sich auf die "wesenskonstitutiven Merkmale" (Menne 1980, 33, im Anschluss an Aristoteles) beschränken. Natürlich muss die Definition präzise sein (also z.B. keine bildlichen Floskeln verwenden) und darf keine Widersprüche (wie *blinder Zuschauer*) in sich enthalten. Persuasive Definitionen, also Begriffsabgrenzungen mit der Hoffnung auf (oder der Nebenwirkung von) emotionale(n) Reaktionen (z.B. frei nach Buddha *Paria ist ein Mensch, der sich von der Wut und dem Hass hinreißen lässt, ein heuchlerischer Mensch, voller Betrug und Fehler* ... Pawłowski 1980, 250) sind in der Wissensrepräsentation nicht zu gebrauchen. Oberstes Ziel ist die Nützlichkeit der Definition in der betreffenden Wissensdomäne (Pawłowski 1980, 88 ff.). Gemäß unserer Kenntnisse über Vagheit bemühen wir uns, nicht unbedingt *alle* Objekte exakt unter einen Begriff zu zwängen, sondern definieren stattdessen den Prototypen.

Aus der Fülle von unterschiedlichen Definitionsarten sind für die Wissensrepräsentation folgende besonders wichtig:

- Definition als Abkürzung,
- Explikation,
- Nominal- und Realdefinition,
- Begriffserklärung,
- Familienähnlichkeit.

Die Definition als Substitutionsvorschrift (Menne 1980, 16) dient der **Abkürzung**. Die linke Seite der Definitionsgleichung (=df), das Definiendum, enthält den neuen Begriff, während auf der rechten Seite, dem Definiens, der längere Komplex an Termen steht, z.B.

$$M =df\ 1.000,$$
$$Erpel =df\ \text{männliche Ente}.$$

Die Gleichung =df ist eine Festsetzung, keine Feststellung und damit auch nicht wahr oder falsch. Mit der Abkürzung führen wir zwar neue Begriffe ein, die durchaus zweckmäßig sein können, wir erweitern allerdings unseren Horizont dadurch nicht.

Bei **Explikationen** ist dies anders (Pawłowski 1980, 157 ff.). Hier wird ein aus der Alltagswelt bekannter Begriff in die Wissenschaftswelt übernommen, wobei der ursprüngliche Begriff präzisiert wird. Zusätzlich muss er die Bedingungen der wissenschaftlichen Nützlichkeit, der Ähnlichkeit mit dem Ausgangsbegriff und der Einfachheit erfüllen. Als Beispiel kann man an unterschiedliche Explikationen des umgangssprachlichen Begriffs der Arbeit denken:

Arbeit (im Sinne der Physik) =df Kraft * Weg * Winkel,

Arbeit (im Sinne der Soziologie) =df auf ein wirtschaftliches Ziel gerichtete, planmäßige menschliche Tätigkeit.

Nominal- und Realdefinitionen erinnern an Lexika und Enzyklopädien (Menne 1980, 34 ff.). Eine Nominaldefinition oder auch Zeichenerklärung beschreibt die Verwendung eines Begriffs in einem gewissen Kontext, etwa *Gnade in der katholischen Theologie ist* ... oder *Konjunktur bei Schumpeter bedeutet* .... Realdefinitionen oder Sacherklärungen beschreiben einen Begriff in Bezug auf die Gegenstände selbst (z.B. *Hypothek ist ein zu den Grundpfandrechten gehörendes dingliches Grundstücksrecht zur Sicherung einer Geldforderung*). Beide Definitionsarten stellen Aussagen auf, deren Wahrheitsanspruch (zumindest prinzipiell) zu begründen ist.

Die **Begriffserklärung** geht davon aus, dass Begriffe aus Teilbegriffen zusammengesetzt sind:

Begriff =df Teilbegriff$_1$, Teilbegriff$_2$, ...

Hierbei kann man in beiden Richtungen arbeiten. Die Begriffssynthese geht von den Teilbegriffen aus, während die Begriffsanalyse beim Begriff startet. Die klassische Variante stammt von Aristoteles (s. o. S. 2 f.) und erklärt einen Begriff durch die Angabe von Genus und Differentia:

Teilbegriff$_1$: Genus (Begriff der direkt übergeordneten Gattung),

Teilbegriff$_2$: Differentia specifica (wesenkonstitutiver Unterschied zu den Schwesterbegriffen).

Die Merkmale, die einen Begriff von seinen Schwestertermen (das sind diejenigen Begriffe, die demselben Genus angehören) abheben, müssen stets spezifische und nicht etwa zufällige Eigenschaften (accidens) darstellen. Sowohl bei den Gattungs- als auch bei den Differentia-Teilbegriffen sind jeweils mehrere Begriffe möglich. Eine klassische Definition nach dieser Definitionsart ist:

Homo est animal rationale.

Homo ist der zu definierende Begriff, *animal* der Gattungsbegriff und *rational* die spezifische Eigenschaft, die die Menschen unverwechselbar von anderen Lebewesen abhebt. Ein Fehler wäre, den Menschen durch *Lebewesen* und *Haarfarbe nicht blond* zu definieren, da (im Gegensatz zu den Blondinenwitzen) die Haarfarbe zu den zufälligen, aber nicht zu den wesenskonstitutiven Merkmalen gehört.

Dadurch, dass im Verlaufe von Begriffserklärungen über mehrere Ebenen hinweg von oben nach unten stets weitere, neue Merkmale hinzukommen, werden die Begriffe immer spezifischer; in Gegenrichtung (bei Verlust von Merkmalen auf dem Weg nach oben) immer allgemeiner. Das heißt auch, dass bei einer Begriffsleiter von oben nach unten die Merkmale stets "vererbt" werden. Die Begriffserklärung ist für Wissensordnungen besonders wichtig, da sie durch ihre Vorgaben die Begriffe zwangsläufig in eine **hierarchische Struktur** einbettet.

Bei der Begriffserklärung geht man davon aus, dass einem Objekt die spezifischen Merkmale zur Gänze angehören, wenn es zur entsprechenden Klasse gehört; die Merkmale werden durch ein logisches Und zusammengehalten. Bei den gemüseartigen Begriffen, bei denen nur eine **Familienähnlichkeit** zwischen den Objekten auszumachen ist, gilt dies nicht. Hier werden die Merkmale durch ein Oder verknüpft. Pawłowski (1980, 199) stellt zu diesen Begriffen fest:

> Die Extension eines solchen Begriffes besteht nicht aus einer Menge von Objekten, für die eine Konjunktion der all diesen Objekten und nur diesen Objekten zukommenden Eigenschaften gilt.

Wenn wir die Begriffserklärung mit der Definition nach Familienähnlichkeit verknüpfen, müssen wir auf gewissen hierarchischen Ebenen mit einer Disjunktion von Merkmalen arbeiten. Auch hier sind wir auf der Suche nach einem Gattungsbegriff, z.B. zu Wittgensteins *Spiel*. Die Familienmitglieder von *Spiel*, also Brettspiel, Kartenspiel, Glücksspiel usw. haben durchaus jeweils einige Merkmale gemeinsam, aber eben nicht alle. Es gilt, dass Begriffe von oben nach unten stets spezifischer und umgekehrt allgemeiner werden; die Vererbung der Merkmale von oben nach unten gilt jedoch nicht. In denjenigen Hierarchieebenen, in denen über Familienähnlichkeit definiert worden ist, vererben die Begriffe nur einige ihrer Merkmale, aber nicht alle.

Nehmen wir z.B. an, das Genus von Spiel sei Freizeitbeschäftigung. Wir müssen nun zwecks Abgrenzung von anderen Freizeitbeschäftigungen (etwa Meditieren) Merkmale der Spiele angeben. Wir definieren:

Teilbegriff$_1$ / Genus: Freizeitbeschäftigung

Teilbegriff$_2$ / Differentia specifica: Glücksspiel $\vee$ Kartenspiel $\vee$ Brettspiel $\vee$ Kampfspiel $\vee$ …

Wenn wir uns nun weiter in der Begriffsleiter nach unten bewegen, wird klar, dass *Spiel* nicht alle seine Merkmale vererbt, sondern stets nur Teilmengen (ein Glücksspiel muss kein Kartenspiel sein). Auf den unteren Ebenen braucht nicht wiederum Familienähnlichkeit vorzuherrschen, sondern die "normale" (konjunktive) Begriffserklärung. Man muss auf jeder Ebene überprüfen, ob dort mithilfe der Familienähnlichkeit disjunktiv oder "normal" konjunktiv definiert worden ist.

Frames

Wie lässt sich ein Begriff repräsentieren? Ein erfolgreicher Ansatz arbeitet mit
Frames (Minsky 1975). Frames haben sich sowohl in der Kognitionswissenschaft,
in der Informatik (Reimer 1991, 159 ff.) als auch in der Linguistik bewährt. In der
Konzeption von Lawrence W. Barsalou (1992, 29) verfügen Frames über drei
grundlegende Komponenten:

- Mengen von Attributen und Werten,

- strukturelle Invarianten,

- regelhafte Zusammenhänge.

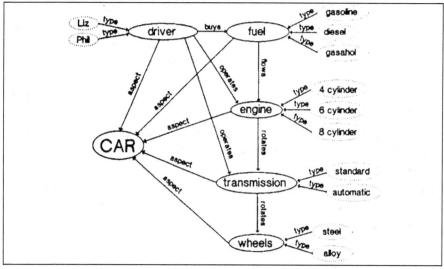

Abbildung 3.3: Begriff – Attribute – Werte in einem Frame.
Quelle: Barsalou 1992, 30.

Der Kern eines jeden Frame ordnet einem Begriff (in Abbildung 3.3 ist dies *Auto*)
Merkmale (Fahrer, Motor, Räder usw.) und den Merkmalen jeweils **Werte** (dem
Motor z.B. Vierzylinder, Sechszylinder) zu, wobei sowohl Merkmale als auch
Werte durch Begriffe ausgedrückt werden. Im Sinne von Minsky (1975) werden
dem Begriff solche Attribute zugeordnet, die eine stereotype Situation beschreiben. Zwischen den Begriffen innerhalb eines Frame bestehen strukturelle Invarianten, zwischen Auto und Fahrer ist dies ein Aspekt, zwischen Fahrer und Kraft-
stoff ist dies Kaufen. Die strukturellen Invarianten werden durch **Relationen** ausgedrückt (Barsalou 1992, 35 f.):

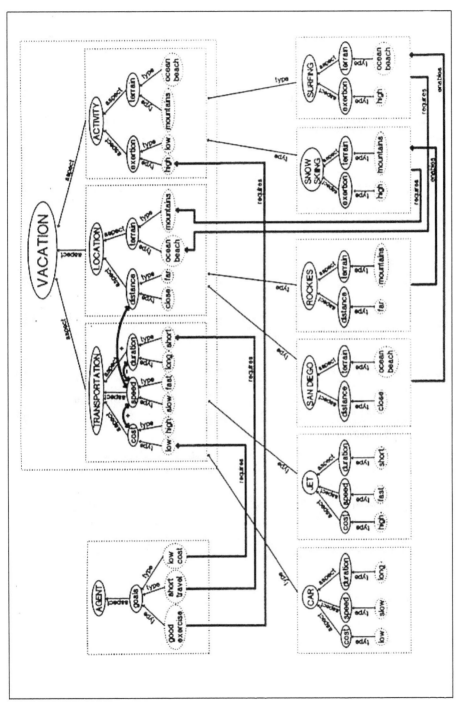

Abbildung 3.4: Regelhafte Zusammenhänge zwischen Attributen und Werten. *Quelle:* Barsalou 1992, 38.

> Structural invariants capture a wide variety of relational concepts, including spatial relations (e.g., between *seat* and *back* in the frame for *chair*), temporal relations (e.g., between *eating* and *paying* in the frame for *dining out*), causal relations (e.g., between *fertilization* and *birth* in the frame for *reproduction*), and intentional relations (e.g., between *motive* and *attack* in the frame for *murder*).

Die Begriffe innerhalb des Frame sind nicht unabhängig, sondern bilden vielfach **Zusammenhänge**, die gewissen Regeln gehorchen. In Barsalous Urlaubs-Frame (Abbildung 3.4) liegen auf der Ebene der Attribute beispielsweise zwischen den Transport-Attributen positive (je schneller die Fahrt, desto höher die Kosten) und negative Zusammenhänge (je schneller die Fahrt, desto kürzer die Reisedauer) vor. Auf der Ebene der Attribute betrachten wir den Wert für Ort *San Diego* und bei der Aktivität den Wert *Surfen*. Es ist klar, dass der erste Wert den zweiten ermöglicht (man kann in San Diego, aber nicht im Gebirge Wellensurfen).

Barsalou (1992, 43) sieht (zumindest theoretisch) keine Grenzen, Frames in der Wissensrepräsentation einzusetzen. Es bedarf jedoch diverser Vorarbeiten, die einem automatisierten System gegeben werden müssen:

> Before a computational system can build the frames described here, it needs a powerful processing environment capable of performing many difficult tasks. This processing environment must notice new aspects of a category (in unserer Terminologie: Begriff, Verf.) to form new attributes. It must detect values of these attributes to form attribute-value sets. It must integrate cooccurring attributes into frames. It must update attribute-value sets with experience. It must detect structural invariants between attributes. It must detect and update constraints. It must build frames recursively for the components of existing frames.

Leitet die Definition als Begriffserklärung immerhin zu *einer* Relation (der Hierarchie), so führt der Frame-Ansatz *zu einer Fülle* von Relationen zwischen Begriffen und darüber hinaus zu regelhaften Zusammenhängen. Da Wissensordnungen zwingend auf Relationen angewiesen sind, fundieren Frames – als Repräsentanten von Begriffen – optimal solche Methoden der Wissensrepräsentation. Das letzte Zitat von Barsalou sollte aber zum Nachdenken anregen, die Fülle der Relationen und Regeln nicht zu groß werden zu lassen. Schließlich müssen alle geschilderten Vorarbeiten und Updates auch faktisch durchgeführt werden – und das bedeutet einen riesigen Aufwand.

Fazit

- Das informationswissenschaftlich anwendbare "semiotische Dreieck" besteht aus Begriff, Benennung und Merkmalen bzw. Objekten. Die extensionale Begriffsbestimmung arbeitet mit den Objekten, die intensionale mit den Merkmalen.

- Begriffe sind die kleinsten semantischen Einheiten in Wissensordnungen. Die Beziehungen zwischen Worten und Begriffen sind nicht immer umkehrbar eindeutig. Synonyme sind unterschiedliche Worte, die denselben Begriff ausdrücken; Homonyme sind dieselben Worte, die unterschiedliche Begriffe benennen. Homophone sind Mehrdeutigkeiten in der Lautung, Homographen solche in der Schreibung.

- Es sind mehrere Begriffsarten auseinanderzuhalten. Stichworte sind in Texten belegt und werden aus diesen zwecks Wissensrepräsentation extrahiert; Schlagworte werden einem Dokument zugeteilt. Synkategoremata sind unselbständige Begriffe, die (z.B. durch Oberbegriffe in einem Klassifikationssystem) zu vervollständigen sind.

- Die Begriffsbildung erfolgt nach der Brauchbarkeit der Begriffe in einer bestimmten Wissensdomäne (etwa einer Wissenschaftsdisziplin oder dem Wissen eines Unternehmens). Sie verläuft im Spannungsfeld von Ökonomie (möglichst wenige Begriffe) und Informationsgehalt (möglichst viele Begriffe).

- Individualbegriffe enthalten als Extension genau ein Element; ihre Extension ändert sich nicht, wenn weitere Merkmale dem Begriff zugefügt werden. Kategorien sind besonders ausgewiesene Top-Terme einer Begriffsleiter, die über ein Minimum an Merkmalen verfügen. Alle anderen Begriffe sind Allgemeinbegriffe.

- Bedingt durch unscharfe Grenzen sind Allgemeinbegriffe häufig nur vage zu bestimmen. (Ein anschauliches Beispiel bietet Blacks Stuhlmuseum.) Deshalb versucht man nicht, die gesamte Extension eines Allgemeinbegriffs exakt zu repräsentieren, sondern begnügt sich mit der Definition eines Prototyps.

- Definitionen folgen diversen Kriterien ihrer Korrektheit: keine Zirkularität, kein ignotum per ignotum, keine Inadäquatheit (nicht zu weit, nicht zu eng), keine Negativa, keine überflüssigen Merkmale, keine Widersprüche, keine Nebenwirkungen emotionaler Art; positiv: Präzision, Orientierung am Prototypen und – vor allem – Nützlichkeit.

- In der Wissensrepräsentation sind Definitionen als Abkürzungen, Explikationen, Nominal- und Realdefinitionen, Begriffserklärungen sowie Abgrenzungen über Familienähnlichkeit wichtig.

- Der Königsweg bei angepeilter Nutzung von Wissensordnungen ist die Begriffserklärung, da hier durch die Genus-Differentia-Struktur eine erste Hierarchisierung der Begriffe fundiert wird. Solange in keiner Hierarchieebene mittels Familienähnlichkeit definiert wird, vererben die Begriffe ihre Merkmale in der Begriffsleiter von oben nach unten.

> • Zur Repräsentation von Begriffen eignen sich Frames. Diese verfügen für jeden Begriff über Mengen von Attributen und Werten, über strukturelle Invarianten (Relationen) sowie über Regeln. Aus Gründen der praktischen Anwendbarkeit von Frames in Informationssystemen sollten vor allem die Mengen an unterschiedlichen Relationen und Regeln klein und übersichtlich bleiben.

Literatur

Barsalou, L.W. (1992): Frames, concepts, and conceptual fields. – In: Kittay, E.; Lehrer, A. (Hrsg.): Frames, Fields and Contrasts. New Essays in Semantic and Lexical Organization. – Hillsdale, N.J.: Lawrence Erlbaum Ass., S. 21-74.

Bertram, J. (2005): Einführung in die inhaltliche Erschließung. Grundlagen - Methoden – Instrumente. – Würzburg: Ergon.

Black, M. (1937): Vagueness. – In: Philosophy of Science 4, S. 427-455.

Dahlberg, I. (1974): Zur Theorie des Begriffs. – In: International Classification 1(1), S. 12-19.

Dahlberg, I. (1986): Die gegenstandsbezogene, analytische Begriffstheorie und ihre Definitionsarten. – In: Ganter, B.; Wille, R.; Wolff, K.E. (Hrsg.): Beiträge zur Begriffsanalyse. – Mannheim, Wien, Zürich: BI Wissenschaftsverlag, S. 9-22.

DIN 2330:1993: Begriffe und Benennungen. Allgemeine Grundsätze. – Berlin: Beuth.

DIN 2342/1:1992: Begriffe der Terminologielehre. Grundbegriffe. – Berlin: Beuth.

Dubislav, W. (1981): Die Definition. – Hamburg: Meiner. – 4. Aufl.

Frege, G. (1892): Über Sinn und Bedeutung. – In: Zeitschrift für Philosophie und philosophische Kritik (Neue Folge) 100, S. 25-50.

Fugmann, R. (1999): Inhaltserschließung durch Indexieren: Prinzipien und Praxis. – Frankfurt: DGI.

Klaus, G. (1973): Moderne Logik. – Berlin: Deutscher Verlag der Wissenschaften. – 7. Aufl.

Komatsu, L.K. (1992): Recent views of conceptual structure. – In: Psychological Bulletin 112(3), S. 500-526.

Löbner, S. (2003): Semantik. Eine Einführung. – Berlin, New York: Walter de Gruyter.

Menne, A. (1980): Einführung in die Methodologie. – Darmstadt: Wissenschaftliche Buchgesellschaft.

Minsky, M. (1975): A framework for representing knowledge. – In: Winston, P.H. (Hrsg.): The Psychology of Computer Vision. – New York: McGraw-Hill, S. 211-277.

Ogden, C.K.; Richards, I.A. (1974[1923]): Die Bedeutung der Bedeutung. - Frankfurt: Suhrkamp. – (Original: 1923).

Pawłowski, T. (1980): Begriffsbildung und Definition. – Berlin, New York: Walter de Gruyter.

Reimer, U. (1991): Einführung in die Wissensrepräsentation. – Stuttgart: Teubner.

Rosch, E. (1983): Prototype classification and logical classification: The two systems. – In: Scholnick, E.K. (Hrsg.): New Trends in Conceptual Representation: Challenges to Piaget's Theory? – Hillsdale, N.J.: Lawrence Erlbaum Ass., S. 73-86.

Schmidt, S.J. (1969): Bedeutung und Begriff. – Braunschweig: Vieweg.

Wittgenstein, L. (1977[1953]): Philosophische Untersuchungen. – Frankfurt: Suhrkamp. – (Original: 1953).

Kapitel 4

Begriffsordnungen

Semantische Relationen

Begriffe existieren nicht losgelöst voneinander, sondern sind miteinander verknüpft. Bei den Definitionen (etwa über Begriffserklärung) sowie bei den Frames stoßen wir auf solche Relationen. Beziehungen zwischen Begriffen wollen wir "semantische Relationen" (Khoo/Na 2006; Storey 1993) nennen. Dies ist nur ein Teil der Relationen, die von Interesse für die Wissensrepräsentation sind. Bibliographische Relationen (Green 2001, 7 ff.) erfassen Beziehungen, die Dokumente formal beschreiben (z.B. "hat Autor", "ist in Quelle erschienen", "hat Jahrgang"). Faktographische Relationen werten Beziehungen aus, die in gewissen Wissensdomänen wichtig sind (wie z.B. "hat Schmelzpunkt" in einer Datenbank zu Werkstoffen oder "hat Tochterfirma" in einem Unternehmensdossier). Wir kommen auf bibliographische und faktographische Relationen im Kontext von Metadaten zu sprechen (Kapitel 6 und 7). Relationen bestehen auch *zwischen* Dokumenten, insofern beispielsweise wissenschaftliche Dokumente zitieren und zitiert werden (Kapitel 18) oder Web-Dokumente über Links verfügen (IR, Kapitel 22).

In der Informationswissenschaft unterscheiden wir bei den semantischen Relationen zwischen paradigmatischen und syntagmatischen Beziehungen (IR, 451 f.). Diese Differenzierung geht auf Ferdinand de Saussure (2001[1916], 148) zurück (de Saussure verwendet "assoziativ" anstelle von "paradigmatisch"):

> Die syntagmatische oder Anreihungsbeziehung besteht *in praesentia*: sie beruht auf zwei oder mehreren in einer bestehenden Reihe neben einander vorhandenen Gliedern. Im Gegensatz dazu verbindet die assoziative Beziehung Glieder *in absentia* in einer möglichen Gedächtnisreihe.

Im Kontext der Wissensrepräsentation bilden die paradigmatischen Relationen "fest verdrahtete" Beziehungen, die in einer bestimmten Wissensordnung festgeschrieben (oder festgehalten) worden sind. Sie gelten unabhängig von Dokumenten (also "in absentia" vom konkreten Auftreten in Dokumenten). Syntagmatische Relationen bestehen zwischen Begriffen in konkreten Dokumenten; sie liegen also stets "in praesentia" vor. Es geht hier um das gemeinsame Vorkommen, sei es im Fließtext des Dokuments (oder eines Textfensters), sei es bei den markierten Stich- oder Schlagworten.

Wir wollen dies an einem kleinen Beispiel verdeutlichen! In einer Wissensordnung kommen die beiden hierarchischen Relationen

Österreich – Steiermark – Bezirk Graz-Umgebung – Lassnitzhöhe;
Speiseöl – Pflanzenöl – Kürbiskernöl

vor. Diese Begriffsbeziehungen bilden jeweils paradigmatische Relationen. Ein wissenschaftlicher Artikel über lokale Besonderheiten der Landwirtschaft in der Steiermark sei wie folgt indexiert:

Lassnitzhöhe – Kürbiskernöl.

Diese beiden Begriffe bilden demnach eine syntagmatische Relation. Bis auf Ausnahmen (bei Spielarten des syntaktischen Indexierens) wird die syntagmatische Relation nicht näher beschrieben. Sie drückt aus: Im gegebenen Dokument geht es um Kürbiskernöl und um Lassnitzhöhe. Sie sagt aber nicht, in welchen konkreten Beziehungen die Terme zueinander stehen.

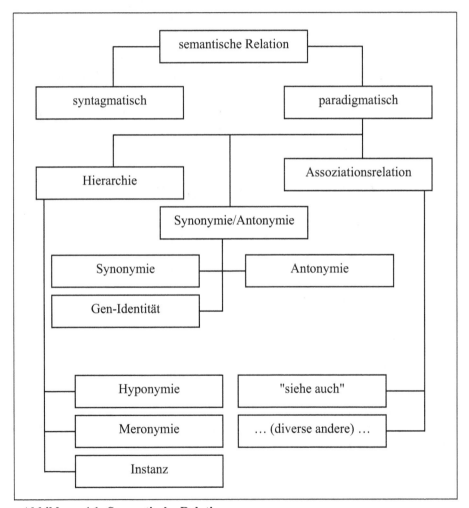

Abbildung 4.1: Semantische Relationen.

Bei den paradigmatischen Relationen wird dagegen stets die Art des Zusammenhangs ausgedrückt. Aus der Vielzahl möglicher paradigmatischer Relationen versucht die Wissensrepräsentation solche herauszufinden, die generalisierbar sind, die also in allen oder zumindest in vielen Anwendungsfällen sinnvoll einsetzbar sind. Einen Überblick über semantische Relationen verschafft uns Abbildung 4.1.

Ordnung und R – S – T

Man kann Relationen anhand der Anzahl ihrer Argumentstellen differenzieren. Zweistellige Relationen verbinden zwei Begriffe, dreistellige drei usw. Dabei ist es immer möglich, die mehrstelligen Relationen durch eine Reihe von zweistelligen zu vereinfachen. *Heilen* beispielsweise ist eine dreistellige Relation zwischen einer Person, einer Krankheit und einem Heilmittel. Aufgelöst ergeben sich drei zweistellige Relationen: Person – Krankheit, Krankheit – Heilmittel, Heilmittel – Person. Wir gehen in diesem Kapitel davon aus, dass die behandelten Relationen zweistellig sind.

Ziel ist es, zu einem gewissen Wissensgebiet eine Begriffsordnung zu erstellen, die dann als Wissensordnung fungiert. Ordnungen lassen sich über drei grundlegende Eigenschaften charakterisieren (x, y, z seien Begriffe, ρ jeweils eine Relation):

R	Reflexivität	$x \rho x$
		"... ist identisch mit ..."
	Irreflexivität	$-(x \rho x)$
		"... ist Ursache von ..."
S	Symmetrie	$(x \rho y) \rightarrow (y \rho x)$
		"... ist gleich ..."
	Asymmetrie	$(x \rho y) \rightarrow -(y \rho x)$
		"... liebt unglücklich ..."
T	Transitivität	$[(x \rho y) \wedge (y \rho z)] \rightarrow (x \rho z)$
		"... ist größer als "
	Intransitivität	$[(x \rho y) \wedge (y \rho z)] \rightarrow -(x \rho z)$
		"... ist ähnlich mit ..."

Eine Ordnung in einem strengen mathematischen Sinne ist irreflexiv (–R), asymmetrisch (–S) und transitiv (T) (Menne 1980, 92). Eine Ordnung, die als einzige Relation z.B. über *ist teurer als* verfügt, erfüllt diese Eigenschaften: eine bestimmte Ware, sagen wir: eine Zitrone, ist nicht teurer als eine Zitrone (also: –R); wenn eine Ware (unsere Zitrone) teurer ist als eine andere Ware (ein Apfel), so ist der Apfel nicht teurer als die Zitrone – sondern billiger (–S); wenn letztendlich eine Zitrone teurer als ein Apfel und ein Apfel teurer als eine Kirsche ist, dann ist auch eine Zitrone teurer als eine Kirsche (T).

Bei asymmetrischen Relationen reden wir von einer inversen Relation, wenn in dieser die Umkehrung der Ausgangsrelation thematisiert wird. In (x ρ y) sei ρ die Relation *ist Unterbegriff von*. Die inverse Relation ρ' in (y ρ' x) lautet dann *ist Oberbegriff von*.

Insofern eine Wissensordnung über Synonymie verfügt, die ja immer symmetrisch ist (wenn x synonym y ist, dann ist y synonym x), wird sie nie eine Ordnung im mathematischen Sinn sein. Offen ist zudem, ob alle Relationen in Wissensordnungen prinzipiell transitiv sind. In einer ersten naiven Annäherung an das Problem lassen sich leicht Gegenbeispiele finden. Nehmen wir z.B. an, die Leber von Professor X ist Teil von X und Professor X ist Teil der Universität Y, dann gilt bei Transitivität: Die Leber von Professor X ist Teil der Universität Y, was offensichtlich Unfug ist. Aber Achtung! War das überhaupt dieselbe Relation? Die Leber ist ein Körperteil; ein Professor ist ein Teil einer Organisation. Nur weil wir vereinfachend von einer allgemeinen Ganzes-Teil-Relation ausgehen, gilt die Transitivität nicht. Intransitivität kann also einerseits bedeuten, dass die Begriffsordnung (zu Unrecht) unterschiedliche Relationen zu einer einzigen zusammenfasst oder andererseits, dass die Relation in der Tat intransitiv ist.

Warum ist insbesondere die Transitivität wichtig für das Information Retrieval? Die zentrale Anwendung ist die (automatische oder im Nutzer-System-Dialog erarbeitete) **Anfrageerweiterung** (IR, 480 f.). Wenn jemand beispielsweise nach Gestüten im Rhein-Erft-Kreis sucht, aber nicht weiß, wo diese genau liegen, wird er formulieren:

Gestüt AND Rhein-Erft-Kreis.

Die wichtigen Gestüte liegen in Quadrath-Ichendorf, dies ist ein Ortsteil von Bergheim, das seinerseits im Rhein-Erft-Kreis liegt. Wenn wir nun das zweite Argument der Suchanfrage entsprechend der geographischen Gliederung nach unten erweitern, kommen wir beim zweiten Schritt auf diejenige Formulierung, die letztlich die Treffer bilden wird:

Gestüt AND (Rhein-Erft-Kreis OR Bergheim OR … OR Quadrath-Ichendorf).

Die Suchfrageerweiterung kann auch auf dem Weg über eine Begriffsleiter nach oben erfolgreich sein. Ein Autofahrer ist mit dem Problem konfrontiert, in einer ihm unbekannten Gegend eine Werkstatt für seinen Wagen (sagen wir: einen Ford) zu finden. Er formuliert:

Werkstatt AND Ford AND ([Standort], z.B. über GPS ermittelt).

Das Retrievalsystem ordnet den Standort der kleinsten geographischen Einheit zu und geht solange auf der Begriffsleiter aufwärts, bis ein Treffer vorliegt.

Eine Suchfrageerweiterung über exakt einen Schritt ist jederzeit durchführbar. Wenn wir uns die Wissensordnung als Graphen vorstellen, können wir also immer alle diejenigen Begriffe problemlos in die Suchanfrage übernehmen, die über eine

Pfadlänge von eins mit dem Ausgangsbegriff verbunden sind. (Ob dies auch immer in der Praxis erfolgreich ist, sei dahingestellt. Insbesondere das Einbeziehen von Oberbegriffen in einer Hierarchie kann die Treffermenge stark ausdehnen und damit der Precision schaden.) Wollen wir über Pfadlängen größer eins erweitern, so muss sichergestellt sein, dass Transitivität vorliegt, da ansonsten kein zwingender semantischer Bezug zum Ausgangsbegriff gegeben ist.

Koordinationsgrad

Begriffe tragen häufig mehrere Komponenten; man denke beispielsweise an *Mädchenhandelsschule*, das sich aus den Begriffen *Mädchen* und *Handelsschule* sowie letzteres wiederum aus *Handel* und *Schule* zusammensetzt. In einer abweichenden Lesart könnte man auch an die Komponenten *Mädchenhandel* und *Schule* denken. Man unterscheidet Wissensordnungen nach dem jeweils vorgefundenen Koordinationsgrad zusammengesetzter Begriffe. Die Abstufung der Koordination ist zwar fließend, es haben sich aber drei prototypische Koordinationsgrade herauskristallisiert.

Tauchen stets zusammengesetzte Begriffe (*Mädchenhandelsschule*, aber auch *Witterungsbedingte Einflüsse auf Flora und Fauna in Hochgebirgslagen*) als Einheit in einer Begriffsordnung auf, so spricht man von **"Präkombination"** (Lancaster 2003, 50 ff.). Die Begriffe sind bereits in der Wissensordnung als Einheit verschweißt und können auch nur in dieser Form benutzt werden, und zwar sowohl beim Indexieren als auch beim Recherchieren.

Belässt man in der Wissensordnung die Begriffe so einfach wie möglich, so liegt eine **"Postkoordination"** vor. Man kann nur dann die Komponentenzerlegung durchführen, wenn sichergestellt ist, dass die Kombination der Einzelbegriffe stets den korrekten zusammengesetzten Begriff ergibt. Eine Zerlegung von *Informationswissenschaft* in *Information* und *Wissenschaft* wäre demnach nicht möglich, da die anschließende Kombination mehrdeutig ist (es ergibt sich aus den beiden Einzelbegriffen nämlich auch *Wissenschaftsinformation*). Klar dürfte sein, dass semantische Fehlläufer (wie z.B. *Schlüsselbein*) nicht zerlegt werden dürfen. Postkoordination verlagert die Zusammensetzung auf die konkrete Recherche (Lancaster 2003, 38).

> An information retrieval system that allows the searcher to combine terms in any way is … referred to as *postcoordinate*.

Wenn die Begriffsordnung postkoordiniert aufgebaut ist, aber der Indexer – nicht der Nutzer – die Kombinationen beim Indexierungsprozess festlegt, ist **"Präkoordination"** gegeben. Diese Koordinationsform führt zu einem syntaktischen Indexieren. Nehmen wir an, unsere Begriffsordnung enthalte die beiden

Begriffe *Handelsschule* sowie *Mädchen*, und das Kombinationszeichen sei +, dann ergibt sich:

Handelsschule + Mädchen.

Dieser (nunmehr zusammengesetzte) Begriff kann sowohl als Einheit (natürlich auch – soweit sinnvoll – in umgekehrter Reihenfolge Mädchen + Handelsschule) als auch getrennt durch beide Komponenten recherchiert werden.

Präkombination erlaubt eine hohe begriffliche Spezifizierung der Wissensordnung und damit eine ballastarme Suche; Postkoordination gibt dem Nutzer große Freiheiten bei der Formulierung seiner Suchargumente. Präkoordination versucht, zwischen beiden Extremen zu vermitteln.

Synonymie und Antonymie

Zwei Benennungen sind **synonym**, wenn sie denselben Begriff bezeichnen. Totale Synonyme, die sich auf alle Bedeutungsvarianten und alle (deskriptiven, sozialen und expressiven) Bedeutungen erstrecken, sind rar (Löbner 2003, 117); Beispiel ist *Samstag – Sonnabend*. Auch Abkürzungen (*LKW – Lastkraftwagen*), unterschiedliche Schreibweisen (*Fotografie – Photographie*), invertierte Wortreihenfolgen (*verarbeitendes Gewerbe – Gewerbe, verarbeitendes*) und Kurzformen (*U-Bahn – Untergrundbahn*) sind total synonym. Eng verwandt mit der totalen Synonymie sind gebräuchliche fremdsprachliche Bezeichnungen (*Computer – Rechner*) sowie ein abweichender Sprachgebrauch (*Massenkommunikationsmittel – Massenmedien*).

Nach Löbner (2003, 117) sind die meisten Synonymbeziehungen partieller Natur: Sie benennen nicht exakt den selben Begriff, sondern stehen für (mehr oder minder) eng verwandte Begriffe. Unterschiede können sowohl in der Extension als auch in der Intension vorkommen. Löbners Beispiel *geflügelte Jahresendpuppe* (offizielles DDR-deutsch) ist zwar extensional identisch mit einem *Weihnachtsengel*, aber nicht intensional.

In den meisten Wissensordnungen in der Informationspraxis werden totale und partielle Synonyme sowie darüber hinaus – je nach Einsatzzweck – ähnliche Begriffe (als "Quasi-Synonyme") als ein einziger Begriff behandelt. In einer Wissensordnung für Wirtschaftswissenschaften ist es wahrscheinlich belanglos, zwischen *Retrieval* und *Recherche* zu unterscheiden, so dass beide Benennungen hier als quasi-synonym angesehen werden. In einer informationswissenschaftlichen Wissensordnung wäre es dagegen völlig verfehlt, diese beiden Begriffe zu verschmelzen, da sie – aus der Sicht der Informationswissenschaft – völlig unterschiedliche Gegenstände ausdrücken. Hat man in einer Begriffsordnung zwei Begriffe als synonym verbunden, so sind diese (bis zu einer möglichen Überarbeitung der Ordnung) stets eine Einheit und können nicht getrennt betrachtet werden.

Wendet man die Begriffsordnung auf Volltextretrievalsysteme an, so wird die Suchanfrage durch alle festgeschriebenen Synonyme des ursprünglichen Suchbegriffs erweitert. Synonymie ist reflexiv, symmetrisch und transitiv.

Gewisse Objekte sind "gen-identisch" (Menne 1980, 68 f.). Dies ist eine schwache Form von Identität, bei der von gewissen zeitlichen Bezügen abgesehen wird. Ein Mensch in seinen verschiedenen Lebensaltern (Person X als Kind, Erwachsener und Greis) ist demnach gen-identisch. Eine mögliche Option in Begriffsordnungen ist es, Begriffe gen-identischer Objekte als Quasi-Synonyme zusammenzufassen. Es existiert aber auch die Möglichkeit, die jeweiligen Begriffe einzeln zu betrachten und im Anschluss daran zu verknüpfen.

Werden gen-identische Objekte zu unterschiedlichen Zeiten durch verschiedene Begriffe beschrieben, so stellt man diese Begriffe durch **chronologische Relationen** in den gewünschten Zusammenhang. Die Beziehungen lauten "chronologisch früher" sowie – als Inversion – "chronologisch später". Als Beispiel denken wir an die Stadt an der Mündung der Newa in die Ostsee:

> zwischen 1703 und 1914: Sankt Petersburg
> 1914 – 1924: Petrograd
> 1924 – 1981: Leningrad
> danach: wieder Sankt Petersburg.

Jeweils benachbarte Begriffe werden chronologisch verknüpft:

> Sankt Petersburg [Zarenzeit] ist chronologisch früher als Petrograd.
> Petrograd ist chronologisch früher als Leningrad.
> usw.

Die chronologische Relation ist irreflexiv, asymmetrisch und transitiv.

Zwei Begriffe sind **Antonyme**, wenn sie sich gegenseitig ausschließen. Solche Gegenbegriffe sind beispielsweise *Liebe – Hass*, *Genie – Wahnsinn* und *tot – lebendig*. Wir müssen zwei Varianten unterscheiden (IR, 280-281): Kontradiktorische Antonyme kennen genau zwei Ausprägungen, aber nichts Drittes, möglicherweise dazwischen Liegendes. Jemand ist schwanger oder sie ist nicht schwanger – tertium non datur. Bei konträren Antonymen existieren neben den Extremwerten weitere Werte; zwischen Liebe und Hass liegt beispielsweise die Gleichgültigkeit. Bei kontradiktorischen Antonymen ist es im Retrieval möglich, den jeweiligen Gegenbegriff – verknüpft mit einem negierenden Term wie "nicht" oder "un-" – in eine Suche mit einzubeziehen. Ob konträre Antonyme sinnvoll in Wissensrepräsentation und Information Retrieval eingesetzt werden können, ist derzeit offen. Antonymie ist irreflexiv, symmetrisch und intransitiv.

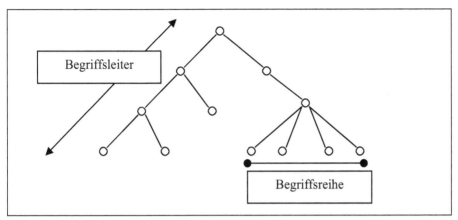

Abbildung 4.2: Begriffsleiter und Begriffsreihe.
Quelle: in Anlehnung an DIN 2331:1980, 12.

Hierarchie

Die wichtigste Relation von Begriffsordnungen, quasi das tragende Gerüst, ist die Hierarchie. Die deutsche Norm DIN 2331 (1980, 2) definiert:

> Hierarchische Beziehungen stellen ein Über- und Unterordnungsverhältnis und damit auch Nebenordnungsverhältnisse zwischen Begriffen her. Hinsichtlich des Begriffsumfangs bedeutet dies, daß alle Gegenstände, die unter einen engeren Begriff (untergeordneten Begriff) fallen, auch unter den weiteren Begriff (übergeordneten Begriff) fallen, dieser aber noch zusätzliche Gegenstände umfaßt.

Begriffe in hierarchischen Relationen bilden Begriffsleitern. "Oberbegriff" ist derjenige Begriff, der in der Begriffsleiter in genau der nächsten Hierarchieebene über einem Ausgangsbegriff steht; "Unterbegriff" ist ein Begriff, der in genau der nächst niedrigeren Hierarchieebene verortet ist. Ein "Geschwisterbegriff" (Nebenordnung ersten Grades) teilt sich mit dem Begriff denselben Oberbegriff. Geschwister bilden eine Begriffsreihe (Abbildung 4.2).

Der oberste Begriff in einer Begriffsleiter ist der "Topterm", die untersten Begriffe heißen "Bottomterms". Die Hierarchie ist irreflexiv, asymmetrisch und transitiv, wobei "ist Oberbegriff von" und "ist Unterbegriff von" zueinander invers sind.

Eine Begriffsordnung ist **monohierarchisch**, wenn es zu jedem Begriff außer dem Topterm genau einen Oberbegriff gibt (wie im Beispiel von Abbildung 4.2); sie ist **polyhierarchisch**, wenn einige Begriffe über mehrere Oberbegriffe verfügen (Abbildung 4.3). Als Beispiel wählen wir den Begriff *Wirtschaftsinformatik*. Er ist genauso Unterbegriff von *Betriebswirtschaftslehre* wie von *Informatik*.

Wenn wir in einer Wissensordnung die Hierarchierelation nicht weiter verfeinern wollen, liegt ein "gemischt-hierarchisches Begriffssystem" (DIN 2331:1980, 6) vor. Es wird als "gemischt" bezeichnet, da es mehrere Arten von Hierarchierelationen zusammenfasst. Wir unterscheiden drei Spielarten der Hierarchie:

- Hyponymie,
- Meronymie,
- Instanz.

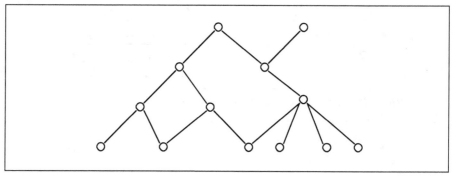

Abbildung 4.3: Polyhierarchische Begriffsordnung.

Hyponym-Hyperonym-Relation (Abstraktionsbeziehung)

Die Abstraktionsrelation ist eine hierarchische Relation, deren Unterteilung nach logischen Gesichtspunkten erfolgt. Der jeweils nächst niedrigere Begriff entsteht im Rahmen der Definition nach Begriffserklärung (s. o. S. 60) bzw. – soweit zutreffend – nach Familienähnlichkeit. Wird nicht über Familienähnlichkeit definiert, so erbt der Unterbegriff, das "Hyponym", alle Merkmale des Oberbegriffs, des "Hyperonyms". Im Falle der Familienähnlichkeit erbt ein Hyponym nur eine Teilmenge der gesamten Merkmale des Hyperonyms. Zusätzlich verfügt es über mindestens ein weiteres wesenskonstitutives Merkmal, das es von den Schwesterbegriffen abtrennt. Für alle Elemente der Extension des Hyponyms gilt, dass sie grundsätzlich auch Elemente des Hyperonyms sind. Die logische Unterordnung der Abstraktionsrelation führt stets zu einer Implikation folgender Art (Löbner 2003, 104; Storey 1993, 460 ff.)

> wenn x ein A ist, dann ist x ein B,
> genau dann, wenn A Hyponym von B ist.

Wenn gilt, dass *Blaumeise* ein Hyponym von *Meise* ist, dann gilt auch die Implikation

> wenn gilt: x ist eine Blaumeise, dann gilt: x ist eine Meise.

Die Abstraktionsrelation lässt sich stets als eine "ist ein"-Beziehung (im Englischen häufig "IS-A" genannt) ausdrücken (Khoo/Na 2006, 174). Im Beispiel

Vogel

Singvogel

Meise

Blaumeise

(definiert jeweils ohne Rückgriff auf Familienähnlichkeit) gilt:

Die Blaumeise IST EINE Meise.

Die Meise IST EIN Singvogel.

Der Singvogel IST EIN Vogel.

Von oben nach unten kommen jeweils weitere Merkmale bei der Intension hinzu: Ein *Singvogel* ist ein *Vogel*, der singt. Die *Blaumeise* ist eine *Meise*, deren Gefieder blau gefärbt ist.

Definieren wir mithilfe der Familienähnlichkeit, so liegt eine leicht veränderte Lage vor. Im Beispiel

Freizeitbeschäftigung

Spiel

Glücksspiel

gilt wie oben

Das Glücksspiel IST EIN Spiel.

Das Spiel IST EINE Freizeitbeschäftigung.

Da wir *Spiel* über Familienähnlichkeit (s. o. S. 61) abgegrenzt haben, erbt *Glücksspiel* nicht alle Eigenschaften von *Spiel* (etwa nicht grundsätzlich *Brettspiel*, *Kartenspiel*, *Kampfspiel*), sondern nur einige. Das zusätzliche Merkmal des Unterbegriffs (*ist ein Glücksspiel*) ist in diesem Falle bereits als Teil der mit ODER verbundenen Begriffe des Oberbegriffs vorhanden. Die Klärung erfolgt durch den Ausschluss der anderen mit ODER verknüpften Familienmitglieder (etwa in der Art: *ist genau ein Spiel, das Glück erfordert*).

Man ist versucht anzunehmen, dass zwischen Extension und Intension von Begriffen innerhalb einer Begriffsleiter ein reziprokes Verhältnis besteht: Eine Vermehrung des Begriffsinhalts (also Hinzufügen weiterer Merkmale auf dem Weg von oben nach unten) geht mit einer Verminderung der Menge der Objekte, die jeweils unter den Begriff fallen, einher. Es gibt sicherlich mehr Vögel als es Singvögel gibt. Solche eine **Reziprozitätsbeziehung** ist in vielen Fällen anzutreffen, sie gilt jedoch nicht allgemein. Sie gilt nie bei den Individualbegriffen, denn hier können wir durchaus weitere Eigenschaften hinzufügen, ohne dass sich an der Extension etwas ändern würde. *Karl May* ist beispielsweise durch *Autor, in Sachsen geboren, hat Winnetou erfunden* bereits klar intensional bestimmt; das Hinzufügen von *hat mit dem Verlag Münchmeyer Geschäftsbeziehungen* ändert an der Extension nicht das Geringste. Es lassen sich sogar für Allgemeinbegriffe Gegenbeispiele aufzeigen, also Begriffe, die bei Vermehrung des Inhalts auch eine Vergrößerung des Umfangs zeigen. Das klassische Beispiel stammt von Bolzano (1837; s. a. Hoensbroech 1931). Walter Dubislav (1981, 121) referiert diesen Fall:

> Man bilde etwa mit *Bolzano* den Begriff eines "Kenners aller europäischer Sprachen" und vermehre jetzt den Inhalt dieses Begriffs durch Hinzufügen des Bestandteiles "lebend" zu dem Begriff "Kenner aller lebender europäischer Sprachen". Man bemerkt, daß man den Inhalt des ersten Begriffes zwar erweitert hat, daß aber der Umfang des derart aus dem ersten entstehenden neuen Begriffes den Umfang des alten als Teilklasse enthält.

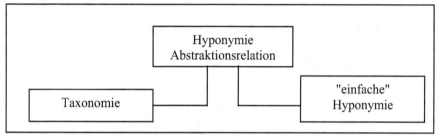

Abbildung 4.4: Spezifische Hyponymie-Hyperonymie-Relationen.

Wir können bei der Abstraktionsrelation zwei Spielarten entdecken: die **Taxonomie** und die nicht-taxonomische, "einfache" Hyponymie. Bei einer Taxonomie kann man die "ist ein"-Relation verstärken zu "ist eine Art von" (Cruse 2002, 12):

> The first (variety of hyponymy; Verf.) is the relation which is exemplified in *An X is a Y* (which correspondents to 'simple' hyponymy); the second is the relation for which *An X is a kind/type of Y* is diagnostic, which is more discriminating than hyponymy, and which functions as the 'vertical' relation in a taxonomy. ... (T)he second relation is called taxonomy.

Eine Taxonomie zerlegt nicht einfach eine größere Klasse in kleinere Klassen, wie dies bei der einfachen Hyponymie geschieht. Betrachten wir zwei Beispiele:

> ? Eine Königin IST EINE ART VON Frau.
> (besser: Eine Königin IST EINE Frau.)

> ? Ein Hengst IST EINE ART VON Pferd.
> (besser: Ein Hengst IST EIN Pferd.)

In beiden Fällen ist die Lesart IST EINE ART VON nicht zielführend; hier herrscht einfache Hyponymie vor. Schauen wir dagegen auf diese Beispiele:

> Ein Kaltblüter IST EINE ART VON Pferd.
> Ein Stetson IST EINE ART VON Hut.

Hier macht die Formulierung Sinn, denn in diesen Fällen liegt in der Tat ein taxo-
nomischer Zusammenhang vor. Eine Taxonomie erfüllt gemäß Cruse (2002, 13)
gewisse Bedingungen:

> Taxonomy exists to articulate a domain in the most effective way. This requires
> "good" categories, which are (a) internally cohesive, (b) externally distinctive,
> and (c) maximally informative.

In Taxonomien werden der Unterbegriff, das "Taxonym", und das Hyperonym
grundsätzlich aus der gleichen Perspektive betrachtet. *Hengst* ist kein Taxonym
von *Pferd*, da *Hengst* aus einer geschlechtlichen Perspektive betrachtet wird und
Pferd nicht. Bei *Kaltblüter* und *Pferd* sind die Perspektiven dagegen identisch;
beide werden unter biologischen Aspekten untersucht.

Je nach der Anzahl der Unterscheidungsgesichtspunkte spricht man von **Mono-**
bzw. **Polydimensionalität** (DIN 2331:1980, 3). Wird genau *eine* Dimension der
klassenbildenden Merkmale benutzt, so liegt Monodimensionalität vor. Dimensio-
nalität wird auf jeder hierarchischen Ebene separat abgearbeitet. Es kann demnach
durchaus sein, dass auf einer Ebene anhand von Dimension X und auf einer anderen anhand von Y unterschieden wird.

Wenn wir *Schrank* unter Hinzufügen von Merkmalen aus der Dimension "Stoff"
unterteilen wollen und die nächste Abstraktionsebene nach Merkmalen der Dimension "Verwendung" weiter spezifizieren, so ergibt sich folgende monodimen-
sionale Struktur:

> Schrank
>> Metallschrank
>>> Metallbücherschrank
>>> Metallkleiderschrank
>> Holzschrank
>>> Holzbücherschrank
>>> Holzkleiderschrank.

Wir reden von Polydimensionalität, wenn die Unterteilungsaspekte auf genau
einer hierarchischen Ebene von mehreren Dimensionen gespeist werden. Wir
können demnach unseren *Schrank* polydimensional in einem einzigen Schritt
anhand der zwei Dimensionen "Stoff" und "Verwendung" einteilen:

> Schrank
>> Bücherschrank
>> Holzschrank
>> Kleiderschrank
>> Metallschrank

Es ist stets möglich, die Polydimensionalität aufzulösen, indem in einer "Zwischenebene" die Dimensionen angegeben werden (DIN 2331:1980, 145). Die

(durchaus etwas eigenartig anmutenden) Terme der Zwischenebene kann man "Stützbegriffe" nennen (die Norm DIN 2331 bezeichnet sie als "Scheinklassen"), da sie die Struktur einer monodimensionalen Begriffsordnung "stützen" und eine übersichtliche Ordnung schaffen. Unser Beispiel führt mit Stützbegriffen zu folgender Begriffsleiter:

Schrank

      Schrank nach Werkstoff

        Holzschrank

        Metallschrank

      Schrank nach Verwendung

        Bücherschrank

        Kleiderschrank.

Bleiben die Dimensionen über eine gesamte Begriffsordnung hin konstant (und variieren nicht von Ebene zu Ebene), so liegt es nahe, die Dimensionen als Kategorien auszuzeichnen und eine **facettierte Ordnung** zu erstellen. Eine Wissensordnung zu Schränken würde demnach aus (mindestens) den beiden Facetten "Werkstoff" und "Verwendung" bestehen.

Schrank-Facette 1:	Schrank-Facette 2:
Werkstoff	*Verwendung*
Holz	Aufbewahrung von Büchern
Metall	Aufbewahrung von Kleidern.

Die Hyponymie-Hyperonymie-Relation ist irreflexiv, asymmetrisch und transitiv. Bei der Transitivität lassen sich vereinzelt Fälle aufführen, die die allgemeine Gültigkeit in Frage stellen. Betrachten wir ein Beispiel (Cruse 2004, 152; Khoo/Na 2006, 175):

    A car seat IS A seat.

    A seat IS A furniture.

    ? A car seat IS A furniture.

Ein Autositz ist sicherlich im gebräuchlichen Sinne kein Möbelstück, insofern dürfte hier die Transitivität nicht gelten. Im Deutschen klingt das Argument allerdings anders:

    Ein Autositz IST EIN Sitz.

    Ein Sitz IST EIN Möbelstück.

    ? Ein Autositz IST EIN Möbelstück.

Hier zeigt sich, dass der Fehler in der zweiten Zeile liegt: Ein Sitz ist nicht unbedingt ein Möbelstück. Die vermeintliche Intransitivität im englischen Beispiel entsteht durch die Mehrdeutigkeit von *seat*, das ja *Sitz*, *Bank* oder *Sessel* bedeuten kann. Nach erfolgter Disambiguierung sollte die Transitivität erhalten bleiben.

Meronym-Holonym-Relation (Teil-Ganzes-Beziehung)

Zeigt die Abstraktionsrelation eine logische Sicht auf Begriffe, so geht die Teil-Ganzes-Relation von einer gegenständlichen Perspektive aus (Khoo/Na 2006, 176 ff.). Begriffe von Ganzheiten, "Holonyme", werden in Begriffe von deren Teilen, "Meronyme", untergliedert. Löbner (2003, 135) stellt fest:

> A ist genau dann ein *Meronym* von B, und B ein/das *Holonym* von A, wenn ein potenzieller Referent von A durch die Bedeutung von A als konstitutiver Teil eines potentiellen Referenten von B konzipiert ist. "Konstitutive Teile" sind dabei zu verstehen als wesentliche Teile, die das Ganze mit zu dem machen, was es ist.

Sind es bei der Abstraktionsrelation nicht irgendwelche Merkmale, die zur Definition herangezogen werden, sondern eben die "wesenskonstitutiven" Charakteristika, so sind es in der Teil-Ganzes-Relation auch nicht irgendwelche Teile, sondern die "wesentlichen" Teile der betreffenden Ganzheit. Die Meronym-Holonym-Relation trägt mehrere Benennungen. Neben "Teil-Ganzes-Relation" wird auch von "partitiver Relation" oder "Bestandsbeziehung" (so in der Norm DIN 2331:1980, 3) gesprochen. Ein auf dieser Relation bestehendes System wird "Mereologie" genannt (Simons 1987).

Es ist möglich, dass in Einzelfällen Meronymie und Hyponymie zusammenfallen. Betrachten wir das Begriffspaar:

Industrie – chemische Industrie.

Die chemische Industrie ist sowohl ein Teil der Industrie als auch eine besondere Art der Industrie.

Die Meronymie wird durch "ist Teil von" (im Englischen "part-of") ausgedrückt. Diese Relation steht nicht genau für eine Begriffsbeziehung, sondern setzt sich aus einem Bündel unterschiedlicher partitiver Beziehungen zusammen. Will man – etwa in vereinfachender Absicht – die unterschiedlichen Teil-Ganzes-Relationen zu einer einzigen zusammenfassen, so wird in vielen Fällen die Transitivität verletzt. Winston/Chaffin/Herrmann (1987, 442-444) haben eine Liste mit – fehlerhaften – Kombinationen zusammengestellt. Einige Beispiele mögen die Intransitivität belegen:

Simpson's finger is part of Simpson.

Simpson is part of the Philosophy Department.

? Simpson's finger is part of the Philosophy Department.

Water is part of the cooling system.

Water is partly hydrogen.

? Hydrogen is part of the cooling system.

This tree is part of the Black Forest.

The Black Forest is part of Germany.

? This tree is part of Germany.

Die mit dem Fragezeichen markierten Sätze sind falsche Schlüsse. Man kann (als "faule Lösung") auf die Transitivität der jeweiligen spezifischen Meronymierelationen im Information Retrieval verzichten. Damit nimmt man sich die Option der Suchanfrageerweiterung über mehr als eine Hierarchieebene. Dafür braucht man sich nicht die Mühe zu machen, zwischen den einzelnen partitiven Beziehungen zu differenzieren. Die elaborierte Lösung unterscheidet die spezifischen Meronymierelationen und analysiert diese auf Transitivität. Damit ist die Möglichkeit auf Suchanfrageerweiterung jederzeit und über beliebig viele Ebenen gegeben.

Wir folgen dem inzwischen klassischen Ansatz von Morton E. Winston, Roger Chaffin und Douglas Herrmann (1987) und spezifizieren die Teil-Ganzes-Relation in sinnvolle Arten. Winston et al. unterscheiden sechs verschiedene Meronymierelationen, die wir durch weitere Unterteilung auf neun partitive Beziehungen erweitern (Abbildung 4.5).

Insofern Ganzheiten eine Struktur aufweisen, kann man diese Struktur in gewisse Teile zerlegen (Gerstl/Pribbenow 1996; Pribbenow 2002). Die fünf links eingezeichneten Teil-Ganzes-Beziehungen zeichnen sich dadurch aus, dass Ganzheiten strukturell zerlegt worden sind. (1.) Geographica lassen eine Unterteilung nach Verwaltungseinheiten zu, insofern wir eine gegebene **geographische Einheit** in dessen **Untereinheiten** gliedern. *Nordrhein-Westfalen* ist Teil von *Deutschland*; der Ortsteil *Kerpen-Sindorf* ist Teil von *Kerpen*. (2.) (Nicht-soziale) gleichförmige **Kollektionen** lassen sich in ihre **Elemente** einteilen. Ein *Wald* besteht aus *Bäumen*, ein *Schiff* ist Teil einer *Flotte*. (3.) Ein ähnlicher Einteilungsaspekt liegt vor, wenn wir (gleichförmige) **Organisationen** in ihre **Einheiten** zerlegen, etwa eine *Universität* in ihre *Fakultäten*. Johansson (2004) weist darauf hin, dass bei der Verletzung der Gleichförmigkeit Transitivität nicht unbedingt gilt. Wir nehmen an, es gäbe einen Verband Y, in dem andere Verbände X_1, ..., X_n (und *nur* Verbände) Mitglied seien. Die Person A sei Mitglied in X_1. Bei Transitivität würde gelten, dass A über seine Mitgliedschaft in X_1 auch Teil von Y sei. Laut den Statuten von Y ist dies aber gar nicht möglich. Einmal geht es um Mitgliedschaft von Personen, zum anderen von Verbänden, so dass das Prinzip der Gleichförmigkeit im Beispiel verletzt worden ist. (4.) Ein zusammenhängender **Komplex**, beispielsweise ein *Haus*, lässt sich in seine **Komponenten**, etwa das *Dach* oder den *Keller*, einteilen. (5.) Ähnlich ist (diesmal in zeitlicher Hinsicht) die Meronymie bei einem **Ereignis** (sagen wir: einer *Zirkusvorstellung*) und einem spezifischen **Segment** (z.B. dem *Trapezakt*) gebildet (Storey 1993, 464).

Die zweite Gruppe von Meronymen arbeitet unabhängig von Strukturen (in Abbildung 4.5 auf der rechten Seite gezeichnet). (6.) Eine beliebige **Ganzheit** kann in **Stücke** zerlegt werden, so beispielsweise eine *Tasse* (nachdem wir sie auf den Boden geworfen haben) in *Scherben* oder – weniger destruktiv – ein *Brot* in mundgerechte *Schnitten*. (7.) Eine zusammenhängende **Aktivität** (z.B. das *Ein-*

kaufen) kann in einzelne **Phasen** (etwa *Bezahlen*) eingeteilt werden. (8.) Eine der zentral wichtigen Meronymierelationen ist die Beziehung eines **Objektes** zu seinen **Bestandteilen**, etwa die *Aluminium*-Teile eines *Flugzeugs* oder die *Holzteile* meines *Schreibtisches*. (9.) Wenn wir eine in sich homogene **Masse** vorliegen haben, so kann man diese in **Portionen** zerlegen. Beispiele sind *Wein (im Fass)* und *1 ltr. Wein* oder *Meter – Dezimeter*.

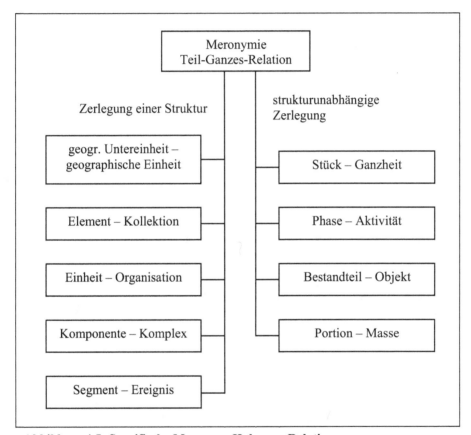

Abbildung 4.5: Spezifische Meronym-Holonym-Relationen.

Alle beschriebenen Meronymie-Holonymie-Relationen sind irreflexiv, asymmetrisch und transitiv, insofern sie "sortenrein" definiert und angewandt worden sind.

Wir haben schon besprochen, dass innerhalb einer Begriffsleiter der Hyponym-Hyperonym-Relation die Begriffe (in den meisten Fällen) von oben nach unten ihre Eigenschaften vererben (s. o. S. 60 f.). Das gleiche gilt für ihre Meronyme (IR, 279). Wir können hier von **Meronymvererbung** in der Abstraktionsrelation sprechen. Wenn Begriff A ein Teilbegriff (z.B. ein *Motor*) der Ganzheit B (einem

Auto) ist, und C ein Hyponym von B ist (sagen wir: ein *Krankenwagen*), so verfügt auch der Unterbegriff C über das Teil A (ein *Krankenwagen* hat demnach einen *Motor*).

Instanz

Bei der extensionalen Begriffsbestimmung wird der in Frage stehende Begriff durch die Aufzählung derjenigen Elemente definiert, auf die er zutrifft. Im allgemeinen Fall wird dabei offen gelassen, ob die Elemente Allgemein- oder Individualbegriffe sind. Bei der Instanzrelation wird gefordert, dass das Element grundsätzlich ein Individualbegriff ist. Das Element ist also stets eine "named entity" (IR, 254).

Ob diese Element-Klasse-Relation im Rahmen von Hyponymie oder von Meronymie betrachtet wird, ist für die Instanz irrelevant. Die Instanz kann also sowohl durch "ist ein" als auch durch "ist Teil von" ausgedrückt werden. Im Sinne einer Abstraktionsrelation lässt sich sagen:

Persil IST EIN Waschmittel.

Köln IST EINE Universitätsstadt am Rhein.

Genauso ist es möglich, so zu formulieren:

Silwa (das ist unser Auto) IST TEIL unseres Fuhrparks.

Angela Merkel IST TEIL der CDU.

Instanzen können durchaus ihrerseits Unterbegriffe haben. So ist im letzten Beispiel die *CDU* Instanz des Begriffs *deutsche Partei*. Und natürlich verfügt unsere *Silwa* über Teile, etwa dem Fahrgestell mit der eineindeutigen Nummer xyz.

Die Instanzrelation ist reflexiv, asymmetrisch und intransitiv.

Assoziationsrelationen

Es gibt eine Fülle weiterer semantischer Beziehungen in Begriffsordnungen, die wir unter der Sammelbezeichnung "Assoziation" zusammenfassen wollen.

Die Assoziationsrelation als solche existiert demnach nicht, sondern es gibt diverse unterschiedliche Beziehungen. Ihnen ist gemeinsam, dass sie – negativ formuliert – keine (Quasi-)Synonyme bzw. Antonyme und keine Hierarchie bilden und – positiv gesprochen – für Wissensordnungen sinnvoll zu gebrauchen sind (IR, 285).

In einem einfachen Fall, der jede Spezifizierung offen lässt, spielt die Assoziationsrelation die Rolle einer **"siehe auch"-Verknüpfung**. Die Begriffe werden nach praktischen Aspekten miteinander in Beziehung gebracht, so z.B. in einer wirtschaftswissenschaftlichen Begriffsordnung Produkte mit zugehörigen Branchen (beispielsweise *Körperpflegemittel* SIEHE AUCH *Körperpflegemittelindus-*

trie und umgekehrt; IR, 286). Die unspezifische "siehe auch"-Relation ist irreflexiv, symmetrisch und intransitiv.

Für andere – nunmehr spezifische – Assoziationsrelationen begnügen wir uns mit einem Beispiel. Schmitz-Esser (2000, 79 f.) schlägt für eine konkrete Wissensordnung (der Weltausstellung EXPO 2000) die Relationen der **Nützlichkeit** und der **Schädlichkeit** vor. Hier zeigt sich, dass solche Begriffsbeziehungen persuasive "Nebentöne" aufweisen. Im Beispiel

Radio zum Aufziehen IST NÜTZLICH FÜR Kommunikation
in entlegenen Gebieten

liegt keine implizite Wertung vor. Anders ist dies bei

Überfischung IST NÜTZLICH FÜR Fischmehlindustrie
Mohnanbau IST NÜTZLICH FÜR Drogenhandel.

Eine zufriedenstellende Lösung liegt möglicherweise darin, bei Nützlichkeit und Schädlichkeit auf grundlegende Werte einer gegebenen Gesellschaft aufzubauen ("nützlich für wen?") (Schmitz-Esser 2000, 79) und so die unteren beiden Beispiele als unvereinbar mit entsprechenden Wertvorstellungen abzulehnen oder – aus der Sicht eines Drogenkartells – das untere Beispiel als adäquat beizubehalten.

Begriffsordnungen als Graphen

Begriffe in einer Wissensordnung hängen über die besprochenen Relationen zusammen. Eine solche Begriffsordnung kann man als Graphen auffassen, in dem die Begriffe die Knoten und die jeweiligen Relationen die Pfade darstellen. Außer der übersichtlichen Darstellung dienen die Graphen der Ermittlung der semantischen Nähe zwischen den Begriffen (IR, 286 f.). Hierbei unterscheiden wir zwei Fälle, das dichotome und das gewichtete Modell.

Im dichotomen Ansatz existiert zwischen zwei Begriffen eine bestimmte Relation oder sie existiert nicht. Zur Berechnung des Abstandes zwischen zwei Begriffen in einer Begriffsordnung zählen wir die Anzahl der Pfade, die man durchlaufen muss, um im Graphen auf dem kürzesten Weg von einem Begriff B_i zu einem anderen Begriff B_j zu gelangen. Unsere Beispielbegriffsordnung in den Abbildungen 4.6 und 4.7 verfüge über die Hierarchierelation und eine (unspezifische) Assoziationsrelation. Im dichotomen Fall (Abbildung 4.7) zählt jeder Pfad "1". In unserem Beispiel beträgt die kürzeste Entfernung von B_1 zu B_5 also vier.

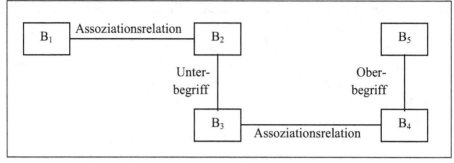

Abbildung 4.6: Begriffsordnung als Graph.

Möchte man mit den jeweiligen Relationen eine semantische Bindungsstärke zwischen den Begriffen ausdrücken, so muss man die Relationen unterschiedlich gewichten; etwa folgendermaßen:

Unterbegriff: 0,8
Oberbegriff: 0,5
"siehe auch":   0,4.

Wenn wir diese Bedingungen auf unser Beispiel anwenden, ergibt sich Abbildung 4.7. Zwischen B_1 und B_2 liegt nunmehr keine Bindung von 100% mehr, sondern nur noch von 40%, B_2 und B_3 sind zu 80% miteinander verbunden, B_3 und B_4 zu 40% und letztlich B_4 und B_5 zu 50%. Der semantische Abstand zwischen B_1 und B_5 beträgt nun:

$$1/0,4 + 1/0,8 + 1/0,4 + 1/0,5 \; = \; 8,25.$$

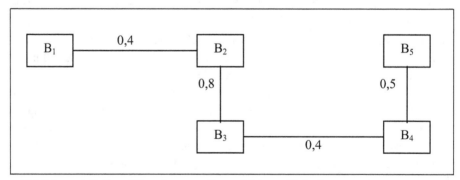

Abbildung 4.7: Begriffsordnung mit gewichteten Relationen.

Solche Abstandsmaße sind wichtig für die Suchfrageerweiterung. Man legt einen Grenzwert fest, bis zu dem alle verknüpften Begriffe einem Ausgangsbegriff zugeordnet werden. Dabei muss beachtet werden, dass eine Anfrageerweiterung bei nicht-transitiven Relationen stets nur um genau einen Pfad möglich ist.

Fazit

- Begriffsordnungen basieren auf paradigmatischen semantischen Relationen. Sie gelten unabhängig von Dokumenten und darin vorgefundenen syntagmatischen Beziehungen.

- Wir unterscheiden drei Gruppen paradigmatischer Relationen: (1) Synonymie (einschließlich Gen-Identität) und Antonymie, (2) Hierarchierelationen (Hyponymie, Meronymie und Instanz) und (3) Assoziationsrelationen ("siehe auch" und diverse andere).

- Alle Relationen werden auf Reflexivität / Irreflexivität, Symmetrie / Asymmetrie und Transitivität / Intransitivität untersucht. Asymmetrische Relationen in Begriffsordnungen verfügen über die entsprechende Beziehung und über deren inverser Relation.

- Nur bei erwiesener Transitivität darf eine Query bei der Anfrageerweiterung im Information Retrieval über mehr als einen Pfad ausgedehnt werden.

- Begriffe, die aus mehreren Komponenten bestehen, sind entweder in der Begriffsordnung fest verbunden (Präkombination), werden beim Indexierungsvorgang syntaktisch verknüpft (Präkoordination), oder sind erst nutzerseitig bei der Recherche durch Boolesche Operatoren zu kombinieren (Postkoordination).

- Benennungen sind totale Synonyme, wenn sie genau denselben Begriff bezeichnen. In Begriffsordnungen werden auch Begriffe als (partiell) synonym betrachtet, die einander ähnlich sind. Selbst entfernt verwandte Begriffe, deren Unterscheidung allerdings aus praktischen Gründen keinen Nutzen stiftet, gelten mitunter als quasi-synonym.

- Zwischen Begriffen gen-identischer Objekte besteht die chronologische Relation.

- Antonyme sind Gegenbegriffe. Ihr Nutzen in Wissensrepräsentation und Information Retrieval ist noch nicht abschließend geklärt.

- Die wichtigste Relation in Begriffsordnungen ist die Hierarchie. Die Ordnung erfolgt entweder monohierarchisch (wenn jeder Begriff außer dem Topterm über genau einen Oberbegriff verfügt) oder polyhierarchisch (wenn einige Begriffe mehrere Oberbegriffe haben).

- Die Hyponym-Hyperonym-Relation ist eine logisch orientierte hierarchische Relation. Soweit nicht über Familienähnlichkeit definiert wurde, erben die Begriffe alle Eigenschaften der jeweiligen Oberbegriffe. Als besondere Form gilt die Taxonomie; hier werden Ober- und Unterbegriff grundsätzlich aus derselben Perspektive betrachtet.

- Je nach der Anzahl der Unterscheidungsgesichtspunkte auf einer gewissen hierarchischen Ebene spricht man von Monodimensionalität (genau *ein* Kriterium) oder Polydimensionalität (mehrere Kriterien).

- Die Meronym-Holonym-Relation ist eine gegenständlich orientierte hierarchische Relation. Begriffe von Ganzheiten werden in Begriffe von deren Teilen zerlegt. Die Meronymie ist nicht genau eine Relation, sondern ein Bündel unterschiedlicher Teil-Ganzes-Beziehungen. Die spezifischen partitiven Relationen zerlegen entweder eine Struktur (soweit überhaupt vorhanden) oder teilen das Ganze strukturunabhängig. Nur wenn die einzelnen Meronymierelationen klar getrennt in Begriffsordnungen vorkommen, ist Transitivität sichergestellt.

- Eine Instanz-Beziehung ist eine hierarchische Relation, bei der der Unterbegriff stets ein Individualbegriff ist.

- Unter den Assoziationsrelationen werden alle in Begriffsordnungen sinnvoll einsetzbaren Beziehungen gefasst, die weder synonymer (oder gen-identischer bzw. antonymer) noch hierarchischer Natur sind. Eine völlig unspezifische Assoziationsrelation ist die "siehe auch"-Verknüpfung.

- Betrachtet man Begriffsordnungen als Graphen, kann man über Auszählen von (gewichteten oder ungewichteten) Pfadlängen die semantische Ähnlichkeit bzw. den semantischen Abstand zwischen Begriffen quantitativ ausdrücken.

Literatur

Bean, C.A.; Green, R., Hrsg. (2001): Relationships in the Organization of Knowledge. – Boston: Kluwer.

Bolzano, B. (1937): Wissenschaftslehre. – Sulzbach: Seidel.

Cruse, D.A. (2002): Hyponymy and its varieties. – In: Green, R.; Bean, C.A.; Myaeng, S.H. (Hrsg.): The Semantics of Relationships. – Dordrecht: Kluwer, S. 3-21.

Cruse, D.A. (2004): Meaning in Language. An Introduction to Semantics and Pragmatics. – Oxford: Oxford University Press.

DIN 2331:1980. Begriffssysteme und ihre Darstellung. – Berlin: Beuth.

Dubislav, W. (1981): Die Definition. – Hamburg: Meiner. – 4. Aufl.

Gerstl, P.; Pribbenow, S. (1996): A conceptual theory of part-whole relations and its applications. – In: Data & Knowledge Engineering 20, S. 305-322.

Green, R. (2001): Relationships in the organization of knowledge: Theoretical background. – In: Bean, C.A.; Green, R. (Hrsg.): Relationships in the Organization of Knowledge. – Boston: Kluwer, S. 3-18.

Green, R.; Bean, C.A.; Myaeng, S.H., Hrsg. (2002): The Semantics of Relationships. – Dordrecht: Kluwer.

Hoensbroech, F. (1931): Über Beziehungen zwischen Umfang und Inhalt von Begriffen. – In: Erkenntnis 2, S. 291-300.

Hovy, E. (2002): Comparing sets of semantic relations in ontologies. – In: Green, R.; Bean, C.A.; Myaeng, S.H. (Hrsg.): The Semantics of Relationships. – Dordrecht: Kluwer, S. 91-110.

Johansson, I. (2004): On the transitivity of the parthood relations. – In: Hochberg, H.; Mulligan (Hrsg.): Relations and Predicates. – Frankfurt: Ontos, S. 161-181.

Khoo, C.S.G.; Na, J.C. (2006): Semantic relations in information science. – In: Annual Review of Information Science and Technology 40, S. 157-228.

Lancaster, F.W. (2003): Indexing and Abstracting in Theory and Practice. – Champaign: University of Illinois. – 3. Aufl.

Löbner, S. (2003): Semantik. Eine Einführung. – Berlin, New York: Walter de Gruyter.

Menne, A. (1980): Einführung in die Methodologie. – Darmstadt: Wissenschaftliche Buchgesellschaft.

Pribbenow, S. (2002): Meronymic relationships: From classical mereology to complex part-whole relations. – In: Green, R.; Bean, C.A.; Myaeng, S.H. (Hrsg.): The Semantics of Relationships. – Dordrecht: Kluwer, S. 35-50.

Saussure, F. de (2001[1916]): Grundlagen der allgemeinen Sprachwissenschaft. – Berlin, New York: de Gruyter. – 3. Aufl. – (Original: 1916).

Schmitz-Esser, W. (1999): Thesaurus and beyond: An advanced formula for linguistic engineering and information retrieval. – In: Knowledge Organization 26, S. 10-22.

Schmitz-Esser, W. (2000): EXPO-INFO 2000. Visuelles Besucherinformationssystem für Weltausstellungen. – Berlin: Springer.

Simons, P. (1987): Parts. A Study in Ontology. – Oxford: Clarendon.

Storey, V.C. (1993): Understanding semantic relationships. – In: VLDB Journal 2, S. 455-488.

Winston, M.E.; Chaffin, R.; Herrmann, D. (1987): A taxonomy of part-whole relations. – In: Cognitive Science 11, S. 417-444.

Kapitel 5

Informationshermeneutik

Hermes als Indexer?

Das erfolgreiche Suchen und Finden von Informationen im Information Retrieval setzt voraus, dass mittels des Einsatzes von Methoden und Hilfsmitteln der Wissensrepräsentation die dokumentarische Bezugseinheit so abgebildet wird, dass sowohl informelle Mehrwerte (formalbibliographische Erfassung und inhaltliche Erschließung) entstehen als auch der potentielle Nutzer mit diesen Informationen überhaupt etwas anfangen kann. Selbst die "beste" Inhaltserschließung hat für den Nutzer keine Bedeutung, wenn er diese nicht interpretieren oder verstehen und erklären kann. Hermeneutische Aspekte sind stets in einer Kommunikation beteiligt, sei diese mündlich in Form eines Dialogs oder schriftlich fixiert. Hans Georg Gadamer (1974, 1061f.) veranschaulicht das Anliegen der Hermeneutik an einem Beispiel aus der griechischen Mythologie, wo die göttlichen Anweisungen erst durch einen Boten für die Menschen übermittelt werden können.

> Hermeneutik ist die Kunst des hermeneuein, d.h. des Verkündens, Dolmetschens, Erklärens und Auslegens. <Hermes> hieß der Götterbote, der die Botschaften der Götter den Sterblichen ausrichtet. Sein Verkünden ist offenkundig kein bloßes Mitteilen, sondern Erklären von göttlichen Befehlen, und zwar so, daß er diese in sterbliche Sprache und Verständlichkeit übersetzt. Die Leistung der H(ermeneutik) besteht grundsätzlich immer darin, einen Sinnzusammenhang aus einer anderen 'Welt' in die eigene zu übertragen. Das gilt auch von der Grundbedeutung von hermeneia, die 'Aussage von Gedanken' ist, wobei der Begriff der Aussage selber vieldeutig ist, Äußerung, Erklärung, Auslegung und Übersetzung umfassend.

Ohne Hermes wäre keine Verständigung zwischen den zwei verschiedenen Welten zustande gekommen. Hermes ist der Vermittler.

Was hat Wissensrepräsentation mit Hermes' Tätigkeit zu tun? Wenn wir die ungeordnete Masse an Dokumenten auf der einen Seite betrachten und dem konkreten Informationsbedarf eines Individuums dieser für ihn undurchsichtigen Masse gegenüberstellen, kann eine eventuell zufriedenstellende Verständigung ohne Vermittlerfunktion nicht zustande kommen. Mit Hilfe der Wissensrepräsentation wird eine "Brücke" zwischen Dokument(en) und Anfrage(n) geschlagen. Übernimmt z.B. der Indexer beim Information Retrieval eine ähnliche Aufgabe wie Hermes? Hintergrundwissen, Verstehen, Auslegung, Interpretation bzw. kognitive Prozesse spielen bei der Repräsentation eine Rolle, die zunehmend in der Literatur Beachtung findet. Wir beabsichtigen nicht, die zahlreichen Problemstellungen der

Hermeneutiken und der kognitiven Wissenschaft darzulegen, vielmehr konzentrieren wir uns auf einige wenige Diskussionspunkte und Sichtweisen.

Verstehen als Grundmodus der menschlichen Existenz

Nach Martin Heidegger (1967[1927]) wird der Mensch in die Welt hineingeworfen, und er geht im Alltag besorgend und umsichtig mit den vorgefundenen Dingen um. Ein Werkzeug, das man gerade gebraucht, ist zur Hand bzw. "zuhanden", wobei das Feststellen der Eigenschaften dieses Werkzeuges nicht von Interesse ist. Das Zuhandene ist so selbstverständlich da, dass der Mensch von ihm keine ausdrückliche Notiz nimmt. Erst in dem Moment der Unbrauchbarkeit, etwa, wenn das Werkzeug beschädigt wird, fällt auf, dass es nicht mehr zuhanden, sondern nur noch rein vorhanden ist. Durch das Bemerken der Unbrauchbarkeit wird das Unzuhandene aufdringlich und aufsässig, es stört. Der Mensch wird somit in seiner routinierten vertrauten Handlung unterbrochen und steht zunächst ratlos da (Heidegger (1967[1927], 74):

> Ein Zeug ist unverwendbar – darin liegt: die konstitutive Verweisung des Um-zu auf ein Dazu ist gestört.

Auffälligkeit, Aufdringlichkeit und Aufsässigkeit bringen erst den Charakter der Vorhandenheit zum Vorschein. Diese Störungen der Umsicht und des Besorgens sind keineswegs als negative Situation, die man stets meiden muss, anzusehen. Im Gegenteil: Die Umwelt zeigt sich, es geschieht – so Heidegger – ein "Aufleuchten der Welt" (Heidegger 1967[1927], 75).

Heidegger unterscheidet zwei Arten von Verstehen: ursprüngliches Verstehen als Grundmodus des Daseins einerseits und Verstehen als eine Abart oder Ableitung aus diesem existenzialen Verstehen andererseits. Um diese entscheidende Differenzierung zu erläutern, müssen einige Grundannahmen der Heideggerschen Philosophie in Betracht gezogen werden. Wir beginnen mit Heideggers existenzialer Interpretation des Verstehens bzw. der ontologischen Fundierung des Verstehens; von hier aus entfacht sich eine noch andauernde Hermeneutikdiskussion.

Heidegger geht davon aus, dass es prinzipiell kein weltloses Subjekt gibt und dass das Subjekt seinen Weltbezug nicht aufgrund irgendeines theoretischen Erkennens herstellt. Verstehen als fundamentales Existenzial bedeutet nicht, eine Sache als etwas zu verstehen. Nicht das Was ist hier zentral, sondern das Sein als Existierendes (Heidegger 1967[1927], 143):

> Dasein ist Seiendes, dem es als In-der-Welt-sein um es selbst geht.

Im Verstehen befindet sich das Dasein als primäre (existenziale und nicht logische) Möglichkeit im Sinne von Seinkönnen. Besonders bemerkenswert im Hinblick für das Information Retrieval ist, dass Verstehen laut Heidegger mit Erschließung zu tun hat (Heidegger 1967[1927], 144):

Das Verstehen betrifft als Erschließen immer die ganze Grundverfassung des In-der-Welt-seins. Als Seinkönnen ist das In-Sein je Sein-können-in-der-Welt. Diese ist nicht nur qua Welt als mögliche Bedeutsamkeit erschlossen, sondern die Freigabe des Innerweltlichen selbst gibt dieses Seiende frei auf *seine* Möglichkeiten. Das Zuhandene ist als solches entdeckt in seiner *Dienlichkeit, Verwendbarkeit, Abträglichkeit.*

Man hat offenbar einen "Schlüssel", um etwas aufzuschließen, einen Schlüssel zur Möglichkeit einer mannigfaltigen Interpretation. Der Schlüssel ist das Hilfsmittel, Dokumente zu erschließen, d.h. Inhalts*erschließung* ist auf einen Schlüssel angewiesen. Alwin Diemer (1977, 25) betont:

Das Wort "Schlüssel" bringt alle Assoziationen ins Spiel, wie sie in der hermeneutischen Situation zum Tragen kommen: zunächst Verschlossenheit; der Schlüssel kann öffnen; er muß aber passen, d.h. sachgerecht sein; er muß richtig angewendet werden; man muß mit ihm umgehen können usw.

Entdeckt werden dabei dienliche, verwendbare oder auch unnützliche Gegenstände. Verstehen ist ein Entwurf der Möglichkeit des Daseins und wird als die ursprüngliche Vollzugsform des Daseins betrachtet. Dem gemäß ist Verstehen nicht ein menschliches Verhalten unter vielen anderen, vielmehr kommt ihm der grundlegende Seinscharakter des menschlichen Lebens zu (Heidegger 1967[1927], 146):

Im Verstehen von Welt ist das In-Sein immer mitverstanden, Verstehen der Existenz als solcher ist immer ein Verstehen von Welt.

Das Verstehen schließlich kann sich ausbilden, somit wird der Bezug zur Auslegung hergestellt. Die Auslegung von Etwas als Etwas wird durch die Verständniszueignung zum bereits Verstandenem bzw. durch das Verständnis innerhalb eines Zusammenhangs (Vorhabe), durch das anvisierte Verstandene, das durch Auslegung begrifflich wird (Vorsicht) und durch Begrifflichkeit (Vorgriff) fundiert. Da die Vormeinung des Auslegers immer bei der Textinterpretation beteiligt ist, handelt es sich bei der Auslegung nie um ein voraussetzungsloses Erfassen eines Vorgegebenen. In der Nachfolge von Heidegger spricht man in diesem Sinne vom Vorverständnis oder Vorurteil. Auslegung – als Ausarbeitung der im Verstehen entworfenen Möglichkeiten – gründet existenzial im Verstehen; in der Auslegung wird Verstehen es selbst.

Bei Heidegger lernen wir, dass Verstehen ein grundlegendes Existential ist, d.h. durch Verstehen wird der Mensch als Mensch konstituiert. Damit ist jede Tätigkeit im Information Indexing und im Information Retrieval unumgehbar auf diesem grundlegenden Verstehen aufgebaut.

Hans-Georg Gadamer (1975) entwickelt die Heideggerschen Gedankengänge zur Vorstruktur des Verstehens weiter, indem er die Bedeutung der Vorurteile, den Zeitabstand, das wirkungsgeschichtliche Bewusstsein und die Sprache in deren Wechselbeziehungen analysiert. Damit Auslegung nicht nach willkürlichen Einfällen geschieht, richtet der durch Vormeinungen und Sprachgebrauch geprägte Mensch seinen Blick auf die Sache selbst. Ein Text wird nicht ohne Verständnis und vorurteilslos gelesen (Gadamer 1975, 251):

> Wer einen Text verstehen will, vollzieht immer ein Entwerfen. Er wirft sich einen Sinn des Ganzen voraus, sobald sich ein erster Sinn im Text zeigt. Ein solcher zeigt sich wiederum nur, weil man den Text schon mit gewissen Erwartungen auf einen bestimmten Sinn hin liest. Im Ausarbeiten eines solchen Vorentwurfs, der freilich beständig von dem her revidiert wird, was sich bei weiterem Eindringen in den Sinn ergibt, besteht das Verstehen dessen, was dasteht.

Der Entwurf oder die Sinnerwartung, die an den Text herangetragen werden, charakterisieren eine Offenheit für die Sache und zwar in dem Sinne, dass man für den Text im vornehinein empfänglich ist. Verstehen bedeutet zuerst, sich in der Sache zu verstehen und danach erst, die Meinung des anderen zu sondieren. Die Bewegung des Verstehens ist nicht statisch, sondern zirkulär: Vom Ganzen zum Teil und zurück zum Ganzen. Gadamer betont, dass der hermeneutische Zirkel weder subjektiv noch objektiv oder formaler Natur sei, sondern er bestimmt sich aus der Gemeinsamkeit, die den Menschen mit der Überlieferung bzw. Tradition und demnach auch mit dem Sprachgebrauch miteinander verbindet. Der Zirkel (Gadamer 1975, 277):

> beschreibt das Verstehen als Ineinanderspiel der Bewegung der Überlieferung und der Bewegung des Interpreten. ... Diese Gemeinsamkeit aber ist in unserem Verhältnis zur Überlieferung in beständiger Bildung begriffen.

Es kommt darauf an, den Zeitabstand als positive und produktive Möglichkeit und nicht etwa als reproduktives Charakteristikum zu betrachten. Verstehen als wirkungsgeschichtlicher Vorgang bedeutet, die eigene Geschichtlichkeit mitzudenken. Wenn wir uns mit Überlieferungen beschäftigen, dann machen wir dies von einem bestimmten Standort, unserem "Horizont", aus. Horizont haben, bedeutet (Gadamer 1975, 286):

> Wer Horizont hat, weiß die Bedeutung aller Dinge innerhalb dieses Horizontes richtig einzuschätzen nach Nähe und Ferne, Größe und Kleinheit. Entsprechend bedeutet die Ausarbeitung der hermeneutischen Situation die Gewinnung des rechten Fragehorizontes für die Fragen, die sich uns angesichts der Überlieferung stellen.

Wir bewegen uns dynamisch in und mit dem Horizont. Am Gegenwartshorizont ist auch immer die Vergangenheit beteiligt. Im Verstehen letztendlich vollzieht sich eine "Horizontverschmelzung". Ein Interpret will die Überlieferung, das, was im Text gesagt wird, verstehen und bezieht dabei den Text auf die hermeneutische Erfahrung. Diese Überlieferung ist Sprache im wahrsten Sinne des Wortes, denn sie spricht von sich aus so wie ein Gegenüber (Du). Ein Du ist aber kein Gegenstand, sondern es verhält sich zu einem anderen. Man muss also der Überlieferung ihren Anspruch in der Weise gelten lassen, dass sie etwas zu sagen hat.

Ein überlieferter Text, der Gegenstand der Auslegung wird, stellt eine Frage an den Interpreten. Einen Text mit den Sachverhalten, die darin zur Sprache kommen, kann man nur verstehen, "wenn man die Frage verstanden hat, auf die er eine Antwort ist" (Gadamer 1975, 352). Es geht hier keineswegs um das bloße Nachvollziehen einer fremden Meinung, sondern vielmehr darum, die Sachlichkeit des Textes mit dem eigenen Denken in Beziehung zu setzen (Horizontverschmelzung).

Rafael Capurro entwirft eine Hermeneutik der Fachinformation; Hintergrundwissen und Vorverständnis unterliegen hier der jeweiligen Fachgemeinschaft. Dementsprechend wird auch der einzelne Fachexperte nicht losgelöst, sondern stets als Mitglied der jeweiligen Fachgemeinschaft angesehen. Zur Entwicklung von Datenbanken heißt es (Capurro 1986, 142):

> Beim Aufbau einer Datenbasis wird ein *Teil* des thematisierten Vorverständnisses zum Zwecke seiner (gezielten) Wiederfindung verobjektiviert: Hermeneutisch gesehen sind also Datenbasen *verobjektivierte Vorverständnisse*.

Sowohl Indexierung, Klassifikation als auch Referaterstellung sind Vorgänge, die durch hermeneutische Aspekte geprägt werden, wobei sich die verobjektivierte Fachsprache immer an dem vorübergehenden Stand der Wissenschaft orientiert.

Erklären und Verstehen

Wie geht ein Nutzer mit einer Dokumentationseinheit um, die mithilfe einer der Methoden der Wissensrepräsentation (z.B. Klassifikation oder Thesaurus) und unter Einsatz eines konkreten Werkzeuges (z.B. der Internationalen Patentklassifikation) erarbeitet worden ist? Im Optimalfall versucht er, das Surrogat *und* das ursprüngliche Dokument zu verstehen und zu erklären.

Verstehen als Erkenntnisform bedeutet, etwas *als etwas* zu verstehen. Sowohl bei der Bearbeitung der Dokumentationseinheit als auch bei der Lektüre des Dokuments kommen alle hermeneutischen Aspekte ins Spiel:

- das Finden und Anwenden des "passenden" Auslegungssschlüssels,
- Konzentration auf den überlieferten Text (d.h. die Sache) und nicht etwa darauf, was der Autor möglicherweise "meinte",
- dabei: Rekonstruktion der Frage, auf die der Text eine Antwort ist,
- das Verstehen der Teile bedingt das Verstehen des Ganzen, *und* das Verstehen des Ganzen bedingt das Verstehen der Teile (hermeneutischer Zirkel),
- Text und Leser stehen in unterschiedlichen Horizonten, die im Verstehen verschmolzen werden,

- dabei ist das eigene Vorverständnis des Lesers positiv – als Vorurteil – einzuschätzen, sofern es dynamisch (im hermeneutischen Zirkel) dazu beiträgt, die Horizontverschmelzung voranzutreiben.

Wenden wir uns der Erklärung zu! Eine Erklärung fragt nach dem Warum? eines Sachverhalts (z.b. "Warum ist das Glas heruntergefallen?"). In der Wissenschaftstheorie sind verschiedene Modelle für wissenschaftliche Erklärungen entwickelt worden. Das H-O-Schema nach Hempel und Oppenheim liefert eine erste systematische Studie wissenschaftlicher Erklärungen (Hempel/Oppenheim 1948). Eine Erklärung umfasst drei Aspekte: Antecendenzbedingungen (A) bzw. Beobachtungssätze, Gesetze (G) und das zu Erklärende (E) (Stegmüller 1974, 86):

$$A$$
$$G$$
$$\text{--------}$$
$$E$$

Bei einem Naturgesetz können wir E aus A und G logisch ableiten; liegen bei G nur Wahrscheinlichkeitssätze vor, verläuft der Schluss auch nur mit einer gewissen Wahrscheinlichkeit. Im Beispiel ist E das Herunterfallen des Glases, A sind die Beschreibungen der Ausgangssituationen (z.B. Glas 1m über dem Boden in der Hand gehalten, Glas ist sehr heiß, Hand reflexartig geöffnet), und G sind bekannte Gesetze wie z.B. das Gravitationsgesetz oder psychologische Reiz-Reaktions-Schemata.

Da wir in der Wissensrepräsentation nicht auf allgemeine Gesetze oder probabilistische Verallgemeinerungen, sondern lediglich auf Regeln zurückgreifen können, sind die Erklärungsarten auf die Wissensrepräsentation in dieser Form nicht anwendbar. Es ist hier nur ein Schluss mit Unsicherheit möglich.

Angenommen, ein Nutzer hat eine Dokumentationseinheit bzw. ein Surrogat vor sich liegen, und dieses Suchergebnis füllt seine Wissenslücke. Als Wissensordnung wurde ein bestimmter Thesaurus angewandt. Der Nutzer möge nun hinterfragen, *warum* er dieses Suchergebnis als Antwort auf seine Anfrage erhalten hat.

Zunächst muss hervorgehoben werden: Ohne bestimmte Vorkenntnisse und Bedingungen wäre der Nutzer bei seiner Recherche nicht zu dem Resultat gelangt. Was sind nun die Antecedenzbedingungen und Regeln, die als Begründung dienen, warum die Suche zu dem Ergebnis geführt hat? Zuallererst ist es zwingend, dass die dokumentarische Bezugseinheit mit allen Themen existiert. Es existieren normierte Terme und – in Analogie zu den Gesetzen – bestimmte Regeln, nach denen Indexer arbeiten. Entweder muss sich der Nutzer das kontrollierte Vokabular aneignen, z.B. Deskriptoren von Nicht-Deskriptoren unterscheiden, oder eine Software übernimmt für ihn diese Aufgabe. Wenn der Deskriptor nicht bekannt ist, kann nicht effektiv gesucht werden. Auskennen sollte sich der Nutzer ebenfalls mit den wichtigsten Regeln der eingesetzten Wissensordnung. Weiß er nicht, dass bei einer Begriffsleiter nur der spezifischste Term beim Indexieren verwendet wird, führt die Suche zum ineffektiven Ergebnis: Bei der Begriffsleiter "Bundesrepublik Deutschland – Nordrhein Westfalen – Düsseldorf" wird demnach "Düsseldorf" indexiert; die Suche nach "Bundesrepublik Deutschland" verspricht in diesem Zusammenhang nicht den gewünschten Erfolg.

Im Nachhinein kann der Nutzer überprüfen, ob dokumentarische Bezugseinheit, eingesetzte Wissensordnung (mit dem kontrolliertem Vokabular und den Indexierungsregeln) mit der gestellten Suchanfrage und dem Rechercheergebnis (d.h. den Surrogaten) übereinstimmen. Wenn die Themen a, b, c im Dokument D vorkommen (Antecendenzbedingungen A(a), A(b), A(c)), wobei b ein Unterbegriff von a ist, die Deskriptoren DES(a), DES(b), DES(c) (kontrolliertes Vokabular als Teil von G(t)) die Themen abbilden und die Regel (als Teil von G(r)) gilt, dass bei Deskriptoren innerhalb einer Begriffsleiter nur der unterste gewählt wird, dann muss das Surrogat von D (als Explanandum E) zwingend die Deskriptoren DES(b) und DES(c) enthalten.

> A(a), A(b), A(c),
> G(t) = DES(a), DES(b), DES(c); G(r): "Wähle spezifischsten Term!"
> --
> E = Surrogat von D: DES(b), DES(c).

Wir stellen, wenn wir etwas erklären möchten, zunächst die Warum-Frage. Warum ist das Surrogat (Indexat) so geworden? Beim Erklärungsvorgang setzen wir Antecendenzbedingungen und Regeln miteinander in Beziehung. Unvereinbarkeiten zwischen Antecedenzbedingungen und Regeln lassen sich in dieser Weise aufdecken.

Hermeneutik und Informationsarchitektur

Terry Winograd und Fernando Flores (1986) übertragen einige hermeneutische Ideen (besonders von Heidegger und Gadamer) auf den Kontext der Softwareentwicklung und des Managements oder allgemeiner, auf die Verknüpfung von Computersystemen mit menschlichen Handlungen. Für unser Thema zentral ist die Verknüpfung der Ergebnisse von Winograd und Flores hinsichtlich der Architektur und dem Design von Informationssystemen und gleichzeitig dem Einsatz von Methoden der Wissensrepräsentation. Ins Zentrum werden nicht irgendwelche Computerprogramme gestellt, vielmehr werden die entscheidenden Grundlagen analysiert, die die Arbeiten und Innovationen während des Umgangs mit dem Computer beeinflussen. Sozialer Hintergrund und die Sprache des Menschen als Verständigungsmittel sind hier die Basis, Computer verhelfen nur in Form eines Mediums oder Werkzeugs zur eigentlichen Kommunikation.

Winograd und Flores argumentieren folgendermaßen: Tradition und Interpretation beeinflussen sich gegenseitig, denn der Mensch wächst als soziales Wesen nie unabhängig von seiner gegenwärtigen und geschichtlich geprägten Umwelt auf. Jedes Individuum, das die Welt versteht, interpretiert, und diese Interpretationen basieren auf Vorurteil bzw. Vorverständnis, die immer die von der Person benutzten Annahmen enthalten. Wir leben mit der Sprache. Sprache – schließlich – wird durch die Aktivitäten der Interpretationen gelernt, wobei die Sprache sich durch den Gebrauch der Individuen verändert, und aber auch die Individuen sich durch den Gebrauch der Sprache verändern. Demnach wird der Mensch durch den kulturellen Hintergrund determiniert und kann nie frei sein ohne Vorurteile. Zur Unvermeidbarkeit des hermeneutischen Zirkels nach Gadamer heißt es (Winograd/ Flores 1986, 30):

> The meaning of an individual text is contextual, depending on the moment of interpretation and the horizon brought to it by the interpreter. But that horizon is itself the product of a history of interactions in language, interactions which themselves represent texts that had to be understood in the light of pre-understanding. What we understand is based on what we already know, and what we already know comes from being able to understand.

Im Sinne von Heidegger gehen wir im Alltag mit den Dingen um, ohne uns besondere Gedanken über die Existenz des Werkzeugs, das wir gerade benutzen, zu machen. Wir sind in die Welt hineingeworfen worden und werden dadurch zum praktischen Handeln gedrängt. In dem Moment, wo der Handlungsfluss durch irgendwelche Umstände gestört wird, beginnt der Mensch zu interpretieren. Solch ein "Breakdown" spielt in Verbindung mit der Sprache eine fundamentale Rolle in allen Bereichen unseres Lebens, so auch – laut Winograd und Flores – beim Computerdesign und Management und auf unseren Problembereich bezogen ebenfalls bei der Wissensrepräsentation und beim Information Retrieval. Ein Breakdown schafft den Rahmen, worüber etwas gesagt werden kann, und die Sprache als menschliche Aktion schafft den Raum unserer Welt (Winograd/Flores 1986, 78):

> It is only when a breakdown occurs that we become aware of the fact that 'things' in our world exist not as a result of individual acts of cognition but through our active participation in a domain of discourse and mutual concern.

Der Mensch gibt der Welt, in welcher er zusammen mit anderen Menschen lebt, Bedeutung. Wir dürfen Sprache allerdings nicht als Aussagen über die objektive Welt ansehen, sondern als menschliche Aktionen, die auf Vereinbarungen relativ zum Hintergrund des jeweiligen Bedeutungszusammenhanges beruhen. Hintergrundwissen und Erwartungen leiten die Interpretation. Das Information Retrieval kennt dieses Problem zur Genüge, denn es existieren vielerorts verschiedene Worte ein und desselben Begriffs (Synonyme) oder Anaphora, also Ausdrücke, die auf andere Begriffe verweisen (z.B. Pronomen auf ihre Nomen). Ohne Interpretation erzielen wir keine Bedeutungen. Interpretation, Bedeutung und Situation bzw. Tradition dürfen demnach nicht isoliert betrachtet werden. Nach Winograd und Flores durchdringen die Phänomene des Hintergrundes und der Interpretation unser gesamtes alltägliches Leben.

Beim Verstehen von Situationen oder Sätzen verbindet der Mensch jeweils dazu ähnliche Annahmen oder Erwartungen. Verstehen ist ein Prozess, dessen Grundlage das Gedächtnis ist. Der Ursprung der menschlichen Sprache als Aktivität ist nicht etwa die Fähigkeit, über die Welt zu reflektieren, sondern sich auf Verbindungen einzulassen. Der Prozess ist ein schöpferischer Werdegang, der über eine bloße Akkumulation von Fakten weit hinausreicht.

Auf die Frage, ob Computer ebenfalls auf solche Verbindungen eingehen und auf diese Art Befehle verstehen können, betonen Winograd und Flores, dass Computer und ihre Programme nur aktive strukturierte Kommunikationsmedien sind, die vom Programmierer "gefüttert" werden (Winograd/Flores 1986, 123):

> Of course there is a commitment, but it is that of the programmer, not the program. If I write something and mail it to you, you are not tempted to see the paper as exhibiting language behavior. It is a medium through which you and I interact. If I write a complex computer program that responds to things you type, the situation is still the same – the program is still a medium through which my commitments to you are conveyed. … Nonetheless, it must be stressed that we are engaging in a particularly dangerous form of blindness if we see the computer – rather than the people who program it – as doing the understanding.

Demnach sollte man die Techniken der künstlichen Intelligenz nicht gleichsetzen mit dem Verstehen menschlichen Denkens oder menschlicher Sprache. Durch die Gestaltung computerbasierter Systeme werden menschliche Arbeiten und Interaktionen nur erleichtert. Dem Designing selbst wird eine ontologische Stellung zugeschrieben, denn wie der Mensch allgemein die Werkzeuge als Teil seines Menschseins benutzt, so benutzt der Programmierer auch den Computer. Der Indexer nutzt die jeweiligen Programme des Computers, die Dokumentationsmethoden sowie die konkreten Hilfsmittel. Indem wir Werkzeuge benutzen, fragen und erfahren wir, was es heißt, Mensch zu sein. Der Programmierer entwirft die Sprache jener Welt, in welcher der Nutzer arbeitet oder er versucht zumindest, die Welt zu kreieren, die den Nutzer betrifft oder betreffen könnte. Während dieses kreativen dynamischen Vorgangs spielen Breakdowns als auffallende Zwischenfälle, Unzulänglichkeiten o.ä. eine fundamentale Rolle, denn sie erfordern und bewirken eventuell eine Gegenwirkung und Behebung der Störung. Nach dem Motto: "Aus Fehlern lernen wir" verhelfen Breakdowns dazu, menschliche Aktivitäten zu analysieren und neue Möglichkeiten oder Änderungen zu schaffen.

Bezogen auf die Konzeptionen von Winograd und Flores ist Wissensrepräsentation immer das Ergebnis der Interpretation, das auf die frühere Erfahrung des Interpreten und seiner Gebundenheit in einer Tradition fußt.

Analyse kognitiver Arbeit

Das menschliche Handeln inmitten und abhängig von seiner Umgebung zu betrachten, ist das Charakteristikum der Analyse kognitiver Arbeit. CWA (Cognitive Work Analysis) wird in den frühen 1980er Jahren von dänischen Forschern am Risø National Labaratory in Roskilde entwickelt (Rasmussen/Pejtersen/Goodstein 1994; siehe auch: Vicente 1999). Wenn die Arbeit des Menschen Entscheidungen erfordert, wird sie als kognitive Arbeit bezeichnet. Raya Fidel (2006) begründet die Notwendigkeit empirischer Arbeitsanalysen in der Informationswissenschaft folgendermaßen: Da Informationssysteme aus dem Grunde geschaffen werden, um Menschen in deren Aktivitäten zu unterstützen, sollten die Architektur und das Design dieser Systeme auch auf denjenigen Aktivitäten basieren, welche von den Menschen unternommen werden. In der CWA spricht man in diesem Zusammenhang von den Akteuren (actors) als Träger der Aktivitäten (carriers of activities). Faktoren, die diese Aktivitäten zwingend formen, werden "constraints" genannt. Im Alltag geschieht es häufig, dass ein und dieselbe Person im beruflichen bzw. privaten Bereich zu verschiedenen Zeiten verschiedene Aktivitäten ausführen und verschiedene Informationsbedürfnisse haben (Fidel 2006, 6):

> This diversity introduces the idea that each type of activity may require its own information system.

CWA strebt mit Hilfe der Arbeitsanalyse bei bestimmten Nutzergruppen die Beantwortung folgender Fragen an: Was sind die notwendigen Bedingungen (constraints), die die verschiedenen Aktivitäten formen, und wie wirken sich diese Bedingungen auf die Aktivitäten aus?

Befürworter sehen die Erfordernis von CWA in den unterschiedlichsten Bereichen angesiedelt. So bezieht etwa Jens-Erik Mai (2006) den Ansatz der kontextuellen Analyse auf die Wissensrepräsentation, genauer auf die Entwicklung von kontrolliertem Vokabular (u.a. Klassifikationen, semantische Beziehungsnetze bis hin zu komplexen Thesauri). Die Entwickler von Ordnungssystemen gewinnen – so Mai – bei einer Analyse einen Einblick darin, welche Faktoren die Arbeit des Akteurs beeinflussen (können) (Mai 2006, 18):

> The outcome is not a prescription of what actors should do (a normative approach) or a detailed description of what they actually do (a descriptive approach), but an analysis of constraints that shape the domain and context.

Die Struktur der Analyse kognitiver Arbeit wird in Abbildung 5.1 anschaulich dargestellt.

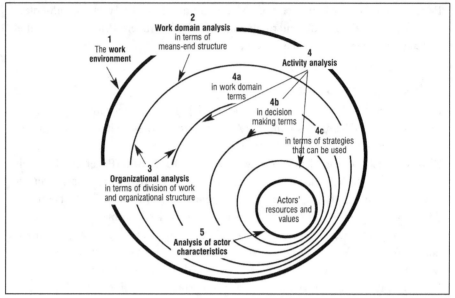

Abbildung 5.1: Dimensionen der Analyse kognitiver Arbeit.
Quelle: Mai 2006, 18.

Im Zentrum der Dimensionen befindet sich der Akteur mit seiner jeweiligen Aus-
bildung, Technologierfahrung, Vorliebe für bestimmte Informationsmittel, mit
seinem Wissen über das Fachgebiet und Werten, an denen er festhält. Er agiert
immer in einem Verhältnis zu anderen Gegebenheiten. Analysiert werden demnach sechs weitere Dimensionen, die die Aktivitäten beeinflussen und formen.
Dazu gehört zunächst seine Arbeitsumgebung, die Faktoren wie Fachgemeinschaft, Paradigmen oder Forschungsstand beinhalten können. Durch die Analyse
des Arbeitsgebietes wird der Rahmen, in dem der Akteur arbeitet, aufgespannt.
Akteure können dabei an demselben Arbeitsthema wie andere beschäftigt sein,
aber (aufgrund der Stellung in einer bestimmten Organisation) unterschiedliche
Prioritäten und Ziele als andere setzen. Die organisatorische Analyse gibt Auf-
schluss über Arbeitsplatz, Management oder Stellung des Akteurs im Arbeitsbe-
trieb. Was Akteure zur Erfüllung ihrer Aufgaben tun, wird durch die Aktivitäts-
analyse durchleuchtet. Wie, wo und wann braucht er welche Typen von Informationen? Sind die Informationen vorhanden oder nicht? Welche Informationen
werden für Entscheidungsträger benötigt? Letztendlich werden Suchstrategien des
Akteurs beobachtet. All diese empirischen Analyseaspekte, die diverse Interaktionen zwischen Menschen und Informationen aufdecken, geben zunächst Einblick in
den möglichen Informationsbedarf des Akteurs und sind in der Folge nützlich für
die Entwicklung von Methoden und Hilfsmitteln der Wissensrepräsentation. Das
Vorgehen nach CWA ist aufwendig, aber zielführend. Es führt zu einer Aufde-

ckung der Bedingungen der Möglichkeit guter Wissensrepräsentation für die konkrete Arbeit eines Akteurs (Mai 2006, 19):

> Each dimension contributes to the designer's understanding of the domain, the work and activities in the domain and the actors' resources and values. The analyses ensure that designers bring the relevant attributes, factors and variables to design work. While analysis of each dimension does not directly result in design recommendations, these analyses rule out many design alternatives and offer a basis from which designers can create systems for particular domains. To complete the design, designers need expertise in the advantages and disadvantages of different types of indexing languages, the construction and evaluation of indexing languages and approaches to and methods of subject indexing.

In Analogie zur Analyse kognitiver Arbeit erfolgt die Evaluation, die aufschlussreich für eine eventuell verbesserte Weiterentwicklung sein kann (Pejtersen/Fidel 1998). Es wird überprüft, ob das realisierte System den vorher anvisierten Zielen entspricht und ob es dem Bedarf des Nutzers dient. Auch bei der Evaluation gilt es, nicht das System als Ganzes, sondern den arbeitszentrierten Rahmen ins Visier zu nehmen. Die Evaluationsfragen und Anforderungen betreffen die einzelnen Dimensionen, und es wird eine Struktur analytischer bzw. empirischer Überprüfungscharakteristika zusammengestellt. Gemäß den verschiedenen Dimensionen kognitiver Arbeit werden dabei unterschiedliche Facetten und Messungen angesetzt. Annelise Mark Pejtersen und Raya Fidel demonstrieren anhand einer Studie, die Studenten und deren Arbeitsumfeld während der Websuche beobachtet, wie Analyse und Evaluation kognitiver Arbeit Problemkriterien für diese Nutzergruppe aufdecken können.

Peter Ingwersen und Kalervo Järvelin (2005) erarbeiten ein Modell für Information Retrieval und Wissensrepräsentation, dass die kognitive Arbeit des Akteurs in den Vordergrund stellt (Abbildung 5.2). Der Akteur (oder das Team von Akteuren) steht in kulturellen, sozialen und organisationellen Horizonten (Beziehung 1). Akteure sind u. a. Autoren, Informationsarchitekten, Systemdesigner, Schnittstellendesigner, Ersteller von Wissensordnungen, Indexer und Nutzer (Informationssuchende). Über eine Mensch-Maschine-Schnittstelle (2) tritt der Akteur den Informationsobjekten sowie der Informationstechnik gegenüber (3). "Informationsobjekte" sind die dokumentarischen Bezugseinheiten (Surrogate) sowie die Dokumente (soweit digital vorhanden), die mittels Methoden und Werkzeugen der Wissensrepräsentation formal und inhaltlich ausgewertet vorliegen. Die "Informationstechnik" fasst die programmiertechnischen Bausteine eines Indexierungs- und Retrievalsystems (Datenbank, Retrievalsoftware, Algorithmen des Natural Language Processing [IR, Kapitel 13 – 18], sowie Retrievalmodelle [IR, Kapitel 19 – 25]) zusammen. Da die Informationsobjekte nur via Informationstechnik behandelt werden können, besteht auch zwischen diesen beiden Aspekten ein enger Zusammenhang (4).

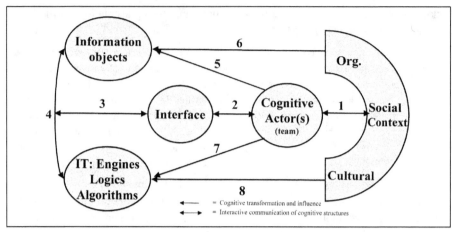

Abbildung 5.2: Der "kognitiv Handelnde" in Wissensrepräsentation und Information Retrieval. *Quelle:* Ingwersen/Järvelin 2005, 261.

Der Akteur interagiert zwar stets über die Schnittstelle mit dem System, benötigt aber zusätzlich Kenntnisse über die Eigenschaften der Informationsobjekte (Beziehung 5) sowie über die eingesetzte Informationstechnik (7); zudem arbeiten Informationsobjekte und Informationstechnik nicht losgelöst vom sozialen, kulturellen bzw. betrieblichen Background (Beziehungen 6 und 8). Im Gegensatz zu den Interaktionsbeziehungen 1 bis 4 liegen bei den Verbindungen 5 bis 8 kognitive Einflüsse "im Hintergrund" vor, die – insofern ein Informationssystem "läuft" – zwar stets zu beachten, aber nicht interaktiv zu beeinflussen sind. Ingwersen und Järvelin (2005, 261 f.) beschreiben ihr Modell:

> First, processes of social interaction (1) are found between the actor(s) and their past and present socio-cultural or organizational context. ... Secondly, information interaction also takes place between the cognitive actor(s) and the cognitive manifestations embedded in the IT and the existing information objects via interfaces (2/3). The latter two components interact vertically (4) and constitute the core of an information system. This interaction only takes place at the lowest linguistic sign level. ... Third, cognitive and emotional transformations and generation of potential information may occur as required by the individual actor (5/7) as well as from the social, cultural or organizational context towards the IT and information object components (6/8) *over time*. This implies a steady influence on the information behaviour of other actors – and hence on the cognitive-emotional structures representing them.

Fazit

- Wissensrepräsentation wird durch hermeneutische Aspekte (Verstehen, Hintergrundwissen, Auslegung, Überlieferung, Sprache, Zirkel und Horizont) und kognitive Prozesse beeinflusst.

- Nach Heidegger wird Verstehen als Grundmodus der menschlichen Existenz und als abgeleitete Form, als eine Erkenntnisart, unterschieden.

- Wenn ein überlieferter Text, der Gegenstand der Auslegung wird, verstanden wird, muss – laut Gadamer – die zugrunde liegende Sachlichkeit mit dem eigenen Denken in Beziehung gesetzt werden. Im Verstehen vollzieht sich eine "Horizontverschmelzung" zwischen Text und Nutzer.

- Winograd und Flores verknüpfen Hermeneutik und Informationsarchitektur. Tradition und Sprache sind die Basis menschlicher Verständigung. Wie jeder Mensch Werkzeuge benutzt, verwendet der Programmierer den Computer oder der Indexer die jeweiligen Computerprogramme, die Dokumentationsmethoden und konkrete Hilfsmittel. "Breakdowns" als Störungen im menschlichen Handlungsfluss werden als positive Zwischenfälle bewertet, denn sie erfordern die Behebung der Störung und bewirken kreatives Handeln.

- Menschliche Arbeit, die Entscheidungen verlangt, wird als "kognitive" Arbeit bezeichnet. Mithilfe der Analyse kognitiver Arbeit werden verschiedene Dimensionen aufgedeckt, die den gesamten Arbeitsprozess innerhalb eines Umfelds beeinflussen.

- CWA (Cognitive Work Analysis) kann zur Verbesserung der Weiterentwicklung von Methoden und Hilfsmitteln der Wissensrepräsentation beitragen.

Literatur

Capurro, R. (1986): Hermeneutik der Fachinformation. – Freiburg; München: Alber.

Capurro, R. (2000): Hermeneutics and the phenomenon of information. – In: Mitcham, C. (Hrsg.): Metaphysics, Epistemology, and Technology. – New York: Elsevier. – (Research in Philosophy and Technology; 19), S. 79-85.

Diemer, A. (1977): Elementarkurs Philosophie. Hermeneutik. – Düsseldorf, Wien: Econ.

Fidel, R. (2006): An ecological approach to the design of information systems. – In: Bulletin of the American Society for Information Science and Technology 33(1), S. 6-8.

Gadamer, H.G. (1974): Hermeneutik. – In: Ritter, J. (Hrsg.): Historisches Wörterbuch der Philosophie. Band 3. – Darmstadt: Wissenschaftliche Buchgesellschaft, S. 1061-1074.

Gadamer, H.G. (1975): Wahrheit und Methode. – Tübingen: J.C.B. Mohr (Paul Siebeck), 4. Aufl.

Hansson, J. (2005): Hermeneutics as a bridge between the modern and the postmodern in library and information science. – In: Journal of Documentation 61(1), S. 102-113.

Heidegger, M. (1967[1927]): Sein und Zeit. – Tübingen: Niemeyer, 11. Aufl. [Original: 1927].

Hempel, C.G.; Oppenheim, P. (1948): Studies in the logic of explanation. – In: Philosophy of Science 15(2), S. 135-175.

Ingwersen, P.; Järvelin, K. (2005): The Turn. Integration of Information Seeking and Retrieval in Context. – Dordrecht: Springer.

Mai, J.E. (2006): Contextual analysis for the design of controlled vocabularies. – In: Bulletin of the American Society for Information Science and Technology 33(1), S. 17-19.

Pejtersen, A.M.; Fidel, R. (1998): A Framework for Work Centered Evaluation and Design: A Case Study of IR on the Web. – Grenoble: Working Paper for MIRA Workshop.

Rasmussen, J.; Pejtersen, A.M.; Goodstein, L.P. (1994): Cognitive Systems Engineering. – New York: Wiley.

Stegmüller, W. (1974): Probleme und Resultate der Wissenschaftstheorie und Analytischen Philosophie. Band I: Wissenschaftliche Erklärung und Begründung. Studienausgabe, Teil 1. – Berlin; Heidelberg; New York.

Vicente, K. (1999): Cognitive Work Analysis. – Mahwah, NJ: Lawrence Erlbaum Associates.

Winograd, T.; Flores, F. (1986): Understanding Computers and Cognition: A New Foundation for Design. – Norwood, NJ: Ablex.

Kapitel 6

Bibliographische Metadaten

Wozu Metadaten?

Die intellektuellen oder künstlerischen Leistungen eines Menschen werden in irgendeiner Form der Umwelt übermittelt. Erst die Weitergabe dieser verschiedenen Leistungen und deren Kenntnisnahme durch andere Personen machen Sinn für einen Kommunikationsaustausch. Wissen bleibt somit nicht verborgen, sondern wird in Bewegung gesetzt. In der Wissensrepräsentation kann das Potential eines Verfassers bzw. Künstlers nur dann erschlossen werden, wenn es – physikalisch gegeben – als Dokument vorliegt. Seit jeher ist es die Aufgabe der Bibliotheken gewesen, Dokumente zu sammeln, zu ordnen und wiederauffindbar aufzustellen. Katalogkarten, die nach bibliothekarischen Regeln entwickelt und eingesetzt wurden, spielten die zentrale Rolle im Ordnungssystem. Sie beinhalten komprimierte Auskünfte *über* das Dokument, sog. Metadaten, wie etwa Verfassername(n), Titel oder Verlag. Ein Beispiel für eine Katalogkarte zeigt Abbildung 6.1.

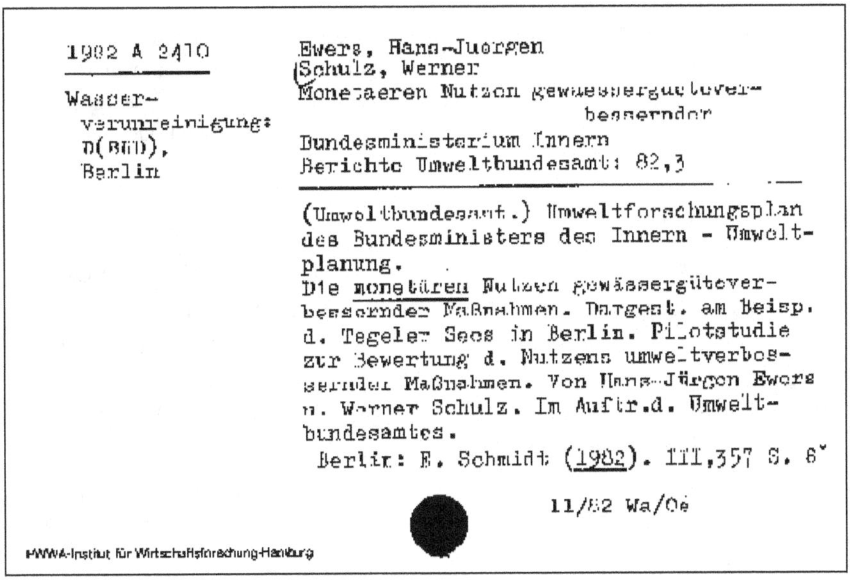
1982 A 2410

Wasser-
verunreinigung:
D(BRD),
Berlin

Ewers, Hans-Juergen
Schulz, Werner
Monetaeren Nutzen gewaessergueteverbessernder
Bundesministerium Innern
Berichte Umweltbundesamt: 82,3

(Umweltbundesamt.) Umweltforschungsplan des Bundesministers des Innern - Umweltplanung.
Die monetären Nutzen gewässergüteverbessernder Maßnahmen. Dargest. am Beisp. d. Tegeler Sees in Berlin. Pilotstudie zur Bewertung d. Nutzens umweltverbessernder Maßnahmen. Von Hans-Jürgen Ewers u. Werner Schulz. Im Auftr.d. Umweltbundesamtes.
Berlin: E. Schmidt (1982). III,357 S. 8°

11/82 Wa/Oe

HWWA-Institut für Wirtschaftsforschung-Hamburg

Abbildung 6.1: Klassische Katalogkarte. *Quelle:* Deutsche Zentralbibliothek für Wirtschaftswissenschaften. Alphabetischer Katalog 1945-1987 des Hamburgischen Weltwirtschafts-Archivs.

Allgemein betrachtet, dienen Katalogkarten dazu, bibliographische und – wie in unserem Beispiel der Eintrag "Wasserverunreinigung" – inhaltliche Informationen zu dokumentieren, damit für den Nutzer das Dokument gefunden werden kann. Wenn ein eingesetztes Ordnungsschema innerhalb einer Bibliothek funktioniert, bedeutet dies noch lange nicht, dass eine einheitliche Ordnung für alle Bibliotheken existiert. Das Gegenteil ist der Fall: National und international gibt es eine Fülle von unkompatiblen Regelwerken (Krischker 1990; Krause/Niggemann/ Schwänzl, 2003; Wiesenmüller 2004). Im Zuge der Digitalisierung wird das Problem noch verschärft. Zusätzlich zur "handfesten" Bibliothek als Gebäude, in dem Regale gefüllt mit geordneten Dokumenten stehen, tritt die virtuelle Bibliothek. Die konventionelle Form der Erfassung reicht nicht mehr aus. Die traditionellen Katalogkarten werden durch Datensätze in strukturierter Form in einem Feldschema ersetzt.

Dieses Faktum steigert die Anforderungen an Sammlung, Erfassung, Erschließung, Wiederauffindbarkeit und Austausch von Informationen nicht nur im Bibliotheksbereich, sondern in der gesamten Informationswelt. Der einheitliche Zugriff auf Informationen benötigt eine sprachunabhängige Erfassung bzw. Erschließung mittels Codierung, Eindeutigkeit in den Regelwerken und eine Standardisierung im Datenaustausch. Obwohl die internationalen Entwicklungen in dieser Richtung bislang nicht zufriedenstellend gelöst sind, betont Heidrun Wiesenmüller (2004, 169) die Bereitschaft zumindest zu einer Anpassung:

> Die Vision weltweit einheitlicher Bestimmungen wurde mittlerweile aufgegeben, doch bleiben gegenseitige Annäherung und Harmonisierung der Regelwerke ein erklärtes Ziel. Neben gemeinsamen Basisstandards wird dabei die Entwicklung von Metainstrumenten wie z.B. virtuellen Normdateien ... von Bedeutung sein.

Was sind Metadaten?

Wir wollen die "Routine-Definition", dass Metadaten Daten über Daten charakterisieren, präzisieren. Wie wir bereits gesehen haben, erfüllen Metadaten einen ganz bestimmten Zweck: Sie stellen Hilfsmittel für Entwicklung und Gebrauch von Katalogen, Bibliographien, Datenbanken und deren Onlineformen dar. Metadaten beziehen sich nach Lorcan Dempsey und Rachel Heery (1998, 149) auf den potentiellen Nutzer, sei dies eine Person oder ein Programm:

> (M)etadata is data associated with objects which relieves their potential users of having to have full advance knowledge of their existence or characteristics. It supports a variety of operations.

Der maschinelle, digitale und menschliche, intellektuelle *Gebrauch* stehen demnach im Vordergrund. Aufgabe der Wissensrepräsentation ist es, den potentiellen Gebrauch zu identifizieren und zu analysieren, um in der Folge ein Ordnungssystem zu schaffen, das eine möglichst verallgemeinerungsfähige Basis für den Zugang von Metadaten gestattet. Dass dies nicht einfach ist, beschreibt Arlene G. Taylor (1999, 103):

> Many research studies have shown that different users do not think of the same word(s) to write about a concept; authors do not necessarily retain the same name or same form of name throughout their writing careers; corporate bodies do not necessarily use the same name in their documents nor are they known by the same form of name by everyone; and titles of works that are reproduced are not always the same in the original and the reproduction. For all these reasons and more, the library and then the archival worlds came to the realization many years ago that bibliographic records needed access points (one of which needed to be designated as the "main" one), and these access points needed to be expressed consistently from record to record when several different records used the same access point.

Die formale Erfassung bildet die Basis der Informationsaufbereitung. Ohne bibliographische Metadaten hat die inhaltliche Erschließung kein Fundament. Um herauszufinden, wo und in welcher Form Metadaten benötigt und eingesetzt werden sollen, müssen zunächst verschiedene Vorüberlegungen gemacht und Entscheidungen über die Vorgehensweise getroffen werden:

- Welche Dokumente sollen gesammelt, ausgewertet, gespeichert und wieder auffindbar sein; z.B. Fachliteratur, Musik-CDs, Hörbücher?

- Um welchen Dokumenttyp handelt es sich; z.B. Patent, Buch, Zeitschrift?

- Wie tief soll das Dokument erfasst und erschlossen werden, z.B. ein Sammelband als Ganzes oder der einzelne Artikel im Sammelband?

- Wie viele und welche Felder werden benötigt, z.B. Pflicht-, Auswahl-, Verwaltungsfelder?

- Nach welchem Regelwerk soll gearbeitet werden; z.B. RAK, AACR?

- Welche Austauschformate sollen für eine eventuelle Fremddatenübernahme stattfinden; z.B. MAB, MARC?

- Welche Methoden der Wissensrepräsentation werden für die inhaltliche Erschließung verwendet; z.B. Klassifikation, Thesaurus?

Genauso, wie die intellektuellen bzw. künstlerischen Leistungen durch die Veröffentlichung nicht mehr isoliert dastehen und ein Verhältnis zur Umwelt aufnehmen, treten die einzelnen Dokumente durch Einsatz von Werkzeugen der Wissensrepräsentation in ein Verhältnis zu anderen Dokumenten. Die Aufdeckung dieser Relationen kristallisiert die Charakteristika und damit die vereinheitlichenden Aspekte der Metadaten heraus. Dementsprechend können wir für die Definition festhalten: Metadaten sind standardisierte Daten über dokumentarische Bezugseinheiten und dienen dem Zweck, den digitalen und intellektuellen Zugang und Gebrauch zu den Dokumenten zu erleichtern. Metadaten stehen in Relation zueinander und liefern in ihrer entsprechenden Kombination einen adäquaten Stellvertreter des Dokumentes im Sinne der Wissensrepräsentation.

Dokumentrelationen

Ausgehend von den Ergebnissen der IFLA-Studie zu den funktionalen Anforderungen an bibliographische Daten (IFLA 1998; IR, 85 f.; Riva 2007; Tillett 2001), ist ein publiziertes Dokument eine Einheit, die zwei Bereiche besitzt: intellektueller bzw. künstlerischer Inhalt und physikalische Entität. Diese Unterteilung folgt dem einfachen Prinzip, dass die zunächst abstrakten Ideen eines Verfassers irgendwie ausgedrückt und in Form von Medien, die aus Einzelexemplaren bestehen, offenbart werden. Abbildung 6.2 zeigt die vier Aspekte Werk (Work), Ausdrucksform (Expression), Manifestation und Exemplar (Item). Sie bilden die primären Dokumentrelationen.

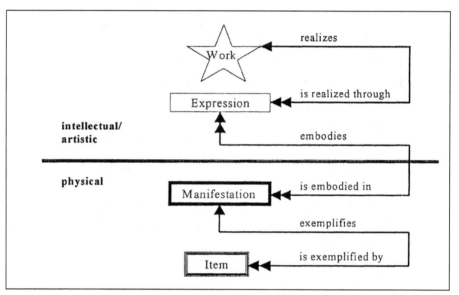

Abbildung 6.2: Grundlegende Dokumentrelationen. *Quelle:* Tillett 2001, 22.

Die schöpferische Leistung des Autors oder Künstlers formt das Fundament, das eigentliche Werk des Dokuments. Präsentiert wird dieses Werk erst durch Sprache im weiten Sinne, z.B. schriftlich, musikalisch oder bildlich. Ein und dasselbe Werk kann demnach durch mehrere Ausdrucksformen verwirklicht werden, eine Ausdrucksform hingegen ist die Realisation nur eines einzigen Werkes. Bei der Beziehung Werk – Ausdrucksform handelt es sich um den Content, um das, worum es geht, um "Aboutness". Hier versucht die inhaltliche Erschließung, das

Thema des Dokuments zu fassen und abzubilden. Dies geht aber nicht ohne die konkrete Form eines Mediums, der Manifestation. Der intellektuelle Inhalt wird durch Medien kundgegeben. Zu beachten ist, dass eine Ausdrucksform in mehreren Medien enthalten sein und dass ebenso ein Medium mehrere Ausdrucksformen verkörpern kann. Medien werden durch Exemplare belegt, wobei das Einzelexemplar nur ein Individuum dieser Manifestation darstellt.

Wie wichtig es ist, Dokumentrelationen für die bibliographischen Metadaten zu berücksichtigen, veranschaulicht folgende Frage: Ab welcher Änderung ist ein Werk nicht mehr das gleiche Werk, sondern eine Neuschöpfung? Die formale Erfassung und damit auch die Metadaten sehen bei einem Original im Verhältnis zu dessen stark verändertem Inhalt verschieden aus. Um eine Trennlinie zwischen Original und neuem Werk zu schaffen, müssen weitere Relationen analysiert werden. Barbara B. Tillett beschreibt die sich simultan zu den primären Relationen verhaltenden Relationen als "Content Relationships" (Tillett 2001, 22):

> Content relationships apply across the different levels of entities and exist simultaneously with primary relationships. Content relationships can even be seen as part of a continuum of intellectual or artistic content and the farther one moves along the continuum from the original *work*, the more distant the relationship.

In Abbildung 6.3 sehen wir Äquivalenz-, derivative und deskriptive Relationen, die angesetzt werden, um ein Original bzw. gleiches Werk vom neuen Werk abzuheben. Inmitten der derivativen Relation verläuft die Schnittlinie, die nach den Bestimmungen der Anglo-American Cataloguing Rules (AACR) festgelegt ist.

Die Idee der **Äquivalenzrelation** ist nach Tillett eher heikel, denn hier entscheidet die Sichtweise oder subjektive Auslegung, ob bestimmte Eigenschaften dieselben sind. Auf der Itemebene kann es z.B. für einen Buchexperten vorrangig sein, dass das Einzelexemplar ein Detail (etwa ein Wasserzeichen; s. u. S. 138) enthält, während andere Personen eher am intellektuellen Inhalt einer Manifestation interessiert sind. Ähnliche Unstimmigkeiten können auch beim Werk-Ausdrucksform-Verhältnis auftauchen. Äquivalenzrelationen sollen in der Regel möglichst exakte Kopien einer Manifestation eines Werkes aufspannen, und zwar so lange, wie der intellektuelle Inhalt des Originals gewahrt bleibt. Hierunter fallen theoretisch: Mikroformreproduktionen, Kopien, exakte Reproduktionen, Faksimiles und Nachdrucke.

Derivative Relationen beziehen sich auf das Originalwerk und dessen Modifikation(en). Die Stärke der abgeleiteten Relation ist – weil damit der Trennpunkt zwischen dem gleichen und dem neuen Werk gezogen wird – von Bedeutung. Variationen wie gekürzte, illustrierte oder bereinigte Ausgaben, Überarbeitungen, Übersetzungen und (leichte) Veränderungen (z.B. Anpassung an eine Rechtschreibreform) werden noch demselben Werk zugedacht. Ausführliche Überarbeitungen des Originals gelten als ein neues Werk. Hierunter fallen: Adaptionen wie

Zusammenfassungen oder Abstracts, Wechsel des Genre (wie die Drehbuchfassung eines Romans) oder sehr freie Bearbeitungen (beispielsweise Parodien).

Eine besondere Art derivativer Relationen trifft bei **gen-identischen** Dokumenten zu. Hierbei haben wir es zwar mit derselben Manifestation zu tun, doch sind fortlaufende Änderungen möglich. Beispiele sind Loseblattwerke (etwa Gesetzestexte) oder Webseiten.

Die **deskriptiven Relationen**, die sich auf ein früheres Werk und eine Bearbeitung dieses Zielwerkes beziehen, handeln immer über Neuschöpfungen, über neue Werke. Dies ist etwa der Fall bei Buchbesprechungen, Kritiken, Bewertungen oder Kommentaren.

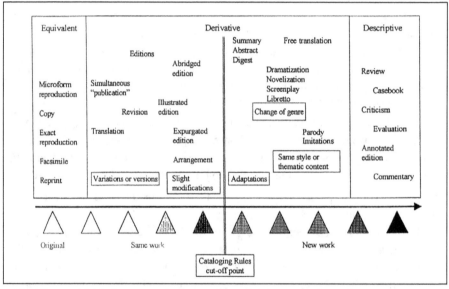

Abbildung 6.3: Dokumentrelationen: Das gleiche oder ein anderes Dokument? *Quelle:* Tillett 2001, 23.

Die **Ganzes-Teil-** oder **Teil-zu-Teil-Relationen** spielen besonders bei Artikelfolgen in mehreren Teilen sowie bei elektronisch gespeicherten Dokumenten eine Rolle. Zum einen geht es um die Zuordnung von einzelnen separaten Bestandteilen zu einem Ganzen (z.B. angefügte Bilder in einer Webseite, Begleitmaterial zu einem Buch) oder um die Verbindung individueller aufeinander folgender Komponenten, wie dies bei Serien vorkommt. Weiß man, dass eine dokumentarische Bezugseinheit die Fortsetzung einer anderen ist oder dass weitere Teile folgen, so muss dies innerhalb der Metadaten vermerkt werden.

Zu beachten sind Dokumente, die **gemeinsame Teile** enthalten. So gibt es beispielsweise Tagungsbeiträge oder wissenschaftliche Artikel, die – sieht man vom Titel ab – völlig identisch sind. Da sie in unterschiedlichen Quellen erscheinen, sind es eindeutig zwei Manifestationen. Die Metadaten sollten allerdings ausdrücken, dass es sich nur um ein Werk handelt.

Tillett (2001, 30 f.) fasst zusammen:

> To summarize the relationship types operating among bibliographic entities, there are:
>
> - Primary relationships that are implicit among the bibliographic entities of work, expression, manifestation, and item;
>
> - Close content relationships that can be viewed as a continuum starting from an original work, including equivalence, derivative, and descriptive (or referential) relationships;
>
> - Whole-part and part-to-part relationships, the latter including accompanying relationships and sequential relationships; and
>
> - Shared characteristic relationships.

Intern- und Externformate

Für die Entwicklung, Codierung und den Austausch von Metadaten muss vorerst entschieden werden, welches Daten- und Austauschformat zugrunde gelegt werden soll. Internformate besagen, dass jede eingesetzte Datenbank ihr eigenes Format besitzen kann. Hausinterne Formate sind meist den flexiblen und speziellen Bedürfnissen der Nutzung angepasst. Austauschformate hingegen werden benötigt, damit Datensätze zwischen Institutionen problemlos hin und her geschoben werden können. Hierzu sind möglichst einfache Standards notwendig, die sich auf das Wesentliche beschränken.

Dokumentationseinheiten oder Surrogate werden codiert, um Teile der dokumentarischen Bezugseinheit in Form von Feldern darstellen und suchbar machen zu können. Die **Codierung** ermöglicht die Integration von verschiedenen Sprachen und Schriftarten. Aufgrund der Sprachunabhängigkeit lassen sich Daten aus einem System in das andere übertragen. Programme regeln die Umsetzung von internen Datenstrukturen in ein Austauschformat. Übermittelte Daten im Kommunikationsformat (z.B. MARC, Machine-Readable Cataloging) werden von den einzelnen Institutionen, etwa Bibliotheken, nach eigenen Programmen für das Display bearbeitet, indem beispielsweise bestimmte Felder an den Anfang gesetzt oder Abkürzungen für gegebene Codes verwendet werden. Das Display wird in den einzelnen Institutionen verschieden formatiert.

Jede Dokumentationseinheit beinhaltet sowohl Attribute (z.B. Code für Autor) als auch Werte (z.B. Namen der Autoren). Codierung und Metadatendeskription ge-

hen Hand in Hand. Taylor (1999, 57) schreibt zur Reihenfolge dieser beiden Bear-
beitungsmöglichkeiten:

> In the minds of many in the profession, metadata content and encoding for the
> content are inextricably entwined. Metadata records can be created by first deter-
> mining descriptive content and then encoding the content or one can start with a
> "shell" comprising the codes and then fill in the contents of each field. In this text
> encoding standards are discussed before covering creation of content. The same
> content can be encoded with any one of several different encoding standards and
> some metadata standards include both encoding and content specification.

In den folgenden drei Abbildungen sehen wir, wie ein Datensatz im Austauschformat nach MARC konstruiert ist und wie unterschiedlich das entsprechende
Katalogisat dem Nutzer in zwei verschiedenen Bibliotheken, die MARC verwenden, als bibliographischer Nachweis angeboten wird.

```
LC Control No.: 85050110
              000 00841nam a2200253 a 450
              001 3807120
              005 19850810000000.0
              008 850730s1985 iaua 001 0 eng
              035 __ |9 (DLC) 85050110
              906 __ |a 7 |b cbc |c orignew |d 3 |e ocip |f 19 |g y-gencatlg
              010 __ |a 85050110
              020 __ |a 0840335296 (pbk.)
              040 __ |a DLC |c DLC |d DLC
              050 00 |a QD251.2 |b .S74 1985
              082 00 |a 547 |2 19
              100 1_ |a Stacy, Gardner Wesley, |d 1921-
              245 10 |a Organic chemistry : |b a background for the life sciences / |c Gardner W. Stacy, Carl C. Wamser.
              250 __ |a 2nd ed.
              260 __ |a Dubuque, Iowa : |b Kendall/Hunt Pub. Co., |c c1985.
              300 __ |a xiv, 465 p. : |b ill. ; |c 24 cm.
              500 __ |a Includes index.
              650 _0 |a Chemistry, Organic.
              700 1_ |a Wamser, Carl C., |d 1941-
              991 __ |b c-GenColl |h QD251.2 |i .S74 1985 |p 00037024776 |t Copy 1 |w BOOKS

 CALL NUMBER: QD251.2 .S74 1985
              Copy 1
    -- Request in: Jefferson or Adams Bldg General or Area Studies Reading Rms
      -- Status: Not Charged
```

Abbildung 6.4: Datensatz eines Kataloges im Austauschformat (MARC).
Quelle: Library of Congress.

Wenn eine Bibliothek einen Datensatz im MARC-Format erhält, wird dieser für das systemeigene Display umformatiert (z.B. durch Sortierung bestimmter Felder an den Anfang). Abbildung 6.4 zeigt das formatierte Display des MARC-Datensatzes bei der Library of Congress. In der ersten Zeile taucht die Kontrollnummer der Bibliothek auf. Die Felder beginnend mit "0" sind weitere Kontrollfelder und deren Subfelder. Unter "020" befinden sich z.B. die ISBN (International Standard Book Nummer), unter "050" die Signatur und unter "082" die Notation der Dewey Klassifikation. Weiterhin folgen Autorenname mit Geburtsjahr (100), Titel (245), Auflage (250), Publikationsort, Verlag und Erscheinungsjahr (260), Seiten u.a. (300), Hinweis auf Register (500), Thema (650), Coautor mit Geburtsjahr (700) und Erläuterungen zum Medium (991) bzw. zur Signatur (Call Number). Der Nutzer vom Library of Congress Online Catalog kann Einsicht in das Format nehmen und diese codierten Angaben unter "Marc Tags" abfragen.

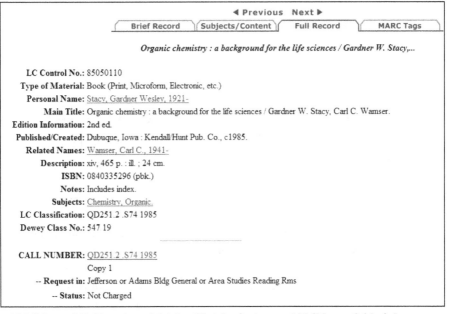

Abbildung 6.5: Benutzersicht des Katalogisats aus Abbildung 6.4 bei der Library of Congress. *Quelle:* Library of Congress.

Im Normalfall wird sich der Nutzer das Katalogisat, wie es in Abbildung 6.5 dargestellt ist, ansehen. Hier sind die Codes entschlüsselt, durch Beschreibungen ersetzt und in Form einer Katalogkarte zusammengestellt worden. Das Navigationsfeld "Brief Record" enthält die gekürzte Version der wichtigsten bibliographischen Nachweise.

Der Healey Library Catalog der University of Massachusetts Boston offeriert zur
selben dokumentarischen Bezugseinheit – ebenfalls bearbeitet nach dem MARC-
Format – ein Katalogisat, wie es in Abbildung 6.6. dargestellt wird. Die einzelnen
Platzierungen der Felder sowie die Feldnamen unterscheiden sich von jenen aus
der Library of Congress.

**Abbildung 6.6: Benutzersicht des Katalogisats aus Abbildung 6.4 bei der
Healey Library der University of Massachusetts Boston.**
Quelle: Healey Library.

Das Library of Congress-Katalogisat ist etwas ausführlicher als das andere. Es
enthält zusätzlich zum Healey Library-Katalogisat die Felder Dokumenttyp ("Type of Material", Code 991 w), ISBN (Code 020 a) und die Notation der Dewey
Klassifikation (Code 082 a und 2). Anhand dieser beiden exemplarischen Katalo-
gisate erkennt man, wie sinnvoll eine einheitliche Codierung der Metadaten ist.
Abgesehen von den jeweils lokalen Daten (z.B. Signatur), sind die Metadatenein-
träge identisch. Für jede Manifestation eines Werkes müssen die Metadaten nur
ein einziges Mal erstellt und können danach beliebig kopiert werden. Das bedeutet
eine immense Arbeitserleichterung. Hierzu muss es eine Institution geben, die die
Autorität hat, diese Regeln verbindlich zu setzen.

Die Werte sind den Attributen (Codes) im MARC-Format fest zugeordnet. Da die
Codes in Unterbereiche gegliedert sind, lassen sich diese Subfelder im Display
beliebig kombinieren, wie dies z.B. bei der Healey Library im Feld "Description"
(bestehend aus Code 250a und 300 a, b, c) der Fall ist. Die jeweilige Institution
sortiert demzufolge nur solche Felder bzw. Subfelder für die Anzeige um, die auch
letztendlich für den internen Gebrauch benötigt werden. Ausgehend vom identi-

schen MARC-Datensatz (Mitte) produzieren die beiden Beispielbibliotheken (rechts und links) unterschiedliche lokale Oberflächen:

Library of Congress	Code/Subfeld	Healey Library
Personal Name	100 a, d	Main Author
Main Title	245 a, b, c	Title
Edition Information	250 a	Description
Description	300 a, b, c	Description
Published/ Created	260 a, b, c	Publisher
Related Names	700 a, d	Other Author(s)
Notes	500 a	Notes
Subjects	650 a	Subject(s)
Call Number	991 h, i	Call Number
Call Number	991 t	Number of Items.

Es sollen hier nicht die Varianten von MARC-Formaten, geschweige denn andere Codierungsstandards, vorgestellt werden. Vielmehr geht es in diesem Kontext lediglich um die Herausstellung der Art und Weise, wie Standards angewandt werden können. Taylor (1999, 73) charakterisiert Codierungsstandards als eine Art Container oder Schale, in dessen Gerüst nur noch der Text eingefügt werden muss. Als Metadaten wird der komplette Datensatz bezeichnet, der das Codierte einschließt und eine Beschreibung (anstelle) eines größeren Dokumentes liefert.

> The combination of the encoding container and its text is called *metadata* or a *metadata record*.

Regelwerke

Metadaten enthalten deskriptive Informationen, die die Charakteristika der dokumentarischen Bezugseinheiten präsentieren. Diese so entstehenden Dokumentationseinheiten bzw. Surrogate unterliegen einer bestimmten Ordnung, die durch Regeln und Konventionen vorgeschrieben wird. In deutschen wissenschaftlichen Bibliotheken werden derzeit (noch) die "Regeln für die alphabetische Katalogisierung" (RAK-WB 1998) und für den Datenaustausch das "maschinelle Austauschformat für Bibliotheken" (MAB-Format) verwendet. Für andere Bereiche hält RAK weitere Ergänzungsteile zum Grundwerk bereit (z.B. für die öffentlichen Bibliotheken, RAK-ÖB). Wie bereits erwähnt, bereitet die Kombination internationaler bibliographischer Daten ein Problem. RAK-WB mit MAB stehen den Anglo-American Cataloguing Rules AACR (2005) mit MARC entgegen. Obwohl Konkordanzen zwischen MAB und MARC geschaffen wurden, scheitert die Konvertierung aufgrund der Unterschiede der beiden Regelwerke RAK-WB und

AACR2. Krause/Niggemann/Schwänzl (2003, 21) betonen die Problematik, in der sich deutsche Bibliotheken derzeit befinden:

> Selbstverständlich sind Anwendungen denkbar, bei denen diese Unterschiede nicht relevant sind. Datenhomogenität, d.h. eine auch redaktionell zufrieden stellende Datenbank, lässt sich damit jedoch nicht erreichen. Will man also oder kann man mit einer heterogenen Datenbank nicht arbeiten, dann bleibt letztlich nur der Weg der Vereinheitlichung der Regelwerke. Angesichts der Realitäten bedeutet das für die deutsche Bibliotheksszene die Aufgabe der RAK-WB und des MAB-Formats und den Übergang zu AACR2 und MARC21.

Die Zukunft der Regelwerke steht infrage. Grundsätzlich jedoch sieht der Standardisierungsausschuss keine prinzipiellen Hindernisse für einen Umstieg. Im Projekt der Deutschen Bibliothek zum "Umstieg auf internationale Formate und Regelwerke (MARC21, AACR2)" werden Vor- und Nachteile der beiden Regelwerke analysiert (Gömpel/Hoffmann 2003). Hier seien nur einige Aspekte der Studie genannt, in denen die Heterogenität der verschiedenen Standards zum Ausdruck kommt. RAK-WB setzt persönliche Namen und Gebietskörperschaftsnamen originalsprachig, RAK-ÖB jedoch in deutsch und AACR2 in englisch an. Nach den AACR2 wird in nicht englischsprachigen Ländern die jeweils eigene Sprache verwendet. Bei der Ansetzungsform von Personennamen gilt für die RAK-WB, dass die Ansetzung für einen Namen steht, im Unterschied zu AACR2, wo die Ansetzung für eine Person gilt. Im Unterschied zu RAK-WB differenziert AACR2 gleichnamige Personen durch zusätzliche Angaben. AACR2 sieht mehr Eintragungen bei Titel, Körperschaften und Personen vor. Die Katalogisierungsbegriffe der beiden Regelwerke sind nicht immer deckungsgleich.

Die Frage, welche Änderungen demnächst vorgenommen werden sollen, lässt sich nicht leicht beantworten. Beide Standardisierungen für bibliographische Daten blicken auf eine lange Entwicklungsphase zurück. Bereits in den frühen 70er Jahren wurde die ISBD (International Standard Bibliographic Description) entwickelt, um den internationalen Austausch von Katalogdaten zu erleichtern. Sowohl Zeichensetzung und Reihenfolge der Datenelemente als auch die genaue Ordnung der Daten wurden durch das Regelwerk determiniert. In der Nachfolge entstanden verschiedene Versionen, die auf ISBD basieren. Als Paradebeispiel stehen heute die Anglo-American Cataloguing Rules, Second Edition. Die ersten Ausgaben der RAK erschienen in den 1980er Jahren in Deutschland und Österreich. Da das Hauptwerk von RAK im Unterschied zu AACR keine Sondermaterialien integriert, existieren diverse Sonderregeln (z.B. für kartographische Materialien, alte Drucke).

Haupt- und Nebeneintragungen

Sind alle Zugangspunkte zu einem Dokument als gleich wichtig zu betrachten? In der Zeit der Zettelkataloge wurde diese Frage eindeutig verneint und eine Differenzierung zwischen Haupt-, Nebeneintragungen und Verweisungen gemacht. Angelegt werden Eintragungen unter dem Namen von Personen, Körperschaftsnamen bzw. Titeln. Wie die Eintragungen bzw. Verweisungen (z.B. für Schreibvarianten) in den verschiedenen Fällen angewandt werden sollen, entscheiden jeweils detaillierte Regeln, auf die wir nicht genauer eingehen können.

Haupteintragungen (im englischsprachigen Raum: "main entry") sind notwendig für den primären Sucheinstieg und stellen den vollständigsten Nachweis (einschließlich eventueller Nachträge und Ergänzungen) eines Dokumentes dar. Bei der Erstellung von Katalogkarten wird normalerweise der Haupteintrag unter einem Personennamen (Verfasser) angefertigt. Bei zwei oder drei Verfassern wird der erste Name als Haupteintragung bevorzugt, für einen weiteren Namen wird eine Nebeneintragung angelegt. Wiesenmüller (2004, 172) beschreibt die aufwendige Arbeitsweise:

> Nach konventioneller Arbeitsweise wird dafür zunächst die Katalogkarte, auf die die bibliographische Beschreibung getippt wurde, mit einer Ordnungszeile (Kopf) für den ersten Verfasser versehen. Diese Karte (nach RAK auch als "Einheitsaufnahme" bezeichnet) wird nun für die Nebeneintragung vervielfältigt und erhält einen neuen Kopf. Im beschriebenen Fall besteht die Ordnungszeile der zweiten Karte aus dem Namen des zweiten Verfassers und dem Sachtitel. Das Dokument kann also auch gefunden werden, wenn nur der zweite Verfasser bekannt ist.

Ein Dokument gilt nach RAK als anonym, wenn es mehr als drei Verfassernamen besitzt. Als Haupteintragung kommt in dem Falle der Körperschaftsname als Urheber oder – falls dieser nicht bekannt ist – der Sachtitel infrage. Aufgrund der Digitalisierung erscheint die Beschränkung der Sucheinstiege auf nur drei Verfasser als veraltet. In kommerziellen wissenschaftlichen Datenbanken werden grundsätzlich alle Autoren namentlich aufgezählt – auch, wenn es sich um mehrere Hundert handelt.

Brauchen wir Haupteintragungen als Ordnungselemente auch online? Taylor (1999, 107) befürwortet deren Notwendigkeit, weil auf diese Art Dokumentrelationen aufgedeckt werden. Haupteintragungen zeigen Relationen zwischen einem Werk und den Manifestationen auf. Sie sorgen für die Ordnung, Zusammenfassung und Kombination aller Manifestationen eines Werkes. Sie identifizieren sowohl Werke über andere Werke als auch Werke, die als Teile in größeren Werken enthalten sind. Sind mehrere Verfassernamen genannt, lassen sich durch Haupteintragungen "bevorzugte" Autorennamen in einem Feld festmachen.

Veranschaulichen wir die Bereitstellung bzw. Anwendung von Haupteintragungen in Onlinesystemen anhand von Beispielen. Wir gehen davon aus, dass etwa 50%

aller Bibliotheksmaterialien über Derivationen verfügen (Taylor 1999, 106). Ein Werk sei in mehreren Sprachen erschienen. Ist keine Haupteintragung vorhanden, kann man bei Übersetzungen, die ja unterschiedliche Titel tragen, nicht verfolgen, zu welchem identischen Werk diese Manifestationen gehören. Ausgangspunkt sei das Werk "Romeo and Juliet" von William Shakespeare. Taylor (1999, 113) vergleicht die Datensätze von zwei Derivationen des Werks. Eine englischsprachige Manifestation trägt den Titel "The tragedy of Romeo and Juliet". Eine spanische Übersetzung kommt unter dem Titel "Romeo y Julieta" heraus. Gemäß MARC tragen beide Surrogate folgende Eintragungen:

100	1	|a Shakespeare, William |d 1564-1616
240	10	|t Romeo and Juliet |1 Spanish
245	10	|a Romeo y Julieta ...

100	1	|a Shakespeare, William |d 1564-1616
240	10	|t Romeo and Juliet
245	14	|a The tragedy of Romeo and Juliet.

Über die Feldeinträge 100 (Verfassername) und 24010 \|t (Einheitstitel) werden die beiden Manifestationen eindeutig auf das Werk bezogen.

Neben den derivativen gibt es deskriptive Relationen. Eine Form davon sind Werke über andere Werke, z.B. Abhandlungen zu einem Drama. Eine Recherche in "British Library" über das oben genannte Werk Shakespeares führt zu einem Surrogat, das den Verfassernamen Patrick M. Cunningham mit dem Buchtitel "How to dazzle at Romeo and Juliet" sowie die Eintragung

600	14	|a Shakespeare, William, |d 1564-1616
		|t Romeo and Juliet.

beinhaltet. Hier ist der Bezug zum besprochenen Werk, dem Original, offensichtlich.

Als Beispiel für eine Teil-Ganzes-Relation sei ein Teil des Werkes "The Lord of the Rings" von J.R.R. Tolkien, sagen wir, "The Fellowship of the Ring", genannt. Da dieses Teilwerk, ebenso wie die beiden anderen Teile, unter dem jeweiligen konkreten Titel aufgenommen wird, bringt erst die Eintragung

800	1	|a Tolkien, J. R. R. |q (John Ronald Reuel),
		|d 1892-1973. |t Lord of the Rings ; |v pt. 1

über \|t und \|v in Feld 8001 die unterschiedlichen Teile zusammen.

Ansetzungsformen

Die Art, wie Eintragungen letztendlich einheitlich aussehen sollen, wird durch jeweilige Ansetzungsregeln bestimmt. Dies gilt sowohl für Sach- und Gesamttitel als auch für Namen von Personen und Körperschaften, mit dem Ziel, das Problem der Mehrsprachigkeit, unterschiedlicher Schreibweisen, Transkriptionen und Titelversionen zu umgehen. Der Vereinheitlichung unterschiedlicher Alphabete dienen **Transliterationen**, die sowohl eine zielsprachenneutrale Umschrift als auch eine eindeutige Rückübertragung gewährleisten. Transkriptionen können nicht verwendet werden, da diese phonetisch orientiert sind und sich der Lautung des Worts in der jeweiligen Zielsprache anpassen. Der russische Name

Хрущев

wird eindeutig durch

Chruščev

transliteriert. Die Transkriptionen führen zu sprachenspezifischen Varianten und sind deshalb nicht zu gebrauchen:

Chruschtschow (deutsch),

Khrushchev (englisch),

Kroustchev (französisch).

Transliterationen sind durch internationale Normen geregelt, beispielsweise für Kyrillisch in ISO 9:1995 oder für Arabisch in ISO 233:1984.

Es kommt häufig vor, dass ein Werk in mehreren Ländern veröffentlicht wird. Die vorliegenden **Sachtitel** der Manifestationen variieren meist gemäß der Landessprache. Neben dem Vorlagetitel wird als Ansetzungsform außerdem ein Einheitstitel erfasst, der im allgemeinen aus dem Originaltitel in der Originalsprache besteht. Die Kombination von Vorlage- und Einheitstitel ermöglicht die Suche nach den Ausgaben eines Werkes.

Nehmen wir ein Beispiel aus der Filmbranche! "Runaway Bride" des Regisseurs Garry Marshall mit den Hauptdarstellern Julia Roberts und Richard Gere ist in mehreren Ländern unter vom Original abweichenden Titeln erschienen:

- Novia fugitiva   Argentinien (Poster Titel)
- Noiva em Fuga   Brasilien/ Portugal
- La mariée est en fuite   Canada (französischer Titel)
- Die Braut, die sich nicht traut   Deutschland
- Morsian karkuteillä   Finnland
- Just married (ou presque)   Frankreich
- Se scappi ti sposo   Italien
- Pretty Bride   Japan (englischer Titel)
- De buna voie si nesilita de nimeni   Rumänien
- Novia a la fuga   Spanien
- Oltári nö   Ungarn.

Die o.g. Titel sind der "Internet Movie Database" entnommen. Hier ist der Datensatz mit einem speziellen Feld für alternative Titel angelegt. In der bibliothekarischen Erfassung hingegen wird pro DVD ein Katalogisat mit Vorlage- und Einheitstitel angefertigt, um pro Datensatz spezifische Informationen (wie z.B. die Synchronsprecher oder gelöschte Szenen) einzugeben.

Die einheitliche Ansetzung von **Personennamen** erfordert die Berücksichtigung vieler Kriterien. Verschiedene Personen mit demselben Namen müssen unterscheidbar sein. Ein und dieselbe Person kann aber auch unter mehreren Namen bekannt sein. Es können verschiedene Namen für eine Person zu bestimmten Zeiten existieren. Namen variieren in Bezug zur Fülle, Sprache und Buchstabierung, oder etwa beim Spezialfall, dass ein Verfasser sein Werk unter einem Pseudonym veröffentlicht hat. Für bestimmte Personengruppen werden jeweils eigene Namensansetzungsformen verwendet. Wiesenmüller (2004, 173) zählt einige Fälle für die Regelung von Ansetzungsformen auf:

> Bei Personen kommen häufig mehrere Namensformen vor – man denke an ausgeschriebene und abgekürzte Vornamen, Pseudonyme, Mädchen- und Ehenamen, unterschiedlich transkribierte Formen, lateinische und nationalsprachliche Namensformen (z.B. lat. Horatius, dt. Horaz, engl. Horace), Namen von Fürsten (z.B. Friedrich der Große vs. König Friedrich II. von Preußen) oder geistlichen Herrschern (z.B. Papst Johannes Paul II. vs. Karol Wojtyla) etc.

Prinzipiell gilt nach RAK, dass derjenige Name als Ansetzungsform gewählt werden soll, den auch die entsprechende Person für sich selbst benutzt hat. AACR nimmt als Grundregel diejenige Namensform des Landes, in dem die Person hauptsächlich gewirkt hat bzw. bekannt ist. Eine Liste mit landesspezifischen Ansetzungen für Personennamen ist bei der IFLA (1977) zu finden. So gelten beispielsweise bei deutschen Familiennamen, in denen ein Präfix vorkommt, folgende drei Regeln:

(1) Wenn das Präfix eine Präposition oder eine Präposition und Artikel ist oder wenn mehrere Präfixe durch eine Konjunktion verbunden sind, gilt als erstes Glied der Ansetzungsform das Namenselement hinter dem Präfix.

Beispiele: Schack, Adolf von; Hagen, Friedrich von der; Urff, Georg von und zu.

(2) Wenn das Präfix mit einem Artikel zu einem Wort verbunden ist, gilt als erstes Glied der Ansetzungsform das Präfix.

Beispiele: Aus'm Weerth, Ernst; Zum Winkel, Karl.

(3) Wenn das Präfix romanischen Ursprungs ist, gilt wie in Regel zwei das Präfix als erstes Aufnahmeelement.

Beispiel: Le Fort, Gertrud von.

Analoge Regelwerke gelten für den Normeintrag für Körperschaften.

Metadaten im World Wide Web

Die Seitenbeschreibungssprache HTML erlaubt es, in einigen wenigen Feldern Metadaten über eine Webseite abzulegen. Die sogenannten Meta-Tags stehen im Head des HTML-Dokuments. Es sind u. a. Felder für die Aufnahme von Titel, Autor, Schlagworten und Beschreibung (Abstract) vorgesehen. Ein Beispiel ist in Abbildung 6.7 abgedruckt. Jeder Ersteller einer Webseite ist dabei frei, Meta-Tags aufzunehmen oder dieses zu lassen. Für die Richtigkeit der Eintragungen ist einzig der Creator selbst zuständig. Ein Missbrauch der Meta-Tags ist prinzipiell nicht auszuschließen.

```html
<html>

        <head>
                <title>Fachbereich Informations- und Wissensmanagement der
Hochschule Darmstadt</title>
                        <meta http-equiv="Content-Type" content="text/html;
charset=iso-8859-1">
                        <meta name="description" content="Fachbereich Informations- und
Wissensmanagement der Hochschule Darmstadt">
                        <meta name="author" content="Fachbereich IuW">
                        <meta name="keywords" content="IuW, Informations- und
Wissensmanagement, IuD, Information, Dokumentation, Information und
Dokumentation, FHD, h_da, FH, Fachhochschule, Hochschule, Darmstadt, Hochschule
Darmstadt, wirtschaftsinformation, business information, Medieninformation,
media information, Massenkommunikation, Wissensmanagement, knowledge-management,
knowledge management, Informationsmethodik, Informationswissenschaft,
Information Science, Information Broking, Information Engineering, Information
Architecture, Informationsarchitektur, Informationssystem, information system,
Informationsvermittlung, Informationsmanagement, information management,
information retrieval, informationsvisualisierung, information visualization,
informationsqualit&auml;t, information quality, Wissensrepr&auml;sentation,
Bibliotheksmanagement, Bibliothekswissenschaft, library studies, library
science, library management, digital library, Datenbanken, databases">
                        <meta name="robots" content="index">
                        <meta name="robots" content="follow">
                        <meta name="DC.Creator" content="Fachbereich IuW">
                        <meta name="DC.Publisher" content="Hochschule Darmstadt">
                        <meta name="DC.Rights" content="Fachbereich IuW">
                        <meta name="DC.Description" content="Fachbereich Informations-
und Wissensmanagement der Hochschule Darmstadt">
                        <meta name="verify-v1"
content="SSB+C2IznguZAaIFIL7EQiOXKDO9Pk5mU9dnIy1N/ZU=" />
                        <script language="JavaScript">

if (top.frames.length > 0) top.location.href = self.location.href;
                </script>
        </head>
```

Abbildung 6.7: Meta-Tags einer Webseite. *Quelle:* www.iuw.fh-darmstadt.de.

Wir befinden uns im World Wide Web außerhalb der bibliothekarischen Welt. Fällt es schon schwer, sich im bibliothekarischen Bereich auf bestimmte Standards zu einigen, so kumulieren sich die Probleme für das Internet, eine Übereinkunft zur Beschreibung und Ordnung des Datenmaterials zu finden. Es gibt keine zentralisierte Kontrolle der Qualität und des Inhalts von Metadaten im Web. Eine Standardisierung der Einträge ist nicht durchführbar, da keinem Webmaster vorgeschrieben werden kann, was er bei der Kreation seiner Webseite beachten muss, damit diese adäquat abgebildet wird. Jin Zhang und Iris Jastram (2006, 1099) betonen, dass idealerweise in Webseiten eingebettete Metadaten von Suchmaschinen zur weiteren Datenbearbeitung herangezogen werden können:

> In the morass of vast Internet retrieval sets, many researchers place their hope in metadata as they work to improve search engine performance. If web pages' contents were accurately represented in metadata fields, and if search engines used these metadata fields to influence the retrieval and ranking of pages, precision could increase and retrieval sets could be reduced to manageable levels and ranked more accurately.

Auf welche Art werden Meta-Tags in der Realität benutzt und strukturiert? In einer Studie untersuchen Zhang und Jastram, ob und wie bestimmte Metadaten von verschiedenen Nutzergruppen im WWW eingesetzt werden. Knapp 63% aller getesteten 800 Webseiten enthalten Metadaten. Webautoren verwenden häufig zu viele oder zu wenige Schlagworte, sodass es für die Suchmaschinen schwierig wird, die relevanten herauszufinden. Allgemein bevorzugt werden Angaben in den Feldern Schlagwort, Beschreibung und Autor (Zhang/Jastram 2006, 1120).

> The three most popular of these descriptive elements are the Keyword, Description, and Author elements while the least popular are the Date, Publisher, and Resource elements. In other words, they choose elements that they believe describe the subjective and intellectual content of the page rather than the elements that do not directly reveal subject-oriented information.

Timothy C. Craven (2004) vergleicht Meta-Tag-Beschreibungen aus Webseiten in 22 verschiedenen Sprachen. Analysiert wird die Sprache der Webseiten, Häufigkeit der Meta-Tags sowie Sprache und Länge der Beschreibungen. Es zeigt sich beispielsweise, dass die Seiten westeuropäischer Sprachen (englisch, deutsch, französisch und holländisch) die meisten Beschreibungen enthalten, im Verhältnis zu chinesischen, koreanischen und russischen Seiten, die nur etwa zu 10% mit Metadaten aufwarten.

Diese und ähnliche Untersuchungen sind nur Minimalansätze, um irgendwelche Charakteristika oder Regelmäßigkeiten im Internetdschungel für die einheitliche Entwicklung von Metadaten herauszukristallisieren. Die Durchforstung der Strukturierung im Internet ist und bleibt eine schwierige Aufgabe der Wissensrepräsentation.

Auf die Frage, welche einfachen und weit umfassenden Beschreibungen für möglichst viele Ressourcen im Internet auszuwählen sind, gibt der sogenannte **Dublin Core** eine Auflistung vor. In einem Workshop in Dublin (Ohio) ist das "Dublin Core Metadata Element Set" (ISO 15836:2003) zusammengestellt worden. Es beinhaltet 15 Attribute zur Quellenbeschreibung, wobei genaue Regeln für den inhaltlichen Eintrag nicht gegeben sind. Die Elemente beziehen sich auf Quelleninhalt (title, subject, description, type, source, relation, coverage), auf Urheber (creator, publisher, contributor, rights) und Formalia (date, format, identifier, language). Der Dublin Core ist nur ein Vorschlag, den alle Millionen Webmaster beherzigen können. Voraussetzung sind ehrliche, nicht manipulierte Einträge. Erst unter diesem Ideal können Suchmaschinen Meta-Tags sinnvoll ausnutzen.

Mehdi Safari (2004) sieht in der Strukturierung des Webinhalts durch Metadaten die Zukunft eines effektiven Webs:

> The web of today is a mass of unstructured information. To structure its contents and, consequently, to enhance its effectiveness, the metadata is a critical component and "the great web hope". The web of future, envisioned in the form of semantic web, is hoped to be more manageable and far more useful. The key enabler of this knowledgeable web is nothing but metadata.

Formen von Metadaten

Abschließend wollen wir aufzählen, welche Formen unterschiedlicher Metadaten existieren, die in ihrer Gesamtheit auf jeweils eine dokumentarische Bezugseinheit anzuwenden sind (Abbildung 6.8). Für jedes Attribut (das jeweils als Feld angelegt wird) gilt es, einen Code zu finden. Für alle Werte in jedem der angelegten Felder steuern Regelwerke, welche Standards bei der Vergabe von Werten Berücksichtigung finden. Zusätzlich können Normdaten oder Hilfsmittel feldspezifisch eingesetzt werden.

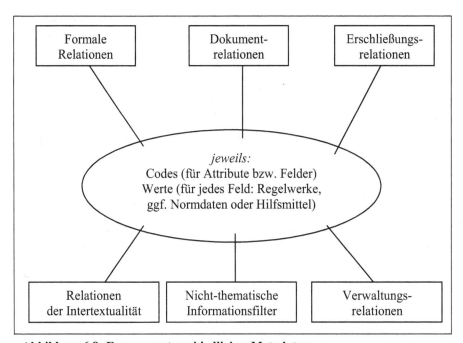

Abbildung 6.8: Formen unterschiedlicher Metadaten.

Die erste Gruppe von Metadaten, die **formalen Relationen**, erfassen eine dokumentarische Bezugseinheit durch ihre Form. Hierzu gehören alle solchen Attribute, die die DBE eindeutig beschreiben, also beispielsweise

> hat Autor(en),
>
> hat Jahrgang,
>
> hat Verlag,
>
> hat Anzahl Seiten.

Gruppe zwei nimmt alle **Dokumentrelationen** auf, sowohl die primären Relationen zwischen Werk, Ausdrucksform, Manifestation und Exemplar als auch die sekundären Relationen, also die äquivalenten, derivativen, deskriptiven und meronymen Zusammenhänge zwischen Dokumenten.

Die **Erschließungsrelationen** in Gruppe drei zielen auf die Aboutness des Dokuments und dienen dessen inhaltlicher Auswertung. Hier liegen zwei Untergruppen vor, die Abbildung thematisierter Objekte durch Begriffe und die Verdichtung der behandelten Sachverhalte durch Abstracts. Methoden und Werkzeuge der begrifflichen Wissensrepräsentation beschreiben wir in den Kapiteln 9 bis 20, der Informationsverdichtung widmen wir die Kapitel 21 und 22.

Als Sonderform zwischen Gruppe 2 und 3 fassen wir die **Relationen der Intertextualität** (Gruppe vier) auf. Intertextualität im Sinne der Wissensrepräsentation drückt sich durch Referenzen bzw. Zitationen aus. Hierbei handelt es sich sowohl um eine Spielart deskriptiver Dokumentrelationen als auch um eine Methode der Inhaltserschließung. Die Intertextualität kennt nur zwei Attribute:

> Dokument zitiert (Referenzen),
>
> Dokument wird zitiert in (Zitationen).

Die Intertextualität ist Gegenstand von Kapitel 18.

Es gibt in einem Kommunikationsvorgang mehr als den übermittelten Content (Was?), nämlich die Beachtung des Autors (Wer?), der Qualität des Übertragungsmediums (Welcher Kanal?), der Zielgruppe (Für wen?) und des Ziels (Wozu?). Solche Attribute wie Genre oder Zielgruppe fassen wir in Gruppe fünf als **nicht-thematische Informationsfilter** zusammen (Kapitel 8).

Die sechste und letzte Gruppe von Metadaten richtet sich auf **Verwaltungsinformationen**, also auf Angaben zum Bearbeiter des Datensatzes oder auf das Erstellungsdatum.

Fazit

- Konventionell werden Dokumente in Form von Katalogkarten erfasst, die komprimierte Auskünfte über ein Dokument, sog. Metadaten, beinhalten. Die traditionellen Katalogkarten werden in digitalen Umgebungen durch strukturierte Datensätze in einem Feldschema ersetzt.

- Metadaten sind standardisierte Daten über dokumentarische Bezugseinheiten und dienen dem Zweck, den digitalen und intellektuellen Zugang zu und Gebrauch von Dokumenten zu erleichtern. Sie stehen in Relation zueinander.

- Werk, Ausdrucksform, Manifestation und Exemplar bilden die primären Dokumentrelationen.

- Mit Hilfe von Äquivalenz-, derivativen und deskriptiven Relationen lässt sich ein Original bzw. gleiches Werk von einem neuen Werk abheben. Teil-Ganzes- oder Teil-zu-Teil-Relationen werden bei Artikelfolgen in mehreren Teilen sowie bei Web-Dokumenten angesetzt.

- Die Codierung von Surrogaten ermöglicht es, die dokumentarische Bezugseinheit in Form von Feldern sprach- und schriftartunabhängig darstellen und suchbar machen zu können.

- Austauschformate (z.B. MAB, MARC) regeln die Übermittlung und Kombination von Datensätzen zwischen verschiedenen Institutionen.

- Regelwerke (z.B. RAK, AACR) schreiben u.a. Ansetzungsformen von Personennamen, Körperschaften, Sach- und Gesamttiteln vor. Eine internationale Einheitlichkeit der Regelwerke existiert zurzeit nicht.

- Transliterationen, die sowohl eine zielsprachenneutrale Umschrift als auch eine eindeutige Rückübertragung gewährleisten, dienen zur Vereinheitlichung unterschiedlicher Alphabete.

- Haupteintragungen stellen den primären Zugang zum Dokument dar. Nebeneintragungen werden u. a. dazu genutzt, um Dokumentrelationen (z.B. Zusammenführen unterschiedlicher Manifestationen zu einem Werk) auszudrücken.

- Metadaten bei Webseiten können (aber müssen nicht) durch HTLM-Meta-Tags angegeben werden. Die Ersteller der Seiten agieren frei von Standards und Regelwerken, auch der Wahrheitsgehalt der Angaben ist offen. Die Dublin Core Elements bilden einen ersten Ansatz zur Standardisierung.

> • Metadaten lassen sich (zwanglos) in sechs Gruppen einteilen: (1) formale Relationen, (2) Dokumentrelationen, (3) Erschließungsrelationen, (4) Relationen der Intertextualität, (5) Relationen der nicht-thematischen Informationsfilter und (6) Verwaltungsrelationen.

Literatur

AACR2 (2005): Anglo-American Cataloguing Rules. – 2. Aufl. – 2002 Revision – 2005 Update. – Chicago: American Library Association (ALA); London: Chartered Institute of Library and Information Professionals (CILIP). – Deutsche Übersetzung der 2. Aufl. – 1998 Revision: München: Saur, 2002.

Craven, T.C. (2004): Variations in use of meta tag descriptions by Web pages in different languages. – In: Information Processing & Management 40, S. 479-493.

Dempsey, L.; Heery, R. (1998): Metadata: A current view of practice and issues. – In: Journal of Documentation 54, 145-172.

Drott, M.C. (2002): Indexing aids at corporate websites: The use of robots.txt and META tags. – In: Information Processing & Management 38, S. 209-219.

Gömpel, R.; Hoffmann, L. (2003): Daten und Fakten für künftige Entscheidungen. Das Projekt "Umstieg auf internationale Formate und Regelwerke (MARC21, AACR2)". – In: BuB. Forum für Bibliothek und Information 56(4), S. 230-234.

Haller, K.; Popst, H. (2003): Katalogisierung nach den RAK-WB. Eine Einführung in die Regeln für die alphabetische Katalogisierung in wissenschaftlichen Bibliotheken. – 6. Aufl. – München: Saur.

IFLA (1977): Names of Persons. National Usages for Entries in Catalogues / IFLA International Office for UBC. – 3. Aufl. – London: The Office.

IFLA (1998): Functional Requirements for Bibliographic Records. Final Report/ IFLA Study Group on the Functional Requirements for Bibliographic Records. – München: Saur.

ISO 9:1995: Information and Documentation - Transliteration of Cyrillic Characters into Latin Characters – Slavic and Non-Slavic Languages. – Genf: International Organization for Standardization.

ISO 233:1984: Documentation – Transliteration of Arabic Characters into Latin Characters. – Genf: International Organization for Standardization.

ISO 15836:2003: Information and Documentation – The Dublin Core Metadata Element Set. – Genf: International Organization for Standardization.

Krause, J.; Niggemann, E.; Schwänzl, R. (2003): Normierung und Standardisierung in sich verändernden Kontexten: Beispiel Virtuelle Fachbibliotheken. – In: Zeitschrift für Bibliothekswesen und Bibliographie 50, S. 19-28.

Krischker, U. (1990): Formale Analyse (Erfassung) von Dokumenten. – In: Buder, M.; Rehfeld, W.; Seeger, T. (Hrsg.): Grundlagen der praktischen Information und Dokumentation. Band 1. – 3. Aufl. – München [u.a.]: Saur, S. 63-89.

RAK-WB (1998): Regeln für die alphabetische Katalogisierung in wissenschaftlichen Bibliotheken: RAK-WB. – 2. Aufl. – Berlin: Deutsches Bibliotheksinstitut.

Reinicke, W. (1994): Formale Erfassung. – In: Wissensrepräsentation und Information-Retrieval. – Potsdam: Universität Potsdam / Informationswissenschaft / Modellversuch BETID. – (Lehrmaterialien; 3), S. 9-48.

Riva, P. (2007): Introducing the *Functional Requirements for Bibliographic Records* and related IFLA developments. – In: Bulletin of the American Society for Information Science and Technology 33(6), S. 7-11.

Safari, M. (2004): Metadata and the Web. – In: Webology 1(2), Art. 7.

Shankaranarayanan, G.; Even, A. (2006): The metadata enigma. – In: Communications of the ACM 49(2), S. 88-94.

Taylor, A.G. (1999): The Organization of Information. – Englewood, CO: Libraries Unlimited.

Tillett, B.B. (2001): Bibliographic relationships. – In: Bean, C.A.; Green, R. (Hrsg.): Relationships in the Organization of Knowledge. – Boston: Kluwer, S. 19-35.

Wiesenmüller, H. (2004): Informationsaufbereitung I: Formale Erfassung. – In: Kuhlen, R.; Seeger, T.; Strauch, D. (Hrsg.): Grundlagen der praktischen Information und Dokumentation. – 5. Aufl. – München: Saur, S. 167-177.

Zhang, J.; Jastram, I. (2006): A study of metadata creation behavior of different user groups on the Internet. – In: Information Processing & Management 42, S. 1099-1122.

Kapitel 7

Faktographische Metadaten

Faktendokumente

Neben den textuellen Dokumenten (Publikationen sowie nicht publizierten Texten) und den digital vorliegenden nicht-textuellen Dokumenten (Bilder, Videos, Musik, gesprochene Sprache usw.) gibt es Dokumente, die prinzipiell nicht digitalisierbar sind (Buckland 1991, 1997). In (IR, 91-93) haben wir drei große Gruppen solcher Dokumente beschrieben:

- Objekte aus Wissenschaft, Technik und Medizin (WTM),
- Wirtschaftsobjekte,
- Museumsobjekte bzw. Kunstwerke.

WTM-Objekte sind beispielsweise chemische Stoffe und Verbindungen, Werkstoffe, Krankheiten und ihre Symptome, im Gesundheitswesen Patienten und deren Krankheitsgeschichte sowie in Ökonomie und Demographie statistische Objekte (u. a. Bevölkerung, volkswirtschaftliche Gesamtrechnung). Bei den Wirtschaftsobjekten kann man grob nach Branchen, Märkten, Unternehmen und Produkten einteilen. Zur dritten Gruppe gehören alle Exponate von Museen und Ausstellungen, Kunstwerke in Galerien und im Privatbesitz sowie Objekte in zoologischen Gärten, in Sammlungen usw.

Es ist klar, dass solche Dokumente niemals direkt in ein Informationssystem eingegeben werden können. Einen nicht-digital vorliegenden Text beispielsweise kann man scannen und damit eine digitale Weiterverarbeitung einleiten, ein Unternehmen dagegen lässt sich nicht digitalisieren. Hier sind wir zwingend daran gebunden, einen Stellvertreter, also ein Surrogat, zu erarbeiten. Natürlich kann es sinnvoll sein, Aspekte des Objekts – zumindest indirekt – in digitaler Form bereitzustellen, wie etwa bei einer chemischen Verbindung dessen Strukturformel (dies ist aber nicht die Verbindung selbst) oder bei einem Kunstwerk ein Photo (das Photo der "Mona Lisa" ist aber nicht das – singuläre – Gemälde).

Da wir bei den Faktendokumenten nie über das Dokument als solches verfügen, kommt dem Surrogat und damit dessen Metadaten eine entscheidende Rolle bei der Repräsentation und dem Retrieval des jeweiligen Wissens zu. Die Metadaten bündeln – für jede Faktenart unterschiedlich – alle wesentlichen Relationen, die das Objekt auszeichnen. Abhängig von der Objektart, kann die Anzahl der zu betreffenden Relationen bei faktographischen Metadaten sehr groß sein. Da je nach Dokumentart völlig unterschiedliche Relationen zu berücksichtigen sind, können wir hier kein "allgemeines" Feldschema entwerfen, sondern müssen uns mit Beispielen begnügen, die zeigen, wie faktographische Feldschemata aussehen. Klar ist wie bei den bibliographischen Metadaten, dass die wesentlichen Aspekte der Objekte in kleinste Einheiten zu zerlegen sind, die im Informationssystem als Felder und ggf. als Subfelder angelegt werden. Sowohl das Feldschema als auch die jeweiligen Werte sind durch Standards zu regeln.

Attribute und Werte werden so gewählt, dass – wo möglich – **Weiterverarbeitungen**, z.B. Berechnungen durchgeführt werden können. Hier müssen wir zwei Fälle unterscheiden: Weiterverarbeitungen innerhalb eines Datensatzes und solche über die Grenzen einzelner Surrogate hinaus. Zwei Beispiele mögen die Intra-Surrogat-Bearbeitungen verdeutlichen! In einer Werkstoffdatenbank ist sicherlich die Relation "hat Schmelzpunkt" wichtig. Im betreffenden Feld wird bei der Wertangabe die Skala nach Celsius verwendet. Für die Gradangabe in Fahrenheit oder Kelvin muss nun nicht eine neue Eingabe gemacht werden, sondern man rechnet automatisch um. Eine Unternehmensdatenbank verfügt über die Relation "hat Umsatz im Rechnungsjahr X". Wenn für einige Jahre Werte vorliegen, kann man automatisch eine Zeitreihe als Graphik erstellen oder auf der Basis der Werte für X und für X-1 Veränderungsraten berechnen. Inter-Surrogat-Bearbeitungen betreffen – bleiben wir in einer Firmendatenbank – Vergleiche zwischen Firmen, beispielsweise eine Rangordnung von Unternehmen einer Branche in einem Berichtsjahr nach Umsatz. Gaus (2004, 610) verweist auf statistische Verarbeitungsoptionen bei elektronischen Patientenakten:

> (Es) können … Daten verschiedener Patienten zusammengeführt werden, z.B. wie stark sinkt die Leukozytenzahl nach einer bestimmten zytotoxischen Therapie im Mittel und nach bisheriger Erfahrung mindestens und höchstens ab?

Anbieter wirtschaftsstatistischer Zeitreihen erlauben sowohl einfache statistische Analysen (deskriptive Statistik, Saisonbereinigung usw.) als auch das Durchspielen komplexer ökonometrischer Modelle (Stock 2000, 377 f.).

Der jeweilige Datenbankproduzent ist aufgerufen sicherzustellen, dass die angebotenen faktographischen Informationen **richtig** sind, d.h. man kann sich ausschließlich auf verlässliche Quellen stützen.

Den Ablauf der Aktualisierung eines faktographischen Surrogats zeigt Abbildung 7.1. Wir unterstellen in der Graphik, dass bereits ein Surrogat für das Faktendokument angelegt worden ist. (Liegt noch kein Surrogat vor, müssen – wie im linken Ast der Abbildung – alle Attribute, zu denen Werte bekannt sind, abgearbeitet werden.) Wir setzen weiterhin voraus, dass eine verlässliche Informationsquelle (z.B. ein aktueller wissenschaftlicher Artikel oder Patent bei WTM-Fakten, ein neuer Handelsregistereintrag, eine aktuelle Selbstauskunft eines Unternehmens oder ein Jahresbericht der Firma bei Wirtschaftsobjekten bzw. ein aktueller Katalog eines Museums) vorliegt.

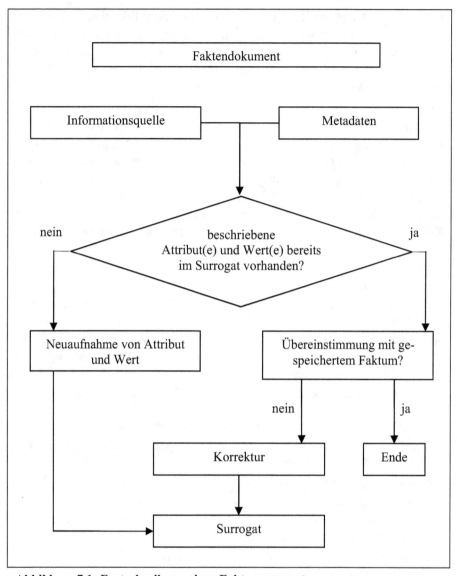

Abbildung 7.1: Fortschreibung eines Faktensurrogats.

Die Informationsquelle wird in Bezug auf das Faktendokument Attribut für Attribut durchgegangen. Berichtet sie über ein bisher noch nicht belegtes Attribut, so wird der Wert erstmals aufgenommen (und das entsprechende Feld recherchierbar gemacht). So ist es beispielsweise möglich, dass für eine bereits bekannte chemische Substanz in einer Veröffentlichung erstmalig über dessen Siedepunkt berichtet wird, so dass wir den publizierten Wert dem Attribut zuordnen können. Ist das Attribut bereits mit einem Wert belegt (sagen wir: *Forschungsleiter: Karl Mayer* bei einem Unternehmensdossier) und berichtet die aktuelle Quelle über einen neuen Wert (etwa, weil *Karl Mayer* das Unternehmen verlassen hat und nunmehr sein Nachfolger *Hans Schmidt* die Forschungsabteilung leitet), so muss der Wert korrigiert werden. Sowohl die Neuaufnahme von Attribut und Wert als auch die Fortschreibung der Werte sind zeitkritische Aktionen, die so schnell wie möglich zu erfolgen haben, da ansonsten die Richtigkeit des Surrogats infrage gestellt ist.

Jede der drei Gruppen von Faktendokumenten wird im Folgenden durch ein "Musterbeispiel" vorgestellt: für WTM-Fakten stehen paradigmatisch Substanzen der organischen Chemie (Beilstein), als Beispiel für Wirtschaftsobjekte stellen wir eine Firmendatenbank (Hoppenstedt) vor, für Museumsobjekte referieren wir die Bemühungen zur Beschreibung von Kunstwerken des J. Paul Getty Trust.

WTM-Fakten: Beilstein als Beispiel

In der organischen Chemie sind Kenntnisse über Strukturen chemischer Stoffe wesentlich. Im Berichtszeitraum seit dem Jahr 1771 bis heute haben sich in der Online-Datenbank "CrossFire Beilstein" (Heller, Hrsg., 1990) über 35 Mill. Datensätze angesammelt, die über Attribute und entsprechende Werte von über 10 Mill. organisch-chemischer Substanzen verfügen. Die Datenbank – früher erstellt vom Beilstein Institut zur Förderung der Chemischen Wissenschaften (Frankfurt/M.) (Jochum 1987; Jochum/Wittig/Welford 1986), heute im Besitz von Elsevier MDL – wird auf der Basis von (intellektueller) Informationsextraktion aus Artikeln führender Zeitschriften der organischen Chemie fortgeschrieben. Beilsteins Substanzdatenbank arbeitet mit rund 350 suchbaren Feldern (MDL 2002, 20), die jeweils für eine spezifische Relation stehen. Nicht in jedem Datensatz ist auch jedes Feld ausgefüllt, d.h. für einige Attribute liegen keine Werte vor.

Die Relationen sind in sieben Kapitel geordnet, die in der Folge hierarchisch nach unten aufgefächert werden:

- Basic Index (feldübergreifende Suche),
- Identifikationsdaten,
- bibliographische Daten,
- Konkordanzen zu anderen Datenbanken,
- chemische Daten,
- physikalische Daten,
- pharmakologische und ökologische Daten (MDL 2002, 27).

Liquids (LIQ)

    Boiling Point (BP)

    Liquid Phase (LIQPH)

    Transition Point(s) of Liquid Modification(s) (LPTP)

Gases (GAS)

    Critical Temperature (CRT)

    Critical Pressure (CRP)

    Critical Density (CRD)

    Critical Volume (CRV)

    Vapour Pressure (VP)

    Gas Phase (GP)

Abbildung 7.2: Beilstein-Datenbank. Felder der Attribute von Flüssigkeiten und Gasen. *Quelle:* MDL 2002, 106.

Wir wollen an einem Beispiel der Begriffsleiter nach unten folgen:

    physikalische Daten,

        Einzelkomponentensysteme,

            Aggregatszustand,

                Gase.

Abbildung 7.2 zeigt die sechs Relationen, die für Gase bedeutsam sind: *hat kritische Temperatur bei*, *hat kritischen Druck bei* usw.

2.6.1.2.3.3 *Critical Density (CRD)*

Description:

The Critical Density field contains the numerical value for the density of a substance measured at its critical temperature and pressure.

Type of Indexing:

Numerical

Unit:

The default unit in the CrossFire database for this fact is $g \cdot cm^{-3}$.

Abbildung 7.3: Beilstein-Datenbank. Attribut "kritische Dichte von Gasen". *Quelle:* MDL 2002, 119.

In Abbildung 7.3 sehen wir die Feldbeschreibung für die kritische Dichte von Gasen. Die Relation wird knapp beschrieben, zusätzlich findet man die Maßeinheit der Werte. Auf dieser untersten Ebene wird nach den Fakten recherchiert. Auf der darüber liegenden Hierarchieebene sind Recherchen der Art zugelassen, ob und in welchen Feldern überhaupt Werte vorliegen.

State of Aggregation - Gases				
Search Field Name	Default Unit	Search Code	Search Examples	Display Codes
Critical Density (1)	g/cm**3	/CRD	S 0.2-0.2022/CRD	CRD
Comment (2)	-	/CRD.COM	S HANDBOOK/CRD.COM	CRD
Critical Pressure (1)	Torr	/CRP	S CRP >760 MBAR	CRP
Comment (2)	-	/CRP.COM	S HANDBOOK/CRP.COM	CRP
Critical Temperature (1)	Cel	/CRT	S 500-600/CRT	CRT
Comment (2)	-	/CRT.COM	S HANDBOOK/CRT.COM	CRT
Critical Volume (1)	cm**3/mol	/CRV	S 210/CRV	CRV
Comment (2)	-	/CRV.COM	S HANDBOOK/CRV.COM	CRV
Gas Phase	-	/FA	S GP/FA	GP
Comment (2)	-	/GP.COM	S (SATURATED (P) LIQ?)/ GP.COM	GP
Description		/GP.KW	S FUGACITY/GP.KW	GP
Vapour Pressure (1)	Torr	/VP	S 4-5/VP	VP
Comment (2)	-	/VP.COM	S EQUATION/VP.COM	VP
Temperature (1)	cel	/VP.T	S VP>80 and VP.T<5	VP

(1) Numeric search field that may be searched using numeric operators or ranges.
(2) Contains German text.

Abbildung 7.4: Beilstein-Datenbank. Suche bei STN. *Quelle:* STN 2006, 18.

Nehmen wir an, wir suchen nach einer Substanz, die im gasförmigen Aggregatszustand eine kritische Dichte aufweist, die zwischen 0,2000 und 0,2022 g/cm^3 liegt. Das Attribut wird durch das Feldkürzel (hier: CRD; Abbildung 7.4), das Werteintervall durch die beiden mit "-" verbundenen Zahlen ausgedrückt. Außer nach Intervallen könnte man auch nach Gleichheit oder Ungleichheit (größer, kleiner) recherchieren. Die korrekte Anfrage beim Datenbankanbieter STN (Buntrock/Palma 1990; Stock/Stock 2003a, 2003b) lautet

S 0.2-0.2022/CRD,

wobei S der Suchbefehl ist.

Wie bei allen Metadaten kommt es auch bei den WTM-Fakten darauf an, bei Vorliegen mehrerer Quellen diese (möglichst) problemlos miteinander verbinden zu können. Zu chemischen Strukturen existieren mehrere Datenbanken; neben Beilstein u. a. Chemical Abstracts, Index Chemicus sowie Current Chemical Reactions. In einem firmeninternen Intranet ergeben sich für Endnutzer mitunter Probleme, die unterschiedlichen Datenbanken einzeln durchsuchen zu müssen, da man jeweils die Spezifika aller Quellen genau kennen und die Systeme bedienen können muss. Zirz, Sendelbach und Zielesny (1995) berichten über einen erfolgreichen Intranet-Einsatz in einem chemischen Großunternehmen von Beilstein gemeinsam mit anderen Chemie-Datenbanken im Rahmen eines "Integrierten Chemiesystems".

Faktographische Metadaten von Unternehmen: Hoppenstedt

Die Hoppenstedt Firmendatenbank enthält Profile zu rund 225.000 deutschen großen und mittelständischen Unternehmen. Besonderen Wert legt die Datenbank auf die Ansprechpartner der ersten und zweiten Führungsebene der Firmen; rund 750.000 Manager sind derart verzeichnet. Der Datenbankproduzent überprüft die Richtigkeit der Angaben anhand des Bundesanzeigers, der Geschäftsberichte, der Presse sowie – und dies ist mit Abstand die wichtigste Quelle – der Selbstauskünfte der Unternehmen.

LAP GmbH Laser Applikationen

Strasse :	Zeppelinstr. 23
Ort :	21337 Lüneburg
Telefon :	(04131) 95 11-95
Fax :	(04131) 95 11-96
E-Mail :	info@lap-laser.com
Internet :	http://www.LAP-LASER.com
Handelsregister :	Amtsgericht Lüneburg HRB 662

Branche

NACE-Code :	33402; 33101
US-SIC-Code :	3827; 3845

Allgemeine Informationen

Bank(en) :	Spark Lüneburg
Rechtsform :	GmbH
Gründung :	1984

Organe / Management / Anteilseigner

Geschäftsführer :	Guido Jung
Technische Leitung :	Hans-Peter Werner
Gesellschafter : :	Mitarbeiter, 100%

Abbildung 7.5: Hoppenstedt Firmendatenbank. Anzeige eines Dokuments (Ausschnitt). *Quelle:* Hoppenstedt.

Hoppenstedt verfügt über eine umfassende Datenbank mit komplettem Feldumfang und allen Einträgen, aus der jedoch – außer der Vollversion – diverse Produkte abgeleitet werden. In der Vollversion stehen rund 70 Attribute zur Verfügung (Stock 2002, 23). Die Relationen, die das Objekt "Unternehmen" beschreiben, sind in folgende thematische Bereiche eingeteilt:

- Firma (Anschrift u. ä.),
- Branche,
- Betriebszahlen (Beschäftigte, Umsatz usw.),
- Management (Top und Middle Management mit Funktion und Position),
- Kommunikation (Telefon, E-Mail und Homepage, aber auch SWIFT-Code),
- Bilanzdaten,

- Ausstattung (z.B. Fuhrpark oder EDV-Systeme),
- Geschäftstätigkeit (Art der Geschäfte sowie Import und Export),
- Niederlassungen,
- Beteiligungen,
- sonstiges (u. a. Handelsregister, Rechtsform, Mitgliedschaften in Verbänden).

Mit den insgesamt ca. 70 Feldern ist die Auswertung der Unternehmen – im Vergleich zu anderen Firmendatenbanken – äußerst detailliert. Allerdings sind nicht alle Felder stets mit Werten belegt. In einer empirischen Untersuchung von Firmendatenbanken ergibt sich, dass nur bei rund 50.000 (von 225.000) Datensätzen die Mehrzahl der Attribute mit einem Wert versehen ist (Stock/Stock 2001, 230).

	A	B	C
57	Kurzbilanz		
58	Konzernabschluss	31.12.2004	31.12.2005
59		EUR	EUR
60	AKTIVA		
61	Anlagevermögen	825.525.124	763.126.438
62	Sachanl./immat. Vermögensggst.	825.418.123	761.640.994
63	Finanzanlagen	106.999	1.485.442
64	Umlaufvermögen	102.749.522	64.640.045
65	Vorräte	7.041.989	8.736.384
66	Ford./sonst.Vermögensggst.	44.460.496	37.876.463
67	Flüssige Mittel	51.247.037	18.027.198
68	Sonstige Aktiva	16.114.751	15.182.783
69	PASSIVA		
70	Eigenkapital	76.551.160	40.973.186
71	Kapital	25.000	25.000
72	Rücklagen	96.549.420	51.141.815
73	Restliches Eigenkapital	-20.023.258	-10.193.628
74	Fremdkapital	867.838.237	801.976.081
75	Rückstellungen	41.287.845	17.920.132
76	Verbindlichkeiten	826.550.392	784.055.949
77	Bilanzsumme	944.389.399	842.949.268
78	G + V		
79	Nettoumsatz (oder Rohergebnis)	74.675.356	598.923.702
80	Bestandsveränderungen	-15.000	-53.800
81	Betriebsaufwendungen gesamt	85.503.889	513.957.413
82	davon Materialkosten	44.082.655	361.755.215
83	davon Personalkosten	4.034.730	31.728.860
84	davon GJ-Abschreibungen	11.141.815	66.840.558
85	Betriebserträge gesamt	736.844	2.766.024
86	Finanzergebnis	-9.315.462	-68.270.402
87	Steuern / Steuererstattungen	-588.987	-12.268.824
88	Jahresergebnis	-20.011.140	7.139.282

Abbildung 7.6: Hoppenstedt Firmendatenbank. Weiterverarbeitung eines Dokuments in Office-Umgebungen. *Quelle:* GENIOS 2007.

Anhand der Hoppenstedt-Datenbank wollen wir zwei wichtige Aspekte faktographischer Metadaten ansprechen. Gewisse faktographische Relationen erwarten als Werte Einträge aus einer **Wissensordnung**. Bei Firmenobjekten arbeiten wir beispielsweise mit der Relation "gehört der Branche … an" (Abbildung 7.5). Bei der Angabe der Branche setzt Hoppenstedt zwei etablierte Wissensordnungen für Branchen ein: NACE sowie US-SIC (siehe Kapitel 12). Die Einträge in diesen

Feldern entstammen als kontrolliertes Vokabular grundsätzlich den beiden genannten Branchenklassifikationen.

Der zweite Aspekt zielt auf die **Weiterverarbeitungsmöglichkeiten** ab, die ein Nutzer bei faktographischen Metadaten erwartet. Hoppenstedt lässt zu, die Daten im CSV-Format zu exportieren. CSV (Comma Separated Version) gestattet einen Datentransfer zwischen unterschiedlichen Umgebungen, beispielsweise zwischen einer Online-Datenbank und lokalen Office-Umgebungen. (Alternativ könnte ein Datenaustausch via XML vonstatten gehen.) Abbildung 7.6 ist das Ergebnis eines Exportes aus Hoppenstedt in eine Tabellenkalkulationssoftware am Beispiel ausgewählter Bilanzkennzahlen. Nunmehr ist der Nutzer in der Lage, lokal Berechnungen vorzunehmen. Eine weitere sinnvolle Anwendung von Firmeninformationen ist das Auswerten der Angaben von Adressen und zu Managern. Über die Verwendung der Serienbrieffunktion von Textverarbeitungssoftware ist es (nahezu) automatisch möglich, zielgenaue Mailingaktionen zu starten.

WTM-Fakten haben über einen längeren Zeitraum Bestand; sie ändern sich nur, wenn neue Entdeckungen die alten Werte obsolet werden lassen. Bei Wirtschaftsfakten ist dies anders, die Werte sind potentiell in andauernder Bewegung. Dies betrifft nicht nur die Betriebszahlen, die in aller Regel jährlich fortgeschrieben werden, sondern in weitaus größerem Maße fast alle anderen Attribute wie beispielsweise Anschriften, Telefonnummern und Angaben zu den Managern. Die Richtigkeit und die Aktualität der Werte müssen ständig sichergestellt werden. Was nützt eine Marketingaktion, wenn die angeschriebenen Ansprechpartner bereits die Firma verlassen haben oder wenn eine veraltete Postanschrift verwendet wird?

Metadaten für Kunstwerke: CDWA

Die "Categories for the Description of Works of Art" (CDWA) umfasst eine Liste von 507 Feldern und Subfeldern zur Beschreibung von Kunstwerken, Architektur sowie weiterer Kulturgüter (Baca/Harping 2006, 1). Entwickelt werden die CDWA in Kooperation mit anderen Institutionen bei der "J. Paul Getty Trust & College Art Association" (früher "The Getty Information Institute"; Fink 1999) in Los Angeles.

Grundgedanke des Aufbaus solcher Metadaten ist das Bereitstellen eines Feldschema-Gerüstes quasi als Standard für alle, die an der Auswertung von Kunstwerken Interesse haben. Im Gegensatz zu Beilstein und Hoppenstedt steht keine Anwendung in genau einer Datenbank im Vordergrund, sondern jeder Kunsthistoriker, jedes Museum, jede Galerie usw. ist aufgerufen, den Standard (übrigens kostenlos) einzusetzen oder bei Bedarf den eigenen Bedürfnissen anzupassen. Eleanor E. Fink (1999) berichtet:

(The goal of the *Categories for the Description of Works of Art* (CDWA)) was to define the categories of information about works of art that scholars use and would want to access electronically. ... The outcome ... provides a standard for documenting art objects and reproductions that serves as a structure for distributing and exchanging information via such channels as the internet.

Bei CDWA steht der Term "category" für die Relationen und damit für die einzelnen Felder, die die faktographischen Werte aufnehmen. Das erarbeitete Metadaten-Schema soll dabei helfen, Museumsinformationen öffentlich zugänglich zu machen (Coburn/Baca 2004).

Materials and Techniques - Watermarks - Identification

DEFINITION

An identification of the watermark type or name.

EXAMPLES

foolscap
Briquet 6088

DISCUSSION and GUIDELINES

Optional: Record a term or reference to a watermark authority. Use lower case, but capitalize proper names.

If a watermark authority is cited, list the citation for the authority in the CITATIONS subcategory.

TERMINOLOGY/FORMAT

Controlled list: Control this subcategory with a controlled list of standard watermark descriptions based on published catalogs and watermark dictionaries.

If retrieval on watermarks is important, it is recommended to maintain a full-blown authority of watermarks rather than a controlled list. In an authority, the IDENTIFICATION and DATE subcategories described here in the CDWA could be combined with fields for geographic distribution, paper producer, measurements, and an image (beta-radiograph, photograph or negative, or tracing) of the watermark. See the data dictionary described by the *Watermark Archives Initiative*, cited below.

Abbildung 7.7: Beschreibung der Feldwerte bei der Identifikation von Wasserzeichen gemäß CDWA. *Quelle:* CDWA (Online-Version).

Die Relationen sind hierarchisch strukturiert, wobei auf mehreren Ebenen Werte eingetragen werden. Betrachten wir die Faktenhierarchie zu Materialien und Techniken (Baca/Harpring, Hrsg., 2006, 14)!

Materials and techniques
　　Materials and techniques – description
　　Materials and techniques – watermarks
　　　　Materials and techniques – watermarks – identification
　　　　Materials and techniques – watermarks – date

Materials and techniques – watermarks – date
– earliest date
Materials and techniques – watermarks – date
– latest date.

Die Relationen der ersten Ebene tragen als Werte wiederum Relationen. Die Relationen zu "Materials and techniques" sind u. a. "Beschreibung der Technik" "Name der Technik", "Rolle des Materials", "Materialname", "Wasserzeichen". Ab der zweiten Hierarchieebene können Werte eingetragen werden. Beim Wasserzeichen kann beispielsweise als Wert *Lilienblüte über zwei Bändern* aufscheinen, bei der Identifikation – als normierter Eintrag – *Lilienblüte* und beim Datum *1740 – 1752*, beim frühesten Datum *1740* und entsprechend beim spätesten Datum *1752*. Die Zeiten geben an, in welchen Jahren das beschriebene Wasserzeichen in Gebrauch war. Abbildung 7.7 zeigt die Hinweise zum Eintragen in das Feld "Materials and techniques – watermarks – identification".

CDWA erlauben zwar bei vielen Feldern Freitexteingaben, wenn aber eine Standardisierung möglich ist, sind entweder Zahlenwerte in Normform (u. a. Jahresangaben) oder die Nutzung kontrollierter Vokabularien (Wissensordnungen) vorgesehen.

Fazit

- Bei nicht-digitalisierbaren Faktendokumenten (WTM-Gegenständen, Wirtschaftsobjekten und Kunstwerken) tritt in Datenbanken grundsätzlich das Surrogat an die Stelle des Dokuments.

- Ein "allgemeines" Schema faktographischer Relationen existiert nicht; vielmehr muss für jede Faktenart ein jeweils spezifisches Feldschema ausgearbeitet werden. Standardisiert werden sowohl die Attribute (Felder) als auch die Werte (Feldeinträge). Dies wird in einem – in aller Regel sehr ausführlichen und detaillierten – Regelwerk für Indexer und Nutzer festgeschrieben.

- Bewegt sich ein Attribut in einer Wissensdomäne, so werden als Werte kontrollierte Begriffe einer Wissensordnung angegeben.

- Wenn möglich, sind Weiterverarbeitungsoptionen an Feldwerten vorzusehen. Intra-Surrogat-Bearbeitungen erlauben Berechnungen innerhalb eines Faktensurrogats (z.B. die Umrechnung von Grad Celsius in Grad Kelvin), Inter-Surrogat-Bearbeitungen gestatten Bearbeitungen über Surrogat-Grenzen hinweg (etwa Vergleiche der Bilanzen mehrerer Unternehmen).

- Fakteninformationen erfüllen nur dann ihren Sinn, wenn sie auch korrekt sind. Die gespeicherten Faktenwerte sind demnach fortlaufend auf ihre Richtigkeit zu überprüfen.

- Bei umfangreichen Feldschemata ist es nützlich, die Relationen hierarchisch zu ordnen. Es ist dabei möglich, nur auf der untersten Ebene konkrete Feldeinträge vorzunehmen (wie bei Beilstein), aber auch, auf allen anderen gewisse Werte zuzulassen (wie bei CDWA).

- Existiert in einer Wissensdomäne nur ein einziger Standard (wie dies bei den CDWA – zumindest in der Theorie – gegeben ist) und halten sich auch alle Datenbankproduzenten daran, so ist ein reibungsloser Datenaustausch möglich. Gibt es mehrere Standards nebeneinander (wie in der Wirtschaftsdokumentation), so müssen diese bei Anwendungen für Endnutzer zu einem einzigen (firmenintern nutzbaren) Feldschema verbunden werden.

Literatur

Baca, M.; Harpring, P., Hrsg. (2006): Categories for the Description of Works of Art (CDWA). List of Categories and Definitions. – Los Angeles: J. Paul Getty Trust & College Art Association, Inc.

Buckland, M.K. (1991): Information retrieval of more than text. – In: Journal of the American Society for Information Science 42, S. 586-588.

Buckland, M.K. (1997): What is a "document"? – In: Journal of the American Society for Information Science 48, S. 804-809.

Buntrock, R.E.; Palma, M.A. (1990): Searching the Beilstein database online: A comparison of systems. – In: Database 13(6), S. 19-34.

Coburn, E.; Baca, M. (2004): Beyond the gallery walls: Tools and methods for leading end-users to collections information. – In: Bulletin of the American Society for Information Science and Technology 30(5), S. 14-19.

Fink, E.E. (1999): The Getty Information Institute. – In: D-Lib Magazine 5(3).

Gaus, W. (2004): Information und Dokumentation in der Medizin. – In: Kuhlen, R.; Seeger, T.; Strauch, D. (Hrsg.): Grundlagen der praktischen Information und Dokumentation. – 5. Aufl. – München: Saur, S. 609-619.

GENIOS (2007): Datenbankbeschreibung Hoppenstedt Firmendatenbank – HOPE. – München: GENIOS.

Heller, S.R., Hrsg. (1990): The Beilstein Online Database: Implementation, Content, and Retrieval. – Washington, DC: American Chemical Society. – (ACS Symposium Series; 436).

Heller, S.R., Hrsg. (1998): The Beilstein System. Strategies for Effective Searching. – Washington, DC: American Chemical Society.

Jochum, C. (1987): Building structure-oriented numerical factual databases: The Beilstein example. – In: World Patent Information 9(3), S. 147-151.

Jochum, C.; Wittig, G.; Welford, S. (1986): Search possibilities depend on the data structure: The Beilstein facts. – In: 10th International Online Information Meeting. Proceedings. – Oxford: Learned Information, S. 43-52.

MDL (2002): CrossFire[TM] Beilstein Data Fields Reference Guide. – Frankfurt: MDL Information Systems.

Stock, M. (2002): Hoppenstedt Firmendatenbank. Firmenauskünfte und Marketing via WWW oder CD-ROM. Die Qual der Wahl. – In: Password, Nr. 2, S. 20-31.

Stock, M.; Stock, W.G. (2001): Qualität professioneller Firmeninformationen im World Wide Web. – In: Bredemeier, W.; Stock, M.; Stock, W.G.: Die Branche Elektronischer Geschäftsinformation in Deutschland 2000/2001. – Hattingen; Kerpen; Köln, S. 97-401. – (Kap. 2.6: Hoppenstedt Firmendatenbank, S. 223-243).

Stock, M.; Stock, W.G. (2003a): FIZ Karlsruhe: STN Easy: WTM-Informationen "light". – In: Password, Nr. 11, S. 22-29.

Stock, M.; Stock, W.G. (2003b): FIZ Karlsruhe: STN on the Web und der Einsatz einer Befehlssprache. Quo vadis, STN und FIZ Karlsruhe? – In: Password, Nr. 12, S. 14-21.

Stock, W.G. (2000): Informationswirtschaft. Management externen Wissens. – München, Wien: Oldenbourg.

STN (2006): Beilstein. STN Database Summary Sheet. – Columbus, Karlsruhe, Tokyo: STN International.

Zirz, C.; Sendelbach, J.; Zielesny, A. (1995): Nutzung der Beilstein-Informationen bei Bayer. – In: 17. Online-Tagung der DGD. Proceedings. – Frankfurt: DGD, S. 247-257.

Kapitel 8

Nicht-thematische Informationsfilter

Stil

In der Kommunikationswissenschaft gibt es eine klassische Formulierung – die Lasswell-Formel –, die die Gesamtheit eines Kommunikationsvorgangs knapp beschreibt. Harold D. Lasswell (1948, 37) führt folgende griffige Formulierung ein:

> Who
> Says What
> In Which Channel
> To Whom
> With What Effect?

Es gibt demnach mehr als den bloßen Content (*What*). Auch die übrigen Aspekte dürfen in der Wissensrepräsentation nicht vernachlässigt werden. Nach Lasswell (1948, 37) führen die fünf Fragen zu fünf Disziplinen, die allerdings durchaus zusammenarbeiten können.

> Scholars who study the "who", the communicator, look into the factors that initiate and guide the act of communication. We call this subdivision of the field of research *control analysis*. Specialists who focus upon the "says what" engage in *content analysis*. Those who look primarily at the radio, press, film and other channels of communication are doing *media analysis*. When the principal concern is with the persons reached by the media, we speak of *audience analysis*. If the question is the impact upon audience, the problem is *effect analysis*.

Thematische Informationsfilter orientieren sich grundsätzlich an der Aboutness eines Dokuments, was Lasswells *What* entspricht. Es gibt allerdings weitere Aspekte, die nicht formaler Natur sind, die aber trotzdem wesentliche Relationen eines Dokuments darstellen (s. o. Kapitel 6, S. 124). Sie beantworten Fragen wie diese:

- Auf *welchem Niveau* ist das Dokument geschrieben?
- *Wer* hat das Dokument kreiert (Nationalität, Berufsgruppe usw.)?
- *Welchem Genre* ist das Dokument zuzuordnen?
- In *welchem Medium* (Ansehen, Auflage usw.) wird das Dokument verteilt?
- Für *wen* wurde das Dokument geschaffen?
- *Welchen Zweck* verfolgt das Dokument?
- *Wie lange* ist das Dokument relevant?

Wie Argamon et al. (2007, 802) zutreffend schreiben, kann man der vollen Bedeutung eines Dokuments nur dann gerecht werden, wenn man alle formalen wie inhaltlichen Gesichtspunkte beachtet:

> We view the full meaning of a text as much more than just the topic it describes or represents.

Bei textuellen Dokumenten kontrastieren Argamon et al. (2007, 802) das *Was* (die Aboutness) mit dem *Wie* des Textes. Dieses *Wie* bezeichnen sie als "Stil" des Dokuments:

> Most text analysis and retrieval work to date has focused on the topic of a text; that is, *what* it is about. However, a text also contains much useful information in its style, or *how* it is written. This includes information about its author, its purpose, feelings it is meant to evoke, and more.

Der Stil hat mehrere Facetten: Einmal geht es um stilistische Relationen in Bezug auf das im Dokument enthaltene Wissen, also um die Art der Themenbehandlung. Ein zweiter Aspekt ist die Zielgruppe. Letztlich kann man ein Dokument auch unter dem Aspekt der Zeit betrachten: Wann wurde es kreiert, und wie lange enthält es handlungsrelevantes Wissen? Die Relationen des Stils – jenseits der rein formalen und rein inhaltlichen Felder – eignen sich ebenfalls zur Repräsentation von Dokumenten und als Informationsfilter für das Retrieval. Kevin Crowston und Barbara H. Kwasnik (2004, 2) sind vom Nutzen solch nicht-thematischer Informationsfilter überzeugt:

> We hypothesize that enhancing document representation by incorporating non-topical characteristics of the document that signal their purpose – specifically, their genre – would enrich document (and query) representation. By incorporating genre we believe we can ameliorate several of the information-access problems … and thereby improve all stages of the IR process: the articulation of a query, the matching or intermediation process, and the filtering and ranking of results to present documents that better represent not only the topic but also the intended purpose.

Crowston und Kwasnik (2004) erläutern die Vorteile nicht-thematischer Informationsfilter an einem Beispiel. Ein Universitätsprofessor möge zum Zwecke der Vorlesungsvorbereitung nach Dokumenten zu einem bestimmten Thema suchen. "Gute" Treffer wären hier Kursunterlagen oder Foliensätze von Kollegen. Recherchiert der Professor zum selben Thema aber zur Nutzung der Ergebnisse bei einem Forschungsprojekt, so sind jetzt die "guten" Dokumente wissenschaftliche Artikel, Beiträge in Proceedings oder Patente. Die thematische Suchanfrage ist in beiden Fällen identisch. Nur über Aspekte des Stils lassen sich die beiden Informationsbedarfe zufriedenstellend trennen.

Art der Themenbehandlung: Autor – Medium – Perspektive – Genre

Unter der "Art der Themenbehandlung" wollen wir alle Aspekte zusammenfassen, die über das *Wie* eines Dokuments in Bezug auf den Informationsinhalt berichten. Hierunter fallen folgende Relationen:

- Charakteristika des Autors,

- Charakteristika des Mediums,

- Perspektive des Dokuments,

- Genre.

Autor-spezifische Relationen geben – in aller Kürze – Auskunft über einige zentrale Eigenschaften des Urhebers eines Dokuments, darunter die Lebensdaten, die Nationalität und, soweit vorhanden, eine Biographie. Die Personennamendatei der Deutschen Bibliothek versorgt uns mit einem Beispiel (IR, 258):

> Tucholsky, Kurt
> 1890 – 1935
> Dt. Schriftsteller, Dichter und Journalist (Literatur- und Theaterkritiker). Emigration 1924 nach Frankreich, 1929 nach Schweden.

Relationen, die das **Medium** betreffen, sind dessen Verbreitung (verteilte und gelesene Auflage), die räumliche Streuung des Mediums, Angaben zu Herausgebern und Verlag; bei akademischen Zeitschriften dürfte zusätzlich ein Kennwert des wissenschaftlichen Einflusses (z.B. der Impact Factor; siehe Kap. 18) sinnvoll sein. Sofern Angaben darüber zu eruieren sind, haben insbesondere bei wissenschaftlichen Zeitschriften die Art der Artikelauswahl (etwa nur nach erfolgtem Peer Review) und die Ablehnungsquote der eingereichten Beiträge eine große Bedeutung (Schlögl/Petschnig 2005). Ein Medium, das beispielsweise mit verdecktem Peer Review (also mit anonymisierter Begutachtung) arbeitet, eine Ablehnungsquote von über 90% aufweist und zudem eine Auflage von mehr als 10.000 Exemplaren verteilt, ist in seiner Bedeutung ganz anders zu bewerten als ein Medium mit Artikelauswahl durch Organe der Zeitschrift selbst (ohne Gutachten), einer Ablehnungsquote von unter 10% und einer Auflage von 500.

Die **Perspektive** eines Dokuments gibt an, aus welcher Warte es verfasst worden ist. Je nach der Wissensdomäne sind unterschiedliche Perspektiven möglich. Eine chemische Literaturdatenbank kann beispielsweise disziplinspezifisch differenzieren (*aus Perspektive der Medizin, der Physik* usw. *geschrieben*). Der Online-Dienst "Technik und Management" (TEMA) von FIZ Technik (Stock/Stock 2004), der als eine der wenigen Datenbanken solch eine Relation überhaupt verwendet, arbeitet mit folgenden Werten:

> A   Anwendungsspezifische Abhandlung,
> E   Experimentelle Abhandlung,

G   Grundlegende Abhandlung,
H   Historische Abhandlung,
M   Managementaspekte,
N   Produktnachweis,
T   Theoretische Abhandlung,
U   Überblick,
W   Wirtschaftliche Abhandlung,
Z   Zukunftstrend.

Ein Nutzer, beispielsweise ein Ingenieur, möge nach anwendungsspezifischen Artikeln zur Etikettiertechnik recherchieren. Er formuliert die Query so:

Etikettiertechnik AND Perspektive:A,

während der Kollege vom Einkauf sich auf entsprechende Produkte konzentrieren möchte:

Etikettiertechnik AND Perspektive:N.

In der informationswissenschaftlichen Literatur wird stark die Verwendung von Angaben zum **Genre** als Informationsfilter diskutiert. Diese Relation ist mit dem formalbibliographischen Feld des Dokumenttyps verwandt, aber weitaus differenzierter gestaltet und stets auch auf den Informationsinhalt, dessen Form und dessen Zweck gerichtet. Orlikowski und Yates (1994, 543) beschreiben "Genre" als

> a distinctive type of communicative action, characterized by a socially recognized communicative purpose and common aspects of form.

Wie bei der Perspektive sind die Werte für das Attribut des Genres domainspezifisch. Es gibt Genre und Subgenre für jede Art formal publizierter und nicht publizierter Texte, für Wissenschaften (z.B. *Vortrag* oder *Review Article*) genauso wie für die Unternehmenspraxis (u. a. *White Papers*, *Best Practices*, *Problemberichte*), für Praxisbereiche des Alltags (*Kochbuch*, *Ratgeber bei Eheproblemen*) wie für private Texte (*Tagebucheintragung*, *Liebesbrief*). Auch die Dokumente im World Wide Web gehören unterschiedlichen Genres an (z.B. *persönliche Website*, *Pressemeldung eines Unternehmens*, *Blog Posting*). Natürlich liegen auch bei Bildern, Filmen, Musikstücken, Werken der bildenden Kunst usw. Genres vor.

Analog zur Perspektive enthalten jedoch derzeit die wenigsten Datenbanken ein entsprechendes Feld. Insbesondere bei großen Datenbanken sind solche Angaben aber zwingend erforderlich, um die Precision der Suchergebnisse zu erhöhen (Crowston/ Kwasnik 2003). Beghtol (2001, 17) weist auf die Bedeutung von Genre und Subgenre für alle Dokumenttypen hin:

> The concept of genre has … been extended beyond language-based texts, so that we customarily speak of genres in relation to art, music, dance, and other non-verbal methods of human communication. For example, in art we are familiar with the genres of painting, drawing, sculpture and engraving. In addition, sub-genres have developed. For painting, sub-genres might include landscape, portrai-

ture, still life and non-representational works. Some of the recognized sub-genres of fiction include novels, short stories and novellas. Presumably, any number of sub-levels can exist for any one genre, and new sub-genres may be invented at any time.

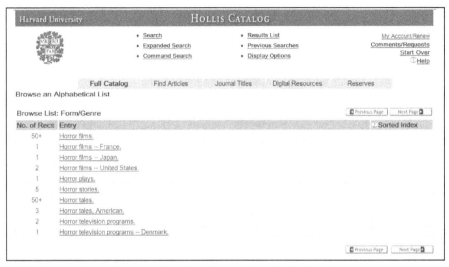

Abbildung 8.1: Schlagwortliste für Genres des Hollis Katalogs.
Quelle: Hollis Catalog of the Harvard University Libraries.

Als ein Musterbeispiel für eine Datenbank mit einem Feld für Genres stellen wir den Online-Katalog der Bibliotheken der Harvard University vor (Beall 1999). Der Nutzer wählt beim HOLLIS-Katalog aus einer vorgegebenen Liste von Schlagworten den gewünschten Wert für das Genre aus (Abbildung 8.1). Unsere Wahl fällt auf *Horror television programs – Denmark*. Das Surrogat ist in Abbildung 8.2 angegeben. Das beschriebene Dokument ist die DVD einer Miniserie von Lars von Trier, die im Jahr 1994 im dänischen Fernsehen lief.

Jeffrey Beall (1999, 65) berichtet über positive Erfahrungen bei der Repräsentation von Genre-Informationen in einem Bibliothekskatalog:

> The addition of this data in bibliographic records allows library users to more easily access some materials described in the catalog, since they can execute searches that simultaneously search form/genre terms and other traditional access points (such as author, title, subject). Such searches allow for narrow and precise retrievals that match specific information requests.

Werte der Perspektive und des Genres erfordern den Einsatz kontrollierten Vokabulars in einer eigens dafür zu erstellenden Begriffsordnung. Spezielle Wissensordnungen für Genres kann man beispielsweise für das Web (Kwasnik/Crowston/ Nilan/Roussinov 2001; Toms 2001), für Musik (Abrahamsen 2003) oder für firmeninterne Dokumente (Freund/Clark/Toms 2006) erstellen. Als Methoden eignen sich alle Arten von Begriffsordnungen, also Nomenklaturen (wie beim Hollis Katalog), Thesauri oder Klassifikationssysteme (Crowston/Kwasnik 2004).

Title :	Riget [videorecording] / Zentropa Entertainment 1 ; written by Niels Vørsel & Lars Von Trier ; producer, Ole Reim ... [et al.] ; screenplay by Tómas Gislason & Lars Von Trier ; directed by Lars Von Trier.
Published :	Port Washington, NY : Koch Lorber Films, [2005]
Locations/Orders :	Availability
Location :	Lamont Morse Music & Media DVD PN1995.9.S8 R56 1997x Holdings Availability
Music Pub. No. :	KLF-DV-3044 Koch Lorber Films
Description :	2 videodiscs (272 min.) : sd., col., ; 4 3/4 in.
Participants :	Ernst-Hugo Järegård, Kirsten Rolffes, Holger Juul Hansen, Ghita Nørby, Udo Kier.
Credits :	Cinematography, Eric Kress ; music, Joachim Holbeck.
Summary :	At The Kingdom, **Denmark**'s most technologically advanced hospital, a number of strange and otherworldly events begin to occur, much to the dismay of its doctors and patients. At the urging of a spiritualist patient, the employees attempt to help the supernatural forces rest.
Technical Info :	DVD; Dolby digital.
Language note :	In Danish with English subtitles.
Notes :	Videodisc release of the **television** mini-series Riget originally broadcast in 1994. Bonus features: Behind the scenes footage; Selected commentary by Lars Von Trier; Misc. TV spots directed by Lars Von Trier; Trailer.
ISBN :	1417200235 9781417200238
Subject :	Hospitals -- **Denmark** -- Drama. Supernatural -- Drama.
Form/Genre :	**Horror television programs -- Denmark.** **Television programs.** **Television programs -- Denmark.** Foreign language **television programs** -- Danish. DVD Video-discs.
Authors :	Trier, Lars von, 1956-

Abbildung 8.2: Datensatz des Hollis Katalogs.
Quelle: Hollis Catalog of the Harvard University Libraries.

Zielgruppe

Unter "Zielgruppe" verstehen wir den Adressatenkreis eines Dokuments, also alle diejenigen, für die das Werk geschaffen worden ist. Wir wollen zwei Methoden unterscheiden, die jeweils gestatten, Zielgruppeninformationen bei der Wissensrepräsentation zu beachten. Die erste Methode arbeitet mit einer speziellen Relation für Zielgruppen, die als Suchfeld in der Datenbank verzeichnet wird. Die zweite Methode steuert über Passwörter, welche Dokumente von welcher Zielgruppe überhaupt gelesen werden dürfen.

Öffentliche Bibliotheken stellen ihre Bestände manchmal nach sog. **Interessenkreisen** auf, darunter nach Zielgruppen, wenn eine gewisse Homogenität der Gruppe erwartet werden kann (z.B. *für Eltern*, *für Kinder im Vorschulalter*). Werden die Interessenkreise durch eine verbindliche Begriffsordnung repräsentiert, so spricht man von einer "Reader Interest Classification" (Sapiie 1995; Umlauf 1989).

Wir übertragen diese Konzeption auf Dokumente aller Art. Immer, wenn homogene Zielgruppen für ein Dokument vorhanden sind, wird dies jeweils als Wert in einem gesonderten Feld ausgewiesen. So könnten beispielsweise Bücher über Darstellungen der Mathematik nach Zielgruppen differenziert werden:

> Laien,
> Schüler (Primarstufe),
> Schüler (Sekundarstufe I),
> Schüler (Sekundarstufe II),
> Studierende (Einstiegsphase),
> Studierende (Aufbauphase) usw.

Mehrfachzuordnungen sind dabei durchaus möglich (etwa sowohl *für Laien* als auch *für Schüler der Sekundarstufe I*). Zielgruppen können nach Berufsgruppen (*Wissenschaftler*, *Juristen*), kulturellen, politischen oder sozialen Zugehörigkeiten (*Türken in Deutschland*, *CSU-Mitglieder*, *evangelische Christen*), Altersgruppen, fachlichen Interessen (etwa für dieses Buch *Informationswissenschaft*, *Informatik*, *Wirtschaftsinformatik*, *Wirtschaftswissenschaften*, *Informationswirtschaft*, *Information und Dokumentation*, *Bibliothekswesen*, *Computerlinguistik*) und weiteren Aspekten kreiert werden. Für die Werte der Zielgruppen ist eine verbindliche Begriffsordnung zu schaffen.

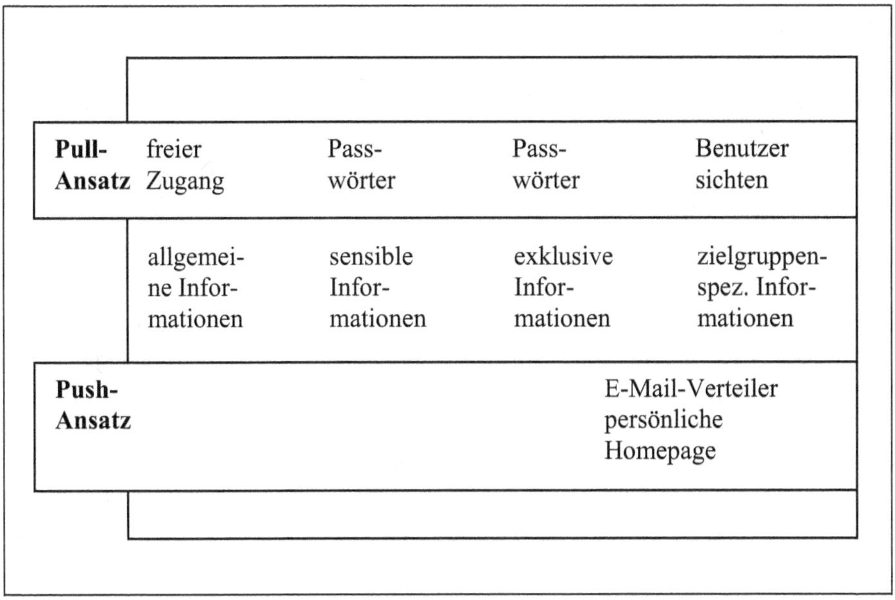

Pull-Ansatz	freier Zugang	Pass-wörter	Pass-wörter	Benutzer sichten
	allgemeine Informationen	sensible Informationen	exklusive Informationen	zielgruppenspez. Informationen
Push-Ansatz			E-Mail-Verteiler persönliche Homepage	

Abbildung 8.3: Zielgruppenspezifischer Zugang zu unterschiedlichen Informationen.

In der zweiten Variante der Ansprache konkreter Zielgruppen steuern wir den Zugang zu unterschiedlichen Dokumenten durch **Passworte** sowie durch (wiederum passwortgeschützte) persönliche Webseiten. Im Pull-Ansatz "zieht" der Nutzer aktiv Informationen, während er im Push-Ansatz vom Informationssystem (aus seiner Sicht: passiv) versorgt wird (IR 58-60; siehe Abbildung 8.3). Beim Pull-Modell steuern wir den Zugang zu Informationen, beispielsweise denen eines Unternehmens, durch Passwörter (Schütte 1997). Die Klasse der allgemeinen Informationen (Homepage, Geschäftsberichte u. ä .) ist allen zugänglich; sensible Informationen gelangen nur – passwortgeschützt – an diejenigen Kunden und Zulieferer, denen man ein gewisses Vertrauen entgegenbringt. Exklusive Informationen (Geschäftsgeheimnisse) stehen ebenfalls passwortgeschützt nur einer kleinen Zielgruppe (etwa dem Vorstand) zur Verfügung. Die zielgruppenspezifischen Informationen beziehen sich auf das Informationsbedürfnis von Einzelpersonen, Personengruppen (z.B. Betriebsrat) oder betrieblichen Einheiten (etwa Abteilungen). Der Informationsbedarf ist von der Informationsart (beispielsweise wissenschaftliche Literatur für Forscher oder eine Liste mit betrieblichen Kennzahlen für das Controlling) als auch von der Form der Informationsaufbereitung (auch lange Texte für den Forscher; am liebsten *eine* aussagekräftige Graphik für den Controller) abhängig. Beim Pull-Ansatz muss der Informationssuchende seinen Informationsbedarf erkennen und daraufhin selbst recherchieren. Über sein persönliches Passwort wird sichergestellt, dass er im Informationssystem die für ihn passenden Informationen – und möglichst nur diese – findet.

Der Push-Ansatz eignet sich besonders für die systemseitige Verteilung zielgruppenspezifischer Informationen (Harmsen 1998). Dies können allgemein Neuigkeiten sein, die eine bestimmte Nutzergruppe interessieren könnte, dies sind aber auch alle Arten von Frühwarninformationen, die schnellstmöglich zum Entscheidungsträger gelangen müssen. Silke Schütte (1997, 111) berichtet,

> Push-Technologien erlauben es, daß Anwender passiv Nachrichten als E-Mails erhalten, statt diese im Web oder Intranet aktiv zu suchen.

Anstelle eines E-Mail-Verteilers gibt es zusätzlich die elegante Möglichkeit, die personen- bzw. zielgruppenspezifischen Informationen auf die persönliche Homepage des Mitarbeiters zu übertragen (IR, 155-156). In Abbildung 8.4 sehen wir eine solche Seite am Beispiel des Informationsdienstes Factiva (Stock/Stock 2003), der Nachrichten und Wirtschaftsfakten bereithält. Der Nutzer kann Profile und Suchanfragen hinterlegen, sich stets aktuell bestimmte Fakten (wie z.B. Börsenkurse) anzeigen lassen oder in Lieblingsquellen (Süddeutsche Zeitung usw.) digital blättern.

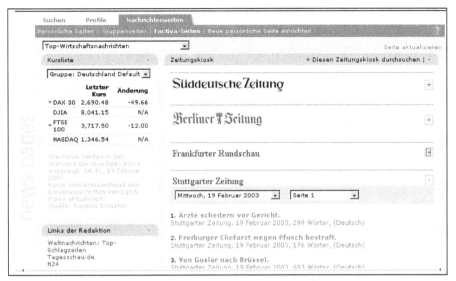

Abbildung 8.4.: Zielgruppenspezifische Nachrichtenseite am Beispiel von Factiva. *Quelle:* Stock/Stock 2003, 26.

Zeit

Dokumente haben einen Zeitbezug. Sie sind zu einem bestimmten Zeitpunkt kreiert worden und haben – zumindest manchmal – eine beschränkte zeitliche Gültigkeit. Das Datum der **Erstellung** kann unter gewissen Umständen eine sehr wichtige Rolle spielen. Wir wollen dies am Beispiel von Patenten darstellen. Patente, sofern sie erteilt werden, haben eine Laufzeit von 20 Jahren, gerechnet vom Datum der Einreichung. Während im deutschen Patentrecht das Prinzip "First to File" gilt (neuheitsrelevant ist ausschließlich das Datum der Anmeldung), arbeitet man in den Vereinigten Staaten mit "First to invent": Es gilt der Zeitpunkt der Erfindung. Und dieser muss demnach sorgfältig dokumentiert werden, denn nur so kann die Neuheit zum betreffenden Datum bewiesen werden; die betreffenden Dokumente sind mit einem Zeitstempel zu versehen. Darüber hinaus kennt das US-Patentrecht die Neuheitsschonfrist (35 U.S.C. 154(d)). Erst innerhalb von zwölf Monaten nach dem Erfindungszeitraum muss die Innovation formal beim Patentamt angemeldet werden.

Nach Ablauf der gesetzlichen Schutzfrist von 20 Jahren (oder auch z.B. bei Nichtbezahlung der Gebühren) ist die im Patent beschriebene Erfindung frei verfügbar. Nun kann jeder die Ideen einsetzen und kommerziell verwerten. Patentdatenbanken berücksichtigen den Zeitaspekt und veröffentlichen alle relevanten Datumsangaben.

Im Unternehmensalltag haben viele Dokumente ebenfalls eine zeitliche Dimension. Memos und Arbeitsanweisungen verfügen über eine gewisse Laufzeit. So interessant wie der Speiseplan der Kantine für heute und die kommende Woche ist, so uninteressant ist der von gestern und letzter Woche (es sei denn, man führt eine Statistik darüber, wie häufig es im Laufe eines Jahres Schnitzel gegeben hat). Solche zeitlich befristet gültigen Dokumente werden mit einem **Verfallsdatum** versehen, nachdem sie entweder gelöscht oder – und dies ist der sichere Weg – in eine Archivdatenbank verschoben werden. Ggf. möchten ja Mitarbeiter des Unternehmensarchivs irgendwann einmal auf das Dokument zugreifen.

Fazit

- Dokumente enthalten mehr als den Content. Wir fassen die Aspekte des *Wie* unter dem "Stil" des Dokuments zusammen und nutzen dessen Attribute und Werte als nicht-thematische Informationsfilter.

- Die Recherche mittels Stil-Werten führt vor allem zu einer Erhöhung der Precision von Suchergebnissen.

- Nach der Art der Themenbehandlung unterscheiden wir nach Feldern für Charakteristika des Autors (u. a. Lebensdaten), für Charakteristika des Mediums (z.B. Auflage bei Printwerken), für Angaben der Perspektive, aus der ein Werk kreiert worden ist (etwa Überblick) sowie für Werte des Genre. Soweit möglich, finden jeweils kontrollierte Vokabularien (Begriffsordnungen) Einsatz.

- Zielgruppen werden entweder in einem eigens erstellten Feld als Interessenskreis ausgewiesen (z.B. Laien) oder durch gezielte Passwortvergabe mit den "passenden" Dokumenten versorgt.

- Dokumente haben einen Zeitbezug, so dass sowohl das Datum der Erstellung als auch das Verfallsdatum zu notieren sind.

Literatur

Abrahamsen, K.T. (2003): Indexing of musical genres: An epistemological perspective. – In: Knowledge Organization 30(3/4), S. 144-169.

Argamon, S.; Whitelaw, C.; Chase, P.; Hota, S.R.; Garg, N.; Levitan, S. (2007): Stylistic text classification using functional lexical features. – In: Journal of the American Society for Information Science and Technology 58, S. 802-822.

Beall, J. (1999): Indexing form and genre terms in a large academic library OPAC: The Harvard experience. – In: Cataloging & Classification Quarterly 28(2), S. 65-71.

Beghtol, C. (2001): The concept of genre and its characteristics. – In: Bulletin of the American Society for Information Science and Technology 27(2), S. 17-19.

Crowston, K.; Kwasnik, B.H. (2003): Can document-genre metadata improve information access to large digital collections? – In: Library Trends 52(2), S. 345-361.

Crowston, K.; Kwasnik, B.H. (2004): A framework for creating a facetted classification for genres: Addressing issues of multidimensionality. – In: Proceedings of the 37th Hawaii International Conference on System Sciences.

Freund, L.; Clark, C.L.A.; Toms, E.G. (2006): Towards genre classification for IR in the workplace. – In: Proceedings of the 1st International Conference on Information Interaction in Context. – New York: ACM, S. 30-36.

Harmsen, B. (1998): Tailoring WWW resources to the needs of your target group: An intranet virtual library for engineers. – In: Proceedings of the 22nd International Online Information Meeting. – Oxford: Learned Information, S. 311-316.

Kwasnik, B.H.; Crowston, K.; Nilan, M.; Roussinov, D. (2001): Identifying document genre to improve Web search effectiveness. – In: Bulletin of the American Society for Information Science and Technology 27(2), S. 23-26.

Lasswell, H.D. (1948): The structure and function of communication in society. – In: Bryson, L. (Hrsg.): The Communication of Ideas. – New York: Harper & Brothers, S. 37-51.

Orlikowski, W.J.; Yates, J. (1994): Genre repertoire: The structuring of communicative practices in organizations. – In: Administrative Sciences Quarterly 33, S. 541-574.

Sapiie, J. (1995): Reader-interest classification. The user-friendly schemes. – In: Cataloging & Classification Quarterly 19(3/4), S. 143-155.

Schlögl, C.; Petschnig, W. (2005): Library and information science journals: An editor survey. – In: Library Collections, Acquisitions, and Technical Services 29(1), S. 4-32.

Schütte, S. (1997): Möglichkeiten für die Präsenz einer Rückversicherung im Internet mit Berücksichtigung der Individualität von Geschäftsbeziehungen. – In: Reiterer, H.; Mann, T. (Hrsg.): Informationssysteme als Schlüssel zur Unternehmensführung – Anspruch und Wirklichkeit. – Konstanz: Universitätsverlag, S. 102-114.

Stock, M.; Stock, W.G. (2003): Von Factiva.com zu Factiva Fusion. Globalität und Einheitlichkeit mit Integrationslösungen – Auf dem Wege zum Wissensmanagement. – In: Password Nr. 3, S. 19-28.

Stock, M.; Stock, W.G. (2004): FIZ Technik. "Kreativplattform" des Ingenieurs durch Technikinformation. – In: Password Nr. 3, S. 22-29.

Toms, E.G. (2001): Recognizing digital genres. – In: Bulletin of the American Society for Information Science and Technology 27(2), S. 20-22.

Umlauf, K. (1989): Bestandserschließung und Bestandspräsentation in der Öffentlichen Bibliothek. Ansätze über die Dreigeteilte Bibliothek hinaus. – In: Bibliothek. Forschung und Praxis 13, S. 269-275.

Kapitel 9

Kollaborative Inhaltserschließung

Inhaltserschließung mittels kollektiver Intelligenz im Web 2.0

In den frühen Jahren des World Wide Web sind einige wenige Experten in der Lage, Wissen über dieses Medium zu verteilen. Die Mehrzahl all derjenigen, die mit dem WWW zu tun haben, beschränkt ihren Umgang mit dem Web ausschließlich auf die Nutzung des Mediums. Mit dem Beginn des 21. Jahrhunderts kommen Dienste auf, die sehr leicht zu bedienen sind und die damit Nutzern gestatten, Content leicht zu publizieren. Aus dem (passiven) Nutzer wird nunmehr zusätzlich ein (aktiver) Webautor. Der Konsument von Wissen ist gleichsam auch sein Produzent geworden, ein "Prosumer" im Sinne Tofflers (1980). Da die Autoren (zumindest manchmal), ihre Dokumente wechselseitig korrigieren und fortschreiben, kann man in diesem Zusammenhang durchaus von "kollektiver Intelligenz" (Weiss 2005, 16) sprechen:

> With content derived primarily by community contribution, popular and influential services like Flickr and Wikipedia represent the emergence of "collective intelligence" as the new driving force behind the evolution of the Internet.

Abbildung 9.1: Wort"wolke" zur Homepage des Buches "Web Information Retrieval" von Dirk Lewandowski. *Quelle:* Del.icio.us

"Kollektive Intelligenz" entsteht dank der Zusammenarbeit von Autoren und Nutzern in "kollaborativen Diensten", die zusammengefasst als "Web 2.0" (O'Reilly 2005) etikettiert werden können. Solche Dienste widmen sich beispielsweise dem Führen von "Tagebüchern" (Weblogs), dem Aufbau einer Enzyklopädie (z.B. Wikipedia), dem Ordnen von Lesezeichen zu Webseiten (Del.icio.us; Gordon-Murname 2006; Hammond/Hannay/Lund/Scott 2005), von Bildern (Flickr) oder

Videos (YouTube). Die Inhalte von Diensten, insofern diese sich komplementär ergänzen, werden gelegentlich als "mash-ups" (Weiss 2005, 23) zusammengeführt (beispielsweise Housingmaps.com als "mash-up" von Immobilieninformationen aus Craigslist mit Landkarten und Satellitenbildern, die Google Maps entnommen werden). Die Kooperation endet nicht beim Bereitstellen von Content, sondern schließt bei einigen Web-2.0-Services auch die inhaltliche Erschließung des bereitgestellten Wissens mit ein. In Abbildung 9.1 sehen wir eine "tag cloud" der Worte aus Bookmarks, die eine bestimmte Webseite inhaltlich beschreiben. Die Häufigkeit der Worte in den unterschiedlichen Lesezeichen wird in der alphabetischen Wortliste durch die Schriftgröße angedeutet. Für viele Nutzer thematisiert die Webseite *informationswissenschaft*, *searchengine* und *web*, im Mittelfeld liegen Worte wie *book*, *e-book*, *information_retrieval*, *recherche*, *retrieval*, *german* und *suchmaschine*, nur für einige User sind Worte wie *bibliothekswissenschaft* oder *informationskompetenz* wichtig.

Folksonomy: Wissensorganisation ohne Regeln

Diese Art der freien Schlagwortvergabe durch jedermann bezeichnen wir als "Folksonomy", wobei die freien Schlagworte hier "Tags" genannt werden (Carlin 2007). Die Indexierung mithilfe von Folksonomies ist demnach "Tagging". Peter Merholz (2004) bezeichnet das Verfahren als "metadata for the masses". Der Begriff "Folksonomy" als Kunstwort aus "Folk" und "Taxonomy" geht auf einen Beitrag in einem Blog zur Informationsarchitektur zurück, in dem Gene Smith (2004) Thomas Vander Wal zitiert:

> Last week I asked the AIfIA (d.i. das "Asilomar Institute for Information Architecture"; die Verf.) member's list what they thought about the social classification happening at Furl, Flickr and Del.icio.us. In each of these systems people classify their pictures/bookmarks/web pages with tags ..., and then the most popular tags float on the top ...

> Thomas Vander Wal, in his reply, coined the great name for these informal social categories: *a folksonomy*.

> Still, the idea of socially constructed classification schemes (with no input from an information architect) is interesting. Maybe one of these services will manage to build a social thesaurus.

Smith gebraucht das Wort "classification" zur Umschreibung von Folksonomies. Dies weist – genau wie Taxonomie – in eine falsche Richtung. Folksonomies sind gerade *keine* Klassifikationen, denn sie arbeiten weder mit Notationen noch mit Relationen. Wichtig erscheint uns der Hinweis Smith', dass man, aufbauend auf Folksonomies, Thesauri kooperativ erstellen kann.

Es ist zu betonen, dass sich Folksonomies und andere Methoden der Wissensrepräsentation im praktischen Einsatz mitnichten gegenseitig ausschließen, sondern vielmehr ergänzen (Gruber 2005). Textsprachliche Methoden (z.B. Zitationsinde-xierung und Textwortmethode) konzentrieren sich auf die Sprache des Autors; Wissensordnungen repräsentieren in einer fachlichen Kunstsprache den Content eines Dokuments und erfordern professionelles, stark regelgeleitetes Indexieren durch Experten oder automatische Systeme. Folksonomies bringen mit ihren Tags die ansonsten völlig unbeachtete Sprache des Nutzers ins Spiel (s. o. S. 41).

Innerhalb einer Folksonomy sind wir mit drei unterschiedlichen Aspekten kon-frontiert (Marlow/Naaman/Boyd/Davis 2006):

- die zu beschreibenden Dokumente,
- die Tags (Worte), die zur Beschreibung gewählt werden,
- die Nutzer (Prosumer), die eine solche Indexierung ausführen.

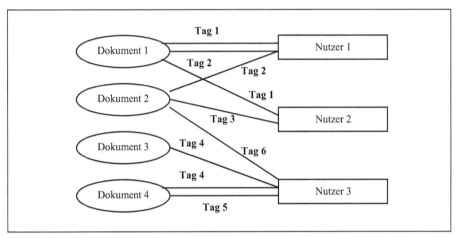

Abbildung 9.2: Dokumente, Tags und Nutzer in einer Folksonomy.

Nutzer untereinander sowie Dokumente untereinander sind in einem sozialen Netzwerk miteinander verknüpft, wobei die Pfade jeweils über die Tags verlaufen. Dokumente sind erstens *thematisch* miteinander verbunden, wenn sie durch die-selben Tags indexiert worden sind. Die Dokumente 1 und 2 sowie 3 und 4 aus Abbildung 9.2 sind jeweils thematisch verknüpft (Dokumente 1 und 2 über Tag 2; Dokumente 3 und 4 über Tag 4). Zusätzlich sind Dokumente zweitens *über ge-meinsame Nutzer* gekoppelt. So sind die Dokumente 1 und 2, 3 und 4, aber auch 2 und 4 über ihre Nutzer verbunden.

Nutzer sind miteinander verknüpft, wenn sie entweder dieselben Tags verwenden oder dieselben Dokumente indexieren. Nutzer sind *thematisch* verbunden, wenn sie dieselben Tags verwenden (im Beispiel die Nutzer 1 und 2 über Tags 1 und 2); sie sind *über gemeinsame Dokumente* gekoppelt, wenn sie diese jeweils inhaltlich beschreiben (Nutzer 1, 2 und 3 über Dokument 2). Die Stärke der Gemeinsamkeit lässt sich durch Ähnlichkeitsmaße wie Cosinus, Jaccard-Sneath oder Dice (IR, 177) quantitativ ausdrücken.

Dokumente werden unter Umständen von mehreren Tags und diese jeweils unterschiedlich häufig indexiert. Dokument 1 verfügt beispielsweise über insgesamt zwei verschiedene Tags, von denen jedoch einer (Tag 1) zweimal vergeben worden ist. Je nachdem, mit welcher Frequenz Tags einem Dokument zugeordnet worden sind, erhalten wir dokumentspezifische Tag-Verteilungen. Analog ist es möglich, nutzerspezifische Tag-Verteilungen zu bestimmen.

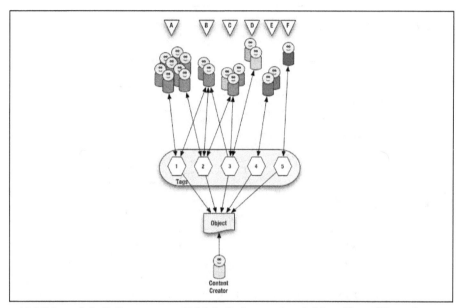

Abbildung 9.3: Folksonomy mit Mehrfachvergabe gleicher Tags ("broad folksonomy"). *Quelle:* Vander Wal (2005).

Broad und Narrow Folksonomies

Gemäß Vander Wal (2005) unterscheidet man zwei Arten von Folksonomies: Systeme, die die Mehrfachvergabe gleicher Tags zulassen (broad folksonomy), und Systeme, bei denen jeweils ein spezifischer Tag nur genau einmal vergeben werden darf (narrow folksonomy). Broad Folksonomies sind beispielsweise die Dienste des Social Bookmarking wie Del.icio.us oder Connotea, Narrow Folksonomies finden bei Technorati (Indexieren von Weblogs), Flickr (Bilder) oder YouTube (Videos) Einsatz.

Bei einer **Broad Folksonomy** (Abbildung 9.3) indexieren mehrere User ein Dokument (bei Vander Wal "object" genannt). Das Beispieldokument wird durch fünf verschiedene Tags indexiert. Die (acht) Nutzer in Gruppe A erschließen das Dokument durch Tags 1 und 2, die (zwei) Nutzer aus B verwenden Tags 1, 2 und 3 usw. Eine gewisse Außenseiterrolle nimmt Nutzer F ein, denn er indexiert das Dokument als einziger mittels Tag 5. Die Tags werden unterschiedlich häufig vergeben; Tag 2 kommt auf insgesamt 13 Nennungen, Tag 1 auf zehn usw. bis zu Tag 5 mit einem einzigen Vorkommen.

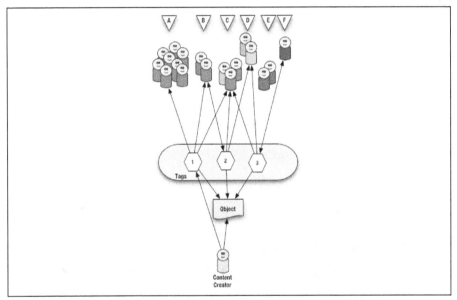

Abbildung 9.4: Folksonomy mit Einfachvergabe von Tags ("narrow folksonomy"). *Quelle:* Vander Wal (2005).

Kommt eine **Narrow Folksonomy** zum Einsatz, so hat sowohl der Ersteller des Inhalts als auch (in den meisten Fällen) jeder Nutzer die Option, einen Tag zu setzen, jedoch jeden nur einmal (Abbildung 9.4). Im Beispiel hat der Autor sein Dokument mit Tag 1 beschrieben. Einzelnutzer aus den Gruppen B und F haben die Tags 2 und 3 hinzugefügt. Bei den Narrow Folksonomies ist uns der Weg versperrt, über Tag-Häufigkeiten zu spezifischen Verteilungen zu gelangen. Aber wir können diejenigen Tags zählen, mit denen ein Nutzer zu dem Dokument gelangt ist. Alle Nutzer der Gruppe A fanden unser Dokument, indem sie Tag 1 eingaben, die User innerhalb C suchten und fanden das Dokument bei einer Recherche nach Tag 1 AND Tag 2 AND Tag 3. Um zu Verteilungen von dokumentspezifischen Tags zu kommen, müssen wir hier die Häufigkeiten der zum Erfolg führenden Such-Tags zählen.

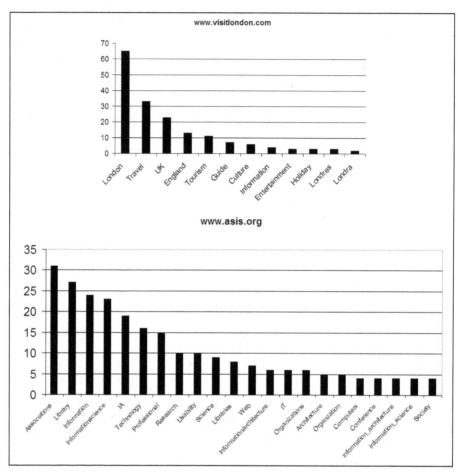

Abbildung 9.5: Unterschiedliche Verteilungen von Tags. *Quelle:* Del.icio.us.

Verteilungen von Tags

Schauen wir uns die Tag-Wolken zu Bookmarks zweier Webseiten an (Abbildung 9.5)! Beide Beispiele wurden dem Service Del.icio.us entnommen. Die Seite *www.visitlondon.com* ist gut 60mal mit *London* indexiert worden, rund 30mal mit *travel* und mit *UK* ungefähr 20mal. Am rechten Ende der Verteilung sehen wir viele Tags (wie *information* oder *entertainment*), die nur vereinzelt zur Inhaltsbeschreibung herangezogen worden sind. Es wird in der Literatur (zu Recht) vermutet (z.B. Shirky 2005), dass viele Dokumente eine Wortwolke aufweisen, deren Worte, nach Häufigkeit sortiert, einer Power Law-Verteilung folgen (IR, 76 f.).

Dies ist eine extrem linksschiefe Kurve mit einem "langen Schwanz". Die idealtypische Kurve (Abbildung 9.6 oben) hat folgende Regelmäßigkeit:

$$f(x) = C / x^a.$$

C ist eine Konstante, x ist der Rangplatz und a ist ein Wert, der (je nach konkreter Verteilung) zwischen etwa 1 und etwa 2 liegt (in Abbildung 9.6 ist a = 1). Das Beispiel *www.visitlondon.com* folgt dieser Regelmäßigkeit fast stringent (a = 1).

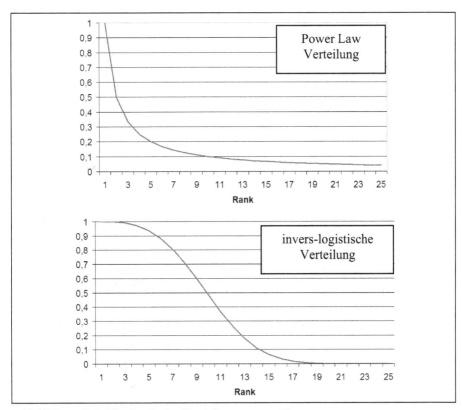

Abbildung 9.6: Idealtypische Verteilungen von Tags.

Das zweite Beispiel aus Abbildung 9.5 verhält sich ganz anders. Es geht hier um die Homepage der American Society for Information Science and Technology. Diese Webseite wird zwischen 30 und 15mal durch *associations*, *library*, *information*, *informationscience*, *IA*, *technology* und *professional* beschrieben. Auf der linken Seite der Verteilung folgt diese Wortwolke auf keinem Fall der Power Law-Verteilung – vielmehr liegen hier mehrere Tags nahezu gleichauf häufig vor. In Analogie zum "langen Schwanz" kann man hier vom "langen Rüssel" reden. Auf der rechten Seite macht sich der "lange Schwanz" wie bei der Power Law-

Kurve bemerkbar. Der mathematische Ausdruck dieser invers logistischen Vertei-
lungsvariante (Abbildung 9.6 unten) ist:

$$f(x) \; = \; e^{-C'\,(x\,-\,1)^b}.$$

e ist die Eulersche Zahl, x ist der Rangplatz, C' ist eine Konstante, und der Expo-
nent b liegt bei rund 3. Im Beispiel von Abbildung 9.6 ist b = 3 und C' = 0,1.

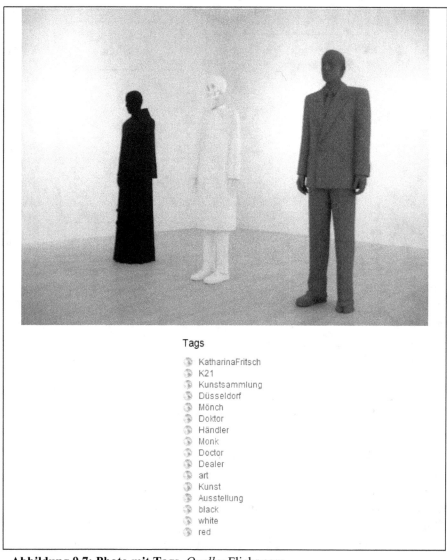

Abbildung 9.7: Photo mit Tags. *Quelle:* Flickr.com.

Ofness – Aboutness – Ikonologie

Einige Web-2.0-Dienste speichern nicht-textuelle Inhalte, etwa Bilder und Videos. In diesen Fällen sind wir mit den drei semantischen Ebenen von Panofsky konfrontiert (s. o. S. 21-22, 36). Wir betrachten wiederum ein Beispiel, diesmal eines, das wir bei Flickr gefunden haben (Abbildung 9.7). Es handelt sich um ein Photo einer Skulpturengruppe von Katharina Fritsch, die im Düsseldorfer Museum K21 ausgestellt ist.

Panofskys prä-ikonographische Ebene, die Welt der primären Objekte, wird durch die Ofness erfasst. Der Photograph des Bildes etikettierte sein Dokument mit drei Ofness-Tags (*black*, *white* und *red* – die Figuren tragen diese Farben). Die Aboutness drückt die Interpretation auf der ikonographischen Ebene aus. Im Beispiel liegen mit *Mönch*, *Doktor* und *Händler* (sowie deren englischen Übersetzungen) solche Aboutness-Tags vor. Mit dem Tag *Kunst* (bzw. *art*) befinden wir uns bereits auf der ikonologischen Ebene. Zusätzlich ist das Bild mit dem Namen der Künstlerin sowie des Museums versehen worden – Aspekte, die nichts mit dem Inhalt des Dokuments zu tun haben und die man – mit Ingwersen (2002, 293 f.) – mit Isness bezeichnen kann. Wiederum in der Terminologie von Ingwersen liegen bei den hier besprochenen Tags Aspekte der User-Ofness, der User-Aboutness, der User-Ikonologie sowie der User-Isness vor, und zwar alle ununterscheidbar in einer einzigen Wortwolke.

Vorteile und Nachteile von Folksonomies

Im Web fallen große Mengen an Dokumenten an, die wahrscheinlich ohne den Einsatz von Folksonomies gar nicht intellektuell zu indexieren wären. Das Verfahren ist kostengünstig, da alle Mitarbeiter ehrenamtlich tätig werden. Das Tagging repräsentiert nutzerspezifische Auffassungen von Dokumenten (Quintarelli 2005) und damit auch den authentischen Sprachgebrauch der User. Es gestattet, Dokumente aus unterschiedlichen Standpunkten (wissenschaftlicher, ideologischer oder kultureller Art) gleichermaßen zu interpretieren (Peterson 2006). Neologismen werden nahezu "in Echtzeit" erkannt. Durch die Abbildung des Sprachgebrauchs der Nutzer ergibt sich die Option, Wissensordnungen nutzergemäß aufzubauen oder zu modifizieren (Gendarmi/Lanubile 2006, "emergent semantics", Zhang/Wu/Yu 2006). Für Clay Shirky (2005) geht mit dem Tagging sogar eine Art Qualitätskontrolle einher: Je mehr Leute ein Dokument taggen, desto wichtiger scheint es zu sein. Wegen der durchaus eigenwilligen und unvermutet auftretenden Worte im "langen Schwanz" eignen sich Folksonomies nicht nur zum Suchen von Dokumenten, sondern bevorzugt auch zum Browsen sowie dem Ausnutzen von Serendipity, also Zufallsfunden (Mathes 2004). Da wir Nutzer anhand ihres Tagging-Verhaltens beobachten können, entstehen Optionen für die Untersuchung sozialer Netzwerke, soweit sich diese durch die Nutzung gleicher Tags bzw. der Indexierung gleicher Dokumente ausdrücken (Wu/Zubair/Maly 2006). Ganz wichtig erscheint uns der Aspekt, dass eine breite Masse an Nutzern mit den Folksonomies erstmals mit einem Aspekt der Wissensrepräsentation konfrontiert wird, was möglicherweise zu einer höheren Sensibilisierung dieser User in Sachen Indexierung führen wird.

Den Vorteilen steht eine nicht unbeträchtliche Menge an Nachteilen gegenüber. Das Kardinalproblem ist der eklatante Mangel an Präzision. Clay Shirky (2004) notiert:

> Lack of precision is a problem, though a function of user behavior, not the tags themselves.

Beim Einsatz von Folksonomies finden wir unterschiedliche Wortformen, Substantive im Singular (*library* in Abbildung 9.5) und im Plural (*libraries*) sowie zusätzlich Abkürzungen (*IA* oder *IT*). Da einige Systeme nur Ein-Wort-Tags zulassen, schreiben Nutzer Phrasen in einem einzigen Wort zusammen (*informationscience*) oder verbinden die Teile mit einem Unterstrich (*information_science*). Es gibt keinerlei Kontrolle auf Synonyme und Homonyme. Eingabefehler sind keine Seltenheit (Guy/Tonkin 2006). Da die User unterschiedliche Aufgaben haben, mit anderen Motiven an die Dokumente herangehen und in verschiedenen kognitiven Kontexten stehen, gibt es keine gemeinsame Ebene des Indexierens (Golder/Huberman 2006). Viele Web-2.0-Dienste arbeiten international und damit auch multilingual. Nutzer indexieren Dokumente teilweise in ihrer Sprache (*London*, *Londres*, *Londra* in Abbildung 9.5), ohne dass eine Übersetzungsrelation bemüht würde. Sprachübergreifende Homonyme (*Gift* im Deutschen und im Englischen) werden nicht getrennt. Bei nicht-textuellen Dokumenten fallen die verschiedenen Interpretationsebenen zusammen. Nutzer unterscheiden nicht nach inhaltlicher Erschließung (die "eigentlich" zu leisten wäre) und formaler Erfassung (*article*, *book*, *ebook* in Abbildung 9.1). Manchmal kommen auch Wertungen (*stupid*) als Tag vor, oder Prosumer beschreiben eine geplante Aktivität (*toread*). Recht sinnlos sind synkategorematische Tags wie das Indexieren eines Bildes bei Flickr mit *me*. Vereinzelt kommen Spam-Tags vor, also Schlagworte, die nichts mit dem Content des Dokuments zu tun haben und den Nutzer somit bewusst in die Irre leiten. Der *ausschließliche* Gebrauch von Folksonomies in professionellen Umgebungen (z.B. beim betrieblichen Wissensmanagement) ist wegen der besprochenen Nachteile kaum zu empfehlen (Peters 2006). Kombiniert man jedoch Folksonomies geschickt mit anderen Methoden der Wissensrepräsentation, so überwiegen – wegen der Berücksichtigung der Sichtweise der Nutzer und der Verteilungen der Tags – eindeutig die Vorteile. Auch für professionelle Datenbanken (Stock 2007) sowie für Online-Bibliothekskataloge (Spiteri 2006) stellt der Einsatz von Folksonomies eine sinnvolle Bereicherung dar.

Fazit

- Im sog. "Web 2.0" erarbeiten Prosumer (Nutzer und gleichzeitig Produzenten) kollaborativ Content. Viele Web-2.0-Dienste setzen eine kollaborative intellektuelle Indexierung durch die Prosumer ein. Die zum Einsatz kommenden Folksonomies arbeiten mit freien Schlagworten (Tags), wobei keinerlei Indexierungsregeln gelten.

- Dokumente, Tags und Nutzer lassen sich als Knoten in einem sozialen Netzwerk darstellen. Aus der Stellung im Graphen leiten sich gewisse Gemeinsamkeiten spezifischer Knoten her (thematische Nähe von Dokumenten und Nutzern, Verbindung zwischen Dokumenten über gemeinsame Indexer, Verbindung zwischen Usern über gemeinsam indexierte Dokumente).

- Broad Folksonomies erlauben die Mehrfachvergabe von Tags, während in Narrow Folksonomies jedes Schlagwort nur einmal vergeben wird.

- Es gibt (mindestens) zwei verschiedene idealtypische Verteilungen von Tags zu einem Dokument. Die informetrische Verteilung ist extrem linksschief und verfügt über einen langen Schwanz. Bei der invers logistischen Verteilung erkennen wir einen langen Rüssel sowie einen langen Schwanz.

- Die Indexierung von nicht-textuellen Inhalten (Bildern oder Videos) mittels Folksonomies führt zu einer Vermengung von Ofness, Aboutness und Ikonologie sowie formaler Aspekte.

- Vorteile der Folksonomies liegen in ihrem kostengünstigen Einsatz, der auch erlaubt, ansonsten kaum intellektuell erschließbare riesige Datenbanken im Web auszuwerten, in der Erfassung des authentischen Sprachgebrauchs der Nutzer (mit der Möglichkeit, auf dieser Basis Wissensordnungen aufzubauen oder zu verfeinern), in ihren Such- und – vor allem – Stöberfunktionen.

- Nachteile der Folksonomies sind vor allem im Mangel an Präzision zu sehen. Es gibt keinerlei terminologische Kontrolle, dafür Eingabefehler, Wertungen, Synkategoremata und Beschreibungen geplanter Aktionen. In professionellen Umgebungen sind Folksonomies als einzige Indexierungsmethode wegen dieser Nachteile kaum nutzbringend einzusetzen.

Literatur

Carlin, S.A. (2007): Social Tagging. Schlagwortvergabe durch User als Hilfsmittel zur Suche im Web. Ansatz, Modelle, Realisierungen. – Boizenburg: vwh.

Gendarmi, D.; Lanubile, F. (2006): Community-driven ontology evolution based on folksonomies. – In: Lecture Notes in Computer Science 4277, S. 181-188.

Golder, S.A.; Huberman, B.A. (2006): Usage patterns of collaborative tagging systems. – In: Journal of Information Science 32(2), S. 198-208.

Gordon-Murname, L. (2006): Social bookmarking, folksonomies, and Web 2.0 tools. – In: Searcher 14(6), S. 26-38.

Gruber, T.R. (2005): Ontology of folksonomy: A mash-up of apples and oranges. – In: 1st On-Line Conference on Metadata and Semantics Research (MTSR '05).

Guy, M.; Tonkin, E. (2006): Folksonomies: Tidying up tags? – In: D-Lib Magazine 12(1).

Hammond, T.; Hannay, T.; Lund, B.; Scott, J. (2005): Social bookmarking tools. A general review. Part 1. – In: D-Lib Magazine 12(1).

Ingwersen, P. (2002): Cognitive perspectives of document representation. – In: CoLIS 4: 4th International Conference on Conceptions of Library and Information Science. – Greenwood Village: Libraries Unlimited, S. 285-300.

Macgregor, G.; McCulloch, E. (2006): Collaborative tagging as a knowledge organisation and resource discovery tool. – In: Library Review 55(5), S. 291-300.

Mathes, A. (2004): Folksonomies – Cooperative Classification and Communication Through Shared Metadata. – Urbana, Ill.: University of Illinois Urbana-Campaign / Graduate School of Library and Information Science.

Marlow, C.; Naaman, M.; Boyd, D.; Davis, M. (2006): HT06, tagging paper, taxonomy, Flickr, academic article, to read. – In: Proceedings of the 17th Conference on Hypertext and Hypermedia. – New York: ACM, S. 31-40.

Merholz, P. (2004): Metadata for the masses. [Blogeintrag vom 19.10.2004]. Online: http://www.adaptivepath.com/publications/essays/archives/000361.php.

O'Reilly, T. (2005): What is Web 2.0. Design patterns and business models for the next generation of software. Online: http://www.oreillynet.com/pub/a/oreilly/tim/news/2005/09/30/what-is-web-20.html.

Peters, I. (2006): Against folksonomies: Indexing blogs and podcasts for corporate knowledge management. – In: Jezzard, H. (Hrsg.): Preparing for Information 2.0. Online Information 2006. Proceedings. London: Learned Information Europe, S. 93-97.

Peters, I.; Stock, W.G. (2007): Folksonomy and information retrieval. – In: Proceedings of the 70th Annual Meeting of the American Society for Information Science and Technology (Vol. 44). – (CD-ROM), S. 1510-1542.

Peterson, E. (2006): Beneath the metadata. Some philosophical problems with folksonomies. – In: D-Lib Magazine 12(11).

Quintarelli, E. (2005): Folksonomies: Power to the people. Paper presented at the ISKO Italy UniMIB meeting, Milan, June 24, 2005.

Shirky, C. (2004): Folksonomy. [Blogeintrag vom 25.8.2004]. Online: http://many.corante.com/archives/2004/08/25/folksonomy.php.

Shirky, C. (2005): Ontology is overrated: Categories, Links, and Tags. Online: www.shirky.com/writings/ontology_overrated.html.

Smith, G. (2004): Folksonomy: Social classification. [Blogeintrag vom 3.8.2004]. Online: http://atomiq.org/archives/2004/08/folksonomy_social_classification.html

Spiteri, L.F. (2006): The use of folksonomies in public library catalogues. – In: The Serials Librarian 51(2), S. 75-89.

Stock, W.G. (2007): Folksonomies and science communication. A mash-up of professional science databases and Web 2.0 services. – In: Information Services & Use 27(3), S. 97-103.

Toffler, A. (1980): The Third Wave. – New York: Morrow.

Vander Wal, T. (2004): Feed on this. [Blogeintrag vom 3.10.2004]. Online: http://www.vanderwal.net/random/category.php?cat=153.

Vander Wal, T. (2005): Explaining and showing broad and narrow folksonomies. [Blogeintrag vom 21.2.2005].
Online: http://www.vanderwal.net/random/category.php?cat=153.

Weiss, A. (2005): The power of collective intelligence. – In: netWorker 9(3), S. 16-23.

Wu, H., Zubair, M., Maly, K. (2006): Harvesting social knowledge from folksonomies. – In: Proceedings of the 17th Conference on Hypertext and Hypermedia. New York: ACM, S. 111-114.

Zhang, L.; Wu, X.; Yu, Y. (2006): Emergent semantics from folksonomies: A quantitative study. – In: Lecture Notes in Computer Science 4090, S. 168-186.

Kapitel 10

Bearbeitung von Tags

Informationslinguistische Tag-Bearbeitung

Der Einsatz von Folksonomies ist mit diversen – in aller Regel: praktischen – Problemen behaftet. Die indexierenden Nutzer sind informationelle Laien und daher unbelastet von Know-how über den korrekten Gebrauch von Werkzeugen der Wissensrepräsentation. Es ist zwar durchaus möglich, Nutzer zu "erziehen", um deren "tag literacy" (Guy/Tonkin 2006) zu erhöhen, wahrscheinlich ist aber, dass (zumindest einige) Nachteile des Tagging bestehen bleiben. Ein erfolgversprechender Weg ist, die von den Prosumern vergebenen Schlagworte als Teil der natürlichen Sprache zu verstehen und entsprechend mittels Verfahren der Informationslinguistik (NLP, Natural Language Processing; IR, Kap. 13-18, 28) automatisch zu bearbeiten (Abbildung 10.1).

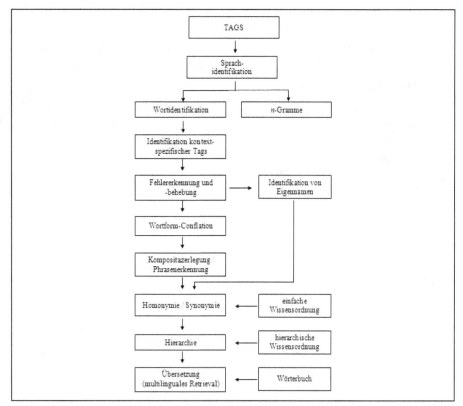

Abbildung 10.1: Tag-Bearbeitung mithilfe informationslinguistischer Techniken. *Quelle:* Peters/Stock 2007.

Es ist aus Stichproben bekannt, dass rund 90% aller Tags Substantive sind (Guy/ Tonkin 2006). Sollte sich dies allgemein bestätigen, wird die NLP-Aufgabe erleichtert, da man sich auf diese Wortart konzentrieren kann. Eine erwägenswerte Alternative zur Verwendung von Worten ist das Arbeiten mit *n*-Grammen. Wir lehnen dies bei Folksonomies jedoch ab, da wir bei *n*-Grammen weder Semantik noch Mehrsprachigkeit angemessen berücksichtigen können.

Es ist nicht auszuschließen, dass gewisse Dokumente über keinerlei Tags verfügen. Hier ist automatisch für einen Ersatz zu sorgen. Christopher H. Brooks und Nancy Montanez (2006, 629) schlagen "automatic tagging" mittels TF*IDF (IR, 321-328) vor. Hierbei werden die ersten n (z.B. drei) der nach TF*IDF gereihten Terme als Auto-Tags verstanden und dem Dokument zugeordnet. Solch ein automatisches Tagging ist zu kennzeichnen. Passiert dies häufig, so kann man nicht mehr von "Nutzerverhalten" sprechen.

Nach der Identifikation der Sprache der Tags (schwierig, wenn nur wenige Schlagworte vorliegen) und der Bestimmung der Wortgrenzen (derzeit trivial, da viele Web-2.0-Dienste nur Ein-Wort-Terme zulassen) gilt es, die kontextspezifischen Worte (wie "me") auszufiltern (Kipp 2006). Für den Nutzer selbst (in seiner "Personomy", z.B. bei Fotodiensten, aber auch bei der Verwaltung von getaggten Office-Ordnern auf dem eigenem Rechner) bleiben solche Terme suchbar, für alle anderen User werden erkannte Synkategoremata durch die jeweiligen Ergänzungen ersetzt. "Me" beispielsweise wird durch den Nutzernamen des Urhebers des Dokuments ausgetauscht.

Fehlererkennung (und anschließende automatische Korrektur) sowie die Zusammenführung unterschiedlicher Wortformen (etwa Singular und Plural) auf eine einzige Variante sind informationslinguistische Standardaufgaben. Die Identifikation von Eigennamen (vor der Conflation) erfordert entweder das Vorliegen von Namensdateien oder das Abarbeiten aufwändiger Algorithmen (IR, 258-261).

Wegen der Begrenzung einiger heutiger Webdienste auf das Indexieren mit Ein-Wort-Termen ist sowohl die Kompositazerlegung (etwa in Abbildung 9.5 den Tag *informationarchitecture* in *information* und *architecture*; Tonkin 2006) als auch die Phrasenidentifikation (z.B. die beiden Tags *information* und *science* zur Phrase *"information science"*) von zentraler Bedeutung. Phrasenbildung ist auch bei der Erkennung von Personennamen wichtig, da die einzelnen Namensbestandteile mitunter als separate Worte indexiert werden (beispielsweise *Katharina* und als neuer Eintrag *Fritsch* – im günstigen Fall in dieser Reihenfolge nebeneinander stehend).

Für die weiteren Verarbeitungsschritte werden grundsätzlich zusätzliche Werkzeuge der Wissensrepräsentation benötigt. Homonyme können getrennt und Synonyme zusammengefasst werden, wenn eine Wissensordnung vorliegt, die die entsprechenden Angaben vorhält (z.B. ein Synonymwörterbuch, eine Schlagwortliste oder ein fachlicher Thesaurus). Möchte man hierarchische Suchen anbieten, so muss die angekoppelte Wissensordnung über diese Relation verfügen. Wenn jemand z.B. nach *Dünen* UND *Nordholland* sucht, so kann auch ein Bild gefunden werden, das mit *Dünen* und *Texel* getaggt worden ist, insofern die Wissensordnung *Texel* als geographischen Teilbegriff zu *Nordholland* aufführt. Multilinguales Retrieval ist nur dann möglich, wenn entsprechende maschinenlesbare Wörterbücher Einsatz finden.

Folksonomies und andere Methoden der Wissensrepräsentation schließen sich also auf keinen Fall gegenseitig aus, sondern ergänzen sich vielmehr (Gruber 2005; Gruber 2006).

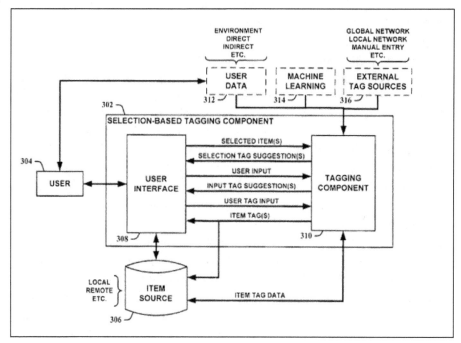

Abbildung 10.2; Systemseitige Vorschläge von Tags.
Quelle: MacLaurin 2005, Fig. 3.

Systemseitige Vorschläge von Schlagworten

Innerhalb eines System-Nutzer-Dialogs kann darauf hingewirkt werden, dass einige Probleme des Tagging gar nicht erst entstehen. Die Dialoge bewirken sowohl eine Abnahme fehlerhafter Einträge als auch die weitgehende Berücksichtigung von Synonymen. Voraussetzung hierfür ist, dass das System über Wissensordnungen (oder zumindest Synonymwörterbücher) verfügt. In einer Primitivvariante kann das System auch eine Liste von Schlagworten fortschreiben, die der

User je benutzt hat. Dies ist der Ansatz von MacLaurin (2005) zum Taggen von Office-Ordnern. Er unterscheidet in einer Patentanmeldung von Microsoft (Abbildung 10.2) nach morphologischen und semantischen Vorschlägen. Die erste Variante arbeitet ausschließlich auf der Zeichenebene und ergänzt Nutzereinträge zu kompletten Worten. Wenn ein User etwa *hom* getippt hat, schlägt das System *home* als nächstliegenden Term vor (MacLaurin 2005, 3). Liegt eine Wissensordnung vor, so sind auch systemseitig semantische Vorschläge zu generieren. Dem Indexer werden alle Tags angeboten, die zu seinem Ausgangswort synonym sind, z.B. *Samstag* nach der Eingabe von *Sonnabend*. Zusätzlich erhält er Angaben darüber, wie häufig die einzelnen Synonyme bereits vergeben worden sind (*Samstag*: 51; *Sonnabend*: 0). Der Nutzer kann nunmehr – jetzt aber unterrichtet über die Synonyme – auf seinem Eintrag beharren, weil er möglicherweise semantische Unterschiede zwischen den Termen ausmacht, oder sich einem Synonym anschließen.

Über eine Liste von häufig benutzten synkategorematischen Begriffen (wie das *me*-Problem bei Fotodiensten) wird der Nutzer bei der Eingabe eines solchen Terms aufgefordert, stattdessen einen anderen Eintrag (z.B. einen Personennamen) zu benutzen.

Wichtig bei allen systemseitigen Indexierungsvorschlägen ist, dass diese ausschließlich Empfehlungscharakter tragen, der Indexer ihnen also folgen kann, aber nicht folgen muss. Ansonsten würde der Grundansatz von Folksonomies, die *freie* Schlagwortvergabe, verletzt.

Ranking nach Interessantheit

Wie ist es möglich, nach einer erfolgreichen Suche nach getaggten Dokumenten die Treffermenge sinnvoll thematisch zu sortieren? Wir unterscheiden zwei Ansätze; zum einen wählen wir als Rankingkriterium die "Interessantheit" von Dokumenten im Kontext eines Web.2.0-Dienstes, zum anderen wollen wir einen weitaus umfassenderen Ansatz eines Relevance Ranking verfolgen.

Die "Interessantheit" eines Dokuments ist mit einem Patent von Yahoo! (für seinen Fotoservice Flickr) in die Literatur eingeführt worden (Butterfield et al. 2006). Der zentrale Baustein für das Ranking im Gesamtsystem von Flickr (Abbildung 10.3) ist das Statistik-Modul (Block 108). Die Statistiken geben darüber Auskunft, wie viele Nutzer, wie viele Tags usw. sich mit einem Dokument befasst haben. Die hierüber arbeitenden Sortierkriterien sind (Butterfield et al. 2006, 1):

- Anzahl der Schlagworte, die die Nutzer einem Dokument zugeordnet haben (zusätzlich: Anzahl der Kommentare zum Dokument),
- Anzahl der Nutzer, die zur Indexierung und Kommentierung des Dokuments beigetragen haben,

- Anzahl der Nutzer, die das Dokument recherchiert haben,
- Zeit, seit der das Dokument in den Dienst eingestellt worden ist,
- Relevanz der Metadaten (z.B. Abwerten von Dokumenten ohne Titel).

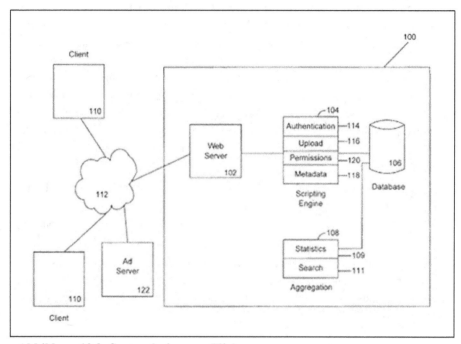

Abbildung 10.3: Systemdesign von Flickr.
Quelle: Butterfield et al. 2006, Fig. 1.

Zu den allgemeinen Rankingkriterien treten Kriterien der personalisierten Interessantheit. Bei bekannten, d.h. angemeldeten Nutzern wird berücksichtigt, welche Dokumente dieser indexiert oder welche er als Favoriten markiert hat. Bei Dokumenten mit geographischem Inhalt kann der Wohnort der User herangezogen werden, um Dokumente mit näherem örtlichem Bezug höher zu gewichten als solche, deren Inhalt auf weiter entfernte Gegenden verweist.

Über die Auswertung syntagmatischer Relationen ist es möglich, gewisse Homonyme aufzuspüren (Butterfield et al. 2006, 3). Über das gemeinsame Vorkommen von Tags in unterschiedlichen Dokumenten entstehen Cluster von Schlagworten. Das Beispiel von Daniel S. Butterfield et al. ist der Tag *Vancouver*. Eine Teilmenge aller Dokumente, die *Vancouver* enthalten, sind gemeinsam mit *British Columbia* und mit *Canada* indexiert worden. Eine andere Teilmenge enthält neben *Vancouver* die Schlagworte *space needle* und *Washington*. Legt man beide Cluster dem Nutzer vor, so kann dieser entscheiden, ob wirklich (wie im Beispiel) ein Homonym vorliegt oder ob nur zwei Aspekte desselben Begriffs thematisiert sind:

> The media server may provide for display to the user the two sets of related tags to indicate they belong to different clusters corresponding to different subject matter area.

Relevance Ranking getaggter Dokumente

Die Sortierung nach Interessantheit nutzt nur eine Teilmenge von Kriterien, die prinzipiell für das Relevance Ranking getaggter Dokumente infrage kommen. Insgesamt drei Kriterienbündel (Abbildung 10.4) bestimmen die Wichtigkeit eines Dokuments, wenn man die kollektive Intelligenz als Maßstab der Sortierung heranzieht (Peters/Stock 2007):

- die Tags selbst,
- Aspekte der Kollaboration,
- Aktionen einzelner Nutzer.

Der Rankingsubfaktor Tag (Wolke 1 in Abbildung 10.4) ist eingebettet in ein Vektorraummodell (IR, Kap. 20), in dem die unterschiedlichen Tags einer Datenbank die Dimensionen aufspannen und der Wert der Dimension jeweils anhand von TF*IDF berechnet wird (1a). Die Dokumente (einschließlich der Anfragen) werden als Vektoren modelliert; die Ähnlichkeit aus Anfrage- und Dokumentvektoren errechnet sich in klassischer Weise nach dem Cosinus (1b). In Broad Folksonomies hängt die relative Termhäufigkeit (TF) von der Anzahl der Indexer ab, die den betreffenden Tag dem Dokument zugeordnet haben, in Narrow Folksonomies arbeiten wir mit der Anzahl der Suchen, die das Dokument mittels des Tags erfolgreich gefunden haben.

In Analogie zum PageRank (IR, 382-386) entwickeln Hotho, Jäschke, Schmitz und Stumme (2006, 417) ihren sog. "FolkRank" mit folgendem Grundgedanken:

> The basic notion is that a resource which is tagged with important tags by important users becomes important itself. The same holds, symmetrically, for tags and users. Thus we have a graph of vertices which are mutually reinforced each other by spreading their weights.

Dokumente, Nutzer und Tags sind dabei untereinander (wie in Abbildung 9.2, s. o. S. 155) in einem ungerichteten Graph verbunden. Wenn ein Nutzer viele Dokumente indexiert, hat sein Knoten im Graphen viele Verbindungen; hat er Dokumente getaggt, die ihrerseits von vielen (auch anderen) Nutzern indexiert worden sind, "erbt" unser Nutzer diese Wichtigkeit. Die Stellung eines Nutzers als "Super-Poster" ist quantifizierbar (1c).

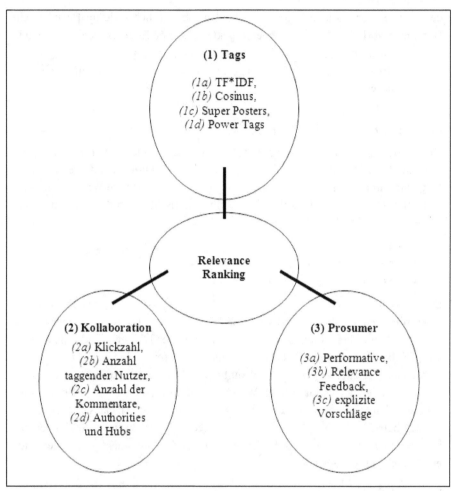

Abbildung 10.4: Kriterien des Relevance Ranking beim Einsatz einer Folksonomy. *Quelle:* Peters/Stock 2007.

Wir haben zwei idealtypische Verteilungen von Tags pro Dokument kennengelernt (Abbildung 9.6; s. o. S. 159). Alle Tags im langen Rüssel bei einer inverslogistischen Verteilung sowie die ersten n (beispielsweise drei) Tags bei einer informetrischen Verteilung werden als "Power Tags" ausgezeichnet. Sie bilden nicht nur einen weiteren Rankingaspekt (1d), sondern auch eine spezifische Rechercheoption. Sucht man ausschließlich mithilfe der Power Tags, wird die Treffermenge weitaus präziser, da stets nicht im langen Schwanz gesucht wird (hiermit geht allerdings notwendigerweise ein Absinken des Recall einher). Die Webseite www.visitlondon.com (aus Abbildung 9.5; s. o. S. 158) wird demnach nur noch über die Schlagworte *London*, *Travel* und *UK* gefunden.

Beim Rankingsubfaktor Kollaboration (2) kommen (wie bei der Interessantheit) die Aspekte der Anzahl der Nutzer, die ein Dokument angeklickt bzw. angesehen haben (2a), die Anzahl der User, die aktiv das Dokument indexieren (2b) sowie die Anzahl der Kommentare (2c) als Gewichtungsfaktoren infrage. Getaggte Webseiten, die verlinkt sind (z.B. URLs oder Weblogs), können durch linktopologische Verfahren (wie PageRank bzw. Hubs und Authorities; IR, Kap. 22) quantitativ bewertet werden (2d).

Der letzte Rankingsubfaktor berücksichtigt das konkrete Verhalten einzelner Nutzer (3). Wenn Dokumente mit performativen Schlagworten wie "to read" indexiert worden sind, so drückt der Indexer damit implizit eine gewisse Wertschätzung aus, die das Ranking (positiv) beeinflussen sollte (3a). In einer Trefferliste sollte es für den Nutzer möglich sein, gewisse Dokumente als relevant auszuzeichnen. Solche Relevanzinformationen werden im Rahmen des Relevance Feedback zur Optimierung der jeweiligen Anfrage ausgewertet (etwa nach Rocchio im Vektorraummodell; IR, 339-341; oder nach Robertson und Sparck Jones im probabilistischen Modell; IR, 356-358). Sie können auch gespeichert werden und fungieren nunmehr als Aspekt der Sortierung nach Relevanz (3b). Letztlich sind (zumindest einige) Nutzer willens und in der Lage, im Kontext eines Recommendersystems (IR, 487-493) explizite Bewertungen abzugeben. Dies geschieht entweder durch Vergabe von Sternen (ein Stern: "geht so" bis fünf Sterne: "exzellentes Dokument") oder durch eine Ja/Nein-Antwort bei der Systemfrage: "War das Dokument für Sie nützlich?" (3c).

Die einzelnen Rankingfaktoren gehen jeweils unterschiedlich gewichtet in die Berechnung des Retrievalstatuswertes eines Dokuments ein. Wie stets beim Angebot einer Sortierung nach Relevanz ist es für den Nutzer hilfreich, wenn er diese Option auch abschalten kann und stattdessen nach anderen Kriterien (z.B. nach Autorenname oder Datum) sortieren lässt.

Die informationswissenschaftlichen Forschungen zu Folksonomies allgemein wie auch zur informationslinguistischen Tag-Bearbeitung sowie zum Relevance Ranking stehen erst am Anfang. Insofern sind die Ausführungen in den beiden letzten Kapiteln durchaus als vorläufig zu betrachten.

Fazit

- Dadurch, dass Laien indexieren, entstehen beim Einsatz von Folksonomies praktische Probleme. Auch wenn deren "tag literacy" erhöht wird, bleiben Schwierigkeiten, die sowohl auf den Recall als auch auf die Precision negativen Einfluss ausüben.

- Man kann Tags als natürliche Sprache verstehen, die es im Rahmen informationslinguistischer Verfahren automatisch zu bearbeiten gilt. Da es sich bei den meisten Tags um Substantive handelt, kann sich die Sprachbearbeitung auf diese Wortart konzentrieren.

- Synkategorematische Begriffe (z.B. "me" bei Fotos) werden durch den Namen des Dokumentautors ersetzt.

- Standardaufgaben des Natural Language Processing (NLP) sind die Erkennung der Sprache, Fehleridentifikation und -korrektur, Zusammenführung von Wortformen, Kompositazerlegung und Phrasenerkennung.

- Weitere Bearbeitungsschritte wie Erkennung von Homonymie und Synonymie, die Ausnutzung von Hierarchien sowie die Grundlegung eines multilingualen Systems erfordern das Vorliegen von ausgearbeiteten Wissensordnungen bzw. Fremdsprachenwörterbüchern.

- Im Eingabedialog kann man zumindest teilweise verhindern, dass problematische Tags überhaupt kreiert werden. Dies betrifft fehlerhafte Eingabe sowie Vorschläge von Synonymen.

- Folksonomies geben – verglichen mit sonstigen Methoden – völlige neue Optionen für das Relevance Ranking von getaggten Dokumenten. Die Sortierung nach Interessantheit (bei Flickr) basiert vor allem auf Aspekten der Kollaboration (u. a. Anzahl der Tags, der Indexer und der Nutzer).

- Eine elaborierte Methode des Relevance Ranking versucht, alle sinnvollen Aspekte zu berücksichtigen, und sortiert nach Eigenschaften der Tags selbst (TF*IDF, Cosinus, besondere Berücksichtigung von Super Posters und Power Tags), nach dem Ausmaß der Kollaboration (ähnlich wie bei der Interessantheit) sowie nach Aktionen des Prosumers (quantitative Bewertung performativer Äußerungen, Relevance Feedback sowie explizite Bewertungen).

Literatur

Brooks, C.H.; Montanez, N. (2006): Improved annotation of the blogosphere via autotagging and hierarchical clustering. – In Proceedings of the 15th International World Wide Web Conference. – New York: ACM, S. 625-632.

Butterfield, D.S.; Costello, E.; Fake, C.; Henderson-Begg, C.J.; Mourachow, S. (2006): Interestingness ranking of media objects. Patentanmeldung Nr. US 2006/ 0242139 A1. – Patentanmelder: Yahoo! Inc., Sunnyvale, CA. – Eingereicht am: 8.2.2006.

Gruber, T.R. (2005): Ontology of folksonomy: A mash-up of apples and oranges. – In: 1st On-Line Conference on Metadata and Semantics Research (MTSR '05).

Gruber, T.R. (2006): Where the social Web meets the semantic Web. – In: Lecture Notes in Computer Science 4273, S. 994.

Guy, M.; Tonkin, E. (2006): Folksonomies: Tidying up tags? – In: D-Lib Magazine 12(1).

Hotho, A.; Jäschke, R.; Schmitz, C.; Stumme, G. (2006): Information retrieval in folksonomies: Search and ranking. – In: Lecture Notes in Computer Science 4011, S. 411-426.

Kipp, M.E.I. (2006): @toread and cool: Tagging for time, task and emotion. – In: 17th ASIS&T SIG/CR Classification Research Workshop. Abstracts of Posters, S. 16-17.

MacLaurin, M.B. (2005): Selection-based item tagging. Patentanmeldung Nr. US 2007/0028171 A1. – Patentanmelder: Microsoft Corp., Redmond, WA. – Eingereicht am: 29.6.2005.

Peters, I.; Stock, W.G. (2007): Folksonomy and information retrieval. – In: Proceedings of the 70th Annual Meeting of the American Society for Information Science and Technology (Vol. 44). – (CD-ROM), S. 1510-1542.

Tonkin, E. (2006): Searching the long tail: Hidden structure in social tagging. – In: 17th ASIS&T SIG/CR Classification Research Workshop.

Kapitel 11

Nomenklatur

Kontrolliertes Vokabular

Wie bei den Folksonomies werden bei der Nutzung von Nomenklaturen bzw. Schlagwortsystemen den Dokumenten einzelne Terme zur inhaltlichen Erschließung des in den dokumentarischen Bezugseinheiten vorliegenden Wissens zugeordnet. Analog zu den Folksonomies entstammen die meisten Terme der natürlichen Sprache oder einer Fachsprache; der große Unterschied liegt darin, dass bei den Folksonomies die Tags frei zu vergeben sind, während die Schlagworte grundsätzlich kontrolliert werden. Es dürfen nur solche Terme zur Indexierung Verwendung finden, die – in einer Normform angesetzt – in der betreffenden Nomenklatur als Indexierungsterm ausdrücklich zugelassen sind. Der einzelne Normeintrag (die Vorzugsbezeichnung oder Ansetzungsform) ist das **Schlagwort**; die Sammlung aller Schlagworte sowie aller Verweise auf Schlagworte ist die **Nomenklatur**. Nomenklaturen zeichnen sich durch eine gut ausgebaute Synonymierelation aus; manchmal verfügen sie auch über eine Assoziationsrelation im Sinne von siehe-auch-Hinweisen. Nomenklaturen enthalten grundsätzlich keine hierarchischen Relationen.

In der Bibliothekswelt haben Schlagwortsysteme als Formen verbaler Inhaltserschließung bereits eine lange Geschichte, die sich bis auf C.A. Cutters "dictionary catalog" aus dem Jahr 1876 zurückverfolgen lässt (Foskett 1982, 123 ff.).

Nomenklaturen werden entweder allgemein oder fachspezifisch aufgebaut. Als Paradigma einer allgemeinen Nomenklatur stellen wir die Schlagwortnormdatei (SWD) der deutschen Bibliotheken vor. Als Normdatei der "Regeln für den Schlagwortkatalog" (RSWK 1998) regeln sie die Inhaltserschließung von Bibliotheksbeständen. Einer fachlichen Nomenklatur gehen wir am Beispiel des "Chemical Registry Systems" nach, das die chemische Fachterminologie der weltweit führenden Chemie-Literaturdatenbank "Chemical Abstracts Services" vorgibt (Weisgerber 1997). (Beide Nomenklaturen versorgen uns ausschließlich mit Beispielen; dieses Kapitel ist keineswegs als Einführung in die RSWK oder in das Registry System zu verstehen.)

Jede Nomenklatur besteht aus Schlagwortsätzen, die sowohl die Ansetzungs- als auch die Verweisungsformen des zugehörigen Begriffs enthalten (für ein einfaches Beispiel vgl. Abbildung 11.1). Die Synonyme müssen nicht unbedingt einer natürlichen Sprache entstammen, sondern können durchaus auch mittels anderer Sprachen (z.B. Strukturformeln oder auch einfache Nummern in der Chemie) gebildet werden. Hinzu treten – soweit gegeben – siehe-auch-Verweise, Quellenangaben, Definitionen, Verwendungsregeln und Verwaltungsinformationen. Gemäß RSWK (1998, § 2) ist ein Schlagwort

> eine terminologisch kontrollierte Bezeichnung, die in Indexierung und Retrieval für einen Begriff aus einem Dokumenteninhalt verwendet wird.

Winfried Gödert (1991, 7) ergänzt:

> Die begriffliche Spezifität dieser (kontrollierten, Verf.) Bezeichnungen soll dabei der Spezifität des zu repräsentierenden Gegenstandes entsprechen.

NORMDATEN: *Schlagwort (4138676-0)*
GKD *2081294-2*

c| **Köln / Erzbischöfliche Diözesan- und Dom-Bibliothek**
    Q *GKD* ; SYS *6.7 - 3.6a* ; LC *XA-DE-NW*
BF Erzbischöfliche Diözesan- und Dom-Bibliothek / Köln
       Köln / Diözesan- und Dom-Bibliothek
       Diözesan- und Dom-Bibliothek / Köln
       Köln / Diözesanbibliothek
       Diözesanbibliothek / Köln
       Dom-Bibliothek / Köln
       Köln / Dom-Bibliothek

Abbildung 11.1: Beispiel eines Schlagwortsatzes der Schlagwortnormdatei (SWD). *Quelle:* Die Deutsche Bibliothek. (Abkürzungen: |c : Körperschaft, Q : Quelle, GKD : Gemeinsame Körperschaftsdatei, SYS : Systematik der SWD, LC: Library of Congress, BF : benutzt für).

Ein Schlagwort besteht aus einzelnen Wörtern oder auch aus Wortverbindungen; Individualbegriffe werden genauso berücksichtigt wie Allgemeinbegriffe (Umlauf 2007):

- Einzelwort Allgemeinbegriff (*Intelligenz*),
- Einzelwort Individualbegriff (*Ödipus*),
- Wortfolge Allgemeinbegriff (*Telegu-Sprache*),
- Wortfolge Individualbegriff (*Mozart, Wolfgang Amadeus*),
- Adjektiv-Substantiv-Verbindung (*Allgemeine Geschäftsbedingungen*).

Beim Aufbau der Nomenklatur für Bibliotheken wird empfohlen, auf hochgradig spezifische Schlagwörter zu verzichten (Geißelmann, Hrsg., 1994, 51); bei einer chemischen Nomenklatur verhält es sich gerade umgekehrt. Ein Dokument, das beispielsweise *2,7(bis-dimethylamino)-9,9-dimethyantracen* behandelt, muss nach

RSWK mit dem Schlagwort *Anthracenderivate* indexiert werden, während in einer Chemie-Datenbank der genau passende Begriff Verwendung findet.

Schlagworte werden im Deutschen im Singular angesetzt, es sei denn, es handelt sich um ein ausschließlich im Plural vorkommendes Wort (*Eltern*), um Bezeichnungen der Biologie oberhalb der Gattungen (*Rosengewächse*, aber *Rose*), um chemische Gruppenbezeichnungen (*Kohlenwasserstoffe*), um Bezeichnungen für Personen- und Ländergruppen (*Jesuiten*), für Gruppen historischer Ereignisse (*Koalitionskriege*) und für zusammenfassende Bezeichnungen für mehrere Wissenschaften (*Geisteswissenschaften*) (Umlauf 2007). (Andere Sprachräume kennen abweichende Regelungen für den Umgang mit dem Genus des Vokabulars einer Wissensordnung. Wir werden im Kapitel 13 darauf zurückkommen.)

Gemäß RSWK sind pleonastische Begriffe, also Häufungen sinngleicher oder sinnähnlicher Elemente, verpönt (RSWK 1998, § 312):

> Pleonastische Begriffe oder Begriffsteile, die nicht notwendig sind, um einen Begriffsinhalt eindeutig wiederzugeben, und verallgemeinernde Formen, die die Bedeutung des Grundworts nicht ändern, sollen vermieden werden. Dabei darf aber nicht gegen die Fachterminologie verstoßen werden.

Logische Pleonasmen (*weißer Schimmel*) sind von faktischen Pleonasmen (*sardinische Nuraghenkultur;* es gibt ausschließlich auf Sardinien die Nuraghenkultur) zu unterscheiden. Beide Phrasen werden nicht in eine Nomenklatur aufgenommen; bei den faktischen Pleonasmen sollte es jedoch – mit den RSWK (1998, § 324) – erlaubt sein, ein Dokument mit *Sardinien; Nuraghenkultur* zu indexieren, denn schließlich verbindet nicht jeder Nutzer mit Sardinien auch stets die Nuraghenkultur. Meist unsinnig und überflüssig sind Schlagwortansetzungen mit beispielsweise -frage (*Sinn*, nicht *Sinnfrage*) oder -idee (*Gleichheit* nicht *Gleichheitsidee*).

Zeitliche Aspekte werden durch eigene Zeitschlagwörter (z.B. *Geschichte, Prognose*) ausgedrückt (RSWK 1998, § 17). Ist in einer dokumentarischen Bezugseinheit ein genauer Zeitpunkt oder ein abgegrenztes Zeitintervall thematisiert, so wird dieses in folgender Form im Surrogat abgebildet:

Wien ; Geschichte 1915 – 1955
Weltwirtschaft ; Prognose 2010 – 2015.

In der Datenbank ist dabei Sorge zu tragen, dass bei Intervallen auch die im Intervall liegenden einzelnen Jahre gefunden werden. Sucht jemand nach *Wien* AND *Geschichte 1949*, so muss unser Beispieldokument in der Treffermenge aufscheinen. Historische Ereignisse und Epochen haben einen feststehenden Zeitbezug (etwa die Völkerschlacht bei Leipzig im Jahr 1813), der nicht eigens beim Schlagwort genannt werden muss, der aber als Zeitcode suchbar hinterlegt ist (Umlauf 2007). Recherchiert jemand nach *Geschichte 1813*, so werden in einer Auswahlliste alle Schlagworte genannt, die entweder explizit die Jahreszahl (ggf. im Intervall) oder den Zeitcode tragen, also beispielsweise

Düsseldorf ; Geschichte 1800 – 1850
Leipzig / Völkerschlacht.

Verfügt ein Begriff über mehrere Bedeutungskomponenten (Kunz 1994), so gibt es drei Optionen, damit umzugehen:

- die Phrase bleibt erhalten (*Kölner Dom*),
- die Phrase wird in die einzelnen Teile zerlegt, wobei jedoch diese eine einzige Ansetzungskette bilden (*Köln / Dom*),
- die Phrase wird in unterschiedliche Schlagworte zerlegt (*Köln ; Dom*).

Die Entscheidung über die Zerlegung und Nicht-Zerlegung von Komposita und Phrasen wird nach Gödert (1991, 8) über die Kriterien der Wiedergabetreue und der Vorhersagbarkeit von Indexierungsvokabularien gesteuert. Geißelmann (Hrsg., 1994, 54) nennt als Grundorientierung die Gebräuchlichkeit und die Nähe zur natürlichen Sprache. Wählt man die Ansetzungskette als Schlagwort (in der SWD erkennbar durch den Schrägstrich zwischen den Bestandteilen), so wird die Kette als Ganzes gesucht. Es ist in diesem Fall sinnvoll, eine umgekehrte Sortierung (*Dom / Köln*) als Verweis in die Begriffsordnung aufzunehmen (wie bei unserem Beispiel aus Abbildung 11.1). Entscheidet man sich für die Zerlegung, so ist es für den Nutzer hilfreich, wenn das Kompositum als Verweis aufgenommen wird (*Kölner Dom* verwende *Köln ; Dom*). Das Semikolon verweist auf eine Anfrageformulierung mittels Booleschem Und oder einem Abstandsoperator.

Nomenklaturen enthalten per definitionem keine Hierarchien. Allerdings liegen bei Ansetzungsketten – geschickt konstruiert – "versteckte" hierarchische Angaben vor. Dies trifft sowohl für unser Beispiel aus Abbildung 11.1 als auch für *Köln / Dom* zu. Die Ansetzungskette kann sich mitunter auch über mehrere Glieder erstrecken wie beispielsweise in *Köln / Dom / Dreikönigsschrein*. In den genannten Beispielen bilden die einzelnen Kettenglieder Meronyme.

Trennung von Homonymen

Homonyme sind übereinstimmende Benennungen für unterschiedliche Begriffe (s. o., S. 54). Die Schlagwortnormdatei arbeitet zur Trennung homonymer Benennungen mit einem Homonymzusatz in spitzen Klammern (beispielsweise *Brücke <Teppich>*), wobei das Regelwerk jedoch die Ausnahme zulässt, dass beim gebräuchlichsten Homonym der Zusatz entfallen kann (RSWK 1998, § 10):

München (gemeint ist die Stadt in Bayern – ohne Zusatz,
da sehr viel bekannter als die anderen Homonyme)
München <Berka, Weimar>.

Der Regelfall ist jedoch, dass alle Homonyme mit einem klärenden Zusatz versehen werden und auch nur gemeinsam mit diesem angezeigt werden. Sucht ein
Nutzer nach *Brücke*, so besteht die Systemantwort aus einer Liste aller zutreffenden Homonyme (gegen RSWK, da diese die erste Variante als Grundbedeutung
ohne Homonymzusatz führen):

Brücke <Bauwerk>

Brücke <Graphentheorie>

Brücke <Künstlervereinigung>

Brücke <Teppich>

Brücke <Zahnersatz>.

Oftmals ist es hilfreich, eine Wissenschaftsdisziplin als Zusatz zu verwenden
(*Krebs <Medizin>* und *Krebs <Zoologie>*). Während es etwa bei Ansetzungsketten sinnvoll sein kann, in der invertierten Datei neben der Phrase (*Köln / Dom*)
auch die Teile in einem Wortindex aufzunehmen (um so eine Und-Verknüpfung
zu ermöglichen), so ist es bei Homonymzusätzen völlig sinnlos, diese für sich
suchbar zu machen.

```
Kiefer <Anatomie>

Kiefer <Anatomie> / Krankheit ==> siehe
Kieferkrankheit
Kiefer <Anatomie> / Verletzung ==> siehe
Kieferverletzung
Kiefer, Anselm

Kiefer, Anselm / Noch ist Polen nicht verloren

Kiefer, Anselm / Poland is not yet lost ==> siehe
Kiefer, Anselm
Noch ist Polen nicht verloren
Kiefer, Anselm / ¬The secret life of plants

Kiefer <Gattung>

Kiefer <Gattung> / Baumkrankheit ==> siehe
Kiefernkrankheit
Kiefer <Gattung> / Holz ==> siehe
Kiefernholz
```

Abbildung 11.2: Indexdatei eines Online-Bibliothekskatalogs.
Quelle: ULB Münster.

Bei Ansetzungsketten kann ein Homonymzusatz entfallen, wenn durch die Kombination Klarheit über den betreffenden Begriff geschaffen wird. Während also
z.B. das Schlagwort *Münster* durch den Zusatz *<Dom>* ergänzt wird, ist dieser
Zusatz bei *Ulm / Münster* nicht nötig.

Es kann sich in gewissen Fällen als sinnvoll erweisen, ein Homonym nur als Verweis in die Nomenklatur aufzunehmen, um von dort auf eine nicht homonyme Benennung zu gelangen, z.B. (RSWK 1998, § 306):

> *Klasse <Pädagogik>* BS *Schulklasse*
> *Klasse <Soziologie>* BS *Soziale Klasse.*

In Online-Katalogen wird dem Nutzer bei der Eingabe einer homonymen Bezeichnung eine Auswahlliste (wie in Abbildung 11.2) vorgelegt. Unser Suchargument sei *Kiefer*. Wir sehen im Katalog zwei Schlagworte mit Homonymzusatz: *Kiefer <Anatomie>* und *Kiefer <Gattung>*. Bei mehreren Einträgen handelt es sich um Synonym-Verweise, so etwa bei

> *Kiefer <Anatomie> / Krankheit* siehe *Kieferkrankheit.*

Zusätzlich gibt unser Beispielkatalog bei allen Schlagworten die Anzahl der Treffer an (in der Abbildung abgeschnitten).

Zusammenführung von Synonymen

Unterschiedliche Benennungen sind synonym, wenn sie denselben Begriff bezeichnen. Begriffe sind quasi-synonym, wenn ihre Extension und Intension so ähnlich sind, dass sie im Rahmen der jeweiligen Wissensordnung als ein einziger Begriff gelten (s. o., S. 73). Die unterschiedlichen Synonyme und Quasi-Synonyme werden in einer Nomenklatur zusammengeführt, wobei eine der Benennungen als Vorzugsbezeichnung oder Ansetzungsform ausgezeichnet wird. Die Vorzugsbezeichnung ist das Schlagwort, alle anderen Bezeichnungen sind (Synonymie-)Verweisungen. In unserem Beispiel (Abbildung 11.1) ist *Köln / Erzbischöfliche Diözesan- und Dom-Bibliothek* das Schlagwort, alle unter "benutzt für" (BF) stehenden Bezeichnungen (also *Erzbischöfliche Diözesan- und Dom-Bibliothek / Köln* usw.) sind die Verweise. Der Verweis wird in den RSWK durch "benutze Synonym" (BS) ausgedrückt, also z.B.:

> *Erzbischöfliche Diözesan- und Dom-Bibliothek / Köln*
> BS *Köln / Erzbischöfliche Diözesan- und Dom-Bibliothek.*

Zusammengeführt werden alle echten Synonyme, Varianten im Sprachgebrauch, Permutationen in Ansetzungsketten, Abkürzungen, invertierte Sortierungen von Adjektiv-Substantiv-Verbindungen, Quasi-Synonyme usw.; in praktischer Hinsicht: alle diejenigen Bezeichnungen, die für die betreffende Wissensordnung als kleinste semantische Einheit aufgefasst werden können. Sticht aus allen synonymen Bezeichnungen eine als die gebräuchlichste hervor, so wird diese als Schlagwort ausgezeichnet.

In der Chemie hat das Zusammenführen von Synonymen eine besondere Brisanz, verfügt doch die Sprache der Chemie über viele Synonyme, Molekularformeln, systematische Bezeichnungen, Trivialnamen, generische Bezeichnungen, Handelsnamen sowie über Strukturformeln (Lipscomb/Lynch/Willett 1989). Mitte 2007 sind über 31 Mio. organische und anorganische Substanzen sowie rund 59 Mio. Biosequenzen bekannt.

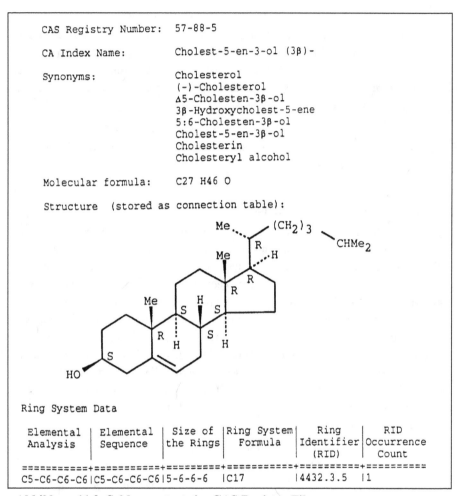

```
CAS Registry Number:    57-88-5

CA Index Name:          Cholest-5-en-3-ol (3β)-

Synonyms:               Cholesterol
                        (-)-Cholesterol
                        Δ5-Cholesten-3β-ol
                        3β-Hydroxycholest-5-ene
                        5:6-Cholesten-3β-ol
                        Cholest-5-en-3β-ol
                        Cholesterin
                        Cholesteryl alcohol

Molecular formula:      C27 H46 O

Structure  (stored as connection table):
```

```
Ring System Data
```

Elemental Analysis	Elemental Sequence	Size of the Rings	Ring System Formula	Ring Identifier (RID)	RID Occurrence Count
C5-C6-C6-C6	C5-C6-C6-C6	5-6-6-6	C17	4432.3.5	1

Abbildung 11.3: Schlagwortsatz im CAS Registry File.
Quelle: Weisgerber 1997, 355.

Anstelle des Schlagwortes tritt beim Registry File von Chemical Abstracts Services (CAS) die CAS Registry Number, die jede Substanz eindeutig identifiziert. Die Ziffern selbst tragen keine Bedeutung, sondern stehen als Ganzes für eine Substanz oder eine Biosequenz. Die Nummern haben maximal neun Stellen, die in drei Blöcken gruppiert sind. Der letzte Eintrag ist eine Prüfziffer. Die Registry

Number aus Abbildung 11.3 (57-88-5) identifiziert einen Stoff, der mit *Choleste-rin, Cholesteron* usw., mit der Molekularformel $C_{27}H_{46}O$ sowie mit der angegebe-nen Struktur beschrieben wird. Die Anzahl der Synonyme innerhalb eines Be-griffssatzes kann sehr hoch sein; mehr als 100 unterschiedliche Benennungen für dieselbe Substanz sind keine Seltenheit. Beim Suchen und Finden chemischer Stoffe wird ausschließlich mit der Registry Number gearbeitet. Die Synonyme, die Molekularformel und die Strukturformel dienen ausschließlich dazu, die jeweilige Nummer aufzufinden.

Node no.	Atom	Connected to	Bond type
1	C	-	-
2	C	1	*1
3	C	1	*1
4	C	1	*1
5	C	2	*2
6	C	2	*1
7	C	3	*1
8	C	3	*1
9	C	4	*1
10	C	4	*2
11	C	6	*1
12	C	8	*1
13	C	1	-1
14	C	9	-1
15	C	9	-1
Ring closure	-	5-7, 9-12, 10-11	*1

1=single bond	*=cyclic bond
2=double bond	-=non-cyclic bond

Abbildung 11.4: Tabelle der einzelnen Bindungen einer chemischen Struktur im CAS Registry File. *Quelle:* Weisgerber 1997, 352.

Um eine graphische Suche zu ermöglichen, wird die Struktur in einer Bindungsta-belle (connection table; Abbildung 11.4) von der graphischen in eine – nunmehr recherchierbare – tabellarische Anordnung übertragen. Man kann nicht nur nach kompletten Strukturen suchen, sondern auch nach Substrukturen. Abbildung 11.4 zeigt ein Beispiel für eine zweidimensionale Struktur; die Bearbeitung von Struk-turen im Rahmen der Stereochemie verlangt elaboriertere Verfahren.

Chemiker verwenden mitunter abkürzende Schreibweisen, wenn auch beim "short cut" (wie beispielweise in Abbildung 11.5) klar ist, welche Substanz gemeint ist. Baumgras und Rogers (1995, 628) berichten:

> Most chemists prefer to show common or large functional groups in a shorthand
> notation as has been done with the 13-carbon chain. Other common shorthands
> include things like Ph to represent phenyl rings, COOH to represent carboxyl

groups, etc. Chemists are familiar with these notations and assume the chemistry behind them, and most of the shorthand notations are interpreted by humans according to convention.

Für Nomenklaturen stellen solche Abkürzungen eine Herausforderung dar.

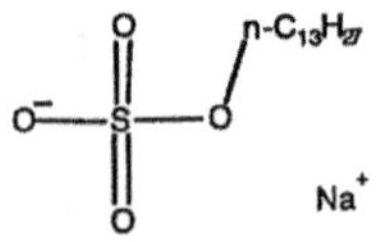

Abbildung 11.5: Abkürzende Schreibweise einer chemischen Verbindung.
Quelle: Baumgras/Rogers 1995, 628.

Probleme liegen bei Substanzen vor, die nur über schwache Bindungen verfügen (Abbildung 11.6). Sind diese als *eine* Substanz aufzunehmen, oder getrennt nach den Komponenten? In Abbildung 11.6 haben wir einen speziellen Aspekt integriert, die Verzeichnung von Isotopen (Deuterium statt Hydrogenium sowie ^{14}C statt ^{12}C). Sind die (ansonsten ja unveränderten) Strukturen mit den Isotopen neue Substanzen und benötigen demnach einen eigenen Datensatz?

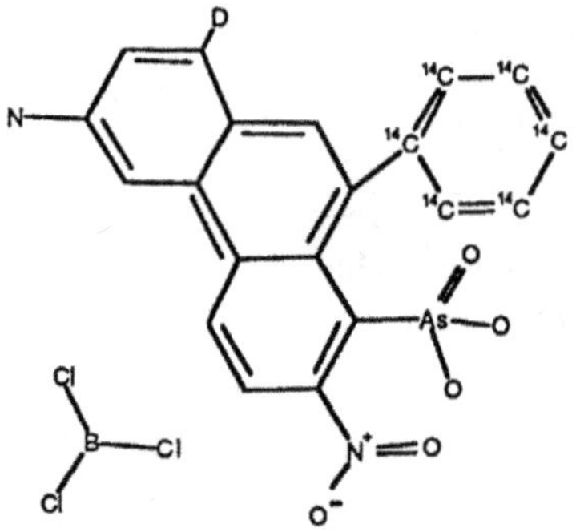

Abbildung 11.6: Zwei Moleküle (eines mit Isotopen) mit schwacher Bindung.
Quelle: Baumgras/Rogers 1995, 628.

Eine weitere Herausforderung an eine chemische Nomenklatur sind die Markush-Strukturen (Berks 2001; Stock/Stock 2005, 170). In diesen wird an einer bestimmten Stelle innerhalb einer Struktur kein spezifisches Atom angegeben, sondern eine ganze Gruppe von möglichen Elementen, von funktionellen Gruppen, von Klassen funktioneller Gruppen (z.B. Estern) oder von Gruppen chemischer Strukturen (wie etwa Alkylen) (Austin 2001, 11). Hiermit ergeben sich neben tatsächlich existierenden Substanzen auch Hinweise auf mögliche ("prophetische") Substanzen. Insbesondere im gewerblichen Rechtsschutz sind Markush-Strukturen beliebt, da so die Ansprüche der Patente recht weit gesteckt werden können. Der Name "Markush" geht auf eine Patentanmeldung von Eugene A. Markush (1923) zurück, der als erster eine solche unspezifische Beschreibung in die Patentliteratur einführte.

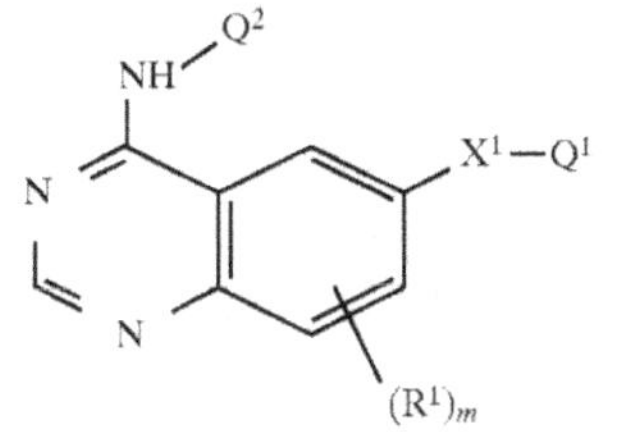

Abbildung 11.7: Markush-Struktur. Beispiel: Quinazolin-Derivat.
Quelle: Austin 2001, 12.

Im Beispiel von Abbildung 11.7 sind mehrere solcher Markush-Elemente vorhanden: X^1 steht für eine direkte Bindung, Q^1 und Q^2 für jeweils (im Patent genauer angegebene) Verbindungen und R für organische Reste.

Alle bekannten Markush-Strukturen sind – allerdings in einer speziellen Nomenklatur – neben den "normalen" Strukturen abzulegen und stehen damit für die Recherche zur Verfügung.

Gen-Identität und die chronologische Relation

Gegenstände ändern sich im Laufe der Zeit. Werden solche Gegenstände in unterschiedlichen Zeiten durch unterschiedliche Benennungen beschrieben und ist im Vergleich zu anderen Zeiten der Begriff in Extension oder Intension verschieden, sprechen wir von Gen-Identität (s. o., S. 74). Die RSWK drücken die Gen-Identität durch die Relation der "Chronologischen Form" (CF) mit den beiden Richtungen "früher" und "später" aus. Die chronologischen Verweisungen (RSWK 1998, § 12)

> werden bei geographischen Schlagwörtern (Namensänderungen …) sowie bei Körperschaften (Namensänderung mit grundlegender Veränderung der Natur der Körperschaft …) verwendet.

Namensänderungen bei Personen (beispielsweise nach Heirat) fallen nicht unter die chronologische Relation, sondern unter die Synonymie. Schließlich liegt in diesem Fall kein neuer Begriff vor, sondern nur eine neue Benennung für denselben Begriff.

Ändert sich bei einem Geographicum bzw. bei einer Körperschaft ausschließlich der Name (bleiben also Begriffsumfang und -inhalt erhalten), so wird wie bei den Personennamen grundsätzlich mit der Synonymie gearbeitet. Gehen mit der Namensänderung auch Modifikationen beim Begriff einher, so wird die chronologische Relation eingesetzt. Die RSWK (1998, § 207) geben ein Beispiel für ein geographisches Schlagwort:

Sowjetunion

CF früher *Russland *Anfänge-1917*

CF später *Russland *ab 1991.*

Spalten sich Geographica in mehrere Teile auf oder werden umgekehrt mehrere Orte zu einem einzigen zusammengelegt, so schlägt sich das in der entsprechenden chronologischen Relation nieder (RSWK 1998, § 209):

Garmisch-Partenkirchen

CF früher *Garmisch*

CF früher *Partenkirchen*

Garmisch

H Für den früher selbständigen Ort und den heutigen Ortsteil verwendet

CF später *Garmisch-Partenkirchen*

Partenkirchen

H Für den früher selbständigen Ort und den heutigen Ortsteil verwendet

CF später *Garmisch-Partenkirchen.*

(*H* steht für "Hinweis".) Der spätere Ortsteil (z.B. Partenkirchen) wird gemäß RSWK mit dem Schlagwort des früheren selbständigen Ortes beschrieben. Die alternative Formulierung

Garmisch-Partenkirchen-Partenkirchen

ist in der Tat etwas verwirrend.

Ändern sich bei einer Körperschaft deren Aufgabenbereich oder Selbstverständnis oder liegen Teilungen bzw. Zusammenschlüsse vor, so wird mit der chronologischen Relation gearbeitet. Auch hier versorgen uns die RSKW (1998, § 611) mit einem Beispiel:

Deutscher Turnerbund

H 1950 neu gegründet, versteht sich als Nachfolgeorganisation der Deutschen Turnerschaft

CF früher *Deutsche Turnerschaft*

Deutsche Turnerschaft

H 1934 in den Deutschen Reichsbund für Leibesübungen eingegliedert, 1936 Selbstauflösung, 1950 unter dem Namen Deutscher Turnerbund neu gegründet

CF später *Deutscher Turnerbund.*

Pflege von Nomenklaturen

Wenn neue Themen aufkommen, die beschrieben werden müssen, sind entsprechend neue Normeinträge zu erstellen. Umgekehrt ist es möglich, dass gewisse Schlagworte kaum Dokumenten zugeordnet werden konnten, so dass diese zu löschen sind. Die Nomenklatur-Pflege sorgt dafür, dass sowohl ein unkontrolliertes Wachsen als auch ein unkontrolliertes Schrumpfen des Begriffsmaterials ausgeschlossen wird. Jessica Hubrich (2005, 34 f.) beschreibt die Arbeiten bei der Neuansetzung eines Schlagworts bei der bibliothekarischen Inhaltserschließung:

> Um den Aufwand möglichst niedrig zu halten, wird ein Begriff i. d. R. nur dann neu eingeführt, wenn dies zur Beschreibung des Gegenstands eines zu indexierenden Dokuments unbedingt notwendig ist, d.h. wenn das Thema mit den gegebenen Mitteln der Sacherschließung nicht dargestellt werden kann und es sich zudem bei dem Begriff um keine so genannte "Eintagsfliege" handelt, also davon ausgegangen werden kann, dass er auch in Zukunft für die Erschließung und/oder zu Recherchezwecken genutzt wird.

Hubrich hat die Überlegungen im Vorfeld einer Schlagwortneuansetzung anschaulich in einem Diagramm (Abbildung 11.8) dargestellt.

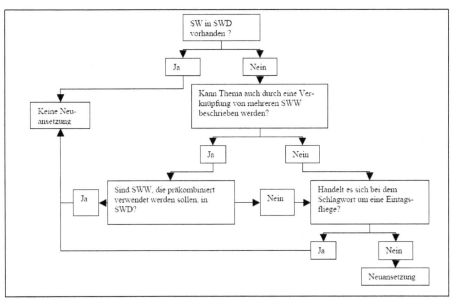

Abbildung 11.8: Neuaufnahme eines Schlagworts in eine Normdatei.
Quelle: Hubrich 2005, 35.

Sofern der Begriff (einschließlich aller Synonyme und Quasi-Synonyme) noch nicht in der Wissensordnung verzeichnet ist, kann man – bei Komposita – überlegen, ob der neue Begriff durch eine Kombination alter Terme ausgedrückt werden kann. Nehmen wir an, der mögliche neue Eintrag sei *Bibliotheksstatistik*. Sowohl *Bibliothek* als auch *Statistik* kommen schon in der Datei vor. Ist zum derzeitigen Wissensstand nur wenig Literatur zu *Bibliotheksstatistik* zu erwarten und sind zusätzlich nur vereinzelt Anfragen zu diesem Kompositum wahrscheinlich, so begnügt man sich mit der Aufnahme eines Verweises:

> *Bibliotheksstatistik* verwende *Bibliothek ; Statistik.*

Muss man aber mit größeren Literaturmengen (grober Richtwert: mehr als 25 Dokumenten) rechnen oder weiß man aus Nutzerbeobachtungen, dass der Begriff stark nachgefragt wird, so wird ein neuer Schlagwortsatz angelegt.

Ganz anders verfährt der Registry File der Chemical Abstracts. In dem Moment, in dem bekannt wird, dass eine neue Substanz in der einschlägigen Fachliteratur beschrieben worden ist, wird ein Schlagwortsatz in der Nomenklatur angelegt. Hier wird – möglichst sogar tagesaktuell – Vollständigkeit in der Wissensordnung angestrebt. Pro Arbeitstag fügen die Mitarbeiter von Chemical Abstracts dem Registry File rund 4.000 neue Datensätze hinzu.

Es ist nützlich, den Schlagworten ihre "Lebensdaten" hinzuzufügen, also das Datum ihrer Einführung sowie den Zeitpunkt, ab dem sie nicht mehr als Vorzugsbenennung Verwendung finden. So sehen Indexer und Nutzer auf den ersten Blick, welche kontrollierten Terme derzeit aktiv sind und – falls nicht – zu welchen Zeiten sie im Informationssystem eingesetzt worden sind.

Fazit

- Die Verzeichnung aller (allgemeinen oder fachspezifischen) Benennungen zur Nutzung als Wissensordnung nennen wir "Nomenklatur". Nomenklaturen arbeiten mit normiertem Vokabular, d.h. aus der Gesamtmenge von Synonymen bzw. Quasi-Synonymen wird genau *eine* Bezeichnung als Vorzugsterm ausgezeichnet. Den Vorzugsterm bezeichnen wir mit "Schlagwort". Sowohl die Indexer als auch die Nutzer arbeiten mit diesen Ansetzungsformen.

- Nomenklaturen zeichnen sich durch eine elaborierte Form der Synonymie aus. Weitere Relationen (beispielsweise die unspezifische siehe-auch-Verweisung) können vorkommen; grundsätzlich sind (per definitionem) keine hierarchischen Relationen enthalten.

- Ein (natürlichsprachiges) Schlagwort kann aus einzelnen Worten, aus Wortgruppen oder aus Adjektiv-Substantiv-Verbindungen bestehen und sich sowohl auf Individual- als auch auf Allgemeinbegriffe beziehen (so etwa in der Schlagwortnormdatei SWD). Es kann aber auch mittels einer eindeutigen Nummer (so beim Registry File von Chemical Abstracts Services) gebildet werden.

- Bei der Kreation des (natürlichsprachigen) Schlagwortes sind dessen Genus, die Vermeidung von Pleonasmen, ein direkter oder indirekter (recherchierbarer) Zeitbezug sowie (bei einem Begriff mit mehreren Bedeutungskomponenten) dessen mögliche Zerlegung in einzelne Schlagworte zu bedenken.

- Homonyme werden stets in die einzelnen Begriffe getrennt und i. d. R. durch einen Homonymzusatz (z.B. *Kiefer <Anatomie>*) ergänzt.

- Synonyme und Quasi-Synonyme werden zu *einer* Klasse zusammengefasst. Der Registry File von CAS zeigt, dass dies eine nicht zu unterschätzende Aufgabe ist, müssen doch alle Molekularformeln, systematischen Bezeichnungen, Handelsnamen, Strukturformeln usw. einer Substanz aufgefunden und verzeichnet werden. Die Strukturformeln (einschließlich der enthaltenen Substrukturen) werden durch Bindungstabellen recherchierbar gemacht.

- Spezialprobleme chemischer Nomenklaturen sind abkürzende Schreibweisen im Sprachgebrauch von Chemikern, Substanzen mit schwachen Bindungen, das Vorkommen von Isotopen in einer Struktur sowie die ("prophetischen") Markush-Strukturen.

- Gen-identische Begriffe werden durch die chronologische Relation miteinander verknüpft. Die entsprechenden Gegenstände tragen zu unterschiedlichen Zeiten verschiedene Namen und sind in Extension bzw. Intension zwar ähnlich, aber nicht identisch. Änderungen, die lediglich die Bezeichnung betreffen (etwa Personennamen nach einer Heirat), werden als synonym und nicht als gen-identisch betrachtet.

- Die Pflege von Nomenklaturen hat die Aufgabe, unkontrolliertes Wachsen (wie Schrumpfen) der Wissensordnung zu verhindern. Nützlich ist, jedem Schlagwort sowohl den Zeitpunkt der Aufnahme in die Begriffsordnung als auch (soweit erfolgt) den der Löschung anzufügen.

Literatur

Austin, R. (2001): The Complete Markush Structure Search: Mission Impossible? – Eggenheim-Leopoldshafen: FIZ Karlsruhe.

Baumgras, J.L.; Rogers, A.E. (1995): Chemical structures at the desktop: Integrating drawing tools with on-line registry files. – In: Journal of the American Society for Information Science 46, S. 623-631.

Berks, A.H. (2001): Current state of the art of Markush topological search systems. – In: World Patent Information 23, S. 5-13.

Cutter, C.A.: Rules for a Dictionary Catalog. – 4. Aufl. – Washington: Government Printing Office. – (Original: 1876).

Foskett, A.C. (1982): The Subject Approach to Information. – 4. Aufl. – London: Clive Bingley; Hamden, Conn.: Linnet.

Geißelmann, F. (1989): Zur Strukturierung der Schlagwortnormdatei. – In: Buch und Bibliothek 41, S. 428-429.

Geißelmann, F., Hrsg. (1994): Sacherschließung in Online-Katalogen. – Berlin: Deutsches Bibliotheksinstitut.

Gödert, W. (1990): Zur semantischen Struktur der Schlagwortnormdatei (SWD): Ein Beispiel zur Problematik des induktiven Aufbaus kontrollierten Vokabulars. – In: Libri 40, S. 228-241.

Gödert, W. (1991): Verbale Inhaltserschließung. Ein Übersichtsartikel als kommentierter Literaturbericht. – In: Mitteilungsblatt / Verband der Bibliotheken des Landes Nordrhein-Westfalen e.V. 41, S. 1-27.

Hubrich, J. (2005): Input und Output der Schlagwortnormdatei (SWD). Aufwand zur Sicherstellung der Qualität und Möglichkeiten des Nutzens im OPAC. – Köln: Fachhochschule Köln / Fakultät für Informations- und Kommunikationswissenschaften / Institut für Informationswissenschaft. – (Kölner Arbeitspapiere zur Bibliotheks- und Informationswissenschaft; 49).

Kunz, M. (1994): Zerlegungskontrolle als Teil der terminologischen Kontrolle in der SWD. – In: Dialog mit Bibliotheken 6(2), S. 15-23.

Lipscomb, K.J.; Lynch, M.F.; Willett, P. (1989): Chemical structure processing. – In: Annual Review of Information Science and Technology 24, S. 189-238.

Markush, E.A. (1923): Pyrazolone dye and process of making the same. Patent-Nr. US 1.506.316. – Patentinhaber: Pharma-Chemical Corp. – Erteilt am: 26.8.1924. – (Eingereicht am: 9.1.1923).

Ribbert, U. (1992): Terminologiekontrolle in der Schlagwortnormdatei. – In: Bibliothek. Forschung und Praxis 16, S. 9-25.

RSWK (1998): Regeln für den Schlagwortkatalog. – 3. Aufl. – Berlin: Deutsches Bibliotheksinstitut.

Stock, M.; Stock, W.G. (2005): Intellectual property information. A case study of Questel-Orbit. – In: Information Services & Use 25, S. 163-180.

Umlauf, K. (2007): Einführung in die Regeln für den Schlagwortkatalog RSWK. – Berlin: Institut für Bibliotheks- und Informationswissenschaft der Humboldt-Universität zu Berlin. – (Berliner Handreichungen zur Bibliotheks- und Informationswissenschaft; 66).

Weisgerber, D.W. (1997): Chemical Abstracts Service Chemical Registry System: History, scope, and impacts. – In: Journal of the American Society for Information Science 48, S. 349-360.

Kapitel 12

Klassifikation

Notationen

Klassifikationen verfügen als Wissensordnungen über eine lange Geschichte (siehe Kapitel 1). Dies gilt sowohl für deren Funktion als Aufstellsystematik in Bibliotheken als auch für ihren Einsatz bei Online-Datenbanken (Oberhauser 1986; Gödert 1987; Markey 2006). Für Standardanwendungen liegen seit Jahren Normen vor (in Deutschland DIN 32705:1987). Klassifikationen verfügen über zwei hervorstechende Eigenschaften: die Begriffe (Klassen) werden durch (nicht-natürlichsprachige) Notationen bezeichnet, und die Systeme arbeiten stets mit der Hierarchierelation. Hans-Jürgen Manecke (1994, 107) definiert:

> Ein Klassifikationssystem ist eine systematische Zusammenstellung von Begriffen (*Begriffssystematik*), in der vor allem die *hierarchischen Beziehungen zwischen den Begriffen (Über- und Unterordnung)* durch systemabbildende Bezeichnungen (Notationen) dargestellt sind.

Das Bilden der Klassen, also alle Arbeiten bei der Erstellung und Pflege von Klassifikationen, nennen wir "Klassifizieren" (dies ist das Thema dieses Kapitels), die Zuordnung von Klassen eines konkreten Klassifikationssystems zu einem gegebenen Dokument dagegen "Klassieren".

Der Notation kommt bei Klassifikationssystemen eine besondere Bedeutung zu. Zur Einstimmung seien willkürlich einige Beispiele aufgeführt:

> *636.7* (DDC),
> *35550101* (Dun & Bradstreet),
> *DEA27* (NUTS),
> *Bio 970* (SfB),
> *A21B 1/08* (IPC).

Die erste Notation aus der Dewey Decimal Classification (DDC) steht als Bezeichnung für die Klasse "Hunde". In der DDC bildet jede Ziffer eine Hierarchieebene, *636.7* ist demnach Unterbegriff von *636*, *636* wiederum Unterbegriff von *63* sowie *63* Unterbegriff von *6*. Dieses Dezimalprinzip gestattet eine problemlose nähere Unterteilung der Begriffsordnung nach unten (**Hospitalität in der Begriffsleiter**), aber keine Erweiterung über zehn Klassen hinaus in der Breite, führt also zu einer sehr eingeschränkten **Hospitalität in der Begriffsreihe** (es gibt halt nur zehn Ziffern). Bei Dun & Bradstreet steht *35550101* für Maschinen zum Bedrucken von Briefumschlägen. Die ersten vier Ziffern (also *3555*) folgen wie bei der DDC dem Dezimalprinzip, die beiden letzten Hierarchiestellen werden jedoch durch jeweils zwei Ziffern ausgedrückt, hinter *3555* folgen demnach nur noch zwei Hierarchieebenen (*355501* und *35550101*). Da wir über nunmehr 100 Möglichkeiten pro Ebene verfügen, liegt ein Zenturalprinzip vor. (Besonders perfide ist bei den Notationen von Dun & Bradstreet, dass ein unerfahrener Nutzer nicht weiß, an welchen Notationsstellen das Dezimal- und an welchen das Zenturalprinzip Anwendung findet.) Auch ein Millenualprinzip (drei Ziffern) ist möglich. Im unteren Beispiel aus der Internationalen Patentklassifikation steht an der vierten Notationsstelle eine *1*. In dieser Hierarchie sind 1.000 unterschiedliche Geschwisterbegriffe möglich (die genaue Notation an dieser Stelle wäre also eigentlich *001*). Anstelle der Ziffern können wir genauso gut Buchstaben einsetzen oder mit Kombinationen aus Ziffern und Buchstaben arbeiten. Die Nomenclature des unités territoriales statistiques (NUTS) arbeitet ab der zweiten Hierarchieebene mit einem gemischten System. Die ersten zehn Geschwisterbegriffe erhalten die Ziffern 0 bis 9, danach kommen die Buchstaben A bis Z zum Einsatz. Hierdurch erhalten wir bei nur einer Notationsstelle Optionen auf eine Hospitalität in der Reihe mit bis zu 36 Begriffen. Die erste Ebene bei NUTS wird mnemotechnisch gebildet und steht für ein Land (*DE* für Deutschland). *A* in der darunter liegenden, also der zweiten Ebene bezeichnet Nordrhein-Westfalen, die Gesamtnotation steht für den Rhein-Erft-Kreis.

Notationen, die zumindest teilweise die **Mnemotechnik** berücksichtigen, finden sich in vielen öffentlichen Bibliotheken. *Bio 970* steht in der Systematik für Bibliotheken (SfB) für die Hauskatzen, der Topterm der Begriffsleiter ist – leicht erschließbar – Biologie. Ansonsten legen Klassifikationssysteme nur wenig Wert auf die Merkfähigkeit ihrer Notationen (was zwangsläufig zu einer automatisierten Verarbeitung von Nutzereingaben und zu einem Nutzer-System-Dialog führen muss).

64	Nachrichtenübermittlung
64.1	Postverwaltung und private Post- und Kurierdienste
64.11	Postverwaltung
64.11.0	Postverwaltung
64.12	Private Post- und Kurierdienste
64.12.1	Briefdienste
64.12.2	Zeitungsdienste
64.12.3	Paketdienste
64.12.5	Expressdienste
64.12.6	Kurierdienste
64.12.7	Erbringung von sonstigen postalischen Dienstleistungen
64.3	Fernmeldedienste
64.30	Fernmeldedienste
64.30.1	Erbringung von festnetzgebundenen Telekommunikationsdienstleistungen
64.30.2	Erbringung von Mobilfunkdienstleistungen
64.30.3	Erbringung von Satellitenfunkdienstleistungen
64.30.4	Erbringung von sonstigen Telekommunikationsdienstleistungen

Abbildung 12.1: Hierarchische Notation am Beispiel der Klassifikation der Wirtschaftszweige. *Quelle:* WZ03 2002.

Ebenfalls ein gemischtes System aus Ziffern und Buchstaben wird bei der Internationalen Patentklassifikation (IPC) verwendet. Unsere Notation steht für Backöfen, die mit Wasserdampf beheizt werden. Die erste IPC-Hierarchieebene (eine Stelle) erwartet einen Buchstaben, die zweite zentural zwei Ziffern (wobei die führende Null wegfallen kann), die dritte wiederum einen Buchstaben und die vierte millenual drei Ziffern (mit dem möglichen Auslassen führender Nullen). Ab der vierten Hierarchieebene wird die Notationsgestaltung etwas verzwickt. Die vierte Ebene, die sog. "Hauptgruppe", enthält grundsätzlich zwei Nullen (*/00*), ab der fünften Ebene werden enumerativ andere Ziffern vergeben.

Notationen spiegeln manchmal die hierarchische Stellung ihrer Begriffe wider, so dass man in diesen Fällen von **hierarchischen Notationen** (DIN 32705:1987, 6) spricht. Als Beispiel dient uns die deutsche Klassifikation der Wirtschaftszweige (Abbildung 12.1), die mit Ausnahme der letzten Hierarchieebene mit der Europäischen NACE (Nomenclature général des activités économiques dans les Communautés Européens) identisch ist. Wir sehen vier Hierarchiebenen: Abteilung (zenural, z.B. *64* Nachrichtenübermittlung), Gruppe (dezimal, z.B. *64.1* Postverwaltung und private Post- und Kurierdienste), Klasse (dezimal, z.B. *64.12* private Post- und Kurierdienste) sowie die von den Mitgliedsländern der EU jeweils unterschiedlich besetzte unterste Ebene (wiederum dezimal, z.B. *64.12.1* Briefdienste). Die Notationen zeigen eindeutig die Hierarchie:

> 64 Nachrichtenübermittlung
> > 64.1 Postverwaltung und private Post- und Kurierdienste
> > > 64.12 private Post- und Kurierdienste
> > > > 64.12.1 Briefdienste.

Der Vorteil hierarchischer Notationen für das Online-Retrieval liegt auf der Hand: Mittels eines einzigen Trunkierungszeichens erhält der Nutzer die Option hierarchischen Retrievals (IR, 160 f.). Wenn "*" das Zeichen für die offene Rechtstrunkierung und "?" für das Ersetzen genau eines Zeichens ist, findet man mittels

> 64.1*

alle Dokumente zur Post nebst aller ihrer Unterbegriffe. Verwendet man dagegen

> 64.1?,

so recherchiert man nach der Gruppe sowie nach allen ihrer Klassen, jedoch nicht nach deren Unterbegriffen. Arbeitet eine Hierarchieebene mit mehreren Stellen, so muss der Nutzer entsprechend viele Ersetzungszeichen benutzen, bei zenturaler Notationsstelle beispielsweise zwei Fragezeichen (??).

Ist ein Klassifikationssystem nicht auf Online-Retrieval ausgelegt, sondern soll beispielsweise die Aufstellsystematik für Bücher einer Bibliothek fundieren, so kann man aus Gründen der Einfachheit mit **sequentiellen Notationen** arbeiten. Hier werden die Notationen einfach durchnummeriert, wobei natürlich (wie stets in Klassifikationssystemen) jeweils benachbarte Notationen auch thematisch eng miteinander verwandt sind. Schließlich soll der Nutzer, der soeben am Bibliotheksregal ein einschlägig passendes Buch gefunden hat, auch rechts und links vom konkreten Treffer weitere zutreffende Angebote finden. Die SfB verwendet sequentielle Notationen. So liegen im Ausschnitt von Abbildung 12.2 – gekennzeichnet durch Einrückungen – sehr wohl hierarchische Beziehungen vor, die jedoch von den Notationen nicht erfasst werden.

	Sprache (Spra)	
	GERMANISCHE SPRACHEN. GERMANISTIK	
	Einzelne Sprachen	
	DEUTSCH	
	WORTSCHATZ. LEXIKOLOGIE [Forts.]	
Spra 147	Lexikographie. Etymologie. Wortsemantik	
A - Z	Einzelne Wörter	
Spra 149	Idiomatik. Redensarten. Phraseologie	Sprichwörter s. Vo 934 ff. Zitate s. Lit 82
Spra 150	Namenkunde	
Spra 152	Personennamen	
Spra 152,1	Vornamen	
Spra 155	Ortsnamen. Flurnamen. Pflanzennamen. Sonstige Namen	
Spra 159	SPRACHSTATISTIK	
	GRAMMATIK	
Spra 165	Allgemeines. Gesamtdarstellungen	

Abbildung 12.2: Sequentielle Notation am Beispiel der Systematik für Bibliotheken. *Quelle:* SfB 1997.

Neben den reinen hierarchischen bzw. sequentiellen Notationssystemen gibt es auch Mischungen aus beiden. Solche **hierarchisch-sequentiellen Notationen** arbeiten in gewissen Hierarchieebenen hierarchisch, in anderen dagegen sequentiell. Ein gutes Beispiel für solch eine gemischte Notation ist die IPC (Abbildung 12.3). Die ersten vier Ebenen zeigen auch in der Notation die hierarchische Stellung des Begriffs:

> G Physics
>> G06 Computing, calculating, counting
>>> G06F Electrical digital data processing
>>>> G06F 3 Input arrangements …

G Physics

G06 Computing, Calculating, Counting

G06F Electrical digital data processing

G06F 3/00	Input arrangements for transferring data to be processed into a form capable of being handled by the computer; Output arrangements for transferring data from processing unit to output unit, e.g. interface arrangements (typewriters B41J; conversion of physical variables F15B 5/00, G01; image acquisition G06T 1/00, G06T 9/00; coding, decoding or code conversion, in general H03M; transmission of digital information H04L) [4]
G06F 3/01	· Input arrangements or combined input and output arrangements for interaction between user and computer (G06F 3/16 takes precedence) [8]
G06F 3/02	· · Input arrangements using manually operated switches, e.g. using keyboards or dials (keyboard switches per se H01H 13/70; electronic switches characterised by the way in which the control signals are generated H03K 17/94) [3,8]
G06F 3/023	· · · Arrangements for converting discrete items of information into a coded form, e.g. arrangements for interpreting keyboard generated codes as alphanumeric codes, operand codes or instruction codes (coding in connection with keyboards or like devices in general H03M 11/00) [3,8]
G06F 3/027	· · · · for insertion of the decimal point [3,8]
G06F 3/03	· · Arrangements for converting the position or the displacement of a member into a coded form [3,8]

Abbildung 12.3: Hierarchisch-sequentielle Notation am Beispiel der Internationalen Patentklassifikation. *Quelle:* IPC 2005.

Ab der Gruppenebene wird zwar bei der IPC weiterhin in der Begriffsleiter nach unten hierarchisch unterteilt, nur zeigen dies die Notationen nicht an. Einzig der /00-Notationsteil steht für die Hauptgruppe und damit für den Oberbegriff aller darunter liegenden Untergruppen. In der gedruckten Fassung der IPC wird die Hierarchie durch die Anzahl der Punkte angedeutet: *G06F 3/027* ist also der Unterbegriff zu *G06F 3/023*, dieser zu *G06F 3/02*, und dieser wiederum zu *G06F 3/01*. Hierarchische Rechercheoptionen mit Trunkierung enden bei der IPC auf der Ebene der Hauptgruppen; für darunter liegende Klassen (und das sind mit Abstand die meisten) ist eine trunkierte Suche nicht durchführbar.

Es kommt in manchen Klassifikationssystemen vor, dass zusammenhängende, aber unterschiedliche Notationen eine einzige Klasse bilden. So arbeitet beispielsweise das North American Industry Classification System (NAICS) bei den Subsektoren (zweite Hierarchieebene) nach dem Dezimalprinzip. Da es aber jeweils mehr als zehn Klassen in den Bereichen von Industrie, Einzelhandel und Transport gibt, werden benachbarte Notationen zu einem "Kapitel" zusammengefasst. So hat die NAICS beim Kapitel Industrie die Klassen 31, 32 und 33 zu einer Einheit verschmolzen (Abbildung 12.4). Die derart insgesamt 30 erhaltenen möglichen Klassen in der Begriffsreihe reichen offenbar aus, um den Komplex der Industrie erschöpfend einzuteilen. Ein Nutzer, der die komplette Industrie recherchieren möchte, muss demnach die Notationen mittels des Booleschen Oder verknüpfen:

31 OR 32 OR 33,

bzw. – beim Einbeziehen aller darunter liegenden Ebenen: 31* OR 32* OR 33*.

11	Agriculture, Forestry, Fishing, and Hunting
21	Mining
22	Utilities
23	Construction
31-33	Manufacturing
42	Wholesale Trade
44-45	Retail Trade
48-49	Transportation and Warehousing
51	Information
52	Finance and Insurance
53	Real Estate and Rental and Leasing
54	Professional, Scientific and Technical Services
55	Management of Companies and Enterprises
56	Administrative and Support and Waste Management and Remediation Services
61	Educational Services
62	Health Care and Social Assistance
71	Arts, Entertainment and Recreation
72	Accommodation and Food Services
81	Other Services (except Public Administration)
92	Public Administration

Abbildung 12.4: Klassenbildung über Kapitel. *Quelle:* NAICS 1998.

Klassenbenennungen

Die Vorzugsbenennung einer Klasse ist deren Notation. Die gesamte hierarchische Struktur eines Klassifikationssystems baut auf diesen Vorzugsbenennungen auf. Für die Nutzer wäre aber das ausschließliche Arbeiten mit Notationen kaum zweckmäßig; für ihn müssen natürlichsprachige Zugänge zu den Notationen erstellt werden. Der große Vorteil von Notationen ist, dass diese unabhängig von natürlichen Sprachen gebildet werden. Nutzer sprechen "ihre" Sprachen, entsprechend sind Klassenbenennungen in allen natürlichen Sprachen zu schaffen, die die potentiellen User verwenden. Ein multinationales Unternehmen mit Betriebsstätten und Niederlassungen beispielsweise in Deutschland, Polen, Japan und den USA wird demnach die Benennungen in deutsch, polnisch, japanisch und englisch kreieren. Eine der großen Universalklassifikationen – die Dewey Decimal Classification (DDC) –, die in mehr als 135 Ländern in Bibliotheken Einsatz findet, ist in über 30 Sprachen übersetzt worden.

Wie Abbildung 12.5 zeigt, bildet die Notation die Basis, quasi die Tiefenstruktur des Systems. Je nach den Sprachvorlieben der Nutzer werden natürlichsprachige Oberflächen geschaffen. Die Menge der jeweils sprachspezifischen Benennungen wird dabei nicht eins-zu-eins übersetzt, sondern den sprachlichen, gesellschaftlichen oder kulturellen Gegebenheiten angepasst. So kann man etwa die deutsche Benennung "Lehrling" (oder "Azubi") nicht eindeutig ins Englische übersetzen, da die duale Berufsausbildung dort nicht wie in Deutschland praktiziert wird. Beim "trainee" im Englischen schwingt stets die Bedeutung "Praktikant" mit, und das ist ein Lehrling ja gerade nicht. Für jede natürliche Sprache werden so viele Benennungen (Synonyme und Quasi-Synonyme) aufgenommen, mit denen die potentiellen Nutzer den entsprechenden Begriff suchen könnten.

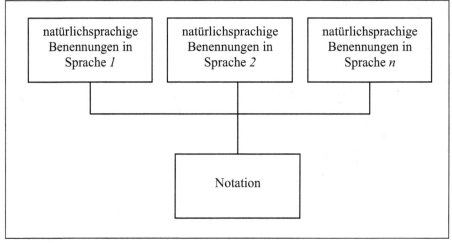

Abbildung 12.5: Mehrsprachige Benennungen einer Notation.

Die natürlichsprachigen Benennungen verweisen stets auf die Vorzugsbenennung, d.h. die Notation. Da nur die Benennungen, nicht aber die Notationen, über mögliche Homonyme verfügen, klärt sich in Klassifikationssystemen das Homonymproblem quasi von selbst. Der Nutzer wird bei der Eingabe eines Homonyms zwangsläufig auf unterschiedliche Notationen geführt, die für die jeweils verschiedenen Begriffe stehen und damit die Homonyme trennen. Wenn wir im Register der DDC bei "bridge" nachschlagen, erhalten wir folgende Liste (DDC 2003, Bd. 4, 103):

Bridge (Game)	795.415
Bridge circuits	621.374 2
electronics	621.381 548
Bridge engineers	624.209 2
Bridge harps	787.98
see also Stringed instruments	
Bridge River (B.C.)	T2-711 31
Bridge whist	795.413
Bridgend (Wales : County Borough)	T2-429 71
Bridges	388.132
architecture	725.98
construction	624.2

military engineering	623.67
public administration	354.76
transportation services	388.132
railroads	385.312
roads	388.132
Bridges (Dentistry)	617.692
Bridges (Electrical circuits)	621.374 2.

Die Benennungen, in gedruckten Klassifikationen stets als Register ausgelegt, erfüllen demnach die Aufgaben des Trennens von Homonymen, des Zusammenführens von Synonymen (im Beispiel etwa die Benennungen der Klassen 388.132 und 621.374 2) sowie – mitunter – des unspezifischen siehe-auch-Verweises (wie bei den *Bridge harps*). Winfrid Gödert (1990, 98) stellt zu Recht fest:

> Registerarbeit bedeutet also immer terminologische Kontrolle.

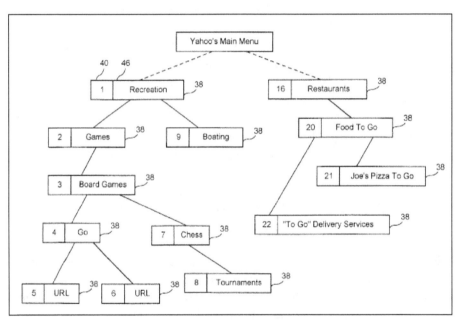

Abbildung 12.6: Fingiertes einfaches Beispiel eines Klassifikationssystems.
Quelle: Wu 1997, Fig. 2.

Synkategoremata und indirekte Treffer

Betrachten wir ein Beispiel aus der Internationalen Patentklassifikation:

A 24 F 9/08 *Cleaning-sets*.

Die Benennung suggeriert, dass es schlechthin um Reinigungsmittel geht. Dies ist aber völlig unzutreffend, wie ein Blick in die nächst höhere Hierarchieebene lehrt:

A 24 F 9/04 *Cleaning devices for pipes.*

Es handelt sich also ausschließlich um Pfeifenreiniger. Wie geht ein Retrievalsystem mit folgender Suchanfrage um?

"Cleaning sets" AND pipes

Die Aufgabe ist klar: Das System muss den Nutzer auf die Notation A 24 F 9/08 führen oder die Suche nach diesem Begriff direkt veranlassen. Aber in der Notation A 24 F 9/08 kommt *pipes* nicht vor, dafür vermissen wir in A 24 F 9/04 die *cleaning sets*. Beide Benennungen sind synkategorematisch, d.h. unvollständig (s. o. S. 55). Wir haben auf der Ebene der Benennungen demnach keinen direkten Treffer.

Jiong Wu (1997) schlägt in einem Patent für Yahoo! vor, bei allen solchen Problemfällen (wenn also kein direkter Treffer in der Klassenbenennung vorliegt) stattdessen mit indirekten Treffern zu arbeiten, die die Benennungen in der jeweiligen Begriffsleiter in die Recherche mit einbeziehen. Wu baut ein einfaches Klassifikationssystem (Abbildung 12.6) auf. Die Notationen sind sequentiell (1, 2, 3 usw.) aufgebaut. Ein Nutzer möge nach *the game of go* fragen. Ein direkter Treffer, also eine Klassenbenennung mit *game* und mit *go*, liegt nicht vor, wohl aber diverse Benennungen, in denen *game* bzw. *go* aufscheinen. Der Ablauf der Recherche nach indirekten Treffern ist in Abbildung 12.7 angegeben.

Im Dokumentenspeicher, der bei Yahoo! sowohl Dokumente als auch Notationen mit ihren Benennungen aufnimmt (Stock/Stock 2000), werden bei jedem Eintrag – soweit vorhanden – die Notation des nächst höheren Begriffs sowie die Notation des (tiefsten) Bottom Terms der Begriffsleitern vermerkt. Betrachten wir als Beispiel die Notation 3 (*Board Games*), die in der ersten Spalte des Dokumentenspeichers notiert wird (Abbildung 12.7, oben). Die zweite Spalte nimmt die Notation desjenigen Bottom Terms auf, der die höchste Nummer trägt, hier 8 (*Tournaments*). Da die Notationen sequentiell vergeben sind, wissen wir, dass alle Einträge zwischen 4 und 8 Unterbegriffe von 3 sind. Die dritte Spalte letztlich benennt den Oberbegriff, also 2 (*Games*). Im Wortindex (Abbildung 12.7, rechts in der Mitte) werden alle einzelnen Worte unter Zuordnung ihrer Dokumentnummern (bzw. ihrer Notationen) vorgehalten. *Game(s)* (Yahoo! arbeitet mit automatischer Grundformbildung) kommt in den Einträgen 2 und 3, *Go* in den Einträgen 4, 20, 21 und 22 vor. Die Schnittmenge ist leer; es existiert kein direkter Treffer.

Der Algorithmus unserer Recherche nach *the game of go* eliminiert *the* und *of* als Stoppworte; die verbleibenden Suchargumente *game* und *go* verfügen im Wortindex über keine gemeinsamen Dokumente. Retrievalsysteme, die nicht über die Option der Suche nach indirekten Treffern arbeiten, würden an dieser Stelle eine –

fälschliche – Null-Treffer-Meldung ausgeben. Im Dokumentenspeicher sehen wir jedoch, dass die Unterbegriffe von *Games* (2) die Einträge 3 bis 8 sind. In diesem Intervall liegt unser zweites Suchargument (4). Damit ist die Notation 4 der gesuchte indirekte Treffer, für den bei Yahoo! neben der Klasse auch direkt die Dokumente (Nummern 5 und 6) dem Nutzer ausgegeben werden.

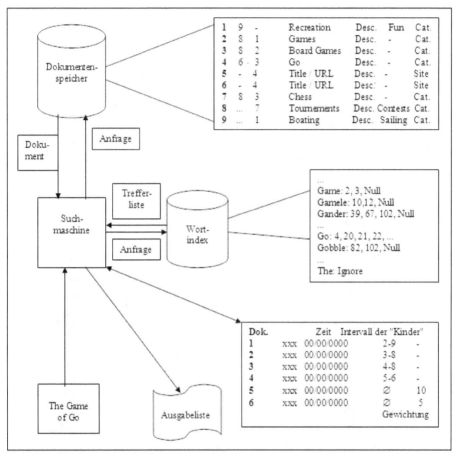

Abbildung 12.7: Ablauf einer Recherche mit indirekten Treffern bei Synkategoremata. *Quelle:* Stock/Stock 2000, 28 (im Anschluss an: Wu 1997, Fig. 3).

Klassenbildung und Hierarchisierung

Zentrale Herausforderungen an Klassifikationssysteme sind die Auswahl sowie die hierarchische Ordnung der Begriffe (Batley 2005, Bertram 2005, Bowker/Star 2000, Foskett 1982, Hunter 2002, Marcella/Newton 1994, Rowley 2000). Für Gödert (1990, 97) ist die entscheidende Frage bei der beschreibenden und bewertenden Beschäftigung mit Klassifikationssystemen ... die nach der Struktur eines solchen Systems, d.h. nach welchen Kriterien definiert man die Klassen, nach welchen ordnet man sie an. Darunter subsumieren sich dann Gesichtspunkte wie Detailliertheit und Aktualität. Ziel solchen Tuns ist doch eine möglichst große Akzeptanz auf intersubjektiver Ebene der jeweiligen Benutzerschaft.

Wir können nicht davon ausgehen, dass es so etwas wie eine **natürliche hierarchische Ordnung** der Gegenstände gäbe; die Ordnung kann also nicht *entdeckt*, sondern muss vielmehr – unter Beachtung der Zwecke des entstehenden Systems – *geschaffen* werden. Karen Spärck Jones (2005[1970], 571) betont:

> Since there is generally no natural or best classification of a set of objects as such, the evaluation of alternative classifications requires either formal criteria of goodness of fit, or, if a classification is required for a purpose, a precise statement of that purpose.

Hjørland und Pedersen (2005, 584) verdeutlichen dies an einem einfachen Beispiel. Gegeben seien drei Objekte:

Wir können – je nach Zweck der Ordnung – die beiden schwarzen Figuren zu einer Klasse zusammenfassen, wir können aber auch die beiden Quadrate als einen einzigen Begriff ansehen. Hjørland/Pedersen (2005, 584) schreiben dazu:

> (T)hree figures, namely two squares and a triangle, are presented (…). There are also two black figures and a white one. The three figures may be classified according either to form or to colour. There is no natural or best way to decide whether form or colour is the most important property to apply when classifying the figures; whether squares should form a class with triangles are excluded or whether black figures should form a class while white figures are excluded. It simply depends on the purpose of the classification.

Ist der Zweck der Klassifikation allgemein ausgerichtet, so wird man die Klassen **kategorial** – logisch – bestimmen. Braucht man die Klassifikation jedoch in gewissen Situationen, so klassifiziert man in Bezug auf die betreffenden Gegebenheiten **situational**. Peter Ingwersen (1992, 129) führt dazu aus:

> 'Categorial' classification means that individuals sort out an abstract concept and choose the objects which can be included under this concept. 'Situational' classification implies that individuals involve the objects in different concrete situations, thereby grouping objects which belong together.

Die Klassen werden nach zweckorientierten Kriterien gemäß ihrer Extension bzw. Intension gebildet und eingeteilt. Diese Kriterien und ihre Begründungen spielen die wesentliche Rolle bei Aufbau und Pflege von Klassifikationssystemen (Hjørland/Pedersen 2005, 592):

> Classification is the sorting of objects based on some criteria selected among the properties of the classified objects. The basic quality of a classification is the basis on which the criteria have been chosen, motivated, and substantiated.

Neben den fachlichen Kriterien spielen bei einer informationswissenschaftlichen Betrachtung von Klassifikationen vor allem die Kriterien des optimalen Information Retrieval eine Rolle (Hjørland/Pedersen 2005, 593):

> (W)hich criteria should be used to classify documents in order to optimise IR?

Unabhängig von den jeweiligen Kriterien, die aus dem Einsatzzweck erwachsen, gibt es einige **allgemeine Kriterien**, die auf Klassifikationen jeder Art zutreffen. In aller Regel sind Klassifikationssysteme monohierarchisch ausgelegt, wobei zwischen der Abstraktionsrelation und der Teil-Ganzes-Relation nicht unterschieden wird. Instanzen kommen nur in Ausnahmefällen im System vor (Mitchell 2001).

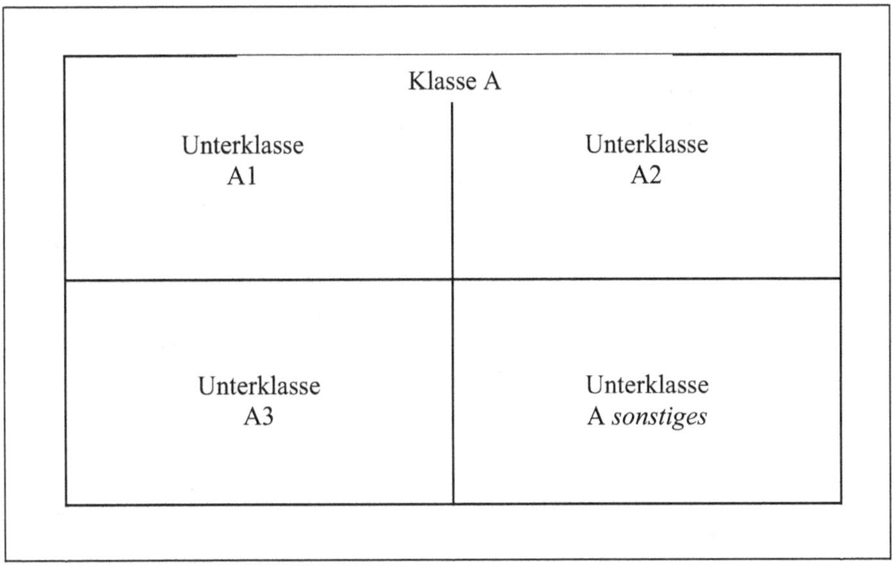

Klasse A	
Unterklasse A1	Unterklasse A2
Unterklasse A3	Unterklasse A *sonstiges*

Abbildung 12.8: Extensionale Identität zwischen einer Klasse und der Vereinigungsmenge ihrer Unterklassen.

Die Extension von Geschwisterbegriffen sollte mit der Extension ihres gemeinsamen Oberbegriffs übereinstimmen (Manecke 1994, 109). In Abbildung 12.8 wird die Klasse A in vier Unterklassen zerlegt, wobei wir drei (A1 bis A3) explizit bezeichnet haben. Um sicherzugehen, dass das **Prinzip der extensionalen Identität** zwischen Klasse und Vereinigungsmenge ihrer Unterklassen erfüllt wird, arbeitet man mit einem unspezifischen Geschwisterbegriff "sonstiges", der all das aufnimmt, das zwar A ist, aber nicht durch die anderen Begriffen ausgedrückt wird.

Nach Manecke (1994, 110) müssen die Begriffe einer Begriffsreihe disjunkt sein. Ob sich solch ein **Prinzip disjunktiver Geschwisterbegriffe** allgemein halten lässt, darf angesichts der Unschärfe vieler Allgemeinbegriffe bezweifelt werden (man denke nur an das Stuhlmuseum von Max Black). Auf jeden Fall sollten jedoch mindestens die **Prototypen** (s. o. S. 58) disjunkt sein (Taylor 1999, 176).

Schon von Aristoteles (s. o. S. 3) haben wir gelernt, dass die Hierarchisierung keine **Sprünge** machen soll, dass also keine Hierarchieebene ausgelassen werden darf.

Bei zusammengesetzten Begriffen sind deren Teile ggf. auch als einzelne Klassen (mit entsprechender Notation) verzeichnet. Hier ist es aus praktischen Gründen sinnvoll, die entsprechende Notation **wiedererkennbar** einzusetzen. In der DDC tragen etwa Frankreich die Notation 44 und die USA 73 (Batley 2005, 43 f.). Die Wirtschaftssituation Frankreichs bzw. der USA werden durch die Notationen 330.*944* und 330.*973* beschrieben, geschichtliche Ereignisse wie beispielsweise das Zeitalter von Louis XIV in Frankreich mit *944*.033 oder Aspekte der us-amerikanischen Historie mit 9*73*.8 in Notationen gefasst.

Ein letzter Hinweis zur Klassenbildung betrifft die **Anzahl der Klassen**, die zu einem Dokument vergeben werden dürfen. Hier unterscheiden wir zwei Fälle. Soll ein Dokument zielgenau in eine einzige Klasse eingeordnet werden (z.B. ein Buch ins Regal einer Bibliothek oder eine Operation zwecks Abrechnung in einen Operationenschlüssel), so kann der Indexer nur genau eine Notation vergeben. Kann ein Dokument demgegenüber in mehrere Klassen eingeordnet werden (z.B. bei allen elektronischen Informationsdiensten), so ordnet der Indexer einem Dokument so viele Notationen zu, wie darin unterschiedliche Gegenstände behandelt werden.

Citation Order

Ein charakteristisches Kennzeichen von Klassifikationssystemen ist das Prinzip der thematischen Verwandtschaft nebeneinander stehender Dokumente. Erreicht wird solch eine Aufstellsystematik durch das Festlegen der Citation Order der Klassen (Buchanan 1989, 39 f.):

> Sinn und Zweck eines Klassifikationssystems ist es, durch eine entsprechende Anordnung Beziehungen zwischen Klassen wiederzugeben. Das bedeutet, daß verwandte Klassen aufgrund der Enge ihrer Beziehungen mehr oder weniger dicht beisammen gehalten werden. …

Die Wahl der Citation order entscheidet also darüber, für welche Sachverhalte die Dokumente beieinander gehalten werden und bei welchen sie auseinandergerissen werden sollen – und in welchem Ausmaß dies geschehen soll.

Die Anordnung von Begriffen in Begriffsleiter wie Begriffsreihe erfolgt nie willkürlich, sondern nach nachvollziehbaren Prinzipien (Batley 2005, 122), beispielsweise logisch (Mathematik – Physik – Chemie – Biologie; Ordnung nach Spezialisierung), prozessorientiert (z.B. Maisanbau – Maisernte – Abfüllung von Mais in Konserven – Etikettierung der Maiskonserven – Großhandel mit Maiskonserven), chronologisch (etwa Archaikum – Paläozoikum – Mesozoikum – Känozoikum) oder partitiv (Deutschland – Nordrhein-Westfalen – Regierungsbezirk Düsseldorf).

Im Einzelfall kann, insbesondere bei zusammengesetzten Begriffen, die Anordnung der Klassen manchmal schwer zu entscheiden sein (Batley 2005, 18). Für den Bereich historischer Wissenschaften stehen beispielsweise folgende vier Klassen zur Ordnung an:

Geschichte

Geschichte – 10. Jahrhundert

Geschichte – Bayern

Geschichte – Bayern – 10. Jahrhundert.

So geordnet, folgt die Reihenfolge dem Prinzip: Disziplin – Ort – Zeit. Das Problem ist der dritte Begriff: Hier geht es – nach allgemeinen Darstellungen der Geschichte im 10. Jahrhundert – um die gesamte Geschichte Bayerns, um sich dann der bayerischen Historie des 10. Jahrhunderts zuzuwenden. Versuchen wir es nunmehr mit dem Prinzip: Disziplin – Zeit – Ort:

Geschichte

Geschichte – 10. Jahrhundert

Geschichte – 10. Jahrhundert – Bayern

Geschichte – Bayern.

Jetzt folgt die bayerische Geschichte des 10. Jahrhunderts auf die allgemeinen Geschichtsdarstellungen dieser Zeit, was zufriedenstellend ist. Ein Nutzer, der bei *Geschichte – Bayern* einsteigt und danach die einzelnen Epochen erwartet, wird jedoch enttäuscht; die bayerische Geschichte ist zerrissen. Hier muss man sich entscheiden; das einmal gewählte Prinzip wird dann stringent durchgehalten.

Zu beachten sind thematische Grenzen. In der DDC folgen z.B. diese drei Klassen aufeinander:

499.992 Esperanto

499.993 Interlingua

500 Natural sciences and mathematics.

Zwischen 499.993 und 500 liegt eine solche Grenze vor; die beiden Klassen werden nicht als Nachbarn angesehen.

Eine Hierarchisierung kann mitunter recht schwierig werden. Betrachten wir zur Verdeutlichung drei Beispiele von Klassen:

> (1) Experimente zum Verhalten von Primaten,
> (2) Experimente zum Verhalten von Affen,
> (3) Experimente zum Spielverhalten von Primaten.

Es liegen jeweils mehrere Bestandteile vor, die für sich hierarchische Beziehungen bilden (*Affe* ist Unterbegriff zu *Primaten*, *Spielverhalten* ist Unterbegriff zu *Verhalten*). Hier folgt nach einem Vorschlag Brian Buchanans (1989, 22 f.) der zusammengesetzte Begriff der Hierarchie seiner Bestandteile:

> Es gibt ... eine Regel, die besagt, dass, wenn ein oder mehrere Elemente einer inhaltlichen Aussage den entsprechenden Elementen einer anderen inhaltlichen Aussage übergeordnet sind und die übrigen Elemente auf der gleichen Hierarchie-Ebene stehen, die erste Klasse der zweiten übergeordnet ist.

Klasse 1 ist demnach Oberbegriff zu Klasse 2 und zu Klasse 3. Inwiefern bei solchen mehrfach zusammengesetzten Begriffen das Prinzip der extensionalen Identität zwischen Klasse und Teilklassen noch sinnvoll anzuwenden ist, erscheint uns offen. Vollends problematisch wird es bei der Hierarchisierung, wenn sich Teile zusammengesetzter Begriffe gegenseitig aufheben. Buchanan (1989, 23) nennt als Beispiele:

> (4) Spielverhalten von Primaten,
> (5) Verhalten von Affen.

(4) wäre potentiell Oberbegriff zu (5), da *Primaten* Oberbegriff zu *Affen* ist; (5) wäre allerdings potentiell Oberbegriff zu (4), da *Verhalten* Oberbegriff von *Spielverhalten* ist. (4) und (5) können also weder unter- noch übergeordnet werden.

Grundsatz der Citation Order ist, dass die Klassennachbarn eng thematisch verwandt sind. Steht ein Nutzer vor einem Bibliotheksregal, so muss er rechts und links neben seinem Volltreffer weitere einschlägige Dokumente finden. Arbeitet man in digitalen Umgebungen, so ist die Aufstellsystematik so gut wie möglich zu simulieren. Eine erste Option besteht darin, dem Nutzer die Nachbarklassen (und deren Notationen) anzuzeigen (für ein Beispiel s. u. Abbildung 12.11). Eine zweite – u. E. weitaus nutzerfreundlichere – Variante benutzt die Citation Order als thematisches Kriterium für Relevance Ranking und zeigt direkt die Dokumente in ihrer gegenständlichen Umgebung an. Im Unterschied zum normalen Ranking (etwa bei Suchmaschinen wie Google) mit einer einzigen Sortierrichtung treffen wir beim Ranking nach Citation Order zwei Richtungen an: thematisch nach vorne (oder nach oben) und thematisch nach hinten (oder nach unten).

641.25 Distilled liquor
Relevanz: 50%

  Brown, G.: Classic spirits of the world : a comprehensive guide. London : Prion, 1995. (<u>Katalogkarte</u>)

  Durkan, A.: Spirits and liqueurs. London : Teach Yourself, 1997. (<u>Katalogkarte</u>)

641.252 Whiskey
Relevanz: 100%

  Broom, D.: Handbook of whisky : a complete guide to the world's best malts, blends and brands. London : Hamlyn, 2000. (<u>Katalogkarte</u>)

  Darwen, J.: The illustrated history of whisky. London : Harold Starke, 1993. (<u>Katalogkarte</u>)

  Murray; J.: The complete guide to whisky : selecting, comparing, and drinking the world's great whiskies. London : Carlton, 1997. (<u>Katalogkarte</u>)

641.253 Brandy
Relevanz: 80%

  Faith, N.: Classic brandy. London : Prion, 2000. (<u>Katalogkarte</u>)

  Calabrese, S.: Cognac : a liquid history. London : Cassell, 2001. (<u>Katalogkarte</u>)

641.255 Compound liquor, absinthe, gin
Relevanz: 75%

  Coates, G.: Classic gin. London : Prion, 2000. (<u>Katalogkarte</u>)

641.259 Rum
Relevanz: 70%

  Broom, D.: Rum. London : Mitchell Beazley, 2003. (<u>Katalogkarte</u>)

Abbildung 12.9: Thematisches Relevance Ranking nach Citation Order.
Quelle der Buchtitel: British Library.

Im Beispiel von Abbildung 12.9 haben wir unter Nutzung der DDC nach *Whiskey* (Notation 641.252) recherchiert. Die Abbildung zeigt eine "digitale Aufstellsystematik", die im Zentrum die Volltreffer (Relevanz 100%) auflistet. Der Nachbarbegriff von Whiskey nach oben ist dessen Oberbegriff *Distilled liquor* (dessen Gewichtung haben wir willkürlich auf 50% eingestellt und entsprechend dunkel eingefärbt). Die Nachbarn nach unten sind die Geschwisterbegriffe *Brandy*, *Compound liquors* und *Rum* (deren Gewichtung – wiederum willkürlich – auf zwischen 80 und 70% festgelegt worden ist). Der Nutzer kann sowohl nach oben weiterscrollen (und kommt dann – bei entsprechend niedriger Gewichtung – auf *Beer* und *Ale*) als auch nach unten weiterblättern (im Beispiel auf *Nonalcoholic beverages*).

Systematische Haupt- und Hilfstafeln

Die Klassen werden in sog. "Tafeln" in systematischer Weise angeordnet. Abbildung 12.10 zeigt einen Ausschnitt aus einer Tafel am Beispiel der DDC. Soweit erforderlich, werden bei den Klassen u. a. folgende Angaben hinterlegt (Batley 2005, 34-45; Chan/Mitchell 2006, 42-52):

- Hinweise (u. a. Definitionen und Geltungshinweise),
- Jahr (oder Auflage) der Klassifikation, in dem die Klasse angelegt worden ist,
- Jahr (oder Auflage), in dem die Klasse erloschen ist,
- "klassiere hier!"-, "klassiere dort!"-, "klassiere hier nicht!"-Anweisungen (Aufzählung von Gegenständen, die an der entsprechenden Stelle zu klassieren bzw. nicht zu klassieren sind),
- siehe- und siehe-auch-Relation.

Es ist durchaus möglich, alle Klassen eines Systems in einer einzigen Tafel zu vereinigen. Ob dies auch sinnvoll ist, wollen wir an einem Beispiel besprechen (Umlauf 2006):

Lit 300 Literatur	Ku 300 Kunst	Gesch 300 Geschichte
Lit 320 Englische Literatur	Ku 320 Englische Kunst	Gesch 320 Englische Geschiche
Lit 340 Spanische Literatur	Ku 340 Spanische Kunst	Gesch 340 Spanische Geschichte
Lit 390 Deutsche Literatur	Ku 390 Deutsche Kunst	Gesch 390 Deutsche Geschichte

Solch ein extrem präkombiniertes System benötigt sehr viele unterschiedliche Klassen und kann daher unhandlich werden. Eine elegante Option ist, die grundlegenden systematischen Tafeln als "Haupttafeln" auszuweisen und einige, in unterschiedlichen Bereichen mehrfach vorkommende Aspekte, in "Hilfstafeln" (auch "Schlüssel" genannt) unterzubringen.

.1	**Glass**	
[.102 8]	Auxiliary techniques and procedures	
	Do not use; class in 666.13	
[.102 84]	Apparatus, equipment, materials	
	Do not use; class in 666.12	
[.102 86]	Waste technology	
	Do not use; class in 666.14	
.104	Special topics of glass	
.104 2	Physicochemical phenomena occurring during glassmaking processes	
	Including phase and structural transformations	

> 666.12–666.14   General topics of glass

Class general topics of specific types of glass in 666.15; class general topics of products in 666.19; class comprehensive works in 666.1

.12	Techniques, procedures, apparatus, equipment, materials
	For auxiliary techniques and procedures, see 666.13
.121	Materials

> 666.122–666.129   Specific operations in glassmaking

Class tests, analyses, quality controls in 666.137; class comprehensive works in 666.12

.122	Blowing
.123	Pressing
.124	Drawing
.125	Molding and casting
	Standard subdivisions are added for either or both topics in heading
.126	Multiform processes
	Cold-molding glass powder under pressure, and firing at high temperatures
.129	Annealing and tempering
.13	Auxiliary techniques and procedures
	Add to base number 666.13 the numbers following —028 in notation 0285–0289 from Table 1, e.g., quality control in glassmaking 666.137; however, for waste technology, see 666.14

Abbildung 12.10: Beispielseite aus der systematischen Tafel der DDC.
Quelle: DDC 2003, Bd. 3, 466.

In unserem Beispiel benötigen wir drei Klassen in den Haupttafeln (Lit 300, Ku 300, Gesch 300) und drei Klassen in einer Hilfstafel für Orte:
-20 England, -40 Spanien, -90 Deutschland.

Kommen thematische Aspekte aus Haupt- und Hilfstafeln zusammen, muss man aus Notationen der Haupt- und Hilfstafeln eine zusammenhängende Notation synthetisieren. Auch hier gilt eine Citation Order, diesmal die festgelegte Reihenfolge von Haupt- und Hilfstafeln (Bertram 2005, 175). Es ist also stets zu klären, an welcher Stelle welche Hilfstafel zum Einsatz kommen darf.

In der DDC gibt es (in Hilfstafel 1) Standardschlüssel (z.B. 09 für historische, geographische oder personenbezogene Behandlung eines Themas) sowie spezielle Schlüssel, darunter (in Hilfstafel 2) eine Begriffsordnung für Geographica (mit beispielsweise -16336 für die Nordsee und den englischen Kanal). Die Citation Order für unser Beispiel lautet: Haupttafel – Hilfstafel 1 – Hilfstafel 2. Ein Dokument über den *Channel Tunnel* wird demnach mit folgender Notation versehen:

624.194 091 633 6

624.194 *Underwater tunnels* (aus der Haupttafel)

09 (Standardschlüssel für historische, geographische oder personenbezogene Behandlung – aus Hilfstafel 1)

16336 *North Sea and English Channel* (aus Hilfstafel 2).

Der Punkt nach der 3. Dezimalstelle sowie das Leerzeichen nach jeweils drei weiteren Stellen sind eine Darstellungskonvention der DDC und tragen keinerlei Inhalt.

Im Online-Retrieval sollten zusätzlich zur synthetisierten Notation die jeweiligen Einzelklassen aufgeführt werden, um dem Nutzer einen einfachen Sucheinstieg anzubieten. Hierbei gehen die Notationen aus Haupt- und Hilfstafeln in unterschiedliche Felder ein:

Haupttafel: 624.194

Tafel für Geographica: 16336.

Angezeigt werden entweder nur die synthetisierten Notationen, die die Suchargumente enthalten, oder zusätzlich – entsprechend der Citation Order – das thematische Umfeld der Notationstreffer. Abbildung 12.11 zeigt am Beispiel des Katalogs der British Library die Notationsnachbarschaft zur gesuchten synthetisierten Notation 624.194 091 633 6 (*Kanaltunnel*). (Leider gibt die British Library nur die Notationen, nicht aber die natürlichsprachigen Benennungen an. Es sei betont, dass die Recherche fingiert war, da die British Library über keine Funktionalität zur Notationssynthese bei der Suche verfügt.)

Notationen aus Hilfstafeln können entweder an alle Notationen der Haupttafeln angeschlossen werden ("allgemeine Hilfstafeln" wie die Geographica in der DDC) oder nur an eine markierte thematisch zusammenhängende Menge von Klassen aus den Haupttafeln ("spezielle Hilfstafeln", beispielsweise .061 *Fälschungen* im Bereich der Klasse 7 *Kunst* in der DK; Fill 1981, 84). Allgemeine Hilfstafeln sind manchmal (wie in DDC und DK) sehr umfangreich, in anderen Systemen aber nur wenig ausgebaut. So verfügt z.B. die International Statistical Classification of Diseases (ICD) über nur sechs Notationen in den allgemeinen Hilfstafeln, drei für Seitenlokationen (R *rechts*, L *links*, B *beidseits*) und weitere drei zur Beschreibung der Diagnosesicherheit (V *Verdachtsdiagnose*, Z *symptomloser Zustand nach der betreffenden Diagnose*, A *ausgeschlossene Diagnose*) (Gaus 2005, 97).

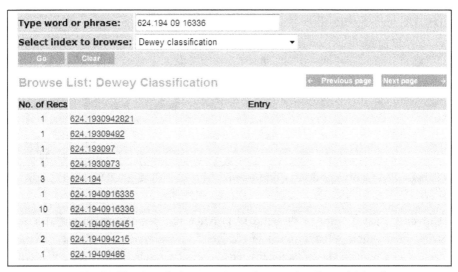

Abbildung 12.11: Citation Order von Notationen. *Quelle:* British Library.

Die Trennung von Haupt- und Hilfstafeln sorgt dafür, dass ein Klassifikationssystem überschaubar bleibt. Fällt die Unterscheidung nach Haupt- und Hilfstafel fort, so dass alle Tafeln quasi "gleichberechtigt" sind, reden wir von einer "facettierten Klassifikation" (siehe Kapitel 15).

Beispiele von Klassifikationssystemen

Derzeit finden sich viele Klassifikationssysteme im praktischen Einsatz (Brühl 2005). Wir wollen hier nur kurz einige der zentral wichtigen klassifikatorischen Wissensordnungen nennen. Ohne die Zuhilfenahme dieser Systeme kann man in einigen Wissensdomänen – beispielhaft seien der gewerbliche Rechtsschutz, das Gesundheitswesen und Wirtschaftsbranchen wie -produkte genannt – überhaupt nicht inhaltlich recherchieren, da die Wissensrepräsentation (nahezu) ausschließlich über Klassifikationen vonstatten geht.

DDC. Dewey Decimal Classification and Relative Index – *Beispiel*:

> 700 The arts. Fine and decorative arts
> > 790 Recreational and performing arts
> > > 797 Aquatic and air sports
> > > > 797.1 Boating
> > > > > 797.12 Types of vessels
> > > > > > 797.123 Rowing

DK. Dezimalklassifikation – *Beispiel*:

> 7 Kunst. Kunstgewerbe. Photographie. Musik. Spiele. Sport.
> > 79 Unterhaltung. Spiele. Sport
> > > 797 Wassersport. Flugsport
> > > > 797.1 Wasserfahrsport
> > > > > 797.12 Wasserfahrsport ohne Segel
> > > > > > 797.123 Rudersport
> > > > > > > 797.123.2 Riemen-
> > > > > > > ruderm

Tabelle 12.1: Universalklassifikationen. *Quellen:* DDC 2003, DK 1953.

Universalklassifikationen (Tabelle 12.1) treten mit dem Anspruch auf, das gesamte menschliche Wissen in einem einzigen System ordnen zu können. Einsatzziele von Universalklassifikationen sind die systematische Aufstellung von Dokumenten in Bibliotheken sowie deren (grobe) inhaltliche Erschließung im systematischen Katalog und die (ebenfalls grobe) Verortung von Websites in Klassen (wie etwa bei Yahoo! und dem Open Directory Project).

Als derzeit führende Universalklassifikation gilt die DDC (2003; Chan/Mitchell 2006). Die (in weiten Bereichen durchaus ähnlichen) europäischen Abspaltungen UDC (2005; Batley 2005, 81 ff.; McIlwaine 2000) bzw. die deutsche DK (1953; Fill 1981) umfassen zwar weitaus mehr Klassen, können sich aber – insbesondere für große Bibliotheken – nur wenig durchsetzen. Mitchell (2000, 81) stellt fest:

> Today, the Dewey Decimal Classification is the world's most widely used library classification scheme.

Wegen der feineren Untergliederung empfiehlt Batley (2005, 108) fachlich ausgerichteten Spezialbibliotheken den Einsatz der UDC, während für Allgemeinbibliotheken und – so dürfen wir ergänzen – auch für das WWW – eher die DDC infrage kommt:

> The complexity of UDC's notations may not make it an ideal choice for large, general library collections: users may find notations difficult to remember and the time needed for shelving and shelf tidying would be increased.

> (I)t is not suggested that UDC be used in general libraries, but rather to organise specialist collections. Here UDC has many advantages over the general schemes ... The depth of classification ... is very impressive ....

DDC und UDC bzw. DK arbeiten sowohl mit Haupttafeln, speziellen Hilfstafeln als auch mit mehreren allgemeinen Hilfstafeln. Die DDC enthält in ihren Haupttafeln rund 27.000 Klassen, die UDC etwa 65.000 Begriffe, die DK (Stand: 1953) über 150.000 Klassen.

ICD-10. International Statistical Classification of Diseases – *Beispiel*

    V01-Y98 Äußere Ursachen von Morbidität und Mortalität

        V01-V99 Transportmittelunfälle

            V18 Benutzer eines Fahrrades bei Transportmittelunfall ohne Zusammenstoß verletzt

                V18.3 Person beim Auf- und Absteigen verletzt

                (Anm.: .3 : besondere Hilfstafel)

OPS. Operationen- und Prozedurenschlüssel – *Beispiel*:

    5-01 – 5-99 Operationen

        5-42 – 5-54 Operationen am Verdauungstrakt

            5-44 Erweiterte Magenresektion und andere Operationen am Magen

                5-444 Vagotomie

                    5-444.1 Selektiv, gastrisch

                        5-444.11 ohne Pyloroplastik

ICF. Internationale Klassifikation der Funktionsfähigkeit, Behinderung und Gesundheit – *Beispiel*:

    1. Mentale Funktionen

        b110 – b139 Globale mentale Funktionen

            b114 Funktionen der Orientierung

                b1142 Orientierung zur Person

                    b11420 Orientierung zum eigenen Selbst

Tabelle 12.2: Klassifikationen im Gesundheitswesen.
Quellen: ICD 2007, OPS 2007, ICF 2005.

In **Medizin und Gesundheitswesen** finden Klassifikationen sowohl zu statistischen Zwecken (etwa Statistik der Todesursachen) als auch für Abrechnungen der Ärzte und Krankenhäuser breiten Einsatz (Tabelle 12.2). Die Klassifikationen für

- Krankheiten (ICD; derzeit in 10. Ausgabe, deshalb ICD-10),
- Operationen (OPS),
- Funktionsfähigkeit, Behinderung und Gesundheit (ICF)

werden von der World Health Organization betreut und in vielen Ländern praktisch eingesetzt. Gaus (2005, 104) ist überzeugt:

Es dürfte weltweit kein Ordnungssystem geben, das so intensiv genutzt wird wie die ICD-10. Durch diesen weltweiten Gebrauch der ICD-10 sind Morbiditäts- und Mortalitätsstatistiken (...) international einigermaßen vergleichbar.

In Deutschland gibt das Deutsche Institut für Medizinische Dokumentation und Information (DIMDI) die deutschen Übersetzungen der internationalen Klassifikationssysteme heraus.

Bei der International Statistical Classification of Diseases (ICD) geschieht die Einteilung nach dem Prinzip der Krankheiten (also nach Ätiologie, Pathologie bzw. Nosologie), nicht nach topologischen Aspekten (nicht nach Organen) (Gaus 2005, 98, 100):

> Soll die Lungenentzündung unter der Lokalisation Lunge oder unter dem Krankheitsprozess Entzündung eingeordnet werden? Werden alle Krankheiten eines bestimmten Organs nebeneinander gestellt, so folgt die Systematik dem topologisch-organspezifischen Aspekt (...). In einer Systematik können jedoch auch alle Krankheiten mit dem gleichen Krankheitsprozess, z.B. alle Entzündungen ..., nebeneinander gestellt werden. Diese Einteilung nennt man ätiologisch, pathologisch oder nosologisch (...). Die ICD-10 (...) benutzt im Wesentlichen den ätiologischen Aspekt.

Hervorzuheben ist das umfangreiche Register zur ICD, in dem von (rund 50.000) Bezeichnungen von Diagnosen auf die jeweils zutreffende Notation verwiesen wird.

Alle vier Bereiche des **gewerblichen Rechtsschutzes** arbeiten bei der inhaltlichen Erschließung der Dokumente mit Klassifikationssystemen (Tabelle 12.3) (Stock/ Stock 2006):

- Patente (IPC),
- Gebrauchsmuster (IPC),
- Marken (Nizza-Klassifikation; Bildmarken: Wiener Klassifikation),
- Geschmacksmuster (Locarno-Klassifikation).

Die technischen Schutzrechtsdokumente werden stets durch die Internationale Patentklassifikation (IPC) beschrieben; für die nicht-technischen Schutzrechte der Marken und des Designs liegen jeweils eigene Begriffsordnungen vor. Geregelt durch einen internationalen Vertrag (Straßburger Abkommen von 1971), indexieren alle Patentämter der Welt unter Zuhilfenahme der IPC. Zusätzlich halten sich auch alle privaten Informationsanbieter an diesen Standard. Die IPC ordnet die Gesamtheit des (patentierbaren) technischen Wissens in mehr als 60.000 Klassen ein, wobei jedoch – aufgrund starken Patentaufkommens – in einzelnen Klassen auf der niedersten Hierarchieebene tausende von Dokumenten liegen können. Zur Lösung dieser unbefriedigenden Situation hat das Europäische Patentamt die IPC um drei weitere (jeweils dezimale) Notationsstellen nach unten erweitert und so –

wo es nötig ist – als European Classification (ECLA) rund 70.000 weitere technische Klassen kreiert (Dickens 1994).

IPC. International Patent Classification – *Beispiel*:

    A Täglicher Lebensbedarf

        A 21 Backen; Vorrichtungen zum Herstellen oder Bearbeiten von
        Teigen; Teige

            A 21 B Bäckereiöfen; Maschinen oder Zubehör zum Backen

                A 21 B 1 / 00 Bäckereiöfen

                A 21 B 1 / 02 . gekennzeichnet durch die Art der
                Heizvorrichtung

                A 21 B 1 / 06 .. durch Heizkörper beheizte Öfen

                A 21 B 1 / 08 ... mittels Wasserdampf beheizte
                Heizkörper

Wiener Klassifikation. Internationale Klassifikation der Bildbestandteile von
Marken – *Beispiel*:

    03 Tiere

        03.01 Vierfüßer (Serie I)

        03.01.08 Hunde, Wölfe, Füchse

        03.01.16 Köpfe von Tieren der Serie I

        A 03.01.25 Tiere der Serie I, kostümiert

Nizza-Klassifikation. Internationale Klassifikation von Waren und Dienstleistungen für die Eintragung von Marken – *Beispiel*:

    Klasse 1: Chemische Erzeugnisse für gewerbliche, wissenschaftliche, fotografi-
    sche, land-, garten- und forstwirtschaftliche Zwecke; Kunstharze im Rohzustand,
    Kunststoffe im Rohzustand; Düngemittel; Feuerlöschmittel; Mittel zum Härten
    und Löten von Metallen; chemische Erzeugnisse zum Frischhalten und Haltbar-
    machen von Lebensmitteln; Gerbmittel; Klebstoffe für gewerbliche Zwecke

    Klasse 35: Werbung; Geschäftsführung; Unternehmensverwaltung; Büroarbeiten

Locarno-Klassifikation. Internationale Klassifikation für Gewerbliche Muster
und Modelle – *Beispiel*:

    04 Bürstenwaren

        04-01 Bürsten, Pinsel und Besen zum Reinigen

Tabelle 12.3: Klassifikationen im gewerblichen Rechtsschutz.
Quellen: IPC 2005, Wiener Klass. 2008, Nizza-Klass. 2007, Locarno-Klass. 2004.

Die IPC besteht aus den systematischen Haupttafeln und speziellen Hilfstafeln
("Index Codes" im sog. "Hybrid-System"). Man erkennt in gedruckten Fassungen
der IPC die Index-Codes durch den Doppelpunkt (:), der anstelle des in den

Haupttafeln üblichen Schrägstriches (/) verwendet wird. Über allgemeine Hilfstafeln verfügt die IPC nicht.

Bei den Marken spielt die Nizza-Klassifikation eine wesentliche Rolle, da jedes Warenzeichen in eine Klasse oder in mehrere Klassen angemeldet wird und auch nur innerhalb der betreffenden Klasse(n) Geltung erlangt. Die Nizza-Klassifikation umfasst 45 Klassen für Waren und Dienstleistungen. Es ist also durchaus möglich, dass völlig gleich lautende Marken, die in unterschiedlichen Nizza-Klassen verzeichnet sind, problemlos nebeneinander existieren. Bei Bildmarken wird versucht, die figürliche Darstellung in der Marke durch Begriffe suchbar zu machen. Hilfsmittel ist die Wiener Klassifikation. Geschmacksmuster (Designs) werden in Warengruppen gemäß der Locarno-Klassifikation geordnet.

Die Arbeit mit **Wirtschaftsklassifikationen** – Branchen- wie Produktklassifikationen (Tabelle 12.4) – gestaltet sich für Nutzer mühsam, da eine Vielzahl sowohl amtlicher als auch anbieterspezifischer Systeme nebeneinander existieren (Krobath 2004; Stock/Stock 2001). Die Amtliche Statistik der Europäischen Union setzt auf Branchenebene das Klassifikationssystem NACE (Nomenclature général des activités économiques dans les Communautés Européens) ein; genau wie die EU-Mitgliedsländer, denen allerdings eine eigene Hierarchieebene für landesspezifische Branchen zur Verfügung gestellt wird. In Nordamerika arbeitet man seit 1997 mit dem NAICS (North American Industry Classification System). Vorher lag der amtlichen us-amerikanischen Statistik die aus den Jahren 1937 bis 1939 stammende SIC (Standard Industrial Classification) zugrunde. Viele kommerzielle Informationsanbieter arbeiten jedoch nach wie vor mit SIC.

Die inzwischen klassische Einteilung der Wirtschaftsbranchen wird in der SIC grundgelegt; sie folgt den Wirtschaftssektoren von der Landwirtschaft über die Industrie zu den Dienstleistungen. SIC verfügt auf der ersten Hierarchieebene über zehn Hauptklassen:

0	Landwirtschaft, Forstwirtschaft, Fischerei,
1	Bergbau, Rohstoffe, Hoch- und Tiefbau,
2	Herstellung kurzlebiger Verbrauchsgüter,
3	Herstellung langlebiger Gebrauchsgüter,
4	Transport, Nachrichtentechnik, Versorgungsbetriebe,
5	Groß- und Einzelhandel,
6	Finanzdienstleistungen,
7	(andere) Dienstleistungen
8	Gesundheit und Bildung,
9	Staat, Regierung.

NAICS. North American Industrial Classification System – *Beispiel*:

> 31-33 Manufacturing
>> 333 Machinery manufacturing
>>> 3332 Industrial machinery manufacturing
>>>> 33329 Other industrial machinery manufacturing
>>>>> 333293 Printing machinery and equipment manufacturing

NACE / WZ 03. Klassifikation der Wirtschaftszweige, Ausgabe 2003 (WZ 03); die ersten drei Hierarchieebenen entsprechen NACE, die unterste Ebene gilt nur in Deutschland – *Beispiel*:

> 29 Maschinenbau
>> 29.5 Herstellung von sonstigen Maschinen für bestimmte Wirtschaftszweige
>>> 29.56 Herstellung von Maschinen für bestimmte Wirtschaftszweige a.n.g.
>>>> 29.56.1 Herstellung von Maschinen für das Druckgewerbe

SIC. Standard Industrial Classification (veraltet) – *Beispiel*:

> 3000 Herstellung langlebiger Gebrauchsgüter
>> 3500 Maschinenbau
>>> 3550 Maschinenbau – Spezialmaschinen
>>>> 3555 Maschinenbau - Druck

Dun & Bradstreet. – *Beispiel*:

> 35550000 Printing trades machinery
>> 35550100 Printing presses
>>> 35550101 Presses, envelope, printing

Kompass WF.3. – *Beispiel*:

> 44 Maschinen und Anlagen für die Zellstoff-, Papier- und Druckindustrie. Büromaschinen und Anlagen für die elektronische Datenverarbeitung
>> 44149 Druckmaschinen und Zubehör
>>> 4414901 Andruckpressen, Flexodruck, Anilindruck

Tabelle 12.4: Wirtschaftsklassifikationen. *Quellen:* NAICS 1998, WZ 03 2002, SIC 1987, D&B-SIC o.J., Stock/Stock 2001, 368.

In den 30er Jahren des 20. Jahrhundert waren die USA eine Industriegesellschaft, und die SIC war auf diesen Umstand hin abgestimmt. Inzwischen sind viele der ehemaligen Industrieländer weitaus mehr Dienstleistungsgesellschaften geworden. Angesichts dieses Umbruchs war keine Revision der SIC mehr möglich; man entschied sich in Nordamerika für eine völlig neue Branchenklassifikation, nämlich die NAICS, die fortan auch in Kanada und in Mexiko eingesetzt wird (Pagell/ Weaver 1997). Sabroski (2000, 18) nennt die Gründe für diese "Revolution" der Branchenklassifikationen:

The SIC codes were developed in the 1930s when manufacturing industries were the most important component of the U.S. economy. Of the 1,004 industries recognized in the SIC, almost half (459) represent manufacturing, but today the portion of U.S. Gross Domestic Product (GDP) has shrunk to less than 20 percent.

Die erste Hierarchieebene von NAICS (Abbildung 12.4) folgt zwar immer noch der Abfolge der Wirtschaftssektoren, setzt aber – insbesondere beim dritten Sektor – völlig andere Schwerpunkte. Aus informationswissenschaftlicher Sicht ist bemerkenswert, dass Information (Klasse 51) nunmehr auf der obersten Hierarchieebene angesiedelt ist (Malone/Elichirigoity 2003), ja, dass die Informationsbranche einer der Auslöser für die Revolution war (Sabroski 2000, 22):

Perhaps more than any other, the Information sector evinced the need for a new classification system. This includes those establishments that create, disseminate, or provide the means to distribute information.

Die Branche 51 ist in vier Branchengruppen geordnet:

511   Publishing industries,
512   Motion picture and sound recording industries,
513   Broadcasting and telecommunications,
514   Information services and data processing services.

Da die Klasse 514 im besonderen Maße den Praxisbereich der Informationswissenschaft widerspiegelt, wollen wir hier alle NAICS-Branchen der Informations- und Datenverarbeitungsdienste aufführen (NAICS 1998, 513-516):

5141   Information services,
    51411   News syndicates,
    51412   Libraries and archives,
    51419   Other information services,
        514191   On-line information services,
        514199   All other information services,
5142   Data processing services.

Branchenklassifikationen wie SIC, NAICS oder die europäische NACE verfügen über etwa 1.000 Klassen ausschließlich in einer systematischen Haupttafel. Hilfstafeln finden keinen Einsatz.

Produktklassifikationen kann man aufbauen, indem man die Grundstruktur der Branchen aus einem der entsprechenden Systeme übernimmt und weitere Hierarchieebenen für Produktgruppen bzw. einzelne Produkte anhängt. Dies ist die Lösung des Anbieters für Unternehmensdossiers, Dun & Bradstreet. Hier werden die SIC-Codes um zwei Hierarchieebenen verfeinert, so dass D&B-SIC über nunmehr weit als 18.000 Klassen verfügt. Es ist aber auch der Weg offen, ein direkt an den Produkten orientiertes Klassifikationssystem zu kreieren, wie dies Kompass mit der WF.3-Klassifikation gemacht hat (Stock/Stock 2001, 363-369). Auch hier bildet die erste Ebene (zentural) Branchen ab, die zweite (millenual) Fachgruppen und die dritte (wiederum zentural) die Produkte. WF.3 verfügt über rund 54.000 Klassen, so dass sehr detailliert klassiert werden kann. WF.3 arbeitet mit allgemeinen Hilfstafeln: Auf der Ebene der Fachgruppen werden mittels der Notationen *I* bzw. *E* Import- und Exportaktivitäten von Unternehmen, auf der Ebene der Produkte durch *P* (Produktion), *D* (Distribution) und *S* (Service) die Art des Umgangs mit dem Produkt beschrieben. *4414901P* beschreibt demnach einen Hersteller für Andruckpressen, *4414901D* einen Händler für solche Produkte und *4414901S* ein Service-Unternehmen, etwa einen Reparaturdienst für Andruckpressen.

CC. Gale Group County Codes – *Beispiel*:

    4 Europa

           4EU European Union

                4EUGE Germany

NUTS. Nomenclature de unités territoriales statistiques – *Beispiel*:

    DE Deutschland

           DEA Nordrhein-Westfalen

                DEA2   Regierungsbezirk Köln

                        DEA27 Rhein-Erft-Kreis

Tabelle 12.5: Geographische Klassifikationen. *Quellen:* CC o.J., NUTS 2003.

Abschließend seien die **geographischen Klassifikationen** genannt. Auch hier leben Systeme der amtlichen Statistik neben Systemen privater Informationsanbieter (Tabelle 12.5). Ein Beispiel einer amtlichen geographischen Klassifikation ist die NUTS (Nomenclature de unités territoriales statistiques), die von Eurostat gepflegt wird und nach der geographische Einheiten der Europäischen Union verbindlich eingeteilt werden. Starke Verbreitung in professionellen Informationsdiensten haben die Country Codes (CC) der Gale Group erlangt, die alle Länder der Welt in einem einheitlichen System verzeichnen.

Aufbau und Pflege von Klassifikationssystemen

Klassifikationssysteme kann man nicht aufbauen und dann darauf hoffen, dass sie danach wartungsfrei laufen würden. Das Gegenteil ist der Fall: Solche Begriffsordnungen bedürfen der fortlaufenden Pflege. Außer den fundamentalen Klassen, die oben in der Hierarchie stehen und deshalb bei Modifikationen große Änderungen verursachen würden, stehen alle Klassen bei veränderten Bedingungen zur Diskussion, wie dies Raschen (2005, 203) betont:

> Once the taxonomy has been implemented, it should not be regarded as a delivered, completed project. It will be added to as time goes on, although ... its initial 'foundation categories' should remain as static as possible to preserve the durability of the resource.

Im Gegensatz zu den Nomenklaturen, bei denen es nur darum geht, Begriffe zu pflegen (neu aufzunehmen bzw. zu streichen), kommt bei den Klassifikationen die Aufgabe dazu, die hierarchischen Relationen im Auge zu behalten. Durch spezifische Notationsgestaltung kann es durchaus schwierig werden, einen neuen Begriff in ein System einzuhängen. Man denke nur an eine Klassifikation, die an einer bestimmten Notationsstelle dezimal unterteilt, bereits über zehn Begriffe auf der gegebenen Hierarchieebene verfügt und nun infolge terminologischen Wandels einen elften hinzufügen muss.

Die von uns beispielhaft skizzierten Klassifikationssysteme sind Resultat jahrzehntelanger Arbeit. Der Ressourceneinsatz bei Neuaufbau einer Klassifikation (etwa als Begriffsordnung der Sprache eines Unternehmens) ist nicht zu unterschätzen. Das Anlegen einer Klassifikation bedarf der Expertise in drei Bereichen: der Informationswissenschaft, der jeweiligen fachlichen Umgebung und der Informatik (Raschen 2005, 202).

> The skills that the (taxonomy editorial) board should possess will include library classification expertise ..., together with more general knowledge sharing skills. It's also likely that you'll seek input and representation from IT colleagues who may well be implementing the final product to your Intranet.

Man kann grob zwei Vorgehensweisen unterscheiden, die sich jedoch optimal ergänzen. Der top-down-Weg geht von systematischen Studien (beispielsweise Lehrbüchern) zum thematischen Bereich aus und versucht, Klassen und hierarchische Bezüge von oben nach unten zu gewinnen. Der bottom-up-Weg beginnt an der Basis, bei den konkret zur Inhaltserschließung anstehenden Dokumenten sowie bei den Nutzern und ihren Anfragen und extrahiert hier Begriffe, fasst diese ggf. zusammen und arbeitet sich so von unten nach oben durch. Beim bottom-up-Ansatz ist es hilfreich, im Vorlauf der Klassifikationserstellung andere Methoden der Wissensrepräsentation (vorläufig) einzusetzen, um überhaupt an verwertbares Termmaterial zu gelangen. Besonders geeignet sind dabei die Textwortmethode (für die Terminologie der Dokumente) (siehe Kapitel 17) sowie die Folksonomies (für das Termmaterial der Nutzer) (Kapitel 9 und 10). Es ist grundsätzlich ratsam, vorhandene Wissensordnungen (Nomenklaturen, Klassifikationen, Thesauri usw.) zu konsultieren, um "auf dem Stand der Dinge" aufzusetzen, d.h. um Doppelarbeit zu vermeiden.

Carol Choksy (2006) schlägt ein Programm mit acht Schritten vor, mittels dem ein Klassifikationssystem für eine Organisation entwickelt werden kann:

1. Auswahl des Entwicklungsteams,

2. Bestimmung der Rolle der Klassifikation in der Unternehmensstrategie,

3. Klärung von Ziel und Zweck des Systems,

4. Beschaffung von "Stoff" aus Dokumenten (Begriffsmaterial, vorhandene Wissensordnungen) (ggf. zusätzlich: Einsatz der Textwortmethode),

5. Durchführung von empirischen Erhebungen (einschließlich Interviews) zur Erfassung der Sprache der Nutzer (ggf. zusätzlich: Einsatz von Folksonomies),

6. Sichtung des Termmaterials (aus den Schritten 4 und 5), Konsistenzprüfungen, Rückkopplungsschleife zu den Nutzern,

7. Aufbau der hierarchischen Struktur (aus den Begriffen, die sich bei Schritt 6 herauskristallisiert haben), weitere Konsistenzprüfungen und Rückkopplungen mit den Nutzern,

8. Abschluss der Prototyp-Klassifikation (zusätzlich: Registererstellung, d.h. Schaffung von natürlichsprachigen Zugängen zu den Klassen).

Beim Vorliegen der Klassifikation wird sichergestellt, dass sowohl die Indexer als auch die Nutzer in das System eingearbeitet werden, und es werden Strategien entwickelt, das Klassifikationssystem up-to-date zu halten.

An denjenigen Stellen, in denen die künftigen Nutzer des Systems ins Spiel kommen (Schritte 5 bis 7), erweist es sich als sinnvoll, die Erhebungen und Interviews in ein Konzept der Analyse kognitiver Arbeit (CWA; s. o. S. 99 ff.) einzubetten.

Beim Aufbau der Hierarchien und damit – soweit die Notationen strukturabbildend kreiert werden – der Notationen der Klassen sind gemäß Tennis (2005, 85) genügend Räume für spätere Erweiterungen vorzusehen:

> Classification theory's concern with hospitality in classification schemes relates to how relationships between concepts – old and new concepts – in the classificatory structure are made and sustained. Well designed classificatory structures should make room for new concepts.

Die "großen" Klassifikationssysteme (wie alle hier besprochenen) werden permanent gepflegt; von Zeit zu Zeit (ca. alle fünf Jahre) erscheint eine Neuauflage mit der verbindlichen Terminologie. Über Neuerungen – deren Abstimmung u. U. (je nach Anzahl der beteiligten Partner) ein langwieriger Prozess sein kann – müssen Indexer wie Nutzer unterrichtet werden. Bei der UDC scheint der Pflegeprozess recht aufwendig und zeitraubend zu verlaufen, wie Manecke (2004, 133) berichtet:

> Eingereichte Ergänzungsvorschläge wurden zunächst als P-Notes (Proposals for revision or extension ..) veröffentlicht und so der Fachwelt zur Diskussion gestellt. Erst nach mehrmonatiger Einspruchsfrist waren sie verbindlich und durch

die jährlich erscheinenden "Extensions and Corrections to the UDC" bekannt gemacht worden.

Für Klassifikationssysteme im Einsatz bei einem Unternehmen gilt im Prinzip das gleiche Vorgehen, nur dass hier Abstimmungsprozess und Verabschiedung der Neuerungen weitaus schneller vonstatten gehen dürften.

Fazit

- Klassifikationen zeichnen sich durch Notationen als Vorzugsbenennungen der Klassen sowie durch den Einsatz der Hierarchierelation aus.

- Notationen sind einer künstlichen Sprache entlehnt (in der Regel Ziffern oder Buchstaben); sie gestatten somit einen Zugriff, der nicht durch Grenzen natürlicher Sprachen behindert wird.

- Bei der Erweiterung eines Klassifikationssystems in der Hierarchie nach unten reden wir von der Hospitalität in der Begriffsleiter, bei der Erweiterung innerhalb einer hierarchischen Ebene bei Geschwisterbegriffen von der Hospitalität in der Begriffsreihe. Beide Aspekte von Hospitalität müssen stets gegeben sein, da ansonsten ein System nicht Veränderungen angepasst werden kann.

- Ziffernnotationen arbeiten dezimal (eine Systemstelle), zentural (zwei Stellen) oder millenual (drei Stellen). Auch bei Buchstabennotationen oder gemischten Notationen aus Ziffern und Buchstaben sind mehrere Systemstellen möglich.

- Bei strukturabbildend-hierarchischen Notationen wird in der Notation selbst die Systematik sichtbar. Solche Notationen gestatten den Einsatz von Trunkierungszeichen bei der hierarchischen Suche. Sequentielle Notationen benennen die Klassen enumerativ, so dass keine sinnvollen Trunkierungen möglich sind. Es existieren mit den hierarchisch-sequentiellen Notationen Mischformen.

- Notationen bilden (unabhängig von natürlichen Sprachen) die Basis eines Klassifikationssystems. Der Zugang für die Nutzer wird zusätzlich durch natürlichsprachige Oberflächen eröffnet, indem für jede Klasse – je nach Sprache ggf. unterschiedliche – Benennungen aufgenommen werden. Hiermit löst man sowohl Probleme der Synonymie (man nimmt alle Synonyme als Klassenbenennungen auf) als auch der Homonymie (der Nutzer wird von den jeweiligen homonymen Worten auf die unterschiedlichen Klassen verwiesen).

- Manchmal lassen sich auf der Ebene der Benennungen synkategorematische Begriffe nicht vermeiden. Erst im Kontext der umgebenden Begriffe wird die Bedeutung eindeutig. Zur Lösung der durch Synkategoremata ausgelösten Probleme arbeitet man mit indirekten Treffern, die bei der Suche nach der gewünschten Klasse die gesamte Leiter eines Begriffs mitberücksichtigen.

- Die wichtigsten Herausforderungen, die Klassifikationssysteme ihren Entwicklern stellen, sind die Auswahl sowie die hierarchische Ordnung der Begriffe. Wir können nicht davon ausgehen, dass es natürliche Klassifikationen gäbe; solche Systeme müssen hinsichtlich ihrer Zwecke geschaffen werden.

- Die Extension von Geschwisterbegriffen sollte mit der Extension ihres Oberbegriffs zusammenfallen. Dieses Prinzip der extensionalen Identität kann mittels eines unspezifischen Geschwisterbegriffs *sonstiges* (der alles aufnimmt, das sonst nicht verzeichnet ist) sichergestellt werden.

- Die Ordnung von Klassen in Begriffsleiter wie -reihe erfolgt nie willkürlich, sondern unter Einsatz nachvollziehbarer Prinzipien. Die entstehende Citation Order, die thematisch verwandte Klassen und damit Dokumente nebeneinander ordnet, ist eine der großen Vorzüge von Klassifikationssystemen, die unbedingt auch in digitalen Umgebungen zu simulieren ist ("digitale Aufstellsystematik" als Kriterium für thematisches Relevance Ranking).

- Wenn Klassifikationen Aufstellungen in Bibliotheken systematisieren, wird ein Nutzer, der vor einem Volltreffer steht, auch links und rechts davon einschlägige Dokumente erwarten. Klassifikationssysteme müssen diesen Erwartungen entsprechen. Thematische Brüche (etwa der Übergang von einer Hauptklasse zu einer anderen) sind kenntlich zu machen.

- Bei digitalen Datenbanken verfügen wir über keine Aufstellung von Dokumenten im Regal. Da sich das Prinzip der thematischen Nachbarschaft jedoch bewährt hat, muss es in digitalen Umgebungen simuliert werden.

- Bei zusammengesetzten Begriffen folgt die Hierarchisierung nach den Bestandteilen.

- Die Prototypen von Geschwisterbegriffen sollten disjunkt sein.

- Die Klassen werden in Tafeln in systematischer Weise geordnet. Bei jedem Begriff werden Hinweise, Jahr der Aufnahme, ggf. Jahr des Erlöschens, Anweisungen (wie "klassiere hier!") sowie manchmal eine siehe- und eine siehe-auch-Relation angehängt.

- Insbesondere bei kleinen Klassifikationen ist es möglich, mit einer einzigen Tafel zu arbeiten. Bei größeren Systemen ist es weitaus zweckmäßiger, die Tafeln in Haupt- und Hilfstafeln aufzuspalten. In die Hilfstafeln gehen solche Begriffe ein, die sich sinnvoll an unterschiedliche Klassen aus den Haupttafeln anfügen lassen.

- Klassifikationssysteme finden – teilweise seit Jahrzehnten – Einsatz in Bibliotheken (vor allem Universalklassifikationen), in Medizin und Gesundheitswesen, im gewerblichen Rechtsschutz, in der Wirtschaftsdokumentation (Branchen- und Produktklassifikationen) sowie bei der Ordnung von Geographica.

- Der Aufbau von Klassifikationen erfolgt sowohl in systematischer Hinsicht top-down als auch aufbauend auf empirischem Material bottom-up. Das Entwicklungsteam (optimal zusammengestellt mit Informationswissenschaftlern, Fachexperten sowie Informatikern) muss die Sprache der Dokumente und die Sprache der Nutzer kennen und diese gemäß der Unternehmensstrategie und der Anwendungsziele und -zwecke modellieren.

- Hilfreich zur Klärung von Begriffen und Hierarchien sind Experten- und Nutzerinterviews sowie der vorläufige Einsatz anderer Methoden der Wissensrepräsentation (vor allem Textwortmethode und Folksonomies).

- Klassifikationen sind durchgehend dem terminologischen Wandel anzupassen. Ändert sich das Wissen in einer Domäne zu großen Teilen, so ist kaum eine weitere Bearbeitung der alten Klassifikation möglich, sondern nur noch ihre Löschung und der Aufbau eines neuen Systems (wie beim Übergang von SIC zu NAICS).

Literatur

Batley, S. (2005): Classification in Theory and Practice. – Oxford: Chandos.

Bertram, J. (2005): Einführung in die inhaltliche Erschließung. Grundlagen - Methoden – Instrumente. – Würzburg: Ergon.

Bowker, G.C.; Star, S.L. (2000): Sorting Things Out: Classification and its Consequences. – Cambridge, MA: MIT Press.

Brühl, B. (2005): Thesauri und Klassifikationen. Naturwissenschaften – Technik – Wirtschaft. – Potsdam: Verlag für Berlin-Brandenburg. – (Materialien zur Information und Dokumentation; 22).

Buchanan, B. (1989): Bibliothekarische Klassifikationstheorie. – München: Saur.

CC (o.J.): Geographic Codes Used in Gale Group Databases. – Cary, NC: Thomson-Dialog (online).

Chan, L.M.; Mitchell, J.S. (2006): Dewey-Dezimalklassifikation. Theorie und Praxis. Lehrbuch zur DDC 22. – München: Saur.

Choksy, C.E.B. (2006): 8 Steps to develop a taxonomy. – In: Information Management Journal 40(6), S. 30-41.

D&B-SIC (o.J.): SIC Tables. – Short Hills, NJ: Dun & Bradstreet (online).

DDC (2003): Dewey Decimal Classification and Relative Index. – 4 Volumes. – 22. Aufl. – Dublin, Ohio: OCLC Online Computer Library Center. – Deutsche Ausgabe: München: Saur, 2005.

Dickens, D.T. (1994): The ECLA classification system. – In: World Patent Information 16, S. 28-32.

DIN 32705:1987: Klassifikationssysteme. Erstellung und Weiterentwicklung von Klassifikationssystemen. – Berlin: Beuth.

DK (1953): Dezimal-Klassifikation. Deutsche Gesamtausgabe / bearb. vom Deutschen Normenausschuß. – Berlin, Köln: Beuth, 1934 – 1953. – (Veröffentlichungen des Internationalen Instituts für Dokumentation; 196).

Fill, K. (1981): Einführung in das Wesen der Dezimalklassifikation. – Berlin, Köln: Beuth.

Foskett, A.C. (1982): The Subject Approach to Information. – 4. Aufl. – London: Clive Bingley; Hamden, Conn.: Linnet.

Gaus, W. (2005): Dokumentations- und Ordnungslehre. – 5. Aufl. – Berlin, Heidelberg: Springer. – (Kap. 10: Die Klassifikationen ICD-10 und OPS, S. 97-105.)

Gödert, W. (1987): Klassifikationssysteme und Online-Katalog. – In: Zeitschrift für Bibliothekswesen und Bibliographie 34, S. 185-195.

Gödert, W. (1990): Klassifikatorische Inhaltserschließung. Ein Übersichtsartikel als kommentierter Literaturbericht. – In: Mitteilungsblatt / Verband der Bibliotheken des Landes Nordrhein-Westfalen e.V. 40, S. 95-114.

Hjørland, B.; Pedersen, K.N. (2005): A substantive theory of classification for information retrieval. – In: Journal of Documentation 61, S. 582-597.

Hunter, E.J. (2002): Classification Made Simple. – 2. Aufl. – Aldershot: Ashgate.

Ingwersen, P. (1992): Information Retrieval Interaction. – London: Taylor Graham.

ICD (2007): Internationale Statistische Klassifikation der Krankheiten und verwandter Gesundheitsprobleme. 10. Revision. Version 2007. – Köln: DIMDI (online).

ICF (2005): Internationale Klassifikation der Funktionsfähigkeit, Behinderung und Gesundheit. Stand Oktober 2005 – Köln. DIMDI (online).

IPC (2005): International Patent Classification. – 8. Aufl. – Genf: WIPO.

Krobath, A. (2004): Analyse von ausgewählten Wirtschaftsklassifikationen. – Diplomarbeit; Karl-Franzens-Universität Graz / Institut für Informationswissenschaft.

Locarno-Klass. (2004): International Classification for Industrial Designs under the Locarno Agreement. – 8. Aufl. – Genf: WIPO.

Malone, C.K.; Elichirigoity, F. (2003): Information as commodity and economic sector: Its emergence in the discourse of industrial classification. – In: Journal of the American Society for Information Science and Technology 54, S. 512-520.

Manecke, H.J. (1994): Klassifikationssysteme und Klassieren. – In: Hennings, R.D. et al. (Hrsg.): Wissensrepräsentation und Information-Retrieval. – Potsdam: Universität Potsdam / Informationswissenschaft, S. 106-137.

Manecke, H.J. (2004): Klassifikation, Klassieren. – In: Kuhlen, R.; Seeger, T., Strauch, D. (Hrsg.): Grundlagen der praktischen Information und Dokumentation. – 5. Aufl. – München: Saur, S. 127-140.

Marcella, R.; Newton, R. (1994): A New Manual of Classification. – Aldershot: Gower.

Markey, K. (2006): Forty years of classification online: Final chapter or future unlimited? – In: Cataloging & Classification Quarterly 42(3/4), S. 1-63.

McIlwaine, I.C. (2000): The Universal Decimal Classification. A Guide to Its Use. – The Hague: UDC Consortium.

Mitchell, J.S. (2000): The Dewey Decimal Classification in the twenty-first century. – In: Marcella, R.; Maltby, A. (Hrsg.): The Future of Classification. – Burlington, VT: Ashgate, S. 81-92.

Mitchell, J.S. (2001): Relationships in the Dewey Decimal Classification. – In: Bean, C.A.; Green, R. (Hrsg.): Relationships in the Organization of Knowledge. – Boston: Kluwer, S. 211-226.

NAICS (1998): North American Industry Classification System. United States, 1997. – Lanham, MD: Bernan.

Nizza-Klass. (2007): International Classification of Goods and Services under the *Nice Agreement*. – 9. Aufl. – Genf: WIPO.

NUTS (2003): Regionen – Systematik der Gebietseinheiten für die Statistik – NUTS – 2003/EU25. – Luxemburg: Eurostat.

Oberhauser, O. (1986): Klassifikationen in Online-Informationssystemen. – In: International Classification 13, S. 79-87.

OPS (2007): Operationen- und Prozedurenschlüssel. Version 2007. – Köln: DIMDI (online).

Pagell, R.A.; Weaver, P.J.S. (1997): NAICS: NAFTA's industrial classification system. – In: Business Information Review 14(1), S. 36-44.

Raschen, B. (2005): A resilient, evolving resource. How to create a taxonomy. – In: Business Information Review 22(3), S. 199-204.

Rowley, J. (2000): Organizing Knowledge. An Introduction to Managing Access to Information. – 3. Aufl. – Aldershot: Gower.

Sabroski, S. (2000): NAICS codes: A new classification system for a new economy. – In: Searcher 8(10), S. 18-28.

SIC (1987): Standard Industrial Classification. 1987 Version. – Washington, DC: U.S. Dept. of Labor (online).

SfB (1997): Systematik für Bibliotheken / Hrsg.: Stadtbüchereien Hannover / Stadtbibliothek Bremen / Büchereizentrale Schleswig-Holstein. – München: Saur.

Spärck Jones, K. (2005[1970]): Some thoughts on classification for retrieval. – In: Journal of Documentation 61, S. 571-581. – (Original: 1970).

Stock, M.; Stock, W.G. (2000): Klassifikation und terminologische Kontrolle: Yahoo!. Open Directory und Oingo im Vergleich. – In: Password Nr. 12, S. 26-33.

Stock, M.; Stock, W.G. (2001): Qualität professioneller Firmeninformationen im World Wide Web. – In: Bredemeier, W.; Stock, M.; Stock, W.G.: Die Branche Elektronischer Informationsdienste in Deutschland 2000/2001. – Hattingen, Kerpen, Köln. – (Kap. 3.2: Branchen- und Produktklassifikationen, S. 355-377).

Stock, M.; Stock, W.G. (2006): Intellectual property information: A comparative analysis of main information providers. – In: Journal of the American Society for Information Science and Technology 57, S. 1794-1803.

Taylor, A. G. (1999): The Organization of Information. – Englewood, CO: Libraries Unlimited.

Tennis, J.T. (2005): Experientialist epistemology and classification theory: Embodied and dimensional classification. – In: Knowledge Organization 32(2), S. 79-92.

UDC (2005): Universal Decimal Classification. – London: BSi Business Information.

Umlauf, K. (2006): Einführung in die bibliothekarische Klassifikationstheorie und -praxis. – Berlin: Institut für Bibliotheks- und Informationswissenschaft der Humboldt-Universität zu Berlin. – (Berliner Handreichungen zur Bibliotheks- und Informationswissenschaft; 67).

Wiener Klass. (2008): International Classification of the Figurative Elements of Marks under the Vienna Agreement. – 6. Aufl. – Genf: WIPO.

Wu, J. (1997): Information retrieval from hierarchical compound documents. Patent-Nr. US 5.991.756. – Patentinhaber: Yahoo!, Santa Clara, Calif. – Erteilt am: 23.11.1999. – (Eingereicht am: 3.11.1997).

WZ 03 (2002). Klassifikation der Wirtschaftszweige. Ausgabe 2003. – Wiesbaden: Statistisches Bundesamt.

Kapitel 13

Thesaurus

Wozu dient ein Thesaurus?

Im Unterschied zur Klassifikation, wo Begriffe durch Notationen bezeichnet und nach bestimmten Merkmalen zu Klassen zusammengefasst werden, lehnt sich der Thesaurus wie die Nomenklatur an die natürliche Sprache an, verknüpft Terme zu kleinen begrifflichen Einheiten mit oder ohne Vorzugsbenennungen und setzt diese in bestimmte Relationen zu anderen Bezeichnungen bzw. Begriffen. Ursprünglich stammt "Thesaurus" aus dem Griechischen und bedeutet laut Ewald Kiel und Friedrich Rost (2002, 85):

> "Ort zum Einsammeln und Aufbewahren von Schätzen und Weihegaben". Damit waren kleine Tempel gemeint, die eigens gebaut wurden, um für die Götter Wertvolles zu sammeln und zu horten. Ein Teilinhalt des Begriffs, nämlich "Schatz", wurde zuerst übertragen auf große Wörterbücher der alten Sprachen, woraus sich die neuere Bedeutung von "Wortschatz" entwickelte.

In der Wissensrepräsentation stellt der Thesaurus eine Begriffsordnung dar, dessen Funktion und Merkmale durch Regeln determiniert werden. Gemäß DIN 1463/1 (1987, 1), in Zusammenhang mit der ISO 2788:1986 erstellt, wird "Thesaurus" definiert und sein Geltungsbereich festgelegt:

> Ein Thesaurus im Bereich der Information und Dokumentation ist eine geordnete Zusammenstellung von Begriffen und ihren (vorwiegend natürlichsprachigen) Bezeichnungen, die in einem Dokumentationsgebiet zum Indexieren, Speichern und Wiederauffinden dient.
>
> Er ist durch folgende Merkmale gekennzeichnet:
>
> a) Begriffe und Bezeichnungen werden eindeutig aufeinander bezogen ("terminologische Kontrolle"), indem
>
> - Synonyme möglichst vollständig erfaßt werden,
> - Homonyme und Polyseme besonders gekennzeichnet werden,
> - für jeden Begriff eine Bezeichnung (Vorzugsbenennung, Begriffsnummer oder Notation) festgelegt wird, die den Begriff eindeutig vertritt,
>
> b) Beziehungen zwischen Begriffen (repräsentiert durch ihre Bezeichnungen) werden dargestellt.

In Bezug auf die terminologische Kontrolle werden zwei Thesaurusarten unterschieden: Im Thesaurus **ohne Vorzugsbenennung** sind alle Bezeichnungen für einen Begriff zur Indexierung zugelassen, gleichwertige Bezeichnungen eines Begriffs müssen mit einer Begriffsnummer oder Notation verbunden werden. Im

Thesaurus **mit Vorzugsbenennung** werden nur Vorzugsbenennungen, "Deskriptoren" genannt, zur Indexierung zugelassen. Nicht-Deskriptoren sind im Thesaurus zwar aufgeführt, dienen jedoch einzig dem Nutzer als Hilfsmittel, einen leichteren Zugang zum Deskriptor zu finden. Jutta Bertram betrachtet Deskriptoren als aktive Elemente, die das Gebrauchsvokabular eines Thesaurus darstellen und Nicht-Deskriporen als passive Elemente, die als Zugangsvokabular auf das Gebrauchsvokabular hinführen (Bertram 2005, 210 f.). Einerseits braucht der Thesaurus das kontrollierte Gebrauchsvokabular für Indexierung, Speicherung und Retrieval und andererseits ergänzend das Zugangsvokabular der sich ändernden Gemein- und Fachsprache. In einem Durchgangsbereich werden Gebrauchs- und Zugangsvokabular getestet, ob etwa bestimmte Deskriptorkandidaten für den Thesaurus geeignet sind. Abbildung 13.1 zeigt das von Gernot Wersig (1985, 85) veranschaulichte Wechselspiel der Vokabularien.

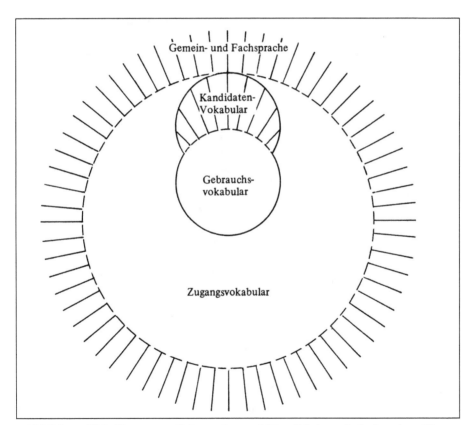

Abbildung 13.1: Zugangs-, Gebrauchs- und Kandidatenvokabular eines Thesaurus. *Quelle:* Wersig 1985, 85.

Wersig (1985, 27 f.) beschreibt sechs Komponenten, die einen Thesaurus konstitu-
ieren. Ausgehend von der natürlichen Sprache und dem Sprachgebrauch eines
Fachgebietes (1) wird mithilfe des Thesaurus eine Sprachkontrolle des Vokabulars
(2), der Synonyme und Homonyme durchgeführt. Der Thesaurus als bedeutungs-
darstellendes Instrument übernimmt zudem eine begriffliche Kontrollfunktion (3).
Konventionen von Seiten des Informationsdienstes (4) spielen eine Rolle in Bezug
zum Sprachgebrauch, zum Einsatz des Vokabulars und zur Kontrolle der Sprache.
Präskription (5) liegt vor, da Thesaurusterme für Indexierung und Suche vorgeschrieben und interpretiert werden. Aufgrund der bislang genannten Eigenschaften
dient der Thesaurus als Orientierungsinstrument (6) zwischen dem Sprachgebrauch und den Denkstrukturen innerhalb des betreffenden Fachgebietes und
dem System, in dem er eingesetzt wird.

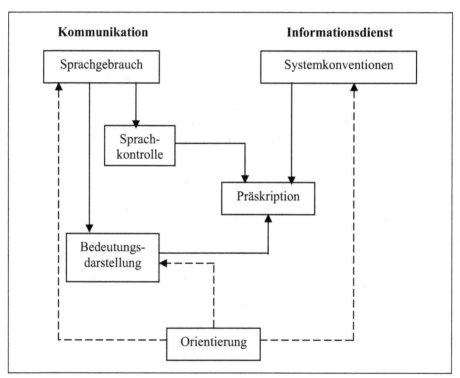

Abbildung 13.2: Thesauruskonstituierende Komponenten.
Quelle: verändert nach Wersig 1985, 28.

Ungeordnete Terme einer natürlichen Sprache bzw. Fachsprache enthalten Mehrdeutigkeiten und Unschärfen und werden deshalb mittels terminologischer Kontrolle, d.h. Kontrolle von Synonymen, Homonymen und morphologischen wie

semantischen Zerlegungen, bearbeitet. Das anstehende Vokabular wird geprüft, zu begrifflichen Einheiten zusammengefasst und in Klassen eingeordnet. In der begrifflichen Kontrolle kommt schließlich das Beziehungsgeflecht der einzelnen Elemente zum Vorschein. Auf diese Art soll die Eindeutigkeit der Beziehung zwischen Begriffen bzw. deren Bezeichnungen geschaffen und ein großes semantisches Netzwerk der Wissensdomäne aufgespannt werden. Drei Grundtypen von Relationen nehmen eine vorherrschende Stellung ein: Äquivalenz-, Hierarchie- und Assoziationsrelation. Alle Relationen sind entweder symmetrisch (Äquivalenz und Assoziation) oder verfügen über inverse Beziehungen (Hierarchie).

Ein Thesaurus ist mit den beiden Aspekten der terminologischen Kontrolle (Vokabularkontrolle) und der Begriffskontrolle konfrontiert (Abbildung 13.3). Ergebnis der Vokabularkontrolle sind Deskriptoren und Nicht-Deskriptoren, Ergebnis der begrifflichen Kontrolle sind die paradigmatischen Relationen zwischen den Begriffen. Hierbei sind beide Aspekte aufeinander abgestimmt. Schon während der Vokabularkontrolle sind die Relationen mitzubedenken, und bei der Begriffskontrolle sind die Benennungen der jeweiligen Begriffe von Bedeutung. Diese wechselseitige Abhängigkeit von Vokabular und Relationen unterscheidet einen Thesaurus von einer Nomenklatur, denn in letzterer spielen Relationen, die über Synonymie und Assoziation ("siehe auch") hinausgehen, keine Rolle.

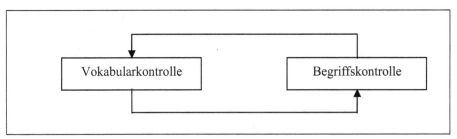

Abbildung 13.3: Vokabular- und Begriffskontrolle.

Vokabularrelationen

Einer der ersten Schritte der Vokabularkontrolle ist die Festlegung, welche Formen die Bezeichnungen erhalten sollen. Hierunter fallen grammatische Formen (z.B. bei Substantiven, Phrasen, Adjektiven), Singular- und Pluralformen (bei konkreten bzw. einzigartigen Entitäten und abstrakten Begriffen), Sprachformen (z.B. britisches oder amerikanisches Englisch), Transliteration, Zeichensetzung, Großschreibung innerhalb eines Wortes (z.B. bei Eigennamen) sowie Abkürzungen (Aitchison/Gilchrist/Bawden 2000). Bei der Termauswahl muss entschieden werden, ob etablierte Formulierungen aus anderen Sprachen übernommen werden sollen und wie mit Wortneubildungen, populären bzw. umgangssprachlichen

Wendungen versus wissenschaftlichen Ausdrücken, Warenzeichen, Orts-, Eigen- und Institutsnamen verfahren wird.

Bislang geht es nur um einzelne, beziehungslos nebeneinander stehende Worte. Bei der **terminologischen Kontrolle** werden diese zu begrifflichen Einheiten verarbeitet, um dann in das Gefüge des Thesaurus' eingeordnet zu werden. Burkart (2004, 145) schreibt dazu:

> Die so entstandenen begrifflichen Einheiten werden als Äquivalenzklassen bezeichnet, da in ihnen alle für den Geltungsbereich des Thesaurus als in etwa gleich bewerteten Bezeichnungen zusammengefasst sind. Sie bilden eine Art Schleuse, durch die alle Indexierungsergebnisse und Suchfragen hindurchgeführt werden.

Die gebräuchlichste Bezeichnung einer Äquivalenzklasse erhält (beim Thesaurus mit Vorzugsbenennung) die Vorrangstellung und wird zum Deskriptor auserwählt. Aufgrund der terminologischen Kontrolle erhalten wir eine Menge noch isoliert nebeneinander stehender Klassen. Diese Äquivalenzklassen entstehen durch Synonym-, Homonym- und Zerlegungskontrolle. Das Vokabular wird in Beziehung zueinander gesetzt. Wir unterscheiden hier zwischen fünf Arten von Vokabularrelationen. Wir schreiben in diesem Zusammenhang zur Verdeutlichung die Nicht-Deskriptoren mit kleinen und die Deskriptoren mit großen Buchstaben.

1. *Benennungen – Begriff – Relation (Synonymie)*

   Bei Benennungen mit gleicher bzw. ähnlicher Bedeutung wird eine Vorzugsbenennung als Deskriptor festgelegt. Beispiele für Synonymie sind: Fotografie – Photographie – Photo – Foto: FOTOGRAFIE; Sonnabend – Samstag: SAMSTAG.

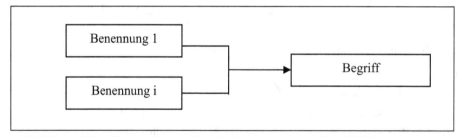

Abbildung 13.4: Vokabularrelation 1: Benennungen – Begriff (Synonymie).

Im Resultat identisch zur Synonymie ist die Relation zwischen ähnlichen Begriffen. Hierbei werden die im Kontext der Wissensordnung als "quasi-synonym" verwendeten Begriffe (z.B. in einem Wirtschaftsthesaurus Recherche und Retrieval) zu einem Begriff (etwa RECHERCHE) verschmolzen. Synonyme bzw. Quasi-Synonyme werden in einem Thesaurus zu einem einzigen Deskriptor zusammengefasst.

2. *Benennung – Begriffe – Relation (Homonymie)*

Bei einer Benennung, die unterschiedliche Bedeutungen aufweist, wird jeweils eine Zusatzinformation (Homonymzusatz) zum Begriff gegeben. Unser Beispiel für Homonymie ist Java. Java als indonesische Insel wird zum Deskriptor JAVA <INSEL>, Java als Computersprache zu JAVA <PROGRAMMIERSPRACHE>. Homonyme werden im Thesaurus grundsätzlich getrennt.

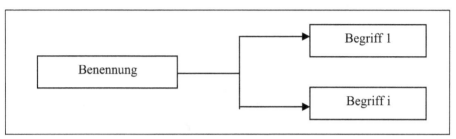

Abbildung 13.5: Vokabularrelation 2: Benennung – Begriffe (Homonymie).

3. *Intra-Begriffe – Relation*

Mehrwortausdrücke, die einen zusammengesetzten Begriff benennen, werden ggf. durch Zerlegungskontrolle zu Kombinationsbegriffen umgeändert. Dies geschieht entweder durch Präkombination bereits im Thesaurus (z.B. BIBLIOTHEKSSTATISTIK), durch Präkoordination durch den Indexer (z.B. BIBLIOTHEK / STATISTIK) oder durch Postkoordination der beiden Begriffe während des Suchvorgangs.

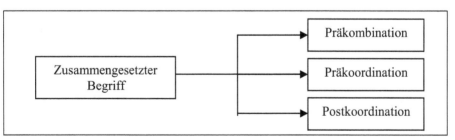

Abbildung 13.6: Vokabularrelation 3: Intra-Begriffe-Relation (Zerlegung).

Inter-Begriffe – Relation I (Bündelung)

Zu spezifische Begriffe für den entsprechenden Thesaurus werden durch Bündelung unter einem allgemeineren Begriff zusammengefasst. Es handelt sich hierbei um eine Hierarchierelation zwischen Nicht-Deskriptoren (z.B. Zitrone – Apfelsine – Grapefruit) und einem Deskriptor (z.B. ZITRUSFRUCHT). Die Nicht-Deskriptoren sind bei der Bündelung Unterbegriffe des Deskriptors.

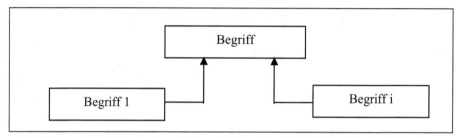

Abbildung 13.7: Vokabularrelation 4: Inter-Begriffe – Relation als Bündelung.

4. *Inter-Begriffe – Relation II (Spezifizierung)*

   Diese Relation zwischen Begriffen ist ebenfalls eine Hierarchierelation, diesmal zwischen einem Nicht-Deskriptor als Oberbegriff und mehreren Deskriptoren. Ein zu allgemeiner Begriff für den Thesaurus wird durch spezifische Begriffe ersetzt, zum Beispiel Naturwissenschaft durch CHEMIE, PHYSIK und BIOLOGIE.

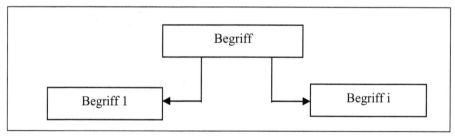

Abbildung 13.8: Vokabularrelation 5: Inter-Begriffe – Relation als Spezifizierung.

Deskriptoren und Nicht-Deskriptoren

Bei der Aufnahme in den Thesaurus muss entschieden werden, welche Bezeichnung als Deskriptor bzw. welche als Nicht-Deskriptor geeignet ist und in welchen

Beziehungen eben diese Bezeichnung zu anderen Bezeichnungen im Thesaurus steht. Die Auswahl eines eventuellen **Deskriptors** sollte von seiner Nützlichkeit abhängen: Wie häufig kommt er in den Informationsmaterialien vor? Wie oft ist sein Auftreten in Suchanfragen zu erwarten? Wie zweckmäßig ist sein Bedeutungsumfang? Entspricht er der aktuellen Terminologie des betreffenden Fachgebiets? Ist er präzise, möglichst einprägsam und unkompliziert? Deskriptoren repräsentieren Allgemein- und Individualbegriffe.

Dem **Nicht-Deskriptor** kommt u.a. die Rolle des Aufzeigens vom Begriffsumfang und -inhalt zu. Er kann durch folgende Merkmale charakterisiert werden: Seine Schreibweise ist nicht weit verbreitet. In der Fachsprache wird er anders als in der alltäglichen Sprache verwendet. Er entspricht nicht dem aktuellen Sprachgebrauch. Er fasst eine Kombination bereits vorhandener Deskriptoren zusammen. Er ist ein (wenig wichtiger) Unterbegriff eines Deskriptors, ist ein (ebenso wenig wichtiger) Oberbegriff von Deskriptoren oder wird letztendlich als Synonym bzw. Quasi-Synonym zu einem anderen Deskriptor benutzt.

Setzt man einen Thesaurus für automatische Indexierung an, so kommt dem Zugangsvokabular eine besondere Rolle zu. Man muss hier möglichst antizipieren, unter welchen Worten ein Begriff in den maschinell zu indexierenden Dokumenten vorkommen kann. Die Liste der Nicht-Deskriptoren wird in diesem Fall weitaus größer sein (und ggf. "gängige" Tippfehler enthalten) als in einem Thesaurus, der im Rahmen intellektueller Indexierung Einsatz findet.

Nach DIN 1463/1 (1987, 2-4) gelten bestimmte **formale Festlegungen**, die zusammengesetzte Ausdrücke, Begriffsdarstellung durch mehrere Deskriptoren und Wortform betreffen. Ein Deskriptor soll die in der Fachliteratur übliche Terminologie widerspiegeln. Wenn es die Klarheit zulässt, ist der gemeinte Begriff mit *einem* Wort zu bezeichnen. Mehrwort-Deskriptoren (etwa beispielsweise bei adjektivischen Phrasen) werden in ihrer präkombinierten natürlichen Wortfolge angegeben. Invertierte Formen können als Synonyme behandelt werden. Da zu viele Komposita einen Thesaurus nur unüberschaubar aufblähen, ist es sinnvoll, einen Begriff durch die Kombination bereits vorhandener Deskriptoren darzustellen. Dies kann entweder durch die morphologische oder durch die semantische Zerlegung geschehen. Im Unterschied zur Präkombination, die bereits bei der Deskriptorvergabe bestimmt wird, handelt es sich bei der Postkoordination um eine Zusammenfügung des gesuchten Begriffs durch mehrere bereits vorhandene Deskriptoren erst während des Suchvorgangs. Margarete Burkart (2004, 144) weist ausdrücklich darauf hin, dass es sich bei der Zerlegung stets nur um Begriffe und nicht etwa um Worte handelt und plädiert dafür, dass ein jeweils systemabhängiger Mittelweg zwischen der völligen Postkoordination mit nicht weiter zerlegbaren Bedeutungsbestandteilen (Unitermverfahren) und einer extremen Präkombination eingeschlagen werden soll:

Wann zerlegt werden, wann präkombiniert werden soll, ist daher in den einzelnen Thesauri systemspezifisch zu entscheiden und muss bis zu einem gewissen Grad immer eine subjektive Entscheidung bleiben. Deshalb ist es besonders wichtig, dies im Thesaurus möglichst weitgehend nachvollziehbar zu verankern.

Bei der Zerlegung ist es wichtig zu beachten, dass die vorliegenden Bezeichnungen nur die Repräsentanten der Begriffe sind. Was eigentlich zu zerlegen ist, ist der Begriff in Begriffskomponenten, nicht das Wort in Wortteile.

In Bezug zur Wortform weist DIN 1463/1 an, dass Deskriptoren vorzugsweise in substantivierter Form zu bilden sind. Nicht substantivierte Formen (möglichst der Infinitiv bei Verben) sind erlaubt, wenn eine Tätigkeit gemeint ist. Adjektive dürfen nicht alleine stehen, sondern in Verbindung mit einem Substantiv. Deskriptoren sollen normalerweise im Nominativ Singular angesetzt werden, es sei denn, die Verwendung der Singularform ist nicht gebräuchlich oder der Plural des Wortes trägt eine andere Bedeutung als dessen Singular.

Im Gegensatz zum Deutschen, in dem die Deskriptoren im Regelfall im Singular angesetzt werden, arbeiten englischsprachige Thesauri (allerdings mit diversen Ausnahmen) mit Pluralformen (Aitchison/Gilchrist/Bawden 2000, 21 ff.).

Zwischen Deskriptoren und Nicht-Deskriptoren besteht eine **Äquivalenzrelation**. Sie bezieht sich auf bedeutungsgleiche oder bedeutungsähnliche Bezeichnungen, die in einer Äquivalenzklasse vereint sind und als Synonyme oder Quasi-Synonyme gelten. Zu beachten ist, dass die Äquivalenzrelation nicht terminologisch "richtige" Terme umfasst, sondern – wie Stella G. Dextre Clarke (2001, 39) betont – von der Thesaurusart und dessen Tiefe abhängt und daher stets einer subjektiven Festlegung zugrunde liegt:

> Terms such as "porcelain", "bone china" and "crockery", which might be individual descriptors in a thesaurus for the ceramics industry, could well be treated as equivalents in a thesaurus for more general use. Which relationship to apply between these terms is a subjective decision, depending on the likely scope and depth of the document collection to be indexed, as well as the background and likely interests of the users who will be searching it.

Eine eindeutige Bedeutungsgleichheit bzw. -ähnlichkeit zwischen den Elementen der Äquivalenzklasse lässt sich demgemäß allgemein nicht festmachen. Folgende Äquivalenztypen können u. a. in Thesauri enthalten sein (Dextre Clarke 2001; Aitchison/Gilchrist/Bawden 2000; Burkart 2004):

- Poluläre – wissenschaftliche Namen: *Sterbehilfe – Euthanasie*,
- Gattungsbegriff – Markennamen: *Heftpflaster – Hansaplast*,
- Standardname – Umgangssprache: *Mobiltelefon – Handy*,
- Terme unterschiedlichen Ursprungs: *Pferd – Gaul*,
- Terme unterschiedlicher Kulturen: *Tomate – Paradeiser*,
- Konkurrenznamen für technische Begriffe: *MP3 Player – i-pod*,

- Neue – veraltete Begriffe: *Tornister – Schulranzen*,
- Schreibvarianten: *Fairneß – Fairness*,
- Kurzformen: *UN – UNO – Vereinte Nationen*,
- geringer Bedeutungsunterschied: *Recherche – Retrieval*,
- unterschiedliche Spezifität: *Sprachwissenschaft – Linguistik*,
- Antonyme: *Gleichheit – Ungleichheit*.

Eine besondere Art der Äquivalenzrelation für einen englischsprachigen Thesaurus ist die Differenzierung zwischen englischen und amerikanischen Redewendungen. Dextre Clarke spricht in diesem Kontext von einer dialektischen Äquivalenzform, wobei das Kürzel *AF* für amerikanische und *BF* für britische Form steht (Dextre Clarke 2001, 41), wie zum Beispiel bei *autumn* – AF *fall* und *fall* – BF *autumn*.

Relationen im Thesaurus

Die Beziehungen zwischen den Begriffen bzw. ihren Bezeichnungen werden nach bibliothekarischem Sprachgebrauch durch sog. Verweisungen kenntlich gemacht. Die Notwendigkeit der Relationen sowie der entsprechenden Verweisungen begründet DIN 1463/1 (1987, 5) folgendermaßen:

> Auf diese Art vermitteln die Beziehungen eines Deskriptors zu anderen Bezeichnungen (Deskriptoren oder Nicht-Deskriptoren) in gewisser Weise eine Definition des Deskriptors, da es seinen Ort im semantischen Gefüge aufzeigt.

Relationen verbinden Deskriptoren bzw. Nicht-Deskriptoren miteinander und dienen als Navigationsführer durch das Netzwerk des Thesaurus. Neben der Äquivalenzrelation verfügen Thesauri über Hierarchierelationen und die Assoziationsrelation.

In der **Hierarchierelation** befinden sich die Deskriptoren in einem Über- bzw. Unterordnungsverhältnis zueinander. Man kann jedoch strenger nach drei Hierarchiearten unterscheiden. In der Hyponymie (auch generische Relation oder Abstraktionsrelation genannt) besitzt der untergeordnete Begriff alle Merkmale des übergeordneten Begriffs und zusätzlich noch mindestens ein weiteres Merkmal. Diese Relation wird u. a. verwendet bei Handlungen (z.B. *Ausglühen – Wärmebehandlung*), Eigenschaften (z.B. *Entflammbarkeit – chemische Eigenschaften*), Handelnde (z.B. *Grundschullehrer – Lehrer*) sowie auf alle Fälle von Gegenständen, die hierarchisch gekoppelt sind (z.B. *Hausziege – Ziege*), wobei sich Genus und Spezies immer auf dieselbe fundamentale Kategorie beziehen müssen. In der partitiven Relation (Meronymie) entspricht der übergeordnete Begriff einem Ganzen, und der untergeordnete Begriff (Teilbegriff) vertritt einen der Bestandteile dieses Ganzen. Dies trifft zu bei Komplexen (z.B. *Ohr – Mittelohr*), geographischen Einheiten (z.B. *Bundesrepublik Deutschland – Bayern*), Kollektionen (z.B.

Philosophie – Hermeneutik), sozialen Organisationen (z.B. *UN – UNESCO*) und Ereignissen (beispielsweise *Fußballspiel – Halbzeitpause*) (s. o. S. 82 ff.). Die dritte Art von Hierarchierelation ist die Instanz-Relation, in der der Unterbegriff als individueller Einzelfall einen Eigennamen darstellt (z.B. *deutsche Kirche – Frauenkirche <München>*).

Bei einer Hierarchierelation soll genau abgewogen werden, was die Charakteristika vom Oberbegriff und vom Unterbegriff sind und wie viele Unterbegriffsebenen herangezogen werden sollen. Ein Zirkel muss dabei ausgeschlossen werden. Es dürfen auch nicht zu viele Deskriptoren als Schwesterbegriffe in einer Begriffsreihe vorkommen, ansonsten wird die gesamte Struktur zu unübersichtlich. Robert M. Losee (2006, 959) veranschaulicht das Entscheidungsproblem beim Aufbau einer Hierarchie an dem Beispiel, dass *Mensch* einerseits als Unterbegriffe *Mann* und *Frau* oder *Erwachsener* und *Kind* oder aber andererseits – ganz unerwartet – *Broccoli mögender Mensch* oder *Nicht Broccoli mögender Mensch*, vielleicht in einer Wissensordnung für Lebensmittelmarketing, besitzen kann:

> (S)hould a broad term such as *human* be broken down into *female* and *male*? Criteria are also provided for determining whether one type of class description of children is better than another type, such as whether *humans* are better defined as either *female* or *male* or whether humans should be subdivided into *adults* or *children*, or perhaps as those who like broccoli or those who dislike broccoli.

Eine Unsicherheit, ob die Hierarchie zur Zufriedenheit des Nutzers entwickelt worden ist, bleibt immer bestehen; sie lässt sich nach Losee jedoch durch Rückkopplung mit dem Nutzer und in Form eines dynamischen Thesaurus vermindern. Ein dynamischer Thesaurus wird stets den Anforderungen der Nutzer wie den Entwicklungen in der Wissensdomäne angepasst. Dies ist der Standardfall eines Thesaurus.

Deskriptoren, die untereinander weder äquivalent noch hierarchisch, aber doch irgendwie zueinander passen oder verwandt sind, stehen assoziativ zueinander. Die Funktion der **Assoziationsrelation** ist es, den Nutzer zu weiteren eventuell gewünschten Deskriptoren zu führen. Es werden Vorschläge von zusätzlichen oder alternativen Termen für Indexierung und Retrieval angeboten. In Anschluss an Aitchison, Gilchrist und Bawden (2000) listet Dextre Clarke (2001, 48) verschiedene assoziative Relationstypen auf:

- Bedeutungsüberlappung: *Schiff – Boot*,
- Disziplin – Phänomene: *Seismologie – Erdbeben*,
- Prozess – Instrument: *Motorrennen – Rennwagen*,
- Beschäftigung – Beschäftigter: *Sozialarbeit – Sozialarbeiter*,
- Handlung – Handlungsergebnis: *Straßenbau – Straße*,
- Handlung – Bezugsperson: *Hochschullehre – Student*,
- Begriff – Eigenschaft: *Frau – Weiblichkeit*,

- Begriff – Ursprung: *Wasser – Wasserquelle,*
- Begriff – kausale Abhängigkeit: *Erosion – Erdrutsch,*
- Gegenstand / Aktion – Gegenteil: *Geburt – Empfängnisverhütung,*
- Rohmaterial – Produkt: *Baum – Holz,*
- Handlung – assoziierte Eigenschaft: *Präzisionsmessung – Genauigkeit,*
- Begriff – Gegenteil: *Kälte – Hitze.*

Schmitz-Esser (1999; 2000, 79) kennt weitere Relationen:

- Nützlichkeit: *Arbeitsplatzbeschaffung – Wirtschaftsentwicklung,*
- Schädlichkeit: *Überdüngung – Artenvielfalt.*

Der Standard-Thesaurus Wirtschaft (IR, 285; Stock 1999) arbeitet im ökonomischen Kontext mit:

- fachüblicher Zusammenhang: *Körperpflegemittel – Seife,*
- zugehörige Branche: *Körperpflegemittel – Körperpflegemittelindustrie.*

Es spricht nichts dagegen, nicht mit der allgemeinen unspezifischen Assoziationsrelation zu arbeiten, sondern die in der entsprechenden Wissensdomäne spezifischen zu benutzen.

Die Begriffsrelationen werden häufig mittels Standardkürzel oder Symbolen dargestellt. Für multilinguale Thesauri können sprachunabhängige Symbole von Vorteil sein, da die sonst üblich verwendeten Kurzzeichen der Bezeichnungen je nach Sprache variieren. Tabelle 13.1. listet einige Abkürzungen für Verweisungen und Relationen zu deutschen und englischen Bezeichnungen auf.

Deskriptorsatz

Alle Festlegungen zu einem Begriff werden in einem Begriffssatz zusammengefasst. Da die meisten Thesauri solche mit Vorzugsbenennung sind, wird diese terminologische Einheit auch Deskriptorsatz genannt. Hierunter fallen Deskriptoren / Nicht-Deskriptoren, Relationen, Erläuterungen, Hinweise und Definitionen. Außerdem sind Angaben zu Begriffsnummer, Notationen, Statusangaben, Aufnahme-, Korrektur- und Löschdatum möglich (Burkart 2004, 150; Gastmeyer 1994, 42 ff.). Die Erläuterungen, auch "Scope Notes" genannt, geben kontextabhängige Hinweise zur Bedeutung und Verwendung eines Begriffs und dessen Abgrenzung innerhalb des gegebenen Thesaurus. Die Definitionen dagegen sind nicht für einen speziellen Thesaurus gedacht, sondern spiegeln die allgemeine Gebräuchlichkeit eines Begriffs innerhalb einer Wissensdomäne wider. Ein Begriffs- oder Deskriptorsatz spannt das semantische Umfeld auf. Nicht-Deskriptoren erhalten ihre eindeutige Zuweisung zur Vorzugsbenennung entsprechend in einem Nicht-Deskriptorsatz.

deutsch	englisch	Erläuterung
Relationen		
TT Top Term	**TT** Top Term	oberster Begriff
OB Oberbegriff	**BT** Broader Term	Oberbegriff allgemein
OA Oberbegriff	**BTG** Broader Term (generic)	Hypernym, Abstraktionsrelation
SP Verbandsbegriff	**BTP** Broader Term (partitive)	Holonym, Bestandsrelation
	BTI Broader Term (instantial)	Oberbegriff Instanzrelation
UB Unterbegriff	**NT** Narrower Term	Unterbegriff allgemein
UA Unterbegriff	**NTG** Narrower Term (generic)	Hyponym, Abstraktionsrelation
TP Teilbegriff	**NTP** Narrower Term (partitive)	Meronym, Bestandsrelation
	NTI Narrower Term (instantial)	Unterbegriff Instanzrelation (Individualbegriff)
VB Verwandter Begriff	**RT** Related Term	Assoziationsrelation
Verweisungen		
BS Benutze Synonym / Quasisynonym	**USE** Use	Äquivalenz: ND – Deskriptor
BF Benutzt für Synonym / Quasisynonym	**UF** Used for	Äquivalenz: Deskriptor – ND
BK Benutze Kombination	**USE** Use	partielle Äquivalenz: ND – mehrere Deskriptoren
KB Benutzt in Kombination	**UFC** Used for combination	partielle Äquivalenz: Deskriptor – ND
BO Benutze Oberbegriff	**USE** Use	Unterbegriff (ND) – Deskriptor; Bündelung
FU Benutzt für Unterbegriff	**UF** Used for	Deskriptor – Unterbegriff (ND); Bündelung
BSU Benutze Unterbegriff	**USE** Use	Oberbegriff (ND) – Deskriptor; Spezifizierung
BFO Benutzt für Oberbegriff	**UF** Used for	Deskriptor – Oberbegriff (ND); Spezifizierung
Hinweise und Definitionen		
H Hinweis	**SN** Scope Note	
D Begriffsdefinition	**D** Definition	

Tabelle 13.1: Abkürzungen bei der Thesaurusterminologie.
Abkürzung: ND: Nicht-Deskriptor.

MeSH Heading	Tennis Elbow		
Tree Number	C05.906		
Tree Number	C21.866.088.890		
Annotation	in "housewives, artisans & violinists" as well as in tennis players; do not coord with TENNIS (NIM) unless the sport is particularly discussed; do not coord with ATHLETIC INJURIES (IM) unless tennis elbow is discussed as an athletic inj		
Concept 1 (Preferred)	Tennis Elbow		
	Concept UI	M0021164	
	Scope Note	A condition characterized by pain in or near the lateral humeral epicondyle or in the forearm extensor muscle mass as a result of unusual strain. It occurs in tennis players as well as housewives, artisans, and violinists.	
	Semantic Type	T037 (Injury or Poisoning)	
	Semantic Type	T047 (Disease or Syndrome)	
	Term (Preferred)	Tennis Elbow	
		Term UI	T040293
		Date	01-JAN-1999
		Lexical Tag	NON
		Thesaurus	NLM (1982)
	Term	Epicondylitis, Lateral Humeral	
		Term UI	T040292
		Date	02-MAR-1981
		Lexical Tag	NON
		Thesaurus	UNK (19XX)
Allowable Qualifiers	BL CF CI CL CN CO DH DI DT EC EH EM EN EP ET GE HI IM ME MI MO NU PA PC PP PS PX RA RH RI RT SU TH UR US VE VI		
Previous Indexing	Athletic Injuries (1968-1981)		
Previous Indexing	Elbow (1966-1981)		
Previous Indexing	Elbow Joint (1966-1981)		
Previous Indexing	Sports (1966-1975)		
Previous Indexing	Sports Medicine (1966-1967)		
Previous Indexing	Tendinitis (1966-1981)		
Previous Indexing	Tennis (1976-1981)		
History Note	82		
Date of Entry	19810302		
Unique ID	D013716		

Musculoskeletal Diseases [C05]
   Bone Diseases [C05.116] +
   Cartilage Diseases [C05.182] +
   Fasciitis [C05.321] +
   Foot Deformities [C05.330] +
   Foot Diseases [C05.360] +
   Hand Deformities [C05.390] +
   Jaw Diseases [C05.500] +
   Joint Diseases [C05.550] +
   Muscular Diseases [C05.651] +
   Musculoskeletal Abnormalities [C05.660] +
   Rheumatic Diseases [C05.799] +
  ▶ Tennis Elbow [C05.906]

Disorders of Environmental Origin [C21]
 Wounds and Injuries [C21.866]
  Arm Injuries [C21.866.088]
    Forearm Injuries [C21.866.088.268] +
    Humeral Fractures [C21.866.088.390]
    Shoulder Dislocation [C21.866.088.666]
    Shoulder Fractures [C21.866.088.749]
   ▶ Tennis Elbow [C21.866.088.890]
    Wrist Injuries [C21.866.088.906]

Abbildung 13.9: Deskriptorsatz in MeSH. *Quelle:* Medical Subject Headings.

Unser Beispiel für einen Deskriptorsatz haben wir den Medical Subject Headings (MeSH 2008) entnommen. Die National Library of Medicine, Bethesda, USA, entwickelt und pflegt diesen Thesaurus. MeSH werden für Quellen aus Medizin und ihrer Randgebiete verwendet. Deskriptoren bezeichnet man als "Main Headings" oder auch "MeSH Headings", Nicht-Deskriptoren sind die "Entry Terms". Der polyhierarchisch geordnete systematische Thesaurus nennt sich "MeSH Tree Structures" und umfasst 16 Hauptkategorien, die jeweils durch einen Buchstaben abgekürzt werden; zum Beispiel: Anatomy [A], Organisms [B], Diseases [C], Chemical Drugs [D] oder Geographicals [Z].

Abbildung 13.9 zeigt am Beispiel von *Tennis Elbow* einen Deskriptorsatz (mit der Identifikationsnummer D013716) in MeSH (Nelson/Johnston/Humphreys 2001; Gaus 2005, 193-199). Der Deskriptor ist in zwei Begriffsleitern von C (*Diseases*) verortet, zum einen ausgehend von C05 (*Musculoskeletal Diseases*), zum andern von C21 (*Disorders of Environmental Origin*). Entsprechend der Stellung des Deskriptors in beiden Begriffsleitern erhält *Tennis Elbows* zwei Tree Numbers. Unter "Annotation" finden wir Hinweise zur Verwendung unseres Deskriptors, z.B., dass unter bestimmten Umständen *Tennis Elbows* nicht mit *Tennis* gemeinsam verwendet werden sollte, es sei denn, der Tennissport wird ausdrücklich im Dokument erwähnt. Der einzige Nicht-Deskriptor ist *Epicondylitis, Lateral Humeral*. Der Deskriptor wird am 2.3.1981 kreiert und findet erstmals in der 1982er Version von MeSH Einsatz. Der Deskriptorsatz listet die Vorgeschichte des Begriffs in MeSH auf (*Athletic Injuries*, *Elbow* usw.). Neben der Nummer des Deskriptors verwendet MeSH eine separate Nummer (unique identifyer UI) für den Begriff (hier: Concept UI M0021164) und für alle Bezeichnungen (hier: Term UI T040293 für die Vorzugsbenennung und T040292 für den Nicht-Deskriptor). Beim Semantic Type des Begriffs wird auf die Terminologie von UMLS (Unified Medical Language System) zurückgegriffen. Unser Begriff hat demnach mit *Injury or Poisoning* (T037) und mit *Disease or Syndrome* (T047) zu tun.

Eine Besonderheit von MeSH ist die Verwendung von **Qualifiers**, Zusätze, die die Deskriptoren spezifizieren. Der Deskriptor verschmilzt mit seinem Qualifier zu einer neuen Einheit, die – zusätzlich zum singulären Deskriptor – als Gesamt suchbar ist. Beim Feld der "Allowable Qualifiers" sehen wir eine Liste der Abkürzungen der Zusätze, die *Tennis Elbow* näher beschreiben. Nehmen wir an, ein Dokument beschreibt die Chirurgie des Tennisellbogens. Hier wird nun nicht etwa mittels der zwei Deskriptoren *Tennis Elbow* und *Surgery* indexiert, sondern mit dem Deskriptor und dem Zusatz als Einheit, also: *Tennis Elbow/Surgery* (in der Tabelle durch SU ausgedrückt). Der Einsatz von Qualifiers bewirkt bei der Recherche eine Steigerung der Precision.

Präsentation des Thesaurus für den Nutzer

Ist ein Thesaurus erstellt und für den Nutzer zugänglich, so sollte der Nutzer durch Begleitmaterial klar über Zweck und Aufbau des Thesaurus unterrichtet werden. Dazu gehören Erläuterungen der befolgten Regeln bei der Deskriptorauswahl und der Sortierreihenfolge, Benutzeranleitungen mit beispielhaften Hilfestellungen, Ausblick auf die Weiterentwicklungstendenzen, Angabe der Anzahl von Deskriptoren und Nicht-Deskriptoren sowie der benutzten Hilfsmittel.

Der Thesaurus wird in einem alphabetischen und systematischen Teil dargestellt. Der systematische Teil kann polyhierarchisch strukturiert sein. Zusammenhängende Begriffsleitern lassen sich durch Verweise mit anderen Begriffsleitern verknüpfen. Die oftmals komplizierten Relationen zwischen zusammengehörigen Deskriptorgruppen lassen sich durch Beziehungsgraphen (Diagramme, Pfeile) graphisch verdeutlichen. Diese optisch einprägsame Form ist beim Retrieval ein anschauliches Hilfsmittel für den Nutzer.

Auch sollte die Suche im Thesaurus für den Nutzer ansprechend gestaltet sein. Als Beispiel ziehen wir einen Sucheinstieg in MeSH heran, dargestellt in Abbildung 13.10.

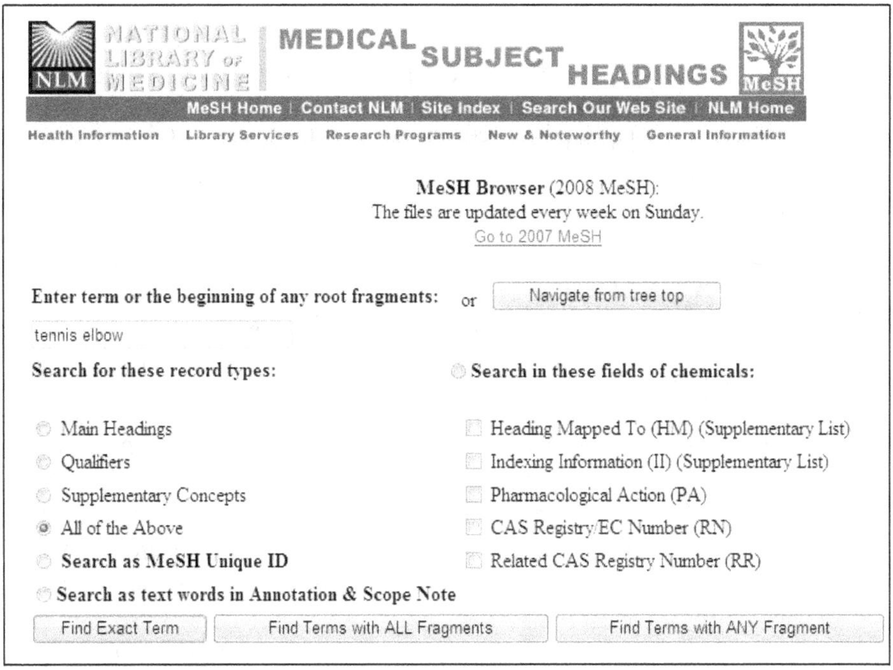

Abbildung 13.10: Suche im Thesaurus am Beispiel von MeSH.
Quelle: Medical Subject Headings.

Multilingualer Thesaurus

Im Zuge der internationalen Kooperation werden mehrsprachige Thesauri entwickelt und eingesetzt, um Sprachbarrieren innerhalb einer Wissensdomäne oder eines multinationalen Unternehmens möglichst zu umgehen. Sprachen lassen sich aber aufgrund ihrer Kulturabhängigkeit nicht eins zu eins übersetzen (Jorna/Davies 2001). Ein Term kann in einer Sprache existieren, in einer anderen beispielsweise aufgrund einer verschiedenen Tradition jedoch nicht. Es entstehen zusätzliche Probleme für den multilingualen Thesaurus. Im multilingualen Thesaurus gilt als Regel, dass die verschiedenen nationalsprachigen Oberflächen des entsprechenden Begriffs äquivalent sind, da ansonsten die Thesaurusstruktur verletzt würde. Die Eigenständigkeit jeder einzelnen Sprache, die im Thesaurus vertreten ist, sollte jedoch möglichst berücksichtigt und demgemäß keine Äquivalenz *erzwungen* werden. Dies bewirkt, dass die bestehenden Anforderungen, die für einsprachige Thesauri gelten, um einige Aspekte zu ergänzen oder vielleicht sogar zu verändern sind.

Zunächst ist festzulegen, welchen Status jede der am mehrsprachigen Thesaurus beteiligten Sprachen erhalten soll. Man kann zwischen Haupt- bzw. Quellensprache und Sekundärsprache unterscheiden. Die Hauptsprache nimmt dabei die Stellung ein, die zum Indexieren und für das Retrieval benutzt wird, wobei jeder Begriff des Systems durch einen Deskriptor der Hauptsprache repräsentiert wird.

Nur wenn in allen Sprachen äquivalente Deskriptoren für die darzustellenden Begriffe vorhanden sind, spricht man von Statusgleichheit der Sprachen (DIN 1463:1988, 2). Der sprachunabhängige Deskriptorsatz wird in diesem Fall über eine Identifikationsnummer angelegt; alle natürlichsprachigen Äquivalenzen sind ausschließlich Oberflächen dieses Datensatzes.

Bezeichnungen der Hauptsprache bzw. der Identifikationsnummer werden in die entsprechende Zielsprache übertragen. Nicht immer sind in der Zielsprache bei dieser Übertragung gebräuchliche Bezeichnungen vorhanden, so wie es beispielsweise bei *teenagers* im Deutschen der Fall ist. Oder es gibt mehrere Begriffe: *mouton* aus dem Französischen lässt sich im Englischen durch *sheep* und *mutton* ausdrücken.

Es erscheint oftmals notwendig, für die Zielsprache eigene Wortprägungen (durch neue Worte oder konstruierte Phrasen) zu bilden, um einen Begriff der Ausgangssprache widerzuspiegeln. So gibt es für den deutschen Begriff *Schlüsselkind* wohl die englische Übersetzung *latchkey child*, für die französische Sprache nur die künstliche, wörtliche Übersetzung *enfant à clè*, die eine zusätzliche Erläuterung zu dieser Komposition erfordert. Michèle Hudon (1997, 119) kritisiert diese Lösung des Problems, da ein Thesaurus keine terminologische Termbank darstellen soll, die eine Sprache teilweise zur Kunstsprache macht:

> The creation of neologisms is never the best solution. A thesaurus is not a termi-
> nological termbank. The role of a thesaurus is not to bring about changes in a lan-
> guage, it is rather to reflect the specialized use of that language in certain seg-
> ments of a society.

Ein multilingualer Thesaurus sollte nach Hudon (2001, 69) möglichst folgende
Probleme berücksichtigen: Eine Sprache darf nicht soweit überstrapaziert werden,
um sie einer fremden begrifflichen Struktur anzupassen, dass sie kaum mehr von
den eigenen Sprechern wiedererkannt wird. Die gesamte relationale Struktur von
einem kulturellen Kontext muss nicht zwingend auf einen anderen übertragen
werden. Die Übersetzung von Termen aus der Quellsprache darf keine bedeu-
tungslosen Ausdrücke in der Zielsprache ergeben.

Manchmal fehlt in einer Sprache eine Hierarchieebene. Im Deutschen existiert
solch eine Begriffsleiter:

> Wissenschaft,
>> Naturwissenschaft,
>>> Physik.

Im Englischen bedarf es hier nur zweier Ebenen:

> Science,
>> Physics.

Wenn man den multilingualen Thesaurus aus deutscher Sicht aufbauen möchte,
muss man – da die hierarchische Struktur stets zu erhalten ist – in der englischen
Oberfläche den Term *Wissenschaft* als Fremdwort einführen und erläutern (DIN
1463/2:1988, 12):

> Wissenschaft (SN: loan term adopted from German),
>> Science,
>>> Physics.

In Anlehnung an Schmitz-Esser (1999, 14) lässt sich die grobe Struktur eines
multilingualen Thesaurus wie folgt charakterisieren (siehe Abbildung 13.11). Ein
Deskriptor wird durch eine Nummer (ID) eineindeutig identifiziert. Schmitz-Esser
spricht hier von einer "Meta Language Identification Number" (MLIN). Alle zutreffenden hierarchischen Relationen, deren Ziele (Deskriptoren) jeweils ebenfalls
durch eine Identifikationsnummer gekennzeichnet sind, hängen an der Deskriptor-
ID. Die Thesaurusstruktur trifft für alle Deskriptoren in den verschiedenen Sprachen zu. Da die individuelle Sprache vom kulturellen Hintergrund bzw. vom
Sprachgebrauch bestimmt wird, gibt es im mehrsprachigen Thesaurus Unterschiede in Bezug zur Äquivalenzrelation; Art und Menge der Nicht-Deskriptoren
(Schmitz-Esser bezeichnet sie als "additional access expressions" AAE) variieren
in den Sprachäquivalenten.

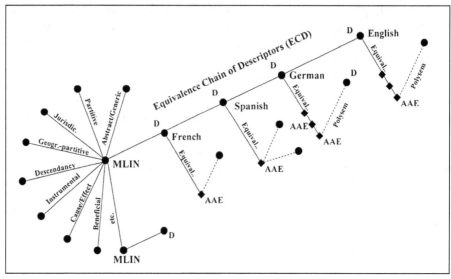

Abbildung 13.11: Struktur eines multilingualen Thesaurus.
Quelle: Schmitz-Esser 1999, 14. *Abkürzungen:* MLIN: Meta-Language Identification Number (Identifikationsnummer für Deskriptorsatz); AAE: additional access expressions (sprachspezifische Nicht-Deskriptoren).

Skizzieren wir das Gesagte an einem Beispiel! Eurydice beschäftigt sich seit über zwei Jahrzehnten mit Quellen zu Bildungssystemen und -politiken in Europa. Der Thesaurus Europäischer Bildungssysteme ("Thesaurus for Education Systems in Europe"; TESE) stellt das neueste Produkt dieses Informationsnetzes dar, bei dessen Entwicklung mehrere bereits vorhandene Thesauri beteiligt sind. Nach derzeitiger Planung soll TESE – ausschließlich elektronisch – in 14 verschiedenen Sprachen publiziert werden. Die Struktur von TESE besteht aus einer übergeordneten Ebene mit sechs Grundfacetten, die einen hohen Allgemeinheitsgrad besitzen. Diese Grundfacetten umfassen allgemeine Begriffe, Einheiten und Systeme, Prozesse, Akteure, Hilfsmittel und Umfeld. Auf der untergeordneten Ebene befinden sich 17 Sub- oder Mikrothesauri, die Gruppen hierarchisch strukturierter Deskriptoren zum selben Themenkreis präsentieren. Polyhierarchien werden zugelassen. Außerdem gibt es vier unstrukturierte Listen, in denen die Deskriptoren (wie zum Beispiel Eigennamen) nur alphabetisch geordnet sind. Es handelt sich hier um Eurydice-Randvokabular.

Jeder Mikrothesaurus wird durch eine Identifikationsnummer gekennzeichnet. Beispielsweise ist der Mikrothesaurus "Bildungswesen" (02) der Grundfacette "Einheiten und Systeme" untergeordnet. Abbildung 13.12 informiert über die Abkürzung MT und die Identifikationsnummer in den Klammern, welchem Mikrothesaurus der Deskriptor zugeordnet ist. Die einzelnen dargestellten Deskriptorsätze sind jeweils dem alphabetischen Thesaurus in deutscher, englischer, estnischer und italienischer Sprache entnommen und von uns zum Vergleich in eine Abbildung gefasst worden.

Stufe im Bildungswesen
MT (02)
cs: vzdělávací úroveň
en: level of education
et: haridustase
fi: koulutustaso
fr: niveau d'enseignement
UF *Bildungsstufe*
NT Hochschulbildung
NT nachschulpflichtige Bildung
NT postsekundare nichttertiäre Bildung
NT Primarbildung
NT Sekundarbildung
NT Vorschulerziehung

level of education
MT (02)
cs: vzdělávací úroveň
de: Stufe im Bildungswesen
et: haridustase
fi: koulutustaso
fr: niveau d'enseignement
UF *educational level*
UF *level of study*
NT higher education
NT post-compulsory education
NT post-secondary non-tertiary education
NT pre-primary education
NT primary education
NT secondary education

haridustase
MT (02)
cs: vzdělávací úroveň
de: Stufe im Bildungswesen
en: level of education
fi: koulutustaso
fr: niveau d'enseignement
NT algharidus
NT alusharidus
NT keskharidus
NT keskharidusjärgne kutsekeskharidu
NT kohustusliku hariduse järgne harid
NT kõrgharidus

livello di istruzione
MT (02)
cs: vzdělávací úroveň
de: Stufe im Bildungswesen
en: level of education
et: haridustase
fi: koulutustaso
fr: niveau d'enseignement
UF *grado d'istruzione*
UF *grado scolastico*
UF *livello educativo*
UF *livello scolastico*
NT educazione prescolare
NT istruzione post-obbligatoria
NT istruzione post-secondaria non terziaria
NT istruzione primaria
NT istruzione secondaria
NT istruzione superiore

Abbildung 13.12: Deskriptorsätze im multilingualen Thesaurus TESE.
Quelle: Eurydice, das Informationsnetz zum Bildungswesen in Europa 2006.

Da sich TESE in der (Weiter-)Entwicklung befindet und nicht in allen Sprachen voll ausgereift ist, sehen wir davon ab, dass der italienische Deskriptor als Äquivalent in den anderen Sprachen noch nicht aufgelistet ist. Die Variationen im Sprachgebrauch sind anhand der verwendeten Nicht-Deskriptoren erkennbar: Der estnische Deskriptorsatz enthält keinen, der deutsche genau einen Nicht-Deskriptor. Die englische Sprache wartet mit zwei und die italienische sogar mit vier äquivalenten Bezeichnungen auf. Hierachien (hier nur Unterbegriffe) sind in allen Sprachen identisch.

Zur Veranschaulichung ziehen wir exemplarisch einige statistische Angaben heran. 1.379 Deskriptoren existieren in allen Sprachversionen von TESE. Die Anzahl der Nicht-Deskriptoren beträgt derzeit für die finnische Sprache 90, für die estnische 591 und für die deutsche 1.349. So wird dem nationalen Sprachgebrauch möglichst Rechnung getragen und gleichzeitig erreicht, dass die grundlegende Thesaurusstruktur über alle Sprachen hinweg erhalten bleibt.

Thesaurusaufbau und -pflege

Ein Thesaurus ist eine dynamische Einheit, die sich den wandelnden Voraussetzungen anpassen muss. **Thesauruspflege** wird notwendig, wenn Fehlentscheidungen beim Thesaurusaufbau (z.B. in Bezug zur Struktur) erkannt werden, neue Forschungsgebiete entstanden sind, der Sprachgebrauch eines Fachgebietes sich geändert hat, neue Formen von Quellen aufgekommen sind, das Nutzerverhalten anders als vorher geworden oder das Informationssystem nicht mehr zeitgemäß ist (Wersig 1985, 274 ff.). Deskriptoren bzw. Nicht-Deskriptoren müssen dann eventuell neu aufgenommen, eliminiert oder umgestuft werden. Bestimmte Deskriptoren benötigen ggf. andere Relationen, weil etwa die Hierarchiestruktur neu festgelegt wird. Nicht mehr benutzte Begriffsbeziehungen, beispielsweise bei verwandten Begriffen, erfordern eine Löschung.

Wie bei der Nomenklatur (s. o. S. 187 f.) und der Klassifikation (s. o. S. 220 f.) geschieht auch der Aufbau von Thesauri sowie deren Pflege durch kombinierten Einsatz von top-down- und bottom-up-Wegen. Bei beiden Wegen kann man teilautomatisiert vorgehen, indem Häufigkeitslisten von einzelnen Worten oder von Phrasen sowie Cluster um häufige Terme automatisch erstellt werden. Hier erhält man mittels des Einsatzes informetrischer Methoden (Rees-Potter 1989; Schneider/Borlund 2005) **Kandidaten** für Deskriptoren sowie für Beziehungen zwischen Deskriptoren, die es in einem zweiten Schritt intellektuell zu verarbeiten gilt.

Die top-down-Methode startet bei facheinschlägigen Lehrbüchern, Enzyklopädien, Wörterbüchern, Review-Artikeln usw. (López-Huertas 1997, 144) und extrahiert daraus – automatisch oder intellektuell – die zentralen Begriffe bzw. Begriffsbeziehungen. Hierbei sind insbesondere solche Dokumente brauchbar, die die Begriffe definieren.

Beim bottom-up-Ansatz gehen wir vom terminologischen Material großer Mengen von Literatur aus, die als relevant für die Wissensdomäne des Thesaurus einzuschätzen sind. Wir können – je nach bereits vorgefundenen Methodeneinsatz – drei Quellen für Deskriptor- und Relationskandidaten unterscheiden (Abbildung

13.13): (digital vorliegende) Volltexte, Tags (bei der Folksonomy; s. o. Kapitel 9 und 10) und markierte Sucheinstiege (bei der Textwortmethode; s. u. Kapitel 17).

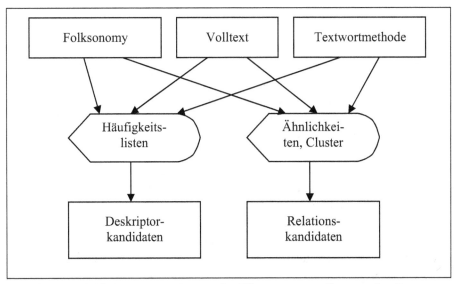

Abbildung 13.13: Bottom-up-Ansatz der Thesauruserstellung und -pflege.

Deskriptorkandidaten entstehen vor allem durch den Einsatz informetrischer Rankingmethoden (IR, 174 ff.). Wir erstellen demnach Häufigkeitslisten von Termen (Worten, Phrasen) in den Volltexten, den Tags und den Sucheinstiegen. Die in den Rangordnungen oben platzierten Terme geben die heuristische Basis für Deskriptoren ab.

Man erhält heuristisches Material für **Relationskandidaten**, also für die Konstruktion von Beziehungen zwischen Termen durch eine sog. "Pseudoklassifikation" anhand ihres gemeinsamen Auftretens in Dokumenten. Gemäß David M. Jackson (1970, 188) soll derart sogar eine automatische Bestimmung von Wissensordnungen möglich werden:

> Under the hypothesis that: ... "co-occurence of terms within documents is a suitable measure of the similarity between terms" a classification may be generated automatically.

Auch Gerald Salton (1980, 1) hält gemeinsames Auftreten von Worten in Dokumenten zumindest für einen guten Indikator für eine relationale Verknüpfung:

> Thus, if two or more terms co-occur in many documents in a given collection, the presumption is that these terms are related in some sense, and hence can be included in common term classes.

Im Gegensatz zu Jackson und Salton halten wir einen rein automatischen Aufbau von Wissensordnungen für nicht praktikabel, aber den durch Pseudoklassifikation unterstützten intellektuellen Weg für sehr zielführend. Wichtig ist dabei, wie dies auch schon Salton (1980, 1) betont, dass wir die Ähnlichkeitsalgorithmen auf Dokumente anwenden, die uneingeschränkt repräsentativ für die Wissensordnung sind.

Beim Einsatz der Clusteranalyse (s. u. Kapitel 20) auf die syntagmatischen Relationen in den Dokumenten bzw. in den Surrogaten (bei Folksonomy bzw. Textwortmethode) entstehen als Ergebnis semantische Netze zwischen den Termen (IR, 177 ff.; 454 ff.). Ähnlichkeiten lassen sich mittels Jaccard-Sneath- oder Dice-Koeffizienten, Vektoren (Crawford 1979) oder auch anhand relativer Häufigkeiten gemeinsamen Auftretens (Park/Choi 1996) berechnen. Darüber hinaus bietet sich der Einsatz von Methoden der Clusteranalyse wie beispielsweise von k-nearest neighbors, single links oder complete links an. Resultat ist stets eine Menge von Termen, bei hierarchischer Clusterung zusätzlich die (automatisch ermittelte) Pseudohierarchie. Wir wissen, welcher Term mit welchen anderen Termen zusammenhängt und kennen auch das Ausmaß des Zusammenhangs. Über die Art der zugrunde liegenden Relation erfahren wir jedoch nichts. Diese Interpretation des jeweiligen Zusammenhangs und damit der Übergang von der syntagmatischen zur paradigmatischen Relation bedarf der intellektuellen Arbeit der Experten. Sie entscheiden, ob Äquivalenz-, Hierarchie- oder Assoziationsrelation vorliegen.

Bei der Auswertung großer Mengen fachspezifischer Volltexte (beispielsweise wissenschaftlicher Artikel zur Biologie) können über Verfahren der Informationsextraktion Vorschläge für **hierarchische Relationen** gewonnen werden. Kennt man Muster, nach denen die Autoren Hierarchien thematisieren, so sind Kandidaten für Relationen ableitbar. Ist etwa "gehört zur Gattung" (oder auch nur das Auftreten von "Gattung") ein Muster einer Abstraktionsrelation, so wird im Satz "Die Ziege gehört zur Gattung der wiederkäuenden Paarhufer" *wiederkäuender Paarhufer* als Oberbegriff zu *Ziege* identifiziert.

Es erscheint durchaus sinnvoll, begründete Vorschläge der Nutzer als Unterstützung zur Thesauruspflege zu prüfen und eventuell zu berücksichtigen (so wie beispielsweise Eurydice die Nutzer um Mithilfe bittet oder MeSH einen elektronischen Postkasten für Vokabularvorschläge anbietet).

Fazit

- Thesauri arbeiten (wie Nomenklaturen) mit Ausdrücken der natürlichen Sprache. Im Thesaurus ohne Vorzugsbenennung sind alle Bezeichnungen eines Begriffs zur Indexierung und Recherche zugelassen, bei Thesauri mit Vorzugsbenennungen wird eine Benennung als Deskriptor ausgezeichnet.

- Thesauri beziehen sich i. d. R. auf das Vokabular einer spezifischen Wissensdomäne. Wir unterscheiden zwischen Zugangsvokabular (Nicht-Deskriptoren), Gebrauchsvokabular (Deskriptoren) und Kandidatenvokabular (potentielle Deskriptoren bzw. Nicht-Deskriptoren).

- Im Thesaurus sind Vokabularkontrolle (in Bezug auf genau einen Begriff) und Begriffskontrolle (in Bezug auf die Relationen zwischen Begriffen) zu unterscheiden.

- Vokabularkontrolle geschieht durch (1.) Zusammenführen von Synonymen und Quasi-Synonymen, (2.) Trennen von Homonymen, (3.) Zerlegung oder Beibehaltung von Mehrwortausdrücken (durch Präkombination, Präkoordination oder Postkoordination), (4.) Bündelung von spezifischen Unterbegriffen sowie (5.) Spezifizierung von zu allgemeinen Oberbegriffen.

- Zwischen einem Deskriptor und allen seinen Nicht-Deskriptoren besteht eine Äquivalenzrelation.

- Die Beziehungen zwischen Deskriptoren werden durch Hierarchierelationen und die (i. d. R. unspezifische) Assoziationsrelation ausgedrückt. Thesauri arbeiten mit Hyponymie (Abstraktionsrelation), Meronymie (Bestandsrelation) sowie – manchmal zusätzlich – mit der Instanzrelation.

- Alle Festlegungen zu einem Begriff werden im Deskriptorsatz zusammengefasst. Dieser enthält u. a. Angaben zu allen Nicht-Deskriptoren, zu allen Nachbarbegriffen in Äquivalenz- und Assoziationsrelation, "Lebensdaten" des Begriffs, Erläuterungen und (möglichst) eine Definition.

- Deskriptoren können durch Qualifiers (wie in MeSH) spezifiziert werden und bedingen damit eine Steigerung der Genauigkeit bei der Recherche.

- Die Nutzerpräsentation eines Thesaurus enthält einen systematischen wie einen alphabetischen Einstieg. Ein Retrievalsystem ermöglicht das Suchen in der Wissensordnung; Links zwischen den Einträgen gestatten das Browsen im System. Zusätzlich ist eine graphische Darstellung der Begriffe nebst ihrem semantischen Umfeld sinnvoll.

- Multilinguale Thesaurus arbeiten entweder mit einer Hauptsprache (und übersetzen aus deren Sicht die Benennungen) oder mit einer sprachunabhängigen Begriffsnummer (mit entsprechenden gleichberechtigten natürlichsprachigen Oberflächen).

- Die hierarchische Struktur bleibt auch im mehrsprachigen Fall grundsätzlich erhalten; die Nicht-Deskriptoren werden jedoch dem jeweiligen Umfeld der einzelnen Sprache angepasst.

- Beim Aufbau und bei der Pflege von Thesauri ergänzen sich top-down- und bottom-up-Methoden, wobei erstere mit einschlägigen Dokumenten (z.B. Lehrbüchern oder Review-Artikeln) arbeiten, während sich letztere mit größeren Mengen fachlich relevanter Literatur befassen, die statistisch wie clusteranalytisch ausgewertet werden. Man erhält (auf intellektuellem oder automatischem Weg) Kandidaten für Deskriptoren und für Relationen als heuristisches Material für eine intellektuelle Weiterbearbeitung.

Literatur

Aitchison, J.; Gilchrist, A.; Bawden, D. (2000): Thesaurus Construction and Use: A Practical Manual. – 4. Aufl. – London; New York: Europa Publ.

Bertram, J. (2005): Einführung in die inhaltliche Erschließung. Grundlagen – Methoden – Instrumente. – Würzburg: Ergon.

Broughton, V. (2006): Essential Thesaurus Construction. – New York: Neal-Schuman.

Brühl, B. (2005): Thesauri und Klassifikationen. Naturwissenschaften – Technik – Wirtschaft. – Potsdam: Verlag für Berlin-Brandenburg. – (Materialien zur Information und Dokumentation; 22).

Burkart, M. (2004): Thesaurus. – In: Kuhlen, R.; Seeger, T.; Strauch, D. (Hrsg.): Grundlagen der praktischen Information und Dokumentation. – 5. Aufl. - München: Saur, S. 141-154.

Crawford, R.G. (1979): Automatic thesaurus construction based on term centroids. – In: The Canadian Journal of Information Science, S. 124-136.

Dextre Clarke, S.G. (2001): Thesaural relationships. – In: Bean, C.A.; Green, R. (Hrsg.): Relationships in the Organization of Knowledge. – Boston, Kluwer, S. 37-52.

DIN 1463/1: 1987: Erstellung und Weiterentwicklung von Thesauri. Einsprachige Thesauri. – Berlin: Beuth.

DIN 1463/2: 1988: Erstellung und Weiterentwicklung von Thesauri. Mehrsprachige Thesauri. – Berlin: Beuth.

Eurydice (2006): Thesaurus Europäischer Bildungssysteme – Ausgabe 2006. – Brüssel: Eurydice.

Evans, M. (2002): Thesaural relations in information retrieval. – In: Green, R.; Bean, C.A.; Myaeng, S.H. (Hrsg.): The Semantics of Relationships. An Interdisciplinary Perspective. – Boston: Kluwer, S. 143-160.

Fugmann, R. (1999): Inhaltserschließung durch Indexieren: Prinzipien und Praxis. – Frankfurt: DGD.

Gastmeyer, M. (1994): Thesaurus Wirtschaft. Entstehung, Konzeption und Aufbau. Hamburg: HWWA-Institut für Wirtschaftsforschung / Informationszentrum (Veröffentlichungen des HWWA-Institut für Wirtschaftsforschung – Hamburg. Aktuelle Fachinformation, 7).

Gaus, W. (2005): Dokumentations- und Ordnungslehre. Theorie und Praxis des Information Retrieval. – 5. Aufl. – Berlin/Heidelberg/New York: Springer.

Hudon, M. (1997): Multilingual thesaurus construction – integrating the views of different cultures in one gateway to knowledge and concepts. – In: Information Services & Use 17, S. 111-123.

Hudson, M. (2001): Relationships in multilingual thesauri. – In: Bean, C.A.; Green, R. (Hrsg.): Relationships in the Organization of Knowledge. – Boston: Kluwer, S. 67-80.

ISO 2788:1986: Documentation. Guidelines for the Establishment and Development of Monolingual Thesauri. – Genf: International Organization for Standardization.

ISO 5964:1985: Documentation. Guidelines for the Establishment and Development of Multilingual Thesauri. – Genf: International Organization for Standardization.

Jackson, D.M. (1970): The construction of retrieval environments and pseudo-classification based on external relevance. – In: Information Storage and Retrieval 6, S. 187-219.

Jorna, K.; Davies, S. (2001): Multilingual thesauri for the modern world – No ideal solution? – In: Journal of Documentation 57, S. 284-295.

Kiel, E.; Rost, F. (2002): Einführung in die Wissensorganisation. – Würzburg: Ergon.

López-Huertas, M.J. (1997): Thesaurus structure design: A conceptual approach for improved interaction. – In: Journal of Documentation 53, S. 139-177.

Losee, R.M. (2006): Decisions in thesaurus construction and use. – In: Information Processing & Management 43, S. 958-968.

MeSH (2008): Medical Subject Headings. – Bethesda, MD: U.S. National Library of Medicine.

Molholt, P. (2001): The Art and Architecture Thesaurus: Controlling relationships through rules and structure. – In: Bean, C.A.; Green, R. (Hrsg.): Relationships in the Organization of Knowledge. – Boston: Kluwer, S. 153-170.

Nelson, S.J.; Johnston, W.D.; Humphreys, B.L. (2001): Relationships in Medical Subject Headings (MeSH). – In: Bean, C.A.; Green, R. (Hrsg.): Relationships in the Organization of Knowledge. – Boston: Kluwer, S. 171-184.

Park, Y.C.; Choi, K.S. (1996): Automatic thesaurus construction using Bayesian networks. – In: Information Processing & Management 32, S. 543-553.

Rees-Potter, L.K. (1989): Dynamic thesaural systems. A bibliometric study of terminological and conceptual changes in sociology and economics with the application to the design of dynamic thesaural systems. – In: Information Processing & Management 25, S. 677-691.

Salton, G. (1980): Automatic term class construction using relevance – A summary of work in automatic pseudoclassification. – In: Information Processing & Management 16, S. 1-15.

Schmitz-Esser, W. (1999): Thesaurus and beyond. An advanced formula for linguistic engineering and information retrieval. – In: Knowledge Organization 26, S. 10-22.

Schmitz-Esser, W. (2000): EXPO-INFO 2000. Visuelles Besucherinformationssystem für Weltausstellungen. – Berlin [u.a.]: Springer.

Schneider, J.W.; Borlund, P. (2005): A bibliometric-based semi-automatic approach to identification of candidate thesaurus terms: Parsing and filtering of noun phrases from citation contexts. – In: Lecture Notes in Computer Science 3507, S. 226-237.

Stock, M. (1999): Standard-Thesaurus Wirtschaft. Ein neuer Standard der Wirtschaftsinformation? – In: Password Nr. 1, S. 22-29.

Wersig, G. (1985): Thesaurus-Leitfaden. Eine Einführung in das Thesaurus-Prinzip in Theorie und Praxis. – 2. Aufl. – München [u.a.]: Saur.

Kapitel 14

Ontologie

Ontologie in der Wissensrepräsentation

Während die bisher besprochenen Methoden der Wissensrepräsentation unabhängig von der jeweiligen technischen Realisierung betrachtet werden können, ist dies bei den Ontologien anders: Hier ist die standardisierte technische Umsetzung in eine spezifische Ontologie-Sprache stets zu beachten, da Ontologien sowohl für die Mensch-Maschine-Interaktion als auch für die Zusammenarbeit zwischen Computersystemen geschaffen werden. Studer, Benjamins und Frensel (1998, 185) betonen in ihrer Abgrenzung von "Ontologie", die sich eng an die "klassische" Definition von Thomas R. Gruber (1993, 199) anlehnt (s. o. Kapitel 1, S. 13-14), die Aspekte der formalen, expliziten Spezifikation einer Terminologie mit dem Zweck, Begriffe einer Wissensdomäne gemeinsam zu nutzen:

> An ontology is a formal, explicit specification of a shared conceptualisation.

Diese Definition ist jedoch so weit, dass alle Begriffsordnungen (Nomenklatur, Klassifikation, Thesaurus und Ontologie i.e.S.) darunter fallen. Ontologien (i.e.S.) gelten als *die* Methode der Wissensrepräsentation im sog. "Semantic Web" (Berners-Lee/Hendler/Lassila 2001).

Der Begriff der "Ontologie" ist der Philosophie entlehnt, der hier traditionell als "Lehre vom Sein" verstanden wird (der Sache nach seit der Metaphysik des Aristoteles, unter dem Etikett "ontologia" ab dem 17. Jahrhundert). In der zeitgenössischen Analytischen Philosophie wird Ontologie im Kontext formaler Semantik und formaler Logik (z.B. bei Willard van Orman Quine) diskutiert, in deren Zentrum der Existenzbegriff steht. Der Aspekt von (formaler) Semantik und Logik trifft auch auf Ontologien im informationswissenschaftlichen Sinne zu: Begriffe werden hinsichtlich ihrer Kennzeichnungen beschrieben (Quine 1974, 276 ff.), und unter Nutzung von Relationen werden Aussagen entwickelt, die Sachverhalte beschreiben; unter Anwendung von Methoden der formalen Logik können so Mechanismen automatischen Schlussfolgerns gewonnen werden. Auf diese Verwandtschaft von philosophischer und informationswissenschaftlicher Ontologieauffassung weist Barry Smith (2003) hin:

> The methods used in the construction of ontologies (in computer and information science; Verf.) thus conceived are derived on the one hand from earlier initiatives in database management systems. But they also include methods similar to those employed in philosophy (…), including the methods used by logicians when developing formal semantic theories.

Ontologie als Methode der Wissensrepräsentation zeichnet sich demnach dadurch aus, dass sie automatisches Schließen zulässt. Ian Horrocks und Ulrike Sattler (2001, 204) stellen diesen Aspekt in den Vordergrund:

> As we have seen, ontologies are set to play a key rôle in the Semantic Web, where they will provide a source of shared and precisely defined terms for use in descriptions of web resources. Moreover, such descriptions should be amenable to *automated reasoning* if they are to be used effectively by automated processes.

Das automatisierte Schlussfolgern wird mittels Einsatz von Beschreibungslogiken (description logics) oder "terminologischer Logiken" erreicht.

Ein weiteres Kennzeichen von Ontologien ist die durchgängige Berücksichtigung nicht nur von Allgemeinbegriffen, sondern auch von Individualbegriffen (Instanzen). Neben der (immer anzutreffenden) Hierarchierelation kommen weitere Relationen zur Anwendung, die die ansonsten unspezifische Assoziationsrelation verfeinern. Katrin Weller (2006, 227) betont:

> Auch bei Ontologien geht es um eine strukturierte Abbildung eines Wissensbereiches in Form von Begriffen (meist Konzepte bzw. concepts, auch Klasse bzw. class) und deren Beziehungen zueinander (Relationen bzw. relations). Anders als beim Thesaurus sind diese Relationen jedoch frei definierbar, im Grunde wird hier die Assoziationsrelation aufgelöst und die einzelnen Assoziationsarten nun explizit gemacht ... Es steht somit ein breiterer Spielraum für die Abbildung und das Verwalten von Wissen zur Verfügung.

Da bei der Definition von "Ontologie" nicht immer Einigkeit herrscht, wollen wir an dieser Stelle Kriterien für Methoden der Wissensrepräsentation besprechen, die wesentlich für Ontologien sind. Corcho, Fernández-López und Gómez-Pérez (2003, 44) unterscheiden grob nach "lightweight" und "heavyweight" Ontologien:

> The ontology community distinguishes ontologies that are mainly taxonomies from ontologies that model the domain in a deeper way and provide *more restrictions* on domain semantics. The community calls them *lightweight and heavyweight ontologies* respectively. On the one hand, lightweight include concepts, concept taxonomies, relationships between concepts and properties that describe concepts. On the other hand, heavyweight ontologies add axioms and constraints to lightweight ontologies.

"Lightweight Ontologien" entsprechen unseren Begriffsordnungen Nomenklatur, Klassifikation und Thesaurus (aber auch weiteren Formen wie etwa Glossaren). Um keine Verwirrung zu stiften, sprechen wir im Folgenden von "Ontologie" dann, wenn "heavyweight Ontologien" gegeben sind. Nur wenn alle der folgenden vier Aspekte in einer Begriffsordnung erfüllt sind, liegt eine Ontologie (i.e.S.) vor:

- (1.) Verwendung einer standardisierten Ontologie-Sprache,

- (2.) Möglichkeit des automatischen Schlussfolgerns unter Einsatz terminologischer Logik,

- (3.) Vorkommen von und Unterscheidung nach Allgemeinbegriffen und Instanzen,

- (4.) Verwendung spezifischer Relationen (neben den Hierarchierelationen).

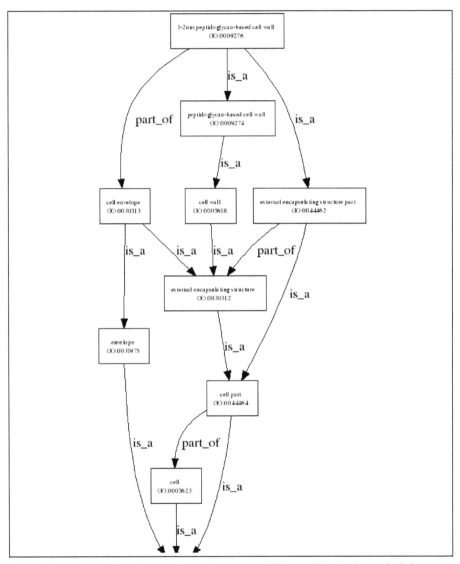

Abbildung 14.1: Graphische Darstellung von Hierarchierelationen bei der Gene Ontology. *Quelle:* www.geneontology.org.

Spezifizierung der Assoziationsrelation

Eine der Wissensdomänen, die besonders im Rahmen ontologischer Wissensrepräsentation bearbeitet worden ist, ist die Biologie. Eine fast beispielhafte Bedeutung erlangte dabei die "Gene Ontology" (GO) (Ashburner et al. 2000). Aber –
hierbei handelt es sich um gar keine Ontologie im soeben definierten Sinne, sondern um einen Thesaurus (genauer: um drei Teilthesauri für biologische Prozesse,
Molekülfunktionen und zelluläre Komponenten), benutzt doch diese Begriffsordnung nur die Relationen *part_of* und *is_a*, also nur Meronymie und Hyponymie
(Abbildung 14.1). Smith, Williams und Schulze-Kremer (2003, 609) stellen folgerichtig fest,

> The Gene Ontology, in spite of its name, is not an ontology as the latter term is
> commonly used either by information scientists or by philosophers. It is, as the
> GO Consortium puts it, a 'controlled vocabulary'.

Die Gene Ontology stellt aber einen guten Ausgangspunkt dar, um auszuführen,
welche Relationen – neben den hierarchischen – in der Biomedizin eigentlich
nötig sind (Smith et al. 2005). Für uns ist der Ansatz von Barry Smith et al. ein
Beispiel dafür, wie man die vormals unspezifische Assoziationsrelation in unterschiedliche konkrete Relationen spezifizieren kann. Auch in Ontologien stellen die
hierarchischen Relationen ein tragendes Gerüst dar (Smith et al. 2005).

> *Is_a* and *part_of* have established themselves as foundational to current ontolo-
> gies. They have a central role in almost all domain ontologies …

Da wir auf die Nutzung von Relationen in der terminologischen Logik abzielen,
können wir mit einer unspezifisch gehaltenen Assoziationsrelation in diesem Kontext nichts anfangen. Es gilt, möglichst exakt bestimmte Attribute – in der Folge
natürlich auch genaue Werte – zu entwickeln, die charakteristisch für die jeweilige
Wissensdomäne sind. Smith et al. unterscheiden im Bereich der Genetik zwischen
den Komponenten C ("continuant" als Generalisierung der "zellulären Komponenten" der ursprünglichen GO) und Prozessen P ("processes" als Verallgemeinerung
der "biologischen Prozesse"). Folgende acht Relationen sind für Smith et al.
(2005) neben den hierarchischen Relationen für Bio-Domänen wesentlich:

Relation	*Beispiel*
C *located_in* C_i	66s pre-ribosome *located_in* nucleolus
	chlorophyll *located_in* thylakoid
C *contained_in* C_i	cytosol *contained_in* cell compartment space
	synaptic vesicle *contained_in* neuron
C *adjacent_to* C_i	intron *adjacent_to* exon
	cell wall *adjacent_to* cytoplasm

C *transformation_of* C$_i$	fetus *transformation_of* embryo
	mature mRNA *transformation_of* pre-mRNA
C *derives_from* C$_i$	plasma cells *derives_from* lymphocyte
	mammal *derives_from* gamete
P *preceded_by* P$_i$	translation *preceded_by* transcription
	digestion *preceded_by* ingestion
P *has_participant* P$_i$	photosynthesis *has_participant* chlorophyll
	cell division *has_participant* chromosome
P *has_agent* C	transcription *has_agent* RNA polymerase
	translation *has_agent* ribosome.

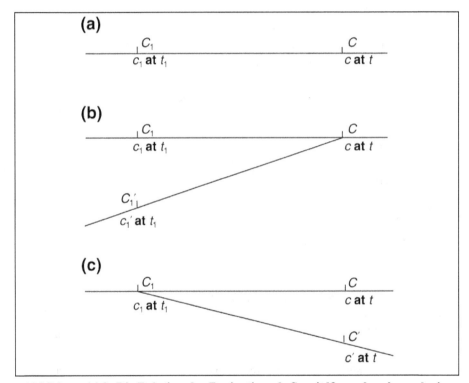

Abbildung 14.2: Die Relation der Derivation als Spezialform der chronologischen Relation. *Quelle:* Smith et al. 2005. (a: Fortdauer; b: Fusion; c: Spaltung).

Bei der Relation *derives_from* erkennen wir hier im terminologischen Feld der Genetik die (ansonsten bei uns generell definierte) chronologische Relation der Gen-Identität wieder (s. o. Kapitel 11, S. 185 f.). Smith et al. (2005) unterscheiden drei einfache Arten der Derivation (Abbildung 14.2).

(F)irst, the succession of one single continuant by another single continuant across a temporal threshold (for example, this blastocyst derives from this zygote); second, the fusion of two or more continuants into one continuant (for example, the zygote derives from this sperm and from this ovum); and third, the fission of an earlier single continuant to create a plurality of later continuants (for example, these promyelocytes derive from this myeoloblast). In all cases we have two continuants c and c_1 which are such that c begins to exist at the same instant of time at which c_1 ceases to exist, and at least a significant portion of the matter of c_1 is inherited by its successor c.

Schlussfolgerungen

Das Herzstück jeder Ontologie ist deren Fähigkeit, automatisch Schlussfolgerungen auf der Basis der hinterlegten Terminologie auszuführen. Die terminologische Logik findet ihren Ausgangspunkt in den Begriffen sowie in deren Relationen, also im jeweiligen semantischen Netz. Begriffe sind Knoten; die Relationen bilden die Linien. Die Beschreibungslogik ist somit eine der Grundlagen für Ontologien (Baader/Horrocks/Sattler 2005; Sattler 2003).

Schlussfolgerungen in der Aussagenlogik sind Implikationen der Art

$$p \rightarrow q$$

(gelesen "wenn p, dann q"), wobei p und q beliebige Aussagen sind. In der zweiwertigen Aussagenlogik werden alle Kombinationen der beiden Wahrheitswerte *wahr* und *falsch* betrachtet, also:

p	q	$p \rightarrow q$
w	w	w
w	f	f
f	w	w
f	f	w

Die formale Implikation wird nur dann falsch, wenn p wahr und q falsch ist, ansonsten ist sie wahr. Davon zu unterscheiden ist die strenge Implikation in dem Sinne "aus p folgt notwendigerweise q" oder in Bezug auf die Wahrheitswerte "es ist unmöglich, dass p und –q zusammen gelten". Während bei der formalen Implikation nur der Wahrheitsgehalt der Aussagen eine Rolle spielt, muss bei der strengen Implikation ein inhaltlicher Zusammenhang zwischen p und q gegeben sein.

Klassische Methoden des Schlussfolgern sind – zurückgehend bis auf Aristoteles und ausgearbeitet bereits in der Scholastik – in der Syllogistik zusammengefasst (Klaus 1973). Der Subjektbegriff sei durch S und der Prädikatsbegriff durch P symbolisiert. Im Sinne der Prädikatenlogik existieren mit dem Allquantor ("alle") und dem Existenzquantor ("einige") zwei Quantoren. Folgende vier Aussagenformen sind möglich:

A-Urteil	Alle S sind P	SaP
E-Urteil	Alle S sind nicht P	SeP
I-Urteil	Einige S sind P	SiP
O-Urteil	Einige S sind nicht P	SoP.

Die Abkürzungen A, E, I, O sind aus den lateinischen Wörtern für Bejahung ("af-firmo"; "ich bejahe") und Verneinung ("nego"; "ich verneine") abgeleitet. Zwischen den Aussagenformen lassen sich direkte Schlüsse ziehen, so etwa

$$SaP \rightarrow SiP$$
$$SeP \rightarrow SoP.$$

Ein Syllogismus ist eine strikte Implikation eines Schlusssatzes aus zwei Prämissen, wobei die Prämissen durch einen gemeinsamen Mittelbegriff M inhaltlich in Zusammenhang stehen. Es ergeben sich folgende vier "Figuren" von Schlüssen:

Figur	*1*	*2*	*3*	*4*
1. Prämisse	M – P	P – M	M – P	P – M
2. Prämisse	S – M	S – M	M – S	M – S
	--------	--------	--------	---------
Schluss	S – P	S – P	S – P	S – P

Anstelle der Bindestriche zwischen Subjekt, Prädikat und Mittelbegriff gilt es, die vier Urteile (A, E, I, O) einzusetzen. Pro Figur erhalten wir jeweils sechs gültige Modi, von denen wir zur Veranschaulichung diejenigen der ersten Figur aufzählen (die Vokale der Merkworte entsprechen den Urteilen):

(MaP UND SaM) → SaP	Barbara
(MaP UND SaM) → SiP	Barbari*
(MeP UND SaM) → SeP	Celarent
(MeP UND SaM) → SoP	Celaront*
(MaP UND SiM) → SiP	Darii
(MeP UND SiM) → SoP	Ferio

(Barbari und Celaront sind subalterne Modi, da sie bei gleichen Prämissen einen schwächeren Schluss ziehen als Barbara und Celarent). Wir wollen die vier starken Modi der ersten Figur durch Beispiele verdeutlichen (Sowa 2000, 3):

Barbara:	Alle Laubpflanzen sind sommergrün (MaP)
	Alle Weingewächse sind Laubpflanzen (SaM)
	Also: Alle Weingewächse sind sommergrün (SaP)
Celarent	Nicht zerstreut sind alle Elefanten (MeP)
	Alle Professoren sind zerstreut (SaM)
	Also: Alle Professoren sind keine Elefanten (SeP)
Darii	Alle Sattelzüge sind 18-Achser (MaP)
	Einige Peterbilt sind Sattelzüge (SiM)
	Also: Einige Peterbilt sind 18-Achser (SiP)

Ferio	Alle "Corvette"-Wagen sind nicht Lastwagen (MeP)
	Einige Chevrolets sind "Corvette"-Wagen (SiM)
	Also: Einige Chevrolets sind nicht Lastwagen (SoP).

Aus den Figuren Barbara und Darii lässt sich das Prinzip der **Vererbung** von Merkmalen in einer Begriffsleiter ableiten. John F. Sowa (2000, 3) belegt dies anhand seiner Beispiele:

> The patterns Barbara and Darii are the basis for the modern rule of inheritance: by Barbara, the property of being deciduous is *inherited* from the supertype Broad-LeafedPlant to the subtype Vine; by Darii, the property of being an EighteenWheeler is inherited from the type TrailerTruck to some instance of a Peterbilt.

Die Figuren Celarent und Ferio dienen zur Überprüfung der **Konsistenz** innerhalb einer Hierarchie. *Elefant* und *Professor* schließen sich gegenseitig aus (Celarent), wohingegen nur einige *Chevrolets* keine *Lastwagen* sind (möglicherweise gibt es andere *Chevrolets*, die *Lastwagen* sind) (Ferio).

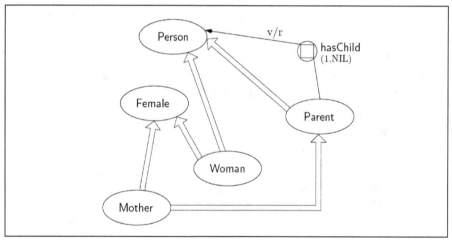

Abbildung 14.3: Beispiel eines semantischen Netzes.
Quelle: Nardi/Brachman 2003, 5.

Terminologische Logik

Terminologische Logiken bauen auf semantischen Netzen bzw. Frames (s. o. Kapitel 3, S. 62 ff.) auf. Das Grundgerüst wird von hierarchischen Relationen gebildet. In Abbildung 14.3. stehen die dicken Pfeile für die Hyponomierelation, *Mother* ist also sowohl Unterbegriff zu *Parent* als auch zu *Female*. Rechts oben sehen wir die spezifische **Relation** (in Ontologien auch "role" genannt) hasChild mit einem **Wert** ("value restriction" v/r), im konkreten Fall *Person*, zusätzlich mit einer **Anzahl** (zwischen 1 und unendlich, "NIL") (Nardi/Brachman 2003, 5 f.). Wie in Hyponomien üblich (wenn wir hier vom Spezialproblem der Familienähnlichkeit absehen), vererben die Begriffe ihre Merkmale in der Begriffsleiter nach unten, so auch ihre spezifischen Relationen. Entsprechend gilt die hasChild-Relation nicht nur für *Parent*, sondern gemäß Modus Barbara auch für dessen Unterbegriff *Mother*.

Relationen können untereinander in Relation stehen (Horrocks/Sattler 1999). Wir haben in Kapitel 4 (s. o. S. 83) die Meronymie eingeführt und als deren Spezifikation die strukturzerlegende Meronymie und darin beispielsweise die Komponente-Komplex-Relation gebildet. Zwischen den drei genannten Relationen besteht eine Hierarchierelation. Über solche **Relationen der Relationen** lassen sich Schlussfolgerungen ableiten. Wenn wir in unserer Begriffsordnung beispielsweise eingeführt haben:

Dach ist Komponente von *Haus*,

dann gelten auch

Dach ist struktureller Teil von *Haus* und

Dach ist Teil von *Haus*,

allgemein formuliert:

A ist Komponente von *B* → *A* ist struktureller Teil von *B* → *A* ist Teil von *B*.

Die **Werteinschränkungen** der spezifischen Relationen werden in der Form

$$\forall R.C \text{ bzw.}$$
$$\exists R.C$$

geschrieben. R ist die Relation (z.B. hasChild), C deren Wert (gemäß Abbildung 14.3 ist dies im Beispiel *Person*). Die Relation hasChild kann natürlich auch spezifischere Werte wie etwa hasChild.Female annehmen. Die obere Zeile mit dem Allquantor sagt aus, dass die Relation nebst dem Wert für alle Individuen gilt, während die untere Zeile mit dem Existenzquantor bedeutet, dass dies für einige Individuen zutrifft. Will man aussagen, dass es für einige Individuen zutrifft, dass sie eine Tochter haben, so formuliert man so:

$$\exists \text{ hasChild.Female,}$$

wohingegen

$$\forall \text{hasChild.Female}$$

besagt, dass alle Individuen, über die berichtet wird, eine Tochter haben. Die Werte können auch Zahlen ausdrücken. So steht

$$2 \text{ hasChild}$$

für *hat zwei Kinder*. Atomare Begriffe lassen sich durch Schnitt-, Vereinigungs- und Exklusionsmenge zu komplexen Begriffen verbinden. So kann man beispielsweise *Person, die nicht weiblich ist*, sowie *Mann oder Frau* so darstellen:

$$\text{Person } \sqcap -\text{Female}$$

$$\text{Male } \sqcup \text{ Female.}$$

Wichtig für Schlussfolgerungen sind die **Eigenschaften** der jeweiligen Relation (Horrocks/Sattler 1999). Transitive Relationen gestatten Schüsse auch über semantische Abstände von größer eins, gelten also nicht nur für direkte Begriffsnachbarn. Symmetrische Relationen zeichnen sich dadurch aus, dass die Relation, die zwischen x und y besteht, auch in der umgekehrten Richtung y und x gilt. Eine symmetrische Relation ist beispielsweise hatNachbar. Eine Relation heißt invers, wenn es zur Relation $x \rho y$ eine Gegenrelation $x \rho' y$ gibt, wie es etwa bei Ober- und Unterbegriff der Fall ist. Hier können in beiden Richtungen Schlüsse gezogen werden:

Kernobst hatUnterbegriff *Apfel* → *Apfel* hatOberbegriff *Kernobst*

Apfel hatOberbegriff *Kernobst* → *Kernobst* hatUnterbegriff *Apfel*.

Letztlich ist eine Relation funktional, wenn sie jeweils zu genau einem Wert führt. Als Beispiel sei die Relation hatGeburtstag genannt. Zu funktionalen Relationen existieren inverse Relationen (etwa istGeburtstagvon).

Wissensbasis: TBox und ABox

Eine konkrete Beschreibungslogik steht und fällt mit der jeweiligen **Wissensbasis**, die die Terminologie aufnimmt. Terminologien für Ontologien werden entweder – für Allgemeinbegriffe – in der TBox ("terminology box") oder – für Individualbegriffe – in der ABox ("assertional box") hinterlegt.

In der **TBox** werden Allgemeinbegriffe auf der Basis bereits eingeführter Begriffe definiert. Wenn wir annehmen, dass die Begriffsordnung bereits über *Person* und *Female* verfügt, so können wir *Woman* auf dieser Basis einführen:

$$\text{Woman} \equiv \text{Person } \sqcap \text{ Female.}$$

Hierbei gelten zwei Regeln (Nardi/Brachman 2003, 13):

> only one definition for a concept name is allowed;
>
> definitions are *acyclic* in the sense that concepts are neither defined in terms of themselves nor in terms of other concepts that indirectly refer to them.

Die TBox hat eine hierarchische Ordnung; letztlich ist sie ein Klassifikationssystem (Nardi/Brachman 2003, 14):

> In particular, the basic task in construction a terminology is *classification*, which amounts to placing a new concept expression in the proper place in a … hierarchy of concepts. Classification can be accomplished by verifying the subsumption re-

lation between each defined concept in the hierarchy and the new concept expression.

Oberbegriffe sind in ihren Unterbegriffen enthalten. C sei ein beliebiger Begriff (sagen wir: *Blaumeise*) und D sein Oberbegriff (z.B. *Meise*). Dann gilt:

$$C \sqsubseteq D$$

($\sqsubseteq$ sei das Zeichen für Enthaltensein). Alle Merkmale (also alle Relationen), die für D gelten, gelten somit ebenso für C. (Alle Eigenschaften und Beziehungen, über die eine Meise verfügt, finden wir auch bei Blaumeisen.)

Die **ABox** nimmt Aussagen über Individualbegriffe auf (Nardi/Brachman 2003, 15), und zwar sowohl über Eigenschaften des Individuums ("concept assertions") als auch über Relationen ("role assertions"). Will man beispielsweise ausdrücken, dass Anna eine weibliche Person ist, so geht folgender Eintrag in die ABox ein:

$$\text{Female} \sqcap \text{Person(ANNA).}$$

Female und *Person* müssen selbstverständlich vorher in der TBox definiert worden sein. Wenn wir annehmen, dass Anna ein Kind namens Jacopo hat, dann lautet der Eintrag, der nunmehr eine Relation beinhaltet:

$$\text{hasChild(ANNA,JACOPO).}$$

Über die Aussagen aus TBox und ABox werden die Schlüsse gezogen (Donini/ Lenzerini/Nardi/Schaerf 1996; May 2006). Für diese Aussagen und Ableitungen ist das entsprechende Domänenwissen direkt in der Ontologie abfragbar; der "Umweg" über eine intellektuelle Sichtung der Dokumente kann demnach entfallen. Ob es jedoch möglich ist, alle wichtigen Resultate (oder doch zumindest die zentralen Sätze) in die Sprache der terminologischen Logik zu übersetzen, darf bezweifelt werden. Gemäß Daniele Nardi und Ronald J. Brachman (2003, 10) besteht nämlich in der Praxis ein gegenläufiger Zusammenhang zwischen der Ausdrucksstärke der Sprache und dem automatischen Schlussfolgern:

> (T)here is a tradeoff between the expressiveness of a representation language and the difficulty of reasoning over the representation built using that language. In other words, the more expressive the language, the harder the reasoning.

Ontologie-Designer sollten demnach die Anzahl der spezifischen Relationen so klein wie möglich halten, ohne natürlich die Spezifika der jeweiligen Wissensdomäne aus den Augen zu verlieren.

Ontologie-Sprachen

OWL ist eine Ontologie-Sprache für das Web (Horrocks 2005), die (in der Variante OWL DL) auf der terminologischen Logik aufbaut (Horrocks/Patel-Schneider/Harmelen 2003). Das eigentlich erwartete Akronym WOL (Web Ontology Language) geht nicht auf; Jim Hendler (2004) erklärt:

> Actually, *OWL* is not a real acronym. The language started out as the "Web Ontology Language" but the Working Group disliked the acronym "*WOL*". We decided to call it *OWL*. The Working Group became more comfortable with this decision when one of the members pointed out the following justification for this decision from the noted ontologist A.A. Milne who, in his influential book "Winnie the Pooh" stated of the wise character *OWL*: "He could spell his own name *WOL* ...".

Abstract Syntax	DL Syntax
Descriptions (C)	
A (URI reference)	A
owl:Thing	$\top$
owl:Nothing	$\bot$
intersectionOf(C_1 C_2 ...)	$C_1 \sqcap C_2$
unionOf(C_1 C_2 ...)	$C_1 \sqcup C_2$
complementOf(C)	$\neg C$
oneOf(o_1 ...)	$\{o_1, \ldots\}$
restriction(R someValuesFrom(C))	$\exists R.C$
restriction(R allValuesFrom(C))	$\forall R.C$
restriction(R hasValue(o))	$R : o$
restriction(R minCardinality(n))	$\geqslant n\,R$
restriction(R minCardinality(n))	$\leqslant n\,R$
restriction(U someValuesFrom(D))	$\exists U.D$
restriction(U allValuesFrom(D))	$\forall U.D$
restriction(U hasValue(v))	$U : v$
restriction(U minCardinality(n))	$\geqslant n\,U$
restriction(U maxCardinality(n))	$\leqslant n\,U$
Data Ranges (D)	
D (URI reference)	D
oneOf(v_1 ...)	$\{v_1, \ldots\}$
Object Properties (R)	
R (URI reference)	R
	R^-
Datatype Properties (U)	
U (URI reference)	U
Individuals (o)	
o (URI reference)	o
Data Values (v)	
v (RDF literal)	v

Abbildung 14.4: OWL DL Syntax für Begriffe.
Quelle: Horrocks/Patel-Schneider/Harmelen 2003, Fig. 1.

Abbildungen 14.4 und 14.5 zeigen die Syntax von OWL DL für Begriffe und für Aussagen. Man sieht, dass hier der Standard einer Beschreibungslogik wiedergegeben wird. Was OWL zu einer Sprache für das Web macht, ist die Option, URI (Uniform resource identifier; Vereinigung von URL [Uniform resource locator] und URN [Uniform resource name]) als Werte für Objekte zu benutzen (in Abbildung 14.4 im unteren Teil angezeigt), um damit auf Web-Dokumente verweisen zu können bzw. um das in den Dokumenten enthaltene Wissen (insofern dieses OWL folgt) bei Schlussfolgerungen zu berücksichtigen. Wir lesen in einem Handbuch des W3C (2004):

> An *OWL ontology* may include description of *classes*, *properties* and their instances. Given such an ontology, the OWL formal semantics specifies how to derive its logical consequences, i.e. facts not literally present in the ontology, but *entailed* by the semantics. These entailments may be based on a single document or multiple distributed documents that have been combined using defined OWL mechanisms.

Abstract Syntax	DL Syntax
Class(A partial C_1 ... C_n)	$A \sqsubseteq C_1 \sqcap ... \sqcap C_n$
Class(A complete C_1 ... C_n)	$A = C_1 \sqcap ... \sqcap C_n$
EnumeratedClass(A o_1 ... o_n)	$A = \{o_1, ..., o_n\}$
SubClassOf(C_1 C_2)	$C_1 \sqsubseteq C_2$
EquivalentClasses(C_1 ... C_n)	$C_1 = ... = C_n$
DisjointClasses(C_1 ... C_n)	$C_i \sqcap C_j = \bot, i \neq j$
Datatype(D)	
DatatypeProperty(U super(U_1)...super(U_n)	$U \sqsubseteq U_i$
domain(C_1) ...domain(C_m)	$\geqslant 1 U \sqsubseteq C_i$
range(D_1) ...range(D_l)	$\top \sqsubseteq \forall U.D_i$
[Functional])	$\top \sqsubseteq \leqslant 1 U$
SubPropertyOf(U_1 U_2)	$U_1 \sqsubseteq U_2$
EquivalentProperties(U_1 ... U_n)	$U_1 = ... = U_n$
ObjectProperty(R super(R_1)...super(R_n)	$R \sqsubseteq R_i$
domain(C_1) ...domain(C_m)	$\geqslant 1 R \sqsubseteq C_i$
range(C_1) ...range(C_l)	$\top \sqsubseteq \forall R.C_i$
[inverseOf(R_0)]	$R = (^- R_0)$
[Symmetric]	$R = (^- R)$
[Functional]	$\top \sqsubseteq \leqslant 1 R$
[InverseFunctional]	$\top \sqsubseteq \leqslant 1 R^-$
[Transitive])	$Tr(R)$
SubPropertyOf(R_1 R_2)	$R_1 \sqsubseteq R_2$
EquivalentProperties(R_1 ... R_n)	$R_1 = ... = R_n$
AnnotationProperty(S)	
Individual(o type(C_1) ...type(C_n)	$o \in C_i$
value(R_1 o_1)...value(R_n o_n)	$\langle o, o_i \rangle \in R_i$
value(U_1 v_1)...value(U_n v_n))	$\langle o, v_i \rangle \in U_i$
SameIndividual(o_1 ... o_n)	$o_1 = ... = o_n$
DifferentIndividuals(o_1 ... o_n)	$o_i \neq o_j, i \neq j$

Abbildung 14.5: OWL DL Syntax für Aussagen.
Quelle: Horrocks/Patel-Schneider/Harmelen 2003, Fig. 2.

OWL gibt stets zwei Klassen vor, owl:Thing als Top-Term der Begriffsordnung sowie owl:Nothing als leere Menge. Wir führen zur Veranschaulichung zwei einfache Allgemeinbegriffe ("classes"), *Wein* und *Region*, ein:

> <owl:Class rdf : ID="Wein"/>
> <owl:Class rdf : ID="Region"/>.

Innerhalb einer gegebenen Ontologie reicht die obige Schreibweise aus; möchte man im Web kooperativ arbeiten, so muss man bei jeder Klasse die entsprechende URI angeben. Nun wollen wir *Wein* hierarchisch als Unterbegriff zu *alkoholisches Getränk* definieren und zusätzlich zur deutschen weitere umgangssprachliche Zugänge schaffen:

> <owl:Class rdf : ID="Wein">
>   <rdfs : subClassOf rdf : Resource="#alkoholisches Getränk"/>
>   <rdfs : label xml : lang="ge">Wein</rdfs : label>
>   <rdfs : label xml : lang="en">wine</rdfs : label>
>   <rdfs : label xml : lang="fr">vin</rdfs : label>
> </owl:Class>.

(rdf bezieht sich auf ein Resource Description Framework, rdfs auf ein RDF Schema.)

Individualbegriffe ("things") werden analog eingeführt:

> <owl:Thing rdf : ID="Klüsserather Bruderschaft"/>
> <owl:Thing rdf : about="#Klüsserather Bruderschaft">
>   <rdf : type rdf:resource="#Wein"/>
> </owl:Thing>.

Wenden wir uns nunmehr Relationen zu! Um ausdrücken zu können, dass Wein aus Trauben hergestellt wird, kreieren wir die Relation *HergestelltAus* und den Wert *Weintraube*:

> <owl:Object Property rdf : ID="HergestelltAus">
>   <rdfs : domain rdf : resource="#Wein"/>
>   <rdfs : range rdf : resource="#Weintraube"/>
> </owl:Object Property>.

Bei der Definition von spezifischen Relationen ist stets anzugeben, welche Eigenschaften diesen Relationen zukommen:

- Transitivität (wie bei *HergestelltAus*),
- Symmetrie (etwa *HatNachbarregion*),
- Funktionalität (z. B. *HatJahrgang*),
- Inversion (z. B. *IstWinzer* [*ProduziertWein*] und *WirdProduziertVon*).

Quantoren werden in OWL durch *allValuesFrom* (Allquantor) sowie *someVa-luesFrom* (Existenzquantor), die Anzahl wird durch *Cardinality* beschrieben. Werte von Relationen sind durch *hasValue* anzugeben.

Da es von keinem Nutzer zu verlangen ist, solch eine komplizierte Syntax anzu-wenden, sind Ontologie-Editoren entwickelt worden, die mittels Formularen die jeweiligen Angaben eintragen lassen (für ein Beispiel siehe Abbildung 14.6) und diese im Hintergrund in OWL verwalten. Derzeit stark benutzt ist der Editor Pro-tégé (Noy/Fergerson/Musen 2000; Noy et al. 2001).

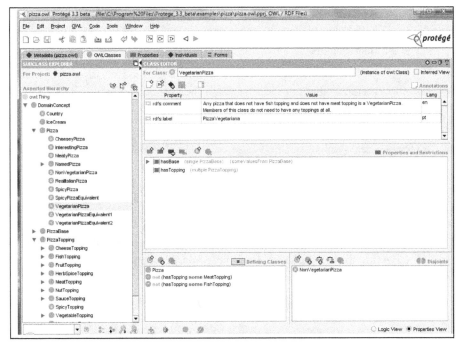

Abbildung 14.6: Ontologie-Editor Protégé. *Quelle:* Protégé.

Fazit

- Unter einer Ontologie (i.e.S.) verstehen wir eine Begriffsordnung, die in einer standardisierten Sprache vorliegt, automatisches Schlussfolgern gestattet, stets über Allgemein- und Individualbegriffe verfügt sowie neben den Hierarchiere-lationen mit weiteren spezifischen Relationen arbeitet.

- Die Hierarchierelationen (Hyponymie wie Meronymie) bilden das tragende Gerüst einer Ontologie.

- Bei den weiteren Relationen ist darauf zu achten, dass die grundlegenden Beziehungen der jeweiligen Wissensdomäne in die Begriffsordnung aufgenommen werden. Um die Ontologie überschaubar zu halten, muss die Anzahl der Relationen möglichst klein gehalten werden.

- Das automatische Schlussfolgern baut sowohl auf der Wissensordnung als auch auf einer speziellen Logik, der Beschreibungslogik, auf. Schlussfolgerungen in Ontologien sind (inhaltlich begründete) strenge Implikationen. Schlüsse können nur aus Aussagen (in der einfachsten Form: Subjekt – Prädikat) gezogen werden.

- Einfache Schlussmechanismen sind seit der Antike bekannt. Die Modi Barbara und Darii gestatten die Ableitung des Prinzips der Vererbung von Merkmalen in einer Begriffsleiter. Weitere klassische Schlussmodi dienen der Überprüfung der Konsistenz einer Begriffsordnung.

- Die Beschreibungslogik baut auf semantischen Netzen auf, wobei die Knoten durch Begriffe und die Pfade durch Relationen gebildet werden.

- Die Relationen verfügen über Merkmale, die jeweils zu bestimmen sind. Wir unterscheiden symmetrische, inverse und funktionale Relationen. Die Reichweite von Schlussfolgerungen (nur genau ein Schritt oder mehrere Schritte) hängt davon ab, ob die Relation transitiv ist. Auch Relationen können untereinander in Relation (z.B. einer Hierarchie) stehen.

- Begriffe und Relationen bilden die Wissensbasis der Ontologie. Allgemeinbegriffe werden i. d. R. als Klassifikationssystem in der TBox, Individualbegriffe in der ABox hinterlegt. Unter Zuordnung von Relationen und Werten zu den Begriffen entstehen Aussagen.

- Es besteht ein gegenläufiger Zusammenhang zwischen der Ausdrucksstärke der Sprache (Anzahl der Begriffe und Aussagen) und dem automatischen Schlussfolgern: Je elaborierter die Sprache, desto schwieriger wird das Reasoning.

- Es existieren standardisierte Ontologie-Sprachen (wie beispielsweise die Web Ontology Language OWL) sowie Ontologie-Editoren (etwa Protégé).

- Als Vision vorgegeben ist der Gedanke, Dokumente im World Wide Web unter Einsatz von Ontologie-Sprachen zu beschreiben, um so ein semantisches Web zu erreichen.

Literatur

Ashburner, M. et al. [The Gene Ontology Consortium] (2000): Gene Ontology: Tool for the unification of biology. – In: Nature Genetics 25, S. 25-29.

Baader, R.; Horrocks, I.; Sattler, U. (2005): Description logics as ontology languages for the semantic Web. – In: Lecture Notes in Artificial Intelligence 2605, S. 228-248.

Berners-Lee, T.; Hendler, J.; Lassila, O. (2001): The semantic Web. – In: Scientific American 284(5), S. 28-37.

Brachman, R.J.; Levesque, H.J. (2004): Knowledge Representation and Reasoning. – San Francisco: Morgan Kaufmann.

Corcho, O.; Fernández-López, M.; Gómez-Pérez, A. (2003): Methodologies, tools and languages for building ontologies. Where is their meeting point? – In: Data & Knowledge Engineering 46, S. 41-64.

Ding, Y.; Foo, S. (2002): Ontology research and development. Part 1: A review of ontology generation. – In: Journal of Information Science 28(2), S. 123-136.

Domini, F.M.; Lenzerini, M.; Nardi, D.; Schaerf, A. (1996): Reasoning in description logics. – In: Brewska, G. (Hrsg.): Principles of Knowledge Representation. – Stanford, CA: CSLI Publications, S. 191-236.

Gruber, T.R. (1993): A translation approach to portable ontology specifications. – In: Knowledge Acquisition 5(2), S. 199-220.

Hendler, J. (2004): Frequently Asked Questions on W3C's Web Ontology Language (OWL). – Online: www.w3.org/2003/08/owlfaq.html.

Horrocks, I. (2005): OWL: A description logic based ontology language. – In: Lecture Notes in Computer Science 3709, S. 5-8.

Horrocks, I.; Patel-Schneider, P.F.; Harmelen, F. van (2003): From SHIQ and RDF to OWL: The making of a Web Ontology Language. – In: Journal of Web Semantics 1(1), S. 7-26.

Horrocks, I.; Sattler, U. (1999): A description logic with transitive and inverse roles and role hierarchies. – In: Journal of Logic and Computation 9(3), S. 385-410.

Horrocks, I.; Sattler, U. (2001): Ontology reasoning in the *SHOQ*(D) description logic. – In: Proceedings of the 17th International Joint Conference on Artificial Intelligence (IJCAI 2001), S. 199-204.

Klaus, G. (1973): Moderne Logik. – Berlin: Deutscher Verlag der Wissenschaften. – 7. Aufl.

Köpcke, A. (2002): Ontologien – inhaltliche Erschließung in elektronischen Umgebungen. – In: Schmidt, R. (Hrsg.): Content in Context. Perspektiven der Informationsdienstleistung. 24. Online-Tagung der DGI. Proceedings. – Frankfurt: DGI, S. 323-339.

May, W. (2006): Reasoning im und für das Semantic Web. – In: Pellegrini, T.; Blumauer, A. (Hrsg.): Semantic Web. Wege zur vernetzten Wissensgesellschaft. – Berlin, Heidelberg: Springer, S. 485-503.

Nardi, D.; Brachman, R.J. (2003): An introduction to description logics. – In: Baader, F.; Calvanese, D.; McGuinness, D.; Nardi, D.; Patel-Schneider, P. (Hrsg.): The Description Logic Handbook. Theory, Implementation and Applications. – Cambridge: Cambridge University Press, S. 1-40.

Noy, N.F.; Fergerson, R.W.; Musen, M.A. (2000): The knowledge model of Protégé-2000: Combining interoperability and flexibility. – In: Lecture Notes in Computer Science 1937, S. 69-82.

Noy, N.F.; Sintek, M.; Decker, S.; Crubezy, M.; Fergerson, R.W.; Musen, M.A. (2001): Creating Semantic Web contents with Protégé-2000. – In: IEEE Intelligent Systems 16(2), S. 60-71.

Quine, W.v.O. (1974): Grundzüge der Logik. – Frankfurt: Suhrkamp.

Sattler, U. (2003): Description logic for ontologies. – In: Lecture Notes in Artificial Intelligence 2746, S. 96-116.

Smith, B. (2003): Ontology. – In: Floridi, L. (Hrsg.): Blackwell Guide to the Philosophy of Computing and Information. – Oxford: Blackwell, S. 155-166.

Smith, B.; Williams, J.; Schulze-Kremer, S. (2003): The ontology of the Gene Ontology. – In: AMIA Annual Symposium Proceedings, S. 609-613.

Smith, B. et al. (2005): Relations in biomedical ontologies. – In: Genome Biology 6(5), Art. R46.

Sowa, J.F. (2000): Knowledge Representation: Logical, Philosophical, and Computational Foundations. – Pacific Grove: Brooks/Cole.

Studer, R.; Benjamins, V.R.; Frensel, D. (1998): Knowledge engineering. – In: IEEE Transactions on Data and Knowledge Engineering 25(1/2), S. 161-197.

Uschold, M.; Grüninger, M. (1996): Ontologies: Principles, methods and applications. – In: Knowledge Engineering Review 11(2), S. 93-155.

W3C (2004): OWL Web Ontology Language Guide. W3C Recommendation 10 February 2004. Online: www.w3.org/TR/owl-guide.

Weller, K. (2006): Kooperativer Ontologieaufbau. – In: Ockenfeld, M. (Hrsg.): Content. 28. Online-Tagung der DGI. – Frankfurt: DGI, S. 227-234.

Kapitel 15

Facettierte Wissensordnungen

Kategorie und Facette

Eine facettierte Begriffsordnung arbeitet nicht mit genau einem System von Begriffen, sondern mit mehreren. Entscheidend für die Konstruktion von facettierten Systemen ist, ob mehrere grundlegende Kategorien in der Wissensdomäne vorkommen. Falls ja, muss grundsätzlich der Aufbau einer facettierten Begriffsordnung in Erwägung gezogen werden. Brian C. Vickery (1969, 14) beschreibt diesen Vorgang:

> Innerhalb eines jeden Fachgebiets werden die Bezeichnungen in Gruppen (in unserer Terminologie: Kategorien; Verf.), die als "Facetten" bekannt sind, eingeteilt; innerhalb jeder Facette können sie hierarchisch angeordnet werden.

Vanda Broughton (2005, 52) zeigt die Vorzüge facettierter Begriffsordnungen an einem einfachen Beispiel. Es gilt, Begriffe rund um *Socken* zu ordnen. Eine Klassifikation mit einer einzigen Tafel hätte dabei sicherlich solch eine Begriffsleiter:

Grey socks
    Grey wool socks
        Grey wool work socks
        Grey wool hiking socks
            Grey wool ankle socks for hiking
            Grey wool knee socks for hiking
                Grey spotted wool knee socks for
                hiking

Selbst eine doch recht kleine Wissensdomäne wie "Socken" würde auf diese Art zu einem umfangreichen Klassifikationssystem führen. Im facettierten Ansatz werden zunächst die grundlegenden Kategorien des Wissensbereiches ausgemacht, hier etwa Farbe, Muster, Material, Funktion und Länge. Der zweite Schritt besteht darin, die jeweiligen fachspezifischen Begriffe für jede Facette zu sammeln. Broughton (2004, 262) macht folgenden Vorschlag:

Colour	Pattern	Material	Function	Length
Black	Plain	Wool	Work	Ankle
Grey	Striped	Polyester	Evening	Calf
Brown	Spotted	Cotton	Football	Knee
Green	Hooped	Silk	Hiking	
Blue	Checkered	Nylon	Protective	
Red	Novelty	Latex		

Natürlich ist dies nur ein "Spielbeispiel", aber es zeigt die Arbeitsweise facettierter Wissensordnungen (Broughton 2005, 52):

> Such an arrangement is often presented as an example of a faceted classification, and it does give quite a good sense of how a faceted classification is structured. A faceted bibliographic classification has to do a great deal more than this, and a proper faceted classification will have many more facets, covering a much wider range of terminology.

Die Ausdrucksstärke einer facettierten Begriffsordnung ergibt sich durch die Kombinationsmöglichkeiten: Letztlich kann ja jeder Begriff jeder Facette mit jedem Begriff aller anderen Facetten in Zusammenhang gebracht werden. Damit wird – bei in der Regel weitaus weniger Begriffsmaterial in den Facetten – die Menge der **synthetisierbaren Begriffe** größer als in vergleichbaren nicht-facettierten Wissensordnungen. Für die Nutzer ergeben sich so übersichtliche Suchoptionen sowie völlig unterschiedliche Sucheinstiege, da die Facetten ja jeweils andere Dimensionen hervorheben. Uddin/Janecek (2007, 220) betonen die Flexibilität solcher Systeme:

> In short, faceted classification is a method of multidimensional description and arrangement of information resources by their concept, attributes or "aboutness". It addresses the fact that users may look for a document resource from any number of angles corresponding to its rich attributes. By encapsulating these distinct attributes or dimensions as "facets", the classification system may provide multiple facets, or main categories of information, to allow users to search or browse with greater flexibility (…).

Für die Systemdesigner wird die Arbeit leichter (Buchanan 1989, 30):

> Obwohl die Facettenklassifikation ausschließlich Einfachklassen beinhaltet, während das präkombinierte Klassifikationssystem (wie z.B. die DDC, die Verf.) auch differenzierte Klassen, wie z.B. LANDINSEKTEN, und Verbundklassen, wie z.B. ATMUNG VON REPTILIEN, enthält, können doch beide Klassifikationssysteme exakt die gleiche Anzahl von Sachverhalten ausdrücken. Sie unterscheiden sich allerdings darin, daß in dem präkombinierten Klassifikationssystem auch Klassen mit mehr als einem elementaren Bestandteil bereits fertig kombiniert aufgelistet werden, wohingegen bei Verwendung der Facettenklassifikation die Klassen, die aus mehreren Bestandteilen bestehen, erst durch die Synthese geschaffen werden. Hält man sich diesen Umstand vor Augen, wird einem erst richtig klar, um wieviel zeitraubender, komplizierter und mühseliger die Konstruktion eines präkombinierten Klassifikationssystems im Vergleich zur Konstruktion einer Facettenklassifikation ist.

Buchanan (ebd.) belegt dies an einem konkreten Beispiel. Während die Wissensdomäne *Literatur* in einer nicht-facettierten Fassung der UDC rund 40 Seiten in der Druckfassung ausmacht, reduziert sich deren Umfang bei einer vollständig durchgeführten Facettierung auf eine einzige Seite.

Wir haben bei den Klassifikationen (s. o. Kapitel 12, S. 208 ff.) bereits ähnliche Wissensordnungen kennengelernt, nur dass dort noch eindeutig zwischen Haupt- und Hilfstafeln unterschieden wurde. In facettierten Systemen haben alle Tafeln den gleichen Rang.

Die Kategorien, die in der Folge zu Facetten werden, bilden in sich homogene Begriffsordnungen, wobei die Facetten untereinander disjunkt sind. Ein Begriff wird demnach eindeutig genau einer Facette zugeordnet. Die Begriffe sind i. d. R. Einfachklassen, auch **Foci** genannt (Buchanan 1979, 47), d.h. sie bilden keine zusammengesetzten Begriffe. Bei der Definition der Foci gilt es, terminologische Kontrolle (Homonymie, Synonymie) zu betreiben. Innerhalb ihrer Facette kommen bei den Foci die bekannten Relationen – insbesondere die Hierarchie – zum Einsatz (Buchanan 1979, 61).

Das Prinzip der Facettierung arbeitet unabhängig von der Methode der Wissensrepräsentation, möglich sind also facettierte Klassifikationssysteme – die häufigste Variante – genauso wie facettierte Nomenklaturen, facettierte Thesauri und facettierte Ontologien. Der historische Ausgangspunkt facettierter Wissensordnungen sind jedoch die Klassifikationen. Die "Colon Classification" von S.R.Ranganathan (1987[1933]) ist der erste Ansatz einer facettierten Begriffsordnung (s. o. Kapitel 1, S. 11). Der Einsatzbereich derzeit angewandter facettierter Wissensordnungen reicht von den Bibliotheken über Suchwerkzeuge im World Wide Web (Ellis/ Vasconcelos 2000; Gnoli/Mei 2006; Uddin/Janecek 2007), E-Government (Rosati/Gnoli/Lai 2005) bis hin zur Dokumentation von Software (Prieto-Díaz 1991).

Facettenklassifikation

Eine facettierte Klassifikation führt zwei Bündel von Konstruktionsprinzipien zusammen: die der Klassifikation (Notation, Hierarchie, Citation order) und die der Facettierung. Jeder Focus einer jeden Facette wird durch eine Notation benannt, innerhalb der Facetten besteht – soweit sinnvoll und notwendig – eine hierarchische Ordnung, und die Facetten werden in einer bestimmten Reihenfolge (Citation order) abgearbeitet. Im Gegensatz zum Baum des Porphyrios (s. o. Kapitel 1, S. 3), den Ranganathan (1965, 30) ausdrücklich als Gegenbeispiel nennt, ist sein Begriffsnetz weitaus verästelter und arbeitet in vielen Dimensionen. Der "Trick", aus wenigen (einfachen) Grundbegriffen eine Vielzahl zusammengesetzter Begriffe kreieren zu können, liegt in der Kombinatorik (man erinnere sich an Lullus; s. o. S. 4 f.). An einen Focus der ersten Facette (bei Ranganathan: der Personality) können alle Foci der zweiten Facette angehängt werden, an diese Kombination wiederum Foci der dritten Facette usw. Es ist durchaus möglich, aus einer Facette mehrere Foci zur Inhaltsbeschreibung heranzuziehen. Die Foci sind disziplinspezifisch ausgelegt, d.h. dass z.B. die Energie-Facette bei Medizin völlig anders aussieht als die bei Landwirtschaft. Die Colon Classification benutzt für jede Disziplin eine eigene "Facettenformel", also eine facettenspezifische Citation order. Ranganathan (1965, 32 f.) schreibt zum "true tree of knowledge":

> For in the true Tree of Knowledge, one branch is grafted to another at many points. Twigs too get grafted in a similar way among themselves. Any branch and any twig are grafted similarly with one another. The trunks too become grafted among themselves. Even then the picture of the Tree of Knowledge is not complete. For the Tree of Knowledge grows into more than three dimensions. A two dimensional picture of it is not easily produced. There are classes studded all along all the twigs, all the branches, and all the trunks.

Ein zusammengesetzter Begriff entsteht im Klassifikationssystem erst dann, wenn das erste Mal ein Dokument diesen bespricht. Im Dokument liegen zwischen den Begriffen bekanntermaßen (s. o. Kapitel 4, S. 68-70) syntagmatische Relationen vor. Diese syntagmatischen Relationen werden beim Einsatz einer Facettenklassifikation durch den Akt der Inhaltserschließung in paradigmatische Relationen übersetzt. Solch eine **Paradigmatisierung des Syntagmatischen** ist kennzeichnend für diese Methode der Wissensrepräsentation (Maniez 1999, 251-253).

Dies sei an einem Beispiel von Ranganathan (1965, 45) besprochen. Ein Dokument möge erstmals über Pilzkrankheiten beim Stängel von Reis berichten, die im Jahr 1950 in Madras aufgetreten sind. Es gilt nun, aus vorhandenen Foci diesen Gegenstand terminologisch zu synthetisieren. Die Disziplinzuordnung ist klar: Es geht um *Landwirtschaft* (J). Die Personalität (Wer?) ist der Reis (Notationshierarchie: 3 *Food Crop* – 38 *Cereal* – 381 *Rice Crop*) bzw. dessen Stängel (4 *Stem*). Die Materialfacette (Was?) bleibt im Beispiel unbesetzt. Die Energiefacette (Wie?) drückt die Pilzkrankheit aus (Notationshierarchie: 4 *Disease* – 43 *Parasitic Disease* – 433 *Fungus Disease*). Der räumliche Aspekt ist Madras (Notationshierarchie: 44 *In India* – 441 *In Madras*), der zeitliche *1950* (N5). Wir erinnern uns an die facettenspezifischen Trennzeichen: Personalität (,), Material (;), Energie (:), Raum (.) und Zeit (') und synthetisieren die syntagmatischen Zusammenhänge im Dokument zu folgender paradigmatischen Notation:

J381,4:433.441'N5.

Um einem Nutzer zu ermöglichen, nicht nur nach der **synthetisierten Notation** zu recherchieren, sondern um auch beim Retrieval synthetisch vorgehen zu können (Ingwersen/Wormell 1992, 194), müssen die Notationsbestandteile zusätzlich einzeln in unterschiedlichen Feldern verzeichnet werden (Wissenschaftsdisziplin: J),

Personalität/Landwirtschaft:381,

Personalität/Landwirtschaft:4,

Energie/Landwirtschaft:433,

Raum:441,

Zeit:N5.

Ab dem ersten Dokument steht die fertig synthetisierte Notation allen anderen themengleichen oder themenähnlichen Dokumenten zur Verfügung. Durch die Citation order ist gewährleistet, dass thematisch verwandte Dokumente nebeneinander stehen.

Wie bei den nicht-facettierten Klassifikationen ist auch hier zu beachten, dass die synthetisierte Notation als Ganzes zu speichern ist, da nur über sie die Citation order und damit – im Bibliotheksregal wie in rein elektronischen Umgebungen – eine Aufstellsystematik erreicht werden kann. Gnoli und Mei (2006, 79) betonen für den Einsatz facettierter Klassifikation im World Wide Web:

> However, the basic function of notation is not just to work as a record identifier to retrieve items sharing a given subject; rather, it is designed primarily to produce (in Ranganathan's terms) *helpful sequences* of documents, that is, to present selected information items sorted in meaningful ways to be browsed by users. As on traditional library shelves some systematic arrangement is usually preferred to the alphabetic arrangement, website menus, browsable schemes, and search results can benefit from a classified display, especially where the items to be examined are numerous.

Das System muss bei synthetisierten Notationen erkennen, an welchen Stellen eine neue Facette beginnt, und diese separat abspeichern (Gödert 1991, 98).

In der Folge von Ranganathans Colon Classification arbeitet die britische "Classification Research Group" den Ansatz facettierter Klassifikation aus (CRG 1955), der in eine weitere facettierte Universalklassifikation einmündet, die "Bliss Bibliographic Classification" (Mill/Broughton 1977). Hier finden wir folgende 13 Standardkategorien (Broughton 2001, 79):

Thing / entity,
Kind,
Part,
Property,
Material,
Process,
Operation,
Patient,
Product,
By-product,
Agent,
Space,
Time.

Vanda Broughton (2001, 79 f.) stellt zu dieser Auswahl fest:

> These fundamental thirteen categories have been found to be sufficient for the
> analysis of vocabulary in almost all areas of knowledge. It is however quite likely
> that other general categories exist …

Die Facetten geben in der abgedruckten Reihenfolge die Citation order vor
(Broughton 2006, 55).

Je nach Wissensdomäne dürften in der Tat andere Kategorien sinnvoll sein. Herauszuarbeiten, welche Facetten für bestimmte Einsatzzwecke angemessen sind, ist
Aufgabe der **Facettenanalyse**. Soweit digitale Dokumente vorliegen, kann die
Facettenanalyse computergestützt ablaufen (Sweeney/Yao 2006). Einmal geschaffen, sorgen die Facetten allerdings für einen Erhalt des Status quo der Wissensordnung (negativ ausgedrückt: für Starrheit), da ein Austausch oder eine Modifi-
kation der Facetten in der Lebenszeit eines Klassifikationssystems kaum infrage
kommt.

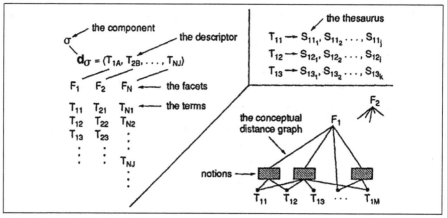

**Abbildung 15.1: Zusammenspiel von Facetten (F), Begriffen (T), Benennun-
gen (S) und semantischem Netz.** *Quelle:* Prieto-Díaz 1991, 93.

Da es für Benutzer schlechthin unzumutbar ist, mit Notationsungetümen der synthetisierten Begriffe und auch mit den Einzelnotationen praktisch umzugehen,
kommt dem **verbalen Zugang** eine große Bedeutung zu. Prieto-Díaz (1991) fasst
die Elemente einer facettierten Klassifikation im Retrievalsystem anschaulich
zusammen (Abbildung 15.1). *Erstens* geht es (in der Abbildung links) um die
Facetten (F_1 bis F_n), die jeweils die Notationen (hier in Anlehnung an einen Thesaurus mit "descriptor" umschrieben) T_{n1} bis T_{nj} enthalten. Die Begriffe, ausgedrückt durch die Notationen, stehen *zweitens* innerhalb ihrer Facette in gewissen
(meist hierarchischen) Relationen (rechts unten). *Drittens* werden für alle Notationen T_{nj} umgangssprachliche Benennungen S_{nj1} bis S_{nji} kreiert, die alle Sprachen
der potentiellen Nutzer berücksichtigen (rechts oben).

Etwas überraschend taucht in Abbildung 15.1 ein Thesaurus auf. In einem reinen Klassifikationssystem sind die umgangssprachlichen Benennungen Synonyme und Quasi-Synonyme, die ausschließlich auf die Vorzugsbenennung (also die Notation) verweisen. Es ist aber durchaus möglich, zwischen den Benennungen weitere Relationen wie z.B. die Assoziationsrelation einzufügen. In einer mehrsprachigen Umgebung entsteht derart ein multilingualer Thesaurus. Ein solches Zwitterwesen aus Thesaurus und (facettierter) Klassifikation ist mit "Thesaurofacet" bereits 1969 von Aitchison, Gomershall und Ireland realisiert worden.

Ein System, das sowohl mit einem facettierten Klassifikationssystem als auch mit der Anzeige thematisch verwandter Dokumente (errechnet unter Zuhilfenahme übereinstimmender Foci) gearbeitet hat, war Book House (Pejtersen 1989). Beeindruckend an Book House ist zusätzlich, dass eine reale Bibliothek – mit unterschiedlichen Sälen, Katalogkarten, Bücherregalen – in virtuellen Umgebungen simuliert worden ist. Im Eingangsbereich beispielsweise (Abbildung 15.2) betritt der Nutzer unterschiedliche Sammlungen, so links die Kinderbücher. Damit öffnet er jeweils verschiedene Datenbanken.

Abbildung 15.2: Eingangsbereich zu Book House. *Quelle:* Pejtersen 1989, 76.

Facettierter Thesaurus

Die Abgrenzung der anderen facettierten Wissensordnungen vom "Prototypen", der facettierten Klassifikation, ist nicht einfach, da in der Praxis vielfach Mischformen vorliegen. Unter einem facettierten Thesaurus verstehen wir eine Methode der Wissensrepräsentation, die dem Prinzip der Facettierung folgt und mit umgangssprachlichen Deskriptoren sowie mit (mindestens) der Hierarchierelation arbeitet. Obwohl theoretisch möglich, kommt das Prinzip der Begriffssynthese bei facettierten Thesauri kaum zum Tragen, so dass wir es zu einem zusätzlichen Abgrenzungskriterium von Klassifikationen benutzen wollen. Spiteri (1999, 44 f.) sieht im postkoordinierten Vorgehen von Thesauri ein brauchbares Pendant zur Begriffssynthese:

> Strictly speaking, can a faceted thesaurus that does not use synthesis be called faceted? One wonders, however, about the ability to apply fully the measure of synthesis to a post-coordinate thesaurus. Since most post-coordinate thesauri consist of single-concept indexing terms, the assumption is that these terms can be combined by indexer and searcher alike. ... In a post-coordinate thesaurus, it is not necessary to create strings of indexing terms. It could therefore be argued that synthesis is inherent to these types of thesauri, and hence mention of this principle in the thesaurus could be redundant.

Ohne Synthese gibt es natürlich auch keine Citation order und damit keine direkte virtuelle Aufstellsystematik.

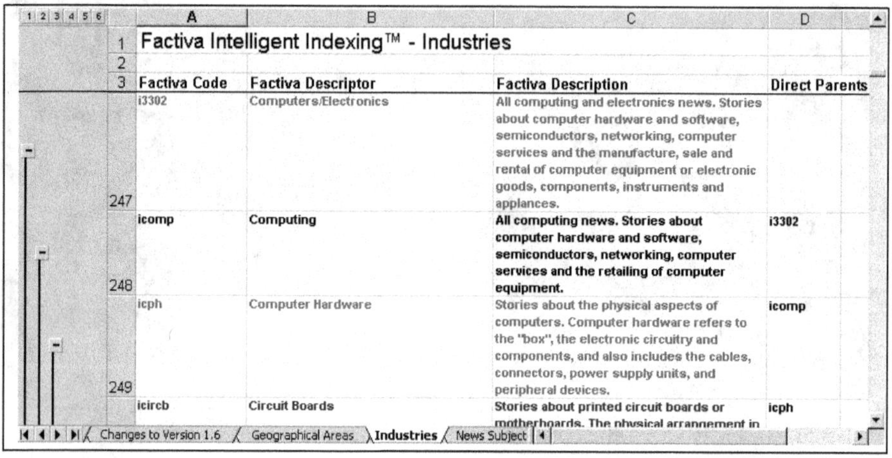

Factiva Intelligent Indexing™ - Industries

	Factiva Code	Factiva Descriptor	Factiva Description	Direct Parents
247	i3302	Computers/Electronics	All computing and electronics news. Stories about computer hardware and software, semiconductors, networking, computer services and the manufacture, sale and rental of computer equipment or electronic goods, components, instruments and appliances.	
248	**icomp**	**Computing**	**All computing news. Stories about computer hardware and software, semiconductors, networking, computer services and the retailing of computer equipment.**	**i3302**
249	icph	Computer Hardware	Stories about the physical aspects of computers. Computer hardware refers to the "box", the electronic circuitry and components, and also includes the cables, connectors, power supply units, and peripheral devices.	icomp
	icircb	Circuit Boards	Stories about printed circuit boards or motherboards. The physical arrangement in	icph

Changes to Version 1.6 | Geographical Areas | **Industries** | News Subject

Abbildung 15.3: Thesaurusfacette Branchen bei Factiva (Ausschnitt).
Quelle: Stock 2002, 34.

Ein facettierter Thesaurus enthält demnach mehrere (mindestens zwei) gleichrangige Subthesauri, die jeweils über Eigenschaften eines normalen Thesaurus verfügen. Für die Facetten sind unterschiedliche Felder vorhanden. Der Indexer fügt einem Dokument aus allen Facetten so viele Deskriptoren zu, die zur Wiedergabe der Aboutness nötig sind. Der Nutzer durchsucht die Thesaurusfacetten einzeln und wählt daraus Deskriptoren aus (oder er markiert die stets vorhandene Option "alle"). Entweder der Nutzer oder das System verbindet die Suchargumente mit einem Booleschen Und. Eine menügeführte Query mit Such- bzw. Eingabefeldern für alle Facetten (IR, 151) eignet sich hierbei besonders, da in dieser Darstellung keine Facette vom User übersehen werden kann.

Als Basis für automatische Indexierung und als Suchwerkzeug setzt der kommerzielle Nachrichtenanbieter Factiva in seinem System "Factiva Intelligent Indexing" einen facettierten Thesaurus ein (Stock 2002, 32-34). Factiva arbeitet mit vier Facetten:

- Unternehmen (ca. 400.000 Namen),
- Branchen (knapp 900 Deskriptoren),
- Geographica (knapp 600 Deskriptoren),
- "Themen" (gut 400 Deskriptoren).

Eine solche Facettierung nach Wirtschaftsbranche (z.B. *Computer Hardware*), Geographica (*Deutschland*) und (Wirtschafts-)Thema (*Umsatz*), verbunden mit einer Unternehmensfacette, hat sich in Wirtschaftsdatenbanken bewährt. Auch die Unternehmensfacette arbeitet mit der Hierarchierelation: In der Begriffsleiter scheinen Mutterunternehmen und Töchter auf (im optimalen Fall mit dem Prozentsatz der Beteiligung). Factiva kennt ausschließlich die Hierarchierelation, die stets polyhierarchisch ausgelegt ist. In Abbildung 15.3 sehen wir einen Ausschnitt aus der Branchenfacette. Die Hierarchien werden am linken Rand durch die Anzahl der senkrechten Balken angedeutet. Die Vorzugsbenennung der Begriffe ist ein Code (beispielsweise *icph* für *Computer Hardware*), der allerdings nur zur internen Bearbeitung Einsatz findet. Der Nutzer arbeitet mit einer der über 20 Oberflächen, die alle wichtigen Weltsprachen abdecken.

Facettierte Nomenklatur

In Nomenklaturen werden die Begriffe der Wissensordnung ohne jede Hierarchisierung in die einzelnen Facetten aufgenommen. Wenn man die Begriffe aus den unterschiedlichen Facetten synthetisieren möchte, ist (genau wie bei den Klassifikationen) eine Citation order vonnöten, d.h. die Reihenfolge der Facetten wird bestimmt. Es ist aber auch wie bei den facettierten Thesauri möglich, ohne Schlagwortsynthese zu arbeiten.

Die Schlagwortnormdatei SWD ist eine solche facettierte Nomenklatur mit synthetisierbaren Schlagworten (s. o. Kapitel 11, S. 176 ff.). Bei der Nutzung einer

Wissensordnung für Bibliotheken kristallisierten sich die folgenden fünf Kategorien heraus:

- Personen (p),
- geographische und ethnographische Begriffe (g),
- "Sachen" (s),
- Zeit (z),
- Form (f) (RSWK 1998, §11).

Die Kategorie der Sachschlagwörter ist eine "Rest"-Facette, in die alles eingeordnet wird, das keinen Platz in den anderen vier Facetten finden konnte.

Es gibt weitere Kategorien, die jedoch in der SWD nicht separat aufgeführt, sondern in die fünf genannten Facetten eingeschoben werden. Körperschaften, deren Ansetzungsform mit einem Geographicum beginnen (*Göttingen / Akademie der Wissenschaften*), gelten als Geographicum (Abkürzung jedoch nicht g, sondern zur Unterscheidung c); alle anderen Körperschaften (*Deutsche Angestellten-Gewerkschaft*) sind "Sachen" (mit abweichender Abkürzung k). Bei historischen Ereignissen gelten die folgenden Regeln (RSWK 1998, §11):

> Historische Einzelereignisse werden in der Schlagwortkette behandelt (…):
>
> - wie Personenschlagwörter, wenn ihre Ansetzungsform mit einem Personennamen beginnt (Indikator p),
>
> - wie geographisch/ethnographische Schlagwörter, wenn ihre Ansetzungsform mit einem Geographicum beginnt (Indikator g oder c),
>
> - wie Sachschlagwörter (Indikator s).

Aus Nutzersicht ist solch eine Lösung kaum akzeptabel, da ein User im Retrieval mit solchen Ausnahmen wie bei den Körperschaften und den historischen Ereignissen nicht rechnen wird und daher möglicherweise seine Query suboptimal formuliert. Die RSWK-Lösung verstößt zwar nicht gegen die Prinzipien facettierter Wissensordnungen (die Facetten sind disjunkt, und jeder Begriff lässt sich eindeutig einer Facette zuordnen), nur sind die Zuordnungsregeln einzig für Experten zu durchschauen. Arbeitet man – etwa beim Datenaustausch – auf der Ebene von Bibliothekar zu Bibliothekar, so ist am Vorgehen nichts auszusetzen, kommuniziert man hingegen mit einem Endnutzer, der nicht Bibliothekar ist, so verstoßen die RSWK gegen das **Prinzip der Nutzerfreundlichkeit**.

Die Einträge aus den Facetten werden in der oben angeführten Ordnung (p – g – s – z – f) hintereinander gereiht, also zunächst die Personen, dann die Geographica usw. Kommen innerhalb einer Facette mehrere Begriffe als inhaltsbeschreibende Terme infrage, so werden diese notiert und in eine sinnvolle Reihenfolge gebracht. Unter Umständen kommt auch eine alphabetische Sortierung infrage (RSWK 1998, §13). Das Regelwerk empfiehlt, nicht mehr als sechs (in Ausnahmesituationen zehn) Schlagworte in eine solche Kette aufzunehmen. Außer der so entstehenden Grundkette legt man laut Regelwerk weitere Ketten an, die durch Permutationen der Kettenglieder gebildet werden. Dies hat jedoch ausschließlich Bedeutung für gedruckte Register, um an den betreffenden Alphabetstellen Zugangspunkte zu bilden; für das Online-Retrieval kann man auf Permutationen verzichten.

Evermann, Edmond:
Chemisch-technisches Rezept- und Nachschlagebuch für Uhrmacher, Optiker, Feinwerkgestalter und die metallverarbeitende Feingeräte-Industrie / Evermann ; Reutebuch. - Reprint der 3., neubearb. und erw. Aufl. Halle (Saale), Knapp, 1952. - Hannover : Historische Uhrenbücher, 2005. - VII, 292 S. : Ill., graph. Darst. ; 25 cm, 800 gr.

Inhaltstext
ISBN 3-9809557-6-1 Pp. ; EUR 46.50
SW: Uhrentechnik ; Angewandte Chemie ; Geschichte 1952 ; Quelle @ Feinwerktechnik ; Angewandte Chemie ; Geschichte 1952 ; Quelle
SG: 670DNB
Signatur: F 2005 A 76818
IDN: 974984159

Abbildung 15.4: Inhaltserschließung durch Schlagworte bei der Deutschen Nationalbibliothek. *Quelle:* DNB.

In Abbildung 15.4 sehen wir ein Katalogisat der Deutschen Nationalbibliothek, das durch Anwendung der SWD entstanden ist. Im Feld Schlagworte (SW) liegen zwei durch den Klammeraffen (@) getrennte Schlagwortketten vor, die aus jeweils vier Schlagworten gebildet werden. *Uhrentechnik* (bzw. in der zweiten Kette: *Feinwerktechnik*) und *angewandte Chemie* sind die Sachschlagworte, *Geschichte 1952* ein Zeitschlagwort und *Quelle* ein Formschlagwort. Die beiden Ketten bilden jeweils einen synthetisierten Begriff, der auch als Ganzes gesucht werden kann. In der Anzeige sind die Abkürzungen der Schlagwortfacetten für den Nutzer ausgeblendet worden.

Als weiteres Beispiel für eine facettierte Nomenklatur verlassen wir die Welt der Bibliotheken und wenden uns Kochrezepten im World Wide Web zu. Der Informationsdienst Epicurious bietet (ohne die Option der Schlagwortsynthese) ein Suchwerkzeug für Rezepte an; man arbeitet mit Schlagworten, die in neun Facetten eingeteilt sind (Abbildung 15.5). Bei den beiden oberen und der untersten Facette (Rezeptarten, Gesundheitsoptionen, Zutaten) sind alle in der jeweiligen Facette vorhandenen Schlagworte zum Ankreuzen angegeben, bei den sechs Facetten in der Mitte (Gang, Nationalität, Saison, Speiseart, Zubereitungsmethode, Quelle) liegen die Schlagworte in einem Drop-down Menü. Alle Facetten enthalten nur wenige Begriffe (die Zutatenfacetten mit 36 Schlagworten ist terminologisch am reichhaltigsten). Dies zeigt noch einmal in aller Deutlichkeit, wie sich mittels facettierter Wissensordnungen mit minimalem terminologischem Aufwand ein optimales Retrievalergebnis erzielen lässt.

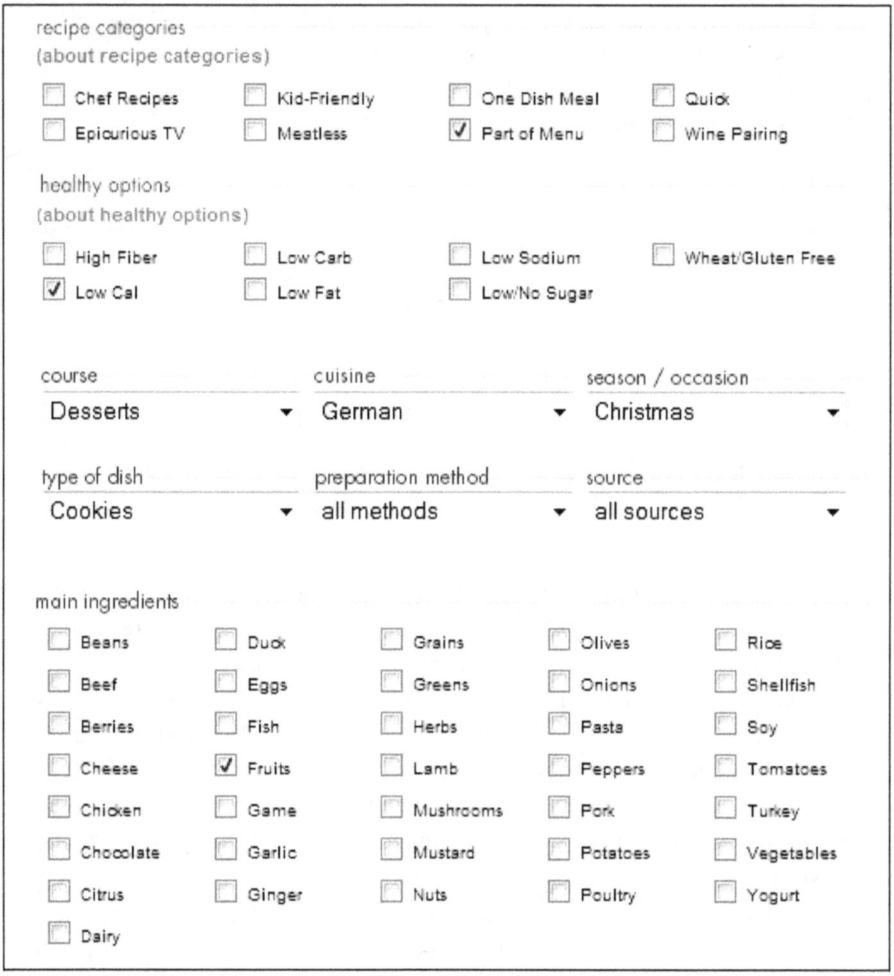

recipe categories
(about recipe categories)

☐ Chef Recipes   ☐ Kid-Friendly   ☐ One Dish Meal   ☐ Quick

☐ Epicurious TV   ☐ Meatless   ☑ Part of Menu   ☐ Wine Pairing

healthy options
(about healthy options)

☐ High Fiber   ☐ Low Carb   ☐ Low Sodium   ☐ Wheat/Gluten Free

☑ Low Cal   ☐ Low Fat   ☐ Low/No Sugar

course   cuisine   season / occasion
Desserts   ▼   German   ▼   Christmas   ▼

type of dish   preparation method   source
Cookies   ▼   all methods   ▼   all sources   ▼

main ingredients

☐ Beans   ☐ Duck   ☐ Grains   ☐ Olives   ☐ Rice

☐ Beef   ☐ Eggs   ☐ Greens   ☐ Onions   ☐ Shellfish

☐ Berries   ☐ Fish   ☐ Herbs   ☐ Pasta   ☐ Soy

☐ Cheese   ☑ Fruits   ☐ Lamb   ☐ Peppers   ☐ Tomatoes

☐ Chicken   ☐ Game   ☐ Mushrooms   ☐ Pork   ☐ Turkey

☐ Chocolate   ☐ Garlic   ☐ Mustard   ☐ Potatoes   ☐ Vegetables

☐ Citrus   ☐ Ginger   ☐ Nuts   ☐ Poultry   ☐ Yogurt

☐ Dairy

Abbildung 15.5: Facettierte Nomenklatur zur Suche nach Kochrezepten.
Quelle: www.epicurious.com.

Online-Retrieval beim Einsatz facettierter Wissensordnungen

Beim Online-Retrieval von Dokumenten, die mithilfe facettierter Begriffsordnungen indexiert worden sind, ergeben sich einige Optionen, die bei nicht-facettierten Wissensordnungen nicht möglich sind. Da ein Nutzer die gewünschten Begriffe aus den einzelnen Facetten jeweils getrennt suchen und eintragen (bzw. markieren) muss, entsteht nach dem Übermitteln des ersten Sucharguments die Möglichkeit, dem User in den verbleibenden Facetten nur noch solche Begriffe anzuzeigen, die syntagmatisch mit dem ersten verknüpft sind. Die Anzahl der Dokumente bezieht sich nunmehr nicht mehr auf alle Datensätze, sondern nur noch auf solche, die das erste Suchargument sowie den jeweiligen weiteren Begriff enthalten. Eine solche **kontextspezifische Suchtermauswahl** ermöglicht zudem ein aktives Browsen, weiß doch der Nutzer bereits beim Öffnen einer Facette, welche weiteren Suchargumente (mit welchen Treffermengen) zur Verfügung stehen.

Soweit die Systeme eine **Begriffssynthese** zulassen, verfügen wir über eine äußerst gezielte Recherchemöglichkeit. Wie bei den Klassifikationen mit Haupt- und Hilfstafeln erscheint ein Verfahren in zwei Schritten hilfreich. Der erste Schritt lässt eine Boolesche Suche nach den Bestandteilen zu und führt zu einer Anzeige der vorhandenen Synthesen, nach denen im zweiten Schritt gesucht wird. Nehmen wir an, jemand sucht nach

"angewandte Chemie" UND Uhrentechnik,

so wird ihm u. a. folgende Schlagwortkette zur Auswahl angezeigt:

Uhrentechnik ; angewandte Chemie ; Geschichte 1952 ; Quelle.

Die Recherche nach diesem zusammengesetzten Begriff führt zum Treffer in Abbildung 15.4.

Des Weiteren verfügen wir über Optionen der **digitalen Aufstellsystematik**. Hier müssen wir zwei Varianten auseinanderhalten. Arbeitet ein System mit Begriffssynthese, so springen wir genau an der Stelle des gesuchten synthetisierten Begriffs ins System und zeigen außer den Volltreffern deren Nachbarn (wie in Abbildung 12.9; s. o. S. 207). Neben dieser direkten Aufstellsystematik können wir – wenn ein System keine Synthese anbietet – eine indirekte Aufstellsystematik erzeugen, indem wir thematische Ähnlichkeiten zwischen den Dokumenten berechnen. Hierzu werden Algorithmen wie Jaccard-Sneath, Dice oder Cosinus (IR, 177) herangezogen und die gemeinsamen Klassen in Relation zu allen zugeteilten Klassen in Beziehung gesetzt. Ausgehend von einem Volltreffer werden alle Dokumente, die gewisse Klassen, Deskriptoren oder Schlagworte mit diesem teilen, absteigend nach dessen Ähnlichkeitswert sortiert. (Dies ist die Lösung von Book House.)

Letztlich können wir Dokumente anhand der Begriffe von Facetten dynamisch klassieren (IR, 456-459). Ein Suchergebnis wird hier nicht als eindimensional sortierte Liste, sondern zweidimensional als Tabelle ausgegeben, wobei die beiden Achsen jeweils einer Facette entsprechen. Bei der Nutzung einer facettierten Klassifikation oder eines facettierten Thesaurus lassen sich Begriffe, zu denen Unterbegriffe existieren, jeweils bezogen auf das Suchergebnis weiter verfeinern. Abbildung 15.6 zeigt eine Recherche zur nordirischen Terrororganisation PIRA, dargestellt als Tabelle der beiden Facetten Geographica und Themen. Wir sehen in der Abbildung die Anzahl der Dokumente, die einerseits mit *PIRA* und andererseits mit der entsprechenden Region und dem jeweiligen Thema indiziert worden sind. Bei unterstrichenen Benennungen (wie z.B. *Co. Derry*) liegen weitere Unterbegriffe vor. Die Literatur bespricht bzgl. *PIRA* und *Co. Derry* häufig gemeinsam mit *car bomb* und *semtex* (18 und 16 Dokumente), weitaus seltener (sieben mal) mit *mortar bomb*, wobei diese Waffe offenbar eher mit der nordirischen Region *Antrim* (neunmal) in Verbindung gebracht wird. Der Nutzer erhält bei der **dynamischen Klassierung** der Foci aus den Facetten bereits vor der Trefferausgabe gewisse heuristische Informationen über das thematische Umfeld der gefundenen Dokumente. Bei Informationsbedarfen, die über das Finden genau eines Dokumentes hinausgehen und die beispielsweise Trends aufspüren wollen, sind solche Anzeigeoptionen sehr hilfreich.

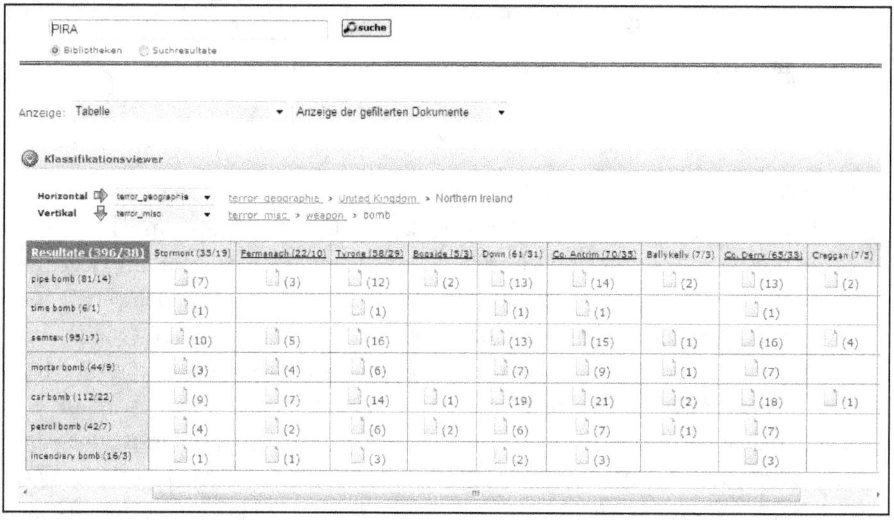

Resultate (396/38)	Stormont (35/19)	Fermanagh (22/10)	Tyrone (58/29)	Bogside (5/3)	Down (61/31)	Co. Antrim (70/35)	Ballykelly (7/3)	Co. Derry (65/33)	Creggan (7/3)
pipe bomb (81/14)	(7)	(3)	(12)	(2)	(13)	(14)	(2)	(13)	(2)
time bomb (6/1)	(1)		(1)		(1)	(1)		(1)	
semtex (95/17)	(10)	(5)	(16)		(13)	(15)	(1)	(16)	(4)
mortar bomb (44/9)	(3)	(4)	(6)		(7)	(9)	(1)	(7)	
car bomb (112/22)	(9)	(7)	(14)	(1)	(19)	(21)	(2)	(18)	(1)
petrol bomb (42/7)	(4)	(2)	(6)	(2)	(6)	(7)	(1)	(7)	
incendiary bomb (16/3)	(1)	(1)	(3)		(2)	(3)		(3)	

Abbildung 15.6: Dynamische Klassierung als Tabelle zweier Facetten.
Quelle: Experimentelle IRA-Datenbank der Düsseldorfer Informationswissenschaft.

Fazit

- Facettierte Begriffsordnungen arbeiten nicht nur mit *einem* System von Begriffen, sondern mit mehreren, wobei die grundlegenden Kategorien der jeweiligen Wissensordnung die Facetten bilden.

- Die Facetten sind untereinander disjunkt und bilden jeweils für sich homogene Systeme. Jeder Begriff der Wissensordnung wird eindeutig genau einer Facette zugeordnet. Die Begriffe in den Facetten bezeichnet man als "Foci"; sie sind i. d. R. (terminologisch kontrollierte) Einfachbegriffe. Die Foci können innerhalb ihrer Facette Relationen (insb. Hierarchien) aufspannen.

- Facettierte Begriffsordnungen benötigen oftmals weitaus weniger Begriffsmaterial als vergleichbare präkombinierte Systeme, da hier konsequent die Kombinatorik eingesetzt wird.

- Es gibt facettierte Begriffsordnungen mit Begriffssynthese und solche ohne diese Option. Arbeitet ein System mit der Begriffssynthese, so wird eine Citation order vorgegeben, nach der man die Begriffe aus den einzelnen Facetten aneinanderreiht.

- Facettierte Klassifikationssysteme führen die Konstruktionsprinzipien der Klassifikation (Notation, Hierarchie und Citation order) mit dem Prinzip der Facettierung zusammen. Historischer Ausgangspunkt dieser Art von Begriffsordnungen ist die Colon Classification von Ranganathan. Da Notationen (und damit Begriffe) nur dann synthetisiert werden, wenn ein Dokument erstmals den Gegenstand bespricht, ist für die facettierten Klassifikationssysteme die Paradigmatisierung des Syntagmatischen kennzeichnend. Weil Notationen (und im noch größeren Ausmaß synthetisierte Notationen) für Endnutzer sehr problematisch sind, kommt den verbalen Klassenbenennungen eine große Bedeutung zu.

- Ein facettierter Thesaurus arbeitet mit Deskriptoren und (mindestens) der Hierarchierelation, zusätzlich mit dem Prinzip der Facettierung, aber nicht mit Begriffssynthesen.

- Bei facettierten Nomenklaturen stehen die Begriffe der Wissensordnung ohne Hierarchisierung in den Facetten. Hier sind Systeme mit und ohne Begriffssynthese möglich.

- Im Online-Retrieval gestatten facettierte Begriffsordnungen elaborierte Rechercheoptionen: kontextspezifische Suchtermauswahl, digitale Aufstellsystematik sowie dynamische Klassierung in Tabellenform.

Literatur

Aitchison, J.; Gomershall, A.; Ireland, R. (1969): Thesaurofacet: A Thesaurus and Faceted Classification for Engineering and Related Subjects. – Whetstone: English Electric.

Broughton, V. (2001): Faceted classification as a basis for knowledge organization in a digital environment; the Bliss Bibliographic Classification as a model for vocabulary management and the creation of multi-dimensional knowledge structures. – In: New Review of Hypermedia and Multimedia 7, S. 67-102.

Broughton, V. (2004): Essential Classification. – London: Facet.

Broughton, V. (2006): The need for a faceted classification as the basis of all methods of information retrieval. – In: Aslib Proceedings 58(1/2), S. 49-72.

Broughton, V.; Slavic, A. (2007): Building a faceted classification for the humanities: Principles and procedures. – In: Journal of Documentation 63, S. 727-754.

Buchanan, B. (1989): Bibliothekarische Klassifikationstheorie. – München: Saur.

CRG (1955): The need for a faceted classification as the basis of all methods of information retrieval / Classification Research Group. – In: Library Association Record 57(7), S. 262-268.

Ellis, D.; Vasconcelos, A. (2000): The relevance of facet analysis for worldwide web subject organization and searching. – In: Journal of Internet Cataloging 2 (3/4), S. 97-114.

Foskett, A.C. (2000): The future of faceted classification. – In: Marcella, R.; Maltby, A. (Hrsg.): The Future of Classification. – Burlington: Ashgate, S. 69-80.

Gnoli, C.; Mei, H. (2006): Freely faceted classification for Web-based information retrieval. – In: New Review of Hypermedia and Multimedia 12(1), S. 63-81.

Gödert, W. (1991): Facet classification in online retrieval. – In: International Classification 18(2), S. 98-109.

Ingwersen, P.; Wormell, I. (1992): Ranganathan in the perspective of advanced information retrieval. – In: Libri 42, S. 184-201.

Maniez, J. (1999): Du bon usage des facettes. – In: Documentaliste – Sciences de l'information 36(4/5), S. 249-262.

Mill, J.; Broughton, V. (1977): Bliss Bibliographic Classification. – 2. Aufl. – London: Butterworth.

Pejtersen, A.M. (1989): The BOOK HOUSE: Modeling user needs and search strategies as a basis for system design. – Roskilde: Risø National Laboratory. – (Risø report M-2794).

Prieto-Díaz, R. (1991): Implementing faceted classification for software reuse. – Communications of the ACM 34(5), S. 88-97.

Ranganathan, S.R. (1965): The Colon Classification. – New Brunswick, NJ: Graduate School of Library Service / Rutgers – the State University. – (Rutgers Series on Systems for the Intellectual Organization of Information; Vol. IV).

Ranganathan, S.R. (1987[1933]): Colon Classification. – 7. Aufl. – Madras: Madras Library Association. – (Original: 1933).

RSWK (1998): Regeln für den Schlagwortkatalog. – 3. Aufl. – Berlin: Deutsches Bibliotheksinstitut.

Rosati, L.; Gnoli, C.; Lai, M.E. (2005): Faceted classification for community services using CRG standard categories. – In: ISKO. Capítulo Español. Congreso (7°: 2005: Barcelona), S. 549-556.

Satija, M.P. (2001): Relationships in Ranganathan's Colon Classification. – In: Bean, C.A.; Green, R. (Hrsg.): Relationships in the Organization of Knowledge. – Boston: Kluwer, S. 199-210.

Spiteri, L.F. (1999): The essential elements of faceted thesauri. – In: Cataloging & Classification Quarterly 28(4), S. 31-52.

Stock, M. (2002): Factiva.com: Neuigkeiten auf der Spur. Searches, Tracks und News Pages bei Factiva. – In: Password Nr. 5, S. 31-40.

Sweeney, P.; Yao, Z. (2006): System, method and computer program for facet analysis. – Patentanmeldung Nr. US 2007/0136221 A1. – Eingereicht am: 18.10.2006.

Uddin, M.N.; Janecek, P. (2007): The implementation of faceted classification in web site searching and browsing. – In: Online Information Review 31(2), S. 218-233.

Vickery, B.C. (1969): Facettenklassifikation. – München-Pullach, Berlin: Verlag Dokumentation.

Kapitel 16

Crosswalks zwischen Wissensordnungen

Retrieval heterogener Wissensbestände und das Schalenmodell

In den vorangegangenen Kapiteln haben wir unterschiedliche Methoden vorgestellt, Begriffsordnungen aufzubauen und zu pflegen. Bei der praktischen Arbeit mit inhaltlich erschlossenen Datenbeständen finden jeweils einzelne Werkzeuge Einsatz, die auf den Repräsentationsmethoden beruhen. Pro Datenbank können damit völlig unterschiedliche Werkzeuge genutzt werden. Möchte man thematisch verwandte Datenbanken gemeinsam innerhalb einer Suche abfragen, so steht man einer Vielzahl heterogen indexierter Wissensbestände gegenüber. Der Nutzer ist mit professionell erschlossenen Fachdatenbanken (die jeweils durchaus mit unterschiedlichen Methoden und Werkzeugen arbeiten), mit Verlagsdatenbanken (wiederum mit eigenen Indexierungsverfahren), mit Bibliothekskatalogen (mit bibliothekarischer Sach- und Formalerschließung), mit Web-2.0-Diensten (mit frei getaggten Dokumenten im Sinne der Folksonomies) sowie mit Suchwerkzeugen im World Wide Web (die in aller Regel automatisch indexieren) konfrontiert. Jürgen Krause (2004, 77) hält dies für eine Zumutung:

> Die Konsequenz dieser Vielfalt ist, dass Benutzer informationeller Dienste heute einem hochgradig dezentralisierten und heterogenen Dokumentenraum gegenüberstehen, mit der Folge unterschiedlichster Konsistenzbrüche:
>
> Relevante qualitätskontrollierte Daten stehen neben irrelevanten und eventuell nachweislich falschen. Kein Gutachtersystem sorgt für eine Trennung von Ballast und potentiell erwünschter Information.
>
> Ein Deskriptor X kann in einem solchen System die unterschiedlichsten Bedeutungen annehmen. Auch im engen Bereich der Fachinformation kann ein Deskriptor X, der aus einem hochrelevanten Dokumentenbestand mit viel Aufwand intellektuell und qualitativ hochwertig ermittelt wurde, z.B. nicht mit dem Term X gleichgesetzt werden, den eine automatische Indexierung aus einem Randgebiet liefert.

Möchte man der Utopie des semantischen Web nahekommen, so ist zu gewährleisten, dass die jeweils eingesetzten Ontologien untereinander passfähig sind. Will man für Nutzer einen (einigermaßen) einheitlichen inhaltlichen Zugang zur Gesamtheit der jeweils einschlägigen Wissensbestände ermöglichen, so müssen wir die angestrebte Standardisierung "von der Heterogenität her denken" (Krause 2003, 2004).

Man ist geneigt zu behaupten, dass die Heterogenität der Inhaltserschließung ausschließlich daraus resultiert, dass unterschiedliche Systeme bzw. Arbeitsgruppen – ohne von einander zu wissen – jeweils eigene Vorstellungen verwirklichen, die im Gesamt dann nahezu zwangsläufig miteinander inkompatibel sind. Aber dies stimmt so nicht. Selbst in "geschützten Räumen", beispielsweise innerhalb eines Unternehmens, erweist es sich als notwendig, bewusst auf Heterogenität zu setzen. Im Unternehmen sind nicht alle Dokumente gleich wichtig: Das Strategiepapier der Unternehmensleitung ist anders einzuschätzen als die im Mitarbeiterblog veröffentlichte Stellungnahme eines Betriebsrats zum nächsten Betriebsausflug, ein erteiltes Patent hat einen anderen Stellenwert als das flüchtige Protokoll eines Wissenschaftlers der FuE-Abteilung. Aber alle genannten Dokumente sind zumindest prinzipiell dokumentationswürdig. In einem zentralistischen Ansatz würden alle Dokumente gleich behandelt, etwa alle in gleicher Tiefe nach einer einheitlichen Begriffsordnung indexiert. Das lässt sich weder aus Kostengründen halten, noch macht es für das Retrieval Sinn. Gesucht ist eine dezentrale Struktur, die soweit wie möglich Konsistenz ermöglicht, aber auch Freiraum für eine – kontrollierte – Heterogenität schafft. Krause diskutiert als Lösung das Schalenmodell (Abbildung 16.1), das unterschiedliche Niveaus der Relevanz von Dokumenten, also Stufen der Dokumentationswürdigkeit, sowie damit jeweils korrespondierende verschiedene Schichten der Inhaltserschließung in sich vereinigt.

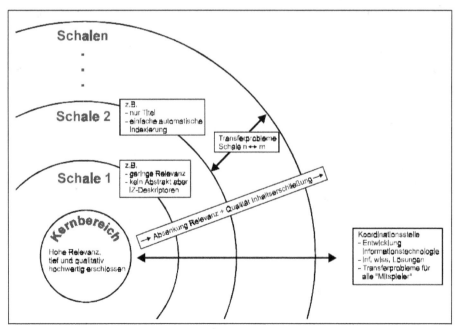

Abbildung 16.1: Das Schalenmodell der Relevanz von Dokumenten und der Qualität der Inhaltserschließung. *Quelle:* Krause 1996, 18.

Krause (1996, 18 f.) erläutert sein Schalenmodell anhand einer Literaturdatenbank (die Anwendbarkeit des Modells ist allerdings offen für alle Arten von Dokumenten):

> Die innerste Schale enthält den Kern der relevanten Literatur. Wird möglichst tief und qualitativ hochwertig erschlossen. Die Qualitätskontrolle liegt in der Hand der koordinierenden Informationsservicestelle.
>
> Auf diese Schale kann weder aus fachwissenschaftlich-dokumentarischen noch aus organisatorischen Gründen verzichtet werden. Erst die dadurch entstehende Datenkonsistenz eines Kernbereichs schafft den Anreiz für weitere Partner, die folgenden Schalen zu bedienen.
>
> Die zweite Schale lockert die Relevanzbedingungen und parallel dazu die Anforderungen an die Qualität der Inhaltserschließung. (Schale 2 ist z.B. nach dem hausinternen Thesaurus erschlossen), aber ohne Abstract …
>
> Schale 3 könnte alle Dokumente enthalten, deren Relevanz gegenüber den Schalen 1 und 2 niedriger ist und die nach anderen Normen erschlossen sind (z.B. anderer Thesaurus).
>
> Schale 4 enthielte die Ansetzung der Bibliotheken. … (F)ür die Inhaltserschließung (steht) nur der Titel zur Verfügung, der automatisch indexiert wird.

Gemäß Mayr (2006, 162) kommen als Mittel der Wissensrepräsentation im Schalenmodell nicht nur unterschiedliche Werkzeuge der gleichen Methode (beispielsweise verschiedene Thesauri), sondern "alle wichtigen Erschließungsmodelle", einschließlich der automatischen Indexierung durch Suchmaschinen, infrage.

Egal, ob verursacht durch Schalenmodell oder durch unkoordiniertes Arbeiten mehrerer Informationsproduzenten, muss versucht werden, die Probleme der Heterogenität für den Nutzer zu minimieren. Hierzu dienen Crosswalks zwischen Begriffsordnungen.

Formen semantischer Crosswalks

Semantische Crosswalks beziehen sich auf Zusammenhänge zwischen Begriffsordnungen, ihren Begriffen wie ihren Relationen. Die Heterogenitätsproblematik besteht auch in anderen Metadaten-Bereichen, etwa die angestrebte Vereinheitlichung verschiedener Regelwerke bzw. Praktiken bei der Ansetzung von Titeln oder von Namen (s. o. Kapitel 6, S. 118 ff.). Semantische Crosswalks dienen zwei Zwecken:

- sie ermöglichen einen einheitlichen Zugang zu heterogen indexierten Wissensbeständen,

- sie ermöglichen die Wiederverwendung ("reuse") bereits eingeführter Wissensordnungen in anderen Kontexten.

Es gilt, zwischen Begriffsordnungen sowohl Vergleichbarkeit (Kompatibilität) als auch die Option der Zusammenarbeit (Interoperabilität) herzustellen (Zeng/Chan 2004). Wir unterscheiden folgende fünf Formen semantischer Crosswalks:

- "Multiple Views" (unterschiedliche Begriffsordnungen unbearbeitet gemeinsam in einer Anwendung),
- "Upgrading" (Aufrüsten einer Begriffsordnung, etwa die Entwicklung eines Thesaurus zu einer Ontologie),
- "Pruning" (Auswählen und "Ausschneiden" einer Teilmenge einer Begriffsordnung),
- "Mapping" (Bilden von Konkordanzen zwischen den Begriffen verschiedener Wissensordnungen),
- "Merging" – "Integration" (Verschmelzung bzw. Integration verschiedener Wissensordnungen zu einer neuen).

Parallele Verwendung: "Multiple Views"

Eine äußerst einfache Form von Crosswalks ist das gemeinsame Aufnehmen verschiedener Wissensordnungen in genau eine Anwendung (Abbildung 16.2). Infrage kommen sowohl unterschiedliche Begriffsordnungen derselben Methode (z.B. zwei Thesauri) als auch Werkzeuge verschiedener Methoden (etwa ein Thesaurus und ein Klassifikationssystem). Man kann auch die einzelnen Begriffsordnungen bei facettierten Systemen (siehe Kapitel 15) als unterschiedliche Wissensordnungen betrachten. Die parallele Verwendung mehrerer Wissensordnungen oder mehrerer Facetten gestattet dem Nutzer unterschiedliche Blickwinkel auf dieselbe Datenbasis. Ermöglicht das Retrievalsystem dynamisches Klassieren (IR, 456 ff.), so lassen sich jeweils zwei Begriffsordnungen in einer Tabelle gemeinsam nutzen.

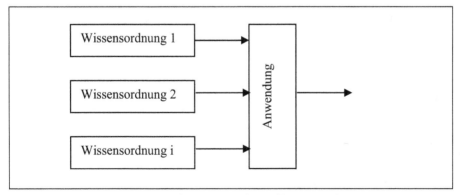

**Abbildung 16.2: Unterschiedliche semantische Sichten auf Dokumente.
Aufrüsten von Begriffsordnungen**

Nomenklaturen enthalten außer der Synonymie überhaupt keine Relationen, Klassifikationen meist ausschließlich die (allgemeine) Hierarchierelation und Thesauri Hyponymie bzw. Meronymie (manchmal sogar nur die allgemeine Hierarchierelation) sowie die unspezifische Assoziationsrelation. Die jeweiligen Übergänge von Nomenklatur, Klassifikation, Thesaurus hin zu einer Ontologie bezeichnen wir mit "Aufrüsten". Hierbei kann i. d. R. die Menge der Begriffe erhalten bleiben, es ändern sich jedoch – teilweise massiv – die Relationen zwischen ihnen. Es ist stets überlegenswert, die vorher verwendete Hierarchierelation in Hyponymie und Meronymie und ggf. letztere weiter in die einzelnen (nunmehr transitiven) Teil-Ganzes-Beziehungen zu verfeinern. Zusätzlich muss die Assoziationsrelation spezifiziert werden. Falls nicht schon vorhanden, sind wichtige spezifische Relationen der Wissensdomäne neu einzuführen (in Abbildung 16.3 durch die dickeren Striche angedeutet). Natürlich sind auch die anderen Merkmale einer Ontologie (so die Verwendung einer Ontologie-Sprache sowie die Berücksichtigung von Instanzen) in die Begriffsordnung einzuführen.

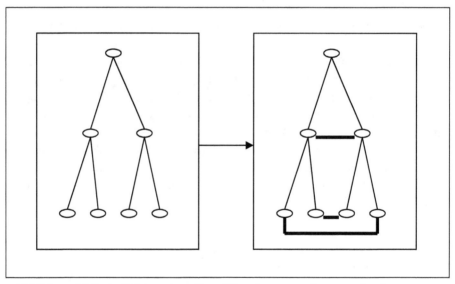

Abbildung 16.3: Aufrüsten einer Begriffsordnung zu einer ausdrucksstärkeren Methode.

Soergel et al. (2004) zeigen das Vorgehen an Beispielen auf dem Weg vom Thesaurus zur Ontologie. In einem erziehungswissenschaftlichen Thesaurus finden wir folgenden Deskriptorsatz und dessen hypothetische Verfeinerung in einer Ontologie:

reading instruction   **reading instruction**
BT instruction   *is_a* instruction
RT reading   *hasDomain* reading
RT learning standards   *governedBy* learning standards.

Hierbei wurde die Hierarchie nicht angetastet, wohl aber die Assoziationsrelation. In einem landwirtschaftlichen Thesaurus wird die Hierarchierelation verfeinert (Soergel et al. 2004):

milk   **milk**
NT cow milk   *includesSpecific* cow milk
NT milk fat   *containsSubstance* milk fat.

Bei geschickter Formulierung der neuen Relationen kann man die Schlussregeln ausnutzen, um automatisch Relationen zwischen zwei Begriffen herzustellen. Wir gehen (wiederum mit Soergel et al. 2004) von zwei Verfeinerungen aus:

animal   **animal**
NT milk   *hasComponent* milk

cow   **cow**
NT cow milk   *hasComponent* cow milk

Für alle anderen Tiere, über die in der Wissensordnung berichtet wird (und die alle Milch geben), lässt sich dann die jeweils spezifische Relation (auf der rechten Seite) automatisch ableiten:

goat   **goat**
NT goat milk   *hasComponent* goat milk.

Ausschnitte: "Pruning"

Es existieren bereits qualitativ hochwertige Begriffsordnungen, die durchaus große Wissensdomänen abdecken. Das Spektrum reicht vom (groben) Weltwissen (DDC) über die Technik (IPC), Wirtschaftsbranchen (NAICS oder NACE), Ökonomie (Thesaurus Wirtschaft), Genetik (Gene Ontology) bis hin zu Rezepten (Epicurious Nomenklatur). Es ist beim Neuaufbau einer Begriffsordnung – beispielsweise innerhalb eines Unternehmens – sinnvoll, auf bestehende Wissensordnungen zurückzugreifen. Ist ein Teil einer Begriffsordnung einschlägig, so muss eben dieser Ausschnitt zur weiteren Bearbeitung genutzt werden. Conesa, de Palol und Olivé (2003) bezeichnen solch eine Adaption als "pruning", als Beschneiden oder besser Ausschneiden gewisser Begriffe nebst ihrer Nachbarn in den Relationen aus der Ausgangswissensordnung.

Ein (über die Relationen) zusammenhängender Teil wird aus der allgemeineren Begriffsordnung herausgenommen (in Abbildung 16.4 durch den Kreis angedeutet) und im nächsten Schritt ggf. weiter beschnitten, indem nicht brauchbare Begriffe und deren Relationen entfernt werden. Sofern neue Terminologie einzuführen ist, werden die entsprechenden Begriffe in die neue Ordnung eingearbeitet und verbreitern damit die Wissensdomäne auf den angestrebten Umfang. Da insbesondere beim Pruning die Gefahr droht, Relationen (z.B. Hierarchien) zu zerstören, ist es notwendig, bei der entstehenden neuen Wissensordnung Konsistenzprüfungen durchzuführen.

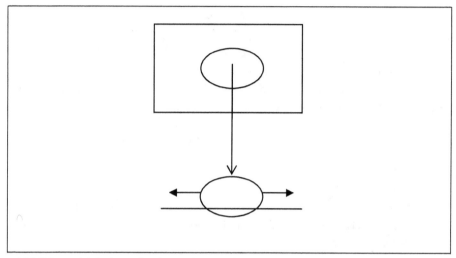

Abbildung 16.4: Ausschneiden einer Teilmenge einer Wissensordnung.

Konkordanzen: "Mapping"

Die wohl am häufigsten anzutreffende Variante semantischer Crosswalks dürften die Konkordanzen sein. Hierbei werden die Begriffe der unterschiedlichen Wissensordnungen aufeinander bezogen. Die Mapping-Arbeiten werden entweder rein intellektuell ausgeführt oder (halb-)automatisch, beispielsweise auf der Basis statistisch ermittelter Werte gemeinsamen Vorkommens erarbeitet. Die statistische Methode erfordert das Vorliegen paralleler Korpora, bei denen dieselben Dokumente durch die jeweiligen Begriffsordnungen indexiert worden sind (dies ähnelt dem Vorgehen der korpus-basierten Methoden im sprachübergreifenden Retrieval; IR 469-471).

Stehen mehr als zwei Wissensordnungen zur Konkordanz an, bieten sich zwei Methoden an (Nöther 1998, 220). Bei der ersten Methode (Abbildung 16.5) werden aus der Gesamtmenge der Wissensordnungen stets Zweierpärchen gebildet, bei denen die Begriffe jeweils aufeinander zu beziehen sind. Die Alternativmethode arbeitet mit einer "Master-Wissensordnung" (Abbildung 16.6), von der aus sternförmig Konkordanzen zu erstellen sind. Während man bei der direkten Konkordanz eine Vielzahl von einzelnen Konkordanzen entwickeln muss, steht man bei der zweiten Methode vor der Aufgabe, eine neue, möglichst neutrale, Wissensordnung (den Master) zu entwickeln. Unter Umständen könnte es möglich sein, eine bereits bestehende Begriffsordnung in den "Rang" des Master zu versetzen.

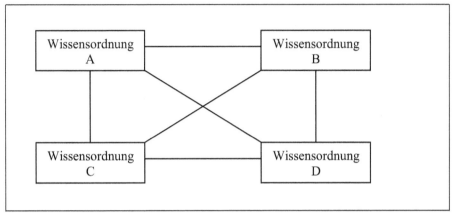

Abbildung 16.5: Direkte Konkordanzen. *Quelle:* Nöther 1998, 221.

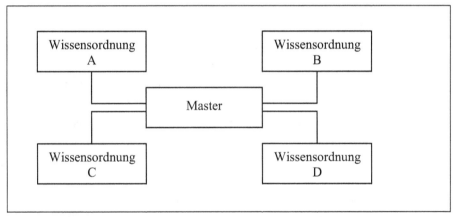

Abbildung 16.6: Konkordanzen mit Master. *Quelle:* Nöther 1998, 221.

Der Idealfall bei der Verbindung zweier Begriffe liegt vor, wenn sich deren Extension wie Intension umkehrbar eindeutig abbilden lassen. Es sind aber auch die Fälle zu berücksichtigen, in denen *ein* Ausgangsbegriff mit mehreren Zielbegriffen korrespondiert. Der Standard-Thesaurus Wirtschaft (STW) verfügt über eine Konkordanz zur NACE. Der hier geführte Deskriptor *Informationswirtschaft* verweist ein-mehrdeutig auf die NACE-Notationen 72.3 (Datenverarbeitungsdienste),

72.4 (Datenbanken) und 72.6 (sonstige mit der Datenverarbeitung verbundene Tätigkeiten) (Abbildung 16.7 oben). Im umkehrten Fall NACE – STW läge entsprechend Mehr-Eindeutigkeit vor. Durchaus zu erwarten sind auch Fälle von Mehr-Mehrdeutigkeit.

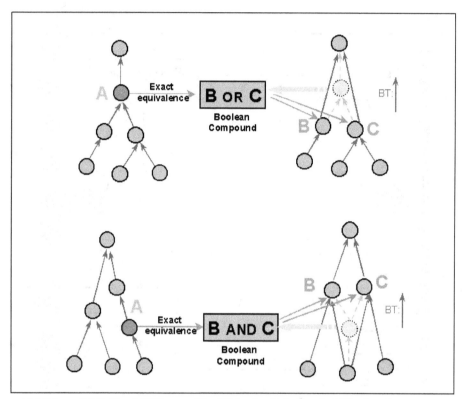

Abbildung 16.7: Zwei Fälle von Ein-Mehrdeutigkeiten bei Konkordanzen.
Quelle: Doerr 2001, Fig. 3 und 4.

Liegt keine Quasi-Synonymie vor, gibt es aber trotzdem ein bestpassendes Pendant, so reden wir von der Relation "nicht exakte Übereinstimmung" im Sinne von "hat einen (nicht unerheblichen) Überschneidungsbereich" (Doerr 2001). Kann man eindeutig ausmachen, dass Ausgangs- und Zielbegriff in einem hierarchischen Verhältnis stehen, so ist dieses gesondert auszuweisen. In diesem Fall formuliert eine der besprochenen Wissensordnungen im thematischen Umfeld des Begriffs offensichtlich detailfreudiger. Ein bemerkenswerter Sonderfall ist in Abbildung 16.8 angegeben. Es liegt eine nicht exakte Übereinstimmung vor, jedoch in dem Sinne, dass wir in der Zielwissensordnung nur die jeweils nächstgelegenen Ober- und Unterbegriffe kennen. Wir verfügen also nur über Grenzen nach oben und nach unten, die wir beim Mapping (unter "liegt zwischen [nächstgelegene Oberbegriffe] und [nächstgelegene Unterbegriffe]") angeben. Bei den inversen Beziehungen liegen Hierarchierelationen vor.

Bei der oben besprochenen Ein-Mehrdeutigkeit verfügt die Zielwissensordnung über mehrere Begriffe, die der Nutzer im Sinne eines Booleschen Oder verknüpfen muss, um ein Äquivalent zum Ausgangsbegriff zu erhalten. Streng zu unterscheiden ist der Fall, dass *ein* Begriff der Ausgangswissensordnung (z.B. *Mädchenhandelsschule*) durch eine Kombination mehrerer Begriffe der Zielwissensordnung (*Mädchen*, *Handelsschule*) auszudrücken ist (Abbildung 16.7 unten). Hier muss der User bei der Recherche mittels Und bzw. eines Abstandsoperators formulieren. Bei der Umkehrung (Konkordanz von *Mädchen* bzw. von *Handelsschule*) liegt die Relation "verwendet in Kombination" *Mädchenhandelsschule* vor.

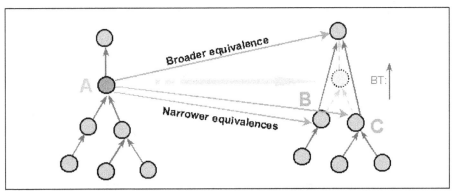

Abbildung 16.8: Nicht exakte Überschneidung zweier Begriffe.
Quelle: Doerr 2001, Fig. 5.

Eine Konkordanz muss folgende Relationen zwischen den Begriffen der zu verbindenden Wissensordnungen berücksichtigen:

(1)   ein-eindeutige (Quasi-)Synonymie,

(2)   mehr-eindeutige (Quasi-)Synonymie; Umkehrung: ein-mehrdeutige (Quasi-)Synonymie,

(3)   mehr-mehrdeutige (Quasi-)Synonymie,

(4)   nicht exakte Übereinstimmung,

(5)   Unterbegriff; Umkehrung: Oberbegriff (ggf. spezifiziert nach Hyponymie und Meronymien),

(6)   "liegt zwischen ... und ..."; Umkehrung: Oberbegriff, Unterbegriff,

(7)   "verwende Kombination"; Umkehrung: "verwendet in Kombination".

Statistische Verfahren helfen bei der intellektuellen Arbeit der Konkordanzerstellung. Hierzu müssen parallele Korpora vorliegen, genauer Dokumentationseinheiten, die in einer ersten Datenbasis mit der Wissensordnung A und in einer zweiten Datenbasis mit der Wissensordnung B inhaltlich erschlossen worden sind (Abbildung 16.9). Die Dokumentationseinheit A2 ist beispielsweise mit dem Begriff c aus Begriffsordnung A indexiert, B2 mit z aus B. Da wir wissen, dass A2 und B2 dieselbe dokumentarische Bezugseinheit repräsentieren, haben wir ein Indiz dafür gefunden, dass c aus A analog verwendet wird wie z aus B. Bestätigt sich dieser Zusammenhang bei weiteren Dokumenten, so besteht offenbar eine Konkordanzrelation zwischen c und z.

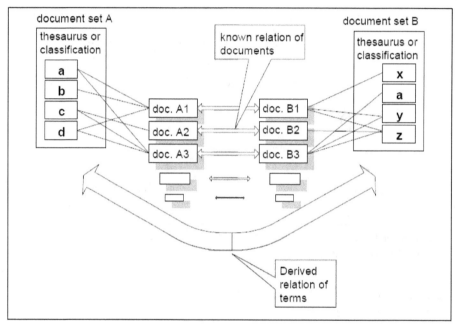

Abbildung 16.9: Statistische Gewinnung von Begriffspaaren aus parallelen Korpora. *Quelle:* Hellweg et al. 2001, 20.

Die Ähnlichkeit zwischen c und z lässt sich mittels der einschlägigen Algorithmen Jaccard-Sneath, Dice bzw. Cosinus berechnen (IR, 177). Wir wollen dies beispielhaft anhand der Jaccard-Sneath-Formel vorführen. Unser Korpus enthalte nur Dokumente, die in beiden Datenbanken (mit unterschiedlicher Indexierung) vorkommen. g sei die Anzahl der Dokumente (aus beiden Datenbanken), die in A mittels c und in B mittels z indexiert worden sind, a sei die Anzahl der Dokumente in A, die c nennen, und b sei die Anzahl der Dokumente in B, die z nennen. Dann errechnet man die Ähnlichkeit zwischen c und z durch:

$$\Psi(c - z) = g / (a + b - g).$$

Die entstehenden Ψ-Werte sind Indizien auf Ähnlichkeit, sie sind allerdings kein legitimer Ausdruck einer (wie auch immer gearteten) semantischen Relation. Bei Mittelknappheit kann es vertretbar sein, (statistisches) Mapping nur über Ähnlichkeitsalgorithmen herzustellen. Hierbei gelten zwei Begriffe als verbunden, wenn ihr Ψ-Wert einen festzulegenden Schwellenwert überschreitet. Vorzuziehen ist jedoch der Weg über die intellektuelle Erstellung der Konkordanzen (unter Berücksichtigung der unterschiedlichen Konkordanzrelationen), für den die Statistik eine brauchbare heuristische Basis liefert.

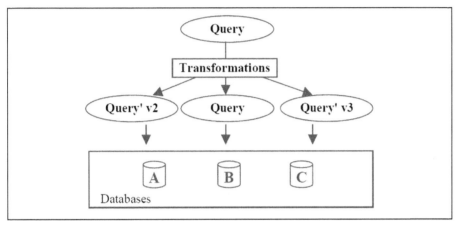

Abbildung 16.10: Bearbeitung einer Suchanfrage beim Vorliegen von Konkordanzen. *Quelle:* Hellweg et al. 2001, 40.

Liegen Konkordanzen vor, so können diese bei datenbankübergreifenden Recherchen (bzw. bei Recherchen über alle Schalen des Krauseschen Modells hinweg) automatisiert eingesetzt werden (Abbildung 16.10). Soweit der Nutzer eine Suchanfrage mittels einer Wissensordnung formuliert hat, übersetzt das System die Suchargumente unter Nutzung der Konkordanzrelationen in die Sprache der jeweiligen Datenbasis und sucht innerhalb jeder Datenbank mit der passenden Terminologie.

Kann man Konkordanzen auch außerhalb von Begriffsordnungen einsetzen? C. Veres (2006) diskutiert Tag-Konkordanzen bei **Folksonomies**. Um bei dem vielfältigen Indexierungsvokabular der Nutzer unterschiedlicher Web-2.0-Dienste überhaupt zu vergleichbaren Begriffen zu kommen, erscheint es nötig, zuerst unter (intellektueller) Umformulierung der syntagmatischen Relationen paradigmatische, bevorzugt hierarchische, Zusammenhänge zu gewinnen. Letztlich muss man zunächst themen- und dienstespezifische Begriffsordnungen aus den Tags herstellen (also beispielsweise eine zum Thema X für Flickr und eine andere zum selben Thema für Del.icio.us). Dann kann man mittels der besprochenen Methoden der Konkordanzerstellung ein inhaltliches Mapping der beiden Folksonomies in Angriff nehmen.

Die Ontologie-Sprache **OWL** kennt zwei Mechanismen, Begriffe aus unterschiedlichen Ontologien einander – eindeutig – zuzuordnen: *equivalentClass* für Allgemeinbegriffe und *sameAs* für Instanzen (W3C 2004). Angesicht der Vielfalt semantischer Konkordanzrelationen sind damit den Möglichkeiten der Erstellung elaborierter Konkordanzen in OWL äußerst enge Grenzen gesetzt.

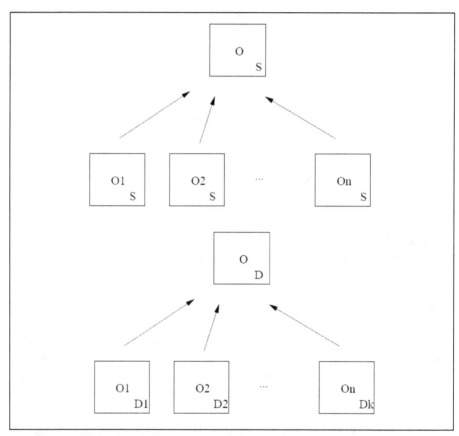

Abbildung 16.11: Vereinigen von Begriffsordnungen: Merging (oben) und Integration (unten). *Quelle:* Pinto/Gómez-Pérez/Martins 1999, 7-4 und 7-7. (O: Ontologie; S: Wissensdomäne; D: Teilaspekt innerhalb einer Wissensdomäne).

Vereinigen: "Merging" und "Integration"

Unter dem Vereinigen von Begriffsordnungen verstehen wir die Erstellung einer neuen Wissensordnung auf der Basis von mindestens zwei Quellen, wobei das neue Werk die alten normalerweise ersetzt (Predoiu et al. 2006, 7). Hierbei gilt es, sowohl die Begriffe als auch die Relationen (Udrea/Getoor/Miller 2007; Wang et al. 2006) in eine neue Einheit zu verschmelzen. Zwei Fälle sind auseinander zu halten: das Vereinigen von thematisch gleichen Wissensordnungen (Merging) sowie das Vereinigen von sich thematisch ergänzenden Ordnungen (Integration).

Eine Definition für das **Merging** von Begriffsordnungen (Abbildung 16.11 oben) legen Pinto, Gómez-Pérez und Martins (1999, 7-7) vor:

> In the merge process we have, on one hand, a set of ontologies (at least two) that are going to be *merged* (O_1, O_2, ..., O_n), and on the other hand, the *resulting* ontology (O). The goal is to make a more general ontology about a subject by gathering into a coherent bulk, knowledge from several other ontologies in that same subject. The subject of both the merged and the resulting ontologies are the same (S) although some ontologies are more general than others, that is, the level of generality of the merged ontologies may not be the same.

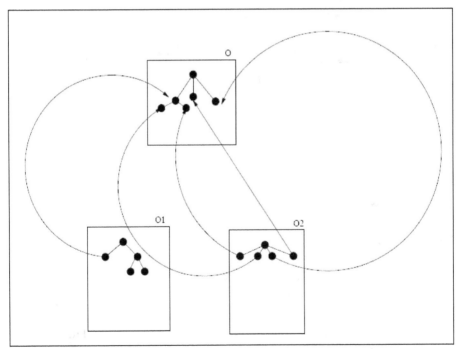

Abbildung 16.12: Der Prozess des Vereinigens von Begriffsordnungen beim Merging. *Quelle:* Pinto/Gómez-Pérez/Martins 1999, 7-8.

Bei der **Integration** (Abbildung 16.11 unten) fällt der Aspekt des gleichen Themas aller beteiligten Begriffsordnungen fort (Pinto/Martins 2001). Hier ergänzen
sich die Quellen (Pinto/Gómez-Pérez/Martins 1999, 7-4):

> The ontology resulting from the integration process is what we want to build and
> although it is referenced as one ontology it can be composed of several "mod-
> ules", that are (sub)ontologies. ... In integration one can identify regions in the
> resulting ontology that were taken from the integrated ontologies. Knowledge in
> those regions was left more or less unchanged.

Integrationen sind ungleich leichter zu erstellen als via Merging vereinigte Begriffsordnungen, da bei letzteren bei jedem nicht in Extension, Intension sowie
Benennung identischen Begriff und bei jeder unterschiedlichen konkreten Relation
entschieden werden muss, welche Variante in die Zielbegriffsordnung einfließen
soll.

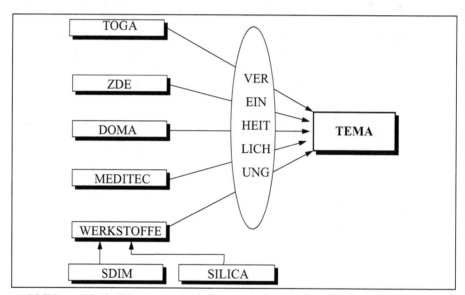

Abbildung 16.13: Thesaurus-Merging am Beispiel von TEMA. Ausgangsthe-
sauri: TOGA (Textiltechnik), ZDE (Elektrotechnik), DOMA (Maschinen- und
Anlagenbau), MEDITEC (Medizinische Technik), SDIM (Werkstofftechnik),
SILICA (Keramik – Glas – Bindemittel); Zielthesaurus: TEMA (Technik und
Management). *Quelle:* Stock 1999, 21.

Ein hypothetisches Beispiel (Abbildung 16.12) möge den Merging-Prozess illus-
trieren. Wir verfügen über zwei Ausgangsbegriffsordnungen O_1 und O_2, die ausschließlich über die Hierarchierelation verfügen. Die beiden Top-Terme seien
identisch, ebenso einige Begriffe in den niedrigeren Hierarchieebenen, jedoch sind

die einzelnen Über- bzw. Unterordnungsbeziehungen nicht gleich. Die entstehende Ontologie O ist ein Kompromiss, der versucht, die Stärken der einzelnen Ausgangsbegriffsordnungen möglichst zu erhalten und die Schwächen möglichst auszumerzen. Kann man solch einen Prozess automatisieren? Pinto, Gómez-Pérez und Martins (1999, 7-7) sind skeptisch:

> The way the merge process is performed is still very unclear. So far, it is more of an art.

Wir wollen kurz über Probleme des Merging anhand eines konkreten Projektes, der Vereinigung von sechs Quellthesauri im Zielthesaurus Technik und Management (TEMA) (Stock 1999) berichten. TEMA ist eine Datenbank von FIZ Technik, die über alle Ingenieurwissenschaften berichtet. Früher lagen mehrere Einzeldatenbanken mit jeweils eigenen Thesauri vor. Sowohl die Datenbanken als auch deren Wissensordnungen galt es zusammenzuführen.

fester Brennstoff	
E	solid fuel
E	solid fuels
O	Brennstoff
U...	Kernbrennstoff
U...	Kohle
U...	Koks
U	Teersand
U	Torf

Abbildung 16.14: Das semantische Umfeld zu *fester Brennstoff* im TEMA-Thesaurus. E: englische Bezeichnung, O: Oberbegriff, U: Unterbegriff.
Quelle: Stock 1999, 23.

Die Einordnung der Begriffe in ihre Relationen ist aufwendig sowohl in intellektueller als auch maschineller Hinsicht. So mag es verzeihlich sein, wenn die 1. Auflage des TEMA-Thesaurus noch einige Fehler, besonders was die Hierarchisierung der Begriffe betrifft, beinhaltet. Für uns ergibt sich hier die Möglichkeit, an einem praktischen Beispiel die Probleme des Merging von Begriffsordnungen zu belegen. Die Hierarchie von *Koks* und *Kohle* geht nämlich in der Mischung der Ausgangsthesauri völlig durcheinander. Der Begriff *fester Brennstoff* ist ein gemeinsamer Oberbegriff der beiden Deskriptoren, Abbildung 16.14 zeigt dessen semantisches Umfeld. Nun setzen wir die Deskriptorsätze der Unterbegriffe *Kohle* und *Koks* nebeneinander (Abbildung 16.15).

Kohle		Koks	
E	coal	E	coke
O	Energieträger	O	fester Brennstoff
O	fester Brennstoff	O	Kohle
O	fossiler Brennstoff	U	Eisenkoks
O	Rohstoff	U	Formkoks
U	Aktivkohle	U	Petrolkoks
U	Braunkohle	U	Schwelkoks
U	Feinkohle	V	Flugkoks
U	Holzkohle	V	Kohle
U	Kohlenstaub	V	Kokerei
U	Kohleschlamm	V	Koksofen
U...	Koks	V	Precarbon-Verfahren
U	nichtverkokbare Kohle	V	Verkoken
U...	Steinkohle		
U	verflüssigte Kohle		
V	Aufkohlung		
V	Bergbau		
V	Erdboden		
V	Hydrieren		
V	Kohlenstaub		
V	Kohlenstoff		
V	Kohleveredlung		
V	Kohleverflüssigung		
V	Kohlevergasung		
V	Kokerei		
V	Koks		
V	Mineral		
V	Pech		
V	Substitutionsenergie		
V	Synthesegas		
V	Temperkohle		

Abbildung 16.15: Das semantische Umfeld zu *Kohle* und *Koks* im TEMA-Thesaurus. V: verwandter Begriff. *Quelle:* Stock 1999, 24.

Die Deskriptoren, auf die es bei unserem Vergleich in den Abbildungen 16.14 und 16.15 ankommt, sind – abweichend vom Original – unterstrichen. Es lässt sich feststellen: *Kohle* und *Koks* sind direkte Unterbegriffe (Unterbegriffe 1. Stufe) von *fester Brennstoff.* Blättern wir als nächstes die jeweiligen semantischen Felder zu den beiden Unterbegriffen auf, so wird *Koks* auch als Unterbegriff zu *Kohle,* bzw.

Kohle als Oberbegriff zu *Koks* eingestuft. *Koks* ist demnach von *fester Brennstoff* sowohl ein Unterbegriff 1. Stufe (direkte Beziehung) als auch ein Unterbegriff 2. Stufe (umgeleitete Beziehung).

Die "Bypass-Hierarchie" ist jedoch nicht die einzige fehlerhafte Einordnung in unserem Beispiel. Es wird noch undurchsichtiger, denn *Koks* steht zu *Kohle* in Assoziationsrelation, da eine solche Relation gerade dadurch charakterisiert ist, dass Begriffe untereinander nicht eindeutig hierarchisch oder äquivalent, sondern nur irgendwie assoziativ abhängig sind. Mit dem Begriff *Kohlenstaub* sieht es nicht viel anders aus: Er ist direkter Unterbegriff *und* verwandter Begriff von *Kohle*.

Werkzeuge für Mapping und Merging

Für das Merging (auch anwendbar für Mapping) von Ontologien sind eigene Werkzeuge entwickelt worden (Kalfoglou/Schorlemmer 2003; Choi/Song/Han 2006, 40). Das System PROMPT (Noy/Musen 2003) unterstützt einen System-Nutzer-Dialog, indem es auf der Basis der Quellenontologien Vorschläge zum Aufbau der Zielontologie unterbreitet. PROMPT arbeitet als Plug-in für den Onto-logie-Editor Protégé. Ein weiteres Beispiel ist ONIONS (Gangemi/Pisanelli/Steve 1998), mit dessen Hilfe das Projekt zur Vereinheitlichung medizinischer Termino-logien (Unified Medical Language System – UMLS; Humphreys/Lindberg 1993; Bodenreider/Bean 2001) arbeitet.

Fazit

- Sowohl heterogen indexierte, verteilte Wissensbestände als auch das Einsetzen des Schalenmodells führen dazu, dass der Nutzer mit einer Vielfalt unter-schiedlicher Methoden und Werkzeuge der Wissensrepräsentation konfrontiert wird.

- Semantische Crosswalks ermöglichen einen einheitlichen Zugang zu solch heterogenen Datenbanken und darüber hinaus die Wiederverwendung bereits eingeführter Wissensordnungen in anderen Kontexten.

- Die parallele Anwendung unterschiedlicher (nicht weiter bearbeiteter) Be-griffsordnungen innerhalb eines Systems ermöglicht Sichten auf denselben Dokumentenbestand aus unterschiedlichen Perspektiven.

- Das Aufrüsten von Begriffsordnungen meint den Übergang von einer aus-drucksschwächeren Methode zu einer ausdrucksreicheren (auf dem Weg: No-menklatur – Klassifikation – Thesaurus – Ontologie).

- Das Ausschneiden fachspezifischer begrifflicher Teilmengen aus einer umfassenderen Wissensordnung (mit allfälliger Ergänzung und Konsistenzwahrung) ist eine einfache und kostengünstige Variante der Wiederverwendung von Begriffsordnungen.

- Konkordanzen beziehen die Begriffe unterschiedlicher Wissensordnungen aufeinander. Man unterscheidet direkte Konkordanzen von solchen mit einem Master. Die semantischen Konkordanzrelationen berücksichtigen die (Quasi-) Synonymie (in den Varianten ein-eindeutig, ein-mehrdeutig und mehr-mehrdeutig), Unter- bzw. Oberbegriffe, Kombinationen, die nicht exakte Übereinstimmung und die Übereinstimmung mit hierarchischen Grenzen.

- Hilfreich für das Erstellen von Konkordanzen sind statistische Verfahren, die Ähnlichkeiten zwischen dem Begriffsmaterial zweier Wissensordnungen errechnen. Voraussetzung ist das Vorliegen eines parallelen Korpus.

- Das Vereinigen von Begriffsordnungen geschieht in zwei Varianten. Die (weitaus einfacher durchzuführende) Integration verschmilzt sich ergänzende Quellen, das Merging vereinigt thematisch gleiche Quellen. Beim Merging kommt der Konsistenzprüfung insbesondere der Relationen eine besondere Rolle zu.

- Bedeutende Projekte des Merging von Wissensordnungen sind die Integration von unterschiedlichen Technikthesauri zum "Thesaurus Technik und Management" (TEMA) sowie die Bemühungen um das "Unified Medical Language System" (UMLS).

- Hilfsmittel für Merging wie Mapping sind Systeme wie PROMPT oder ONIONS.

Literatur

Bodenreider, O.; Bean, C.A. (2001): Relationships among knowledge structures: Vocabulary integration within a subject domain. – In: Bean, C.A.; Green, R. (Hrsg.): Relationships in the Organization of Knowledge. – Boston: Kluwer, S. 81-98.

Choi, N.; Song, I.Y.; Han, H. (2006): A survey on ontology mapping. – In: SIGMOD Record 35(3), S. 34-41.

Conesa, J.; de Palol, X.; Olivé, A. (2003): Building conceptual schemas by refining general ontologies. – In: Lecture Notes in Computer Science 2736, S. 693-702.

Ding, Y.; Foo, S. (2002): Ontology research and development. Part 2: A review of ontology mapping and evolving. – In: Journal of Information Science 28(5), S. 375-388.

Doerr, M. (2001): Semantic problems of thesaurus mapping. – In: Journal of Digital Information 1(8).

Gangemi, A.; Pisanelli, D.M.; Steve, G. (1998): Ontology integration: Experiences with medical terminologies. – In: Guarino, N. (Hrsg.): Formal Ontology in Information Systems. – Amsterdam: IOS, S. 163-178.

Hellweg, H.; Krause, J.; Mandl, T.; Marx, J.; Müller, M.N.O.; Mutschke, P.; Strötgen, R. (2001): Treatment of Semantic Heterogeneity in Information Retrieval. – Bonn: InformationsZentrum Sozialwissenschaften. – (IZ-Arbeitsbericht; 23).

Humphreys, B.L.; Lindberg, D.A.B. (1993): The UMLS project: Making the conceptual connection between users and the information they need. – In: Bulletin of the Medical Library Association 81(2), S. 170-177.

Kalfoglou, Y.; Schorlemmer, M. (2003): Ontology mapping: The state of the art. – In: The Knowledge Engineering Review 18(1), S. 1-31.

Krause, J. (1996): Informationserschließung und -bereitstellung zwischen Reregulation, Kommerzialisierung und weltweiter Vernetzung. Schalenmodell. – Bonn: InformationsZentrum Sozialwissenschaften. – (IZ-Arbeitsbericht; 6).

Krause, J. (2003): Standardisierung von der Heterogenität her denken – Zum Entwicklungsstand bilateraler Transferkomponenten für digitale Fachbibliotheken. – Bonn: InformationsZentrum Sozialwissenschaften. – (IZ-Arbeitsbericht; 28).

Krause, J. (2004): Konkretes zur These, die Standardisierung von der Heterogenität her zu denken. – In: Zeitschrift für Bibliothekswesen und Bibliographie 51(2), S. 76-89.

Mayr, P. (2006): Thesauri, Klassifikationen & Co – die Renaissance der kontrollierten Vokabulare? – In: Hauke, P.; Umlauf, K. (Hrsg.): Vom Wandel der Wissensorganisation im Informationszeitalter. Festschrift für Walther Umstätter zum 65. Geburtstag. – Bad Honnef: Bock + Herchen. – (Beiträge zur Bibliotheks- und Informationswissenschaft; 1), S. 151-170.

Nöther, I. (1998): Zurück zur Klassifikation! Modell einer internationalen Konkordanz-Klassifikation. – In: Klassifikationen für wissenschaftliche Bibliotheken. – Berlin: Deutsches Bibliotheksinstitut. – (dbi-Materialien; 175), S. 103-325.

Noy, N.F.; Musen, M.A. (2003): The PROMPT suite: Interactive tools for ontology merging and mapping. – In: International Journal of Human-Computer Studies 59(6), S. 983-1024.

Pinto, H.S.; Gómez-Pérez, A.; Martins, J.P. (1999): Some issues on ontology integration. – In: Proceedings of the IJCAI-99 Workshop on Ontologies and Problem-Solving Methods (KRR5), S. 7-1 - 7-12.

Pinto, H.S.; Martins, J.P. (2001): A methodology for ontology integration. – In: Proceedings of the 1st International Conference on Knowledge Capture. – New York: ACM, S. 131-138.

Predoiu, L.; Feier, C.; Scharffe, F.; de Bruijn, J.; Martín-Recuerda, F.; Manov, D.; Ehrig, M. (2006): State-of-the-Art Survey on Ontology Merging and Aligning. – Innsbruck: Univ. of Innsbruck / Digital Enterprise Research Institute.

Soergel, D.; Lauser, B.; Liang, A.; Fisseha, F.; Keizer, J.; Katz, S. (2004): Reengineering thesauri for new applications: The AGROVOC example. – In: Journal of Digital Information 4(4), Art. 257.

Stock, M. (1999): Thesaurus Technik und Management. Aus 6 mach' 1: Der neue FIZ-Technik-Thesaurus für alle Technikdatenbanken. – In: Password Nr. 6, S. 21-27.

Udrea, O.; Getoor, L.; Miller, R.J. (2007): Leveraging data and structure in ontology integration. – In: Proceedings of the 2007 ACM SIGMOD International Conference on Management of Data. – New York: ACM, S. 449-460.

Veres, C. (2006): Concept modeling by the masses: Folksonomy structure and interoperability. – In: Lecture Notes in Computer Science 4215, S. 325-338.

W3C (2004): OWL Web Ontology Language Guide. W3C Recommendation 10 February 2004. Online: www.w3.org/TR/owl-guide.

Wang, P.; Xu, B.; Lu, J.; Kang, D.; Zhou, J. (2006): Mapping ontology relations: An approach based on best approximations. – In: Lecture Notes in Computer Science 3841, S. 930-936.

Zeng, M.L.; Chan, L.M. (2004): Trends and issues in establishing interoperability among knowledge organization systems. – In: Journal of the American Society for Information Science and Technology 55(5), S. 377-395.

Kapitel 17

Textwortmethode

Beschränkung auf Textterme

Die Grundidee, eine elektronische Datenbank ausschließlich für philosophische Literatur zu entwickeln, stammt aus den 1960er Jahren von dem Düsseldorfer Philosophen Alwin Diemer. Vorbereitung, Entwicklung und Durchführung des Projektes "Philosophische Dokumentation" übernimmt 1967 Norbert Henrichs, der besonders für geisteswissenschaftliche Dokumente die Textwortmethode als Methode der Wissensrepräsentation entwirft. Warum greift Henrichs nicht auf bereits etablierte Methoden, wie Klassifikation oder Thesaurus zurück? Die Vielfältigkeit und Individualität der philosophischen Terminologie einerseits und der ideologische Hintergrund der einzelnen Publikationen anderseits erfordern nach Henrichs eine spezifische Methode der Aufbereitung. Jede Vereinheitlichung bzw. Eingrenzung der Sprache eines geisteswissenschaftlichen Autors seitens der Dokumentation wird von Henrichs abgelehnt, da vor allem die Philosophie keine feststehende Sprache besitzt und demzufolge durch Normierungen Fehlinterpretationen an den Nutzer weitergeben werden können. Die jeweilige Fachgemeinschaft schafft sich ihre eigene Terminologie. Henrichs (1977, 10) bezeichnet die Anwendung von Thesaurus wie Klassifikation sogar als Diskriminierung:

> Heutige sog. Dokumentationssprachen (gemeint sind Thesauri, die Autoren) – ganz zu schweigen von den gestrigen Klassifikationssystemen – sind leider vielfach grobe, interpretierende und meist voreilig normierende Instrumentarien der Informationserschließung und -vermittlung, eine Diskriminierung für Wissenschaftler (als Autoren wie als Rezipienten) und Wissenschaft.

Aus der philosophischen, insbesondere hermeneutischen Orientierung am **Text** entsteht eine Methode der Wissensrepräsentation, die ausschließlich mit dem vorliegenden Termmaterial der konkreten Texte operiert. Es ist völlig egal, ob es sich bei dem Text um Wissen, Annahmen oder Behauptungen handelt, vielmehr geht es einzig und allein um den thematisierten Gegenstand. Die Textwortmethode ist keine Wissensordnung, sondern eine textsprachige Methode der Wissensrepräsentation. Für die inhaltliche Erschließung werden nur solche Terme zugelassen, die im einzelnen Text vorkommen. Damit ist auch der eingeschränkte Einsatzbereich der Textwortmethode abgesteckt: Filme, Bilder oder Instrumentalmusik werden als dokumentarische Bezugseinheiten ausgeklammert, da sie über keine Texte verfügen.

Wo lassen sich Wissensordnungen einsetzen und wo nicht? Warum sind die bestehenden Wissensordnungen untauglich für solche Disziplinen, die keine weit verbreitete, etablierte und beständige Fachsprache besitzen? Wenden wir uns den Henrichsschen Argumentationen zu!

Greifen wir hierzu auf die Ausführungen von Thomas S. Kuhn zum normalwissenschaftlichen Wissen zurück (s. o. S. 30 f.). Überall dort, wo innerhalb einer gewissen Zeitspanne unter den Fachwissenschaftlern Einigkeit über das Begriffssystem ihrer Disziplin und – im Sinne Kuhns (1979[1962], 89) – über ein Paradigma herrscht, kann eine Wissensordnung als fähiges Hilfsmittel bzw. zur Unterstützung des Paradigmas zugrunde gelegt werden. Dies gilt nur im Rahmen einer Normalwissenschaft, in einer als Ganzheit aufzufassenden theoretischen Tradition. Hier lassen sich für die jeweilige Wissenschaft spezifische Wissensordnungen erarbeiten. Gebiete außerhalb der Normalwissenschaft oder Gebiete, die mehrere Paradigmen neben- oder nacheinander berühren, sind nicht für Wissensordnungen geeignet. Nach Henrichs ist die Philosophie eine solche nicht-paradigmatische Disziplin. In der Philosophie, aber auch in vielen Geistes- und Sozialwissenschaften, ist die Terminologie von unterschiedlichen Systemen, Theorien, Ideologien und persönlichen sprachlichen Vorlieben der Autoren abhängig.

Klassifikation wie Thesaurus repräsentieren nicht die Entwicklungsgeschichte einer Wissenschaft (Henrichs 1977, 53), sondern nur die synchrone Sicht. Gegen eine Klassifikation spricht nach Henrichs (1970a, 136):

> Einmal, weil Klassifikationen immer am temporären Entwicklungsstand der Wissenschaft orientiert sind und eine laufende Anpassung an veränderte Sachlagen, obzwar möglich, immer nur das jeweils neu zu bearbeitende Material betreffen kann, das bereits gespeicherte jedoch nicht mehr zu berücksichtigen vermag. Zum andern, weil Klassifikationen immer auch den Stempel schulischer Richtungen tragen und kaum jemals ideologiefrei sind.

Da die Philosophie über keine eigene Fachsprache verfügt, lehnt sich Henrichs (1970a, 136 f.) gegen die Anwendung eines Thesaurus für diese Disziplin:

> Die bereichssignifikante Begriffsliste ... betreffend, muss wohl nicht eigens herausgestellt werden, dass es nur sehr bedingt so etwas wie eine philosophische Fachsprache gibt. Die Literaturgeschichte der Philosophie lehrt, dass so gut wie jedes Wort jeweiliger Umgangssprachen irgendwo und -wann einmal thematisiert wurde, dass zudem das Hineinreichen der Philosophie-Sprache gegenüber anderen Fachsprachen unmöglich macht, ganz zu schweigen davon, dass es unter den Autoren kaum eine fachsprachliche Disziplin gibt, ja diese nicht einmal wünschenswert wäre.

Wäre dann nicht eine Volltextspeicherung sinnvoll, die doch die philosophischen Dokumente ideal vollständig speichern würde? Auch dies verneint Henrichs (1969, 123). Die maschinelle Auswertung von Volltexten mag zwar bei Stilvergleichen oder anderen statistischen Textuntersuchungen zu sinnvollen Ergebnissen führen, für eine gezielte Literaturrecherche ist sie aber unbrauchbar, weil sie zu ungeheurem Informationsballast führen müsste. Zwar ergäbe als Antwort auf eine Suchfrage jedesmal ein lückenloser Katalog von Stellennachweisen der gefragten Begriffe, doch das bloße Vorkommen eines Begriffs an irgendeiner Textstelle bedeutet ja noch keineswegs, dass dort auch über ihn gehandelt wird, was allein den Benutzer der Dokumentation interessiert.

Es geht Henrichs also nicht um das bloße Vorhandenensein und Auflisten von irgendwelchen Worten in einem Text, sondern um das Erfassen des Textzusammenhangs, dessen "signifikante" Textworte durch den Indexer ausgewählt und thematisch verknüpft werden.

Hier stoßen wir – wie so häufig in diesem Buch – auf hermeneutische Probleme (s. o. S. 90 ff). Der Indexer muss zumindest im Groben verstehen, worum es in diesem Text geht, welches Textwort extrahiert und in welchem Kontext dieses mit anderen Textworten oder Namen gesetzt werden soll. Ohne Vorverständnis und Interpretation lässt sich die Textwortmethode nicht anwenden. Eine automatisierte Textwortmethode besteht derzeit nicht.

Die Textwortmethode ist keine Wissensordnung, sondern lediglich ein textsprachlicher Ansatz, dessen Beschreibung im strengen Sinne nicht in dieses Buch gehört. Es geht hier nicht um Begriffe, nur um Worte, die jeweils aus der Autorensprache stammen. Synonyme werden nicht zusammengeführt und Homonyme nicht getrennt.

Interpretationsarme Auswertung

Gemäß jener zu Grunde liegenden pluralistischen Weltauffassung soll der Indexer bei der Auswertung von Dokumenten möglichst neutral an die Texte herangehen. Zur Auswahl der Textworte muss betont werden, dass diese im hermeneutischen Sinne nicht interpretationsfrei, sondern bestenfalls nur interpretationsarm ist, denn es bleibt ausschließlich im Ermessen des Auswerters, welches konkrete Textwort er für die Erschießung aussucht und welches nicht.

Als Auswahlmethode indexiert die Textwortmethode Literatur durch solche Textworte, die entweder häufig oder an textlichen Schlüsselstellen (etwa im Titel, in den Zwischentiteln, in zusammenfassenden Passagen) vorkommen. Die ausgewählten Textworte markieren "Sucheingänge" in den Text. Bei seiner Auswertung schätzt der Indexer ab, ob ein Nutzer durch ein bestimmtes Textwort den Text finden soll oder nicht. Es geht hier um die Gratwanderung zwischen Informationsverlust und -ballast. Wenn der Indexer ein Textwort markiert, ist zu überlegen, ob der Nutzer, der am durch das Textwort beschriebenen Thema arbeitet (a) enttäuscht wäre, wenn er den Text nicht erhält, obgleich er ihn – hätte er ihn nur gekannt – für wichtig einstufen würde, oder (b) enttäuscht wäre, wenn er ihn nachgewiesen bekommt, da er den Text als irrelevant für sein Thema einschätzt. Diese

Gratwanderung wird noch brisanter, wenn man sich die unterschiedlichen Nutzergruppen einer Datenbank vorstellt. Ein Spezialist braucht für eine Aufsatzpublika-
tion andere Informationen als ein Student für seine Seminararbeit.

Die Anwendung der Textwortmethode ist ausschließlich auf die hier sehr aufwendige intellektuelle Arbeit des Indexers angewiesen, was – im Unterschied zu anderen Methoden der Wissensrepräsentation – einen hohen Arbeits- und Kostenauf-
wand mit sich zieht. Es geht bei der Auswertung nicht um die Bewältigung großer
Massen, sondern vorrangig um die möglichst textgetreue Repräsentation von do-
kumentationswürdiger Literatur.

Neben der formalbibliographischen Erfassung (s. o. Kapitel 6, S. 105 ff.) wird der
vorliegende Text bei der inhaltlichen Erschließung nach thematisierten Textworten und Personennamen durchforstet. Abgesehen von linguistischen Normierungen auf eine grammatikalische Vorzugsform bei Sachthemen und auf eine Vorzugsform bei Personennamen sind die ausgewählten Indexterme mit den Textter-
men immer identisch.

Meinong, Alexius: Über Gegenstandstheorie, in: *Untersuchungen zur Gegenstandstheorie und Psychologie*, hg. v. Alexius Meinong. Leipzig: Johann Ambro-
sius Barth, 1904, 1-50.

Thematischer Rahmen:

Sachthemen: Gegenstandstheorie (1-18); Etwas (1); Gegenstand (1-15); Wirkli-
che, das (2-3); Erkenntnis (2,10); Objektiv (3,10); Sein (4,6-8); Existenz (4-5);
Bestand (4); Sosein (5-6); Nichtsein (5); Unabhängigkeit (6); Gegenstand, reiner
(7-8); Außersein (7-8); Quasisein (7); Psychologie (9); Erkenntnisgegenstand (10);
Objekt (10); Logik, reine (11); Psychologismus (11-12); Erkenntnistheorie (12);
Mathematik (13,18); Wissenschaft (14,18); Gegenstandstheorie, allgemeine (15);
Gegenstandstheorie, spezielle (15,18); Philosophie (17); Metaphysik (17); Gegebene, das (17); Empirie (17); Apriorische, das (17); Gesamtheit-der-Wissen-
schaften (18)

Namen: Mally, Ernst (6); Husserl, Edmund (11); Höfler, Alois (16)

Abbildung 17.1: Indexat nach der Textwortmethode. *Quelle:* Stock/Stock
1990, 515.

Der Text wird stets originalsprachig indexiert. In der Indexierungspraxis erweist
sich eine Indexierungstiefe von ca. 0,5 bis 2 Textworten pro Textseite als sinnvoll.
Die thematischen Beziehungen werden durch Ziffern, mittels sog. "Indexzahlen",
hergestellt. Identische Indexzahlen hinter verschiedenen Textworten zeigen (unabhängig von deren numerischem Wert) die thematische Zusammengehörigkeit
der Textworte im vorliegenden Text an. Wir haben es bei der Textwortmethode
mit einem syntaktischen Indexieren mittels Kettenbildung zu tun. Anhand der

Vergabe der Indexzahlen hinter den Textworten erkennt der Nutzer, in welchem Zusammenhang Namen und Sachthemen im jeweiligen Dokument stehen und wie relevant ein gegebenes Textwort im vorliegenden Text ist.

Unser Indexatbeispiel in Abbildung 17.1 zeigt 18 Themenkomplexe. Das Textwort *Gegenstandstheorie* steht hier an zentraler Stelle, es ist das Kernthema des Textes und kommt in allen 18 Themenkomplexen vor. *Bestand* (Indexzahl "4") ist thematisch verknüpft mit *Gegenstand, Sein* und *Existenz. Psychologie* (Indexzahl "9") ist nur mit *Gegenstandstheorie* verbunden.

Im Retrieval wird das syntaktische Indexieren zur Verfeinerung der Suchergebnisse benötigt. Angenommen jemand sucht nach "Existenz und Mathematik". Die Formulierung der Suche *ohne* Syntax, etwa

Existenz AND *Mathematik*

findet unser Beispielindexat, kommen doch beide Terme vor. Der Nachweis wäre jedoch Ballast, da unser Text die beiden Themen an völlig unterschiedlichen Stellen und niemals gemeinsam bespricht. Die analoge Suche *mit* Syntax, etwa

Existenz SAME *Mathematik*

findet korrekterweise unser Beispiel nicht, da die Indexziffern bei Existenz (4-5) und bei Mathematik (13,18) unterschiedlich sind.

Das syntaktische Indexieren durch Kettenbildung ermöglicht ein gewichtetes Retrieval (s. u. Kapitel 19). Im Beispiel ist offensichtlich, dass das Textwort *Gegenstandstheorie* im Text ungleich wichtiger ist als beispielsweise *Bestand*, kommt doch letzteres in nur einer Kette vor. Über die Häufigkeit des Vorkommens in den Ketten sowie die Struktur der Ketten errechnet sich für jedes Textwort ein Gewichtungswert, der zwischen größer Null und einhundert liegt (vgl. Henrichs 1980, 164 ff.; IR 452-454). Mit einer Suchfrage

Bestand [Gewicht < 60]

richten wir unser Augenmerk nur auf zentrale Literatur zum Thema und bekommen entsprechend unser Beispiel nicht ausgegeben. (Die Retrievalsoftware sollte in der Lage sein, den Gewichtungswert frei wählen zu können, was leider bei nahezu allen kommerziellen Produkten derzeit nicht der Fall ist.)

Uniterms

Die originalsprachig indexierten Literaturnachweise der Textwortmethode zeigen jedoch Schwachstellen beim Retrieval und bei informetrischen Untersuchungen (Stock 1984), wo über Sprachgrenzen hinausgehende Analysen gewünscht werden. Für den Erfolg einer effektiven Suche müsste der Nutzer jegliche Formulierungsvarianten und alle Übersetzungen der Suchbegriffe beherrschen. Henrichs hat dieses Problem schon früh erkannt. Die Variantenfrage wird durch diverse

Listen gelöst, die die Textworte rückläufig sortieren, sie in Fünfzeichenfolgen (Pentagramme) zerlegen (IR, 204) und diese alphabetisch ausgeben (Henrichs 1975a; Henrichs 1975b).

Für die Lösung des Übersetzungsproblems schlägt Henrichs computergestützte Verfahren des einheitssprachigen Zugangs vor (Henrichs 1980). Da eine Übersetzung der originalsprachigen Textworte unzulässige Interpretationen beinhalten kann, akzeptiert Henrichs für das Retrieval lediglich zusätzlich folgende Hilfestellungen. Für die Auffindung anderssprachiger Äquivalente zu einem originalsprachig indexierten Textwort werden in einem gesonderten Feld sog. englische "Uniterms" oder "Einbegriffswörter" (Henrichs 1980, 160) verwaltet. Nicht die indexierten Textworte, sondern lediglich deren sinntragende Wortstämme werden übersetzt. Die Indexzahlen, und damit der thematische Zusammenhang der Uniterms, werden nicht übernommen. Es handelt sich dabei lediglich um eine zusätzliche Liste von eher fragwürdigen Übersetzungsangeboten.

Zum Beispiel lautet der sinntragende englische Wortstamm für *Wertordnung* und für *Wert* jeweils *value*. Der Wortstamm des "semantisch primär akzentuierten Anteils eines Kompositums oder Mehrwortausdrucks" (Henrichs 1980, 160) wie beispielsweise *Erfahrungswissenschaft* wird durch den Uniterm *experience* gebildet. Die Genauigkeit der originalsprachigen Indexierung bleibt nach wie vor bestehen, allerdings macht die Konstruktion der Uniterms als einheitssprachigen Zugriff für das Retrieval die Genauigkeit der Gesamtmethode in diesem Teilaspekt durch das Fehlen der Indexzahlen und die fragwürdige Unitermzuordnung zunichte. In seiner eigenen Datenbank hat Henrichs diese Methode nie eingesetzt.

Textwortmethode mit Übersetzungsrelation

Hermeneutisch betrachtet, stehen Autoren verschiedener Sprachen in unterschiedlichen Interpretationsgemeinschaften mit möglicherweise andersartigen Verstehenshorizonten. Wenn wir diesem Phänomen bei der Übersetzung von Textworten gerecht werden wollen, dürfen wir nicht auf einer eineindeutigen Übersetzung beharren, sondern müssen Mehreindeutigkeiten, die aus den jeweiligen Sprachgebräuchen der Autoren hervorgehen, akzeptieren.

Eine nach der Textwortmethode aufgebaute Literaturnachweisdatenbank enthält indexierte Textworte in so vielen Sprachen, wie es Publikationssprachen zum gegebenen Untersuchungsgegenstand gibt. Unsere Beispieldatenbank zur Philosophie und Psychologie der Grazer Schule zeigt, dass unter Benutzung der Textwortmethode eine kombinierte mehrsprachige Literatur- und Terminologiedatenbank aufgebaut und verwaltet werden kann (Stock 1989; Stock/Stock 1991). Als Einheitssprache ist deutsch gewählt worden. Bei nichtdeutscher Literatur werden die Sachthemen sowohl in der Originalsprache der dokumentarischen Bezugseinheit als auch, parallel hierzu mit allen thematischen Vernetzungen, die Übersetzungen in die Einheitssprache aufgeführt. Prinzipiell gilt, dass sowohl auf der Basis der Textwortmethode als auch im Rahmen der Übersetzungen die Sprachnuancen erhalten bleiben sollen. Den originalsprachigen Sachworten wird somit eine einheitssprachige "Dublette" hinzugefügt. Mehrdeutigkeiten in den Sprachvarianten werden dabei berücksichtigt.

Veber, France: 07. O samoopazovanju kot posebni metodi znanstvenega raziskovanja, in: France Veber: *Analiticna Psihologija*. - Ljubljana: Kleinmayr & Bamberg, 1924, 39-50.

Thematischer Rahmen:

Sachthemen in Originalsprache:	*Sachthemen in Einheitssprache:*
samoopazovanje (1-6)	Selbstbeobachtung (1-6)
metoda (1)	Methode (1)
dozivljaj (2,5)	Erlebnis (2,5)
psihologija (3)	Psychologie (3)
opazovanje (4)	Beobachtung (4)
pristnost (5)	Echtheit (5)
dozivljanje (5)	Erleben (5)
spoznanje (6)	Erkenntnis (6)

Abbildung 17.2: Indexat nach der Textwortmethode mit Übersetzungsrelation. *Quelle:* Stock/ Stock 1990, 811.

Mehrdeutige Übersetzungsrelationen resultieren aus unterschiedlichem Gebrauch eines syntaktisch gleichen Terms in verschiedenen Kontexten. Einmehrdeutigkeit herrscht dann vor, wenn es zu einem fremdsprachigen Term mehrere einheitssprachige Übersetzungen mit verschiedenen Bedeutungen gibt. In der Philosophie der Grazer Schule unterscheidet man zwischen *Gegenstand* und *Objekt*, wobei Objekte eine bestimmte Gegenstandsklasse neben anderen ausmachen. *Gegenstand* ist hier der Oberbegriff zu *Objekt*; der Bedeutungsgehalt der beiden Begriffe ist also völlig unterschiedlich. Im Englischen hingegen benutzen einige Autoren *object* zur Bezeichnung beider Ausdrücke. Von Mehreindeutigkeit sprechen wir im umgekehrten Fall, wenn mehrere fremdsprachige Terme existieren, die einheitssprachig nur durch einen Term wiedergegeben werden können. So sind beispielsweise die beiden englischen Varianten *so-being* und *being-so* im Deutschen nur durch *Sosein* übersetzbar. Ein heikles Problem bereitet die Mehrmehrdeutigkeit. Diese Relationsart kommt vor, wenn Einmehrdeutigkeit und Mehreindeutigkeit zusammenfallen. *Idea* aus dem Englischen kann sowohl mit *Vorstellung* als auch mit *Repräsentation* übersetzt werden. Diese beiden deutschen Terme passen aber auch als Äquivalent für *representation*. Im Falle solcher Überkreuzungen muss man bei der Indexierung entscheiden, welche Übersetzung in den einzelnen Dokumenten die passende ist.

Der Input der kombinierten Literatur- und Terminologiedatenbank erfolgt im gleichen Arbeitsgang. Zu Beginn des Aufbaus der Literaturdatenbank ist die Terminologiedatenbank noch leer; sie wird bei fortschreitender Ergiebigkeit der Literaturdatenbank jedoch komplexer und vollständiger. Bei jedem fremdsprachigen Term wird stets nachgeprüft, ob er bereits in der Terminologiedatenbank vorhanden ist. Wenn ja, wird zusätzlich kontrolliert, ob die vorhandene Übersetzung den vorliegenden Termen gerecht wird. Falls nicht, wird eine neue Übersetzungsvariante angelegt. Nach diesem Verfahren wird das Wörterbuch der Fachsprache nach und nach aufgebaut und bleibt stets auf dem aktuellen Stand der Terminologie. Abbildung 17.2 demonstriert ein einfaches Indexat, das nach der Textwortmethode mit Übersetzungsrelation erstellt ist.

Einsatzgebiete

Die Textwortmethode hat den Nachteil, dass sie die Themen der Dokumente nicht auf Begriffe bezieht, sondern auf der Basis der Worte verbleibt. Synonymen bzw. Quasi-Synonymen und Homonymen wird keinerlei Beachtung geschenkt, ebenso verfügen wir über keine paradigmatischen Relationen (denn diese bestehen ausschließlich zwischen Begriffen, nicht zwischen Worten). Der Nutzer findet kein kontrolliertes Vokabular vor. Die Textwortmethode besitzt hingegen den Vorteil, dass die Sprachen der Autoren authentisch abgebildet werden. Damit ist sie für historische Untersuchungen von Sprachen, Sprachentwicklungen und Disziplinen hervorragend geeignet. So ist es beispielsweise möglich gewesen, die Geschichte der Grazer Schule auf der Basis der Textwortmethode zu beschreiben (Stock/ Stock 1990, 1223 ff.).

Für die Informationspraxis kann die Textwortmethode an zwei Stellen eingesetzt werden. Zum ersten eignet sie sich für solche Disziplinen, die über keinerlei verbindliches Termmaterial verfügen, z.B. die Philosophie oder Literaturwissenschaft. Falls man die Disziplin jedoch unter einem bestimmten Blickwinkel auswerten möchte (etwa die Philosophie vom Standpunkt des Marxismus-Leninismus), liegt es eher nahe, mit einer Wissensordnung zu arbeiten. Der zweite Einsatzbereich bezieht sich auf Wissensdomänen, in denen noch keinerlei Begriffsordnung vorhanden ist. Ein solcher Fall ist u. a. gegeben, wenn ein Unternehmen beginnt, die internen Informationen inhaltlich auszuwerten. Ziel ist es hierbei, die Sprache des Unternehmens so abzubilden, dass diese in einer unternehmensspezifischen Wissensordnung zur Indexierung und zur Recherche dient. Die Textwortmethode hilft (ähnlich wie eine Folksonomy, s. o. Kapitel 9 und 10,

S. 153 ff.) – im Sinne einer "wachsenden Semantik" (emergent semantics) – beim Neuaufbau und beim Ausbau von Begriffsordnungen (Stock 2000, 31-32).

Voraussetzung ist das Vorliegen einer repräsentativen Menge von Indexaten, erschlossen nach der Textwortmethode. Je nach Größe der Literaturmenge auf dem betreffenden Gebiet dürfte die geforderte Repräsentativität erreicht werden, wenn die wichtigsten Dokumente über einige Jahre komplett ausgewertet werden, d.h. wenn einige Tausend Indexate erarbeitet sind. Über themenanalytische informetrische Untersuchung zeigt sich, ob überhaupt eine allseits akzeptierte Sprache (*ein* Unternehmensjargon) vorliegt. Dies ist dann der Fall, wenn eine überschaubare Menge von Termen in recht hohen Zahlen in den Texten vorkommt und wenn die Cluster der thematischen Ähnlichkeiten stabile Term"klumpen" zeigen.

Ist dies der Fall, so bilden die gesammelten Textworte eine heuristische Basis für den Aufbau einer Wissensordnung. Zum Einsatz kommen die Methoden der Themenanalyse. Wir versuchen im Folgenden, dieses Verfahren beim Aufbau eines fiktiven Thesaurus "Alexius Meinong" zu demonstrieren. Ziel des Thesaurus sei die Erschließung der Werke Meinongs durch ein normiertes Vokabular. Die Erstellung einfacher Wortlisten bringt einen Überblick über das Termmaterial. Oberhalb eines festzulegenden Schwellenwertes befinden sich die Kandidaten für Deskriptoren, darunter die der Nicht-Deskriptoren. Man kann ggf. auch mit mehreren Schwellenwerten arbeiten und so bei den Deskriptoren Hierarchiestufen grundlegen. Es folgen Wortstammanalysen für alle Deskriptorkandidaten. Das Ausgangsfragment sei "GEGENST". Dann ist folgende Liste denkbar:

Gegenstand
    Gegenstand, heimatloser
    Gegenstand, reiner
    Gegenstand, unmöglicher
        Gegenstand, unmöglicher nichtbestehender
    Gegenstand, unvollständiger
        Gegenstand, vervollständigter
        Gegenstand, vollständiger
    Gegenstand-höherer-Ordnung
        Gegenstand-höherer-Ordnung, idealer
        Gegenstand-höherer-Ordnung, realer.

Die Hierarchisierung erfolgt nicht automatisch; der intellektuelle Aufwand hält sich allerdings in Grenzen. Die Entscheidung, einen Term als Nicht-Deskriptor oder als Unterbegriff einzuordnen, hängt vom Gewichtungswert des Terms (IR, 452-454) und natürlich auch von systematischen Gesichtspunkten ab.

Mit den Wortstammanalysen erhalten wir nur sprachlich verwandte Terme. Zur Beschreibung der übrigen Beziehungen greifen wir auf die Clusteranalyse (wie in Abbildung 27.2 in IR, 455) zurück. Die Entscheidung, ob eine Relation zwischen zwei Termen besteht oder nicht, wird hier durch den Wert der Koinzidenz des

Termpaares fundiert. Alle weiteren Arbeiten sind intellektuell durchzuführen. Beispielsweise können folgende zwei Deskriptorsätze kreiert werden:

> **Gegenstand-höherer-Ordnung**
> *benutzt für:* Superius
> *englisch:* object-of-higher-order
> *italienisch:* oggetto-d'ordine-superiore
> *slowenisch:* predmet-visjega-reda
>> *Oberbegriff:* Gegenstand
>> *Unterbegriff:* Gegenstand-höherer-Ordnung, idealer
>> *Unterbegriff:* Gegenstand-höherer-Ordnung, realer
>> *verwandter Begriff:* Gegenstand-niederer-Ordnung.

> **Objektiv**
> *englisch:* objective
> *italienisch:* oggettivo; obbiettivo
> *slowenisch:* objektiv
> *spanisch:* objetivo
>> *Oberbegriff:* Gegenstand
>> *verwandter Begriff:* Objekt
>> *verwandter Begriff:* Sein
>> *verwandter Begriff:* Urteil.

Da bei unserem Beispiel die Textwortmethode mit Übersetzungen angewandt wird, erhalten wir auch die fremdsprachigen Äquivalente der Vorzugsbenennungen.

Unsere knappen Beispiele zeigen, dass Textwortmethode und Wissensordnungen keinesfalls unvereinbar nebeneinander stehen, sondern dass die Textwortmethode Begriffsordnungen sogar durch Bereitstellen von Termmaterial und Beziehungen zwischen den Termen heuristisch fundiert.

Fazit

- Die Textwortmethode arbeitet nicht mit Begriffsordnungen, sondern stellt eine textorientierte Methode der Wissensrepräsentation dar. Textwortmethode arbeitet mit Worten, nicht mit Begriffen.

- Für die inhaltliche Erschließung werden nur solche Worte zugelassen, die im jeweils zur Indexierung anstehenden Text faktisch vorkommen. Die Methode ist damit relativ interpretationsarm.

- Die Textwortmethode bildet nicht nur Einzelthemen, sondern Themenkomplexe ab. Diese thematischen Beziehungen werden durch ein syntaktisches Indexieren mittels Kettenbildung hergestellt.

- Da die Textwortmethode stets originalsprachig arbeitet, ist für den multilingualen Zugang eine zusätzliche Übersetzung der Textworte notwendig. Dies geschieht entweder durch Uniterms oder (elaborierter) durch den Einsatz der Textwortmethode mit Übersetzungsrelation.

- Die Methode findet bei der Informationspraxis nicht-normalwissenschaftlicher Disziplinen sowie beim Auf- und Ausbau von Wissensordnungen Einsatz.

Literatur

Henrichs, N. (1969): Philosophische Dokumentation. Zweite Mitteilung. – In: Zeitschrift für philosophische Forschung 23, S. 122-131.

Henrichs, N. (1970a): Philosophie-Datenbank. Bericht über das Philosophy Information Center an der Universität Düsseldorf. – In: Conceptus 4, S. 133-144.

Henrichs, N. (1970b): Philosophische Dokumentation. Literatur-Dokumentation ohne strukturierten Thesaurus. – In: Nachrichten für Dokumentation 21, S. 20-25.

Henrichs, N. (1975a): Dokumentenspezifische Kennzeichnung von Deskriptorbeziehungen. Funktion und Bedeutung. – In: von der Laake, M.; Port, P. (Bearb.): Deutscher Dokumentartag 1974. Band 1. – München: Verlag Dokumentation, S. 343-353.

Henrichs, N. (1975b): Sprachprobleme beim Einsatz von Dialog-Retrieval-Systemen. – In: Kunz, R.; Port, P. (Bearb.): Deutscher Dokumentartag 1974. – München: Verlag Dokumentation, S. 219-232.

Henrichs, N. (1980): Benutzungshilfen für das Retrieval bei wörterbuchunabhängig indexiertem Textmaterial. – In: Kuhlen, R. (Hrsg.): Datenbasen - Datenbanken - Netzwerke. Praxis des Information Retrieval. Band 3: Nutzung und Bewertung von Retrievalsystemen. – München [u.a.]: Saur, S. 157-168.

Henrichs, N. (1992): Begriffswandel in Datenbanken. – In: Neubauer, W.; Meier, K.H. (Hrsg.): Deutscher Dokumentartag 1991. Information und Dokumentation in den 90er Jahren: Neue Herausforderungen, neue Technologien. – Frankfurt: Deutsche Gesellschaft für Dokumentation, S. 183-202.

Kuhn, T.S. (1979[1962]): Die Struktur wissenschaftlicher Revolutionen. – Frankfurt: Suhrkamp. – 4. Aufl. (Original: 1962).

Stock, M. (1989): Textwortmethode und Übersetzungsrelation. Eine Methode zum Aufbau von kombinierten Literaturnachweis- und Terminologiedatenbanken. – In: ABI-Technik 9, S. 309-313.

Stock, M.; Stock, W.G. (1990): Psychologie und Philosophie der Grazer Schule. Eine Dokumentation. – 2 Bände. – Amsterdam; Atlanta, GA: Rodopi. – (Internationale Bibliographie zur österreichischen Philosophie; Sonderband).

Stock, M.; Stock, W.G. (1991): Literaturnachweis- und Terminologiedatenbank. Die Erfassung von Fachliteratur und Fachterminologie eines Fachgebiets in einer kombinierten Datenbank. – In: Nachrichten für Dokumentation 42, S. 35-41.

Stock, W.G. (1981): Die Wichtigkeit wissenschaftlicher Dokumente relativ zu gegebenen Thematiken. – In: Nachrichten für Dokumentation 32, S. 162-164.

Stock, W.G. (1984): Informetrische Untersuchungsmethoden auf der Grundlage der Textwortmethode. – In: International Classification 11, S. 151-157.

Stock, W.G. (1988): Automatische Gewinnung und statistische Verdichtung faktographischer Informationen aus Literaturdatenbanken. – In: Nachrichten für Dokumentation 39, S. 311-316.

Stock, W.G. (2000): Textwortmethode. – In: Password Nr. 7/8, S. 26-35.

Werba, H.; Stock, W.G. (1989): LBase - Ein bibliographisches und faktographisches Informationssystem für Literaturdaten. – In: Gombocz, W.L.; Rutte, H.; Sauer, W. (Hrsg.): Traditionen und Perspektiven der analytischen Philosophie. Festschrift für Rudolf Haller. – Wien: Hölder-Pichler-Tempsky, S. 631-647.

Kapitel 18

Zitationsindexierung

Die Zitationsindexierung konzentriert sich bei der Wissensrepräsentation auf Literaturangaben in Publikationen, sei es, als Fußnoten, als Endnoten oder als Bibliographie. Sie nimmt für sich in Anspruch, damit eine textorientierte Methode inhaltlicher Erschließung zu sein. In der Betrachtung von zitierendem Text und zitiertem Werk können wir die Informationsübermittlungen, die zum Gelingen des zitierenden Textes beigetragen haben, rekonstruieren (Stock 1985). Gleichzeitig sehen wir auf dem umgekehrten Weg die Vergabe von Reputation an das zitierte Werk. Aus der Sicht des Zitierenden handelt es sich um eine "Referenz", aus der Sicht des Zitierten um eine "Zitation". Im Modell ist stets eine Zeitachse vorhanden: Das zitierte Werk ist auf einen früheren Zeitpunkt als das zitierende datiert. Zitierendes und zitiertes Werk sind durch einen gerichteten Graphen (in Richtung Zitiertes – Zitierendes: Informationsübermittlung, in Gegenrichtung: Reputation) direkt miteinander verbunden (IR, 371 ff.). Referenzen bzw. Zitationen werden als Begriffe angesehen, die den Content des zitierenden wie des zitierten Werkes repräsentieren. Einsatz findet die Zitationsindexierung überall dort, wo formal zitiert wird, also

- im Recht (Zitationen von und Referenzen in Entscheidungen),
- in der akademischen Wissenschaft (Zitationen von und Referenzen in wissenschaftlichen Dokumenten),
- in der Technik (Zitationen von und Referenzen in Patenten).

Die Datenerfassung bei der Zitationsindexierung geschieht entweder (mit minimalem intellektuellen Aufwand) manuell oder automatisch.

Zitationsindexierung von Gerichtsentscheidungen: Shepardizing

In den USA haben die Fälle eine besondere Relevanz. Es ist demnach an Urteilen und ihrer Geschichte abzulesen, was zu einer gegebenen Zeit "gutes Recht" ist. Zusätzlich zu den Verweisungen auf Urteile werden die in Urteilen aufgeführten Bezüge auf gesetztes Recht notiert. Zu einer festen Rechtsinstitution hat sich der juristische Zitationsindex von Shepard's entwickelt. Die Idee, juristische Zitationen auszuwerten, geht auf Frank Shepard zurück (s. o. Kapitel 1, S. 9). Seit dem Jahr 1873 werden die Referenzen auf Urteile gesammelt und intellektuell bewertet. Stephen E. Young (1998, 209) stellt fest:

In the United States, legal researchers and librarians are weaned on the citator services offered by *Shepard's Citations*. Begun in 1873, *Shepard's* has grown over the past century into a legal institution. It is a tool used by virtually everyone to determine the history and treatment of a case, a legislative enactment, a court rule, or even a law review article.

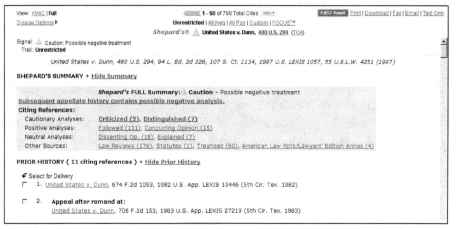

Abbildung 18.1: Shepardizing bei LexisNexis. *Quelle:* Stock/Stock 2005, 61.

Durch die Erfassung aller Referenzen in publizierten Urteilen ist es möglich zu eruieren, wo ein vorangegangenes Urteil (oder ein Gesetz) zitiert worden ist. Basis des juristischen Zitationsindex' sind die Rechtsauffassungen der einzelnen Richter und Gerichtshöfe sowie Kommentatoren und Rechtswissenschaftler, die diese in ihren veröffentlichten Urteilstexten, Kommentaren oder Artikeln niederlegen. Im Unterschied zur "einfachen" Indexierung von Referenzen bzw. Zitationen (wie sie bei Zitationen im technischen und im akademischen Bereich Verwendung finden), werden bei Shepard's die Arten der Zitation intellektuell erhoben und dokumentiert. Die Frage, die die Indexer dabei leitet, lautet stets (Spriggs/Hansford 2000, 329).

> What effect, if any, does the citing case have on the cited case?

Wenn wir Abbildung 18.1 betrachten, sehen wir deutlich vor den Zitationsdetails ein (im Original: gelbes) Dreieck, was "Vorsicht" signalisiert. Die Zitationen werden in folgende Gruppen eingeordnet (und dort noch feiner untergliedert):

- Warnung: negative Referenz (Signalfarbe: rot),
- in Frage gestellt – Gültigkeit eines Urteils wird hinterfragt (orange),
- Vorsicht: mögliche negative Sicht (gelb),
- positiv – Fall wird zustimmend diskutiert (grün),
- neutral – weder negativ noch positiv (blaues "A"),
- Zitationsinformationen in anderen Quellen zugänglich (blaues "I").

Shepard's berücksichtigt rund 400 Rechtszeitschriften sowie alle US-Urteile, die bei LexisNexis vorliegen. Negative Zitationen, besonders wichtig, um zu erkennen, ob ein Urteil noch Bestand hat, sind nach Aussagen von LexisNexis in zwei bei drei Tagen in der Datenbank (Stock/Stock 2005, 61).

Die Indexer arbeiten dabei zwar nach einem detaillierten Regelwerk (Spriggs/ Hansford 2000, 329-332), gewisse Interpretationsspielräume bei der Einschätzung einer Referenz sind allerdings nicht völlig auszuschließen. Eine Untersuchung der Zuverlässigkeit der Bewertungen von James F. Spriggs II und Thomas G. Hansford (2000, 338) bringt jedoch sehr gute Ergebnisse:

> Our analysis indicates that *Shepard's* provide a reliable indicator of how citing cases legally treat cited cases. We are particularly sanguine about the reliability of the stronger negative treatment codes (Overruled, Questioned, Limited, and Criticized), while the neutral treatment codes (Harmonized and Explained) appear to be the least reliable.

Im Jahr 1997 hat der Verlag Reed Elsevier Shepard's Citations Index von McGraw-Hill aufgekauft und kurz darauf verständlicherweise vom Host des Wettbewerbers Westlaw abgezogen. Westlaw hat mit KeyCite inzwischen ein eigenes Hilfsmittel für Zitatenindexierung kreiert, so dass nunmehr zwei juristische Zitationsdienste für das amerikanische Recht zur Verfügung stehen. Beide Produkte unterscheiden sich nach Meinung ihrer Kritiker nur marginal (vgl. Teshima 1999, 87):

> Because of the substantive similarities, it is hard for researchers to make a bad choice. Which one is right for a particular firm probably depends more on personal preferences and which online giant offers the better deal. In any event, the consequence of this war of citators has resulted in substantial improvement to both products, making legal researchers the ultimate victor.

Zitationsindexierung bei akademischer Literatur: Web of Science

Aufbauend auf Shepard's Citations (Wouters 1999, 128 f.), legt Eugene Garfield in den 50er Jahren des 20. Jahrhunderts die Idee eines akademischen Zitationsindex' vor, der – getragen von der Idee der Einheitswissenschaft – alle wissenschaftlichen Disziplinen abdecken soll (Garfield (2006[1955], 1123):

> This paper considers the possible utility of a citation index that offers a new approach to subject control of the literature of science. By virtue of its different construction, it tends to bring together material that would never be collated by the usual subject indexing. It is best described as an association-of-ideas index, and it gives the reader as much leeway as he requires.

Im Unterschied zu Shepard's legt der "Science Citation Index" von Garfield keinen Wert auf die Qualifikation der Zitationen, sondern notiert ausschließlich das Faktum der Informationsübermittlung bzw. Reputation. Begründet wird dies durch die Schwierigkeit solch einer Bewertung im akademischen Bereich sowie durch die schiere Menge, die hier eine intellektuelle Qualifizierung praktisch unmöglich macht (Garfield/Stock 2002, 23).

Die akademischen Zitationsindices von Garfield und dessen Institute for Scientific Information (ISI) – heute Teil von Thomson Scientific – erscheinen in den vier Reihen "Science Citation Index" für die Naturwissenschaften, "Social Sciences Citation Index" für die Sozialwissenschaften, "Arts & Humanities Citation Index" für die Geisteswissenschaften sowie "ISI Proceedings" für die Tagungsliteratur, die im Produkt "Web of Science" (WoS) vereinigt vorliegen. In Kombination mit weiteren Datenbanken, darunter dem "World Patents Index" von Derwent, bildet WoS das Produkt "Web of Knowledge" (Stock 1999; Stock/Stock 2003). Außerhalb der Wissensrepräsentation entwickeln sich WoS sowie daraus abgeleitete Produkte wie die "Journal Citations Reports" (Stock 2001b) und die "Essential Science Indicators" (Stock 2002) zu einem Hilfsmittel der Szientometrie sowie der Bibliometrie akademischer Zeitschriften (Garfield 1972). "Web of Science" bzw. "Web of Knowledge" werden so zu zentralen Quellen informetrischer Analysen (IR, Kapitel 11) (Cronin/Atkins, Hrsg., 2000).

SMOKING, **STRING LENGTH AND INTELLIGENCE**
STOUGH C, BATES TC, MANGAN GL, PELLETT OL
PERSONALITY AND INDIVIDUAL DIFFERENCES
18: (1) 75-79 JAN 1995

Document type: Article   Language: English   Cited References: 40   Times Cited: 4

Abstract:
Over the last decade a number of studies have reported significant relationships between physiological and semi-physiological measures of performance-the string length measure of AEP waveform complexity, inspection time (IT) and reaction time (RT) and psychometric intelligence. At present, the neurophysiological mechanism(s) mediating this relationship are unknown. However, some recent smoking studies have reported that RT and IT performance is significantly enhanced in smoking (nicotine) conditions compared to sham smoking (no nicotine) or no-smoking conditions, which suggests performance on such tasks may be mediated by cholinergic systems. In order to further investigate this relationship, the string length which arguably provides the highest correlation with IQ was measured under smoking and non-smoking conditions. As predicted, string lengths were significantly increased in the smoking condition, suggesting that nicotine may enhance the neurophysiological processes underlying general cognitive ability.

KeyWords Plus:
INFORMATION-PROCESSING PERFORMANCE, PSYCHOMETRIC INTELLIGENCE, CIGARETTE-SMOKING, EVOKED-POTENTIALS, EEG, SCOPOLAMINE, MEMORY

Addresses:
STOUGH C, UNIV AUCKLAND, DEPT PSYCHOL, PSYCHOPHYSIOL LAB, PRIVATE BAG 92019, AUCKLAND, NEW ZEALAND.

Publisher:
PERGAMON-ELSEVIER SCIENCE LTD, OXFORD

IDS Number:
QE565

ISSN:
0191-8869

Abbildung 18.2: Links zu Referenzen und Zitationen eines Ausgangsdokuments bei "Web of Science". *Quelle:* Web of Knowledge.

Da es aus praktischen Gründen nicht möglich ist, alle akademischen Zeitschriften auszuwerten (Monographien werden grundsätzlich nicht berücksichtigt), versucht Garfield, die jeweils für ein Fachgebiet wichtigsten Periodika zu markieren und zu erschließen. Es lässt sich zeigen, dass Zeitschriften – nach erhaltenen Zitationen absteigend sortiert – einem Power Law folgen (IR, 76-78) folgen (Garfield 1979, 21):

> One study of the *SCI* data base (...) shows that 75% of the references identify
> fewer than 1000 journals, and that 84% of them are to just 2000 journals.

Zusätzlich ergibt sich, dass die Zeitschriften im "langen Schwanz" der Verteilung einer gegebenen Disziplin häufig zu den Kernzeitschriften anderer Disziplinen gehören, sich also stark überschneiden (Garfield 1979, 23):

> This type of evidence makes it possible to move ... to Garfield's law of concentration (...), which states that the tail of the literature of one discipline consists, in a large part, of the cores of the literature of other disciplines.

Mit inzwischen (Stand: 2007) rund 9.000 ausgewerteten Zeitschriften kann damit eine repräsentative (wenngleich natürlich nicht vollständige) Menge der wichtigsten akademischen Periodika im Sinne einer allgemeinwissenschaftlichen Datenbank bereitgestellt werden (Testa 2006). Pro Disziplin werden jeweils die wichtigsten Zeitschriften ausgewertet (Garfield 1979, 25).

Wie kann eine simple Fußnote Träger von Wissen sein? Ist Zitationsindexierung wirklich eine Methode inhaltlicher Erschließung? Eugene Garfield (1979, 3) ist sich sicher:

> Citations, used as indexing statements, provide ... measures of search simplicity, productivity, and efficiency by avoiding the semantics problem. For example, spoose you want information on the physics of simple fluid. The simple citation "Fisher, M.E., *Math. Phys.*, **5**, 944, 1964" would lead the searcher directly to a list of papers that have cited this important paper on the subject.

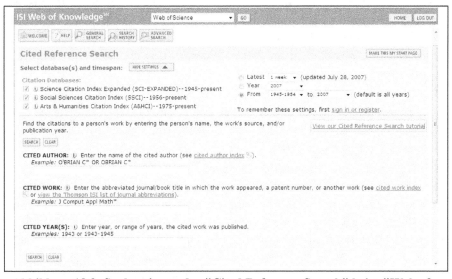

Abbildung 18.3: Suchoptionen der "Cited Reference Search" beim "Web of Science". *Quelle:* Web of Knowledge.

Die in einem Dokument zitierte sowie die das Dokument zitierende Literatur sind eng mit dem Thema dieses Dokuments verwandt. Voraussetzung einer thematischen Recherche ist, dass der Nutzer bereits einen Volltreffer (wie im Beispiel den Artikel von Fisher) gefunden hat, von dem er ausgehen kann. Diesen recherchiert er entweder in einer anderen Datenbank oder er nutzt WoS mit der dort angebotenen Recherche in Titeln, Abstracts und Schlagworten. Die Suche über die Zitationen ist unabhängig sowohl von der Publikationssprache der Dokumente als auch von der Sprache ansonsten eingesetzter Begriffsordnungen.

Dem Nutzer stehen zwei einfache Retrievaloptionen bei Zitationsdatenbanken zur Verfügung, die gestatten, den Relationen der Intertextualität nachzugehen:

- Suche nach bzw. Navigation zu den Referenzen eines Ausgangsdokuments (Recherche "nach hinten"),
- Suche nach bzw. Navigation zu den Zitationen eines Ausgangsdokuments (Recherche "nach vorne").

In Abbildung 18.2 sehen wir ein solches Ausgangsdokument. Über den Link "Cited References" gelangt man zu den (hier: 40) im Artikel zitierten Quellen, über den Link "Times Cited" zu denjenigen (hier: vier) Dokumenten, die das Ausgangsdokument in ihrem bibliographischen Apparat nennen. Über eine Analyse der bibliographischen Kopplungen (s. u.) kann man nach Dokumenten recherchieren, die mit dem Ausgangsdokument verwandt sind.

"Web of Science" gestattet den Suchmodus nach "Cited References". Hier ist es möglich, zielgenau nach den Zitationen eines Werkes zu fahnden, darüber hinaus aber auch nach allen Zitationen eines Autors (nebst Jahrgangsangaben) (Abbildung 18.3). Jede Trefferliste im "Web of Science" lässt zu, die Dokumente nach der Anzahl ihrer Zitationen zu sortieren.

Die Datenbanken des Institute for Scientific Information hatten über Jahrzehnte eine Monopolstellung beim Angebot der Zitationsindexierung. Mit Scopus und Google Scholar liegen inzwischen weitere allgemeinwissenschaftliche Datenbanken vor, die Fußnoten auswerten.

Die Indexierung von Zitationen im akademischen Kontext ist nicht frei von Problemen, da die Fußnoten und Bibliographien in den wissenschaftlichen Artikeln ihrerseits teilweise höchst problematisch sind (Smith 1981, 86-93; Cronin 1984; MacRoberts/MacRoberts 1989; Stock 2001a, 29-36). Autoren verschweigen manchmal thematisch einschlägige Literatur, um – im Gegenzug – nicht einschlägige Quellen, die aber die eigene Meinung stützen, zu zitieren. Selbstzitationen oder gegenseitige Zitationen innerhalb eines Zitationskartells erschweren die Einschätzung der Korrektheit der Literaturangaben. Aber auch praktische Probleme wie die Homonymie von Namen oder Tippfehler von Autoren beim Zitieren bereiten beim Retrieval Schwierigkeiten.

Eine "schwebende" Mittelstellung zwischen Co-Autorenschaft und Referenz nehmen in vielen wissenschaftlichen Publikationen die Danksagungen (acknowledgements) ein. Hier wird auf Wissen von Personen hingewiesen, das in das Dokument eingeflossen ist, über das allerdings sonst an keiner anderen Stelle berichtet wird (Cronin 1995). Weder Zitationsdatenbanken noch andere wissenschaftlichen Informationsdienste werten Danksagungen aus.

Zitationsindexierung bei Patenten

Referenzen in Patenten unterscheiden sich von Referenzen in akademischen Publikationen in einem wichtigen Aspekt (Meyer 2000): Sie werden arbeitsteilig von Patentanmelder und Prüfer im Patentamt angefertigt, wobei die meisten der zitierten Werke i. d. R. vom Patentprüfer aufgeführt werden. Garfield (1966, 63) stellt fest:

> The majority of references ... are provided by the examiner and constitute the prior art which the examiner used to disallow one or more claims. ... How relevant are these references to the subject matter of any given search? Obviously the examiner considers them relevant "enough" to disallow claims.

Da der Patentprüfer auf der Basis der sog. "Entgegenhaltungen" – das sind alle Werke, die den Erfindungsgegenstand inhaltlich berühren – entscheidet, ob ein Patent erteilt wird, kann man von einem hohen Grad an Vollständigkeit der Referenzen auf diese Entgegenhaltungen ausgehen. Die Entgegenhaltungen sind bei Patenten auf Seite 1 (bzw. bei umfangreichen Listen, auf den ersten Seiten) abgedruckt; die Referenzen der Anmelder befinden sich – schwerer auffindbar – im Fließtext der Erfindungsbeschreibung. Findet ein Nutzer eine Patentschrift, die voll zu seinem Suchthema passt, so kann er davon ausgehen, dass die Referenzen in diesem Dokument eine kleine Spezialbibliographie zum Thema darstellen. Referenzen in Patenten verweisen sowohl auf andere Patente als auch auf alle anderen Dokumenttypen wie beispielsweise wissenschaftliche Fachliteratur oder Pressemeldungen von technisch orientierten Unternehmen.

Als Beispiel betrachten wir das bahnbrechende Patent von Larry Page zum "PageRank", das die Suchtechnologie von Google beschreibt (Abbildung 18.4). Unter "References Cited" findet man die Entgegenhaltungen, und zwar zunächst die Patentliteratur (mit Bezug auf Patent-Nr., Anmeldemonat und Erfinder) sowie darunter die übrige Literatur.

(Man achte auf die zitierte Literatur zur Zitationsindexierung, u. a. auf einen Artikel von Garfield. Die Grundidee der Zitationsindexierung wird nämlich beim PageRank übernommen; IR, 382).

(12) **United States Patent**
Page

(10) **Patent No.: US 7,058,628 B1**
(45) **Date of Patent: *Jun. 6, 2006**

(54) **METHOD FOR NODE RANKING IN A LINKED DATABASE**

(75) Inventor: **Lawrence Page**, Stanford, CA (US)

(73) Assignee: **The Board of Trustees of the Leland Stanford Junior University**, Palo Alto, CA (US)

(*) Notice: Subject to any disclaimer, the term of this patent is extended or adjusted under 35 U.S.C. 154(b) by 622 days.

This patent is subject to a terminal disclaimer.

(21) Appl. No.: **09/895,174**

(22) Filed: **Jul. 2, 2001**

Related U.S. Application Data

(63) Continuation of application No. 09/004,827, filed on Jan. 9, 1998.

(60) Provisional application No. 60/035,205, filed on Jan. 10, 1997.

(51) **Int. Cl.**
G06F 17/00 (2006.01)

(52) **U.S. Cl.** **707/5**; 707/10; 715/501.1

(58) **Field of Classification Search** 707/1–3, 707/100, 104.1; 715/501.1
See application file for complete search history.

(56) **References Cited**

U.S. PATENT DOCUMENTS

4,953,106	A	8/1990	Gansner et al.	
5,450,535	A	9/1995	North	
5,594,897	A	1/1997	Goffman	395/613
5,748,954	A	5/1998	Mauldin	
5,752,241	A	5/1998	Cohen	
5,754,939	A	5/1998	Herz et al.	455/4.2
5,832,494	A	11/1998	Egger et al.	
5,848,407	A	12/1998	Ishikawa et al.	
5,915,249	A	6/1999	Spencer	
5,920,854	A	7/1999	Kirsch et al.	
5,920,859	A	7/1999	Li	707/5
6,014,678	A	1/2000	Inoue et al.	
6,112,202	A	8/2000	Kleinberg	707/5
6,163,778	A	12/2000	Fogg et al.	707/10
6,269,368	B1	7/2001	Diamond	707/6
6,285,999	B1	9/2001	Page	707/5
6,389,436	B1	5/2002	Chakrabarti et al.	707/513
2001/0002466	A1	5/2001	Krasle	704/270.1

OTHER PUBLICATIONS

Yuwono et al., "Search and Ranking Algorithms for Locating Resources on the World Wide Web", IEEE 1996, pp. 164-171.
L. Katz, "A new status index derived from sociometric analysis", 1953, Psychometricka, vol. 18, pp. 39-43.
C.H. Hubbell, "An input-output approach to clique identification sociometry", 1965, pp. 377-399.

(Continued)

Primary Examiner—Uyen Le
(74) *Attorney, Agent, or Firm*—Harrity Snyder, LLP

(57) **ABSTRACT**

A method assigns importance ranks to nodes in a linked database, such as any database of documents containing citations, the world wide web or any other hypermedia database. The rank assigned to a document is calculated from the ranks of documents citing it. In addition, the rank of a document is calculated from a constant representing the probability that a browser through the database will randomly jump to the document. The method is particularly useful in enhancing the performance of search engine results for hypermedia databases, such as the world wide web, whose documents have a large variation in quality.

2 Claims, 2 Drawing Sheets

OTHER PUBLICATIONS

Mizruchi et al., "Techniques for disaggregating centrality scores in social networks", 1996, Sociological Methodology, pp. 26-48.
E. Garfield, "Citation analysis as a tool in journal evaluation", 1972, Science, vol. 178, pp. 471-479.
Pinski et al., "Citation influence for journal aggregates of scientific publications: Theory, with application to the literature of physics", 1976, Inf. Proc. and Management, vol. 12, pp. 297-312.
N. Geller, "On the citation influence methodology of Pinski and Narin", 1978, Inf. Proc. and Management, vol. 14, pp. 93-95.
P. Doreian, "Measuring the relative standing of disciplinary journals", 1988, Inf. Proc. and Management, vol. 24, pp. 45-56.
P. Doreian, "A measure of standing for citation networks within a wider environment", 1994, Inf. Proc. and Management, vol. 30, pp. 21-31.
Botafogo et al., "Structural analysis of hypertext: Identifying hierarchies and useful metrics", 1992, ACM Trans. Inc. Systems, vol. 10, pp. 142-180.
Mark E. Frisse, "Searching for information in a hypertext medical handbook", 1988, Communications of the ACM, vol. 31, No. 7, pp. 880-886.
Massimo Marchiori, "The quest for correct information on the Web: Hyper search engines", 1997, Computer Networks and ISDN Systems, vol. 29, No. 8-13, pp. 1225-1235.
Oliver A. McBryan, "GENVL and WWWW: Tools for taming the web", 1994, Proceedings of the first International World Wide Web Conference, pp. 1-13.
Carriere et al., "Web Query: Searching and visualizing the web through connectivity", 1997, Proc. 6th International World Wide Web Conference, pp. 1-14.
Arocena et al., "Applications of a web query language", 1997, Computer Networks and ISDN Systems, vol. 29, No. 8-13, pp. 1305-1316.
Jon M. Kleinberg, "Authoritative sources in a hyperlink environment", 1998, Proc. of the 9th Annual ACM-SIAM Symposium on Discrete Algorithms, pp. 668-677.
Henzinger et al., "Measuring index quality using random walks on the web", 1999, Proc. of the 8th International World Wide Web Conference, pp. 213-225.
Craig Boyle, "To link or not to link: An empirical comparison of Hypertext linking strategies", ACM, 1992, pp. 221-231.
S. Jeromy Carriere et al., "Web Query: Searching and Visualizing the Web through Connectivity", Computer Networks and ISDN Systems 29 (1997), pp. 1257-1267.
Wang et al., "Prefetching in World Wide Web", IEEE 1996, pp. 28-32.
Ramer et al., "Similarity, Probability and Database Organisation: Extended Abstract", IEEE 1996, pp. 272-276.
U.S. Appl. No. 09/899,068, filed Jul. 6, 2001, Page; Method For Scoring Documents in a Linked Database; 8 pages.
Recker et al.; "Predicting Document Access in Large Multimedia Repositories"; ACM Transactions on Computer-Human Interaction; vol. 3, No. 4; Dec. 1996; pp. 352-375.
J. Kleinberg, "Authoritative Sources in a Hyperlinked Environment," IBM Research Report, RJ 10076 (91892), May 29, 1997, 37 pages.
Peter Pirolli et al.; "Silk from a Sow's Ear: Extracting Usable Structures from the Web"; Xerox Palo Alto Research Center; Conference on Human Factors in Computing Systems (CHI 96); Apr. 1996 (Canada); 8 pages.
U.S. Appl. No. 11/000,375, filed Dec. 1, 2004; entitled: "Scoring Documents in a Linked Database"; 20 pages.
U.S. Appl. No. 11/209,687, filed Aug. 24, 2005; entitled "Scoring Documents in a Linked Database"; 20 pages.
U.S. Appl. No. 11/208,597, filed Aug. 23, 2005; entitled "Scoring Document in a Linked Database"; 20 pages.

Abbildung 18.4: Referenzen in einem Patent als Spezialbibliographie.
Quelle: Esp@cenet.

Neben der Brauchbarkeit der Patentreferenzen bei Recherchen zum Stand der Technik erweisen sie sich auch zur Überwachung eigener Patente als geeignet. Über eine Recherche nach Zitationen seiner Patente erhält der Patentinhaber Auskunft darüber, wer seine Erfindungen bei dessen technischen Entwicklungen nutzte und wie häufig seine Ideen in anderen Patentschriften als Literaturangaben genannt worden sind. Solche Recherchen bilden die Grundlage für informetrische Patentanalysen (Narin 1994) und formen Indikatoren für den Innovationsgehalt einer Erfindung und – bei der Aggregation auf Firmen- oder auch Branchenebene – Indikatoren für die technologische Leistungsfähigkeit des Unternehmens bzw. der jeweiligen Wirtschaftsbranche.

Francis Narin und Mitarbeiter können zeigen, dass die Anzahl der Zitationen eines Patents positiv mit dessen Innovationsgehalt korreliert (Albert/Avery/Narin/ McAllister 1991, 258):

> It can be quite directly concluded from this study that highly cited patents are of significantly greater technological importance than patents that are not cited at all, or only infrequently cited.

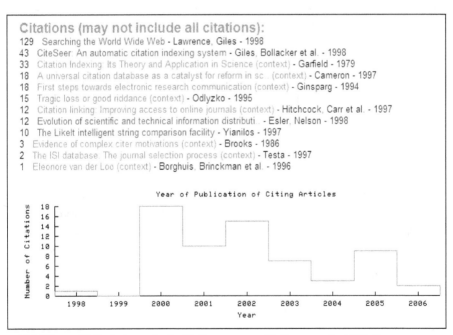

Abbildung 18.5: Automatische Erfassung von Referenzen bei CiteSeer.
Quelle: CiteSeer.

Automatische Zitationsindexierung: CiteSeer

Die Referenzen bei den juristischen, akademischen und technischen Zitationsdatenbanken werden manuell erfasst. Kann man diesen Prozess der Indexierung für digital vorliegende Dokumente automatisieren? Das System CiteSeer (Giles/Bollacker/Lawrence 1998; Lawrence/Giles/Bollacker 1999) verfolgt einen automatisierten Ansatz der Zitationsindexierung (Abbildung 18.5).

Die erste Aufgabe ist das Erkennen der Referenzen im Dokument, die durch Auffinden gewisser Kennzeichnungen wie *(Meyer 2000)*, *[5]*, oder *MEY00* gesteuert wird. Zusätzlich eruiert CiteSeer für jede Referenz im Literaturverzeichnis (über die jeweilige Kennzeichnung) diejenige Stelle im Text, die sich auf die Referenz bezieht. So kann bei einer Recherche nach Zitationen nicht nur angegeben werden, dass das Werk überhaupt genannt wird, sondern dem Nutzer wird der konkrete Kontext der Verwendung des fremden Wissens genau aufgezeigt.

Die zweite Aufgabe besteht darin, die Referenzen in ihre Bestandteile zu zerlegen. Dies sind die Zitationskennzeichnung, die Namen der Verfasser, der Sachtitel, die Quelle und der Jahrgang. Hierbei wird versucht, Regelmäßigkeiten bei der Zitierung zu erkennen und zu nutzen. Beispielsweise beginnen viele Literaturangaben mit der Kennzeichnung, gefolgt von den Autorennamen. Listen von bekannten Autorennamen und Zeitschriftentiteln erleichtern die Lokalisation des betreffenden Subfeldes.

Im dritten Arbeitsschritt werden die ja durchaus unterschiedlich formulierten und formatierten Referenzen auf das gleiche Werk zusammengeführt. Dass dieses Problem nicht trivial ist (Lee et al. 2007), zeigen die folgenden drei Literaturangaben aus verschiedenen Dokumenten, die jeweils das gleiche Werk "meinen" (Lawrence/Giles/Bollacker 1999, 69).

> Aha, D. W. (1991), Instance-based learning algorithms, Machine Learning 6(1), 37-66.

> D. W. Aha, D. Kibler and M. K. Albert, Instance-Based Learning Algorithms. Machine Learning 6 37-66. Kluwer Academic Publisher, 1991.

> Aha, D. W., Kibler, D. & Albert, M. K. (1990). Instance-based learning algorithms. Draft submission to Machine Learning.

CiteSeer löscht in den Referenzen die Kennzeichnungen, Bindestriche, gewisse Sonderzeichen (wie &, (,), [,], oder :) und einige Worte (beispielsweise pp., pages, in press, accepted for publication, vol., volume, no., number, et al., ISBN). Die verbleibenden Worte werden in Kleinbuchstaben übertragen. Bei den derart normalisierten Literaturangaben wird errechnet, ob sie zu bereits im System vorhandenen Referenzen passen. Dies geschieht u. a. über die im Schritt zwei bereits erkannten Personennamen und Zeitschriftentitel sowie über das Ausmaß gemeinsamen Vorkommens der Wörter.

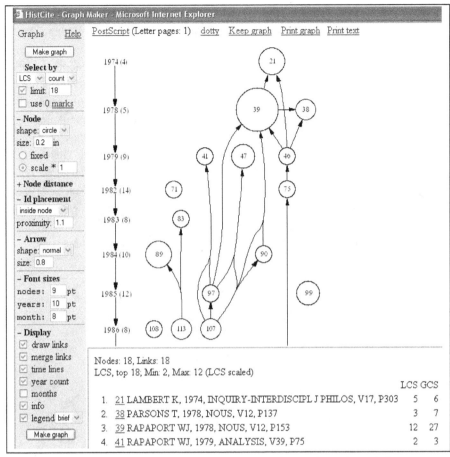

Abbildung 18.6: Graphische Darstellung von Informationsübermittlungen bei HistCite. *Quelle:* Garfield/Paris/Stock 2006, 398.

Repräsentation von Informationsübermittlungen

Es gibt zwei prinzipielle Möglichkeiten, Verbindungen zwischen zwei Werken, aufbauend auf indexierten Referenzen, herzustellen:

- gerichtete Verbindungen der Informationsübermittlungen,
- ungerichtete Verbindungen in den beiden Varianten
  - bibliographische Kopplungen (gemeinsames Auftreten in unterschiedlichen Zitationsapparaten),
  - Co-Citations (gemeinsames Auftreten in einem Zitationsapparat).

Wenden wir uns zunächst den (gerichteten) Informationsübermittlungen zu (IR, 179-181)! Abbildung 18.6 zeigt die Verbindungen von zitierenden Artikeln über deren Referenzen zu den zitierten Dokumenten am Beispiel der Erforschung zu

Alexius Meinong (einem österreichischen Philosophen und Psychologen) (Garfield/Paris/Stock 2006). Die eingesetzte Software HistCite erwartet als Input Surrogate, die über (genormte) Literaturangaben verfügen. Diesen Surrogaten entsprechen – bei adäquat formulierten Queries – bestimmte Wissensdomänen (im Beispiel: die Meinong-Forschung). Zur Weiterverarbeitung können entweder alle Dokumente zugelassen werden (was bei großen Treffermengen zu unübersichtlichen Graphen führt) oder man definiert Schwellenwerte (etwa nur diejenigen Dokumente, die innerhalb der abgegrenzten Wissensdomäne mindestens n-mal zitiert worden sind). In ihrer Gesamtheit spannen die verbleibenden Dokumente einen gerichteten Graphen auf. Unschwer zu erkennen sind Autoritäten der Wissensdomäne, da auf diese viele Referenzen verweisen (im Beispiel etwa Artikel Nr. 39) sowie Mittelpunkte, die viele Referenzen auf andere Dokumente der Domäne enthalten (wie z.B. Nr. 107). Auch lässt sich so feststellen, welche Werke am Ausgangspunkt einer Wissensdomäne stehen, diese also angestoßen haben.

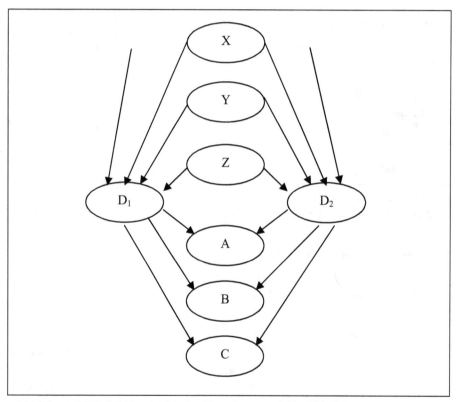

Abbildung 18.7: Bibliographische Kopplung und Co-Citation.
Die Pfeile stehen für Reputation (Referenzen), z.B. D_1 enthält Referenz auf A.

Bibliographische Kopplungen und Co-Citations

Ungerichtete Verbindungen zwischen Dokumenten lassen sich über bibliographische Kopplungen wie über Co-Citations herstellen (IR, 372-373). Zwei Dokumente sind bibliographisch gekoppelt, wenn sie Referenzen auf dieselben Dokumente setzen, in den Worten von M.M.Kessler (1963a, 10), dem Entwickler dieses Kennwerts:

> [It is described] a new method for grouping technical and scientific papers on the basis of bibliographic coupling units. A single item of reference used by two papers was defined as a unit of coupling between them.

oder – knapper ausgedrückt (Kessler 1963b, 169):

> One item of reference used by two papers.

In Abbildung 18.7 sind die beiden Dokumente D_1 und D_2 bibliographisch gekoppelt, da sie über dieselben Referenzen A, B und C verfügen. Das Ausmaß der bibliographischen Kopplung hängt davon ab, wie viele gemeinsame Referenzen in beiden vorkommen. Der jeweilige Wert ist – im Gegensatz zu den Co-Citations – zeitunabhängig, da sich am Zitationsapparat der zitierenden Werke ja nichts mehr ändern kann. In einer einfachen Version (die von Kessler selbst eingesetzt wurde) wird die Kopplungsstärke durch die absolute Anzahl der gemeinsamen Referenzen ausgedrückt. Alle mit einem Ausgangswerk verbundenen Dokumente, deren Kopplungsstärke einen Schwellenwert überschreiten und demnach einen gemeinsamen (ungerichteten) Graphen aufspannen, repräsentieren ein (wissenschaftliches, technisches oder juristisches) Thema, und dies aus der Sicht der zitierenden Werke bzw. deren Autoren (Kessler 1965).

Co-Citations arbeiten nicht mit gemeinsamen Referenzen, sondern mit gemeinsamen Zitationen. Zwei (jeweils zitierte) Dokumente sind co-zitiert, wenn die beiden gemeinsam im bibliographischen Apparat zitierender Werken auftauchen. Unsere Beispieldokumente D_1 und D_2 aus Abbildung 18.7 sind co-zitiert, da sie beide im Zitationsapparat von X, Y und Z genannt werden. Ein Co-Citation-Zusammenhang kann sich jederzeit ändern, insofern neue Publikationen erscheinen, die D_1 bzw. D_2 zitieren. Der Kennwert der Co-Citations wurde von Henry Small (1973, 265) eingeführt:

> (C)o-citation is the frequency with which two items of earlier literature are cited together by the later literature.

Die Beziehungen bei der Co-Citation werden ausschließlich durch die zitierenden Autoren bzw. deren Werke hergestellt. Betrachtet man im Laufe der Zeit die Co-Citations eines wissenschaftlichen Fachgebiets, so lässt sich die Wissenschaftsentwicklung nachzeichnen (Small 1973, 266):

> Changes in the co-citations pattern, when viewed over a period of years, may provide clues to understanding the mechanism of specialty development.

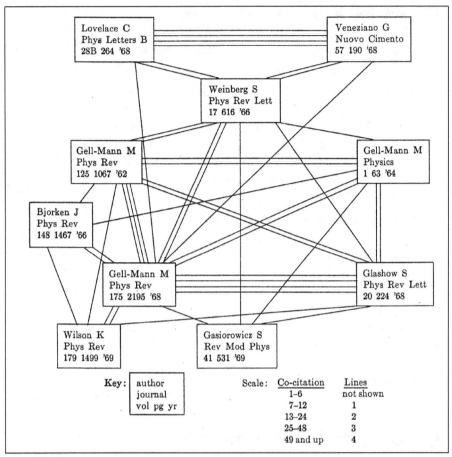

Abbildung 18.8: Co-Citation Graph. *Quelle:* Small 1973, 266.

Man geht entweder von einem Musterdokument (in Abbildung 18.8 ist dies Gell-Mann '68) aus und verfolgt die Co-Citations, die einen zu definierenden Schwellenwert überschreiten (in der Graphik ist dies sechs) oder man operiert clusteranalytisch ausgehend vom Paar mit dem höchsten Co-Citation-Wert und vervollständigt das Cluster beispielsweise nach dem Single-Link- oder dem Complete-Link-Verfahren (siehe Kapitel 20). Die Dokumente, die stark co-zitiert werden, bilden den "Kern" der Forschungsfront der jeweiligen akademischen Wissensdomäne (Small/Griffith 1974; Griffith/Small/Stonehill/Dey 1974). Small (1977) ist es gelungen, an einem Beispiel (der Collagen-Forschung) eine wissenschaftliche Revolution (im Sinne Kuhns, s. o. S. 31) zitatenanalytisch zu belegen.

Die einfache Version des Ausdrucks bibliographischer Kopplungen und Co-Citations zählt die absolute Häufigkeit der gemeinsamen Referenzen bzw. Zitationen. Bei der Berechnung der relativen Ähnlichkeit zweier Dokumente anhand der bibliographischen Kopplungen bzw. der Co-Citations kann man beispielsweise mit dem Cosinus, dem Dice-Index sowie mit dem Verfahren nach Jaccard arbeiten. Small (1973, 269, Anm. 6) präferiert den Jaccard-Index:

> If A is the set of papers which cites document a and B is the set which cites b, than A∩B is the set which cites both a and b. The number of elements in A∩B, that is n(A∩B), is the co-citation frequency. The relative co-citation frequency could be defined as n(A∩B) / n(A□B).

Eine elaborierte Variante bibliographischer Kopplungen legen C. Lee Giles, Kurt D. Bollacker und Steve Lawrence (1998, 95) vor. In Analogie zur Berechnung von TF * IDF der Textstatistik (IR, 326) arbeiten sie mit der Formel

$$CC * IDF.$$

CC sind die gemeinsam in den beiden Zitationsapparaten vorkommenden Referenzen ("common citations"), IDF die inverse Dokumenthäufigkeit der Referenzen. IDF einer Referenz i errechnet sich durch

$$IDF(i) = [ld (N/n)] + 1,$$

wobei N die Gesamtanzahl der Datensätze in der Datenbank und n diejenigen Dokumente zählt, in denen i als Referenz vorkommt. IDF ist umso größer, je seltener Dokumente das in Frage stehende Werk zitieren. Wir gehen davon aus, dass für jede Referenz deren IDF-Wert errechnet worden ist. Für ein Ausgangsdokument A ermitteln wir nun alle Dokumente B_1 bis B_j, die mindestens eine Referenz mit A gemeinsam haben. Die IDF-Werte der mit A gemeinsamen Referenzen werden für alle B addiert. Im Letzten Schritt sortiert man die B absteigend nach der Summe der IDF-Werte der "shared references". Die intuitive Begründung für die Kombination der bibliographischen Kopplungen mit dem IDF-Wert liegt darin, dass das gemeinsame Vorkommen sehr seltener Werke höher zu gewichten ist als das gemeinsame Zitieren von ohnehin hoch zitierten Dokumenten.

Bibliographische Kopplungen und Co-Citations verfolgen zwei Ziele:

- ausgehend von einem Musterdokument findet der Nutzer über dessen Referenzen bzw. Zitationen "verwandte" Dokumente,

- Dokumente, die stark miteinander gekoppelt bzw. co-zitiert sind, bilden Klassen ähnlicher Werke. Unsere zitatenanalytischen Verfahren fundieren damit Methoden automatischer Quasiklassifikation (Garfield/Malin/ Small 1975) (siehe Kapitel 20).

Da beide Methoden unterschiedliche Bezugsrahmen haben – stabile Referenzen bei bibliographischen Kopplungen, stets bewegliche Zitationen bei den Co-Citations –, ist ein kombinierter Einsatz in der Wissensrepräsentation bzw. im Information Retrieval erfolgversprechend (Bichteler/Eaton 1980).

Fazit

- Die Zitatenindexierung ist eine textsprachlich orientierte Methode der Wissensrepräsentation, die Literaturangaben in Publikationen – im Sinne von Begriffen – auswertet. Einsetzbar ist sie überall dort, wo formal zitiert wird (Recht, akademische Wissenschaft, Technik).

- Eine Literaturangabe ist eine Referenz aus der Sicht des zitierenden Werkes, sie ist eine Zitation aus der Sicht des zitierten Dokuments.

- Die Zitationsindexierung im Rechtsbereich (Shepardizing) bewertet die Zitation, indem sie den Einfluss des Zitierten auf das Zitierende (etwa negativ, in Frage gestellt oder positiv) erfasst. In Ländern, in denen Fallrecht hoch angesehen ist (wie beispielsweise in den USA), kann man an den Zitationen ablesen, was zu einer gegebenen Zeit für "gutes Recht" gehalten wird.

- In der Zitationsindexierung der akademischen Literatur wird ausschließlich das Faktum der Informationsübermittlung notiert und nicht die Bewertung. Zentrale Bedeutung für die wissenschaftliche Literatur haben die von Garfield ins Leben gerufenen Zitationsindices (heute "Web of Science") erlangt. Gerade im akademischen Bereich ist die Zitationsindexierung problematisch, da die Vergabe von Literaturangaben nicht immer vollständig ist und teilweise auch Zitationsballast enthält.

- Patentprüfer stellen für jedes Patent kleine Bibliographien zusammen, die als Entgegenhaltungen darüber entscheiden, ob eine Erfindung als Neuheit Bestand hat oder nicht. Die Entgegenhaltungen stehen der Zitationsindexierung zur Verfügung.

- Die automatische Auswertung von Literaturangaben in digital vorliegenden Dokumenten steht vor den Aufgaben, die Referenzen überhaupt zu erkennen, jede Referenz in ihre Teile (wie Autor, Titel, Quelle, Jahrgang) zu zerlegen und alle (durchaus unterschiedlich formulierten) Angaben auf ein gleiches Werk zusammenzuführen.

- Über die Zitationsanalyse ist es möglich, Verbindungen zwischen Werken zu erfassen. Wir unterscheiden die gerichteten Wege der Informationsübermittlungen von den ungerichteten Optionen der bibliographischen Kopplungen und der Co-Citations. Darstellbar sind die Verbindungen stets als Graphen.

Literatur

Albert, M.B.; Avery, D.; Narin, F.; McAllister, P. (1991): Direct validation of citation counts as indicators of industrially important patents. – In: Research Policy 20, S. 251-259.

Bichteler, J.; Eaton III, E.A. (1980): The combined use of bibliographic coupling and cocitation for document retrieval. – In: Journal of the American Society for Information Science 31, S. 278-282.

Cronin, B. (1984): The Citation Process: The Role and Significance of Citations in Scientific Communication. – London: Taylor Graham.

Cronin, B. (1995): The Scholar's Courtesy. The Role of Acknowledgements in the Primary Communication Process. – London: Taylor Graham.

Cronin, B.; Atkins, H.B., Hrsg. (2000): The Web of Knowledge. A Festschrift in Honor of Eugene Garfield. – Medford, NJ: Information Today.

Garfield, E. (1966): Patent citation indexing and the notions of novelty, similarity, and relevance. – In: Journal of Chemical Documentation 6(2), S. 63-65.

Garfield, E. (1972): Citation analysis as a tool in journal evaluation. – In: Science 178(4060), S. 471-479.

Garfield, E. (1979): Citation Indexing – Its Theory and Application in Science, Technology, and Humanities. – New York: Wiley.

Garfield, E. (2006[1955]): Citation indexes for science. A new dimension in documentation through association of ideas. – In: International Journal of Epidemiology 35, S. 1123-1127. – (Original: 1955).

Garfield, E.; Malin, M.V.; Small, H.G. (1975): A system for automatic classification of scientific literature. – In: Journal of the Indian Institute of Science 57(2), S. 61-74.

Garfield, E.; Paris, S.W.; Stock, W.G. (2006): HistCite[TM]: A software tool for informetric analysis of citation linkage. – In: Information – Wissenschaft und Praxis 57(8), S. 391-400.

Garfield, E.; Stock, W.G. (2002): Citation Consciousness. – In: Password Nr. 6, S. 22-25.

Giles, C.L.; Bollacker, K.D.; Lawrence, S. (1998): CiteSeer: An automatic citation indexing system. – In: Proceedings the 3rd ACM Conference on Digital Libraries. – New York: ACM, S. 89-98.

Griffith, B.C.; Small, H.G.; Stonehill, J.A.; Dey, S. (1974): The structure of scientific literatures II: Towards a macro- and microstructure for science. – In: Science Studies 4, S. 339-365.

Kessler, M.M. (1963a): Bibliographic coupling between scientific papers. – In: American Documentation 14, S. 10-25.

Kessler, M.M. (1963b): Bibliographic coupling extended in time: Ten case histories. – In: Information Storage & Retrieval 1(4), S. 169-187.

Kessler, M.M. (1965): Comparison of the results of bibliographic coupling and analytic subject indexing. – In: American Documentation 16, S. 223-233.

Lawrence, S.; Giles, C.L.; Bollacker, K.D. (1999): Digital libraries and autonomous citation indexing. – In: IEEE Computer 32(6), S. 67-71.

Lee, D.; Kang, J.; Mitra, P.; Giles, C.L.; On, B.W. (2007): Are your citations clean? – In: Communications of the ACM 50(12), S. 33-38.

MacRoberts, M.H.; MacRoberts, B.R. (1989): Problems of citation analysis: A critical review. – In: Journal of the American Society for Information Science 40, S. 342-349.

Meyer, M. (2000): What is special about patent citations? Differences between scientific and patent citations. – In: Scientometrics 49(1), S. 93-123.

Narin, F. (1994): Patent bibliometrics. – In: Scientometrics 30, S. 147-155.

Small, H.G. (1973): Co-citation in the scientific literature: A new measure of the relationship between two documents. – In: Journal of the American Society for Information Science 24, S. 265-269.

Small, H.G. (1977): A co-citation model of a scientific specialty: A longitudinal study of collagen research. – In: Social Studies of Science 7, S. 139-166.

Small, H.G.; Griffith, B.C. (1974): The structure of scientific literatures I: Identifying and graphing specialties. – In: Science Studies 4, S. 17-40.

Smith, L.C. (1981): Citation analysis. – In: Library Trends 30, S. 83-106.

Spriggs II, J.F.; Hansford, T.G. (2000): Measuring legal change: The reliability and validity of *Shepard's Citations*. – In: Political Research Quarterly 53(2), S. 327-341.

Stock, M.; Stock, W.G. (2003): Web of Knowledge. Wissenschaftliche Artikel, Patente und deren Zitationen: Der Wissenschaftsmarkt im Fokus. – In: Password Nr. 10, S. 30-37.

Stock, M.; Stock, W.G. (2005): Digitale Rechts- und Wirtschaftsinformationen bei LexisNexis. – In: JurPC. Zeitschrift für Rechtsinformatik, Web-Dok. 82/2005, Abs. 1-105.

Stock, W.G. (1985): Die Bedeutung der Zitatenanalyse für die Wissenschaftsforschung. – In: Zeitschrift für allgemeine Wissenschaftstheorie 16, S. 304-314.

Stock, W.G. (1999): Web of Science: Ein Netz wissenschaftlicher Informationen – gesponnen aus Fußnoten. – In: Password Nr. 7/8, S. 21-25.

Stock, W.G. (2001a): Publikation und Zitat. Die problematische Basis empirischer Wissenschaftsforschung. – Köln: Fachhochschule Köln; Fachbereich Bibliotheks- und Informationswesen. – (Kölner Arbeitspapiere zur Bibliotheks- und Informationswissenschaft; 29).

Stock, W.G. (2001b): JCR on the Web. Journal Citation Reports: Ein Impact Factor für Bibliotheken, Verlage und Autoren? – In: Password Nr. 5, S. 24-39.

Stock, W.G. (2002): ISI Essential Science Indicators. Forschung im internationalen Vergleich – Wissenschaftsindikatoren auf Zitationsbasis. – In: Password Nr. 3, S. 21-30.

Teshima, D. (1999): Users win in the battle between KeyCite and new Shepard's. – In: Los Angeles Lawyers 22(6), S. 84-87.

Testa, J. (2006): The Thomson Scientific journal selection process. – In: International Microbiology 9, S. 135-138.

Wouters, P. (1999): The creation of the *Science Citation Index*. – In: Proceedings of the 1998 Conference on the History and Heritage of Science Information Systems. – Medford, NJ: Information Today, S. 127-136.

Young, S.E. (1998): "Shepardizing" English law. – In: Law Library Journal 90(2), S. 209-218.

Kapitel 19

Intellektuelles Indexieren

Was ist Indexieren und welche Bedeutung kommt ihm zu?

Informationstätigkeiten helfen dabei, durch Intermediation informationelle Mehrwerte zu produzieren (IR, 32-34). Wir unterscheiden bei der Intermediation die drei Phasen (1) Information Indexing, (2) Information Retrieval und (3) die Weiterverarbeitung gefundener Informationen beim Nutzer. Wenn wir von den Verarbeitungsfehlern des Nutzers absehen, sind wir in der Informationspraxis mit zwei großen Fehlerquellen konfrontiert:

- Fehlerart 1: Repräsentationsfehler,
- Fehlerart 2: Retrievalfehler.

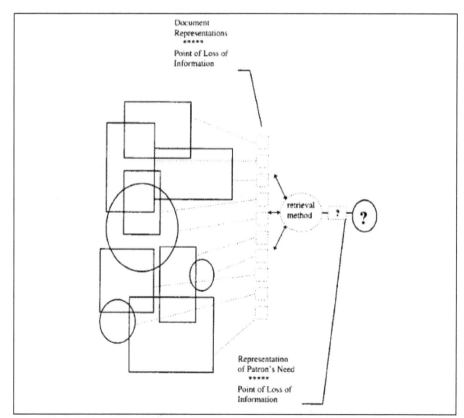

Abbildung 19.1: Die zwei Fehlerquellen von Wissensrepräsentation und Information Retrieval. *Quelle:* O`Connor 1996, 3.

In Abbildung 19.1 sehen wir auf der linken Seite Informationsobjekte, in denen jeweils Wissen fixiert ist. Diese dokumentarischen Bezugseinheiten werden in einer Datenbank durch die gleich strukturierten Dokumentationseinheiten repräsentiert (im Bild: die gepunkteten Quadrate). Die Strukturierung und Repräsentation werden durch die Metadaten – formaler wie inhaltlicher Art – garantiert. Auf dem Weg vom Dokument zum Stellvertreter des Dokuments in einer Datenbank können – insbesondere wenn das Dokument nicht selbst digital vorliegt – Informationen verloren gehen. Hier lauert Fehlerquelle 1, der Repräsentationsfehler. Da formale Angaben (z.B. Autoren- oder Jahrgangsangaben) weitaus weniger fehleranfällig sind wie die Repräsentation des Wissens, ist den inhaltlichen Fehlern, also den Fehlern beim Indexierungsprozess, besondere Beachtung zu schenken. Im Prozess der Anfrageformulierung und dem Umgehen mit den Treffern liegt die Fehlerquelle 2, der Retrievalfehler. Durch suboptimal formulierte Queries, fehlende System-Nutzer-Dialoge oder unübersichtliche Trefferlisten ist wiederum die Gefahr vorhanden, Informationen zu verlieren. Fehlerart 1 ist der Fehlerart 2 vorgelagert: Man kann nur das finden, was auch einwandfrei ins System eingegeben worden ist. Jens-Erik Mai (2000, 270) schreibt dazu:

> Retrieval of documents relies heavily on the quality of their representation. If the documents are represented poorly or inadequately, the quality of the searching will likewise be poor. This reminds one of the trivial but all too true phrase "garbage in, garbage out". The chief task for a theory of indexing and classification is to explain the problems related to representation and suggest improvements for practice.

Die Bedeutung des Indexierens kann kaum überbewertet werden: Hier entscheidet sich jeweils im Einzelfall, unter welchen inhaltlichen Aspekten ein Dokument wiedergefunden wird. Die beste Wissensordnung nützt in der Praxis nichts, wenn im Indexierungsprozess nicht die richtigen Begriffe gefunden und vergeben werden. Aber was heißt "Indexieren"? Die ISO-Norm 5963:1985 definiert "Indexieren" (3.8) als:

> (t)he act of describing or identifying a document in terms of its subject content.

Gemäß DIN 31.623/1 (1988, 2) ist Indexierung

> die Gesamtheit der Methoden und Verfahren sowie deren Anwendungen, die zur Zuordnung von Deskriptoren oder Notationen zu dokumentarischen Bezugseinheiten führen mit dem Ziel der inhaltlichen Erschließung sowie der gezielten Wiederauffindung.

Wir halten die Beschränkung auf Deskriptoren und Notationen, d.h. auf Thesaurus und Klassifikation, die die deutsche Norm vorgibt, für nicht zielführend und verwenden in der Folge den weiten Begriff der ISO-Norm. Indexieren ist demnach der praktische Einsatz einer Methode der Wissensrepräsentation (bei Wissensordnungen zusätzlich: eines konkreten Werkzeugs) auf den Inhalt eines Dokuments.

Als Unterbegriff von Indexieren kann man "Klassieren" verwenden, wenn es um Indexieren mithilfe eines Klassifikationssystems geht (Knorz 2004, 180).

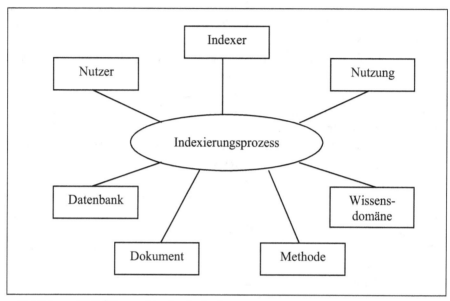

Abbildung 19.2: Fixpunkte des Indexierungsprozesses.

Der Prozess der Indexierung hängt von mehreren Fixpunkten ab (Abbildung 19.2). Als erstes ist die dokumentarische Bezugseinheit gegeben, die zur Indexierung ansteht. Ihr gegenüber steht der Indexer – mit seinen Kenntnissen (erstens in der Wissensdomäne, zweitens in Informationswissenschaft und darin besonders in der Praxis des Indexierens sowie drittens in Fremdsprachen). In kleinen Organisationen ist es möglich, dass der Indexer "seine" Nutzer persönlich kennt und weiß: "Das ist etwas für Frau X", in den meisten Fällen befindet sich jedoch an dieser Stelle ein imaginärer idealtypischer Nutzer. Im Unterschied zum Nutzer, wo der Mensch im Zentrum steht, geht es bei der Nutzung um eine Stelle in einer Organisation, unabhängig davon, wer diese Stelle innehat. Bei der Orientierung auf Nutzer und Nutzung versucht der Indexer, Informationsbedürfnisse und Informationsbedarfe zu antizipieren, die durch das jeweilige Dokument befriedigt werden können. Unter dem Fixpunkt der Datenbank fällt zusammen, was bisher an Dokumentationseinheiten in der Datenbasis vorliegt. Wir nehmen an, dass ein Dokument in, sagen wir: einer halben Seite ein Thema T abhandelt. Liegen zu T bereits hunderte von Treffern vor, wird der Indexer von der Abbildung von T wahrscheinlich absehen; ist T aber noch nie angesprochen worden, dürfte der Indexer diesen Aspekt sehr wohl berücksichtigen. Im Hinterkopf hat der Indexer stets die einzusetzende(n) Methode(n) der Wissensrepräsentation; man indexiert beispielsweise nach der Textwortmethode ganz anders als mithilfe eines Thesaurus. Letztlich spielt die Wissensdomäne eine wichtige Rolle. Hier geht es um den Kontext, in dem die Datenbank angesiedelt ist, nach Mai (2005, 606) um eine Gruppe von Leuten, die gemeinsame Ziele haben. Im Bereich der Wissenschaft läge eine Wissenschaftlergemeinschaft einer Normalwissenschaft im Sinne Kuhns (s. o. Kapitel 2; S. 30-31) vor. So ist beispielsweise geisteswissenschaftliche Literatur verschieden zu indexieren als ein naturwissenschaftliches Dokument oder ein technisches Patent, da in den Geisteswissenschaften die Verwendung der Begriffe uneinheitlich vonstatten geht und zudem häufig längere Abhandlungen (Monographien in Buchform) publiziert werden (Tibbo 1994).

Ziel der Indexierung ist es, bestpassende Begriffe zu finden, die stellvertretend für das Dokument in die Datenbank eingehen. Den Indexer leiten in einer ersten vorläufigen Annäherung Fragen wie diese:

- Dokument: Welche Begriffe sind im Dokument wichtig? Sind diese Begriffe nützliche Zugänge in das Dokument?

- Indexer: Kenne ich mich im thematischen Gebiet ausreichend aus?

- Nutzer: Gibt es konkrete oder idealtypische Nutzer, denen das Dokument bei ihrer Arbeit helfen kann?

- Nutzung: Braucht jemand das Dokument, der nach einem bestimmten Begriff sucht? Sucht überhaupt jemand mit diesem Begriff nach dem Dokument?

- Datenbank: Gibt es bereits "bessere" Dokumente zu dem Begriff? Sagt das Dokument etwas Neues dazu aus?

- Methode der Wissensrepräsentation: Kann ich den Begriff überhaupt im Rahmen der eingesetzten Methoden adäquat abbilden?

- Wissensdomäne: Ist der Begriff in der fachlichen Diskussion relevant? Wie ist er – historisch wie systematisch – einzuordnen?

Phasen der Indexierung

Die Indexierung verläuft in einer analytischen Sicht über mehrere Phasen, die in der Praxis allerdings stark miteinander verbunden sind und durchaus gleichzeitig durchgeführt werden (Abbildung 19.3). Ausgangspunkt der Erschließung ist die betreffende dokumentarische Bezugseinheit (Element 1). Über die Dokumentenanalyse (Phase 1) erhält der Indexer Verständnis über den Inhalt des Dokuments (Element 2). In Phase 2 legt der Indexer sein Verständnis der Aboutness in Begriffen nieder (Element 3). Beim Einsatz einer Wissensordnung geschieht als letzter Bearbeitungsschritt (Phase 3) eine Übersetzung der Begriffe in das kontrollierte Vokabular der verwendeten Begriffsordnung. Jens-Erik Mai (2000, 277) beschreibt die drei Schritte, die die vier Elemente verknüpfen:

> The first step, the *document analysis process*, is the analysis of the document for its subjects. The second step, the *subject description process*, is the formulation of an indexing phrase or subject description. The third step, the *subject analysis process*, is the translation of the subject description into an indexing language.

> The three steps link four elements of the process. The first element is the *document* under examination. The second element is the *subject* of the document. This element is only present in the mind of the indexer in a rather informal way. The third element is a *formal written description of the subject*. The fourth is the *subject* entry, which has been constructed in the indexing language and represents the formal description of the subject.

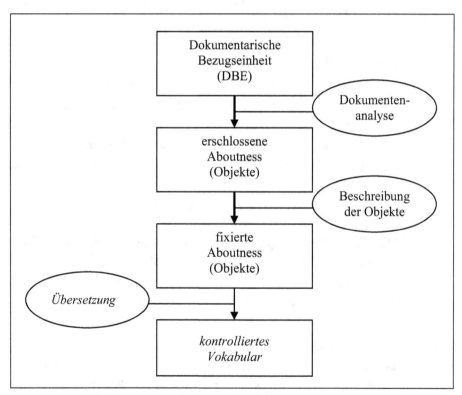

Abbildung 19.3: Elemente und Phasen der Indexierung.

Indexieren ist kognitive Arbeit (Milstead 1994, 578) und damit der **Analyse kognitiver Arbeit** (CWA) zugänglich (s. o. Kapitel 5, S. 100). Im Zentrum steht der Indexer mit seinen Charakteristika. Die Handlungsanalyse führt zu den in Abbildung 19.3 angegebenen Arbeitsschritten, bei denen jeweils Strategien (Wie liest ein Indexer ein Dokument?) und Entscheidungen (Welches sind die relevanten Objekte im Dokument?) anfallen. Die Handlungen sind in einen organisatorischen Rahmen eingebettet. Durch ökonomische Zwänge gesteuert, kann hier beispielsweise die Anweisung stehen, dass ein Indexer sein Indexat (einschließlich eines Abstracts) innerhalb von 15 bis 20 Minuten fertig gestellt haben muss – ein im Bereich kommerzieller Datenbankproduktion durchaus realistischer Wert. Die Analyse der Arbeitsdomäne geschieht mittels der "Means End"-Theorie, die Aktivitäten analytisch in Abstraktionsebenen (Ziele, Prioritäten, Funktionen, Prozesse, Ressourcen) zerlegt, die letztlich den Weg zum gewünschten Ziel aufzeigen. Von oben nach unten leitet dabei die Frage *Wie?* (z.B. Wie können wir den Prozess durchführen?), von unten nach oben die Frage *Warum?* (Warum setzen wir diese Ressource ein, um den Prozess durchzuführen?) (Mai 2004, 208). Das Ziel jeder Indexierung ist es, thematisches, begriffsorientiertes Suchen in Datenbanken zu ermöglichen. Wie geht dies? Die Prioritäten sind durch die sieben Fixpunkte (Abbildung 19.2) vorgegeben. Wie geht dies wiederum? Die Funktionen der Indexierung sind die drei Indexierungsphasen (Abbildung 19.3). Hierzu bedarf es spezifischer Prozesse wie das Lesen und Verstehen des Dokuments sowie das Stöbern in Wissensordnungen. Um dieses wiederum tun zu können, müssen Ressourcen wie Begriffsordnungen und Indexierungsregeln gegeben sein (Mai 2004, 209).

Wie ist eine **Dokumentenanalyse** durchzuführen? Normen wie DIN 31.623/2: 1988 oder ISO 5963:1985 schlagen vor, Sachtitel, Zusammenfassung, Zwischentitel, Bilder und deren Titel, dem ersten und letzten Abschnitt sowie drucktechnisch ausgezeichneten Bereichen besondere Beachtung zu schenken. Das sagt uns aber nur, *wo* wir ansetzen sollen, nicht *wie*. Zum *Wie?* schreibt DIN 31.623/2 (1988, 2) lapidar:

> Das Indexieren beginnt mit dem Lesen und Verstehen des Dokumenteninhalts.

Mit dem **Verstehen** sind wir im Zentrum der Hermeneutik angelangt (s. o. S. 94). Der Indexer benötigt einen "Schlüssel", um überhaupt einen thematischen Zugang zum Dokument zu erlangen. Solch ein Schlüssel wird nur dem gegeben sein, der sich in der Wissensdomäne auskennt und das Dokument darin verorten können wird. Bei der Konzentration auf das Dokument (und nicht darauf, was etwa der Autor "meinte") muss die Frage rekonstruiert werden, auf die das Dokument die Antwort ist. Dies kann nur erfolgreich verlaufen, wenn der Horizont des gegebenen Dokuments mit dem des Indexers verschmolzen wird. Der Horizont des Indexers liefert ein Vorverständnis zum Dokument, das jedoch im Laufe der Lektüre revidiert werden kann, insofern nunmehr der hermeneutische Zirkel ins Spiel kommt: Das Verstehen einzelner Teile bedingt das Verstehen des ganzen Dokuments; um aber die einzelnen Teile adäquat zu verstehen, muss man das ganze Dokument verstanden haben. Aus diesem Wechselspiel von Teil-Ganzem und dem – jeweils angepassten – Vorverständnis erwächst (im günstigen Fall) das Verstehen.

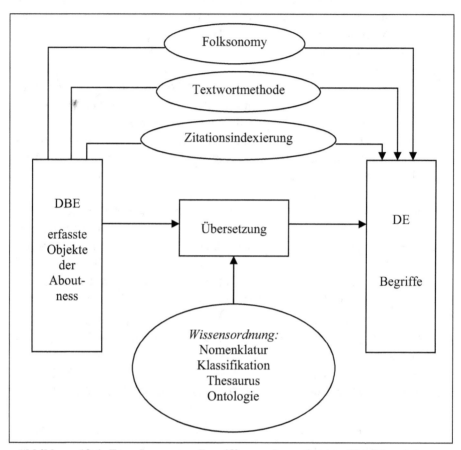

Abbildung 19.4: Zuordnung von Begriffen zu den erfassten Objekten der Aboutness einer dokumentarischen Bezugseinheit.

Es gibt Dokumente, die sich leicht indexieren lassen, und solche, die sich nachhaltig einer objektiv korrekten Beschreibung verweigern. In einer empirischen Untersuchung der Dokumentenanalyse können Clara M. Chu und Ann O'Brien (1993, 452 f.) fünf Aspekte benennen, die das Indexieren begünstigen. (1.) Die Identifikation des Hauptthemas ist problemlos möglich. Dies ist für Artikel der Natur- und Sozialwissenschaften in aller Regel gegeben, aber nicht für solche der Geisteswissenschaften. (2.) Das Dokument beschränkt sich auf objektive Darstellungen und lässt nicht subjektive Eindrücke des Autors einfließen. In Feuilleton-Beiträgen ist dies z.B. nicht gegeben. (3.) Komplexe Sachverhalte, die klar dargestellt sind, führen zu guter Indexierungsleistung, wohingegen ein einfacher Begriff (ausgedrückt durch genau einen atomaren Begriff) zu Problemen führen kann, wenn dieser nicht klar von eher sekundären Begriffen abzugrenzen ist. (4.) Eindeutig positiv auf die Indexierungsarbeit wirkt eine durchgehende Strukturierung des Dokuments (klarer Titel mit Untertitel, Vorliegen von Abschnitttiteln, Autorabstract und einführendem Absatz). (5.) Die Klarheit des Textes – sowohl inhaltlich als auch vom Layout her – begünstigt die Indexierung (Chu/O'Brien 1993, 453):

> Clarity of the text was associated with a high degree of ease in determining the general subject of texts. The body of the text was helpful in the identification of primary and secondary topics while the layout was cited as more helpful in analysing the general subject.

Phase 2 hat das Ziel, auf der Basis des verstandenen Dokuments dessen **Aboutness durch Begriffe** zu beschreiben. (Die erschlossenen Sachverhalte werden im Abstract festgehalten.) Die Begriffe können im Dokument vorhanden sein, müssen dies aber nicht. Liegen die Begriffe im Text vor, so sprechen wir von der **Extraktionsmethode**. Ein Dokument kann aber auch Themen ansprechen, die nicht genau auf einen Begriff gebracht worden sind. DIN 31.623/2 (1988, 6) notiert zu "implizit enthaltenen" Begriffen:

> Zur Inhaltskennzeichnung kann es notwendig sein, (Begriffe; Verf.) hinzuzufügen, die im Text des Dokuments nicht verbal enthalten sind. So darf über der Indexierung spezieller Inhalte eines Dokuments nicht die Zuteilung solcher (Begriffe; Verf.) vergessen werden, die die Einordnung des Dokumentinhalts in größere Zusammenhänge vermitteln.

Wenn beispielsweise über Vorkommnisse in einem Land berichtet wird, wobei für den Autor die Angabe des Ländernamens so selbstverständlich ist, dass er ihn nicht explizit nennt, muss der Indexer die Landesangabe zusätzlich indexieren. Solch eine **Additionsmethode** ist jedoch in manchen Fällen (etwa beim Einsatz der Textwortmethode) nicht gestattet, da sie Missverständnisse und Fehlinterpretationen des Indexers nicht ausschließt.

Im letzten Arbeitsschritt geht es um die **Übersetzung** der erschlossenen Objekte der Aboutness in die Sprache der eingesetzten Methode der Wissensrepräsentation (Abbildung 19.4). Dieser Vorgang geschieht in Abhängigkeit von der Methode und dem Werkzeug geleitet durch – teilweise sehr spezifische – Indexierungsregeln. Nicht vorhanden sind feste Regeln beim Einsatz von Folksonomies; hier kann der Nutzer nach eigenem Belieben taggen. Die textsprachlichen Methoden der Zitationsindexierung und der Textwortmethode arbeiten grundsätzlich nach der Extraktionsmethode und gestatten ausschließlich linguistische Normierungen der Terme.

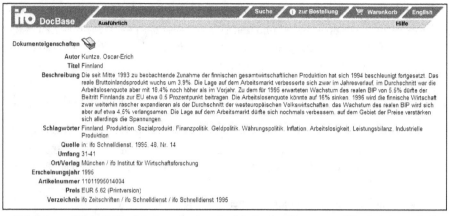

Abbildung 19.5: Beispiel eines Indexats. Methode: Thesaurus (Deskriptoren im Feld "Schlagwörter"); Hilfsmittel: Standard-Thesaurus Wirtschaft.
Quelle: ifo Institut für Wirtschaftsforschung – ifo DocBase.

Sobald eine Wissensordnung zum Einsatz kommt, muss der Indexer den extrahierten oder addierten Begriff in die Terminologie der Begriffsordnung übersetzen, d.h. durch das bestpassende Schlagwort (bei einer Nomenklatur), die adäquate Notation (bei einem Klassifikationssystem), den optimalen Deskriptor (beim Thesaurus) oder das beste Konzept (bei einer Ontologie) ersetzen. Es ist dabei hilfreich, sich das semantische Umfeld des gefundenen Eintrags anzuschauen, um abzuschätzen, ob ggf. andere oder weitere Begriffe zur Indexierung infrage kommen.

Stehen Begriffe als Kandidaten für Indexterme an, die untereinander in hierarchischer Relation stehen, so wählt man grundsätzlich den spezifischsten Term aus, der in der Wissensordnung zu finden ist, wie dies Lancaster (2003, 32) betont:

> The single most important principle of subject indexing … is that a topic should be indexed under the most specific term that entirely covers it. Thus, an article discussing the cultivation of oranges should be indexed under *oranges* rather than under *citrus fruits* or *fruit*.

Handelt allerdings ein Dokument über mehrere hierarchisch verknüpfte Begriffe (um im Beispiel von Lancaster zu bleiben: in einem Kapitel über Orangen und in einem anderen Kapitel über Zitrusfrüchte im Allgemeinen), so werden auch beide Begriffe zur Indexierung verwendet.

In Abbildung 19.5 sehen wir das Resultat eines Indexierungsprozesses. Die erschlossene Aboutness findet in insgesamt zehn Deskriptoren des Standard-Thesaurus Wirtschaft ihren Niederschlag.

Gleichordnende und syntaktische Indexierung

Wenn wir (wie im Beispiel von Abbildung 19.5) alle Begriffe unabhängig von ihren Zusammenhängen im Dokument – also gleichordnend (DIN 31.623/2:1988) – indexieren, droht Verlust an Precision. Nehmen wir an, ein Nutzer sucht nach Informationen über den Zusammenhang von *Inflation* UND *Arbeitslosigkeit*. Da beide Deskriptoren im Beispieldokument auftreten, würde der Aufsatz von Oscar-Erich Kuntze über Finnland als Treffer ausgegeben. Dies ist jedoch irreführend, denn im Beitrag geht es u. a. um die Themenkomplexe *Inflation und Finnland* sowie um *Arbeitslosigkeit und Finnland*, aber keineswegs um *Inflation und Arbeitslosigkeit*. Abhilfe und damit eine Steigerung der Precision beim Information Retrieval verschafft die syntaktische Indexierung (DIN 31.623/3:1988, 1).

> Syntaktische Indexierung ist die Indexierungsmethode, bei der die dokumentspezifische Verknüpfung und/oder Rolle der Deskriptoren oder Notationen (bzw. allgemeiner: der Begriffe, Verf.) in der betreffenden dokumentarischen Bezugseinheit nach Regeln der Syntax kenntlich gemacht wird.

Eine Methode der syntaktischen Indexierung ist das Bilden von thematischen Teilmengen an Begriffen, bei der mehrere Ketten von Begriffen angelegt werden (DIN 31.623/3:1988, 4). Dieses Verfahren haben wir bereits bei der Textwortmethode (s. o. Kapitel 17, S. 314) kennengelernt. Jedem zur Indexierung herangezogenen Begriff werden (beispielsweise durch Ziffern) die Themenketten zugeordnet, zu denen er gehört. So lautet eine (fingierte) syntaktische Indexierung unseres Beispiels aus Abbildung 19.5:

Finnland (1-4), Produktion (1), industrielle Produktion (1), Sozialprodukt (1,3),
Finanzpolitik (2), Geldpolitik (2), Währungspolitik (2), Inflation (2),
Leistungsbilanz (3), Arbeitslosigkeit (4).

Inflation gehört zur Themenkette 2, *Arbeitslosigkeit* zu 4. Recherchiert jemand unter diesen Umständen nach *Inflation* W/S *Arbeitslosigkeit* (also unter Nutzung eines Abstandsoperators, der auf thematische Ketten anwendbar ist; IR, 149), so wird der Kuntze-Artikel korrekterweise nicht gefunden.

Gewichtetes Indexieren

Das syntaktische Indexieren ermöglicht nicht nur präzisere Suchen über die Themenketten, sondern darüber hinaus gewichtetes Indexieren (IR, 452-454). In Relation zum Auftreten in den Themenketten, der Mächtigkeit der jeweiligen Themenketten sowie der Komplexität des Dokuments kann man für jeden Begriff einen numerischen Wert errechnen, der Ausdruck für die Wichtigkeit des Begriffs im jeweiligen Dokument ist. Wir setzen den Henrichs-Algorithmus (IR, 453) ein und erhalten folgende Werte:

Finnland (1-4) <100>, Produktion (1) <29>, industrielle Produktion (1) <29>,
Sozialprodukt (1,3) <54>, Finanzpolitik (2) <29>, Geldpolitik (2) <29>,
Währungspolitik (2) <29>, Inflation (2) <29>, Leistungsbilanz (3) <25>
Arbeitslosigkeit (4) <18>.

BMC Bioinformatics. 2005 Mar 24;6:75.   Related Articles, Links

Full text free on... | full text article
BioMed Central | in PubMed Central

Ranking the whole MEDLINE database according to a large training set using text indexing.

Suomela BP, Andrade MA.

Ontario Genomics Innovation Centre, Ottawa Health Research Institute, 501 Smyth Rd, Ottawa, Ontario K1H 8L6, Canada.
bsuomela@ohri.ca

BACKGROUND: The MEDLINE database contains over 12 million references to scientific literature, with about 3/4 of recent articles including an abstract of the publication. Retrieval of entries using queries with keywords is useful for human users that need to obtain small selections. However, particular analyses of the literature or database developments may need the complete ranking of all the references in the MEDLINE database as to their relevance to a topic of interest. This report describes a method that does this ranking using the differences in word content between MEDLINE entries related to a topic and the whole of MEDLINE, in a computational time appropriate for an article search query engine. RESULTS: We tested the capabilities of our system to retrieve MEDLINE references which are relevant to the subject of stem cells. We took advantage of the existing annotation of references with terms from the MeSH hierarchical vocabulary (Medical Subject Headings, developed at the National Library of Medicine). A training set of 81,416 references was constructed by selecting entries annotated with the MeSH term stem cells or some child in its sub tree. Frequencies of all nouns, verbs, and adjectives in the training set were computed and the ratios of word frequencies in the training set to those in the entire MEDLINE were used to score references. Self-consistency of the algorithm, benchmarked with a test set containing the training set and an equal number of references randomly selected from MEDLINE was better using nouns (79%) than adjectives (73%) or verbs (70%). The evaluation of the system with 6,923 references not used for training, containing 204 articles relevant to stem cells according to a human expert, indicated a recall of 65% for a precision of 65%. CONCLUSION: This strategy appears to be useful for predicting the relevance of MEDLINE references to a given concept. The method is simple and can be used with any user-defined training set. Choice of the part of speech of the words used for classification has important effects on performance. Lists of words, scripts, and additional information are available from the web address http://www.ogic.ca/projects/ks2004/.

Publication Types:
* Research Support, Non-U.S. Gov't

MeSH Terms:
* Abstracting and Indexing/methods*
* Algorithms
* Bayes Theorem
* Computational Biology/methods*
* Database Management Systems
* Databases
* Databases, Bibliographic
* Databases, Protein
* False Positive Reactions
* Humans
* Information Storage and Retrieval
* Information Systems
* Language
* MEDLINE*
* Natural Language Processing
* Stem Cells/cytology
* Subject Headings
* User-Computer Interface
* Vocabulary, Controlled

PMID: 15790421 [PubMed - indexed for MEDLINE]

**Abbildung 19.6: Beispiel eines Indexats mit "major" und "minor"
Deskriptoren.** *Quelle:* PubMed.

Ein Wert von 100 bedeutet, dass der Begriff in jeder Kette vorkommt; kleinere Werte verweisen auf eine geringer ausgeprägte Wichtigkeit. Beim Retrieval nutzt man die Gewichtungswerte aus, um entweder beim Suchen mit Schwellenwerten zu operieren oder ein Relevance Ranking der Treffer zu fundieren.

Es wäre denkbar, dass ein Indexer beim gleichordnenden Indexieren (bei dem ja die Basis für automatische Gewichtungsberechnungen nicht gegeben ist) jedem Indexterm seine dokumentspezifische Gewichtung intellektuell zuordnet (Lancaster 2003, 186). Dieses Verfahren ist jedoch sehr aufwendig sowie fehleranfällig und wird in der Praxis professioneller Informationsdienste nicht eingesetzt.

Eine Variante der intellektuellen Gewichtung ist die Zuordnung von nur zwei Gewichtungswerten: wichtig ("major") und weniger wichtig ("minor"). Solch eine Auszeichnung wichtiger Begriffe wird beispielsweise bei medizinischen Informationsdiensten eingesetzt. Abbildung 19.6 zeigt ein Indexat aus der Medline-Datenbank. Man erkennt die Major-Deskriptoren durch die Sternchen. Für den Indexer waren die Deskriptoren *Abstracting and Indexing/methods*, *Computational Biology/methods* und *MEDLINE* zentral. Alle anderen Indexterme haben eine eher untergeordnete Wichtigkeit. Es ist für Recherchierende möglich, die Major-Minor-Unterscheidung im Retrieval einzusetzen. Lancaster (2003, 188) betont für alle Verfahren gewichteten Indexierens:

> Note that weighted indexing, in effect, gives the searcher the ability to vary the exhaustivity of the indexing.

Indexierung nicht-textueller Dokumente

Bei nicht-textuellen Dokumenten (Bildern, Videos, Musik) stehen wir bei der Indexierung grundsätzlich vor der Aufgabe, den dokumentarischen Bezugseinheiten Begriffe zuzuordnen. Sicher ist es richtig, dass "ein Bild mehr aussagt als tausend Worte". Wenn man zur textuellen Beschreibung eines Bildes nun aber "mehr als tausend Worte" benötigt, so ist dies wenig kosteneffektiv und für das Retrieval kaum brauchbar (Shatford 1984). Obwohl das Indexieren gerade von Bildern in der Informationswissenschaft häufig thematisiert wird (Rasmussen 1997), ist man von zufriedenstellenden Ergebnissen in diesem Bereich noch weiter entfernt als beim Indexieren von Texten. In der Indexierungspraxis ist eine hohe Indexierungsinkonsistenz zu beobachten (Markkula/Sormunen 2000, 273). Ornager (1995, 214) findet für Bilder, die bei Zeitungen Verwendung finden, folgende Minimalkriterien für wichtig:

> (N)amed person (who), background information about the photo (when, where), specific events (what), moods and emotions (shown or expressed), size of photo.

Das Indexieren mit Individualbegriffen überwiegt; Allgemeinbegriffe werden nach den Resultaten von Markkula und Sormunen (2000, 270 f.) weniger häufig benutzt:

> The most often used index terms referred to specifics, i.e. to individual objects, places, events and linear time, and to the theme of the photo.

Ein theoretischer Ansatz der Indexierung nicht-textueller Dokumente ist die Unterscheidung in die prä-ikonographische, ikonographische und ikonologische Ebenen nach Panofsky (s. o. Kapitel 2, S. 21 f.). Indexieren (egal, welches Dokument zur Inhaltsabbildung ansteht) setzt voraus, dass im Dokument überhaupt eine semantische Ebene vorhanden ist, die wir sprachlich erschließen können. Elaine Svenonius (1994, 605) behauptet:

> Subject indexing presupposed a referential or propositional use of language. It presupposes the aboutness model ... which postulates a thing or concept being depicting, about which propositions are made. It presupposes as well that what is depicted can be named. In short, it presupposes a terminology.

Sara Shatford(-Layne) (1986, Layne 2002) nimmt Panofskys Ansatz der semantischen Ebenen auf und formuliert diese informationswissenschaftlich um (s. o. S. 36). Die Objekte der prä-ikonographischen Bedeutungsebene umfassen die Ofness des nicht-textuellen Dokuments, die ikonographische Ebene enthält die Aboutness. Da fachwissenschaftlicher Sachverstand (etwa der Kunstgeschichte) bei der Erschließung der ikonologischen Ebene notwendig ist, wird diese in der Informationspraxis übergangen. Das Indexieren nicht-textueller Dokumente geschieht demnach durch Begriffe zweier Ebenen, eingetragen in zwei unterschiedliche Felder, die zum einen die Terme der (faktischen) Ofness und zum andern die der (interpretativen) Aboutness aufnehmen. Ein Photo eines Pariser Bauwerks könnte demnach inhaltlich so ausgewertet werden (Lancaster 2003, 219):

> Ofness: Turm, Fluss, Baum,
> Aboutness: Eiffelturm, Seine.

Da insbesondere die inkorrekte Erschließung der Aboutness (insofern es überhaupt eine *korrekte* Sichtweise gibt) für die mangelhafte Indexierungskonsistenz verantwortlich ist, wenden sich viele Forscher vom concept-based Indexing bei nicht-textuellen Dokumenten ab und experimentieren mit content-based Ansätzen (IR, Kapitel 31). Diese bieten allerdings derzeit auch keine in der Praxis zufriedenstellenden Methoden an.

Kriterien der Indexierungsgüte

Suboptimale Indexierung führt zu Problemen mit Recall und Precision beim Information Retrieval, wie dies Lancaster (2003, 85) plastisch vorführt:

> If an indexer fails to assign *X* when it should be assigned, it is obvious that recall failures will occur. If, on the other hand, *Y* is assigned when *X* should be, both recall and precision failures can occur. That is, the item will not be retrieved in searches for *X*, although it should be, and will be retrieved for *Y*, when it should not be.

Die Indexierungsgüte lässt sich an folgenden Kriterien festmachen, die sich sowohl auf die zur Indexierung verwendeten Begriffe als auch auf die Indexate als Ganzes richten:

- Indexierungstiefe eines Indexats,
  - o Indexierungsbreite eines Indexats,
  - o Indexierungsspezifität eines Begriffs,
- Indexierungseffektivität eines Begriffs,
- Indexierungskonsistenz von Indexaten,
  - o "Treffen",
  - o Idealtyp,
  - o Thematische Cluster.

Die **Indexierungstiefe** hat zwei Aspekte: Indexierungsbreite und -spezifität (DIN 31.623/1:1988, 4):

> Die Indexierungsbreite gibt bezogen auf den fachlichen Inhalt eines Dokuments den Grad der Erschließung an; sie kommt in erster Annäherung in der Anzahl der vergebenen (Begriffe; Verf.) zum Ausdruck.
>
> Die Indexierungsspezifität gibt an, wie allgemein oder wie spezifisch die vergebenen (Begriffe; Verf.) bezogen auf den Dokumentinhalt sind; sie kommt in erster Annäherung durch das hierarchische Niveau der (Begriffe; Verf.) zum Ausdruck.

Die Indexierungsbreite ist die Anzahl der Begriffe B_1 bis B_n, die einem Dokument bei der Indexierung zugeteilt werden (Maron 1979). Unter der Indexierungsspezifität verstehen wir die hierarchische Ebene HE_i ($1 \leq i \leq m$), auf der ein Begriff in einer Wissensordnung zu finden ist. Im polyhierarchischen Fall berücksichtigen wir den kürzesten Weg zum jeweiligen Top-Term. Ein Topterm einer Begriffsleiter liegt stets auf Ebene 1. Die Indexierungstiefe setzt sich aus der Indexierungsbreite und der Indexierungsspezifität zusammen. Jeder vergebene Begriff geht dabei relativ zu seiner Spezifität gewichtet in folgende Formel ein, die die Indexierungstiefe einer Dokumentationseinheit DE misst:

$$\text{Indexierungstiefe(DE)} = \{ld[HE(B_1)+1] + \ldots + ld[HE(B_n)+1)]\} / \#S.$$

#S zählt die Anzahl der Normseiten (z.B. nach einer gegebenen Formatierung auf DIN A4-Seiten umgerechnet). Wir arbeiten mit logarithmischen anstelle von absoluten Werten, da es wenig plausibel ist, dass ein Begriff der zweiten Ebene exakt doppelt so spezifisch ist wie einer der ersten Ebene. Da ld1 = 0, addieren wir jeweils 1, damit wir einen Wert ungleich 0 erhalten, wenn der Begriff ein Top-Term ist.

Wie erschöpfend sollte ein Dokument beschrieben werden? Es ist keineswegs so, dass eine größere Indexierungstiefe auch grundsätzlich zu einem größeren Vorteil für den Nutzer führt. Vielmehr wird bei einem bestimmten Wert ein Höhepunkt erreicht; eine zu geringe Indexierungstiefe kann zu Informationsverlust, eine zu hohe zu Informationsballast führen. Donald B. Cleveland und Ana D. Cleveland (2001, 105) geben zu bedenken:

> Exhaustivity is related to how well a retrieval system pulls out all documents that are possibly related to the subject. Total exhaustivity will retrieve a high proportion of the relevant documents in a collection, but as more and more documents are retrieved, the risk of getting extraneous material rises. Therefore, when indexers are aiming for exhaustiveness they must keep in mind that at some point they may be negatively affecting the efficiency of the system.
>
> The ideal system will give users all documents useful to them and no more.

Vergibt man zu wenige Begriffe, so droht Informationsverlust, wählt man zu viele, so droht Informationsballast. Die optimale Indexierung dürfte auf eine Gratwanderung zwischen Informationsverlust und Informationsballast hinauslaufen.

Besonders problematisch wird die Festlegung einer optimalen Indexierungstiefe, wenn die Nutzergruppe der Datenbank nicht kohärent ist (Soergel 1994, 596). Wir unterscheiden zur Illustration zwei Typen von Usern: Wissenschaftler (z.B. Mediziner) auf der Suche nach spezialisierter Fachliteratur auf der einen Seite sowie Laien (etwa Patienten) auf der Suche nach einem verständlichen Einstieg in ein Fachthema. Nun unterscheiden wir zwei Ansätze, einen mit stark erschöpfender Indexierung (tiefe Indexierung) und einen mit wenig erschöpfender Indexierung (oberflächliche Indexierung). Es entsteht folgender Überblick:

Nutzer	große Indexierungstiefe	geringe Indexierungstiefe
Wissenschaftler	guter Recall, gute Precision, zufriedenstellend	schwacher Recall, schwache Precision, zu wenige genaue Treffer
Laie	zu großer Recall, zu große Precision, zu viele spezifische Treffer	guter Recall, gute Precision, zufriedenstellend.

Ein Laie wird genau dann optimal bedient, wenn der Experte zu wenige zutreffende Dokumente findet; im Gegenzug wird der Wissenschaftler zufriedenstellend arbeiten können, wenn der Laie zu viele spezifische (und damit für ihn unbrauchbare) Dokumente vorgelegt bekommt. Das Dilemma lässt sich nur dann lösen, wenn die Datenbank den nicht-thematischen Informationsfilter der Zielgruppe (s. o. Kapitel 8, S. 146 f.) realisiert hat.

```
Signatur  Ab 2000 im Freihandbestand unter: Z 5228
          Z 5228
    Titel  Finnland / O.-E. Kuntze
Autor Urheber  Kuntze, Oscar-Erich ◡
Impressum  In: Ifo-Schnelldienst/ Ifo-Institut für Wirtschaftsforschung. - München. - 48. 1995, 14. - Umfang: S. 31 - 41 : zahlr. graph. Darst.
          [weitere Werke]
 Fußnote  Zsfassung in engl. Sprache
Dokumenttyp  Zeitschriftenaufsatz, Druckschrift
 Sprache  Deutsch
Schlagworte  Finnland ◕; Konjunktur ◕; Konjunkturprognose ◕
Schlagwort-  Finnland: Republik Finnland : Suomi
Synonyme  Konjunktur: Boom : Depression : Konjunkturelle Entwicklung : Konjunkturelle Lage : Konjunkturzyklus : Rezession
Identnummern  170200

Zitierformat (DIN)  KUNTZE, Oscar-Erich : Finnland. In: Ifo-Schnelldienst / Ifo-Institut für Wirtschaftsforschung. - München. - 48. 1995, 14. - Umfang:
          S. 31 - 41 : zahlr. graph. Darst., 1995
```

Abbildung 19.7: Beispiel eines Indexats. Methode: Thesaurus (Deskriptoren im Feld "Schlagworte"); Hilfsmittel: Standard-Thesaurus Wirtschaft.
Quelle: HWWA-Wirtschaftsdatenbank.

Wir wollen noch einmal auf unser Indexierungsbeispiel aus Abbildung 19.5 zurückkommen und es mit einem Indexat derselben dokumentarischen Bezugseinheit, diesmal aus der HWWA-Datenbank (Abbildung 19.7), vergleichen. Wir errechnen die Indexierungstiefe beider Indexate. Die Deskriptoren des HWWA-Indexats liegen auf den Hierarchieebenen 2 (Konjunktur und Konjunkturprognose) und 3 (Finnland), die Anzahl der Seiten des Artikels beträgt 11. Die Indexierungstiefe des HWWA-Indexats beträgt:

$$(ld3 + ld3 + ld4) / 11 = 0,47.$$

Das ifo-Indexat enthält zehn Deskriptoren auf den hierarchischen Ebenen 1 bis 4; seine Indexierungstiefe errechnet sich nach:

$$(ld4 + ld2 + ld3 + ld4 + ld4 + ld5 + ld2 + ld2 + ld3 + ld5) / 11 = 1,53.$$

Die Indexierung des ifo Instituts steht demnach für eine große, die der HWWA-Datenbank für eine eher geringe Indexierungstiefe.

Ein weiteres Kriterium für die Indexierungsgüte ist die **Effektivität** der zur Indexierung verwendeten Begriffe. Hierunter verstehen wir die Trennschärfe der jeweiligen Terme. Wenn ein Nutzer nach einem Begriff X recherchiert, ergibt sich eine mehr oder minder große Treffermenge, die das Thema X repräsentiert. Harold Borko (1977, 365) leitet hieraus ein Maß ab:

> The clustering effect of each index term, and by implication, the retrieval effectiveness of the term, can be measured by a signal-noise ration based on the frequency of term use in the collection.

Anstelle der absoluten Häufigkeit des Auftretens eines Indexterms in Dokumentationseinheiten schlagen wir an dieser Stelle die Verwendung der inversen Dokumenthäufigkeit IDF (IR, 325) vor:

$$\text{Effektivität(B)} = \text{IDF(B)} = [\text{ld}\,(N/n)] + 1.$$

N ist die Gesamtanzahl der Dokumentationseinheiten in der Datenbank, n die
Anzahl derjenigen Datensätze, in denen B als Indexterm zugeordnet worden ist.
Die Effektivität von B wird umso kleiner, je häufiger B in Dokumentationseinhei-
ten vorkommt; sie erreicht ihr Maximum, wenn nur genau ein Dokument mit dem
Begriff indexiert worden ist.

Wenn wir uns noch einmal die beiden Datensätze in den Abbildungen 19.5 und
19.7 (die ja dasselbe Dokument unter Einsatz desselben Werkzeugs indexieren)
anschauen, dann fällt die doch beachtliche Diskrepanz bei den vergebenen Begriffen auf. Nur ein einziger Deskriptor (*Finnland*) taucht bei beiden Indexaten gemeinsam auf. Das Ausmaß an Übereinstimmungen zwischen unterschiedlichen
Indexaten derselben Vorlage ist ein Indikator auf **Indexierungskonsistenz**. Hierbei unterscheiden wir zwischen Inter-Indexer-Konsistenz (Vergleiche unterschiedlicher Indexer) und Intra-Indexer-Konsistenz (Vergleich der Werke desselben
Indexers zu unterschiedlichen Zeiten). Die Indexierungskonsistenz zwischen zwei
Indexaten errechnet sich durch die bekannten Ähnlichkeitsmaße, beispielsweise
nach Jaccard-Sneath:

$$\text{Indexierungskonsistenz}(DE_1, DE_2) = g\,/\,(a + b - g).$$

DE_1 und DE_2 sind die beiden Dokumentationseinheiten, die zum Vergleich anstehen, g ist die Anzahl derjenigen Begriffe, die in beiden Indexaten vorkommen, a
die Anzahl der Begriffe in DE_1 und b die Anzahl der Begriffe in DE_2. Wir errechnen die Indexierungskonsistenz von ifo- und HWWA-Indexat:

$$\text{Indexierungskonsistenz(ifo-HWWA)} = 1\,/\,(10 + 3 - 1) = 0{,}083.$$

Ein Wert von 0,083 deutet auf eine äußerst niedrige Indexierungskonsistenz hin.
Heißt dies jetzt, dass das eine oder das andere Indexat besser sei? Wir schauen auf
Abbildung 19.8 und sehen vier Indexer (mit jeweils ihrem Indexat desselben Dokuments). Die Indexer A, B und C arbeiten konsistent (angedeutet durch die Pfeile
auf denselben Kreis), Indexer D benutzt völlig andere Begriffe. Die Inter-Indexer-
Konsistenz von A, B und C ist demnach sehr hoch, die Konsistenz zwischen D
und den Kollegen gering. Aber D – und nur D – "trifft" genau die Nutzerinteressen, A bis C schießen daran vorbei. Der blind durchgeführte Schluss von der Indexierungskonsistenz auf die Indexierungsgüte ist demnach verfehlt. Lancaster
(2003, 91) stellt fest:

> Quality and consistency are not the same: one can be consistently bad as well as
> consistently good!

Für Fugmann ergibt sich dadurch eine neue Sicht auf Konsistenzverhältnisse: Wichtiger als die Inter-Indexer-Konsistenz ist für ihn die Indexer-Nutzer-Konsistenz (Fugmann 1992).

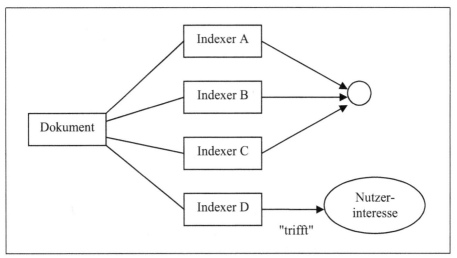

Abbildung 19.8: Indexierungskonsistenz und das "Treffen" der Nutzerinteressen.

Wie lässt sich eine auch inhaltlich orientierte (also am "Treffen" fundierte) Indexierungskonsistenz messen? Hierzu bedarf es der Vorgabe von idealtypisch korrekten Vorlagen, zu denen die Konsistenz der faktisch vorliegenden Indexate berechnet wird. Lancaster diskutiert zwei Varianten dieses Vorgehens. Zum einen ist es möglich, zu einem Dokument zentral wichtige Queries zu konstruieren, unter denen es auf jeden Fall aufgefunden werden muss (Lancaster 2003, 87). Das Maß der fragespezifischen Konsistenz ist die relative Häufigkeit, mit der ein gegebenes Indexat zu den Mustersuchanfragen gefunden wird. Das Alternativverfahren erarbeitet ein ideal korrektes Indexat als "Standard" (etwa als Kompromissindexat mehrerer erfahrender Indexer) und vergleicht die faktischen Indexate mit dem Standard (Lancaster 2003, 96). Als Maß kann die o. g. Formel für die Indexierungskonsistenz herangezogen werden.

Ein letztes Verfahren der Analyse von Indexierungskonsistenz arbeitet über Datenbankgrenzen hinweg komparativ (Stock 1994, 150 f.). Über Voruntersuchungen, beispielsweise eine Co-Citations-Analyse (White/Griffith 1987) oder eine Expertenbefragung (Chu/Ajiferuke 1989), werden in thematisch verwandten Informationsdiensten Cluster von Dokumenten markiert, die eindeutig zu einem Thema gehören und die demnach zumindest ähnlich indexiert sein sollten. Man kann erwägen, bei den Indexaten alle solche Begriffe auszusortieren, deren Indexierungseffektivität zu gering ist. Nun ermittelt man alle Begriffe, die in mindestens 50% der Indexate im jeweiligen Cluster vorkommen. (*Alle* effektiven Terme zu berücksichtigen, führt erfahrungsgemäß zu viel zu kleinen und damit unbrauchbaren Mengen.) Als letzter Schritt werden die effektiven 50%-Level-Begriffe pro Informationsdienst gezählt. Chu und Ajiferuke (1989, 19) nennen als Beispiel die Indexierungsqualität dreier informationswissenschaftlicher Datenbanken (ISA: Information Science Abstracts; LISA: Library and Information Science Abstracts; LL: Library Literature) für das Thema *Cataloguing Microcomputer Software*:

Informationsdienst	*Anzahl effektiver Begriffe*
LISA	8
ISA	4
LL	2.

Die Interpretation der jeweiligen Werte der Kriterien der Indexierungsgüte hängt stets von den Fixpunkten des Indexierungsprozesses ab (Abbildungen 19.2 und 19.9). Was für eine Wissensdomäne, einen Nutzer, eine Methode usw. eine gute Indexierungstiefe (Indexierungseffektivität, Indexierungskonsistenz) ist, kann für eine andere Domäne, einen anderen Nutzer usw. suboptimal sein. So ist beispielsweise der Messwert 2 für LL ein annehmbarer Wert für einen Informationsdienst, der eher Laien anspricht, während ein Wert von 8 wie bei LISA gut für eine Datenbank erscheint, die bevorzugt Experten bedient.

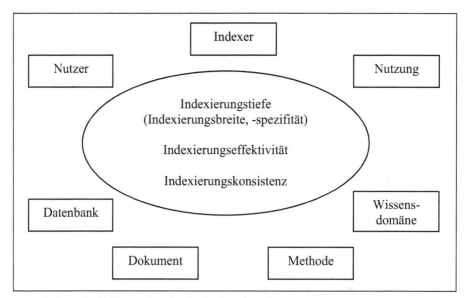

Abbildung 19.9: Kriterien der Indexierungsgüte.

Wie kann man bei der Datenbankproduktion die Güte der Indexierung sicherstellen? Voraussetzung für **Optimierungsarbeiten** ist das stetige Durchführen von Testläufen innerhalb des Indexierungsteams. Die Indexer erhalten dieselben Dokumente zur Inhaltserschließung vorgelegt; die Indexate werden im Team besprochen. Allein durch die ständige Rückkopplung zwischen dem Indexer und seiner Werke und den restlichen Teammitgliedern wird sich eine Angleichung – bei Orientierung auf das "Treffen" sehr wahrscheinlich auch eine Verbesserung – der Indexierung einstellen.

Ein Hinweis auf mögliche Probleme mit der verwendeten Wissensordnung oder mit Indexierungsregeln ist durch niedrige Indexierungskonsistenz gegeben. Bei Indexat-Paaren mit niedrigen Konsistenzwerten werden die jeweiligen Begriffe gesammelt und die ermittelten Terme in eine nach Häufigkeit sortierte Rangfolge gebracht. Bei Begriffen, die oben in dieser Liste auftauchen, ist zu eruieren, ob diese nicht eindeutig definiert sind und so Anlass zu Fehldeutungen geben (Lancaster 2003, 93).

Fazit

- Indexieren ist der praktische Einsatz einer Methode der Wissensrepräsentation mit dem Zweck, den Inhalt eines Dokuments (möglichst) optimal durch Begriffe abzubilden. Intellektuelles Indexieren meint den Einsatz von Menschen bei dieser Arbeit.

- Beim Indexieren entscheidet sich, unter welchen Aspekten ein Dokument überhaupt gefunden werden kann. Optimales Indexieren ist damit Bedingung der Möglichkeit von optimalem Information Retrieval.

- Der Indexierungsprozess hängt von (mindestens) sieben Faktoren ab: Dokument, Indexer, Nutzer, Nutzung, Datenbank, Methode (und – soweit eingesetzt – Werkzeug) der Wissensrepräsentation, Wissensdomäne.

- Die Indexierung durchläuft mehrere Phasen: In Phase 1 (der Dokumentenanalyse) versucht der Indexer, das jeweilige Dokument zu verstehen; Phase 2 (Beschreibung der Objekte) führt zu einer Liste von Begriffen, die die Aboutness des Dokuments beschreiben.

- Bei Methoden der Wissensrepräsentation, die nicht mit Begriffsordnungen arbeiten (Folksonomies und die beiden textsprachlichen Methoden), gehen die derart ermittelten Begriffe in das Indexat ein. Beim Einsatz einer Wissensordnung (Nomenklatur, Klassifikation, Thesaurus oder Ontologie) schließt sich Phase 3 an, in der eine Übersetzung der ermittelten Begriffe in die Sprache des jeweils eingesetzten Werkzeugs erfolgt.

- Die Dokumentenanalyse erfordert den Einsatz hermeneutischer Methoden: die Wahl des passenden Schlüssels, die anzustrebende Horizontverschmelzung zwischen dem Dokument (nicht dem, was der Autor möglicherweise "meinte") und dem Indexer, das Durchlaufen des hermeneutischen Zirkels sowie die Berücksichtigung der positiven Rolle des Vorverständnisses.

- Die Beschreibung der verstandenen Aboutness durch Begriffe geschieht entweder nach der Extraktionsmethode (wenn der Begriff im Dokument vorliegt) oder nach der Additionsmethode (wenn der Indexer einen Begriff, der nicht im Dokument vorkommt, zuteilt).

- Bei der gleichordnenden Indexierung werden die Begriffe unabhängig von ihren Zusammenhängen im Dokument aufgenommen. Diese Methode kann zu Informationsballast und damit zu einem Absinken der Precision beim Recherchieren führen. Syntaktisches Indexieren hingegen berücksichtigt den thematischen Zusammenhang der Begriffe im Dokument.

- Beim gewichteten Indexieren werden den Begriffen numerische Werte zugeordnet, die deren Wichtigkeit im Dokument ausdrücken. Arbeitet man mit syntaktischem Indexieren, kann man die Wichtigkeitsberechnung automatisieren, beim gleichordnenden Indexieren muss der Indexer die Werte zuteilen.

- Bei der Indexierung nicht-textueller Dokumente unterscheiden wir nach Ofness (Fakten ohne Kontextinformationen) und Aboutness (Interpretation).

- Die Indexierungsgüte lässt sich durch die Kennwerte Indexierungstiefe (aus Indexierungsbreite und -spezifität zusammengesetzter Indikator), Indexierungseffektivität der Begriffe sowie Indexierungskonsistenz darstellen. Letzterer hat die Dimensionen der Inter-Indexer-Konsistenz sowie der Nutzer-Indexer-Konsistenz.

Literatur

Borko, H. (1977): Toward a theory of indexing. – In: Information Processing & Management 13, S. 355-365.

Chu, C.M.; Ajiferuke, I. (1989): Quality of indexing in library and information science databases. – In: Online Review 13(1), S. 11-35.

Chu, C.M.; O'Brien, A. (1993): Subject analysis: The critical first stage in indexing. – In: Journal of Information Science 19, S. 439-454.

Cleveland, D.B.; Cleveland, A.D. (2001): Introduction to Indexing and Abstracting. – 3. Aufl. – Englewood: Libraries Unlimited.

DIN 31.626/1:1988: Indexierung zur inhaltlichen Erschließung von Dokumenten. Begriffe – Grundlagen. – Berlin: Beuth.

DIN 31.626/2:1988: Indexierung zur inhaltlichen Erschließung von Dokumenten. Gleichordnende Indexierung mit Deskriptoren. – Berlin: Beuth.

DIN 31.626/3:1988: Indexierung zur inhaltlichen Erschließung von Dokumenten. Syntaktische Indexierung mit Deskriptoren. – Berlin: Beuth.

Fugmann, R. (1992): Indexing quality. Predictability versus consistency. – In: International Classification 19, S. 20-21.

ISO 5963:1985: Documentation – Methods for Examining Documents, Determining Their Subjects, and Selecting Indexing Terms. – Genf: International Organization for Standardization.

Knorz, G. (2004): Informationsaufbereitung II: Indexieren. – In: Kuhlen, R.; Seeger, T.; Strauch, D. (Hrsg.): Grundlagen der praktischen Information und Dokumentation. – 5. Aufl. – München: Saur, S. 179-187.

Lancaster, F.W. (2003): Indexing and Abstracting in Theory and Practice. – 3. Aufl. – Champaign: University of Illinois.

Layne, S. (2002): Subject access to art images. – In: Baca, M. (Hrsg.): Introduction to Art Image Access. – Los Angeles: Getty Research Institute, S. 1-19.

Mai, J.E. (2000): Deconstruction the indexing process. – In: Advances in Librarianships 23, S. 269-298.

Mai, J.E. (2001): Semiotics and indexing: An analysis of the subject indexing process. – In: Journal of Documentation 57, S. 591-622.

Mai, J.E. (2004): The role of documents, domains and decisions in indexing. – In: Advances in Knowledge Organization 9, S. 207-213.

Mai, J.E. (2005): Analysis in indexing: Document and domain centered approaches. – In: Information Processing & Management 41, S. 599-611.

Markkula, M.; Sormunen, E. (2000): End-user searching challenges indexing practices in the digital newspaper photo archive. – In: Information Retrieval 1, S. 259-285.

Maron, M.E. (1979): Depth of indexing. – In: Journal of the American Society of Information Science 30, 224-228.

Milstead, J.L. (1994): Needs for research in indexing. – In: Journal of the American Society for Information Science 45, S. 577-582.

O`Connor, B.C. (1996): Explorations in Indexing and Abstracting. Pointing, Virtue, and Power. – Englewood, Col.: Libraries Unlimited.

Ornager, S. (1995): The newspaper image database. Empirical supported analysis of users' typology and word association clusters. – In: Proceedings of the 18th Annual International ACM SIGIR Conference on Research and Development in Information Retrieval. – New York: ACM, S. 212-218.

Rasmussen, E.M. (1997): Indexing images. – In: Annual Review of Information Science and Technology 32, S. 169-196.

Shatford, S. (1984): Describing a picture: A thousand words are seldom cost effective. – In: Cataloging & Classification Quarterly 4(4), S. 13-30.

Shatford, S. (1986): Analyzing the subject of a picture: A theoretical approach. – In: Cataloging & Classification Quarterly 6(3), S. 39-62.

Soergel, D. (1994): Indexing and retrieval performance: The logical evidence. – In: Journal of the American Society for Information Science 45, S. 589-599.

Stock, W.G. (1994): Qualität von elektronischen Informationsdienstleistungen: Wissenschaftstheoretische Grundprobleme. – In: Deutscher Dokumentartag 1993. Qualität und Information. – Frankfurt: DGD, S. 135-157.

Svenonius, E. (1994): Access to nonbook materials: The limits of subject indexing for visual and aural languages. – In: Journal of the American Society for Information Science 45, S. 600-606.

Tibbo, H.R. (1994): Indexing for the humanities. – In: Journal of the American Society for Information Science 45, S. 607-619.

White, H.D.; Griffith, B.C. (1987): Quality of indexing in online databases. – In: Information Processing & Management 23, S. 211-224.

Kapitel 20

Automatisches Indexieren

Einsatzfelder automatisierten Vorgehens

In welchen Bereichen können automatische Verfahren beim Indexieren zum Einsatz kommen? Die Grundsatzentscheidung beim Aufbau und beim Betrieb eines Retrievalsystems ist, ob wir mit terminologischer Kontrolle oder ohne arbeiten wollen (IR, 97). Entscheiden wir uns für terminologische Kontrolle, so sind wir aufgerufen, eine Wissensordnung zu erstellen und einzusetzen. Hier arbeiten wir durchgängig mit Begriffen (deshalb: "concept-based information indexing"). Beim intellektuellen Indexieren geschieht die konkrete Indexierungsarbeit durch menschliche Indexer, beim automatischen Indexieren wird diese Aufgabe dem Informationssystem delegiert.

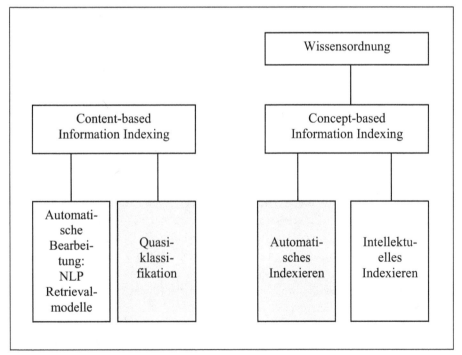

Abbildung 20.1: Felder automatischen Vorgehens beim Indexieren.

Zwei theoretische Ansätze versuchen, dieser Aufgabe gerecht zu werden. Das probabilistische Indexierungsmodell fragt nach der Wahrscheinlichkeit, dass einem gegebenen Dokument ein bestimmter Begriff zuzuordnen ist. Regelbasierte Indexierungsverfahren stellen Wenn-dann-Klauseln her: Wenn Worte im Text sowie die benachbarten Worte in einem Textfenster gewissen Regeln folgen, dann wird ein bestimmter Begriff als Indexterm zugeordnet. Die Regelbasis kann dabei textstatistische Merkmale (beispielsweise absolute Häufigkeit, Stellung, WDF, TF*IDF von Termen) enthalten. In der Informationspraxis trifft man auch Mischformen aus probabilistischem und regelgeleitetem Modell an.

Verzichten wir auf terminologische Kontrolle, so setzen wir beim konkret vorliegenden Dokument an, bei dessen Schriftzeichen (bei Texten), bei Farben und Formen (bei Bildern) oder bei Tonhöhen und Rhythmen (bei Musik). Wenn wir von der Textwortmethode absehen, wird in diesem Bereich ausschließlich ohne Rückgriff auf menschliche Indexer gearbeitet. Das sog. "content-based information indexing" erfordert mannigfache Bearbeitungsschritte, bei Textdokumenten den Einsatz des gesamten Spektrums der Methoden der Informationslinguistik ("natural language processing", NLP) sowie die Anwendung eines Retrievalmodells. In einer Version automatischer Bearbeitung ordnet das Indexierungssystem Dokumente in Klassen ein – ohne ein vorgegebenes Klassifikationssystem, nur auf der Basis der Worte der Dokumente. Dieses Vorgehen (Klassifikation ohne Klassifikationssystem) wollen wir als "Quasiklassifikation" bezeichnen. Die beiden grau unterlegten Kästchen in Abbildung 20.1 – das automatische Indexieren mithilfe einer Wissensordnung und die Quasiklassifikation – sind das Thema dieses Kapitels.

Probabilistisches Indexieren

Kernstück probabilistischen Indexierens ist das Vorliegen von Wahrscheinlichkeitsinformationen über die Relevanz eines bestimmten Begriffs aus einer Wissensordnung für ein Dokument unter der Voraussetzung, dass ein bestimmter Term im Dokument vorkommt. Hierzu bedarf es zweier Vorgaben: Das Dokument (oder ein Teil davon – beispielsweise ein Abstract) liegt digital vor und eine gewisse Menge von Dokumenten (ein "Trainingskorpus") ist bereits intellektuell indexiert worden. Gemäß Fangmeyer und Lustig (1969) können wir jetzt den Assoziationsfaktor z zwischen einem Dokumentterm t und einem Deskriptor (oder einer Notation, je nachdem, welche Art von Begriffsordnung zum Einsatz kommt) s errechnen. $f(t)$ sei die Anzahl der Dokumente, in denen der Term t vorkommt, $h(t,s)$ sei die Anzahl derjenigen Dokumente, die sowohl t enthalten als auch mittels s intellektuell indexiert worden sind. Dann errechnet sich der Assoziationsfaktor z gemäß

$$z(t,s) = h(t,s) / f(t).$$

Das Ergebnis ist eine relative Häufigkeit; z erhält den Wert 0, wenn kein einziges Mal s gemeinsam mit t vorkommt, z wird 1, wenn s immer indexiert wird, wenn t im Text auftaucht. Man kann z demnach als Wahrscheinlichkeit dafür deuten, ob s Relevanz für ein Dokument d besitzt.

Ein probabilistisches Indexierungssystem, das auf diesem Assoziationsfaktor aufbaut, ist das in Darmstadt entwickelte System AIR/PHYS. Dies ist ein – auch praktisch eingesetztes – Indexierungssystem für eine Physikdatenbank, das auf der Dokumentseite mit englischsprachigen Abstracts und auf der Seite der Wissensordnung mit einem Thesaurus (zusätzlich auch mit einem Klassifikationssystem) arbeitet (Biebricher/Fuhr/Knorz/Lustig/Schwantner 1988; Biebricher/Fuhr/Lustig/ Schwantner/Knorz 1988a, 1988b). Dadurch, dass die Physikdatenbank schon lange vor Beginn der Automatisierung praktisch arbeitete, liegen mehrere 100.000 indexierte Dokumente vor, aus denen die Assoziationsfaktoren gewonnen werden können. Bei den Termen berücksichtigt man sowohl Einzelworte als auch Phrasen, die jeweils auf Grundformen reduziert werden. Alle Term-Deskriptor-Paare, die die Schwellenwerte $z(t,s) \geq 0{,}3$ und $h(t,s) \geq 3$ überschreiten, gehen in ein Wörterbuch ein. Am Beispiel des Deskriptors *Stellar winds* wollen wir Assoziationsfaktor und Wörterbuch vorstellen:

Term t	Deskriptor s	h(t,s)	f(t)	z(t,s)
stellar wind	Stellar wind	359	479	0,74
molecular outflow	Stellar wind	11	19	0,57
hot star wind	Stellar wind	13	17	0,76
terminal stellar wind velocity	Stellar wind	12	13	0,92.

Kommt im Text eines Abstracts die Phrase "terminal stellar wind velocity" vor, so beträgt die Wahrscheinlichkeit, dass der Deskriptor *Stellar wind* relevant ist, 92%, nennt der Text "hot star wind", so ist *Stellar wind* mit einer Wahrscheinlichkeit von 76% für dieses Dokument relevant. Zusammen mit anderen Kriterien (z.B. die Vorkommenshäufigkeit von t oder das Vorkommen von t im Titel) steuern die jeweiligen z-Werte, ob ein bestimmter Deskriptor zugeteilt wird oder nicht. An dieser Stelle sind zwei Optionen offen. In einem binären Ansatz gilt es, Grenzwerte zu definieren, bei deren Überschreiten der Deskriptor benutzt wird. Angepeilt wird eine durchschnittliche Indexierungsbreite von zwölf Deskriptoren pro Dokument. Die vorher gewonnenen Relevanzwahrscheinlichkeiten steuern nur diese Binärentscheidung und gehen danach verloren. Dies war die Darmstädter Lösung für die Physikdatenbank. Im gewichteten Ansatz bleiben dagegen die Wahrscheinlichkeitswerte erhalten (Fuhr 1989) und fundieren die Berechnung von Retrievalstatuswerten und damit ein Relevance Ranking der Treffer. Biebricher, Fuhr, Lustig, Schwanter und Knorz (1988a, 322) beschreiben die Arbeitsschritte:

> Die beim Indexieren immer wieder fällige Entscheidung, ob ein Deskriptor s einem Dokument d zugeteilt wird, läßt sich als Abbildung g des Dokument-Deskriptor-Paares (s,d) auf einen der Werte 0 oder 1 darstellen:

$$g(s,d) = \begin{cases} 1, \text{wenn s zugeteilt wird} \\ 0, \text{wenn s nicht zugeteilt wird.} \end{cases}$$

Beim automatischen Indexieren läßt sich diese Abbildung g in einen *Beschreibungsschritt* und einen *Entscheidungsschritt* zerlegen. Im Beschreibungsschritt werden alle Informationen, die in die Entscheidung über Zuteilung oder Nicht-Zuteilung des Deskriptors s eingehen sollen, aus dem Text d herausgezogen. Die aus diesen Informationen gebildete Entscheidungsgrundlage für den zweiten Schritt wird als *Relevanzbeschreibung* von s bezüglich d bezeichnet. Im Entscheidungsschritt wird jede Relevanzbeschreibung x durch eine *Indexierungsfunktion* a(x) analog zu g(s,d) auf einen der Werte 0 oder 1 oder im Falle einer gewichteten Indexierung auf ein Indexierungsgewicht abgebildet.

Der Darmstädter Indexierungsansatz läuft auf ein halbautomatisches Verfahren hinaus. Im Anschluss an die automatische Indexierung kontrollieren Indexer die Arbeit der Maschine. Von den automatisch zugeteilten zwölf Deskriptoren löschen die menschlichen Experten im Schnitt vier und fügen im Gegenzug vier neue Deskriptoren hinzu (Biebricher/Fuhr/Knorz/Lustig/Schwantner 1988, 141). Durch diese Rückkopplung entsteht die (in Darmstadt jedoch nicht eingesetzte) Option, ein lernendes Indexierungssystem zu konstruieren. Da sich durch jeden (kontrollierten) Indexierungsfall einige Assoziationsfaktoren ändern, werden die z-Werte jeweils neu berechnet. Das System sollte sich so im Laufe der Zeit optimieren. Im Gegensatz zum probabilistischen Retrieval, das mit Relevance Feedback im Rahmen genau einer Recherche arbeitet (IR, 354-364), öffnet der Weg über die Assoziationswerte der Term-Deskriptor-Paare ein langfristiges maschinelles Lernen. Dies betonen Norbert Fuhr und Chris Buckley (1991, 246):

> Unlike many other probabilistic IR models, the probabilistic parameters do not relate to a specific document or query. This feature overcomes the restriction of limited relevance information that is inherent to other models, e.g., by regarding only relevance judgments with respect to the current request. Our approach can be regarded as a long-term learning method …

Regelgeleitetes Indexieren

Auch beim regelgeleiteten Verfahren setzen wir voraus, dass wir sowohl über digitale Dokumente als auch über eine ebenfalls digital vorliegende Wissensordnung verfügen. Für jeden Begriff der verwendeten Wissensordnung gilt es, Regeln zu konstruieren, nach denen der Begriff zur Indexierung herangezogen wird oder nicht. Der Aufwand der Vorarbeiten und der Systempflege steigt mit der Anzahl der Begriffe in der Wissensordnung, so dass es hier äußerst sinnvoll ist, nicht mit *einer* umfangreichen Begriffsordnung zu arbeiten, sondern diese in jeweils kleine Facetten zu zerlegen. Einen solchen Ansatz verfolgt beispielsweise der Datenbankanbieter Factiva, der mit einer facettierten Wissensordnung die Sprache der Wirtschaftsnachrichten abbildet. Zum Einsatz gelangt eine Mischform aus (multilingualem) Thesaurus und Klassifikationssystem, deren Begriffe in die drei Facetten Branchen (rund 900 Begriffe), geographische Regionen (ca. 550 Begriffe) und Wirtschaftsthemen (über 400 Begriffe) eingeteilt sind (Stock 2002, 33). Jeder Begriff hat als Vorzugsbenennung eine Notation (z.B. *icomp* für *Computing*) sowie Deskriptoren und Definitionen in 22 Sprachen (s. o. Abbildung 15.3, S. 280). Da die Facetten polyhierarchisch strukturiert sind, sind die Notationen zwangsläufig nicht strukturabbildend hierarchisch aufgebaut. Hinzu tritt als vierte Facette eine Nomenklatur der Namen von privaten und öffentlichen Unternehmen mit über 400.000 Schlagworten.

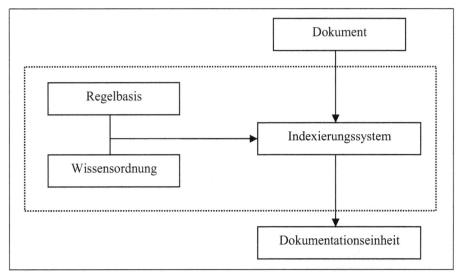

Abbildung 20.2: Regelgeleitetes automatisches Indexieren.

Die Indexierung geschieht bei Factiva real-time, d.h. direkt nach der Eingabe ins System (Abbildung 20.2). Das Indexierungssystem liest den jeweiligen Text ein und wendet sowohl die Regeln als auch die Wissensbasis darauf an. Resultat ist eine Dokumentationseinheit, die das Dokument erhält (und somit den Volltext recherchierbar macht) und zusätzlich kontrolliertes Vokabular aus den Thesaurusfacetten hinzufügt. Praktischen Einsatz bei Factiva findet das ursprünglich für Reuters Ltd. entwickelte System Construe-TIS (Categorization of news stories, rapidly, uniformly, and extensible / Topic Identification System), das auf Nachrichtendokumente im Wirtschaftsbereich (Agenturmeldungen, Zeitungsartikel, Textfassungen von Rundfunksendungen usw.) anwendbar ist (Hayes/Weinstein 1991).

Für jeden Begriff, der in den Facetten vorkommt, sind Regeln hinterlegt. Diese Regeln steuern zwei Verarbeitungsschritte: erstens die Erkennung eines Begriffs im Text und zweitens die Zuordnung eines Deskriptors zu dem Dokument. Begriffe werden über Muster von Worten und Phrasen erkannt, die im Text bzw. einem bestimmten Textfenster auftreten. Nehmen wir an, wir wollen in einem Dokument feststellen, ob dort *Gold* in der Bedeutung eines handelbaren Wirtschaftsgutes thematisiert wird. Das einfache Vorkommen des Wortes *Gold* reicht nicht aus, denn es kann sich ja um *Goldmedaillen* oder um *Goldschmiede* handeln. Möglich ist, negativ vorzugehen und semantisch unpassende Bedeutungen auszuschließen. Für die englische Sprache gilt beispielsweise für die Erkennung des Begriffes *gold (commodity)* folgende Regel:

gold (&n (reserve ! medal ! jewelry)

(Hayes/Weinstein 1991, 58). Der Funktor "&n" signalisiert, dass der Begriff nicht zugeordnet wird, wenn eines der nachfolgenden Worte im Textfenster vorkommt. Die Phrase *gold medal* wird demnach zurückgewiesen, während das Vorkommen von beispielsweise *gold mines* oder *gold production* dem Begriff *gold (commodity)* nicht widersprechen. Der zweite Schritt entscheidet auf der Basis erkannter Begriffe darüber, welche Deskriptoren dem Dokument zugeteilt werden. Philip J. Hayes and Steven P. Weinstein (1991, 59) beschreiben das Vorgehen:

> Categorization decisions are controlled by procedures written in the Construe rule language, which is organized around if-then rules. These rules permit application developers to base categorization decisions on Boolean combinations of concepts that appear in a story, the strength of the appearance of these concepts, and the location of a concept in a story.

Gearbeitet wird mit Regeln unter Ausnutzung der Booleschen Funktionalität (UND, ODER, NICHT), der Häufigkeit des Vorkommens des Begriffs (etwa nach Absolutwerten oder elaborierter nach TF*IDF) sowie der Stellung des Begriffs im Text (u. a. im Titel, im einleitenden Abschnitt oder im Body). Eine konkrete Regel (hier: für den Deskriptor *Gold*) sieht folgendermaßen aus (Hayes/Weinstein 1991, 60):

```
if
test:   (or    (and   [gold-concept:scope headline 1]
                       [gold-concept:scope body 1])
        [gold-concept:scope body 4])
action: (assign gold-categoy).
```

Wenn der Begriff *gold* (mindestens) einmal je im Titel und im Body vorkommt oder wenn er (mindestens) viermal im Body eines Dokuments aufscheint, wird der Deskriptor *Gold* vergeben. Zur Neuaufnahme und zur Pflege der Regeln arbeitet Factiva mit einem Regel-Editor (Abbildung 20.3).

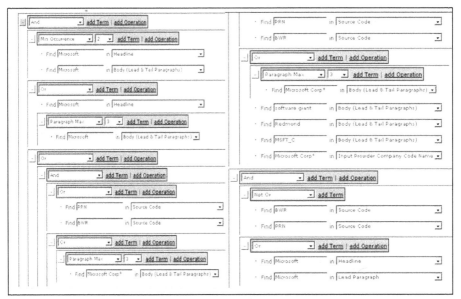

Abbildung 20.3: Pflege der Regelbasis bei Factiva (Beispiel: Ausschnitt aus den Regeln zum Unternehmensschlagwort *Microsoft***).** *Quelle:* Golden 2004.

Factiva Intelligent Indexing arbeitet halbautomatisch, d.h. Indexer prüfen das Resultat. Nach eigenen Angaben des Unternehmens sind rund 80% aller automatisch erstellten Indexate korrekt und bedürfen keiner intellektuellen Nachbearbeitung (Golden 2004).

Die nicht strukturabbildenden Notationen verhindern ein hierarchisches Retrieval durch Trunkierung. Um dem Nutzer aber trotzdem die Option zu geben, hierarchisch zu recherchieren, werden jedem Begriff alle seine Oberbegriffe aus allen unterschiedlichen Begriffsleitern zugeteilt (Cooke/Young 2001). Im Beispiel von Abbildung 20.4 geht es im Text um ein deutsches Unternehmen, was zur Vergabe der Notation *GFR* führt. Da *EURZ* sowie *WEURZ* Oberbegriffe von *GFR* sind, werden auch diese als Indexterme verwendet. Der Nutzer findet nunmehr bei seiner Suche nach, sagen wir, I1 AND EURZ auch alle Dokumente, in denen es um einzelne europäische Länder (und weiter hinunter bis zu den Bottom Terms) geht. Er wird also das Beispieldokument aus Abbildung 20.4 finden. Dieses Vorgehen widerspricht dem Prinzip der engsten Indexierung. Es ist nämlich bei diesem Verfahren nicht möglich, Dokumente zu finden, die ausschließlich eine höhere Begriffsebene thematisieren. Wir können also nicht solche Texte finden, die auf europäischer Ebene (in Gesamtsicht) in allgemeiner Art Energiefragen abhandeln. Bei der Abwägung, entweder auf hierarchisches Retrieval zu verzichten oder die

Regel der engsten Indexierung zu durchbrechen, hat sich Factiva für seinen Einsatzbereich (Wirtschaftsnachrichten) für letzteres entschieden.

IN I1: Energy | I111: Coal Mining | I16: Electricity/Gas Utilities | IMET: Metals/Mining

NS GCAT: Political/General News

RE EURZ: European Countries | GFR: Germany | WEURZ: Western European Countries

---

Abbildung 20.4: Beispiel eines automatisch erstellten Indexats bei Factiva.
Quelle: Stock 2002, 38.

Quasiklassifikation

Quasiklassifikation ist das Einordnen von ähnlichen Dokumenten in eine Klasse allein nach Charakteristika des Textes, ohne dass eine Begriffsordnung vorliegt. Das automatische Klassieren erfolgt in zwei Schritten: Zunächst errechnen wir Ähnlichkeitswerte zwischen Dokumenten, um im zweiten Schritt ähnliche Dokumente möglichst in eine Klasse zusammenzubringen und unähnliche Dokumente in unterschiedliche Klassen zu trennen. Dies geschieht durch den Einsatz von Methoden der numerischen Klassifikation (Anderberg 1973; Rasmussen 1992; Sneath/Sokal 1973).

Ähnlichkeitskoeffizienten werden u. a. von Paul Jaccard (1901), Peter H.A. Sneath (1957) und Lee R. Dice (1945) im Kontext der numerischen Taxonomie in der Biologie entwickelt (Sneath/Sokal 1973, 131). Gerald Salton führt die Cosinus-Formel als Maß für Abstand bzw. Ähnlichkeit in die Informationswissenschaft ein (Salton/Wong/Yang 1975; IR, 334 ff.). Die Berechnungsformeln bei Jaccard und bei Sneath sind analog, so dass hier ein einziger Indikator vorliegt.

Bei der Abschätzung der Ähnlichkeit von textuellen Dokumenten auf der Basis der Terme ist es ratsam, sowohl Stoppworte aus den Dokumenten zu entfernen (IR, 222 ff.) als auch die im Text auftretenden Formen eines Wortes zur Grund- oder Stammform zu verschmelzen (IR, 227 ff.). Statt nur einzelne Worte bei der Beschreibung von Dokumenten heranzuziehen, ist es auch möglich – und sehr wahrscheinlich auch erfolgreich – "höhere" Termformen wie Phrasen oder die Ausweisung von "named entities" zu berücksichtigen (IR, 321). Da wir mit Worten (nicht mit Begriffen) arbeiten, bleiben Probleme wie Synonymie und Homonymie unbeachtet. Zudem kann man Quasiklassifikation nur auf Texte anwenden, die in derselben Sprache verfasst worden sind.

Ein Alternativverfahren arbeitet mit Referenzen bzw. Zitationen, genauer: mit bibliographischen Kopplungen und mit Co-Zitationen (s. o. Kapitel 18, S. 335).

Diese Methode ist unabhängig von der Sprache des Textes, sie ist allerdings nur in Domänen einsetzbar, in denen formal zitiert wird.

Wir unterscheiden bei der Ähnlichkeitsberechnung zwei Fälle. Liegen absolute Häufigkeitswerte zu den Anzahlen der Terme in den Dokumenten vor, so dass wir über a (Anzahl der Worte im Dokument D_1), b (Anzahl der Worte im Dokument D_2) sowie über g (Anzahl derjenigen Worte, die in beiden Dokumenten D_1 und D_2 gemeinsam vorkommen) verfügen, so berechnen wir die Ähnlichkeit (S) von D_1 und D_2 nach:

- $S(D_1 - D_2) = g / (a + b - g)$ (Jaccard-Sneath),
- $S(D_1 - D_2) = 2g / (a + b)$ (Dice),
- $S(D_1 - D_2) = g / (a\,b)^{1/2}$ (Cosinus).

Im Alternativfall verfügen wir über Gewichtungswerte für alle Worte in den Dokumenten D_1 und D_2, die wir beispielsweise über die Berechnung von TF*IDF (IR, 326) erhalten haben. Hier können wir mit elaborierteren Berechnungsoptionen aufwarten (Rasmussen 1992, 422):

- $$S_{D_i, D_j} = \frac{\sum_{k=1}^{L} (weight_{ij}\, weight_{jk})}{\sum_{k=1}^{L} weight_{ik}^2 + \sum_{k=1}^{L} weight_{jk}^2 - \sum_{k=1}^{L} (weight_{ik}\, weight_{jk})}$$

(Jaccard-Sneath),

- $$S_{D_i, D_j} = \frac{2 \sum_{k=1}^{L} (weight_{ik}\, weight_{jk})}{\sum_{k=1}^{L} weight_{ik}^2 + \sum_{k=1}^{L} weight_{jk}^2}$$

(Dice),

- $$S_{D_i, D_j} = \frac{\sum_{k=1}^{L} (weight_{ij}\, weight_{jk})}{\sqrt{\sum_{k=1}^{L} weight_{ik}^2 \sum_{k=1}^{L} weight_{jk}^2}}$$

(Cosinus).

Im Zähler multiplizieren wir jeweils die Gewichtungswerte aller einzelnen Wortpaare aus beiden Dokumenten und addieren die errechneten Produkte. Kommt ein Wort nur in einem Dokument (aber nicht im anderen) vor, so ergibt das Produkt an dieser Stelle null. Alle Koeffizienten verfügen über einen Wertebereich von 0 bis 1, wobei 0 für maximalen Abstand und 1 für maximale Ähnlichkeit steht.

Der Dice-Koeffizient gewichtet die Gemeinsamkeiten höher als Jaccard-Sneath; der Cosinus bringt höhere Ähnlichkeitswerte als die Jaccard-Sneath-Formel (Hamers et al. 1989). Welcher Koeffizient jeweils eingesetzt wird, dürfte von den Charakteristika der zur automatischen Klassifikation anstehenden Dokumente (wie auch von den Vorlieben des Systemdesigners) abhängen. Edie Rasmussen (1992, 422) schreibt für alle drei Varianten:

> The Dice, Jaccard and cosine coefficients have the attractions of simplicity and normalization and have often been used for document clustering.

Spielen wir kurz ein Beispiel für alle drei Ähnlichkeitsmaße (in der einfachen Variante mit absoluten Zahlen) durch! Dokument D_1 umfasse 100 Worte (a = 100), Dokument D_2 200 (b = 200); gemeinsam in D_1 und D_2 kommen 15 Terme vor (g = 15). Nach Jaccard-Sneath ergibt sich eine Ähnlichkeit der beiden Dokumente von 15 / (100 + 200 − 15) = 0,053; Dice errechnet 2 * 15 / (100 + 200) = 0,1, der Cosinus führt zu 15 / (100 * 200)$^{1/2}$ = 0,106.

In der Praxis setzt die Quasiklassifikation im Anschluss an eine Recherche an und errechnet für alle gefundenen Treffer die Ähnlichkeitswerte. Es entsteht eine **Ähnlichkeitsmatrix**:

	D_1	D_2	D_3	D_4	...	D_n
D_1	1					
D_2	S_{21}	1				
D_3	S_{31}	S_{32}	1			
D_4	S_{41}	S_{42}	S_{43}	1		
..						
D_n	S_{n1}	S_{n2}	S_{n3}	S_{n4}		1.

Es ist in praktischen Anwendungen sinnvoll, eine hierarchische Quasiklassifikation (Voorhees 1986; Willett 1988) durchzuführen, da – vor allem bei Web-Suchmaschinen – sonst viel zu viele Treffer in einer Klasse zusammenfallen würden. Über passende Modifikationen an den Schwellenwerten oder beim k-Wert ist es möglich, die Anzahl der Klassen pro Hierarchieebene einzustellen. Aus Gründen der Übersichtlichkeit und auch der graphischen Darstellbarkeit der Klassen in Suchwerkzeugen sollte die Klassenzahl pro Ebene Werte von etwa 15 bis 20 nicht überschreiten.

Ein Primitivverfahren der Quasiklassifikation ist es, von einem Dokument D ausgehend so viele weitere Dokumente in eine Quasiklasse aufzunehmen, die bis zum Erreichen eines Zählwertes k mit dem Ausgangsdokument ähnlich sind. Man errechnet bei diesem **k-nearest neighbors-Verfahren** für ein Dokument D_1 die Ähnlichkeit mit allen anderen Dokumenten. Nun sortiert man die erhaltenen Werte absteigend nach der Ähnlichkeit. Die ersten k Dokumente in dieser Liste ergeben die Klasse.

Wir wollen hier drei "klassische" Methoden darstellen, aus Ähnlichkeitsmatrizen via **Clusteranalyse** Klassen zu bilden (Rasmussen 1992, 426): das Single-Link-, das Complete-Link- und das Group-Average-Verfahren. Der Cluster-Algorithmus beginnt stets bei demjenigen Dokumentpaar, dessen S_{ij}-Wert am höchsten ist. Im

Single-Link-Verfahren werden alle Dokumente hinzugefügt, die mit einem der beiden Ausgangsdokumente einen Ähnlichkeitswert haben, der über dem voreingestellten Schwellenwert liegt. Dies wird für alle Dokumente aus der Matrix wiederholt, bis kein Dokument mehr gefunden wird, das mit einem der bereits im Cluster befindlichen einen Ähnlichkeitswert oberhalb des Schwellenwertes hat. Die bis hierhin gefundenen Dokumente bilden eine Klasse (Abbildung 20.5). Dieses Verfahren wird nunmehr wiederholt, bis alle Dokumente in der Matrix abgearbeitet sind.

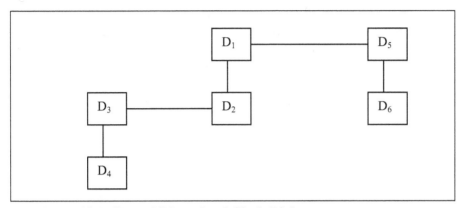

Abbildung 20.5: Clusterbildung durch Single Linkage.

Wollen wir disjunkte Klassen bilden, so müssen wir sicherstellen, dass die bisher bereits in eine Klasse eingeordneten Dokumente für die betreffende Iterationsrunde nach dem ersten Auslesen des Ähnlichkeitswertes nicht noch einmal berücksichtigt werden. Dies wird z.B. dadurch bewerkstelligt, dass wir den Ähnlichkeitswert (für diese Runde) auf Null setzen. Unterlassen wir dies, so können sich überlappende Klassen entstehen.

Das Single-Link-Verfahren orientiert sich jeweils am nächsten Nachbarn (Sneath/ Sokal 1973, 216), während das Vorgehen nach Complete Linkage seinen Fixpunkt am entferntesten Nachbarn hat (Sneath/Sokal 1973, 222). Beim Complete-Linkage-Verfahren wird gefordert, dass alle Dokumente, die eine Klasse bilden, miteinander mit einem festzusetzenden Ähnlichkeitswert verbunden sind (Abbildung 20.6). Dieses Verfahren führt zu eher kleinen Clustern, während das Single-Link-Vorgehen durchaus auch weitläufige Klassen bilden kann.

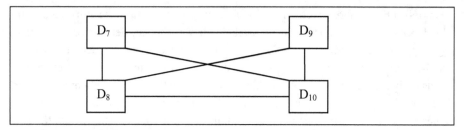

Abbildung 20.6: Clusterbildung durch Complete Linkage.

Eine Art Kompromiss zwischen beiden Methoden bildet das Group-Average-Link-Verfahren. Es geht zunächst genauso vor wie Single-Linkage, errechnet jedoch für die entstandene Klasse den arithmetischen Mittelwert aller Ähnlichkeitswerte. Dieser Mittelwert fungiert jetzt als Schwellenwert, so dass alle Dokumente entfernt werden, die nur mit einem unter dem Mittelwert liegenden Betrag mit anderen, in der Klasse verbleibenden Dokumenten verknüpft sind.

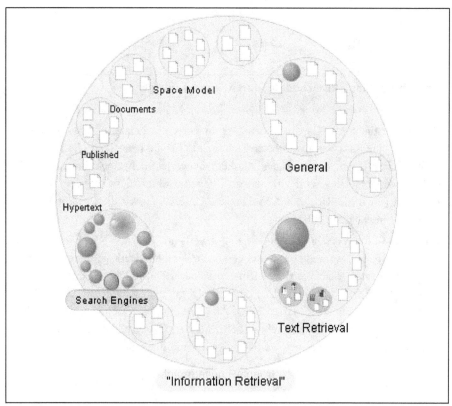

Abbildung 20.7: Visualisierung bei der Quasiklassifikation. *Quelle:* Grokker.
Kreise: Subcluster, Kugeln: weitere Subcluster, Rechtecke: Dokumente.

Für die hierarchische Klassifikation wird die Clusteranalyse innerhalb der jeweiligen Klassen wiederholt. Dies kann bei großen Treffermengen zu mehreren Hierarchieebenen führen. Das Verfahren sollte abgebrochen werden, wenn nur noch ungefähr 20 Dokumente zur weiteren Clusteranalyse vorhanden sind.

Wie benennt man die soeben automatisch generierten Klassen? Hat man alle Stoppworte aus den Dokumenten entfernt, so bietet sich das Vokabular des jeweiligen Zentroidvektors (Durchschnittsvektors aller Dokumente der Klasse) an (IR, 338-339). Für den Klassenzentroiden werden die Terme absteigend nach Häufigkeit (alternativ nach TF*IDF) sortiert. Die ersten zwei bis drei Terme sollten die Klasse zumindest einigermaßen genau umreißen.

Zur benutzerfreundlichen Darstellung von Retrievalergebnissen auf der Basis der Quasiklassifikation bieten sich Verfahren zur **Informationsvisualisierung** an (Bekavac/Herget/Hierl/Öttl 2007). Abbildung 20.7 zeigt ein Beispiel, wie die Software Grokker das Visualisierungsproblem löst (Decombe 2004).

Fazit

- Im Information Indexing kann man an zwei Stellen automatisiert vorgehen: beim Indexieren unter Einsatz einer Wissensordnung und beim Klassieren von Dokumenten nach Termen bzw. nach Zitationen und Referenzen (Quasiklassifikation).

- Automatisches Indexieren (mit Wissensordnung) arbeitet entweder probabilistisch oder regelgeleitet.

- Das probabilistische Indexieren (wie dies beispielsweise bei AIR/PHYS im Darmstädter Ansatz durchgeführt worden ist) erfordert das Vorliegen von Wahrscheinlichkeitsinformationen darüber, ob ein Deskriptor (eine Notation usw.) Relevanz für das Dokument hat, wenn in diesem ein gewisser Term vorkommt. Korrigieren menschliche Indexer die Maschine, so wird es möglich, ein langfristiges maschinelles Lernen einzuleiten.

- Beim regelgeleiteten Indexierungsverfahren wird zu jedem Begriff der Wissensordnung eine Menge von Regeln ausgearbeitet, unter denen der Deskriptor (die Notation usw.) als Indexierungsterm zuzuteilen ist. Um den Entwicklungs- und Pflegeaufwand überschaubar zu halten, sollte die Wissensordnung möglichst wenige Begriffe enthalten, wie dies bei facettierten Begriffsordnungen der Fall ist. Beispiel eines Systems im Routineeinsatz ist Factiva Intelligent Indexing.

- Quasiklassifikation meint das Einordnen ähnlicher Dokumente in eine Klasse allein nach Charakteristika der Texte (also ohne Begriffsordnung) durch die Anwendung von Methoden der numerischen Klassifikation.

- Zur Bestimmung der Ähnlichkeit verwendet die Informationswissenschaft Koeffizienten von Jaccard und Sneath, von Dice sowie den Cosinus (nach Salton). Die Koeffizienten finden bei einer Treffermenge Einsatz und führen zu einer Ähnlichkeitsmatrix der Trefferdokumente. Die darauf aufbauende Clusteranalyse arbeitet entweder nach dem Single-Link-, dem Complete-Link oder nach dem Group-Average-Link-Verfahren. Sinnvoll sind hierarchische Klassierungen; an der Nutzerschnittstelle ist der Einsatz von Informationsvisualisierung hilfreich.

Literatur

Anderberg, M.R. (1973): Cluster Analysis for Applications. – New York: Academic Press.

Bekavac, B.; Herget, J.; Hierl, S.; Öttl, S. (2007): Visualisierungskomponenten bei webbasierten Suchmaschinen: Methoden, Kriterien und ein Marktüberblick. – In: Information. Wissenschaft und Praxis 58, S. 149-158.

Biebricher, P.; Fuhr, N.; Knorz, G.; Lustig, G.; Schwantner, M. (1988): Entwicklung und Anwendung des automatischen Indexierungssystems AIR/PHYS. – In: Nachrichten für Dokumentation 39, S. 135-143.

Biebricher, P.; Fuhr, N.; Lustig, G.; Schwantner, M.; Knorz, G. (1988a): Das automatische Indexierungssystem AIR/PHYS. – In: Strohl-Goebel, H. (Hrsg.): Deutscher Dokumentartag 1987. – Weinheim: VCH, S. 319-328.

Biebricher, P.; Fuhr, N.; Lustig, G.; Schwantner, M.; Knorz, G. (1988b): The automatic indexing system AIR/PHYS – From research to application. – In: Proceedings of the 11th Annual International ACM SIGIR Conference on Research and Development in Information Retrieval. – New York: ACM, S. 333-342.

Cooke, J.G.G.; Young, A.R. (2001): Polyarchical data indexing and automatically generated hierarchical data indexing paths. Patent-Nr. US 6.938.046. – Patentinhaber: Dow Jones Reuters Interactive, Princeton, NJ. – Erteilt am: 30.8.2005. – (Eingereicht am: 2.3.2001).

Decombe, J.M. (2004): Interface for displaying and exploring hierarchical information. – Patentanmeldung Nr. US 2005/0114786 A1. – (Eingereicht am: 10.11.2004).

Dice, L.R. (1945): Measures of the amount of ecologic association between species. – In: Ecology 26, S. 297-302.

Fangmeyer, H.; Lustig, G. (1969): The EURATOM automatic indexing project. – In: International Federation for Information Processing Congress 68. – Amsterdam: North Holland, S. 1310-1314.

Fuhr, N. (1989): Models for retrieval with probabilistic indexing. – In: Information Processing & Management 25, S. 55-72.

Fuhr, N.; Buckley, C. (1991): A probabilistic learning approach for document indexing. – In: ACM Transactions on Information Systems 9(3), S. 223-248.

Golden, B. (2004): Factiva Intelligent Indexing. – In: 2004 Conference of the Special Libraries Association. – Online:
http://units.sla.org/division/dlmd/2004Conference/Tues07b.ppt.

Hamers, L.; Hemeryck, Y.; Herweyers, G.; Janssen, M.; Keters, H.; Rousseau, R.; Vanhoutte, A. (1989): Similarity measures in scientometric research: The Jaccard index versus Salton's cosine formula. – In: Information Processing & Management 25, S. 315-318.

Hayes, P.J.; Weinstein, S.P. (1991): Construe-TIS: A system for content-based indexing of a database of news stories. – In: Proceedings of the Second Conference on Innovative Applications of Artificial Intelligence. – Menlo Park, Cal: AAAI Press, S. 49-64.

Jaccard, P. (1901): Etude comparative de la distribution florale dans une portion des Alpes et du Jura. – In: Bulletin de la Société Vaudoise des Sciences Naturelles 37, S. 547-579.

Rasmussen, E.M. (1992): Clustering algorithms. – In: Frakes, W.B.; Baeza-Yates, R. (Hrsg.): Information Retrieval. Data Structures & Algorithms. – Englewood Cliffs, NJ: Prentice Hall, S. 419-442.

Salton, G.; Wong, A.; Yang, C.S. (1975): A vector space model for automatic indexing. – In: Communications of the ACM 18, S. 613-620.

Sneath, P.H.A. (1957): Some thoughts on bacterial classification. – In: Journal of General Microbiology 17, S. 184-200.

Sneath, P.H.A.; Sokal, R.R. (1973): Numerical Taxonomy. The Principles and Practice of Numerical Classification. – San Francisco: Freeman.

Stock, M. (2002): Factiva.com: Neuigkeiten auf der Spur. Searches, Tracks und News Pages bei Factiva. – In: Password Nr. 5, S. 31-40.

Voorhees, E.M. (1986): Implementing agglomerative hierarchic clustering algorithms for use in document retrieval. – In: Information Processing & Management 22, S. 465-476.

Willett, P. (1988): Recent trends in hierarchic document clustering: A critical review. – In: Information Processing & Management 24, S. 577-597.

Kapitel 21

Abstracts

Kurzreferate als Methode der Informationsverdichtung

Methoden der Informationsverdichtung sorgen dafür, dass – auch längere – Dokumente derart "kondensiert" werden, dass deren hauptsächlicher Content überblicksartig dargestellt wird. Man sieht bei der Informationsverdichtung von allem nicht Wesentlichen ab (abstrahiert demnach davon) und präsentiert als Ergebnis ein "Abstract" (deutsch "Kurzreferat") von wenigen Zeilen. Wir verlassen mit diesem Kapitel die Welt der Begriffe und wenden uns den Aussagen zu. Diese repräsentieren keine Objektklassen (wie die Begriffe), sondern Sachverhalte. Abstracts bestehen demnach aus (Aussage-)Sätzen.

Was ist ein Abstract? Die deutsche Norm (DIN 1426:1988, 2) definiert wie folgt:

> Das Kurzreferat gibt kurz und klar den Inhalt des Dokuments wieder. Das Kurzreferat soll informativ ohne Interpretation und Wertung (…) und auch ohne die Originalvorlage verständlich sein. Der Sachtitel soll nicht wiederholt, vielmehr, wenn nötig, ergänzt oder erläutert werden. Es müssen nicht alle Inhaltskomponenten des Dokuments dargestellt, sondern es können diejenigen ausgewählt werden, die von besonderer Bedeutung sind.

Prägnant formuliert Maria Pinto (2006, 215) die hauptsächlichen Charakteristika von Abstracts:

> Abstracts are reduced, autonomous and purposeful textual representations of original texts, above all, representations of the essential content of the represented original texts.

Ausgangspunkt ist immer ein Dokument, dessen Content verdichtet beschrieben wird. Für Borko und Bernier (1975, 69)

> a well-written abstract must convey both the significant content and the character of the original work.

Cremmins (1996) hält Abstracting für eine Kunst (oder ein Kunsthandwerk, je nach Übersetzung des englischen *art*). Dies deutet auf nicht unerhebliche Probleme bei automatisierten Methoden hin. Wir müssen zwischen Extracts und Abstracts unterscheiden. Während erstere ausschließlich vorhandene Sätze eines Dokuments auswählen, sind letztere eine eigene Textsorte und Resultat eines kreativen Bearbeitens des Ausgangsdokuments. Lancaster (2003, 100) betont:

> An extract is an abbreviated version of a document created by drawing sentences from the document itself. For example, two or three sentences from the introduction, followed by two or three from the conclusions or summaries, might provide

a good indication of what a certain journal article is about. A true abstract, while it may include words occurring in the document, is a piece of text created by the abstractor rather than a direct quotation from the author.

Sind Kurzreferate eigentlich notwendig, wenn der Volltext selbst digital vorliegt? An dieser Stelle müssen wir nachfragen, um welche Volltexte es sich handelt. Eine kurze Webseite bedarf sicherlich keines eigens dafür intellektuell produzierten Abstracts, ein wissenschaftlicher Artikel aber sehr wohl. Gerade bei letzterem liegt der Volltext zwar heute (zumindest für neuere Literatur) meist digital vor, jedoch nicht selten im (kostenpflichtigen) Deep Web. Nicholas, Huntington und Jamali (2007, 253) finden in einer Nutzerstudie folgendes Resultat:

> It is clear that abstracts have a key role in the information seeking behavior of scholars and are important in helping them deal with the digital flood.

Selbst wenn das Dokument frei zugänglich ist, melden Wissenschaftler Bedarf an Abstracts an (Nicholas/Huntington/Jamali 2007, 446):

> In a digital world, rich in full text documents, abstracts remain ever-popular, even in cases where the user has complete full-text access.

Ein Kurzreferat steuert nämlich die Entscheidung, ob der Nutzer sich den Volltext beschafft (oder auch nur dem Link dahin folgt) oder nicht. Der User sieht auf einem Blick, ob der Inhalt des kompletten Dokuments sein Informationsbedürfnis befriedigt. Ein Abstract erfüllt damit eine Marketingfunktion: Es beeinflusst die Nachfrage nach dem kompletten Dokument. Nach Josef Koblitz (1975, 16 f.) dient die Informationsverdichtung vor allem folgenden zwei Aufgaben:

> (Das Referat) hat in Verbindung mit den Indizes (also dem kontrollierten Vokabular aus Wissensordnungen, die Verf.) dem Nutzer die Feststellung zu ermöglichen oder zu erleichtern, ob die referierte Informationsquelle seinem Informationsbedarf entspricht (relevant ist) oder nicht.
>
> Es hat die Entscheidung zu ermöglichen oder zu erleichtern, ob der Informationswert der als relevant erkannten Informationsquelle ihr Studium rechtfertigt oder nicht.

Bei fremdsprachiger Literatur (insbesondere bei Sprachen, die der Nutzer nicht beherrscht) tritt ein dritter Aspekt hinzu. Der User bekommt einen knappen Überblick über ein Dokument, der möglicherweise als Ersatz für den Volltext dient (oder als Entscheidungsgrundlage für den Auftrag, eine Übersetzung erstellen zu lassen).

Obwohl Informationsverdichtungen in allen Formen menschlicher Kommunikation vorkommen (Cleveland/Cleveland 2001, 108; Endres-Niggemeyer 1998, 45 ff.), sind es doch die Zusammenfassungen von Dokumenten aus dem Wissenschaftssystem, die die Informationswissenschaft am meisten beschäftigen. Als Autoren der Summaries treten sowohl die publizierenden Wissenschaftler selbst in Erscheinung, oder ein Informationsdienst arbeitet mit professionellen Abstractors.

Gemäß Brigitte Endres-Niggemeyer (1998, 98 f.) ist es aus Qualitätsgründen vorzuziehen, Abstracts durch Informationsspezialisten erstellen zu lassen, denn diese
verfügen über ein Methodenwissen, wie man optimal Zusammenfassungen
schreibt:

> (P)rofessional summarizers can summarize the same information with greater
> competence, speed, and quality than non-professionals.

Allerdings ist der Einsatz solcher Experten derart kostenintensiv, so dass – auch in
professionellen Informationsdiensten – häufig auf diejenigen Abstracts zurückgegriffen wird, die der Autor seinem Artikel hinzugefügt hat.

Merkmale von Kurzreferaten

Nach der deutschen Abstract-Norm (DIN 1426:1988, 2 f.) sollen Kurzreferate die
folgenden Merkmale aufweisen:

> a) Vollständigkeit. Das Kurzreferat muß für den Fachmann des jeweiligen Be-
> reichs ohne Rückgriff auf das Originaldokument verständlich sein. Alle wesentli-
> chen Sachverhalte sollen – auch im Hinblick auf die maschinelle Recherche – im
> Kurzreferat explizit enthalten sein. ...
>
> b) Genauigkeit. Das Kurzreferat soll genau die Inhalte und die Meinung der Ori-
> ginalarbeit wiedergeben. ...
>
> c) Objektivität. Das Kurzreferat soll sich jeder Wertung enthalten. ...
>
> d) Kürze. Das Kurzreferat soll so kurz wie möglich sein. ...
>
> e) Verständlichkeit. Das Kurzreferat soll verständlich sein.

Die Norm spricht selbst davon (DIN 1426:1988, 3), dass einige der aufgeführten
Merkmale einander zum Teil entgegenstehen. Rainer Kuhlen (2004, 196) nennt als
Beispiel den Konflikt zwischen Vollständigkeit und Kürze.

In einer empirischen Untersuchung kann Maria Pinto (2006) Merkmale herausar-
beiten, die für die Nutzer von besonderem Interesse sind: Genauigkeit (im Sinne
von Fehlerfreiheit), Repräsentativität (Ähnlichkeit zwischen Quelle und Abstract),
vom User wahrgenommene Qualität (ein sehr subjektives Kriterium, erstellt auf
der Basis der Differenz aus dem Maß der Erwartung und dem Maß der Wahrneh-
mung), Brauchbarkeit und Ausschöpfung (Anteil der referierten wichtigen Themen der Vorlage).

Lancaster (2003, 113) beschränkt die Anzahl der entscheidenden Merkmale auf
drei: Kürze, Genauigkeit und Klarheit:

> The characteristics of a good abstract can be summarized as brevity, accuracy,
> and clarity. The abstractor should avoid redundancy. ... The abstractor should
> also omit other information that readers would be likely to know or that may not
> be of direct interest of them. ... The shorter the abstract the better, as long as the
> meaning remains clear and there is no sacrifice of accuracy.

Diskutiert wird mitunter eine Konsistenz von Abstracts (etwa bei Pinto/Lancaster 1998). Inter-Indexer-Konsistenz beim Einsatz von Wissensordnungen ist schon schwer zu gewährleisten, Inter-Abstractor- ebenso Intra-Abstractor-Konsistenz scheinen noch schwieriger erreichbar zu sein. Lancaster (2003, 123) beschreibt dies so:

> No two abstracts for a document will be identical when written by different individuals or by the same individual at different times: what is described may be the same but how it is described will differ. Quality and consistency are a bit more vague when applied to abstracts than when applied to indexing.

Homomorphe und paramorphe Informationsverdichtung

Am Anfang des Abstracting steht die Entscheidung, ob der dokumentarischen Bezugseinheit überhaupt ein Abstract beigeordnet wird. Analog zur Dokumentationswürdigkeit von DBE (IR, 54) reden wir hier von der "Referierwürdigkeit". Diese wird durch ein Bündel von Kriterien bestimmt, zu denen u. a. der Neuheitsgrad des Wissens, die Art der Darstellung, der Dokumenttyp oder auch das Ansehen der publizierenden Zeitschrift zählen kann. Nach der Inhaltsanalyse der referierwürdigen Arbeit hat der Abstractor die referierwürdigen Inhaltskomponenten (die Aboutness) herausgearbeitet. Jeder dieser Sachverhalte kann erstens durch Begriffe (Koblitz spricht von "Gesichtspunkten") und zweitens durch Aussagen abgebildet werden. Die Repräsentation der Gesichtspunkte geschieht durch Begriffe verwendeter Wissensordnungen, die der Sachverhalte durch Kurzreferate. In Abbildung 21.1 wird dieser Vorgang grob skizziert.

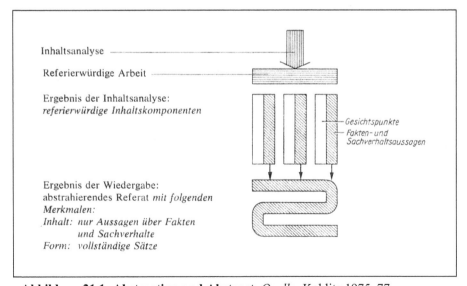

Abbildung 21.1: Abstracting und Abstract. *Quelle:* Koblitz 1975, 77.

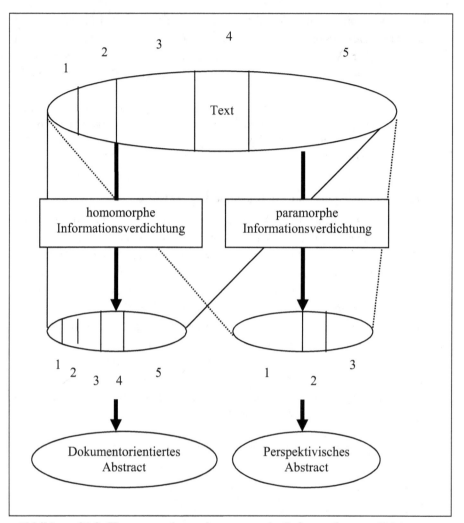

Abbildung 21.2: Homomorphe und paramorphe Informationsverdichtung.

Jedes textuelle Dokument lässt sich auf seine wesentlichen Teile verdichten. Für Teun A. van Dijk und Walter Kintsch (1983, 52 f.) ist dies die "Makrostruktur" des Textes:

> Whereas the textbase represents the meaning of a text in all its detail, the macro-structure is concerned only with the essential points of a text. But it, too, is a co-herent whole, just like the textbase itself, and not simply a list of key words or of the most important points. Indeed, in our model the macrostructure consists of a network of interrelated propositions which is formally identical to the microstruc-ture. A text can be reduced to its essential components in successive steps, result-

ing in a hierarchical macrostructure, with each higher level more condensed than the previous one.

Die Aboutness kann quasi stufenlos – ausgehend vom Original – kondensiert werden. Solch eine isomorphe Abbildung dürfte in der praktischen Arbeit des Abstracting nicht zu erreichen sein. Was aber erreicht werden kann, ist eine ähnliche, eine **homomorphe Reduktion** (Heilprin 1985). Helen R. Tibbo (1993, 34) beschreibt dies so:

> Thus, if one topic comprises 60% of an original document's text and another topic only 10% (and they are both of potential interest to the audience), an abstract should represent the former more prominently than the latter.

In Abbildung 21.2 sehen wir eine dokumentarische Bezugseinheit, die fünf unterschiedliche Themen mit jeweils anderer Wichtigkeit anspricht. Thema 5 wird beispielsweise weitaus intensiver abgehandelt als Thema 1. Bei der homomorphen Informationsverdichtung bleiben die relativen Anteile der Themen im Abstract mehr oder minder enthalten. Es entsteht ein Abstract, dessen Orientierung eindeutig das Ausgangsdokument ist.

Man kann jedoch auch anders vorgehen. Heilprin (1985) nennt dies den "Paramorphismus" (*para* altgriechisch für *neben*). Hierbei ist eine negative Sichtweise ("das Abstract liegt daneben") von einer positiven abzugrenzen. Diese fordert ausdrücklich, aus einer gewissen Perspektive einen Text zu referieren (Lancaster 2003, 103). Das **perspektivische Kurzreferat** (in Abbildung 21.2 auf der rechten Seite) verdichtet paramorph, indem gewisse Teile der Aboutness der dokumentarischen Bezugseinheit referiert und andere ausgelassen werden, insofern die ausgelassenen Gesichtspunkte für die Zielgruppe irrelevant sind. Nehmen wir an, dass nur die Sachverhalte 1 bis 3 aus der dokumentarischen Bezugseinheit von Abbildung 21.2 der Disziplin A zuzurechnen sind, und die anderen einem anderen Fach. Für einen Informationsdienst für A sind folglich auch nur die Themen 1 bis 3 referierwürdig. Das paramorph abbildende perspektivische Referat wird sich auf diejenigen Themen konzentrieren, die die gegebene Nutzergruppe interessiert und alle anderen – für die Zielgruppe irrelevanten – Sachverhalte übergehen.

Der Abstractingprozess

Wie geht der Prozess des (intellektuellen) Erstellens eines Kurzreferats vonstatten? Voraussetzung ist, dass der ausführende Abstractor dreierlei Expertise mitbringt: Kenntnisse im Themenbereich des Dokuments, Sprachkenntnisse (bei Literatur in fremden Sprachen) sowie Methodenwissen im Erstellen von Referaten. Gemäß Maria Pinto Molina (1995, 230) zerfällt der Arbeitsvorgang in die drei Schritte Lesen, Interpretieren und Schreiben (Abbildung 21.3). Abstractors lesen einen Text derart, dass ein erstes Verständnis der Vorlage entsteht, und sie wissen, worum es überhaupt geht. Pinto Molina (1995, 232) skizziert diesen ersten Schritt:

This stage ... is an interactive process between text and abstractor (...), strongly conditioned by the reader's base knowledge, and a minimum of both scientific and documentary knowledge is needed. Reading concludes with comprehension, that is to say, textual meaning interpretation.

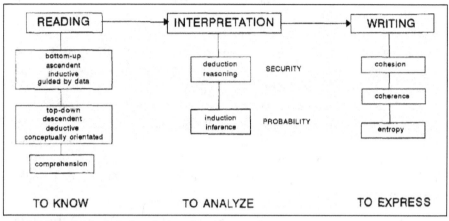

Abbildung 21.3: Arbeitsschritte des Abstracting.
Quelle: Pinto Molina 1995, 230.

Der – rein analytisch davon abgetrennte – Schritt der Interpretation erzeugt ein Verständnis über die referierwürdigen Komponenten der Aboutness. Hier kommt ins Spiel, dass der Abstractor stets seine quantitativen Vorgaben für das entstehende Referat mit bedenken muss. Die Norm (DIN 1426:1988, 5) redet von weniger als 100 Worten bei kurzen Artikeln; selbst bei umfangreichen Monographien sollte das Abstract nicht mehr als 250 Worte umfassen. Die Interpretation geschieht im Spannungsfeld des hermeneutischen Zirkels (s. o. Kapitel 5). Einerseits ist da der Text, von dem ausgehend bottom-up eine Interpretation versucht wird, zum anderen ist da das Vorverständnis des Lesers (eingeschlossen seine Entwürfe für Interpretationsschlüssel und seine Sinnerwartung), von dem aus top-down Verständnis gesucht wird. Pinto Molina sieht den Zirkel als Zusammenspiel aus induktivem Schließen (bottom-up) und deduktivem Folgern (top-down). Da nicht alle in der Vorlage besprochenen Sachverhalte Eingang in das Abstract finden können, gilt es, gewisse Gesichtspunkte der Aboutness positiv auszuzeichnen (und für das Abstract vorzusehen) und andere als negativ zu eliminieren. Abstractors übergehen Wiederholungen von Sachverhalten ("contraction"), reduzieren die Darstellung von Sachverhalten mit nur wenig Relevanz ("reduction") und eliminieren irrelevante Aspekte ("condensation") (Abbildung 21.4).

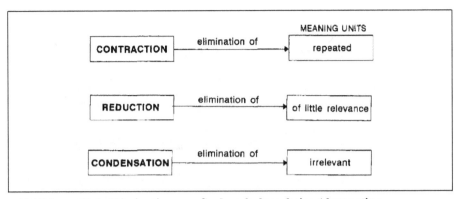

Abbildung 21.4: Elimination von Sachverhalten beim Abstracting.
Quelle: Pinto Molina 1995, 231.

Der letzte Schritt des Abfassens des Kurzreferats hängt sowohl von der Interpretation des Dokuments als auch vom angepeilten Abstracttyp (indikativ, informativ usw.; siehe unten!) ab. Abstracts gelten als autonome (Sekundär-)Dokumente, die folgende Regeln erfüllen (Pinto Molina 1995, 233):

> Any kind of synthesis to be done must be entropic, coherent, and balanced, retaining the schematic (rhetoric) structure of the document.

Nach Meinung von Brigitte Endres-Niggemeyer (1998, 140) existieren mehrere Strategien, Abstracts zu schreiben. Wir wollen an dieser Stelle die u. E. wichtigste Form erwähnen: das phasenorientierte Vorgehen (Abbildung 21.5). Nach dem Lesen und erstem Verstehen (in Abbildung 21.5 sind dies die Aktivitäten 1, 2, 5, 6, 7, 9 und 10) geschieht eine Relevanzeinschätzung der Sachverhalte (Aktivitäten 11 bis 14), die in einer schriftlichen Fixierung von Notizen (oder alternativ markierter Textteile) mündet (21, 22, 31, 32). Aus diesem Material erstellt der Abstractor einen Entwurf für sein Referat (31 – 33, 41 – 43), entweder in einem einzigen Arbeitsgang (wie bei 33) oder über den Zwischenschritt der Notizen (wie bei 31 und 32). In den Arbeitsschritten 41 bis 43 wird letztlich das Abstract produziert. Der Entwurf dürfte mehrfach revidiert werden, was sowohl auf die hermeneutischen Aspekte der Zirkularität als auch auf die nicht zu überschreitende maximale Wortanzahl zurückzuführen ist. Da die Sachverhalte in mehreren Arbeitsschritten bearbeitet werden, werden Fehler minimiert, wie dies Endres-Niggemeyer (1998, 141 f.) betont:

> As the information items are accessed several times and in context (first read and understood, then assessed for their relevance, later reintegrated into the target text plan, etc.), the summarizer is more certain to bring her or his work to a good conclusion, to learn enough about the document, and to notice errors. At the moment of relevance decision and writing, many knowledge items from the source document are known and can be considered together.

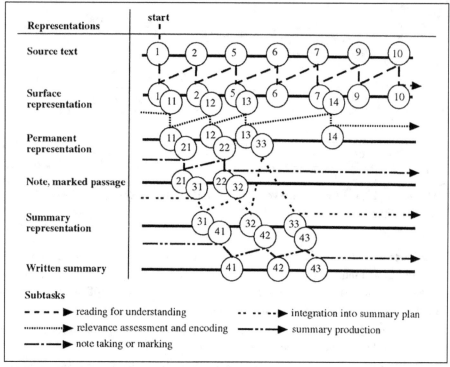

Abbildung 21.5: Phasenorientiertes Abstracting.
Quelle: Endres-Niggemeyer 1998, 141.

Wie arbeiten professionelle Abstractors in der Praxis? Timothy C. Craven (1990) hat in einer empirischen Studie drei Trends ausmachen können. (1.) Es gibt offenbar in der Praxis – entgegen den Anregungen der Normen – keinen Zusammenhang zwischen der Länge der Abstracts und der Länge des Volltextes. Die Abstractors orientieren sich demnach eher an der Dichte der Sachverhalte im Quelldokument als an starren Längenvorgaben. (2.) Die Abstractors übernehmen keine Sätze, nicht einmal längere Satzteile aus der Vorlage, wohl aber einzelne Worte (Craven 1990, 356):

> (T)he abstractors extracted longer word sequences relatively rarely, preferring to rearrange and condense. They generally took the larger part of the abstract's vocabulary of individual words from the original. But they also added many words of their own.

(3.) Die aus der Vorlage adaptierten Worte entstammen häufig aus dessen Eingangsparagraphen (aus den ersten 200 Worten); die Abstractors orientieren sich demnach insbesondere an der Terminologie der ersten Absätze eines Dokuments. (4.) Nach älteren Untersuchungen von Dronberger und Kowitz (1975) sowie von King (1976) sind Abstracts im Vergleich zu den Volltexten schwieriger lesbar, und schwierig lesbare Volltexte führen in aller Regel zu noch schwieriger zu lesenden Abstracts.

Indikatives und informatives Abstract

Dokumentorientierte wie perspektivische Kurzreferate haben drei "klassische" Unterformen: das indikative (auch: deskriptive), das informative sowie als Mischform das informativ-indikative Abstract. Zur Klärung dieser Unterscheidung trennen wir das reine Aufzählen der behandelten Sachverhalte vom Beschreiben aller referierwürdigen Resultate, die das Dokument zu den Sachverhalten bereithält. Lancaster (2003, 101) leitet daraus die beiden Grundformen ab:

> The indicative Abstract simply describes (indicates) what the document is about, whereas the informative abstract attempts to summarize the substance of the document, including the results.

Das **indikative Referat** (Abbildung 21.6) weist auf die Sachverhalte hin, bringt aber keinerlei Ergebnisse. Die Abstractnorm (DIN 1426:1988, 3) definiert:

> Das *indikative* Referat gibt lediglich an, wovon ein Dokument handelt. Es weist den Leser auf die im Dokument behandelten Sachverhalte hin und deutet die Art der Behandlung an, aber gibt nicht konkrete Resultate der im Dokument enthaltenen Überlegungen oder dargestellten Untersuchungen wieder.

Russ, H. (1993). Einzelhandel (Ost): Optimistische Geschäftserwartungen. In: *ifo Wirtschaftskonjunktur*, 45(3), T3.

Die Geschäftslage des ostdeutschen Einzelhandels im Januar 1993 wird beschrieben. Skizziert wird der in den nächsten sechs Monaten zu erwartende Geschäftsverlauf. Im Einzelnen geht es um den Gebrauchsgüterbereich und den Verbrauchsgüterbereich.

Abbildung 21.6: Indikatives Abstract.

Im Gegensatz zum indikativen Abstract behandelt das **informative Kurzreferat** (Abbildung 21.7) auch die konkreten Resultate der dokumentarischen Bezugseinheit (DIN 1426:1988, 3):

> Das *informative* Kurzreferat gibt so viel Information wieder wie Typ und Stil des Dokuments zulassen. Es gibt insbesondere Auskunft über das behandelte Gebiet, Zielsetzungen, Hypothesen, Methoden, Ergebnisse und Schlußfolgerungen der im Originaldokument enthaltenen Überlegungen und Darstellungen, einschließlich der Fakten und Daten.

Russ, H. (1993). Einzelhandel (Ost): Optimistische Geschäftserwartungen.
In: *ifo Wirtschaftskonjunktur*, 45(3), T3.

Die Geschäftslage des ostdeutschen Einzelhandels hat sich im Januar 1993 im
Vergleich zum Vormonat deutlich verschlechtert. Hinsichtlich des in den nächsten
sechs Monaten zu erwartenden Geschäftsverlaufs äußerten sich die Teilnehmer am
ifo Konjunkturtest allerdings zuversichtlich. Im Gebrauchsgüterbereich ist die
Geschäftslage im Durchschnitt zufriedenstellend; im Verbrauchsgüterbereich
überwiegen negative Urteile.

Abbildung 21.7: Informatives Abstract.

Vorzuziehen ist die Produktion eines informativen Abstracts, da dieses dem Nutzer mehr Informationen über das Quellendokument anbietet. Es ist in der Erstellung jedoch aufwendiger und damit teurer. Insbesondere bei sehr umfangreichen
Dokumenten ist es aussichtslos, alle wichtigen Resultate zu referieren, so dass in
diesen Fällen vornehmlich mit indikativen Abstracts oder mit der Mischform aus
informativen und indikativen Anteilen gearbeitet wird.

Grenzform eines Abstracts zum Einsatz in der Wissensrepräsentation ist das **bewertende Abstract**. Hier wird der Inhalt des Dokuments kritisch evaluiert sowie
bisweilen auch eine (positive wie negative) Empfehlung ausgesprochen. Donald
B. Cleveland und Ana D. Cleveland (2001, 57) halten solch eine Referateform
zwar für zulässig, geben aber zu bedenken:

> The key … is that the abstractor is sufficiently knowledgeable of the subject and
> the methodologies in the paper so that they can make quality judgments. This
> kind of abstract is generally used on general papers with broad overviews, on re-
> views, and on monographs.

Insbesondere für Laien können bewertende Referate eine brauchbare Orientie-
rungsfunktion haben. U. E. sind sie allerdings eher mit den Textsorten der Literaturberichte und der Rezensionen verwandt (DIN 1426:1988, 2 und 4) als mit den
Kurzreferaten, da sie explizit eine kritische Stellungnahme des Referenten einfor-
dern. Das bewertende Referat verstößt gegen die Vorschrift der Objektivität im
Sinne der DIN-Norm 1426.

Strukturreferat

Indikative wie informative Kurzreferate tragen keinerlei Zwischenüberschriften;
sie sind "aus einem Guss" gefertigt. Anders die Strukturreferate (Hartley 2004)
(auch "More Informative Abstracts" genannt; Haynes et al. 1990). Diese finden
vor allem Einsatz in wissenschaftlichen Zeitschriften, in denen die Autoren die
Abstracts selbst verfassen. Ausgehend von Zeitschriften in Medizin und Biowis-

senschaften, arbeiten derzeit viele akademische Periodika mit Strukturreferaten. Ein solches Abstract ist stets in Sektionen gegliedert, wobei die einzelnen Abschnitte durch Überschriften kenntlich gemacht werden (siehe Abbildung 21.8). Die Autoren werden demnach gezwungen, ihre Texte systematisch zu organisieren. Gemäß James Hartley (2002, 417) haben Strukturreferate folgende Merkmale:

> (T)he texts are clearly divided into their component parts; the information is sequenced in a consistent manner; and nothing essential is omitted.

☐ **1:** Palliat Med. 2007 Dec;21(8):697-703.

Obstacles to the delivery of primary palliative care as perceived by GPs.

Groot MM, Vernooij-Dassen MJ, Verhagen SC, Crul BJ, Grol RP.

Centre for Quality of Care Research (114), Radboud University Nijmegen Medical Center. c.groot@kwazo.umcn.nl.

INTRODUCTION: In order to facilitate GPs in their work and increase the possibilities for patients to remain at home, it is important to identify the obstacles which hinder the delivery of primary palliative care. From previous research we learned about some of the problems experienced by GPs. In this survey we aimed to identify the prevalence of such problems in providing palliative care and its determinants. METHODS: The prevalence of obstacles and its determinants were identified by a questionnaire to 320 GPs in three regions of the Netherlands. Obstacles were grouped as follows: communication, organisation & co-ordination of care, knowledge & expertise, integrated care, time for relatives. The potential determinants were GP characteristics and expertise development activities. RESULTS: The response rate was 62.3%. GPs experienced considerable obstacles in all aspects of palliative care. The most prevalent were: problems with bureaucratic procedures (83.9%), the time necessary to arrange home care technology (61.1%) and the difficulties accompanied with the wish or necessity to obtain extra care (56.3%). In general, more years of GP experience and the participation in (multidisciplinary) case discussions were associated with less perceived obstacles. DISCUSSION: Based on the results of our survey policymakers and practitioners can plan and set priorities in handling the obstacles. There is a high necessity of firstly overcoming the barriers within organisation and coordination of care. Furthermore, our study can help in choosing the (additional) expertise needed in the future and in the realisation of the preferred expertise advancement activities. Palliative Medicine 2007; 21: 697-703.

Abbildung 21.8: Strukturreferat Im IMRaD-Format. *Quelle:* MEDLINE.

Strukturreferate sind in der Regel informationsreicher als informative und weitaus informationsreicher als indikative Abstracts und sind leichter zu lesen (Hartley 2004, 368); darüber hinaus orientieren sich Nutzer im Online-Retrieval schneller, und es kommen weniger Fehler bei der Einschätzung des Dokuments vor (Hartley/Sydes/Blurton 1996, 353):

> The overall results … indicate that the readers are able to search structured abstracts more quickly and more accurately than they are able to search traditional versions of these abstracts in an electronic database.

Sie benötigen allerdings (geringfügig) mehr Platz in den Zeitschriften (Hartley 2002).

Artikel in naturwissenschaftlichen und medizinischen Zeitschriften verwenden derzeit häufig die IMRaD-Struktur (Introduction / Background, Methods, Results, and Discussion / Conclusion) (Sollaci/Pereira 2004). So ist es naheliegend, dass auch die Kurzreferate in diesen Disziplinen der IMRaD-Struktur folgen. Alternativ liegen das acht-Kapitel-Format (Objective, Design, Setting, Participants, Interventions, Measurement, Results, Conclusions) (Haynes et al. 1990) sowie freie Strukturierungen vor. Eine Untersuchung der Abstracts medizinischer Fachzeitschriften im Jahr 2001 ergibt, dass es sich bei rund 62% der Abstracts um Strukturreferate handelt, von denen zwei Drittel dem IMRaD- und ein Drittel dem acht-Kapitel-Format folgen (Nakayama et al. 2005).

Wichtig für Recherchen in fachspezifischen Informationsdiensten (beispielsweise für die MEDLINE als Quelle medizinischer Literaturinformationen) ist es, die Kapiteleinteilung der Strukturreferate als spezifische Suchfelder auszuweisen, so dass ein Nutzer konkret in einem bestimmten Kapitel (z.B. im Methodenteil) suchen kann (O'Rourke 1997, 19).

Disziplinspezifische Abstracts

Es gibt unterschiedliche Texttypen. Erzählende Werke existieren neben erklärenden Artikeln. Auch innerhalb der Wissenschaftsdisziplinen haben sich disziplinspezifische Texttypen entwickelt; ein naturwissenschaftlicher Artikel ist meist völlig anders aufgebaut als eine geisteswissenschaftliche Arbeit, und beide unterscheiden sich grundsätzlich von technischen Patentschriften. Tibbo (1993, 31) betont:

> Scholarly and scientific research articles are highly complex, information-rich documents. While they may all serve the same purpose of reporting research results irrespective of their disciplinary context, it is this context that shapes both their content and form. Authors may build these papers around conventionalized structures, such as introductions, statements of methodology, and discussion sections, but a great variation can exist. This format is, of course, the classic model for the scientific, and more recently, the social scientific research article ...
>
> This is not, however, the form humanists typically use. They seldom include sections labeled "findings", "results", or even "methodology".

Das disziplinorientierte Abstracting nimmt die Gepflogenheit der jeweiligen Disziplin auf und benutzt diese zur Strukturierung der Kurzreferate. Da Autoren wie Leser einer bestimmten Wissenschaftsdisziplin ähnlich wissenschaftlich sozialisiert worden sind, reflektiert die Struktur der Dokumente sowie die der Abstracts ihre Wahrnehmungen und Standards bezüglich formaler wissenschaftlicher Kommunikation (Tibbo 1993, 34).

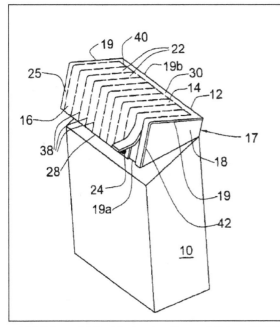

(57) **Abstract:** A cigarette box (10) with a lid (12), sides and a bottom, and with edges (19) binding outer surfaces of the box. The box has a striking pad (20) and a plurality of matches (22) in the form of elongated flat strips with inflammable heads (24). The strips are detachably attached to each other in a row. Each strip has an outer surface (25) exposed to the user, an inner surface (26) hidden from the user, a free end (28) from which the detachment of a match by tearing should start, and a non-free end (30) attached to at least one of the outer surfaces of the box. The heads are spaced from the free end and are located on the inner surface of the strip.

Abbildung 21.9: Abstract mit zugehöriger Zeichnung bei einem Patent-dokument. *Quelle:* "Integral Cigarette and Match Box"; Patentanmeldung WO 02/07544 A1.

Unser Beispiel eines disziplinspezifischen Abstracts (Abbildung 21.9) entstammt dem Patentwesen (ein typisch medizinisches Abstract zeigt Abbildung 21.8; ein typisch wirtschaftswissenschaftliches Abbildung 21.7). Patentabstracts sind dadurch charakterisiert, dass sie nur mit einer zugehörigen Zeichnung verständlich werden. Zeichnung und Text sind aufeinander angewiesen; das eine ist ohne das andere kaum zu erfassen. Die Verbindungen zwischen Text und Zeichnung werden durch Ziffern hergestellt, wobei jedoch nicht alle Ziffern auch in beiden Bereichen vorkommen (was die Relevanzeinschätzung des Dokuments anhand des Referats erschwert und das Lesen des Originaldokuments erfordert).

Sammelreferate

Beim Sammelreferat verlassen wir das einzelne Dokument als Einheit, über die referiert wird, und wenden uns einer gewissen Menge von Quellen zu, die zu einem bestimmten Thema erschienen sind. Als Formen kommen auch hier das informative, das indikative und das strukturierte Abstract infrage. Gemäß Willi Bredemeier (2004, 10) verbinden Sammelreferate dokumentarische mit journalistischen Tätigkeiten, die drei Funktionen übernehmen:

- Identifizierung von Themenbereichen, die aktuell in der Diskussion sind (...);

- Stand der Diskussion, wie sie sich aus aktuellen Veröffentlichungen (ergibt) und

- Verfügbarmachung der entsprechenden Volltexte, wenn sich der Nutzer selbst in Teilbereichen oder in das Gesamtthema einarbeiten will.

Die Sammelreferate unterscheiden sich von rein journalistisch geprägten Arbeiten dadurch, dass auf Werturteile verzichtet wird. Eine implizite Wertung liegt jedoch in der Auswahl derjenigen Dokumente vor, die überhaupt Eingang in ein solches Abstract finden. Je nach der Anzahl der zusammengefassten Quellen kommt ein Sammelreferat auf eine Länge von mehreren Seiten. Die "Knowledge Summaries" von Genios (Bredemeier 2004) setzen dem eigentlichen Referat ein sog. "Quickinfo" voran, dass dem Nutzer die wesentlichen Aspekte des Themas überblicksartig präsentiert (Abbildung 21.10). Das sich anschließende Sammelreferat ist in Kapitel eingeteilt; die referierten Quellen sind in einem Literaturverzeichnis am Ende zusammengefasst. Da Genios über die Volltexte der Quellen verfügt, enthalten die Literaturstellen stets einen Link zum Originaldokument.

17.09.07 Information & Kommunikation

    Internet-Telefonie - Mit Skype entwickelt es sich zu einem Massenmarkt

    • Internet-Telefonie ist einer der Haupttreiber der Telekommunikation.

    • Der Service-Skype hat wesentlich zur Verbreitung des Kommunikationsmediums Internet-Telefonie beigetragen.

    • Die Internet-Telefonie hat sich inzwischen zu einer Multimedia-Plattform entwickelt.

    • Viele Fachleute erwarten, dass sich der Skype-Service auf Dauer nicht gegen die wachsende Konkurrenz wird behaupten können.

    2881 Wörter und zahlreiche ergänzende Volltexte aus der Fachpresse; 57.12 EUR

Abbildung 21.10: Quickinfo bei einem "Knowledge Summary".
Quelle: Genios.

Fazit

• Kurzreferate (Abstracts) sind eigenständige (Sekundär-)Dokumente, die die Sachverhalte eines Quellendokuments in Form von Aussagen kurz, genau und klar wiedergeben.

• Das Abstract hat eine Marketingfunktion, indem es die Entscheidung steuert, ob sich ein Nutzer den Volltext beschafft (oder einem Link dorthin folgt). Bei fremdsprachiger Literatur, deren Sprache ein User nicht beherrscht, bekommt dieser zumindest einen Überblick über das Dokument.

• Die homomorphe Informationsverdichtung führt zu einem dokumentorientierten, die paramorphe zu einem perspektivischen Abstract.

- Der Prozess des Abstracting zerfällt in drei Arbeitsschritte: Lesen, Interpretation und Schreiben. Lesen und Interpretieren sind hermeneutisch geprägte Vorgänge mit dem Ziel, die zentralen Sachverhalte der Aboutness des Quellendokuments herauszuarbeiten. Das Schreiben eines Abstracts ist sowohl von der (verstandenen) Aboutness, der Referateform als auch von Längenvorgaben abhängig.

- Indikative Abstracts berichten ausschließlich über die Existenz behandelter Sachverhalte, während informative Kurzreferate – als Standardfall professioneller Abstracts – auch die wesentlichen Ergebnisse des Dokuments beschreiben.

- Strukturreferate sind – versehen mit Überschriften – in einzelne Sektionen eingeteilt. Solche Abstracts finden in vielen medizinischen und naturwissenschaftlichen Zeitschriften Verwendung; sie werden von den Autoren der Volltexte selbst verfasst. Typische Strukturen sind IMRaD sowie das acht-Kapitel-Format.

- Abstracts unterschiedlicher Wissenschaftsdisziplinen folgen verschiedenen Gepflogenheiten. So ist IMRaD durchaus typisch für die Medizin, während kombinierte Abstracts aus Abbildung und Text für Patentschriften die Regel darstellen.

- Sammelreferate verdichten die Sachverhalte von mehreren Dokumenten zu einem Thema. Sie sind als Mischform journalistischer und informationswissenschaftlicher Tätigkeiten anzusehen.

Literatur

Borko, H.; Bernier, C.L. (1975): Abstracting Concepts and Methods. – New York: Academic Press.

Bredemeier, W. (2004): Knowledge Summaries. Journalistische Professionalität mit Verbesserungsmöglichkeiten bei Themenfindung und Quellenauswahl. – In: Password Nr. 3, S. 10-15.

Cleveland, D.B.; Cleveland, A.D. (2001): Introduction to Indexing and Abstracting. – Englewood: Libraries Unlimited. – 3. Aufl.

Craven, T.C. (1990): Use of words and phrases from full text in abstracts. – In: Journal of Information Science 16, S. 351-358.

Cremmins, E.T. (1996): The Art of Abstracting. – Arlington, VA: Information Resources Press. – 2. Aufl.

Dijk, T.A. van; Kintsch, W. (1983): Strategies of Discourse Comprehension. – New York: Academic Press.

DIN 1426:1988: Inhaltsangaben von Dokumenten. Kurzreferate, Literaturberichte. – Berlin: Beuth.

Dronberger, G.B.; Kowitz, G.T. (1975): Abstract readability as a factor in information systems. – In: Journal of the American Society for Information Science 26, S. 108-111.

Endres-Niggemeyer, B. (1998): Summarizing Information. – Berlin: Springer.

Hartley, J. (2002): Do structured abstracts take more space? And does it matter? – In: Journal of Information Science 28, S. 417-422.

Hartley, J. (2004): Current findings from research on structured abstracts. – In: Journal of the Medical Library Association 92(3), S. 368-371.

Hartley, J.; Sydes, M.; Blurton, A. (1996): Obtaining information accurately and quickly: Are structured abstracts more efficient? – In: Journal of Information Science 22, S. 349-356.

Haynes, R.B.; Mulrow, C.D.; Huth, E.J.; Altman, D.G.; Gardner, M.J. (1990): More informative abstracts revisited. – In: Annals of Internal Medicine 113(1), S. 69-76.

Heilprin, L.B. (1985): Paramorphism versus homomorphism in information science. – In: Heilprin, L.B. (Hrsg.): Toward Foundations of Information Science. – White Plains, N.Y.: Knowledge Industry Publ., S. 115-136.

ISO 214:1976: Documentation: Abstracts for Publication and Documentation. – Genf: International Organization for Standardization.

King, R. (1976): A comparison of the readability of abstracts with their source documents. – In: Journal of the American Society for Information Science 27, S. 118-121.

Koblitz, J. (1975): Referieren von Informationsquellen. – Leipzig: VEB Bibliographisches Institut.

Kuhlen, R. (2004): Informationsaufbereitung III: Referieren (Abstracts – Abstracting – Grundlagen). – In: Kuhlen, R.; Seeger, T.; Strauch, D. (Hrsg.): Grundlagen der praktischen Information und Dokumentation. – München: Saur. – 5. Aufl., S. 189-205.

Lancaster, F.W. (2003): Indexing and Abstracting in Theory and Practice. – Champaign: University of Illinois. – 3. Aufl.

Liddy, E. (1991): The discourse-level structure of empirical abstracts: An exploratory study. – In: Information Processing & Management 27, S. 55-81.

Nakayama, T.; Hirai, N.; Yamazaki, S.; Naito, M. (2005): Adoption of structured abstracts by general medical journals and format of a structured abstract. – In: Journal of the Medical Library Association 93(2), S. 237-242.

Nicholas, D.; Huntington, P.; Jamali, H.R. (2007): The use, users, and role of abstracts in the digital scholarly environment. – In: Journal of Academic Librarianship 33(4), S. 446-453.

O'Rourke, A.J. (1997): Structured abstracts in information retrieval from biomedical databases: A literature survey. – In: Health Informatics Journal 3, S. 17-20.

Pinto Molina, M. (1995): Documentary abstracting: Towards a methodological model. – In: Journal of the American Society for Information Science 46, S. 225-234.

Pinto, M. (2003a): Abstracting/abstract adaptation to digital environments: Research Trends. – In: Journal of Documentation 59, S. 581-608.

Pinto, M. (2003b): Engineering the production of meta-information: The abstracting concern. – In: Journal of Information Science 29(5), S. 405-417.

Pinto, M. (2006): A grounded theory on abstracts quality: Weighting variables and attributes. – In: Scientometrics 69(2), S. 213-226.

Pinto, M.; Lancaster, F.W. (1998): Abstracts and abstracting in knowledge discovery. – In: Library Trends 48(1), S. 234-248.

Sollaci, L.B.; Pereira, M.G. (2004): The introduction, methods, results, and discussion (IMRAD) structure: A fifty-year survey. – In: Journal of the Medical Library Association 92(3), 364-367.

Tenopir, C.; Jasco, P. (1993): Quality of abstracts. – In: Online 17(3), S. 44-55.

Tibbo, H.R. (1993): Abstracting, Information Retrieval and the Humanities. – Chicago, London: American Library Association.

Kapitel 22

Automatische Informationsextraktion

Extrahieren wichtiger Sätze

Versteht man Abstracting als eigene Textsorte, bei der von Unwesentlichem einer Quelle abgesehen und das Wesentliche verdichtet in Form von Aussagen dargestellt wird, so ist dies eine kreative wissenschaftliche Arbeit, die vom Verstehen der Quelle und von den schriftstellerischen Fähigkeiten des Abstractors abhängig ist. Derzeit ist nicht davon auszugehen, dass dieser Prozess zufriedenstellend rein automatisch durchgeführt werden kann. Der Weg der Extraktion von Informationen aus einer Quelle ist demgegenüber maschinell zu bewältigen, wie dies Salton, Singhal, Mitra und Buckley (1997, 198) betonen:

> (T)he process of automatic summary generation reduces to the task of *extraction*, i.e., we use heuristics based upon a detailed statistical analysis of word occurrence to identify the text-pieces (sentences, paragraphs, etc.) that are likely to be most important to convey the content of a text, and concatenate the selected pieces together to form the final extract.

Nachdem durchaus über Jahrzehnte vereinzelt versucht worden ist, automatisch Abstracting zu betreiben (wobei die hermeneutischen Probleme unzulässig ignoriert worden sind), ist nach wenig zufriedenstellenden Resultaten derzeit eine "Renaissance" des Extracting (Hahn 2004, 51) zu beobachten. Die automatische Informationsextraktion arbeitet mit statistischen Methoden, die steuern, dass die wichtigsten Sätze einer digital vorliegenden Quelle aufgefunden werden und – unter Beachtung von Längenvorgaben – als Extract (und damit als Abstractersatz) fungieren (Brandow/Mitze/Rau 1995). Wir unterscheiden dabei zwischen statischen Extracts (die genau einmal angefertigt und im Surrogat vorgehalten werden) und dynamischen Zusammenfassungen, die erst auf der Basis einer konkreten Suchanfrage zu erarbeiten sind. Während die statischen Extracts in Konkurrenz mit den (meist) besseren intellektuell erstellten Abstracts stehen, sind dynamische Extracts ausschließlich automatisch zu erstellen und fungieren als perspektivische Zusammenfassungen, die von den Suchaspekten des jeweiligen Nutzers ausgehen.

Satzgewichtung

Die Aufgabe maschinellen Extractings besteht darin, die wichtigen Sätze eines Dokuments zu finden und diese im Extract zu verbinden. Das Ausmaß der Wichtigkeit eines Satzes in einem Text wird von mehreren Faktoren gesteuert (Endres-Niggemeyer 2004, 515), der Gewichtung des Satzes

- nach den Gewichtungswerten seiner Worte (Summe der TF*IDF-Werte aller Worte im Satz),

- nach seiner Position im Text (in der Einleitung, mitten im Text oder am Ende im Kontext der Diskussion der Ergebnisse),

- nach dem Vorkommen von Hinweisworten (positiv zu bewertende Bonusworte sowie negative Stigmaworte),

- nach dem Vorkommen von Indikatorphrasen (wie etwa "in conclusion").

Die Idee der statistischen Informationsextraktion geht auf Hans Peter Luhn (1958) zurück (IR, 318-320), dem wir unseren ersten Gewichtungsfaktor für Sätze verdanken. Karen Spärck Jones (2007, 1469) beschreibt die Grundlagen der statistischen Strategie, Extracts automatisch zu kreieren:

> The simplest strategy follows from Luhn, scoring source sentences for their component word values as determined by *tf*idf*-type weights, ranking the sentences by score and selecting from the top until some summary length threshold is reached, and delivering the selected sentences in original source order as the summary.

Inzwischen sind weitere Gewichtungsfaktoren entwickelt worden, wobei allerdings der statistische Grundansatz erhalten bleibt.

Nachdem ein Text in seine Sätze zerlegt worden ist, gilt es, für jeden Satz auf der Basis der darin vorkommenden Worte einen statistischen Score, bei Luhn "Signifikanzfaktor" (1958) genannt, zu berechnen (Edmundson 1964, 261). Es bietet sich an, mit dem etablierten TF*IDF-Verfahren zu arbeiten. Nach Markierung und Übergehen von Stoppworten (IR, 222-226) wird für jeden Term t des Dokuments d der statistische Gewichtungswert G(t,d) nach

$$G(t,d) \ = \ TF(t,d) * IDF(t)$$

errechnet (IR, 326). Ein Satz s aus d erhält seine **statistische Gewichtung GS(s)** als Summe der Gewichte der in ihm enthaltenen Terme t_1 bis t_i:

$$GS(s) \ = \ G(t_1,d) + ... + G(t_i,d).$$

Es lässt sich empirisch zeigen, dass Sätze an gewissen Positionen eines Textes im Schnitt besser für eine Zusammenfassung taugen als die übrigen Sätze. Myaeng und Jang (1999, 65) stellen fest:

> Based on our observation, sentences in the final part of an introduction section or in the first part of a conclusion section are more likely to be included in a summary than those in other parts of the sections.

Sätze an markanten Positionen in Einleitung und Schluss erhalten eine **Positionsgewichtung GP(s)** von größer 1, alle anderen einen GP-Wert von 1.

H.P. Edmundson (1969) hat bemerkt, dass das Vorkommen gewisser Hinweisworte in einem Satz dessen Wahrscheinlichkeit erhöht oder absenkt, in einem Extract aufzuscheinen. Seine "cue method" arbeitet mit drei Wörterbüchern (Edmundson 1969, 271):

> The Cue dictionary comprises three subdictionaries: Bonus words, that are positively relevant; Stigma words, that are negatively relevant; and Null words, that are irrelevant.

Bonusterme (wie beispielsweise "important", "significant" oder "definitely") drücken eine besondere Bedeutung eines Satzes aus und bekommen Gewichtungswerte von größer 1 zugeordnet, während Stigmaworte (wie "unclear", "incidentally" oder "perhaps"; Paice et al. 1994, 2) zu Gewichtungswerten von unter 1 führen. Null-Worte werden mit 1 gewichtet und spielen bei diesem Faktor keine Rolle. Das **Cue-Gewicht GC(s)** eines Satzes s folgt dem Gewichtungswert des in ihm vorkommenden Hinweiswortes. Tauchen mehrere solcher Terme innerhalb eines Satzes auf, so arbeitet man mit dem Produkt der Werte dieser Cue-Worte.

Analog zu den Hinweisworten spielen Indikatorphrasen eine Rolle. Dies sind solche Worte oder Wortfolgen, die in professionell erstellten Abstracts häufig aufzufinden sind (Paice et al. 1994, 84-85). Kupiec, Pedersen und Chen (1995, 69) betonen:

> Sentences containing any of a list of fixed phrases, mostly two words long (e.g., "this letter ...", "In conclusion ..." etc.), or occurring immediately after a section heading containing a keyword such as "conclusions", "results", "summary", and "discussion" are more likely to be in summaries.

Sätze, in denen eine Indikatorphrase vorkommt, erhalten ein **Indikatorgewicht GI(s)** von größer 1, während für alle anderen Sätze an dieser Stelle ein GI von gleich 1 gilt.

Vereinzelt arbeiten Autoren mit weiteren Faktoren der Satzgewichtung. Kupiec, Pedersen und Chen (1995) schlagen vor, sehr kurze Sätze (etwa solche mit weniger als fünf Worten) grundsätzlich vom Extracting auszuschließen, und Sätze, in denen Abkürzungen in Großbuchstaben auftauchen (wie *ACM* oder *IEEE*), höher zu gewichten.

Um die Wichtigkeit eines Satzes in einem Dokument ausdrücken zu können, müssen wir die einzelnen Gewichtungswerte akkumulieren. Wir arbeiten dabei (als ein sehr einfaches Verfahren) mit dem Produkt der einzelnen Gewichtungsfaktoren. Das Gewicht eines Satzes s im Dokument d errechnet sich demnach nach:

$$G(s,d) = GS(s) * GP(s) * GC(s) * GI(s).$$

Die Sätze eines Dokuments werden absteigend nach ihrer dokumentspezifischen Wichtigkeit G(s,d) sortiert. Hierbei werden die Zeichen durchgezählt. Wird innerhalb eines bestimmten Satzes die vorgegebene maximale Länge eines Extracts erreicht oder überschritten, so werden dieser Satz und alle davor sortierten Sätze als Basis für das Extract markiert. Wir nehmen an, dass die Anzahl der Sätze in der Extractbasis n beträgt. Für diese n Sätze wird nunmehr ihre ursprüngliche Reihenfolge, die sie im Text innehaben, wieder hergestellt.

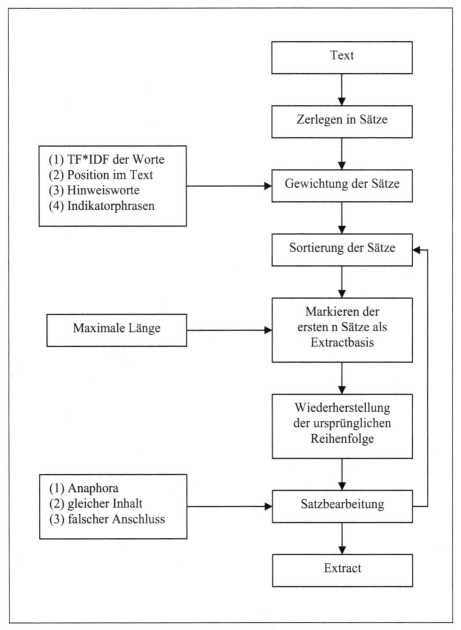

Abbildung 22.1: Arbeitsschritte beim automatischen Extracting.

Satzbearbeitung

Die Sätze in der Extractbasis sind aus ihrem Textzusammenhang gerissen und neu zusammengestellt worden. Dies kann in vielen Fällen zu fehlerhaften oder unvollständigen Informationen führen.

Ein erstes Problem liegt bei den **Anaphora**; das sind Referenzausdrücke (wie beispielsweise die Personalpronomen *er, sie, es*; IR, 294-297), die sich auf einen an anderer Stelle im Text eingeführten Referenten beziehen. Kommt ein Satz, der Anaphora enthält, ohne seinen Referenten in der Extractbasis vor, so kennt der Leser den Referenten nicht, so dass der Satz unverständlich sein dürfte. Der erste Schritt zur Bearbeitung ist das Erkennen der Anapher. Nicht jeder Ausdruck, der wie eine Anapher aussieht, ist auch eine "wahre" Anapher (Paice 1990, 176). Im Satz "es regnet", ist *es* kein Referenzausdruck und somit auch unproblematisch im Extract. "Wahre Anaphern" haben ihren Referenten entweder im selben oder in einem benachbarten Satz. Liegen Referenzausdruck und Referent im selben Satz ("Die Lösung ist salzig, da *sie* NaCl enthält"), ist der Satz im Extract verständlich. Anders ist dies bei Anaphora, deren Referenten in anderen Sätzen liegen. Betrachten wir die beiden Sätze

Miranda Otto ist Australierin.

Sie war nach Meinung des Regisseurs Peter Jackson die ideale Besetzung der Eowyn in der Verfilmung von *Der Herr der Ringe*.

Aufgrund seiner hohen Gewichtung ist zwar der zweite Satz in der Extractbasis, nicht aber der sehr kurze erste. In diesem Fall muss die Anaphernresolution greifen, so dass *Sie* durch *Miranda Otto* ersetzt wird. Die Anaphoraauflösung ist jedoch sehr aufwendig und arbeitet auch nicht immer zufriedenstellend (IR, 299-302).

Da die Sätze unabhängig voneinander rein nach statistischen Methoden in die Extractbasis aufgenommen werden, ist es nicht ausgeschlossen, dass sie den **gleichen Inhalt** wiederholen. In diesem Fall bleibt der informationsreichste Satz erhalten, und die anderen werden gelöscht (Carbonell/Goldstein 1998). Man erkennt ähnliche Sätze daran, dass in ihnen viele Worte gemeinsam vorkommen. Für alle Sätze innerhalb der Extractbasis muss demnach eine Ähnlichkeitsberechnung (nach Jaccard-Sneath, Dice oder Cosinus; siehe oben Kapitel 20, S. 373) durchgeführt werden. Sätze mit einem Ähnlichkeitswert, der einen zu definierenden Schwellenwert übersteigt, gelten als thematisch verwandt. Von diesen verbleibt nur der Satz mit dem höchsten Gewichtungswert im Extract. Da nunmehr Platz in der Zusammenfassung frei geworden ist, können weitere Sätze in die "Extractbasis" nachrücken.

Ein letztes Problem ist das des **falschen Anschlusses** zwischen zwei Sätzen. Extrahierte Sätze, die beispielsweise mit "Auf der anderen Seite ..." oder "Im Gegensatz dazu ..." beginnen, führen im Extract zu keinen verwertbaren Informationen. Solche logischen oder rhetorischen Verbindungen dürften nur Verwirrung stiften, da sie nunmehr neben einem anderen Satz als in der Vorlage stehen. Es ist sinnvoll, eine Liste typischer Anschlüsse zu erarbeiten und die entsprechenden Worte aus dem Satz zu entfernen. Chris D. Paice diskutiert mit den "metatextual references to distant parts of the text" eine Variante des falschen Anschlusses. Beispiele für solche weitreichenden Verbindungen sind "... the method summarized earlier ..." oder "... is discussed more fully in the next section ..." (Paice 1990, 178). Auch hier gilt es, über Listen entsprechender Terme die fehlerhaften Anschlüsse zu entdecken und diese im nächsten Schritt regelgesteuert zu korrigieren. Die Beispiele führen zu folgenden Kürzungen: "... the method ..." und "... is discussed ...".

Mittels Satzgewichtung und Auswahl der zentralen Sätze sowie der Bearbeitung der Sätze in der Extractbasis dürften einigermaßen brauchbare Extracts entstehen, die dem Surrogat des Dokuments in der Datenbank fest zugeordnet werden (für Kriterien der Evaluation der Brauchbarkeit vgl. Sparck Jones 1999 und Spärck Jones 2007).

Perspektivisches Extracting

Eine Variante des Extracting sind Zusammenfassungen, die beim Information Retrieval unter Berücksichtigung der Anfrage des Nutzers erstellt werden. Eine Variante sind Extracts, die mit "vorgefertigten" Aspekten arbeiten. Es handelt sich hierbei stets um eine paramorphe Informationsverdichtung im Sinne perspektivischer Extracts (s. o. Kapitel 21, S. 384-385), wobei die Perspektive durch die Suchanfrage vorgegeben ist. Das Verfahren läuft analog zur Produktion allgemeiner Extracts, allerdings mit dem Unterschied, dass nur solche Sätze ausgewählt werden, in denen die Query-Terme (und – soweit eine Wissensordnung vorliegt – semantisch ähnliche Begriffe wie Synonyme, Quasi-Synonyme oder ggf. Unterbegriffe) vorkommen. Es gibt zwei Wege, die entsprechenden Sätze auszuwählen. In der Primitivvariante bleibt das allgemeine Ranking der Sätze bestehen, und das System löscht alle Sätze, die die Suchterme nicht enthalten. In einer elaborierteren Version wird die statistische Gewichtung der Sätze nicht über alle Dokumentterme errechnet, sondern ausschließlich für die Worte aus der (ggf. erweiterten) Query.

Beispielhaft wollen wir mit ChatterCrop ein System vorstellen, dass neben allgemeinen auch perspektivische Extracts erstellt (Sharma/Khopkar/Otterbacher 2007). ChatterCrop produziert Zusammenfassungen von Produktbewertungen bei Amazon. Im Beispiel von Abbildung 22.2 geht es um Bewertungen des Canon ZR70 Camcorders unter der Perspektive *Connections*. Die Sätze sind in zwei Abschnitte gruppiert: Oben stehen Sätze, deren Relevanz durch das Vorkommen

des (auf den Wortstamm reduzierten) Aspektterms (*connect**) als sehr hoch angenommen wird. Der zweite, untere Abschnitt versucht, unter Ausnutzung von Indikatorphrasen und Hinweistermen solche Sätze zu extrahieren, in denen Erfah-
rungsurteile zum Produkt abgegeben werden.

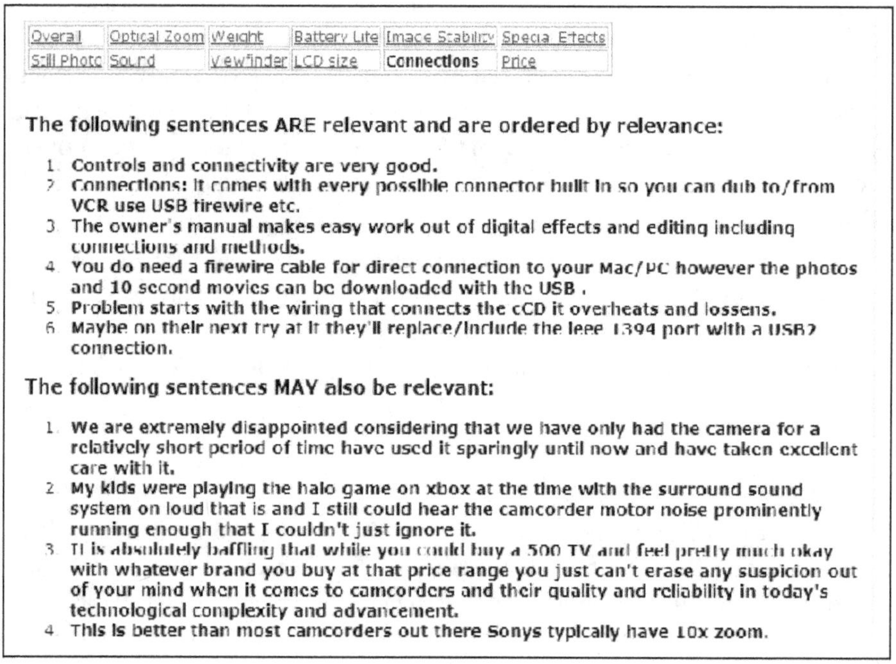

Abbildung 22.2: Perspektivisches Extract bei ChatterCrop. *Quelle:*
Sharma/Khopkar/Otterbacher 2007, Fig. 3.

Extracts mehrerer Dokumente

Bei der Themenentdeckung und -verfolgung (IR, 425-433) werden mehrere, inhaltlich sehr ähnliche Dokumente zu einem einzigen Thema zusammengefasst.
Diese Aufgabe kommt sehr häufig in Suchmaschinen für Nachrichten (wie beispielsweise Google News) vor. Derzeit verwendet Google News, stellvertretend
für alle gleichen oder ähnlichen Dokumente, die ersten Zeilen der Meldung aus
der höchstgewichteten Quelle als "Abstract". Eigentlich nötig ist an dieser Stelle
ein Extract des Themas – nicht eines einzelnen Dokuments, sondern der Gesamtheit der Texte zum Thema.

Radev, Jing, Styś und Tam (2004) schlagen vor, mit dem Zentroiden des Themas
zu arbeiten. Ein bereits erkanntes Thema wird durch den Durchschnittsvektor,
dem Zentroiden, seiner Stories ausgedrückt (IR, 428). Bei der Themenverfolgung
wird jeweils eruiert, ob der Vektor eines neuen Dokuments nahe am Zentroiden

eines bekannten Themas liegt. Falls ja, wird das Dokument dem Thema zugeordnet (und der Zentroid entsprechend angepasst); ansonsten nimmt man an, dass das Dokument ein neues, bisher unbekanntes Thema bespricht. Systeme zur Themenentdeckung und -verfolgung (TDT; Topic Detection and Tracking) verfügen also bereits über Zentroiden. Dies nutzen wir aus, um das Extract zu produzieren (Radev/Jing/Styś/Tam 2004, 920):

> From a TDT system, an *event cluster* can be produced. An event cluster consists of chronologically ordered news articles from multiple sources. These articles describe an event as it develops over time. ... It is from these documents that summaries can be produced.

> We developed a new technique for multi-document summarization, called *centroid-based summarization* (CBS). CBS uses the centroids of the clusters ... to identify sentences central to the topic of the entire cluster.

Bei der statistischen Satzgewichtung berechnet man TF*IDF hier nicht mittels der Werte genau eines Dokuments, sondern anhand der Werte des Zentroiden. Als Resultat erhält man Sätze aus unterschiedlichen Dokumenten des Clusters. Da es hier sehr wahrscheinlich ist, dass thematisch eng verwandte Sätze in die Extractbasis einfließen, muss der Identifikation themengleicher Sätze und der Auswahl des informationsreichsten Satzes besondere Aufmerksamkeit gewidmet werden.

Faktenextraktion

Systeme mit Passage-Retrieval-Komponenten sowie Frage-Antwort-Systeme geben niemals ganze Dokumente aus, sondern nur diejenigen Textstellen, die der Anfrage am ehesten entsprechen (IR, 498-503). Man kann die dort eingesetzten Verfahren derart verfeinern, dass ausschließlich der jeweils nachgefragte Sachverhalt angegeben wird. Nehmen wir an, ein Nutzer fragt bei einem System nach "Wie viele Einwohner hat Kerpen-Sindorf?", so erhält er bei einer Suchmaschine eine Liste von Webseiten, darunter die Seite www.stadt-kerpen.de. Nach einigen Klicks auf dieser Webseite erhält er dann die Antwort. Ein System mit Faktenextraktion gibt als Antwort:

Einwohner Kerpen-Sindorf: 15.982 (2006),

wobei das System die Fakten aus der genannten Webseite extrahiert. Die Faktenextraktion steht erst am Anfang ihrer Entwicklung, so dass Produzenten von Faktendatenbanken derzeit auf die intellektuellen Arbeiten von Experten bauen (IR, 503; s. o. Kapitel 7, S. 128 ff.). Es ist aber durchaus möglich, diese Tätigkeiten durch automatische Faktenextraktion heuristisch zu unterstützen. Wenn wir annehmen, dass Faktenextraktion den Ausbau einer Unternehmensdatenbank (wie in Abbildung 7.5, s. o. S. 134) unterstützen soll, so kann das System periodisch Seiten im Web aufsuchen und die dort vorgefundenen mit den im Firmendossier enthaltenen Daten abgleichen. Auf diese Art kann ein Faktenextraktionssystem beispielsweise signalisieren, dass eine Angabe nicht (mehr) stimmt.

Faktenextraktion ist die Übersetzung von textuellen Passagen in Attribut-Wert-Paare eines vorgegebenen Feldschemas (Neumann 2004, 502). Moens (2006, 225) definiert:

> Information extraction is the identification, and consequent or concurrent classification and structuring into semantic classes, such as natural language text, providing additional aids to access and interpret the unstructured data by information systems.

Wir gehen zur Illustration von folgendem Feldschema aus (verändert nach Neumann 2004, 503):

> Person (verlässt Position)
> Person (besetzt Position)
> Position
> Organisation.

Als Beispiel gehen wir vom Firmendossier aus Abbildung 7.5 aus. Es findet sich im Web auf einer lokalen Nachrichtenseite folgende (fingierte) Meldung:

> Guido Jung, bisheriger Geschäftsführer von LAP GmbH Laser Applikationen, verabschiedete sich gestern von seinen Mitarbeitern und tritt seinen Ruhestand an. Als sein Nachfolger wurde Ernst Schmitz vorgestellt.

Nach erfolgter Faktenextraktion kann das Feldschema mit Werten gefüllt werden:

> Person (verlässt Position)   Guido Jung
> Person (besetzt Position)   Ernst Schmitz
> Position   Geschäftsführer
> Organisation   LAP GmbH Laser
>   Applikationen.

Für den Extraktionsprozess ist es notwendig, über Muster zu verfügen, die den Zusammenhang zwischen der Feldbeschreibung (wie im Beispiel *Person / verlässt Position*) und dem jeweiligen Wert (hier: *Guido Jung*) beschreiben. Als mögliche Muster kämen im Beispiel die Formulierungen *bisheriger* oder *verabschiedete sich* infrage. Solche Muster werden entweder intellektuell erstellt oder anhand von Beispielen automatisch ermittelt (Brin 1998; Brin 2000).

Fazit

- Automatisches Extracting wählt wichtige Sätze eines digital vorliegenden Textes aus, wobei die Sätze in einem zweiten Schritt bearbeitet werden.

- Die Auswahl der Sätze geschieht nach statistischen Aspekten. Vier Kriterien haben sich dafür als zentral erwiesen: die Wichtigkeit der im Satz enthaltenen Worte (errechnet nach TF*IDF), die Position des Satzes im Text, das Vorkommen von Hinweisworten sowie das Auftreten von Indikatorphrasen.

- Die top gerankten Sätze (bis zu einer vorgegebenen Länge) bilden die Basis für das Extract.

- Bei der Bearbeitung der Sätze in der Extractbasis sind satzübergreifende Anaphora aufzulösen, Sätze gleichen Inhalts (bis auf den informationsreichsten) zu tilgen und falsche Satzanschlüsse zu beheben.

- Das perspektivische Extracting berücksichtigt Benutzeranfragen oder vorgefertigte Aspekte. Es werden nur solche Sätze in das Extract übernommen, in denen Queryterme auftauchen.

- Bei der Themenentdeckung und -verfolgung (TDT) wird das Extract aus Sätzen aller Dokumente des Themenclusters erstellt. Die statistischen Vorgaben für die TF*IDF-Berechnung entstammen dem Zentroidvektor des Clusters.

- Faktenextraktion ist die Übertragung des Inhalts aus Texten in Attribut-Wert-Paare eines vorgefertigten Feldschemas.

Literatur

Brandow, R.; Mitze, K.; Rau, L. (1995): Automatic condensation of electronic publications by sentence selection. – In: Information Processing & Management 31, S. 675-685.

Brin, S. (1998): Extracting patterns and relations from the World Wide Web. – In: Lecture Notes in Computer Science 1590, S. 172-183.

Brin, S. (2000): Information extraction from a database. Patent-Nr. US 6.678.681. – Patentinhaber: Google Inc., Mountain View, CA. – Erteilt am: 13.1.2004. – (Eingereicht am: 9.3.2000).

Carbonell, J.; Goldstein, J. (1998): The use of MMR and diversity-based reranking for reordering documents and producing summaries. – In: Proceedings of the 21st Annual International ACM SIGIR Conference on Research and Development in Information Retrieval. – New York: ACM, S. 335-336.

Edmundson, H.P. (1964): Problems in automatic abstracting. – In: Communications of the ACM 7(4), S. 259-263.

Edmundson, H.P. (1969): New methods in automatic extracting. – In: Journal of the ACM 16(2), S. 264-285.

Endres-Niggemeyer, B. (2004): Textzusammenfassung. – In: Carstensen, K.U. et al. (Hrsg.): Computerlinguistik und Sprachtechnologie. Eine Einführung. - Heidelberg: Spektrum. – 2. Aufl., S. 511-516.

Hahn, U. (2004): Die Verdichtung textuellen Wissens zu Information. Vom Wandel methodischer Paradigmen beim automatischen Abstracting. – In: Hammwöhner, R.; Rittberger, M.; Semar, W. (Hrsg.): Wissen in Aktion. Der Primat der Pragmatik als Motto der Konstanzer Informationswissenschaft. Festschrift für Rainer Kuhlen. – Konstanz: UVK, S. 51-68.

Kupiec, J.; Pedersen, J.; Chen, F. (1995): A trainable document summarizer. – In: Proceedings of the 18th Annual International ACM SIGIR Conference on Research and Development in Information Retrieval. – New York: ACM, S. 68-73.

Luhn, H.P. (1958): The automatic creation of literature abstracts. – In: IBM Journal 2(2), S. 159-165.

Mani, I. (2001): Automatic Summarization. – Amsterdam: John Benjamins.

Mani, I.; Maybury, M.T., Hrsg. (1999): Advances in Automatic Text Summarization. – Cambridge, MA, London: MIT Press.

Moens, M.F. (2000): Automatic Indexing and Abstracting of Document Texts. – Boston [u. a.]: Kluwer.

Moens, M.F. (2006): Information Extraction: Algorithms and Prospects in a Retrieval Context. – Dordrecht: Springer.

Myaeng, S.H.; Jang, D.H. (1999): Development and evaluation of a statistically-based document summarization system. – In: Mani, J.; Maybury, M.T. (Hrsg.): Advances in Automatic Text Summarization. – Cambridge, MA, London: MIT Press, S. 61-70.

Neumann, G. (2004): Informationsextraktion. – In: Carstensen, K.U. et al. (Hrsg.): Computerlinguistik und Sprachtechnologie. Eine Einführung. – Heidelberg: Spektrum. – 2. Aufl., S. 502-510.

Paice, C.D. (1990): Constructing literature abstracts by computer: Techniques and prospects. – In: Information Processing & Management 26, S. 171-186.

Paice, C.D.; Black, W.J.; Johnson, F.C.; Neal, A.P. (1994): Automatic Abstracting. – London: British Library Research and Development Department. – (British Library R&D Report; 6166).

Radev, D.R.; Jing, H.; Styś, M.; Tam, D. (2004): Centroid-based summarization of multiple documents. – In: Information Processing & Management 40, S. 919-938.

Salton, G.; Singhal, A.; Mitra, M.; Buckley, C. (1997): Automatic text structuring and summarization. – In: Information Processing & Management 33, S. 193-207.

Sharma, N.; Khopkar, T.; Otterbacher, J. (2007): ChatterCrop: Reaping the benefits of online product reviews. – In: Joining Research and Practice: Social Computing and Information Science. Proceedings of the 70th ASIS&T Annual Meeting. Vol. 44, S. 1343-1359. – (CD-ROM).

Sparck Jones, K. (1999): Automatic summarization: Factors and directions. – In: Mani, I.; Maybury, M.T. (Hrsg.): Advances in Automatic Text Summarization. – Cambridge, MA, London: MIT Press, S. 1-12.

Spärck Jones, K. (2007): Automatic summarising: The state of the art. – In: Information Processing & Management 43, S. 1449-1481.

Glossar

Dieses Kapitel soll ausschließlich als kleine Gedankenstütze Verwendung finden. Es ersetzt keineswegs Definitionen oder nähere Erläuterungen, die in den jeweiligen Kapiteln entwickelt und abgehandelt werden. Glossareinträge aus "Information Retrieval" (IR, 547-561) werden hier nicht wiederholt.

Aboutness. Das, worüber es geht. Themen, die in einem Dokument abgehandelt werden und zur Repräsentation anstehen.

Abstract. Kurzreferat. Eigenständiges Sekundärdokument als Resultat einer kreativen Bearbeitung eines Ausgangsdokuments. Wiedergabe des Sachverhalts eines Quellendokuments in Form von genauen und klaren Aussagen.

Abstract, indikatives. Kurzreferat, das ausschließlich behandelte Sachverhalte des Ausgangsdokuments beschreibt.

Abstract, informatives. Kurzreferat, das zusätzlich zu den behandelten Sachverhalten auch die wesentlichen Ergebnisse des Ausgangsdokuments beschreibt (z.B. Zielsetzung, Schlussfolgerung, Methode).

Additionsmethode. Beim Indexieren Beschreibung der Aboutness durch Begriffe, die nicht im Dokument vorliegen.

Allgemeinbegriff. Begriff, dessen Extension mehr als ein Element enthält.

Äquivalenzrelation (Begriffsordnung). Beziehung zwischen bedeutungsgleichen oder bedeutungsähnlichen Benennungen sowie zwischen ähnlichen Begriffen, die zu einer Äquivalenzklasse vereinigt werden. Eine Äquivalenzklasse wird durch eine Vorzugsbenennung ausgedrückt.

Äquivalenzrelation (Dokument). Relation zwischen gleichen oder ähnlichen Dokumenten (beispielsweise zwischen Original und Faksimile bzw. Nachdruck).

Austauschformat. Regelung der Übermittlung und Kombination von Datensätzen zwischen verschiedenen Institutionen durch sprach- und schriftartunabhängige Codierung (z.B. MAB, MARC).

Begriffsleiter. Begriffe in hierarchischen Relationen, wobei ein Oberbegriff in der nächsten Hierarchieebene zum Ausgangsbegriff steht und ein Unterbegriff in der nächst niedrigeren Hierarchieebene verortet ist.

Begriffsordnung. Strukturierte Ordnung von Begriffen, mittels derer Dokumente und deren Aboutness bzw. Ofness repräsentiert werden. Methoden der Begriffsordnung sind Nomenklatur, Klassifikation, Thesaurus und Ontologie. Die Begriffsordnungen stellen eigene (Kunst-)Sprachen dar und basieren auf paradigmatischen semantischen Relationen.

Begriffsreihe. Geschwisterbegriffe teilen sich denselben Oberbegriff in einer hierarchischen Relation und bilden eine Reihe.

Benennung oder Bezeichnung. Natürlichsprachige Worte oder künstliche Zahlen- bzw. Buchstabenkombinationen, die Begriffe in Wissensordnungen ausdrücken.

Beschreibungslogik. Terminologische Logik, die gestattet, auf der Basis von Begriffsordnungen (einfache) logische Schlüsse zu ziehen.

Citation Order. Ordnung von thematisch eng verwandten Klassen (und damit nebeneinander stehender Dokumente) als Aufstellsystematik in Klassifikationssystemen.

Colon-Klassifikation. Facettenklassifikation (mit Begriffssynthese), die für jede Disziplin eine facettenspezifische Citation Order benutzt.

Cognitive Work Analysis. Die Analyse kognitiver Arbeit betrachtet das menschliche Handeln (u.a. den Aufbau von Wissensordnungen, das Indexieren, das Referieren) in Abhängigkeit der Akteure von ihrer Umgebung.

Crosswalk, semantisches. Ermöglichung eines einheitlichen Zugangs zu heterogenen Datenbanken und der Wiederverwendung bereits eingeführter Wissensordnungen in anderen Kontexten.

Definition. Beschreibung bzw. Erklärung eines Begriffs nach bestimmten Kriterien der Korrektheit. Definitionsarten in der Wissensrepräsentation: Definition als Abkürzung, Explikation, Nominal- und Realdefinition, Begriffserklärung sowie Abgrenzung über Familienähnlichkeit.

Deskriptorsatz. Zusammenfassung aller Festlegungen zu einem Begriff als Datensatz eines Thesaurus.

Dezimalprinzip. Unterteilung eines Begriffs in maximal zehn Unterbegriffe, welche durch Dezimalzeichen dargestellt werden.

Differentia, specifica. Wesenskonstitutiver Unterschied der Schwester- bzw. Unterbegriffe zum übergeordneten Gattungs- bzw. Oberbegriff.

Dokumentenanalyse. Lesen und Verstehen des Dokumenteninhalts. Phase des Indexierens, in der der Indexer Verständnis über den Inhalt des Dokuments erhält.

Dokumentrelation. Primäre Beziehungen zwischen Werk, Ausdrucksform, Manifestation und Exemplar innerhalb eines Dokuments als Einheit sowie sekundäre Beziehungen, die zwischen Original und anderen Werken betrachtet werden.

Dreieck, semiotisches. Im informationswissenschaftlichen Sinne die Verbindung zwischen Benennung (Wort), Begriff und Merkmalen bzw. Objekten.

Extract. Auswahl wichtiger Sachverhalte (Sätze oder Attribut-Wert-Paare) aus einem Dokument.

Extractbasis. Top gerankte Sätze (bis zu einer vorgegebenen Länge) als Basis eines Extracts für die automatische Informationsextraktion.

Extracting, perspektivisches. Berücksichtigung von Benutzeranfragen oder vorgefertigten Aspekten bei der automatischen Informationsextraktion und Übernahme in das Extract von solchen Sätzen, in denen Queryterme auftauchen.

Extraktionsmethode. Beim Indexieren Beschreibung der Aboutness durch Begriffe, die im Dokument vorliegen.

Facette. Teilbegriffsordnung einer umfassenden Begriffsordnung, die als Ergebnis einer Facettenanalyse als Spezifizierung einer Kategorie entstanden ist.

Facettenklassifikation. Kombination der Konstruktionsprinzipien von Notation, Hierarchie und Citation Order aus der Klassifikation mit dem Prinzip der Facettierung.

Faktendokument. Nicht digitalisierbares Objekt (WTM-Gegenstände, Wirtschaftsobjekte, Kunstwerke), an dessen Stelle in Datenbanken ein Surrogat tritt.

Faktenextraktion. Übertragung des Inhalts aus Texten in Attribut-Wert-Paare eines vorgefertigten Feldschemas.

Familienähnlichkeit. Definitionsform, die gemäß Wittgenstein mit einer Disjunktion von Merkmalen arbeitet.

Focus. Terminologisch kontrollierter Einfachbegriff in einer Facette.

Folksonomy. Wissensorganisation ohne Regeln. Methode der Wissensrepräsentation, die keinerlei Regeln kennt, und wo Nutzer Dokumente nach deren Vorlieben mittels frei wählbarer Schlagworte (tags) beschreiben.

Folksonomy, broad. Lässt die Mehrfachvergabe gleicher Tags zu.

Folksonomy, narrow. Lässt jeden vergebenen Tag nur ein einziges Mal zu.

Frame. Der Frames-Ansatz (gemäß Barsalou) betrachtet Begriffe im Kontext von Mengen von Attributen und Werten, strukturellen Invarianten und regelhaften Zusammenhängen.

Gen-Identität. Schwache Form von Identität, bei der von gewissen zeitlichen Bezügen abgesehen wird (z.B. Person als Kind, Erwachsener oder Greis). Ein Gegenstand, der gleich bleibt, dessen Intension oder Extension sich aber ändert.

Genre. Nicht-thematischer Informationsfilter, der weniger auf den Informationsinhalt als vielmehr auf dessen Form und Zweck gerichtet ist.

Genus, proximus. Begriff der direkt übergeordneten hierarchischen Ebene. Übergeordneter Gattungsbegriff bzw. nächst gelegener Oberbegriff bei der Definition von Begriffen.

Hospitalität in der Begriffsleiter. Erweiterung der Begriffsordnung in der Hierarchie nach unten.

Hospitalität in der Begriffsreihe. Erweiterung der Begriffsordnung bei Geschwisterbegriffen innerhalb einer hierarchischen Ebene.

Hyponymie. Abstraktionsrelation.

Ikonographie. Gemäß Panofsky mittlere semantische Ebene nicht-textueller Dokumente, wobei ein soziales und kulturelles Vorwissen zum Thema des Dokuments notwendig ist. Beschreibt die Aboutness.

Ikonologie. Gemäß Panofsky oberste semantische Ebene nicht-textueller Dokumente, wobei Expertenwissen (z.B. aus der Kunstgeschichte) erforderlich ist.

IMRaD. Format für wissenschaftliche Artikel und Strukturabstracts: Introduction, Methods, Results and Discussion.

Indexieren. Praktische Tätigkeit des Abbildens der thematisierten Objekte in einer dokumentarischen Bezugseinheit auf das Surrogat (Dokumentationseinheit) mit Hilfe von Begriffen.

Indexieren, automatisches. Automatisierung des Indexierungsprozesses entweder unter Einsatz einer Wissensordnung (probabilistisches oder regelgeleitetes Indexieren) oder beim Klassieren von Dokumenten nach Termen bzw. Zitationen und Referenzen (Quasiklassifikation).

Indexieren, intellektuelles. Praktischer Einsatz einer Methode der Wissensrepräsentation auf den Inhalt eines Dokuments durch die intellektuelle Arbeit des Menschen.

Indexieren, probabilistisches. Automatisches Indexieren (bei vorliegender Wissensordnung) aufgrund von Wahrscheinlichkeitsinformationen über die Relevanz eines Deskriptors für ein Dokument.

Indexieren, regelgeleitetes. Automatisches Indexieren (bei vorliegender Wissensordnung) durch Konstruktion von Regeln, nach denen ein Begriff zur Indexierung herangezogen wird oder nicht.

Indexierungsgüte. Kriterium für die Qualität des Indexierens. Zerfällt in die drei Dimensionen Indexierungstiefe (aus Indexierungsbreite und -spezifität zusammengesetzter Indikator), Indexierungseffektivität der Begriffe und Indexierungskonsistenz.

Individualbegriff. Begriff, dessen Extension genau ein Element aufweist (z.B. Eigenname).

Informationsarchitektur. Die Informationsarchitektur einer Organisation umfasst den Auf- und Ausbau von Informationstechnik, Informationsdiensten sowie Methoden und Werkzeugen der Wissensrepräsentation.

Informationsextraktion, automatische. Methode der Informationsverdichtung. Auswahl wichtiger Sätze eines digital vorliegenden Textes auf der Basis einer Satzgewichtung; zusätzlich: Satzbearbeitung.

Informationsfilter. Werkzeug zum zielgerichteten Suchen von Informationen. Zu den Informationsfiltern gehören die Wissensordnungen, die textsprachlichen Methoden der Wissensorganisation sowie die Folksonomies.

Informationshermeneutik. Anwendung hermeneutischer Ergebnisse auf informationswissenschaftliche Fragestellungen. Zentral geht es um Verstehen und Interpretation sowie um die Aspekte des Interpretationsschlüssels, des Vorverständnisses, des hermeneutischen Zirkels und der Horizontverschmelzung.

Informationsverdichtung. Zusammenfassung der wesentlichen Sachverhalte eines Dokuments durch Sätze in Abstracts bzw. Extracts.

Informationsverdichtung, homomorphe. Dokumentorientierte Herstellung eines Kurzreferats mit (relativer) Beibehaltung der Themenanteile des Ausgangsdokuments.

Informationsverdichtung, paramorphe. Herstellung eines Kurzreferats nach perspektivischen Kriterien.

Instanzrelation. Hierarchierelation, bei der der Unterbegriff ein Individualbegriff ist.

Integration. Vereinigung sich thematisch ergänzender Wissensordnungen durch Verschmelzung der Begriffe und deren Relationen zu einer neuen Einheit.

Kategorie. Besondere Form von Allgemeinbegriff innerhalb einer Wissensdomäne. Eine Kategorie steht auf der höchsten Abstraktionsebene und umfasst ein Minimum an Merkmalen (z.B. Raum, Zeit). Kategorien fundieren Facetten.

Klassifikation. Wissensordnung, die Begriffe (Klassen) durch nicht-natürlichsprachige Notationen bezeichnet und die Hierarchierelation einsetzt.

Konkordanz. Begriffe unterschiedlicher Wissensordnungen werden aufeinander bezogen.

Kontrolle, terminologische. Zusammenfügen von Worten zu einem Begriff im Rahmen einer Wissensordnung. Homonyme werden getrennt, Synonyme zusammengeführt, Mehrwortbegriffe adäquat zerlegt. Mitunter werden zu allgemeine Begriffe in Unterbegriffe spezifiziert und zu spezielle zu einem Oberbegriff gebündelt.

Kurzreferat. Abstract.

Merging. Vereinigung thematisch gleicher Wissensordnungen durch Verschmelzung der Begriffe und deren Relationen zu einer neuen Einheit.

Merkmal. Intension eines Begriffs.

Meronymie. Teil-Ganzes-Relation.

Metadaten. Standardisierung von Attributen (Feldern) und Werten (Feldeinträgen).

Metadaten, bibliographische. Standardisierte Daten über dokumentarische Bezugseinheiten mit dem Zweck, den maschinellen und intellektuellen Zugang zu den Dokumenten zu erleichtern.

Metadaten, faktographische. Standardisierte Darstellung aller wesentlichen Relationen, die ein nicht digitalisierbares Objekt auszeichnen.

Nicht-Deskriptor. Benennung oder Begriff ohne Vorrangstellung im Thesaurus. Dient ausschließlich als Zugang zum Deskriptor.

Nomenklatur. Verzeichnis von kontrollierten Begriffen (Schlagworten) aus der natürlichen oder fachspezifischen Sprache. Enthält grundsätzlich keine Hierarchierelationen.

Nomenklatur, facettierte. Verbindung von Nomenklaturen mit dem Prinzip der Facetten.

Normalwissenschaft. Im Sinne Kuhns eine Forschung, die eine Zeitlang von keinen großen wissenschaftlichen Umbrüchen betroffen ist, die von einer Wissenschaftlergemeinschaft für eigene Arbeiten akzeptiert wird und die eine Fachsprache besitzt.

Notation. Nicht-natürlichsprachige Vorzugsbenennung einer Klasse, dargestellt durch Ziffern oder Buchstaben.

Ofness. Beschreibung der prä-ikonographischen semantischen Ebene bei Bildern, Videos usw.

Ontologie. Begriffsordnung, die in einer standardisierten Sprache vorliegt, automatisches Schlussfolgern gestattet, stets über Allgemein- und Individualbegriffe verfügt sowie neben den Hierarchierelationen mit weiteren spezifischen Relationen arbeitet. Fundiert das semantische Web.

Postkoordination. Kombination von Einzelbegriffen durch Boolesche Operatoren während der Recherche.

Prä-Ikonographie. Gemäß Panofsky unterste semantische Ebene bei der Beschreibung nicht-textueller Dokumente, wobei ausschließlich eine praktische Erfahrung mit den thematisierten Gegenständen, aber keine Kenntnisse des sozialen oder kulturellen Hintergrundes vorhanden sind.

Präkombination. Beim Indexieren und Recherchieren Kombination eines aus mehreren Komponenten bestehenden Begriffs zu einer fest verbundenen Einheit in der Wissensordnung.

Präkoordination. Beim Indexierungsvorgang syntaktische Verknüpfung von Begriffen.

Prosumer. Gemäß Toffler Nutzer und gleichzeitig Produzent.

Quasiklassifikation. Automatisches Indexieren ohne vorliegende Wissensordnung durch Einordnen ähnlicher Dokumente in eine Klasse mittels Methoden der numerischen Klassifikation.

Referieren. Inhaltsverdichtung durch Abbilden der thematisierten Sachverhalte in Form von Sätzen.

Regelwerk. Bei Metadaten Standardisierung der Ansetzungsformen u.a. von Personennamen, Körperschaften, Sach- und Gesamttiteln im bibliothekarischen Bereich. Beispiele: RAK, AACR. Bei Informationsfiltern und bei der Informationsverdichtung Sammlung von Regeln zum Indexieren bzw. Referieren.

Relation, bibliographische. Beziehung, die Dokumente formal beschreibt.

Relation, chronologische. Drückt bei Gen-Identität die zeitliche Richtung aus. Gen-identische Gegenstände, die zu unterschiedlichen Zeiten durch verschiedene Begriffe beschrieben sind, werden in den zeitlichen Zusammenhang gestellt.

Relation, semantische. Beziehung zwischen Begriffen. Unterscheidung zwischen paradigmatischer Relation ("fest verdrahtete" Beziehung zwischen Begriffen) und syntagmatischer Relation (Beziehung von Begriffen in konkreten Dokumenten).

Sammelreferat. Verdichtung der Sachverhalte von mehreren Dokumenten zu einem thematischen Referat.

Satzbearbeitung beim automatischen Extracting. Bearbeitung der Dokumentsätze (in der Extractbasis) durch Auflösung satzübergreifender Anaphora, durch Erhaltung des informationsreichsten Satzes bei Sätzen gleichen Inhalts sowie durch Behebung falscher Satzanschlüsse.

Satzgewichtung beim automatischen Extracting. Gewichtung eines Satzes durch statistische Informationsextraktion nach den Gewichtungswerten seiner Worte, seiner Position im Text, dem Vorkommen von Hinweisworten sowie dem Auftreten von Indikatorphrasen.

Schalenmodell. Gemäß Krause Struktur einer (kontrollierten) Heterogenität bei indexierten Wissensbeständen. Unterschiedliche Niveaus der Relevanz von Dokumenten (als Stufen der Dokumentationswürdigkeit) werden mit der jeweils korrespondierenden verschiedenen Qualität der Inhaltserschließung vereinigt.

Schlagwort. Vorzugsbezeichnung oder Ansetzungsform in der Nomenklatur. Normierter natürlichsprachiger Begriff oder (beim Registry File von Chemical Abstracts Services) eindeutige Nummer, die jede chemische Substanz eindeutig identifiziert.

Schlagwortsatz. Zusammenfassung der Ansetzungs- und Verweisungsformen eines normierten Begriffs (Schlagworts) in der Nomenklatur.

Schlussfolgern, automatisches. Aus Wissensordnung und Beschreibungslogik aufbauende strenge Implikation.

Shepardizing. Indexierung und intellektuelle Bewertung der Referenzen bzw. Zitationen von publizierten Urteilen.

Stichwort. Wort, das im Text belegt ist.

Strukturreferat. Kurzreferat, das in Sektionen gegliedert und durch Überschriften gekennzeichnet ist.

Surrogat. Dokumentationseinheit, Stellvertreter eines Dokuments in einer Datenbank.

Synkategoremata. Unselbständige Teilbegriffe, die erst mit Bezug auf andere Begriffe Bedeutung bekommen und die durch Ergänzungen zu vervollständigen sind (z.B. "mit Filter").

Tafel. Systematische Aufteilung und Einordnung von Klassen in eine Einheit, wobei grundlegende Aspekte in Haupttafeln und in unterschiedlichen Bereichen mehrfach vorkommende Aspekte in Hilfstafeln untergebracht werden. Hilfstafeln müssen sich dabei sinnvoll an Haupttafeln anfügen lassen.

Tag. Bei einer Folksonomy freies Schlagwort ohne Indexierungsregelung.

Taxonomie. Art der Hyponymierelation, bei der das "ist ein" zu "ist eine Art von" verstärkt wird.

Textwortmethode. Textorientierte Methode der Wissensrepräsentation, die ausschließlich mit den vorliegenden Worten des konkreten Textes operiert.

Thesaurus, facettierter. Enthält mindestens zwei gleichrangige Subthesauri, die jeweils über Eigenschaften eines normalen Thesaurus verfügen. Kombination der Konstruktionsprinzipien von Deskriptoren und mindestens der Hierarchierelation mit dem Prinzip der Facettierung (ohne Begriffssynthese).

Uniterm. Einbegriffswort oder sinntragender Wortstamm.

Vokabularrelation. Beziehung zwischen Benennungen und Begriff(en) in einem Thesaurus: Synonymie, Homonymie, Zerlegung, Bündelung oder Spezifizierung.

Vorzugsbenennung. Natürlichsprachiger Begriff oder künstliche (mit Ziffern oder Buchstaben dargestellte) Benennung mit Vorrangstellung gegenüber ähnlichen Benennungen. Beim Thesaurus ist dies der Deskriptor, bei der Nomenklatur das Schlagwort, bei der Klassifikation die Notation und bei der Ontologie das Konzept.

Web 2.0. Kollaborativ vorgehender Dienst im World Wide Web, wo Prosumer ihre Dokumente wechselseitig korrigieren und fortschreiben (z.B. bei Flickr oder YouTube).

Wissen, explizites. In Dokumenten fixiertes Wissen.

Wissen, implizites. Stillschweigendes subjektives Wissen. In eine Person eingebettete, nicht durch Ausdrucksformen artikulierte Vertrautheit, die nur schwer
verobjektiviert (externalisiert) werden kann.

Wissensmanagement. Befassung mit Wissen in Organisationen. Im Sinne der
Wissensrepräsentation geht es vor allem um die Wissensbewahrung (zum Zweck
der optimalen Verteilung und Nutzung).

Wissensordnung. Begriffsordnung, die sich auf eine bestimmte Wissensdomäne
bezieht.

Wissensordnung, facettierte. Wissensordnung, die mit mehreren Facetten arbeitet, wobei jeder Begriff einer Facette mit jedem Begriff aller anderen Facetten
kombiniert werden kann.

Wissensorganisation. Sicherstellung der Zugänglichkeit bzw. Verfügbarkeit des
Wissens in Dokumenten durch Ordnung und Informationsfilterung. Umfasst alle
Wissensordnungen und weitere nutzer- wie textorientierte Verfahren.

Wissensrepräsentation. Wissenschaft, Technik und Anwendung von Methoden
und Werkzeugen für die Abbildung des Wissens zum Zweck des optimalen Su-
chens und Findens von Informationen. Es geht um die Vertretung (Surrogat) des
in Dokumenten vorgefundenen Wissens in Informationssystemen.

Zitationsindexierung. Textsprachig orientierte Methode, die Literaturangaben in
Publikationen (im Sinne von Begriffen) auswertet.

Namensregister

A

Abrahamsen, K.T. 145, 150

Aitchison, J. 231, 236, 238, 252, 279, 287

Ajiferuke, I. 359-360, 362

Albert, M.B. 331, 338

Altman, D.G. 396

Anderberg, M.R. 372, 378

Argamon, S. 142, 150

Aristoteles 2-4, 14-15, 59-60, 204, 255, 260

Ashburner, M. 258, 271

Äsop 22, 36

Assurbanipal 1

Atkins, H.B. 326, 339

Austin, R. 184-185, 189

Avery, D. 331, 338

B

Baader, R. 260, 271

Baca, M. 136-137, 139

Bacon, F. 7

Barsalou, L.W. 62-64, 66, 412

Batley, S. 201, 204-205, 208, 212, 224

Baumgras, J.L. 183-184, 190

Bawden, D. 231, 236, 238, 252

Beall, J. 145, 150

Bean, C.A. 88-89, 307-308

Beghtol, C. 144-145, 151

Bekavac, B. 377-378

Benjamins, V.R. 255, 272

Berks, A.H. 184, 190

Berners-Lee, T. 255, 271

Bernier, C.L. 12, 15, 380, 395

Bertram, J. XII, XVII, 54-55, 66, 201, 210, 224, 229, 252

Bichteler, J. 337, 339

Biebricher, P. 367-368, 378

Binswegen, E.H.W. van 15

Black, M. 57, 65-66, 204

Black, W.J. 408

Blum, R. 1-2, 15

Blurton, A. 391, 396

Bodenreider, O. 307-308

Bollacker, K.D. 332, 337, 339-340

Bolzano, B. 78, 88

Bonitz, M. 8, 16

Borko, H. 357, 362, 380, 395

Borlund, P. 248, 254

Bowker, G.C. 201, 224

Boyd Rayward, W. 10-11, 16

Boyd, D. 155, 164

Brachman, R.J. XIII, XVII, 262-265, 271-272

Brandow, R. 398, 407

Bredemeier, W. 393-395

Brin, S. 406-407

Brooks, C.H. 167, 174

Broughton, V. 252, 273-274, 277-278, 287-288

Brühl, B. 211, 224, 252

Bruijn, J. de 310

Bruza, P.D. 34, 47

Buchanan, B. 204-206, 224, 274-275, 288

Buckland, M.K. 128, 139

Buckley, C. 368, 379, 398, 408

Buntrock, R.E. 133, 139

Burkart, M. 232, 235-236, 239, 252

Sachregister

www.ingramcontent.com/pod-product-compliance
Lightning Source LLC
LaVergne TN
LVHW012334060326
832902LV00012B/1877